Criatividade

e Grupos Criativos – Volume I

DESCOBERTA E INVENÇÃO

DOMENICO DE MASI

Criatividade

E GRUPOS CRIATIVOS – VOLUME I

DESCOBERTA E INVENÇÃO

SEXTANTE

Título original: *La Fantasia e la Concretezza*

Tradução
Léa Manzi
Yadyr Figueiredo

Tradução do latim
Gaetano Lettieri

Preparo de originais
Virginie Leite
Maria Angela Villela

Assistente editorial
Alice Tavares Dias

Revisão
Clara Diament
José Tedin Pinto
Sérgio Bellinello Soares

Projeto gráfico e diagramação
Valéria Teixeira

Capa
Victor Burton

Fotolitos
R R Donnelley

Impressão e acabamento
Geográfica e Editora Ltda.

CIP-BRASIL. CATALOGAÇÃO-NA-FONTE
SINDICATO NACIONAL DOS EDITORES DE LIVROS, RJ

D445d De Masi, Domenico, 1938-
Descoberta e invenção / Domenico De Masi; tradução Léa Manzi e Yadyr Figueiredo. – Rio de Janeiro: Sextante, 2005.

Tradução de: Scoperta e invenzione
Inclui bibliografia
ISBN 85-7542-173-5

1. Inovações – História. 2. Descobertas científicas – História. 3. Criatividade – História. 4. Mudança social.
I. Título.

05-1.409. CDD 303.483
CDU 316.422.44

R. Voluntários da Pátria, 45 – Gr. 1.404 – Botafogo
22270-000 – Rio de Janeiro – RJ
Tel.: (21) 2286-9944 – Fax: (21) 2286-9244
E-mail: atendimento@esextante.com.br
www.sextante.com.br

"A vida da cidade moderna é praticamente toda determinada pela linha reta... A curva é cansativa, perigosa e funesta, possui um verdadeiro efeito paralisante... A estrada curva é um resultado arbitrário, fruto do acaso, do descuido, de uma ação puramente instintiva. A estrada retilínea é uma resposta a uma solicitação, é fruto de uma intervenção precisa, de um ato de vontade, um resultado atingido com plena consciência. É algo útil e belo."

LE CORBUSIER

"Não é o ângulo reto que me atrai e nem mesmo a linha reta, dura, inflexível, criada pelo homem. O que me atrai é a curva livre e sensual, a curva que encontro nas montanhas do meu país, no curso sinuoso dos seus rios, nas nuvens do céu, nas ondas do mar, no corpo da mulher preferida. De curvas é feito todo o universo, o universo curvo de Einstein."

OSCAR NIEMEYER

SUMÁRIO

CAPÍTULO QUATRO 87

CAPÍTULO CINCO 122

CAPÍTULO SEIS 145

CAPÍTULO SETE 184

NOTA DO EDITOR

Em 2002, *Criatividade e Grupos Criativos* foi lançado originalmente no Brasil pela Editora Sextante em um único volume de 800 páginas.

Para tornar essa grande obra do sociólogo Domenico De Masi acessível a um maior número de leitores, decidimos publicá-la em dois volumes que abordam aspectos distintos do tema da criatividade.

O primeiro volume, *Descoberta e Invenção*, refaz o percurso da história da humanidade tendo como fio condutor a criatividade e os grupos criativos. Com base numa extensa e profunda pesquisa, De Masi sustenta que a maior parte das criações humanas é obra não de gênios isolados, mas de grupos e comunidades. Ou seja, o verdadeiro sujeito histórico da criação não é o homem, mas a sociedade.

No segundo volume, *Fantasia e Concretude*, o autor busca uma definição e uma explicação dos processos criativos a partir das contribuições dadas pelas neurociências, pela psicanálise, pela psicologia, pela epistemologia e sobretudo pela sociologia. E levanta a questão do futuro da criatividade e como esta pode servir à eterna aspiração humana por felicidade.

Esperamos que este novo formato torne ainda mais agradável a leitura deste importante trabalho de Domenico De Masi, que, segundo ele próprio, representa a síntese de todas as idéias elaboradas ao longo de sua vida a propósito da mutação social, do trabalho humano, da criatividade e do ócio criativo.

INTRODUÇÃO

LINHA RETA, LINHA CURVA

"O tempo é um jovem que brinca."
HERÁCLITO

"O tempo passou na janela
– só Carolina não viu."
CHICO BUARQUE

MACONDO

Como muitos dos meus contemporâneos, tive a rara sorte de experimentar, pessoalmente, no decorrer de uma vida, a condição humana de três épocas distintas: a rural, a industrial e a pós-industrial. Um dos mestres do evolucionismo, Ernst Haeckel, diria que de uma certa forma a minha ontogênese, isto é, a minha aventura pessoal, pôde refazer o percurso da filogênese, isto é, toda a história evolutiva da espécie humana. Exatamente como se, no curso de 60 anos, eu tivesse percorrido a Grécia arcaica de Hesíodo e de Homero, a Atenas de Péricles, a Roma de Adriano, a Florença dos Médicis, a Inglaterra de Bacon, a França de Voltaire e Diderot, a América de Taylor e Ford, do Vale do Silício e das Torres Gêmeas, a Viena de Musil e de Mahler, a Europa de Hitler e de Mussolini, a Paris de De Gaulle e de Sartre, o Oriente de Gandhi e da Sony, as favelas subproletárias de Nápoles e da Bahia, assim como o turbocapitalismo de Wall Street e do planeta globalizado.

Quando nasci numa cidadezinha do sul da Itália, na região chamada Molise, lá não havia sistema de esgotos nem água corrente, telefone nem rádio. Do mundo distante nos chegava tão-somente um certo eco do clamor fascista. Até mesmo o vigário e os afrescos *naïfs* da sua igreja pareciam por demais modernos em relação aos usos, costumes, linguagem e utensílios da cultura camponesa, repleta de fatalismo, de proibições e de uma violência primitiva.

O homem é o único macaco que sobrevive à própria juventude. Porém, a vida média dos meus conterrâneos não ultrapassava os 50 anos, e todo indivíduo que chegava à idade adulta havia perdido muitos dos seus irmãos ou contemporâneos já na primeira infância. De modo que a morte rondava sempre e fatalmente, dentro de casa ou na vizinhança, como um acontecimento doméstico, em nada excepcional, que pontuava o crescimento de todos os jovens, sendo freqüentes os lutos. Em suma, a morte não era, como hoje, algo que diz respeito somente aos velhos e aos temerários.

No inverno a neve enrijecia e arroxeava os pés descalços e, com sua mordida implacável, aprisionava as famílias nas próprias tocas, invadidas pela fumaça ácida das chaminés malconstruídas. No verão uma massa disforme de ceifeiros, que dormiam enfileirados sobre a terra batida, compunha um verdadeiro enxame proveniente das regiões vizinhas, que trazia para o nosso vilarejo uma atmosfera sangüínea de suores e de pecados, de cansaço e de brigas.

Durante aqueles anos conheci os ritos e os mitos do mundo rural, igual – em relação à simplicidade dos processos produtivos, à escassez do consumo, ao aspecto patriarcal das tradições e à ingenuidade dos medos e do exorcismo – ao Sertão de Glauber Rocha, ao Morón de Borges, ao antigo Japão de Kurosawa, à Macondo de García Márquez e à Lucânia de Carlo Levi. Eu também tive a minha Macondo, o meu José Arcadio Buendía, o meu Melquíades e a minha Úrsula Iguarán.

O trabalho de cultivo daqueles campos avarentos, em vista dos escambos artesanais e miseráveis nas feiras locais, era duro e bestial, separado pelas estações e pelas festas religiosas. A fatalidade do granizo e da colheita escassa era coisa certa para todos, assim como o inelutável esgotamento dos campos e das oficinas, para não falar do cínico capricho das epidemias.

As córneas amareladas pela malária, os corpos ressecados e pálidos pela tuberculose, que meu pai, como médico, teimava em curar, os alimentos paupérrimos no sabor e na variedade, as relações sociais azedadas por rixas insanáveis, a fome permanente da família, da vizinhança e da parentela constituíam os pontos cardeais de um universo praticamente imóvel, que obedecia a uma órbita traçada pelo ciclo das estações, da liturgia e do fato.

O HOMEM QUE NÃO TRABALHA NÃO ENCHE O CELEIRO

Naquele mundo agrícola e pastoril, muito próximo à aristocracia heróica de Homero, e muito distante da refinada aristocracia de Voltaire, o trabalho representava a única possibilidade de vida e de resgate social. Mais que um dever, ele constituía uma precondição de sobrevivência: na Itália Meridional de 1940, tal como na Grécia descrita por Hesíodo em *Os Trabalhos e os Dias*, por volta do final do século VIII a.C., "os deuses mantêm escondidos dos homens os meios de subsistência: se assim não fosse, num único dia encontrarias aquilo que te serve para viver, digamos, durante todo um ano, para em seguida voltares a dedicar-te ao ócio; aposentando logo o arado no lar, abandonando o trabalho dos bois ou das pacientes mulas... A fome é sempre companheira do homem negligente, e os deuses e os homens se indignam diante daquele que vive ocioso, semelhante na índole aos zangões privados dos ferrões que, ineptos, devoram a fadiga das abelhas. A ti seja caro, pelo contrário, o tempestivo trabalho, de forma que o teu celeiro se encha de bens sazonais. Com o trabalho os homens tornam os rebanhos ricos e gordos. E tu, trabalhando, te tornarás muito mais caro aos Imortais e aos mortais: estes, de fato, muito ódio têm para com os ociosos. Trabalhar não é vergonha, não trabalhar é vergonha. Se trabalhares, logo o inepto te invejará, tu que estás enriquecendo: fama e mérito acompanham a riqueza. Qualquer que seja a tua sorte, trabalhar é melhor... Semeias nu, nu aras e nu ceifas, se desejas no tempo justo cumprir todos os trabalhos de Deméter, de modo que tudo cresça no justo tempo e nem tu, em seguida, devas mendigar pelas casas alheias sem nada obter... Não adies a fadiga nem para amanhã, nem para depois: o homem que não trabalha, ou que adia, não enche o celeiro; a diligência é benéfica ao trabalho, enquanto o homem que adia luta sempre com problemas".[1]

DO QUININO AO ALTO-FORNO

Em seguida, por etapas graduais, me familiarizei com a vida um pouco mais evoluída de uma pequena cidade da região da Campânia, no sudoeste italiano, e mais adiante com a vida completamente urbanizada das grandes cidades. Pude então descobrir que tanto Hesíodo como a Bíblia nem sempre tinham razão e que, freqüentemente, os ociosos eram mais ricos que os trabalhadores, assim como, entre estes últimos, os trabalhadores intelectuais viviam sempre melhor do que os braçais. Conheci a sociedade industrial antes mesmo de conhecer a indústria: o cinema, o telefone, o rádio, o quinino, a sulfa, os antibióticos, a insulina, o plástico, a esferográfica, a lambreta e, mais tarde, a televisão passaram a fazer parte do meu universo de símbolos, de objetos, de tecnologias e de mobilidade.

Os estabelecimentos siderúrgicos potentes e estrondosos, nos quais trabalhei muito jovem, eram então efervescentes com seus operários analfabetos, escravizados por máquinas vulcânicas, poderosas produtoras de barulho e de centelhas. A disciplina era do tipo militar, e a discriminação política sufocava toda e qualquer meritocracia. A condição operária era ainda aquela descrita por Engels e por Simone Weil. Taylor e a sua racionalização faziam então o seu primeiro ingresso triunfante nas repartições reservadas aos consultores, que ostentavam os termos técnicos americanos que tinham acabado de aprender nas *business schools* de Boston ou de Lausanne.

Nas indústrias, onde os empregados, os gerentes e os profissionais liberais eram ainda uma nítida minoria em relação aos operários, mas que se tornavam cada vez mais numerosos, começou-se a falar de *job analysis* e de *job evaluation*, e em seguida de *job rotation* e de *job enlargement*, de ilhas de montagem, de um novo modo de se construir um automóvel. Mas continuou-se também a falar de alienação, de luta de classes e de revolução. Fora das indústrias, nas cidades cada vez mais congestionadas, discutia-se, com desgosto e com esperança, o consumismo e a opulência da sociedade, a marginalização e as lutas urbanas. Dentro e fora apareciam, timidamente, as primeiras fotocopiadoras e, de forma ostensiva, os primeiros mastodônticos computadores.

Enquanto a classe operária exauria-se seguida de perto pela automação, pela classe média e pelo trabalho intelectual, enquanto uma boa parte das esquerdas ainda sonhava com o proletariado no poder, alguns poucos sociólogos e políticos começavam a entrever uma sociedade sem camponeses e sem operários.

ÓCIO E ESTÉTICA

Os países ricos, diferentemente da sociedade arcaica na qual nasci e da sociedade industrial na qual assumi os meus primeiros postos como profissional, passaram, finalmente, a assumir um aspecto pós-industrial. A produção de bens imateriais – serviços, símbolos, informações e valores – adquiriu um lugar cada vez mais central, desalojando a produção de bens materiais.

Valores como a estética, a subjetividade, a feminilidade, a virtualidade, a flexibilidade, a descentralização e a motivação ganharam terreno em relação à racionalidade, à padronização, à produção em série, à massificação, ao controle, ao gigantismo e à centralização, aspectos privilegiados ao longo de todo o período precedente da sociedade industrial. A linha curva começava a seduzir mais do que a linha reta.

A televisão tinha nessa ocasião o domínio da opinião pública, as novas tecnologias da informática já proporcionavam um salto qualitativo em todos os campos e propiciavam as condições para desestruturar o tempo e o espaço das ações humanas. As atividades de execução e de reprodução passaram a ser, gradualmente, deslocadas para o Terceiro Mundo ou delegadas às máquinas, enquanto os cidadãos do Primeiro Mundo, cada vez mais escolarizados e ricos, graças aos seus laboratórios científicos, aos seus bancos de dados, aos seus ateliês artísticos, aos seus centros de produção e difusão audiovisuais e às suas Bolsas de Valores, asseguravam para si cada vez mais o monopólio das atividades criativas, informativas, financeiras e recreativas, assim como no recente passado industrial haviam garantido o monopólio da energia, das máquinas e dos capitais. Perfilava-se, de forma cada vez mais nítida, uma sociedade baseada muito mais no tempo livre do que no tempo dedicado ao trabalho.

O ócio ganha espaço no mundo frenético dominado pelos negócios, transformando-se, por sua vez, num bom negócio; a estética ganha terreno no mundo opaco atormentado pelo pragmatismo, transformando-se também num *business*.

REPENSAR O MUNDO

Neste primeiro volume, pretendo refletir sobre as mudanças sociais a que tive ocasião de assistir ao longo dos anos, sobre as grandes transformações provocadas pelo homem no passado recente e remoto e sobre as mudanças que considero legítimo prever para um futuro próximo. Dado que o sentido dessas transformações me parece cada vez mais decifrável à medida que elas se desenvolvem, cresce em mim a necessidade de compartilhar as suas possíveis chaves de leitura com um número cada vez mais amplo de interlocutores críticos.

Vivemos por muito mais tempo que os nossos ancestrais; a ciência nos permite ter uma expectativa de vida não somente mais longa como também mais sadia; dispomos de prodigiosas próteses tecnológicas capazes de multiplicar a potência dos nossos sentidos, a velocidade dos nossos cálculos, o alcance da nossa memória e o número das nossas relações. Porém, a consciência e o usufruto dessas novas oportunidades não dependem da existência das mesmas, mas da disposição cultural de cada indivíduo de reconhecê-las e de apreciá-las em todas as suas dimensões. E esta disposição, por sua vez, é influenciada pelo clima geral que há em torno, pela atitude diante da vida, pela confiança nos demais, assim como pelo hábito de confrontar os preconceitos com os dados de fato; em suma, por aquele conjunto de opiniões, emoções e sentimentos que, bombardeados pela mídia, acabam adoçando a nossa vida com a serenidade ou afogando-a na angústia.

No final das contas, a pergunta que me tenho feito com maior freqüência e que neste momento transmito aos leitores é a seguinte: na sociedade pós-industrial a felicidade criativa é uma exceção ou é a regra, pode crescer ou corre o risco de degenerar-se? Quantas são as testemunhas que, em sã consciência, estariam dispostas a compartilhar os obscuros vaticínios apocalípticos de Albert Caraco,[2] segundo o qual "o nosso destino é continuar a nos multiplicar, unicamente para morrermos em grande número"? E para quem "a maioria passa a vida inteira cochilando e, quando está para morrer, receia despertar"? E ainda para quem estamos por acabar "nus por fora e vazios por dentro, com o abismo debaixo dos nossos pés e o caos acima das nossas cabeças"? Quantos estariam de acordo com esse autor quando diz que cada um de nós "prefere sacrificar-se, sacrificar-se como as espécies animais numerosas demais, sacrificar-se como os enxames de gafanhotos ou os exércitos de ratos, pensando que seja mais sublime perecer, perecer em grande número, em vez de finalmente repensar o mundo em que vive"? Pois de acordo com Caraco "nós estamos no inferno e a nossa única escolha é a de nos encontrarmos entre os condenados que são atormentados ou entre os diabos adeptos ao seu suplício". E ainda, segundo ele, "estamos caminhando em direção à catástrofe planetária, e a humanidade está repleta de pessoas que a desejam e a desejarão cada vez mais para escapar da ordem, uma ordem cada vez mais absurda, que só pode ser mantida com o sacrifício da coerência e, portanto, da humanidade do homem". Quantos concordariam?

Pessoalmente considero o otimismo a forma mais perfeita e generosa da inteligência. Acredito que o homem jamais permitirá ser superado pelos meios que ele mesmo cria e, portanto, não se reduzirá nunca a escravo das suas próprias obras. Espero que essa convicção não seja fruto da miopia ou da superficialidade, mas que derive de uma educação científica ao historicismo, do hábito salutar de enquadrar o presente na moldura da longa história que o precedeu. O exercício da memória demonstra que este no qual vivemos não é o melhor dos mundos possíveis, mas é, certamente, o melhor dos mundos entre aqueles habitados pela nossa espécie até agora.

Dessa longa história, pretendo explorar aqui a vocação criativa como o menor denominador comum dos seres humanos, prescindindo das várias inclinações, seja ao otimismo, seja ao pessimismo. Seja que o mundo resulte em "um inferno temperado pelo nada" como para Leopardi, Caraco ou Gore Vidal, seja que resulte num trânsito habitável enobrecido pela beleza e pela fantasia como para Ariosto ou Beethoven, para Goethe ou Mendelssohn, para Fellini ou Niemeyer, ou ainda que resulte num duelo com a razão, em forma de teorema, como para Borges ou Calvino, de todo modo a história confirma que o homem sempre soube reagir a todas as visões negativas, transformando-as em estímulos e projetos para a sua criatividade.

MAPAS

Sempre me fascinou a progressiva precisão que adquiriram, com o passar dos séculos, os mapas geográficos traçados pelos exploradores: daqueles improváveis dos heróis homéricos àqueles aproximativos dos conquistadores romanos, espanhóis e portugueses, até aqueles bem mais críveis, como os atlas sobre os quais viajava a minha imaginação de estudante, até as fotografias de satélites que desalojaram aquelas fantasias com o cientificismo peremptório da precisão técnica, que não deixa brecha ao gosto e ao desgosto dos erros.

Gostaria de fornecer aqui alguns mapas, gradualmente mais exatos, daquele misterioso continente do espírito que é a criatividade humana, daquela tensão inquietadora que trazemos dentro de nós e que, desde sempre, nos conduz a corrigir a natureza com a cultura, deixando aos nossos filhos um mundo diferente daquele que herdamos dos nossos pais. Os nove capítulos deste volume são como etapas no longo caminho da criatividade, marcadas por descobertas ou invenções particularmente representativas dessa tensão.

O homem começou aprimorando técnicas de sobrevivência contra as ameaças da natureza e dos seus competidores. Prosseguiu, a partir dos ancestrais de Neandertal e de Cro-Magnon, elaborando sistemas culturais mais sofisticados e abstratos, com o objetivo de compensar as suas frustrações, as suas dores e as suas inseguranças com ilusões (culto dos mortos, magia, invenção dos mundos supraterrenos, etc.), com prazeres estéticos (erotismo desvinculado da procriação, gastronomia, música, arte, etc.) e com a acumulação ostentosa de bens materiais (poupanças, consumismo, luxo, etc.). E agora talvez tenha chegado à compreensão de que a acumulação insensata de dinheiro, de poder e de objetos permanece sendo incapaz de satisfazer as suas necessidades de introspecção, de amizade, de amor, de lucidez e de lazer para as quais necessita cultivar, de forma criativa, valores que haviam sido negligenciados, como a ética, a estética, a emotividade, a subjetividade, a ubiqüidade e a qualidade de vida.

As estacas demarcadoras desse percurso, com as suas longas circunavegações e com os seus saltos repentinos, foram estabelecidas pela sublime criatividade com a qual o homem tenta derrotar, tenaz e incessantemente, os seus grandes inimigos de todos os tempos: o cansaço e a solidão, a ignorância e a feiúra, a tradição e o autoritarismo, a miséria, a dor e a morte. Alternando e entrelaçando fases de intenso progresso espiritual com fases de frenético desenvolvimento material, traçados lineares velozes com indolentes curvas do pensamento, o homem conseguiu multiplicar tanto o número dos privilegiados – finalmente emancipados do cansaço, da dor física e da miséria – como aqueles que eram condenados pela fome, pela ignorância e pela violência. Para todos, ricos e pobres, conseguiu distanciar um pouco a morte, não eliminá-la.

TODAS AS HISTÓRIAS DO MUNDO

Em algum lugar está escrito, na febril e infindável produção de Borges, que todas as histórias narradas pelo homem podem ser reduzidas a quatro: a história da cidade sitiada, a história de uma viagem, a história de uma pesquisa e a história do sacrifício de um deus. Estas – segundo o cego vidente de Buenos Aires – são as histórias que narramos desde sempre e que para sempre narraremos.

Creio que se possa tentar uma simplificação e reduzir todas as histórias a duas, ambas infinitas: aquela que segue um itinerário retilíneo, peremptório, previsível e planificado e aquela que segue um itinerário curvilíneo, livre, caprichoso e imprevisível.

Poderia haver um terceiro tipo, aquele circular, no qual a previsibilidade da reta e a ondulação da curva se interpenetram, como na eterna teoria do eterno retorno: o ano perfeito especulado por Platão no *Timeu*, no qual os sete planetas, uma vez equilibradas as suas diferentes velocidades, retornariam ao ponto de partida; os infinitos nascimentos, mortes e renascimentos descritos por Demócrito, Nietzsche e Blanqui; a repetição de ciclos semelhantes, mas não idênticos, proferida por Heráclito, com o seu mundo gerado pelo fogo e que o fogo perenemente devora.

E poderia existir ainda uma quarta história: a da linha em espiral que ao infinito se lança e do infinito redobra: como *Eros e Psiquê*, narrado por Apuleio, no interior do conto mais vasto das *Metamorfoses*. Como a história sugerida por Ítalo Calvino na circunlocução: "Eu escrevo que Homero narra que Ulisses escuta o canto das Sirenes que cantam a Odisséia." Ou como as histórias inventadas por Sherazade ao rei persa Shariar, a fim de distraí-lo da sádica tentação de assassiná-la, como já havia feito com as suas outras esposas, que a haviam antecedido: histórias narradas por personagens de outras histórias, que, por sua vez, contêm outras histórias, encaixando-se uma dentro da outra, como as famosas *matrioskas* russas.

Não gosto de me deixar levar pela suave perversão dos labirintos. Prefiro entrever, nas nossas aventuras humanas, infinitas linhas retas e infinitas linhas curvas, que se alternam, se entrecruzam e se entrelaçam ao longo de toda a história secular que nos fez homens. Sempre com a esperança da quadratura do círculo.

HARD E *SOFT*

Em torno da dicotomia "reta e curva" sempre houve um disputa, como na epistemologia, quanto ao dilema entre "ciência *hard*" e "ciência *soft*", a autopoiese e a heteropoiese, o método e a sua ausência, a ordem e a desordem, o geral e o particular, o necessário e o possível, a lei e o acaso, a previsibilidade e a imprevisibilidade, a falibilidade e a infalibilidade, assim como a objetividade e a subjetividade.

Quando os termos dialéticos são assim tão conflituais, é impossível permanecer neutro. Tomem os dois maiores arquitetos deste século, Le Corbusier e Oscar Niemeyer. O primeiro é franco-suíço racionalista. Não pode deixar de ser a favor da linha reta: "A curva é cansativa, perigosa e funesta, possui um verdadeiro efeito paralisante... A estrada curva é um resultado arbitrário, fruto do acaso, do descuido, de uma ação puramente instintiva. A estrada retilínea é uma resposta a uma solicitação, é fruto de uma intervenção precisa, de um ato de vontade, um resultado atingido com plena consciência. É algo útil e belo."

Niemeyer é brasileiro, ou melhor, mestiço, pois em suas veias conflui sangue árabe, espanhol e alemão. Eis, portanto, a sua declaração sobre o mesmo campo: "Não é o ângulo reto que me atrai e nem mesmo a linha reta, dura, inflexível, criada pelo homem. O que me atrai é a curva livre e sensual... De curvas é feito todo o universo, o universo curvo de Einstein."

A linha reta é limitada por suas próprias regras, por seus próprios binários, que a impedem de se desviar. Se varia, já não é mais reta. A linha curva, pelo contrário, passa por onde quiser, encontrando a sua razão de ser na sua própria liberdade: como as aves no céu, as embarcações no mar e os adolescentes na vida.

Calvino confessava: "Prefiro confiar na linha reta, na esperança de continuar até o infinito e tornar-me inatingível." Carlo Levi preferia alimentar uma esperança diversa: "Se a linha reta é a mais curta entre dois pontos fatais e inevitáveis, as divagações a prolongarão: e se essas divagações se tornam tão complexas, tão emaranhadas e tortuosas, tão rápidas que não deixam rastro, talvez a morte não nos teste mais, talvez o tempo se perca e possamos ficar ocultos nos esconderijos mutáveis."

PRECISÃO E APROXIMAÇÃO

Assumamos a linha reta, dura e inflexível como metáfora das ciências exatas, da tecnologia, da racionalidade e de tudo aquilo que, segundo Koyré, podemos chamar de "universo da precisão". E assumamos a linha curva como metáfora do humanismo, da arte, da poesia, da estética e da emotividade, de tudo aquilo que evoca o "mundo da aproximação". A história humana inteira pode ser lida como cursos e recursos dessas retas e curvas, desses mundos e universos; como a alternância entre crescimento espiritual e crescimento material, com fases silentes e fases rumorosas, nas quais a razão e a emoção de vez em quando se camuflam. Mas talvez, finalmente, seja possível uma síntese.

Durante milênios, até o final do século XVIII, a humanidade viveu sob a égide da aproximação, do misterioso, do mágico, do emotivo, desarmado diante das pestes, dos raios e das invasões. Em seguida, o Iluminismo e a Industrialização descobriram e privilegiaram as forças libertadoras da razão, consentindo que se impusesse com uma tal presunção que não tardou a transformar-se em tirania.

Mas a aproximação da sociedade rural e a precisão da sociedade industrial poderiam ser tomadas como tese e antítese de um processo histórico finalmente capaz de aportar, com a sociedade pós-industrial, numa síntese feliz. Consumada a experiência da racionalização extrema, conferidas às máquinas todas as operações que requerem velocidade, repetição e precisão, hoje o homem pode finalmente usufruir, pela primeira vez na história, a sorte de ser saudável, culto, longevo, nômade e, ao mesmo tempo, sedentário, sereno, contemplativo e solidário.

Uma vez entregue a precisão às máquinas, ainda falta recuperar muitos aspectos da aproximação, que já não será mais aquela rude e primitiva da época rural. Salvaguardados os ganhos da experiência industrial, estes devem transformar os limites em oportunidades, conjugando a competição com a generosidade e a lucidez racional com o calor emotivo. Os nossos netos poderão dedicar-se à estética até porque os nossos avós dedicaram-se aos negócios, segundo a sucessão já destacada por John Adams: "Devo estudar a política e a guerra, para que os meus filhos tenham a possibilidade de estudar matemática e filosofia, navegação, comércio e agricultura e possam assim dar aos filhos deles a possibilidade de estudar pintura, poesia, música e cerâmica."

MÉTODOS

As descobertas e as invenções apresentadas neste volume visam representar não tanto o universo das obras criadas pelo homem, mas o alternar-se das linhas retas e curvas na sucessão dessas obras, a evolução progressiva dos vários métodos que, no decurso de milênios, aprendemos a descobrir e a inventar. Chega-se assim a compreender, ainda que em linhas gerais, que passamos gradualmente de formas individuais a formas coletivas de criatividade, que aprendemos a não depender de gênios singulares, ou melhor, a somar a genialidade individual deles à genialidade coletiva dos grupos organizados para criar emoções e conhecimentos, ciência, arte e tecnologia.

À poesia, à pintura e à composição musical que permanecem como criações tipicamente individuais somaram-se o teatro, a lírica, a música de câmara, os concertos sinfônicos, os balés clássicos e modernos e ainda o *jazz* e os programas televisivos: todas elas formas artísticas em que é freqüente que um número razoável e variável de pessoas participe da criação inventiva e da interpretação de obras de arte. Este conjunto que se forma progressivamente é ainda mais acentuado na área científica e tecnológica, em que o progresso depende cada vez menos de um único Newton ou de um único Marconi e sempre mais dos grandes laboratórios de Cambridge, Genebra, do MIT ou de Osaka.

Tanto nas ciências como nas artes, não se trata mais de simples "escolas" ou de "movimentos" como os "keynesianos" na economia, ou o grupo da "teoria dos conjuntos" na matemática, ou da "biologia molecular", ou ainda os "impressionistas", os "cubistas" ou os "expressionistas", no campo artístico, ou mais ainda adeptos de grupos como o Fluxus, o Memphis ou o movimento da Transvanguarda, em que alguns cientistas ou artistas, compartilhando um mesmo paradigma, continuavam a produzir cada um por conta própria. Trata-se, ao contrário, de verdadeiras criações coletivas, como as telas pintadas a seis mãos por Andy Warhol, Basquiat e Francesco Clemente, nas quais seria inútil distinguir as contribuições pessoais, dado que a grandeza das obras consiste exatamente no conjunto. A mesma coisa vale para um concerto de *jazz*, para o roteiro de um filme, para a criação de um *software*, de um carro ou de um satélite.

CRISE NA ORGANIZAÇÃO INDUSTRIAL

Essa tendência aqui explorada no decurso de toda a história da humanidade era ainda uma hipótese na minha mente quando, juntamente com alguns colaboradores, iniciei a identificação de grupos criativos que trabalharam na Europa durante a época industrial, entre a metade do século XIX e a metade do século XX. A necessidade daquela pesquisa tinha brotado quase que por geração espontânea, como antítese a um longo estudo conduzido entre 1969 e 1986 sobre os trabalhadores das indústrias manufatureiras. Os dados que emergiam das milhares de entrevistas confirmavam que, graças à tecnologia, até mesmo a produção de bens materiais requer uma quantidade de trabalho humano cada vez menor, porém sempre mais qualificado. De modo que a organização industrial clássica do trabalho, descaracterizada pela predominância surpreendente dos colarinhos-brancos e das funções intelectuais, assinalava uma inadequação irreversível dos seus métodos consolidados e era obrigada a tomar emprestados modelos de outras organizações e de outras disciplinas: a teoria dos sistemas da biologia, por exemplo, ou o *project management* das empresas espaciais e da produção cinematográfica.

Disso nasce a minha curiosidade científica de explorar as experiências organizacionais não-industriais e seguir pelo curso inverso a história delas, até as décadas que precederam o taylorismo e o fordismo. As perguntas que eu me fazia eram, mais ou menos, as seguintes: no auge da era industrial existiram organizações que visavam mais à produção criativa do que à reprodutiva? Onde foram mais numerosas? Como eram estruturadas? Quais eram as suas características financeiras, comerciais e gerenciais?

Até mesmo do passado mais longínquo emergiam exemplos ilustres: as oficinas do Renascimento, por exemplo, e as academias que, a partir de Lourenço o Magnífico, competiam com as primeiras em termos de formação de artistas e cientistas. Mas me interessava sobretudo o período em que a indústria conquistou a sua hegemonia social, devido à sua organização científica: os séculos de Marx e de Weber, de Taylor e de Ford.

UMA VIA EUROPÉIA À REORGANIZAÇÃO

Resgatando e fichando dezenas de exemplos famosos e menos famosos – grupos de artistas que iam dos nazarenos aos pré-rafaelitas, dos impressionistas aos primeiros grandes estilistas; equipes de cientistas que iam dos médicos franceses, dos físicos italianos até os biólogos ingleses –, logo tornou-se claro para mim que, se excluísse as grandes aventuras do *jazz* e do cinema, nas quais a América havia triunfado – e se excluísse também casos anômalos e chamativos como os de Louis Comfort Tiffany, de Elbert Hubbard com as suas Roycraft Shops, ou de Charles Rohlfs e ainda de Charles e Henry Greene e poucos outros –, quase todos os grupos criativos que eram ativos no primeiro período industrial eram europeus.

A segunda constatação, sugerida pelas próprias fichas à medida que iam se acumulando, era que cada um desses grupos, organizados para produzir arte ou ciência, havia elaborado igualmente um modelo original de organização, financiamento e, freqüentemente, também de vendas. O distrito, a rede, o *lobby*, a administração por objetivos, o *project work*, o congresso permanente e todas as mais variadas inovações com as quais vêm se vangloriando até hoje os teóricos mais eminentes das ciências organizacionais já haviam sido pensados e pontualmente adotados pelos grupos cujas histórias floresciam sob o meu olhar de estudioso.

Portanto, enquanto os Estados Unidos realizavam o grande esforço teórico-prático que traria com o *Scientific Management* a descoberta de um método único, feito de leis e princípios exatos com os quais estabelecer a produção em série, a Europa percorria uma estrada autônoma, buscando e praticando diversas formas originais de organizar os trabalhos criativos, desempenhados de forma coletiva.

Num primeiro tempo essas múltiplas modalidades, frágeis devido à sua própria natureza e precocidade, mostraram-se perdedoras diante do avanço prepotente do monolítico modelo industrial. Porém, hoje, quando a organização da fábrica tradicional exauriu o seu ciclo histórico e demonstra-se incapaz de organizar não somente os escritórios e as repartições, mas também o lazer, a atividade artística e científica e até mesmo a própria fábrica, então os esforços e os exemplos da velha Europa voltam a emergir como patrimônio precioso e como fonte de inspiração para as estruturas e os funcionamentos dos grupos empenhados no trabalho criativo. Por isso, entre tantos grupos examinados na primeira fase da pesquisa, selecionei 13 que, além de serem quase todos famosos devido às suas genialidades, me pareceram igualmente representativos de modalidades organizacionais igualmente originais.

A SOCIEDADE CRIATIVA

Os resultados dessa pesquisa foram publicados em 1991, com o título *A Emoção e a Regra*,[3] e nos capítulos a seguir farei freqüentemente referência a esses 13 casos. O livro foi bem acolhido, tanto na Itália como no exterior, e o debate que desencadeou encorajou minha equipe a estender a pesquisa a uma dezena de grupos contemporâneos: das equipes de Fellini aos laboratórios científicos de Rita Levi Montalcini, o Consiglio Nazionale di Ricerca e muitas empresas. Do estúdio de Michelucci até o de Oscar Niemeyer, do ateliê de estilistas como Valentino ou Capucci às redações dos jornais e dos telejornais, das empresas de *design* como a Alessi ou a Frau até as de projetos gráficos como a de Antônio Romano; do circo aos museus, dos teatros clássicos e experimentais aos festivais de todos os tipos; dos institutos de pesquisa universitária a muitos grupos sem fins lucrativos. Essas pesquisas envolveram uma centena de estudantes de graduação e pós-graduação e dezenas de coordenadores reunidos em torno da cadeira de Sociologia do Trabalho da Universidade de Roma. Talvez atualmente esse departamento possua o maior acervo mundial de casos que dizem respeito à criatividade coletiva.

Juntava-se a fome com a vontade de comer. À medida que aprofundava o tema da criatividade coletiva, os 13 casos descritos em *A Emoção e a Regra* me pareciam somente uma última etapa, em nada definitiva, de uma longa experiência histórica da humanidade, acumulada no curso de milênios, construindo diques, templos, catedrais e palácios, abrindo oficinas, fundando mosteiros e academias. Antecipando sempre formas passíveis de organização pós-industrial, funcionais à criatividade coletiva.

Satisfazendo a minha deformação como sociólogo, acato a concepção de que o verdadeiro sujeito histórico da criação não é o homem, mas a sociedade: *a sociedade criativa*. Disso deriva o conteúdo deste volume, dedicado à reconstrução histórica do trabalho criativo, produzido pelo homem no decurso dos milênios e aqui reconstruído através de casos, episódios e métodos.

CONFUNDIR A ARTE COM A VIDA

Quase tudo aquilo que nos circunda é criado ou marcado pelo homem. Até mesmo um frango contém mais tecnologia do que carne e osso. Por isso, a minha escolha, privilegiando determinadas invenções em detrimento de outras, é completamente arbitrária. Obviamente dei preferência aos episódios que melhor sustentam as minhas teses ou que haviam permanecido menos citados na historiografia humana.

Além disso, a minha postura é etnocêntrica. Por mais que tenha me esforçado para compreender casos de criatividade em outras culturas, as referências à história ocidental prevalecem largamente neste livro. E o que é pior: ainda que eu tenha tentado ser objetivo, o meu ponto de vista permanece sendo, essencialmente, aquele de um intelectual europeu que divide seu tempo entre Roma e Ravello, ou seja, vive numa capital de cultura latina e numa cidadezinha de veraneio de cultura árabe-amalfitana, ambos os casos agraciados por uma renda média *per capita* de 25.000 dólares.

Por fim, não consegui resistir à tentação de selecionar sobretudo casos que chamam a atenção, embora esteja plenamente consciente de que mil humildes invenções – do anzol à lapiseira, da chave ao saquinho de chá, dos pregadores de roupa aos suspensórios, do ferro de passar à cadeira – tenham contribuído tanto para a felicidade humana quanto a Torre Eiffel.

Quase sempre as invenções humildes são anônimas e, justamente por isso, talvez sejam as mais coletivas dentre todas as invenções, representando, como os poemas homéricos, o resultado final de um progressivo ajuste secular. Além disso, todos nós ouvimos milhares de piadas, mas raramente conhecemos um inventor de piadas. Isto demonstra, mais uma vez, o quanto é difusa a necessidade de criar, de sorrir e de fazer sorrir. E demonstra que todos, como John Cage, amam "confundir a arte com a vida".

O tempo – afirmou Heráclito – é um jovem a brincar. Às vezes, nos seus jogos, gosta de se divertir sobretudo com a esfera emotiva, criando poesia, música e arte. Outras vezes lhe apetece concentrar-se sobretudo no âmbito racional, criando matemática, ciência e tecnologia. O importante é que cada homem saiba brincar com o tempo que brinca, de modo criativo, sem se esquivar aos seus dons: "O tempo passou na janela – só Carolina não viu", diz o lamento de Chico Buarque, na sua doce canção.

Que cada um, então, fecunde o seu tempo segundo as próprias vocações criativas, de modo que prossiga eternamente o itinerário do homem, que ama entrelaçar os mundos fantásticos da aproximação com os universos concretos da precisão; as linhas retas, saxônicas, peremptórias, com as linhas curvas, latinas, livres e sensuais.

A BELEZA SE EXPANDE

O segundo volume – *Fantasia e Concretude* – visa sedimentar e aproveitar a longa experiência criativa descrita no primeiro, a fim de buscar uma definição e uma explicação dos processos criativos: o que é a criatividade; o que é necessário para determiná-la; quais são as formas específicas que está assumindo na nossa sociedade pós-industrial; o que muda quando passa de uma modalidade individual para uma modalidade coletiva; quais contribuições para a sua compreensão são trazidas pela neurologia, pela psicologia, pela epistemologia, pela sociologia e por todas as ciências que se atormentam em busca do seu fascinante segredo.

As literaturas psicológicas e psicanalíticas, assim como as referentes à neurologia e à epistemologia, são muito vastas, explorando terrenos interessantíssimos, mas, por vezes, tão disparatados entre si que desencorajam toda e qualquer tentativa de uma síntese exaustiva. Por isso, limitei-me a evocar somente poucas contribuições, estritamente úteis ao meu discurso.

Além disso, o segundo volume é dedicado ao exame de fatores que, creio, intervêm com maior peso na dinâmica dos grupos criativos: a motivação dos vários membros, o estilo da liderança e o clima geral, isto é, a alma da organização.

Afirma Gregory Bateson: "Para que exista um tipo de lei de Gresham da evolução cultural – segundo a qual as idéias ultra-simplificadas acabam sempre desalojando as mais elaboradas –, o que é mais vulgar e desprezível acabaria sempre destronando a beleza. Apesar disso, a beleza perdura."[4]

Após haver percorrido a história humana sob a égide da criatividade, após ter refletido muito sobre a natureza desse nosso potencial inato, creio poder concluir, mais otimista que Bateson, que a beleza não somente perdura como, felizmente, se expande.

CAPÍTULO UM

OS SETE DIAS DA CRIAÇÃO

"Mais olhas para trás, mais adiante verás."
WINSTON CHURCHILL

CIRCA

"No princípio, Deus criou os céus e a terra. A terra estava informe e vazia; as trevas cobriam o abismo e o Espírito de Deus pairava sobre as águas."[1] (GÊN, 1, 1-2.) Assim inicia o Gênesis, o primeiro livro da Bíblia, escrito aproximadamente há 3.000 anos, no qual se evoca, poeticamente, a origem do mundo, da humanidade e do povo eleito.

"Deus disse: 'Faça-se a luz!' E a luz foi feita. Deus viu que a luz era bela, e separou a luz das trevas. Deus chamou à luz DIA, e às trevas, NOITE. Sobreveio a tarde e depois a manhã: foi o primeiro dia." (GÊN, 1, 3-5.)

Por seis dias Deus prossegue a sua obra, criando todas as coisas por intermédio da palavra ("Ele falou e tudo foi feito", diz o Salmo), motivado pela beleza ("Deus viu que a luz era bela"). Diante de cada coisa nova que cria – a terra, o mar, a erva, as plantas, o sol, a lua, as estrelas, as aves, os peixes, o homem e a mulher –, Deus quase que se espanta com a sua beleza. E daquele estupor satisfeito lhe vem a motivação para prosseguir à etapa seguinte da criação. É a beleza do resultado que impulsiona Deus a seguir em frente, a produzir beleza, quase como se desafiasse a si mesmo e a sua capacidade de criar coisas cada vez mais belas.

Findo o sexto dia, completados e ordenados o céu e a terra e todas as coisas que neles se encontram, "Deus viu que tudo aquilo que havia feito era deveras muito belo". Exaltado por tanta beleza, realizou a coisa mais linda de todas: "No sétimo dia, terminada a sua obra, Deus descansou." Agora, "tudo estava criado".

Com efeito, sempre em busca da beleza e por meio da palavra, a criação prossegue a cada dia desde milhões de anos por obra do homem, que é ao mesmo tempo produtor e produto, artífice e artifício, criador e criatura. E essa criação, jamais com uma idêntica velocidade ao longo do tempo – por vezes fulminante e peremptória como uma linha reta, por vezes sinuosa e flexível como uma linha curva –, permaneceu lentíssima durante milhões de anos, em seguida avançou com uma aceleração imprevista, por blocos, saltos, regressões e revoluções. Até a descoberta do ferro, da roda e da escrita, até a invenção da máquina a vapor, até o desenvolvimento industrial, da bomba atômica, da biologia molecular e da informática.

Por sua vez, o estudo das primeiras longuíssimas etapas – a pré-história – deste caminho assim tão acidentado acontece, algumas vezes, por brilhantes iluminações, fulminantes como uma linha reta; já em outros casos é obrigado a seguir a linha curva de longas e tortuosas pesquisas. A narração que disso deriva é sempre sujeita a contínuas revisões, seja pela escassez de informações e pela incerteza dos achados sobre os quais se funda, seja pela particularidade congênita a um trabalho desse gênero, no qual o sujeito que hoje reconstrói os fenômenos pesquisados é mais ou menos aquele mesmo cérebro humano que ontem os produziu.

Portanto, refazendo o percurso desse período é obrigatório acompanhar toda e qualquer datação com o vocábulo *circa*, e, a cada descoberta de novas informações, impõe-se modificar até de milênios a cronologia da nossa pré-história, reformulando os paradigmas com os quais ela é interpretada. Sherwood L. Washburn, um pioneiro no estudo dos primatas, nos lembra que: "No início do século XVIII a opinião geralmente aceita era que o tempo transcorrido entre a criação da Terra e a época atual deveria ser avaliado em poucos milhares de anos. No final do século XIX, este intervalo tinha aumentado em milhares de vezes, atingindo a cifra de 40 milhões de anos. Com a descoberta de que o lento e constante declínio de certos isótopos radioativos constitui um relógio, tornou-se necessário incrementá-lo outra vez em milhares de vezes, de modo que hoje consideramos que a idade da Terra gire em torno de 4,6 bilhões de anos.

"A mente humana não consegue, literalmente, abraçar um período dessa ordem; o homem e o seu senso comum são capazes de perceber tempos breves como o ritmo do nascimento, do crescimento e da morte. A este sentido de tempo biológico pode-se somar um sentido de tempo social: um intervalo menos tangível de três-cinco gerações, que é importante para os atores do drama da sociedade humana. Intervalos mais longos não possuem o mesmo impacto emocional. A escala do tempo real, concebida pela ciência, pode ser considerada a primeira avaliação temporal completamente desvinculada da mente humana. A moderna concepção do tempo é, naturalmente, somente uma, dentre uma série de emancipações mentais que conduziram o homem a uma compreensão mais profunda da sua história evolutiva."[2]

Conforme já foi dito, a aventura da nossa espécie, nas suas fases iniciais, foi feita de eventos e transformações tão lentos, incertos e incertamente distribuídos, que até mesmo algumas de suas etapas fundamentais são permanentemente deslocadas, para a frente ou para trás, em milhares de anos. De todo modo, especialistas sobre pré-história como John Desmond Clark nos aconselham a crer que, no interior das lentíssimas ondas iniciais da história humana, "os diversos níveis culturais foram atingidos através de uma série de estágios de transição, inicialmente numa rápida sucessão e, a seguir, mais graduais, enquanto uma nova meta não fosse atingida".[3] Jean Chavaillon acrescenta que "a história das técnicas paleolíticas identifica-se nesta lenta passagem do instrumento multiuso ao instrumento especializado, do manufaturado fabricado unitariamente aos instrumentos construídos em série, do trabalho feito por um amador até o do profissional".[4] Koyré diria "do mundo da aproximação ao universo da precisão".

UM CAVALO DE 50 CENTÍMETROS

A vida na Terra teve início há milhares de milhões de anos. Há cerca de 200 milhões de anos surgiram os primeiros répteis, inclusive os dinossauros, os primeiros voadores e os primeiros mamíferos. A seguir, pelo que parece, cerca de 70 milhões de anos atrás, uma catástrofe destruiu todos os animais de grande porte (os dinossauros chegavam a ter 40 metros de comprimento). Mais ou menos na mesma época começaram a se formar os primeiros longínquos ancestrais dos animais atuais, assim como os primeiros exemplares de primatas, os primeiros macacos.

Morfologicamente, cada espécie seguiu a sua evolução própria, sua própria linha reta em direção ao contínuo aperfeiçoamento e desenvolvimento. O cavalo, por exemplo, até 38 milhões de anos atrás não conseguia superar 50 centímetros de altura; há 26 milhões de anos atingia 70 centímetros; há sete milhões de anos havia alcançado o metro; dois milhões de anos atrás chegou aos 120 centímetros, e há dois milhões de anos permanece tendo um metro e meio. Se lembrarmos que a série dos microprocessadores, em apenas trinta anos, passou de uma capacidade de 20.000 operações por segundo a uma capacidade de um bilhão de operações por segundo, nos daremos conta de quanto mudou a escala das progressões com a qual a nossa espécie se relacionou ao longo da sua história.

Num primeiro longuíssimo período dessa história, que termina em torno de nove ou dez mil anos atrás e que, geralmente, é unificado sob o rótulo de "paleolítico", passou-se, aos poucos, do *Australopithecus* ao *Homo habilis* e, em seguida, ao *Homo erectus* e ao *Homo sapiens*.

LENTÍSSIMOS RIOS DE GELO

Hoje dispomos de aquecedores e de aparelhos de ar condicionado, de máquinas capazes de retirar a neve e de isolantes térmicos. É óbvio que os nossos ancestrais pré-históricos, na falta dessas tecnologias capazes de controlar as inclemências da natureza, ficaram sujeitos aos seus efeitos de uma maneira muito mais drástica do que nós. Portanto, os fatores ambientais desempenharam um papel determinante na nossa própria criação.

"No tempo em que o Senhor Deus fez a terra e os céus não existia ainda sobre a terra nenhum arbusto nos campos, nenhuma erva havia ainda brotado nos campos, porque o Senhor Deus não tinha feito chover sobre a terra, nem havia homem que a cultivasse; mas subia da terra um vapor que regava toda a sua superfície" (GÊN, 1.2, 4-6). A Bíblia é uma imensa fábula, ainda que narrada por Deus, e, como em todas as fábulas, os eventos se sucedem com a rapidez da linha reta, que tanto agradava a Ítalo Calvino. Tudo no Gênesis, o bem e o mal, acontece num piscar de olhos: Deus disse: "Produza a terra plantas e ervas que contenham sementes, e árvores frutíferas que dêem frutos segundo sua espécie e o fruto contenha a sua semente. E assim foi" (GÊN, 1, 11). "Caim disse então a Abel, seu irmão: 'Vamos ao campo.' Logo que chegaram ao campo, Caim atirou-se sobre seu irmão e o matou" (GÊN, 4.5, 8).

As coisas do nosso mundo, na realidade, caminharam muito mais lentamente e de forma bem mais complexa. A rapidez da linha reta, própria do celeste mundo fabuloso, a evolução terrestre teve que substituir pela lentidão da linha curva: se a pré-história da nossa espécie, sob o perfil antropológico, é caracterizada pela longa e confusa sucessão que vai do *Australopithecus* até o *Homo sapiens*, a história geológica do nosso planeta, desde 70 milhões de anos até agora, passou por inúmeras eras – cretácea, paleocênica, eocênica, oligocênica, miocênica, pliocênica, pleistocênica e holocênica – cada uma das quais se dissolvendo nas que a precederam e nas que a seguiram.

Até 500 milhões de anos atrás o clima da Terra era muito mais quente que atualmente, e a superfície terrestre era muito mais desertificada. A seguir, talvez devido a uma conjuntura de variações da órbita terrestre, da inclinação do eixo da Terra e das radiações solares, teve início uma época glacial, na qual os blocos de gelo expandiram-se, absorvendo enormes massas de água marinha e recobrindo vastíssimas zonas de todos os continentes.

Durante milhares de séculos, antes mesmo que a nossa espécie adquirisse aspectos suficientemente humanos, talvez essas geleiras tenham ficado paradas e o clima permanecido uniforme.

Depois os blocos de gelo começaram a se mover: por várias vezes avançaram, provocando modificações radicais na flora e na fauna, e várias vezes retrocederam, provocando transformações profundas também no aspecto antropológico.

Parece plausível a idéia de que, quando uma dessas glaciações teve fim, inicialmente a substituição das geleiras por florestas e, depois, destas por pradarias, por savanas e por estepes favoreceram os ruminantes, os herbívoros, os onívoros e os hominídeos capazes de caminhar na posição ereta.

As glaciações repetiram-se a cada 100 mil anos; este era seu ritmo aproximado. A cada glaciação mudavam radicalmente o clima e o território. Conseqüentemente, os nossos ancestrais eram obrigados a modificar os seus usos e costumes, a fim de sobreviver: alguns sucumbiam, outros resistiam na forma "menos pior", outros tentavam emigrar e outros ainda tinham a capacidade de readaptar-se de modo rápido, beneficiados por uma maior criatividade e por uma maior coincidência entre as suas capacidades físicas e aquelas requeridas pelas novas condições geoclimáticas. Seguramente, os dons criativos de cada indivíduo em particular, assim como do bando como um todo, eram, todas as vezes, os recursos que asseguravam a vitória.

A partir de um milhão de anos atrás houve dez glaciações: uma, chamada Günz, aconteceu há cerca de 600 mil anos; outra, chamada Mindel, ocorreu cerca de 476 mil anos atrás; outra ainda, de nome Riss, sucedeu aproximadamente há 230 mil anos, e uma outra, Würm, aconteceu há 115 mil anos. A última, há 18.000 anos, cobriu de gelo pelo menos um terço de toda a superfície terrestre emersa, solidificando 5% do total de água existente na Terra e provocando um rebaixamento de 100 metros do nível do mar em relação ao nível atual.[5]

Os blocos de gelo em torno dos quais se desenvolveu a nossa lenta história paleolítica podem também ser considerados verdadeiros rios de gelo, capazes de fluir com uma velocidade de 3 cm anuais, sob o efeito de modestas variações astronômicas.

As ondas longuíssimas da nossa história coincidem em boa parte com as sístoles e as diástoles desse grande coração de gelo, transformando-as, criativamente, de catástrofes em oportunidades; graças a elas, os hominídeos conseguiram impor a sua hegemonia sobre todas as demais espécies animais, inclusive aquelas que pertenciam à mesma ordem, isto é, a dos primatas. Enfim, o *Homo sapiens* prevaleceu sobre todos os demais hominídeos, de modo que hoje existem cerca de um milhão de espécies de insetos, 2.400 espécies de roedores, 900 espécies de morcegos, cinco espécies de rinocerontes, duas espécies de hipopótamos e duas espécies de elefantes. Mas somente uma espécie humana.

A PRÉ-HISTÓRIA ESTÁ ESCRITA NAS PEDRAS

Infelizmente, durante milhões de anos, esta nossa história e a história do nosso planeta têm somente as pedras como testemunhas. Quando, em 1865, Sir John Lubbock introduziu pela primeira vez estes dois inspirados termos, "paleolítico" e "neolítico", tinha, justamente, a intenção de dividir a pré-história em épocas caracterizadas pelos modos diversos com os quais os nossos longínquos ancestrais usavam e tratavam as pedras. Segundo Gordon Childe, a Idade da Pedra abrange o extenso período de tempo durante o qual as comunidades humanas permaneceram privadas de tecnologia metálica. Portanto, mais do que um "intervalo de tempo", o Paleolítico é um *modus vivendi*, ou seja, um "modo de viver" iniciado quando um dentre os tantos animais conseguiu, pela primeira vez, quebrar as pedras e transformá-las em utensílios rudimentares. Em seguida, aos poucos, esse mesmo animal aprenderá a caminhar na posição ereta, a usar as mãos, a criar armas cada vez mais potentes, a proporcionar-se uma organização social, a dominar o fogo e a regular as relações interpessoais, a apreciar a estética e a divagar sobre o além. Quando, finalmente, tiver atingido este ponto, não mais se poderá falar de um animal, mas de um *homem*.

O modo de vida paleolítico foi, por ampla margem, o mais duradouro de toda a nossa história. Ainda hoje, em várias partes do planeta, existem algumas tribos que continuam a vivê-lo, para alegria dos nossos antropólogos, mas trata-se de um tipo de sobrevivência cada vez mais raro, assediado pela mídia, pela Coca-Cola e pelo McDonald's. Permanece o fato de que a humanidade inteira viveu de forma paleolítica por dois ou três milhões de anos, equivalentes a 99,9% de toda a sua história, durante a qual inventamos milhões de objetos, mas somente pouquíssimos modos de vida, estreitamente correlacionados aos modos de produzir o bem-estar e a riqueza.

Uma primeira maneira paleolítica de viver, que durou alguns milhões de anos, era marcada pelo *scavenging*, ou seja, os nossos ancestrais sobreviviam praticamente sendo "garis" (*scavenger*, em inglês, é aquele que coleta ou dispõe do lixo) da natureza, alimentando-se de plantas e pequenos animais encontrados por acaso, portanto dependendo totalmente dos recursos disponíveis no ambiente.

Um segundo modo de vida paleolítico, que durou cerca de um milhão de anos, caracterizou-se pela caça de animais pequenos e grandes, assim como por uma colheita mais selecionada de ervas e frutas.

Um terceiro tipo de vida, neolítico e mais recente, que durou cerca de dez mil anos, coincidiu com a civilização agrícola e caracterizou-se pelo cultivo da terra, pela atividade pastoril e pelo uso do ferro. Com ele, passou-se da pré-história à história.

Um quarto modo de vida, existente somente durante os 200 anos da sociedade industrial, entre a metade do século XVIII e a metade do XX, foi marcado pela organização científica das fábricas, pelo emprego de máquinas automatizadas e pela descoberta de fontes de energia como o vapor, a eletricidade e o petróleo.

Um quinto estilo de vida, iniciado somente há algumas décadas, está se organizando em torno do papel hegemônico do saber, da informação, da estética e do lazer.

Obviamente, o abismo cultural que existe entre o nosso modo de viver e aquele do paleolítico constitui um obstáculo em nada irrelevante à compreensão da estrutura e da cultura das comunidades pré-históricas.

UMA SENHORITA ETÍOPE CHAMADA LUCY

"O Senhor Deus formou pois o homem do barro da terra e aspirou-lhe nas narinas um sopro de vida, e o homem se tornou um ser vidente" (GÊN, 1.2, 7). Na realidade, a matéria-prima com a qual moldamos a nós mesmos não foi a terra, mas sim o macaco.

Os macacos mais antigos datam de 25 milhões de anos, quando surgiram os hominídeos da espécie africana *Proconsul*. Porém, até chegar ao *Australopithecus* mais antigo, talvez já capaz de articular uma primeira linguagem rudimentar, dotado de um encéfalo mais volumoso (cerca de 400 centímetros cúbicos) e dos pressupostos morfológicos para caminhar ereto sobre dois pés, é preciso que recuemos quatro ou cinco milhões de anos, quando se encontra, justamente, um tipo de quadrúpede que tentou e aos poucos conseguiu tornar-se um bípede.

Os macacos do tipo *Australopithecus* dominaram o cenário dos hominídeos até dois milhões de anos atrás, mas com vários subtipos robustos e magros, e continuaram a povoar algumas zonas da África até um milhão de anos. O dimorfismo entre os machos e as fêmeas era ainda muito acentuado, o acasalamento era promíscuo, e os machos haviam aprendido a agrupar-se para defender o próprio território. Os bandos viviam nas savanas ou nas florestas, descansavam durante a noite dormindo debaixo das árvores e nutriam-se de frutas, plantas, raízes e pequenos animais, contando com a ajuda ocasional de utensílios elementares e perecíveis.

Um chimpanzé que hoje coleta cupins nas florestas da Tanzânia, servindo-se de pequenos galhos, não deve ser tão diferente assim daqueles nossos longínquos ancestrais descobertos em vários sítios arqueológicos da África e erroneamente saudados como o elo perdido entre o homem e o macaco.[6] Com efeito, como é bem sabido, Darwin jamais sustentou a hipótese de que descendemos do macaco; portanto, de nada serve encontrar um fantasioso "elo perdido" entre nós e eles. O único ponto na escala evolutiva que compartilhamos com os atuais macacos – os quais, é preciso admiti-lo, muitas vezes se assemelham a nós de uma forma inquietante, seja no corpo, seja nas expressões – são alguns longínquos antepassados comuns, parecidos com os horríveis musaranhos.

Porém, tornemos aos macacos do tipo *Australopithecus*, ocupados, cada vez mais, na experimentação do andar ereto. Um exemplar muito celebrado dessa espécie é o esqueleto de uma senhorita etíope que viveu há cerca de três milhões e meio de anos, descoberta em 1974 por Donald C. Johanson, que a batizou Lucy, a partir do *hit* dos Beatles da época: *Lucy in the Sky with Diamonds*.[7]

Vinte e cinco anos, com um pouco mais de um metro de altura, essa moça bípede e um tanto ou quanto macaca, que pesava 25 quilos, teve a ventura de viver na interseção de duas linhas biológicas: a dos "hominídeos animais" (os australopitecos), especializados demais para evitar a própria extinção alguns milhões de anos mais tarde, e a dos "hominídeos humanos", demasiadamente imperfeitos para evitar evoluir para o que será, primeiro, o *Homo habilis*, depois o *Homo erectus* e, finalmente, o *Homo sapiens*, e, portanto, toda a longa cadeia de indivíduos humanos que foi se formando até chegar a mim, que escrevi estas coisas, e a vocês, que as estão lendo.

HOMO HABILIS: MÃOS E CÉREBRO

Há quatro ou cinco milhões de anos, os nossos longínquos ancestrais australopitecos começaram a experimentar o andar ereto, liberando aos poucos, deste modo, as patas anteriores, e permitindo assim que elas evoluíssem para a forma de mãos. Mas, antes que as duas patas livres aprendessem a construir utensílios, foi necessário o intervalo de pelo menos um belo par de milhões de anos.

Enquanto na Etiópia Lucy caminhava sobre os dois pés, sem contudo haver compreendido o que fazer com ambas as mãos, no Quênia e em outras regiões africanas alguns dos seus contemporâneos mais evoluídos aprenderam a usá-las para fabricar utensílios. E os fizeram com tal perícia que lhes valeu a denominação de *Homo habilis*, um novo tipo de hominídeo que se formou aproximadamente há dois milhões e meio de anos e que dominará a cena pré-histórica por pelo menos um milhão de anos.

Os utensílios encontrados juntamente com os restos do *Homo habilis* representam o primeiro grande salto da natureza rumo à cultura e a primeira grande expressão da criatividade humana. "Os utensílios", escreveram Chiarelli, Masetti e Pieraccioli, três paleontólogos italianos de grande renome, "diferentemente da ferramenta simples, são o testemunho da existência de um pensamento conceitual: é necessário que exista na mente do autor uma idéia, um modelo que ele execute, mediante uma série de operações efetuadas segundo uma ordem precisa. Os primeiros utensílios de pedra fabricados pelo homem, as machadinhas ou cutelos, da cultura olduvaiana, que remonta a cerca de dois milhões de anos, eram ainda bastante rudimentares. Para produzi-los, criava-se uma borda cortante numa pedra, graças à retirada de algumas lascas. Esses instrumentos refletiriam, segundo Thomas Wynn, uma inteligência de tipo pré-operacional, que avança por tentativa e erro, faltando ainda uma fase de verdadeira projeção do utensílio. Já a sucessiva indústria aqueuliana e bifacial, datada de aproximadamente um milhão e meio de anos e associada ao *Homo erectus*, dá ênfase à simetria e denota, portanto, uma referência pelas relações geométricas mais complexas, testemunhando uma inteligência operacional parecida com a do homem atual."[8]

Com o *Homo habilis* perdura o dimorfismo. Embora ainda habituado a dormir sob as árvores, esse nosso hábil antepassado é dotado de uma capacidade craniana que é praticamente o dobro daquela do *Australopithecus*, sendo capaz de utilizar instrumentos de pedra, de madeira e de osso; todavia, nutre-se de alimentos crus, mas usa couros para cobrir-se, sabendo fazer uso do fogo para se aquecer. Onívoro, talvez monógamo, assemelha-se a nós muito mais do que os demais hominídeos, manipula muito bem as pedras de modo a obter lascas cortantes e é capaz de organizar a própria moradia, seja no interior de cavernas, seja em campo aberto, protegendo-a do vento cercando-a com paliçadas.

No bando, os machos competem entre si pelo controle do maior número de fêmeas, sendo responsáveis pela obtenção do alimento e defesa do território. Por vezes, o grupo pára em áreas restritas, que utilizam como depósito, conservando aí os animais abatidos na savana.

Mas, acima de tudo, o *Homo habilis* começou a falar, adquirindo assim o principal instrumento para transmitir informações aos homens e aos animais, para se comunicar com os seus semelhantes, educar a prole, organizar conscientemente a vida coletiva e diferenciar-se, de forma definitiva e numa medida incomensurável, de todos os seus rivais.

Na prática, uma vez no estágio de *Homo habilis*, não só já havíamos aprendido a usar nossas mãos como tínhamos igualmente aprendido a usar muito bem o nosso cérebro (que então já ocupava um espaço de 600 a 800 centímetros cúbicos), usufruindo seja deste último, seja daquelas primeiras, a fim de inverter a nossa relação com a natureza: não termos mais que nos esforçar para sobreviver adaptando-nos ao mundo circundante, mas pretender, legitimamente, poder viver domando o mundo que nos circundava, segundo as nossas demandas.

Portanto, pela primeira vez na história a cultura suplantava a natureza, imprimindo desta forma uma forte aceleração àquela marcha triunfante da potência humana, que atingiria limites extremos, tais como aproximar-se da eternidade, a ponto de quase alcançá-la com as biotecnologias, mas, paradoxalmente, avizinhar-se também da destruição do homem e de todo o planeta, com a energia nuclear.

HOMO ERECTUS: FOGO E CAÇA

Há mais de 100 anos, um jovem anatomista holandês, Eugène Dubois, durante uma pesquisa na ilha de Java, encontrou um crânio grande demais para que pudesse ter pertencido a um macaco e pequeno demais para que pudesse ser verdadeiramente humano. Batizou-o, portanto, de "pitecantropo", isto é, "macaco-homem", servindo-se de um termo que já havia sido cunhado dois anos antes por Ernst Haeckel. Junto ao crânio encontrava-se um fêmur tão "moderno", que era uma prova suficiente para demonstrar que aquele homem-macaco caminhava ereto. Por isso, Dubois acrescentou o adjetivo *erectus*. O *Homo erectus* é um tipo de hominídeo que, após milhões de anos dominado pelo *Homo habilis*, conseguiu conquistar o papel de protagonista de todo o período pré-histórico, que remonta a um milhão e meio de anos.

O corpo desse nosso ancestral era bastante parecido com o nosso, com exceção do cérebro, bem menor: 900 centímetros cúbicos em comparação com os nossos 1.400 centímetros cúbicos. O grande pioneiro dos estudos pré-históricos, Gordon Childe, apoiando a sua febril imaginação antropológica nos quatro ou cinco fragmentos fósseis que foram encontrados, chegou até a descrevê-lo: "A sua fronte", nos assegura o autor, "prolongava-se para trás, acima de pronunciadas arcadas supra-orbitais, que protegiam os olhos e davam suporte à maciça arquitetura do crânio e da mandíbula. Contudo, um aumento rudimentar na área que preside a palavra nos nossos cérebros demonstra que o homem de Java falava e já atribuía aos sons significados socialmente aceitos."[9]

Com o *Homo erectus* o dimorfismo sexual vai se atenuando, e são criados os primeiros vínculos entre os casais. Os machos se especializam na defesa do território e na caça, que é feita em grupo, com o auxílio de instrumentos construídos especificamente para este fim. As fêmeas dedicam-se sobretudo à procriação, à criação dos filhos e à colheita das frutas espontâneas e das plantas. Ambos dormem, finalmente, no chão, em acampamentos-base destinados a múltiplas funções. É dali que partem os grupos de machos caçadores em busca de presas grandes e pequenas; é naquele mesmo local que se divide e se cozinha o produto da caça. Neste ponto, o fogo, o pai de todas as tecnologias, é utilizado de forma sistemática, e são produzidos em série e com destreza instrumentos de pedra para o corte e o arremesso, paus para escavar e golpear, assim como equipamentos para se defender contra as intempéries e para transportar as presas abatidas.[10]

No período de tempo compreendido entre um milhão e meio e 100 mil anos atrás, o *Homo erectus* difundiu-se em quase todas as terras emersas da Europa e da África. Já havia se tornado um ótimo caçador, sabia construir armadilhas e costumava organizar complexas excursões de caça. Dotado de uma capacidade craniana muito maior do que a do *Homo habilis*, construía facas e raspadores de qualidade muito superior, além de ter logo concebido uma forma de isolar a umidade das cavernas, cobrindo-as com pedras. Já para aprender a usar de modo sistemático o fogo, necessitou de mais tempo. Os primeiros restos de carvão queimado remontam a um milhão de anos, mas os achados mais confiáveis, correspondentes a um acampamento de nômades, datam de uma época posterior, demonstrando que somente há 500 mil anos os nossos ancestrais paleolíticos descobriram como acender o fogo e como manipulá-lo com a desenvoltura necessária.[11]

Todas essas demonstrações iniciais de criatividade predominantemente coletiva nos parecem hoje rudimentares e muito lentas, mas, se atentarmos bem, foram prodigiosas a ponto de nos tornarmos humanos, liberando-nos definitivamente da animalidade e distanciando-nos irreversivelmente de todos os outros animais, dentre os quais nenhum é capaz, ainda hoje, de atirar intencionalmente uma pedra, construir um arco ou acender uma fogueira. Diz a Bíblia: "Façamos o homem à nossa imagem e semelhança. Que ele reine sobre os peixes do mar, sobre as aves dos céus, sobre as bestas, sobre os animais selvagens e sobre todos os répteis que rastejam pelo chão." (GÊN, 1, 26.)

HOMO SAPIENS: A CRIAÇÃO DEU CERTO!

Os milhões de anos da idade paleolítica serviram ao homem para criar a si mesmo, diferenciando-se, imperceptível mas definitivamente, dos outros animais, adquirindo uma linguagem própria e construindo alguns utensílios indispensáveis à sua sobrevivência.

A fase final dessa longuíssima gestação cobre um período de tempo compreendido entre cerca de 500 mil e aproximadamente 9.000 anos atrás, isto é, do momento em que os hominídeos praticamente balbuciavam e construíam instrumentos de caça bastante rudimentares até quando os homens já haviam domesticado o cão, construído o arco e a flecha, inventado o mundo do além, dado origem a atividades intencionalmente estéticas, e estavam prontos para o salto da era paleolítica à era neolítica.

Essa é a fase dominada pelo *Homo sapiens*, que já sabe manejar com perícia as pedras, servindo-se de outras pedras, sabe usar chifres, paus e objetos pontiagudos a fim de tornar mais suportável o próprio cansaço na luta pela sobrevivência, cria técnicas sofisticadas que permitem a retirada intensiva de moluscos do mar, inventa a arte e a metafísica, fala e atribui aos sons significados compartilhados com outros membros do próprio grupo.

Com o *Homo sapiens* o ritmo evolutivo sofre uma aceleração decisiva: se o *Australopithecus* só sabia usar pedras e paus, se foram necessários milhões de anos para que os macacos mais evoluídos mal conseguissem encontrar e usar pedras lascadas, ao *Homo sapiens* de Neandertal bastaram 100 mil anos para aprender a curar os doentes, enterrar os mortos, iluminar as noites com lanternas a óleo, aproveitando assim horas de escuridão para a sua vida ativa. Hominídeo que a esta altura é um homem, nosso antepassado, agora já bem-formado, capaz de falar e de construir utensílios, dotado de um cérebro que cresceu nitidamente mais do que o do macaco, demonstra que o homem finalmente conseguiu criar a si mesmo.[12]

CAPÍTULO DOIS

O HOMEM DESCOBRE A IMPERFEIÇÃO E INVENTA A PALAVRA

"Tenha bem em mente aquilo que lhe digo" foi a advertência que Ruth me fez hoje de manhã. Eu o farei, naturalmente, mas não sei exatamente de que maneira. Suponho que as ordens vão ao sistema límbico e a informação geográfica ao hipocampo, mas não tenho certeza."

GERALD D. FISCHBACH

"A voz indica o que é doloroso e alegre e, portanto, também os outros animais a possuem, mas a palavra é feita para exprimir o que é prazeroso e o que é nocivo e, conseqüentemente, o justo e o injusto... e os outros valores."

ARISTÓTELES

UM *BRAINWARE* DE NEURÔNIOS E DE REDES

A prodigiosa evolução do homem dependeu sobretudo da sua própria criatividade, estimulada e enriquecida pela influência de três tipos de fatores interativos: *os ambientais* (clima, relevo, alimentação, doenças, etc.); *os genéticos* (consangüinidade, troca de genes, hereditariedade, mutações, fecundidade, etc.); *os culturais* (fatores que regulam a natalidade, a mortalidade, as migrações, os usos, os costumes, as linguagens, as ideologias, as técnicas, as manufaturas, os signos, etc.).

Entre os fatores genéticos da nossa criatividade, o cérebro desempenhou um papel primário, que lhe confere o lugar de honra entre os motores da evolução humana. O seu volume e a sua complexidade, o crescimento das suas capacidades inventivas, o progresso tecnológico, a longevidade e a qualidade das nossas vidas desenvolveram-se de forma sincrônica, influenciando-se reciprocamente. Johanson nos sugere que "a linha de *Homo* caracterizou-se por uma seleção contínua em relação à inteligência, como se evidencia pelo aumento considerável da capacidade craniana: o *Australopithecus afarensis* possuía um cérebro com uma capacidade equivalente a 1/4 se comparada à do homem moderno; no *Homo habilis*, o cérebro expande-se até cerca de 800 centímetros cúbicos. Há cerca de 35.000 anos, o cérebro do *Homo sapiens* tinha 1.500 centímetros cúbicos".[1]

No homem dos nossos dias parece que a média de 1.424 gramas, com vistosas exceções, como Ivan Turgueniev e Jonathan Swift, que podiam vangloriar-se de cérebros com mais de dois quilos, ou como Anatole France, que tinha um encéfalo de apenas 1.000 centímetros cúbicos. Porém, para sorte de Anatole France e de todos nós, homens contemporâneos, não existe nenhuma relação comprovada entre o tamanho do cérebro e os nossos comportamentos: há cérebros atuais, particularmente pequenos, que resultam ser mais inteligentes que alguns cérebros especialmente grandes do *Australopithecus* ou do homem de Neandertal. Além disso, gozamos de uma grande variedade de inteligências: a de tipo lingüístico, a lógico-matemática, a musical, espacial, cinestésica, corporal, interpessoal, social, naturalística e existencial.[2]

Para dizer a verdade, não há ensaios de anatomia aplicada sobre os nossos ancestrais pré-históricos que estejam de acordo quanto à dimensão dos seus cérebros. Parece, contudo, certo que, nas diversas etapas que transcorreram entre o *Australopithecus* e o *Homo sapiens*, o cérebro tenha crescido com um ritmo acelerado. Depois, estabilizou-se e, em seguida, começou a decrescer. Porém, para nossa sorte, decresce tão lentamente que até mesmo os menos dotados dentre os pugilistas, apresentadores de televisão ou professores universitários podem se vangloriar de ter um cérebro três vezes mais volumoso e mais pesado do que os macacos mais evoluídos do nossos tempo.[3]

Assim como é incerta a dimensão dos cérebros deles, também é incerto o que passou pela cabeça dos nossos ancestrais durante o inimaginável período de tempo que vai desde 25 milhões de anos atrás até nove ou dez mil anos passados. Com certeza, o jogo do acaso e da necessidade, mantido por um tempo assim tão desmedidamente longo e por um número de gerações também incomensuravelmente elevado, acabou por dotar o cérebro dos hominídeos, e, em seguida, os dos humanos, de neurônios incomparáveis em termos de quantidade (de 80 a 100 bilhões), de redes neuronais únicas em termos de quantidade, de complexidade e de funcionalidade, capazes – os únicos, no universo de toda a fauna terrestre – de desempenhar atividades criativas, em nível científico e artístico. Basta pensar que "a nossa é a única espécie que se preocupa em estudar a si mesma".[4]

Há quatro ou cinco milhões de anos teve início o nosso sistema de locomoção ereta. Contrariamente àquilo que se crê, "o cérebro humano não foi um dos últimos órgãos a se formar no homem, mas sim um dos primeiros. Do ponto de vista neurológico, já há cerca de três milhões de anos existiam cérebros com uma organização claramente humana... Tanto as provas diretas providas pela organização neuronal como as provas indiretas fornecidas pela confrontação entre as dimensões cerebrais indicam que o *Australopithecus* e pelo menos um outro primata africano do período que vai de três milhões a um milhão de anos atrás tinham cérebros com uma organização essencialmente humana, e que o *Australopithecus* provavelmente tinha também uma proporção cérebro-corpo compreendida na gradação humana".[5]

Há um ou dois milhões de anos, a nossa expansão cerebral e a nossa atividade instrumental sofreram uma extraordinária aceleração, determinando um destaque definitivo entre os hominídeos humanos e os hominídeos animais. Mas não era só o tamanho que fazia a diferença. Entre todos os mamíferos hoje existentes, o homem não é aquele que possui o maior cérebro, nem mesmo aquele que pode vangloriar-se de ter a maior proporção entre o cérebro e o corpo. Existem, por exemplo, diversos mamíferos marinhos que, nitidamente, o vencem. O que distingue o cérebro dos homens do cérebro dos animais (em muitos casos com uma vantagem da nossa parte), além da dimensão, é a morfologia, a complexidade.

Do ponto de vista morfológico, o cérebro foi gradualmente enriquecendo-se. O sistema neomamífero reúne características do paleomamífero e do proto-réptil (se quisermos adotar a subdivisão proposta por MacLean). O *proto-réptil* limita-se a gerir os comportamentos estereotipados e predeterminados, que não exigem flexibilidade com respeito aos estímulos ambientais. O *paleomamífero*, que está na base das emoções e das sensações prazerosas ou desprazerosas, molda o comportamento humano a partir dos estímulos ambientais. O *neomamífero* é capaz de analisar e transformar os sinais, sistematizando-os em coordenadas espaço-temporais, elaborando conceitos e projetos e compondo sínteses entre a fantasia e a concretude, isto é, criando.

Como *input*, esse nosso complexo *brainware* necessita de um sistema perceptivo capaz de armazenar informações provenientes do exterior; como *output*, precisa de um sistema vocal e motor capaz de expressar idéias e atuar segundo as estratégias concebidas.

À medida que aumentam as capacidades cerebrais dos hominídeos, modifica-se a morfologia do seu cérebro: o *Homo habilis*, que se limita a construir sistemas simples e a usar uma linguagem rudimentar, possui lobos frontais ainda pouco pronunciados; o *Homo erectus* e a seguir o *Homo sapiens* do tipo de Neandertal, que já são capazes de desempenhar funções cerebrais bem mais complexas e criativas, apresentam um desenvolvimento considerável dos lobos frontais, parietais e temporais; o *Homo sapiens sapiens*, de tipo mais moderno, criador da civilização científica, tecnológica e estética, já consideravelmente elaborada, possui, a essa altura, lobos encefálicos plenamente humanos, que lhe permitem ter uma boa noção do tempo, uma imaginação fértil e uma pronta capacidade de simbolizar: as chamadas "folhas de louro", finamente entalhadas somente por fins estéticos, e a placa óssea de Blanchard, sobre a qual um nosso antepassado há 30.000 anos desenhou os ciclos lunares, constituem testemunhos comoventes.[6]

Durante essa longa evolução, algumas áreas cerebrais se desenvolveram mais do que outras: trata-se das áreas da linguagem, situadas no hemisfério esquerdo, e de outras simétricas no hemisfério direito, particularmente importantes em relação ao tema que estamos examinando porque trouxeram consigo o amadurecimento da criatividade típica do *Homo sapiens sapiens*, que encontrará, a seguir, as suas primeiras grandes expressões nas civilizações suméria e egípcia. Especialistas como Eccles e Strata chamam a atenção para o fato de que o desenvolvimento, em tudo particular, do sistema visual na espécie humana determinou a nossa propensão especial a representar o mundo que nos circunda e, portanto, a nossa extraordinária criatividade nas artes figurativas, da gravura à arquitetura, da escultura aos vitrais, à cerâmica e à tapeçaria.

O CÉREBRO E A MENTE

Percepção sensorial, noção de tempo, capacidade de simbolizar, imaginação, capacidade expressiva e criativa são, portanto, as funções estabelecidas por esse prodigioso *software* que é a nossa mente e por esse *hardware* muito potente que é o nosso cérebro, o qual não se constitui de partes intercambiáveis, embora cada uma das partes singulares tenha algumas das capacidades do todo, graças a propriedades holográficas e à estonteante quantidade de interações.

Escreve G. Morgan, um dos poucos estudiosos que, nos últimos anos, nos ofereceu um livro apreciável e agradável sobre as ciências organizacionais: "O caráter holográfico do cérebro pode ser evidenciado de forma particularmente clara pela estrutura através da qual cada neurônio (célula nervosa) se conecta com centenas de milhares de outros neurônios, de forma a permitir um tipo de funcionamento que seja simultaneamente generalizado e especializado. Parece que diversas zonas cerebrais especializam-se em atividades diferenciadas, mas o controle e a execução dos comportamentos específicos não são em nada localizados, contrariamente ao que se pensava tempos atrás. Assim, enquanto podemos distinguir as funções realizadas pelo córtex cerebral (o comandante que controla todas as atividades não-rotineiras e, provavelmente, também a memória), pelo cerebelo (o computador ou o piloto automático que gerencia as atividades rotineiras) e pelo mesencéfalo (o centro dos sentimentos, dos odores e das emoções), somos levados a considerar que todas essas partes sejam estreitamente interdependentes, a tal ponto que cada uma delas é capaz, se necessário, de desempenhar as funções das outras... Sabemos também que o cérebro direito e o esquerdo trabalham em conjunto para produzir as estruturas do nosso pensamento, assim como sabemos que a distinção entre as funções desses dois hemisférios num setor dotado de capacidade criativa e num dotado de capacidade analítica vem paralelamente acompanhada por estruturas conectivas mais amplas. Por exemplo, a parte direita do cérebro criativo ou analógico é fartamente conectada com o sistema límbico e emocional. O princípio dessa conexão e do funcionamento generalizado é também um reflexo do fato de que os neurônios servem tanto como canais de comunicação quanto como locais para atividades específicas ou para dados de memória. Considera-se que cada neurônio é tão complexo quanto um pequeno computador e que é capaz de armazenar uma grande quantidade de informações. A estrutura altamente conectiva que mantém os neurônios unidos permite uma elaboração simultânea da informação em diversas partes do cérebro, torna possível receber diversas informações ao mesmo tempo, assim como de se ter consciência do que acontece em outra área... A importância da interdependência na complexidade do funcionamento cerebral é confirmada comparando-se cérebros humanos e animais. Os elefantes, por exemplo, possuem cérebros muito maiores do que os cérebros humanos, porém seus neurônios não são interconectados na mesma medida.

"Um aspecto interessante dessa interdependência é representado pelo fato de que ela determina o grau de interconexão recíproca e de troca, muitas vezes superior à necessidade de um momento particular. No final das contas, uma tal redundância resulta crucial para poder criar capacidades holográficas e para garantir a necessária flexibilidade operacional. A redundância permite ao cérebro funcionar com bases mais probabilísticas que determinísticas, e garante a possibilidade de corrigir erros casuais e coloca à sua disposição um excesso de potencialidades indispensáveis para que se possam desenvolver novas atividades e funções. Em outras palavras, facilita o processo de auto-organização, no qual a estrutura e o funcionamento interno podem se adequar diante de uma mudança das circunstâncias."[7]

Conforme foi visto, para que essas funções do cérebro humano atingissem o volume, a complexidade e a sofisticada perfeição que o tornaram superior a todos os outros cérebros de todas as outras espécies animais, foram necessárias dezenas de milhões de anos, durante os quais a massa encefálica e a caixa craniana cresceram de modo constante, não uniformemente acelerado e, de toda forma, tão lentamente, de maneira a ser perceptível somente a intervalos de milhares de milênios.

No estágio atual desse longo processo ainda em curso, nos parece ser somente um pouco mais claro do que eram para Descartes a distinção e a relação entre o *cérebro* e a *mente*.

Por um lado, um órgão bastante tangível, que pesa entre 1.200 e 1.800 gramas, composto por milhares de bilhões de células, das quais cem bilhões são neurônios, estruturados de modo diverso com todos os seus dendritos e axônios, os seus neurotransmissores, as suas sinapses e os seus impulsos nervosos que viajam a uma velocidade de 100 metros por segundo, com a sua plasticidade e a sua variedade estrutural, funcional e molecular: o *cérebro*, enfim, composto por células que se comunicam entre si, que se organizam em rede e modificam gradualmente as próprias conexões, com base na experiência.

Por outro lado, uma entidade impalpável, feita de consciência de si, imaginação, memória, emoção, estados de ânimo, impulsos, inclinações, desejos, aprendizado, inteligência e criatividade: a *mente*, enfim, que deveria ser o fruto do cérebro, mas que a muitos parece ser irredutível ao funcionamento de um órgão, por mais complexo que ele seja.

Se é inegável que "o fígado", como ironizou Gerald D. Fischbach, "contém provavelmente 100 milhões de células, mas mil fígados unidos certamente não produzem uma rica vida interior",[8] é igualmente verdade que "a mente não é em nada *desencarnada*", como conclui Alberto Olivério, em seu livro, tão rigoroso quanto agradável.[9]

NENHUM HOMEM É UMA ILHA

O cérebro humano cresceu quantitativamente até quando cada indivíduo podia contar só consigo mesmo, para investigar e descobrir todos os métodos necessários à sua sobrevivência e para memorizar todas as experiências adquiridas. Depois que o *Homo sapiens* aprendeu a usar os seus semelhantes, as máquinas, a escritura, a arte, a ciência e as técnicas a fim de delegar a outras pessoas e a outras coisas uma parte crescente das suas funções cerebrais, o encéfalo cessou de crescer quantitativamente, talvez porque já não tivesse mais essa necessidade.

Hoje o meu cérebro é composto também pelo cérebro dos meus colaboradores e dos meus amigos, é constituído pelos meus livros e pelos livros deles, pelo meu computador e pelos deles, é formado pelo meu relógio, pelo meu celular, pela minha secretária eletrônica, pelos meus discos e pela Internet, à qual me conecto. Em positivo e em negativo, tudo aquilo que crio não é criado somente por mim, mas também por todas essas pessoas e por essas próteses cerebrais. Da mesma forma, os livros que escrevo não são de minha exclusiva autoria, mas são produzidos e "editados" por mim. Talvez obra alguma possa ser *inteiramente* atribuída a quem a assina, nem mesmo aqueles últimos e incríveis quartetos de Beethoven, compostos quando ele já era surdo há vários anos, ou ainda os *Ensaios* precursores de Michel de Montaigne, escritos quando ele já estava há muitos anos recluso, no seu castelo solitário. Porém, trataremos disso mais adiante.

No terceiro milênio depois de Cristo, a criatividade individual é somente uma abstração ou um delírio de onipotência. Neste campo, mais do que nunca, é válida a frase de Thomas Merton: "Nenhum homem é uma ilha."

UM ÓRGÃO E DOIS CANOS

"No princípio era o Verbo (...) E o Verbo se fez carne", diz o Novo Testamento (Evangelho segundo São João, 1-1 e 14). Mas a versão prosaica desta gênese nos leva a reconhecer que foi o nosso aparato anatômico que se transformou, ao ponto de falar. Portanto foi a carne que se fez verbo, palavra, e não vice-versa. E a palavra é múltipla, como múltiplas são as linguagens.

"Ao monólogo com minha mulher", dizia Karl Kraus, "prefiro o diálogo comigo mesmo." Somos capazes de articular um diálogo interior, implicando somente a nossa imaginação, e um diálogo exterior, usando a linguagem da voz, do corpo, dos perfumes e das cores, da mesma forma como as abelhas usam a linguagem dos aromas e da danças. Mas é a palavra a via áurea da nossa comunicação em *output*, assim como o ouvido é o meio privilegiado da nossa comunicação em *input*.

Ainda não sabemos quando, como e por que os hominídeos começaram a falar. Há tempos pensava-se que fosse uma única língua, aquela com a qual a humanidade se expressou originariamente. Heródoto (II, 2) narra um curioso experimento de Psamético, rei de Pito, a fim de apurar que língua era aquela e quem ainda a adotava: "Antes que Psamético reinasse sobre eles, os egípcios acreditavam ser os mais antigos entre os homens.

Mas, desde que Psamético, ao se tornar rei, quis saber quem era o mais antigo, acredita-se que os frígios sejam mais antigos que eles e eles mais antigos que os demais. Visto que Psamético, apesar de suas pesquisas, não conseguia cogitar nenhum meio para descobrir quem fosse o povo mais antigo entre os homens, elaborou o seguinte expediente. Entregou a um pastor dois recém-nascidos tomados ao acaso, com a ordem de carregá-los junto ao seu rebanho e de criá-los da forma seguinte: diante deles, ninguém deveria jamais pronunciar palavra alguma; eles deveriam permanecer sozinhos numa cabana isolada; no momento justo, o pastor deveria lhes trazer cabras, saciá-los com o leite e fazer todo o resto necessário. Psamético ordenou todas essas coisas, com o objetivo de averiguar qual seria a primeira palavra que os bebês pronunciariam, uma vez ultrapassada a fase do balbuciar confuso. E isto foi o que aconteceu: passados dois anos desde que o pastor se comportava desta maneira, quando ele estava abrindo a porta e entrando, ambos os meninos prostram-se a seus pés, pronunciando a palavra *bekos*, estendendo as mãos... Psamético indagou qual povo utilizava o vocábulo *bekos* para nomear alguma coisa, e após suas pesquisas descobriu que os frígios chamavam o pão *bekos*. Desta forma, os egípcios, levando em conta essa circunstância, admitiram que os frígios eram mais antigos do que eles."

Embora mais escolarizados do que Psamético, muitos lingüistas perseguiram um sonho igual ao seu, em data recente, buscando as raízes comuns de todas as línguas e compilando dicionários nesse sentido.

Entre os fatores genéticos e culturais que nos tornam diferentes dos outros animais, a linguagem pode vangloriar-se de ter um lugar e um fascínio especiais, implicando os aparelhos fonador, neurológico e auditivo. São nesses complexos aparelhos, mais do que nos gêmeos de Psamético, que devemos buscar a origem do nosso modo de comunicar, único pela sua riqueza, plural nas suas linguagens e idiomas.

No plano anatômico é ilustrativo comparar o aparelho fonador humano com o dos outros primatas, pois temos maior capacidade de ressonância nas cavidades oral e faríngea, que desempenham a função de caixas acústicas para os sons produzidos pelas cordas vocais.

A fim de suprir a minha total ignorância no assunto, passo a palavra a três especialistas na matéria – Chiarelli, Masetti e Pieraccioli –, aos quais já incomodei no capítulo precedente: "A cavidade oral, que se apresenta no homem encurtada e alargada, tornou-se mais dócil às mudanças de forma e de dimensões requeridas pela articulação dos sons da linguagem; os maxilares e a mandíbula tornaram-se mais leves; o palato tornou-se mais curvo, e a pavimentação oral é constituída em grande parte pelo músculo genioióideo. Além disso, a cavidade faríngea do homem é proporcionalmente mais extensa do que a dos demais primatas, e isto se deve, essencialmente, à descida da laringe no pescoço, o que fez com que se perdesse o contato entre a epiglote e o palato mole. Formou-se assim uma porção supralaríngea da faringe que desemboca em ângulo reto na cavidade oral, numa configuração tipicamente humana. Por fim, a língua deslocou-se para trás até constituir, com a sua base, a margem anterior da cavidade faríngea por um lado e a posterior da cavidade oral, por outro: ela tornou-se de tal forma um elemento de continuidade entre as duas cavidades, a ponto de modificar simultaneamente, com os seus movimentos, as dimensões e a forma de ambas. O trato supralaríngeo do ser humano pode portanto funcionar como um órgão com dois canos, capaz de produzir uma notável variedade de sons emitidos pela laringe. O seu valor adaptativo foi o de estender o número de sinais vocais passíveis de serem produzidos, em muito superior ao dos outros primatas, nos quais, à diferença do homem, o trato supralaríngeo funciona como um órgão com um único cano."[10]

Quanto aos mecanismos nervosos, durante a evolução "no hemisfério encefálico esquerdo surgiram áreas neocorticais associativas, áreas definidas da linguagem destinadas à discriminação, compreensão e produção de mensagens e sinais verbais (...) As diversas áreas corticais, embora cada uma separadamente desenvolva um determinado tipo de operação verbal, não são entidades funcionais em si mesmas, mas integram um sistema empenhado na percepção, compreensão e produção da linguagem, funcionando em estreita colaboração com as demais áreas corticais, assim como com o resto do encéfalo".[11]

Enquanto os seres humanos se especializaram nos mecanismos de produção da linguagem, de forma a ter sob controle voluntário a expressão vocal e a poder fornecer informações objetivas, os outros primatas são capazes de controlar a sua vocalização numa medida assaz inferior, que permanece circunscrita a sensações emotivas e a respostas instintivas.

Em comparação com a humana, as áreas associativas dos outros primatas são menos extensas e têm um número inferior de conexões recíprocas. Também isto explica a falência de todas as tentativas patéticas, feitas até o momento, de induzir os macacos antropomórficos a falar, buscando recuperar em poucos meses as deficiências acumuladas em milhões de anos e pretendendo tornar vãs, 25 séculos depois, as reflexões que Aristóteles fez em *A Política*: "A natureza não faz nada sem um objetivo, e o homem, único entre os animais, possui a palavra."

SEIS PONTOS DE FORÇA

Contra todas as adversidades naturais e contra todas as ameaças dos competidores hostis, os nossos antepassados conseguiram despontar graças a seis pontos de força: os primeiros cinco eram constituídos por uma visão aguda, pela capacidade de caminhar ereto, pela conseqüente possibilidade de utilizar livremente as mãos e os braços, por um cérebro volumoso e inteligente e pela faculdade da fala. O sexto ponto de força era constituído pelo fato de possuir os primeiros cinco *simultaneamente*. A propósito do hominídeo, Carlton S. Coon escreve: "Dentro de certos limites, compartilhava estas características com os macacos e os antropóides, mas a combinação de todas as cinco era exclusivamente sua. Este conjunto de dotes naturais tornou-se algo de único em si."[12]

Naturalmente, o nosso hominídeo burlesco e bestial, destinado a se tornar o patrão da Terra, tinha também os seus pontos fracos: não conseguia morder com a mesma força dos outros animais, seus concorrentes, e devia dedicar mais tempo que os outros à criação da prole, que se tornava auto-suficiente somente muito mais tarde do que os outros filhotes.

IMPERFEIÇÃO

Mas o *Homo sapiens* soube fazer com que o mal viesse para o bem: a fraqueza das mandíbulas foi compensada com a capacidade de comer todo e qualquer tipo de alimento e com a invenção dos utensílios, enquanto o tempo "desperdiçado" com os recém-nascidos e com as crianças foi valorizado com fins de transmissão cultural de geração a geração. Fedele escreveu: "A cultura é aquilo que o homem faz: aquilo que *faz* mental e materialmente, graças ao aprendizado num âmbito social. Cultura é transmissão e uso de informação, mas de informação coletiva; é o conjunto dos esquemas de comportamento comunicados por instrução e não por hereditariedade genética, compartilhado por um grupo e não confinado a um único indivíduo. Por trás disso encontra-se todo o patrimônio do comportamento habitual, que é socialmente transmissível de geração a geração e que dá ao grupo condições de sobreviver num determinado habitat."[13]

Devemos portanto admitir que nenhum outro ser vivo soube elaborar uma "cultura" igualmente eficaz, conseguindo transmiti-la num modo tão perfeito e até obter sucesso na transformação, com atos criativos, de pontos fracos em pontos fortes.

A imperfeição, assim como a tenacidade e a coragem, é um ingrediente essencial para a criatividade, à qual fornece o espaço para se desenvolver e o estímulo para aguçar-se. Ao verso de Yeats "*Perfection of the life, or of the work*" (Perfeição da vida ou da obra), Rita Levi Montalcini contrapõe o seu "*Imperfection of the life and of the work*" (Imperfeição da vida e da obra), justificando assim a sua preferência: "Os processos evolutivos que nos descendentes de 'Lucy', nossa antepassada que viveu há três milhões e meio de anos, transformaram aqueles hominídeos de sexo feminino, de um metro e cinco centímetros de altura e com um crânio de dimensões não superiores às de uma noz de coco, no *Homo sapiens* não aconteceram seguindo um plano preestabelecido, mas por mutações casuais. O progressivo aumento do volume do cérebro e aquele, ainda mais espetacular, das suas capacidades intelectuais são o resultado de um processo desarmônico, que criou infinitos complexos psíquicos e aberrações comportamentais, dos quais foram poupados os nossos companheiros de viagem, desde os primatas antropomórficos até aqueles outros seres, infinitamente mais numerosos, que nos precederam em centenas de milhões de anos e que, provavelmente, também sobreviverão a nós, isto é, os insetos. Aqueles que hoje povoam o planeta não são substancialmente diferentes dos seus mais remotos predecessores, que viveram há 600 milhões de anos. Desde que surgiu o primeiro inseto, seu cérebro, como a ponta de um alfinete, demonstrou ser adequado a resolver os problemas ambientais e a ameaça dos predadores, de modo que não se dispôs ao jogo caprichoso das mutações e deve à perfeição do modelo primordial a sua estaticidade evolutiva."[14]

Algo parecido sucederá, muito mais tarde, também em relação aos estados e aos impérios, como foi descrito por Carlo M. Cipolla no seu *The Economic Decline of Empires* (O declínio econômico dos impérios), e sucederá também com as empresas, nas quais se tende a repetir, acriticamente, os comportamentos que levaram ao sucesso, mas que, se adotados num contexto modificado, podem determinar o declínio: "*Success needs failure*" (O sucesso precisa do fracasso), como demonstraram Cyert e March, os dois cientistas da organização.

EFICIÊNCIA E ENERGIA

O homem, dizia Benjamin Franklin, é um animal capaz de fabricar instrumentos. E os fabrica constantemente, acrescenta John D. Clark.

O primeiro a fazer isso foi o *Homo habilis* cerca de dois milhões de anos atrás, para quebrar os ossos das presas e sugar a medula, para romper os crânios e comer os miolos, para separar a carne do couro; os seus ancestrais haviam escolhido, entre uma infinidade de pedras, aquelas que apresentavam o formato mais adequado; já ele aprendeu a lascá-las, intencionalmente, a fim de obter instrumentos ainda mais eficazes para cortar, raspar, percutir, etc. A estes somou ainda paus torneados adaptados da melhor maneira para desenterrar raízes e tubérculos comestíveis.

Assim, enquanto a debilidade das suas mandíbulas era superada em relação aos animais concorrentes, a dieta variada, mais rica em proteínas e em gordura animal, juntamente com os esforços criativos necessários à captura das presas, estimulava a seleção e o crescimento do seu cérebro, tornando-o adequado a posteriores processos de criatividade e de programação ainda mais complexos.

Tudo isso pode parecer pouco em relação ao tempo incalculável que levou para acontecer, de modo lentíssimo, mas é preciso admitir que os outros primatas foram ainda menos criativos que os nossos ancestrais e permanecem, ainda hoje, subjugados pela natureza, contra a qual não souberam elaborar outras estratégias, além das elementares e desarmadas, que lhes são sugeridas pelos próprios instintos.

Os homens, ao contrário, etapa após etapa, primeiro com a coleta de lascas naturais, em seguida com a fabricação de instrumentos multiuso e, depois ainda, com a produção de uma série de instrumentos para construir outros instrumentos, levaram adiante, com imaginação e capacidade de realização, a sua marcha triunfante em direção às metas de sempre: poupar cansaço e matéria-prima, reduzir a dor, incrementar o bem-estar e a segurança, assim como manter a morte à distância.

André Leroi-Gourhan demonstrou que há dois milhões de anos, lascando um quilo de seixos, o homem conseguia obter uma única machadinha, com uma borda cortante de poucos centímetros; 400 mil anos passados, melhorando as suas técnicas, podia obter lâminas de duas faces, com um total de borda cortante de 120 cm; aprimorando mais ainda as suas técnicas, 80 mil anos atrás, conseguia construir pontas, enxós e raspadores, com um total de superfície de corte de quatro metros; há dez mil anos, com uma tecnologia ainda mais sofisticada, fabricava dezenas de lâminas com uma superfície total de corte de 20 metros.[15]

Na luta contra a fadiga e a fome, não existe um único utensílio ou expediente que não tenha sido pensado com o objetivo específico de *poupar* energia e economizar o tempo (H) necessário para construir os produtos (P). A meta prática final era a de aumentar a eficiência do trabalho humano (E), segundo a mesma equação (E = P / H) que Taylor formulará entre o final do século XIX e início do XX, nas fábricas da Filadélfia, e que toda a sociedade industrial assumirá como um desafio de época: o trabalho humano é considerado tanto mais eficiente quanto mais bens e serviços produz num menor período de tempo. O objetivo prático ideal é zerar H, delegar todo e qualquer esforço às máquinas e liberar completamente o ser humano de todo e qualquer trabalho chato, repetitivo, tedioso e cansativo, assim como concentrar todas as suas energias em fins elevados como a auto-realização através da criatividade, da introspecção, das atividades lúdicas, da amizade, do amor, do convívio e da beleza.

Livrar o ser humano do cansaço através do incremento da eficiência requer fontes energéticas alternativas à força muscular. O domínio das técnicas para acender, usar e melhor aproveitar o fogo, valorizando-o, garantiu a primeira dessas fontes. A segunda foi criada, milhares de anos mais tarde, por intermédio da domesticação do cão. A terceira fonte foi criada com a construção do arco e da flecha.

O CÃO: PRÓTESE DÓCIL E AFETUOSA

O *Canis familiaris*, aquele que hoje fareja a droga nos aeroportos, que de longe sente o odor da presa nas corridas de caça, que prenuncia as crises epilépticas dos enfermos, que desenterra as minas terrestres nas zonas de guerra, que encontra os corpos sob os escombros, que corre livre pelos parques ou passeia na coleira pelas calçadas, que mantém as ovelhas em fila pelas veredas, que cochila soturno sobre os sofás, que desfila aristocraticamente na Crufts inglesa ou que dorme piolhento aconchegado aos mendigos, aquele cão não existia *in natura*, mas é uma invenção cultural coletiva e progressiva, o elo mais recente de uma longa cadeia genética criada pelo homem a fim de manipular ao infinito o corpo e o cérebro de um quadrúpede, a ponto de fazer dele a sua prótese estruturalmente mais funcional e esteticamente mais sofisticada.

Numa tumba de 12.000 anos, descoberta em Israel, o corpo de um homem jaz abraçado ao corpo de um filhote, talvez de lobo ou talvez já de um verdadeiro cachorro. A análise do DNA não poderia resolver o dilema, pois, como demonstração do estreito parentesco originário entre eles, o lobo e o cão possuem um DNA quase idêntico. Daquela origem única, através de cruzamentos, seleções e adestramentos, o ser humano conseguiu obter centenas de raças, fazendo do cão a espécie mais variada que existe e modulando as suas variedades segundo as suas próprias necessidades de defesa contra os inimigos, de ajuda na caça e no pastoreio, de transporte com os trenós, de companhia para as pessoas solitárias, de brinquedo para as crianças, de modelo experimental para os cientistas, de guia para os cegos, de fonte de renda e de competição para os proprietários de canis, assim como de ostentação para seus donos. As seleções e os cruzamentos, concebidos, inicialmente, por motivos de utilidade prática, foram, aos poucos, dando lugar a híbridos produzidos cada vez mais para fins estéticos. Poderíamos dizer que a evolução do cachorro acompanhou, de forma paralela, a do ser humano, passando da fase nômade da sociedade pré-agrícola baseada na caça à fase de transumância da pastoral, até aquela sedentária da agricultura, ou ainda aquela urbana da sociedade industrial, para chegar, por fim, àquela atual, lúdica e estética, em que os *cães-prima-donas* da sociedade pós-industrial satisfazem as demandas estéticas e os desejos exibicionistas dos seus donos, mimados pelos seus admiradores, abarrotados de guloseimas, penteados por cabeleireiros, sócios de clubes caninos, como se fossem verdadeiros lordes.

Antes do cão, um milhão de anos atrás, havia o lobo, o coiote, o chacal; antes do lobo, há oito milhões de anos, havia o *Eucyon*; antes deste, há 40 milhões de anos, encontrava-se o *Esperocyon*. A evolução de lobo a cão foi bem lenta. Os lobos que se aproximaram dos acampamentos humanos, a fim de se nutrir com os restos dos alimentos deles, foram, gradualmente, adquirindo hábitos humanos, o que auxiliou o tipo menos agressivo dentre eles a domesticar-se, progressivamente, até vir a ocupar "aquela terra de ninguém que se encontra entre o humano e o não-humano", conforme escreveu o biólogo James Serpell. Homens e cães, no final das contas, só tinham, ambos, a lucrar com a colaboração recíproca. Recusando a sociedade com os humanos, os lobos se autocondenaram à via da extinção; já de cachorros, só na Itália existem 11 milhões, sendo que na cidade de Roma são 150.000.

Como se explica essa longa colaboração entre os homens e os cães? "A razão", escreveu Angus Phillips, "encontra-se, provavelmente, na semelhança em termos de estrutura social e de dimensões, entre as alcatéias e os primeiros clãs humanos; na compatibilidade dos seus objetivos de caça e das zonas nas quais a exercitavam; assim como na disponibilidade, por parte dos humanos, de aceitar nos seus acampamentos os lobos mais suplicantes, aqueles mais jovens e menos ameaçadores. Pode-se supor que certos lobos ou protocães tenham se aproximado, num primeiro momento, das fogueiras dos povoados atraídos pelo aroma da comida; e que, em seguida, passaram a ter acesso aos primeiros grupos humanos por terem se revelado úteis ou, pelo menos, inofensivos. Em suma, pode ser que, no início, os lobos, divididos em matilhas de 25 ou 30 animais, e os seres humanos, também eles agrupados em clãs de 25 ou 30 indivíduos, tenham compartilhado o mesmo território de caça, até que os lobos começaram a girar em torno dos acampamentos devorando os restos, e assim o homem compreendeu que o lobo, graças ao seu olfato e à sua velocidade, poderia ser-lhe útil para identificar e perseguir as presas. Além disso, o lobo era também uma ótima sentinela: durante a noite, com os seus sentidos afiados, podia advertir os humanos da iminência de um perigo."[16]

Portanto, milhares de séculos de caça, de observação da vida animal e de competição astuta e acirrada com as presas foram coroados pela domesticação – isto é, pela invenção – do cachorro, que empresta ao ser humano um ouvido mais aguçado, um olfato mais apurado (o cão 220 milhões de receptores olfativos, 30 vezes o número que a espécie humana possui), uma reação reflexa mais veloz e maior resistência. Enfim, uma fonte de energia dócil, fiel e quase inteligente.

O ARCO: ARMA MÚLTIPLA E MORTÍFERA

Milhares de séculos de progresso e milhares de gerações de hominídeos encontram a sua tecnologia suprema num mecanismo belo e complexo como o arco, no qual toda a potência muscular do arqueiro se concentra num só ponto, descarrega-se num único instante e prolonga-se numa trajetória, calculada em tempo real, segundo o tamanho, a distância e os deslocamentos do alvo.

Em 1798 da era cristã, o imperador otomano Selim III conseguiu lançar duas flechas de competição a uma distância de 889 metros. Parece que este foi o melhor tiro jamais documentado, feito com um arco de construção tradicional. Aquele arco, presente em todas as culturas, possuía uma longa história e havia prestado grandes serviços ao homem, único animal capaz de inventá-lo. Enquanto o machado e a faca permitiam um número limitado de ações, o arco era o equivalente atual da metralhadora, permitindo golpear, repetidamente, um ou mais alvos, sem correr o risco de perder a arma inteira caso o tiro fracassasse.

Com toda a probabilidade, essa arma – perfeita desde o seu início a ponto de ser usada até os nossos dias, sem significativas modificações – tem 30.000 anos de existência. Com certeza, algumas pontas de flecha remontam a 28.000 anos e alguns exemplares de arcos remontam a 8.000 anos; entre os que chegaram íntegros até nós, os mais antigos possuem 6.000 anos. Ao período compreendido entre 10.000 e 5.000 anos passados remontam os arcos encontrados no pântano de Holmgaard, na Dinamarca, com 150 a 180 centímetros de comprimento, projetados de modo refinado, com uma empunhadura rígida e um ventre entalhado com capricho. Ao período neolítico pertence um arco com dois metros de comprimento, encontrado na Inglaterra, em Somerset. E foi justamente na Inglaterra que, gradualmente, a tradição dos arqueiros mais se desenvolveu em toda a Europa, a ponto de permanecer viva quase até os nossos dias.

Já na Ásia foi inventado o arco composto por materiais diversos, enquanto a disseminação do uso do cavalo, a partir do terceiro milênio antes de Cristo, implicará a tendência de reduzir as dimensões dessa arma mortífera, conservando toda a sua potência, de forma a torná-la mais facilmente manejável pelos cavaleiros.

Até a invenção da balestra, em torno de 500 a.C., o arco permanecerá sendo a máquina bélica capaz de lançar flechas a maior distância e com maior velocidade. A sua posse era sinal de poder e de prestígio: basta lembrar que na tumba de Tutancâmon foram encontrados 32 arcos compostos, 14 arcos simples e 430 flechas.[17]

A AVENTURA DA CAÇA E DA PESQUISA

Mas, juntamente com o cachorro e o arco – que permanecerá sendo a arma mais mortífera durante centenas de séculos, até a criação da espingarda e da metralhadora –, conforme já vimos, o *Homo sapiens* tinha uma boa bagagem de invenções: instrumentos, normas, costumes e conhecimentos; possuía a música, a pintura, a moda, a magia, os ritos, as superstições, as ideologias, assim como a divisão e a especialização do trabalho. "No saber da selva encontram-se as raízes da Botânica e da Zoologia, da Astronomia e da Climatologia, enquanto o controle do fogo e a manufatura dos instrumentos dão início a tradições que se chamarão Física e Química."[18]

Quando até mesmo as formas mais sofisticadas e engenhosas de cultura selvagem – aquelas magdalenianas da França – declinarem, a espécie humana estará pronta para o salto qualitativo do paleolítico ao neolítico, isto é, pronta para o advento da barbárie agrícola. Os caçadores prosseguirão durante séculos a perseguir as suas presas, mas o espírito da pesquisa se transferirá, aos poucos, da aventura física da caça à aventura espiritual da ciência e da arte.

Eu, que escrevo este livro, os milhares de cientistas e artistas que neste mesmo momento estão trabalhando nos seus laboratórios, nos seus ateliês, nos seus estúdios, não fazemos outra coisa senão repetir na escrivaninha ou na prancheta, e de forma abstrata, aqueles mesmos atos de exploração, perseguição e criação que os nossos antepassados hominídeos praticavam materialmente nas cavernas e nas estepes.

A ESTÉTICA E A PROJEÇÃO

O Deus do Gênesis se compraz pela beleza de cada coisa por Ele criada. O homem da pré-história constrói coisas e depois as embeleza. "Parece", observou Childe, "que pedras antigas, com mais de 100 mil anos, foram trabalhadas com o maior cuidado e refinamento do que aquelas necessárias à sua pura eficácia utilitária (...) Muitos dos instrumentos mais recentes, particularmente da classe dos machados, demonstram uma extraordinária sofisticação e capricho no trabalho. Percebe-se que na sua fabricação despendeu-se maior empenho do que o estritamente necessário para que funcionassem. Os seus criadores procuravam fazer algo não somente útil, mas igualmente belo. Se assim é, os instrumentos em questão são verdadeiras obras de arte, expressões de um sentimento estético."[19]

Ao longo de todo o paleolítico, até quando o primado do *Homo sapiens* não se tornara definitivo, os selvagens continuaram a se defender das ameaças da fome por meio da caça, da pesca e da colheita e continuaram a se defender do frio das glaciações entocando-se nas cavernas, fabricando abrigos primitivos e domesticando o fogo.

Trata-se, contudo, de um progresso muito lento da vida material, acompanhado por um crescimento igualmente lento da dimensão espiritual e social. No final dessa longa etapa, o homem havia aprimorado as suas formas de vida coletiva (seleção dos chefes e dos estilos de liderança, colaboração e coordenação entre grupos, assistência aos fracos, educação da prole, etc.), o seu senso estético, a sua capacidade de simbolizar e as suas representações de uma vida para além da morte. Das principais espécies de hominídeos presentes no planeta, somente o *Homo sapiens* tinha aprendido a construir machados e a orná-los com desenhos, enquanto o homem de Neandertal havia aprendido a enterrar os mortos e a formular uma primeira noção de um mundo supraterreno.

Em cada passo desse caminho, até mesmo naquele mais elementar, "era necessário", escreve Chavaillon, "saber fazer escolhas; o gesto dos primeiros hominídeos manifesta uma intenção, a de quebrar ou de cortar, e obedece a uma idéia que antecede a operação prevista, a de recolher uma determinada pedra, visando a um uso específico".[20]

A capacidade de fazer projetos, que garante concretude à fantasia, transformando-a em criatividade, se aprimorará aos poucos e será aplicada não somente à obtenção e à preparação dos alimentos, à construção e ao embelezamento dos utensílios, mas também à organização solidária do grupo social e dos locais nos quais se davam a elaboração dos seixos, o abate das presas, o reparo, o repouso e a reprodução. Os primeiros acampamentos-base remontam a 1,8 milhão de anos; e os primeiros povoados, a 12.000 anos.

Há cinco milhões de anos, os macacos de tipo *Australopithecus* passavam cada noite numa árvore diferente, deslocavam-se num território restrito, e cada um, por conta própria, recolhia o alimento que lhe servia. Há um milhão de anos o *Homo erectus* já passava a noite em um terreno e já havia conseguido organizar melhor o arranjo social e o sítio material do seu bando, reduzindo a competitividade entre os machos e alargando as dimensões dos grupos. Em síntese, o ser humano aprendeu a viver de forma melhor, a trabalhar e a arriscar menos, a maximizar o uso das matérias-primas, a se servir mais comodamente dos outros animais, porque, a partir do paleolítico, o homem foi capaz de liberar-se da natureza, dando início, de modo gradual, a uma cultura "humana" e a uma organização social. Tornou-se um animal político.

HOMO RIDENS

Portanto, nas primeiras longuíssimas etapas do nosso itinerário humano em busca de uma existência livre da fadiga, da indigência e do acaso, os nossos ancestrais, inicialmente, se limitaram a nutrir-se de animais mortos ou doentes, e em seguida aprenderam a caçar animais sadios, a sacudir as plantas no tempo justo para colher os frutos, a decantar os grãos na água do mar, separando-os da areia, a caminhar em posição ereta e a usar as mãos para construir facas de pedra.

Sobretudo aprenderam a articular sons compostos na forma de uma linguagem, aprenderam a acender o fogo e a utilizá-lo para cozinhar e para se defender, tanto dos rigores do frio como de animais ferozes, aprenderam a vencer o medo da morte, graças à invenção de um mundo supraterreno, assim como aprenderam a suavizar as dores da vida com os prazeres proporcionados pela arte.

Prestes à passagem ao neolítico, o homem, "já bastante seguro de si, era um animal único, pronto para a segunda fase da sua história naquele que talvez seja um planeta único".[21]

Como não se deleitar, sozinho ou em grupo? Assim, olhando em retrospectiva a sua epopéia e comparando-a com a de outros macacos que permaneceram como tais, muito provavelmente o *Homo sapiens* não conseguiu se conter, tornando-se o *Homo ridens*.

CAPÍTULO TRÊS

O HOMEM DESCOBRE OS SÍMBOLOS E INVENTA O ALÉM

"*A obra de arte é uma alegria criada para sempre.*"
JOHN KEATS

"*O paraíso deve ser assim: descansar numa rede por toda a eternidade.*"
JORGE AMADO

UM ANIMAL CAPAZ DE INVENTAR O ALÉM

Parece que por milhões de anos os nossos antepassados nunca sentiram a necessidade de sepultar os mortos e de exercitar ritos mágicos ou religiosos; portanto, de crer numa vida ultraterrena e em alguma divindade. A fé no além-túmulo não é um comportamento determinado geneticamente, mas uma construção cultural do homem que atingiu um estágio relativamente avançado da sua evolução.

Essa, obviamente, é uma opinião leiga, fiel aos pais fundadores da sociologia, como Spencer, que formula a hipótese de uma passagem gradual de um ateísmo originário ao culto dos ancestrais, e depois ao politeísmo, para então passar ao monoteísmo e, por fim, chegar ao positivismo. Segundo essa opção, não foi Deus que fez o homem e a Terra à sua imagem e semelhança, mas sim o homem que fez à sua própria semelhança Deus e o paraíso, o diabo e o inferno.

De opinião completamente distinta são, obviamente, os crentes. Estudiosos como Julien Ries, sacerdote, teólogo e grande cultor da História das Religiões, realizam esforços titânicos a fim de forçar todo e qualquer mínimo indício e deslocar o nascimento do sagrado para a época mais remota possível, de modo que possa coincidir com o surgimento do próprio ser humano.

É plausível que o comportamento religioso tenha sido induzido pela confrontação dos nômades com os céus estrelados, pela observação do universo, pelo sentimento de perda, desvario e impotência que, ainda hoje, dela deriva; ou pela aspiração ao infinito e à eternidade como esperança para superar os limites humanos e a morte; ou, ainda, pela emoção do conjunto, da descoberta da alma, deduzida a partir da invasão persistente dos sonhos, do sono, das enfermidades e da morte; ou, mais ainda, pela incapacidade de suportar o luto e o desejo de prorrogar a convivência com os próprios mortos, com os espíritos invisíveis, com as potências sobrenaturais, representáveis tão-somente por intermédio dos símbolos e dos mitos. Espíritos potentes e misteriosos, possuidores de energias inefáveis – *o mana* – que podem ser comunicados somente aos seres humanos mais sensitivos, através da água, das plantas e das pedras.

Para historiadores como Julien Ries, inclinado a encontrar em todo e qualquer indício uma confirmação à religiosidade natural aos seres humanos e até mesmo aos pré-humanos, esses elementos são mais que suficientes para que se conclua que, desde as origens do homem, "a contemplação da abóbada celeste... despertou nele o pressentimento do mistério do infinito e da Transcendência... Portanto, o *Homo erectus*, que é, sem dúvida alguma, um *Homo symbolicus*, é já um *Homo religiosus*".[1]

De seguro sabemos que, já no paleolítico, por pelo menos oitenta milênios, praticou-se o sepultamento dos cadáveres e que, perto do fim dessa longa era, os ossos eram descarnados, os crânios era decorados com conchas e outras conchas eram encaixadas nas órbitas, quase que provendo um novo par de olhos ao defunto, obrigado para sempre a perscrutar a escuridão do além.

Na gruta de Qafzeh, perto de Nazaré, na Galiléia, foram encontrados fósseis humanos intactos, com cerca de 90.000 anos, mas, ao que parece, foram sobretudo os homens de Neandertal que, aproximadamente 60.000 anos atrás, sentiram a necessidade de enterrar os seus mortos e depositar oferendas junto a seus corpos, entrevendo a possibilidade de uma continuação da vida após a morte e inventando, dessa maneira, a religião, isto é, "aquele pacto do ser humano com uma divindade superior e abstrata, capaz de lhe assegurar, de diversas formas, o bem mais supremo, a eternidade de existência".[2] Sob esse aspecto, a divindade é uma das criações mais ousadas da mente humana.

Ries insiste: "A colocação de alimentos e adereços assim como as conchas encaixadas nas órbitas oculares indicam a idéia de uma continuidade *post-mortem* das atividades do defunto. Por intermédio das suas ações funerárias, o *Homo sapiens* de Neandertal, assim como o *Homo sapiens sapiens* do paleolítico superior, demonstra ser *Homo religiosus*, preocupado com a vida para além da morte."[3]

As sepulturas são de vários tipos: isoladas, espalhadas ao acaso ou organizadas num espaço planificado; em campo aberto ou em cavernas e grutas; em terra batida ou com laje de pedra; completamente desnudas ou enfeitadas por oferendas rituais, como flores, objetos ou armas; e o corpo é sepultado nu ou colorido, ou ainda adornado com medalhões, ou com vestes bastante ricas, em várias posições e a uma distância variada em relação às paredes da fossa. Alguns fósseis apresentam até mesmo indícios de canibalismo.

Embora as sepulturas permaneçam raras até 10.000 anos atrás e faltem testemunhos colaterais de outro gênero, capazes de enriquecer esses achados "mudos" com notícias posteriores esclarecedoras a propósito dos significados simbólico, ritual e metafísico da morte, compreende-se que para os neandertalenses a morte tinha se tornado um fato comunitário e religioso para todo o grupo, que procurava de alguma forma manter-se em contato com seus membros, mesmo após a morte.

Dos achados, que não chegam a constituir uma amostra representativa, podemos ter certa idéia quanto às causas dos óbitos e dos tipos de doenças que prevaleciam. Mais da metade (54,8%) dos corpos que remontam ao tipo Neandertal morreu por lesões traumáticas; seguem-se as artroses (16,6%), as osteítes infecciosas (9,5%) e as causas congênitas (4,8%). Mais tarde, tratando-se de corpos pertencentes ao tipo *Homo sapiens sapiens*, diminui o percentual ligado a lesões traumáticas (45%) e aumenta a proporção das artroses (21,2%). As várias enfermidades, da artrose à calcinose, são mais ou menos aquelas hoje existentes, variando somente as suas incidências do ponto de vista quantitativo. Como testemunho da periculosidade das tarefas cotidianas e da violência do relacionamento com a natureza e com os outros seres humanos está o fato de que os traumas eram, de longe, a causa mais freqüente de morte, ainda que tenham diminuído com o passar dos milênios, da fase mais arcaica até a mais evoluída.

A prática de proteger e cobrir os defuntos, quase como que prolongando as suas vidas depois da morte, demonstra que "com as primeiras sepulturas na gruta de Qafzeh e com aquelas dos neandertalenses, o homem criou a mais extraordinária manipulação da realidade: a sua mente criou uma cópia do mundo cotidiano, atribuindo-lhe um tal significado que, por vezes, condicionava a existência inteira em direção a esse objetivo imaginário, a ponto de serem sacrificadas, freqüentemente, incontáveis riquezas".[4]

Pelo cotidiano dos vivos, gradualmente difunde-se a presença dos mortos e do sagrado: numa cidade agrícola-artesanal descoberta na Anatólia, habitada entre 6250 e 5400 a.C., de 139 casas, pelo menos 40 continham pequenos santuários, com afrescos, altos-relevos, estatuetas e figuras, na grande maioria femininas.

UM ANIMAL CAPAZ DE CRIAR A ARTE

Entre 100.000 e 30.000 anos atrás, os neandertalenses diferenciam-se dos outros hominídeos pertencentes à espécie *Homo sapiens*. Os últimos representantes dessa raça circumediterrânea – a mesma que 60.000 anos antes de Cristo havia aprimorado a invenção do mundo supraterreno – alguns milênios mais tarde aprimoram a *arte*, fazendo com que fosse assim cumprido o segundo passo fundamental à produção metafísica do homem. Numa ordem temporal, portanto, primeiro nasceu a tecnologia, depois a teologia e por fim a estética. Esta última, quando traduz-se em termos de produção artística, requer a faculdade de abstração, de síntese, de simbolização e de associação.

Os longínquos hominídeos do tipo neandertalense, evoluídos, mas mesmo assim às vésperas de serem ultrapassados pelo homem moderno de tipo Cro-Magnon, talvez tenham sido os primeiros – entre 50.000 e 30.000 anos atrás – a saborear a alegria da beleza criada pelo homem e a iniciar, com simples entalhos ritmados, tanto no osso como na pedra, a grande aventura artística humana, que sob muitos aspectos se confunde com a religiosidade e com o sagrado.

Os homens de tipo Cro-Magnon, bem mais evoluídos, irão em seguida realizar verdadeiras criações artísticas na forma de pequenas estatuetas antropomórficas, com enfeites entalhados em pedras e em ossos, até a grande explosão da arte naturalística, que ornamentará centenas de imponentes santuários com perícia e criatividade surpreendentes.

A datação da pré-história, como já recordei, está sujeita a modificações imprevistas e radicais. Basta a descoberta de um osso, de um seixo, de uma inscrição ou grafite, para nos obrigar a revolucionar a divisão dos eventos e as suas implicações.

Até poucos anos atrás, duas circunstâncias chamavam a atenção na longa história da arte originária, cuidadosamente dividida por André Leroi-Gourhan em três períodos (primitivo, arcaico e clássico). A primeira circunstância consistia no fato de que, a meio caminho entre o nascimento da arte e os nossos dias, ocorreu aquele prodígio extraordinário que foi a arte rupestre da gruta francesa de Lascaux, datada de cerca de 20.000 anos. As pinturas de Lascaux foram consideradas por muitos o ápice irreplicável na criatividade estética da pré-história, comparável à Capela Sistina ou ao ciclo giottesco em Assis. Depois dela vieram, em ordem cronológica e de importância, as pinturas espanholas de Altamira, datadas de cerca de 17.000 anos.

A segunda circunstância, bem diferente da primeira, mas igualmente misteriosa, é que após 20.000 anos de progressos incessantes, e após haver atingido o auge de Lascaux e de Altamira, a produção artística pré-histórica repentinamente se interrompe e por 6.000 anos emudece.

Atualmente, essa segunda circunstância ainda permanece válida e inquietadora, enquanto o primado de Lascaux foi destituído em 1994, quando o espeleólogo Jean-Marie Chauvet descobriu um outro grandioso ciclo de afrescos numa outra caverna francesa, que agora traz o seu nome, ao longo do rio Ardèche. Este bem-recebido achado antecipa de fartos 15.000 anos a época em que o *Homo sapiens* soube criar obras-primas pictóricas de extraordinária beleza e vivacidade.

Permanece de toda forma válido, pelo menos até agora, que o homem ereto e os utensílios nasceram na África, enquanto a arte teve a Europa como berço, ao longo do vale do Vézère, onde os primeiros neantropos da espécie *Homo sapiens sapiens* deliciaram-se em representar em duas dimensões aquilo que viam em torno de si em três dimensões. Em alguns blocos de pedra portáteis, eles representaram órgãos genitais femininos, animais esboçados de forma genérica e signos elementares, com uma técnica simplificadora que exprime o todo pela parte. Em seguida foi a vez das paredes e das cavernas, com a incisão de animais em baixos-relevos; e, depois ainda, placas ornamentadas e verdadeiras esculturas, no pleno sentido do termo.[5]

Porém, a grande arte não esperou muito: somente depois de poucos milhares de anos, após o surgimento na Europa do homem moderno, a pintura rupestre atingiu o ápice, demonstrando ser grandiosa desde a sua aurora. O cenário no qual desdobrou-se essa época áurea da criatividade pré-histórica é aquele onde se encontra uma centena de vastas grutas na área franco-cantábrica, que os artistas da civilização magdaleniana elegeram, organizaram e sacramentaram.

No final do século XIX, ao longo das margens do rio Ardèche, foram descobertas 25 cavernas decoradas, todas de qualidade bastante medíocre. Somente em 1994, Chauvet, explorando a mesma área, fez uma das maiores descobertas de arte rupestre: um extraordinário ciclo de entalhes, pinturas e desenhos realizados há 35.000 anos. Num painel de seis metros encontram-se rinocerontes, bois selvagens, bisões e cavalos com fartas crinas. Em outras paredes há cópias de leões, outros animais de várias espécies e corpos humanos estilizados. No total, 420 figuras animais (entre as quais 72 felinos), pertencentes a uma quinzena de espécies diversas.[6]

Para encontrar algo igualmente surpreendente, é necessário aguardar 15.000 anos, quando um número impreciso de pintores e gravadores, no período de quatro ou cinco séculos, trabalhou nas grutas de Périgord e criou o grande complexo artístico das salas subterrâneas, dos corredores e das galerias, os quais, no seu conjunto, são conhecidos sob o nome de gruta de Lascaux. Também nesse caso, cervos, bois selvagens, cavalos, cabras e felinos são representados com grande perícia, ao lado de brasões, signos, figuras abstratas e figuras humanas.

A partir daquele marco que não foi superado, a arte rupestre difundiu-se na Espanha, na Alemanha e, em seguida, gradualmente, por uma área imensa, ainda mais vasta do que aquela que no futuro viria a ser ocupada pelo Império Romano, dando vida a uma das civilizações mais extraordinárias da pré-história: justamente a dos magdalenianos, que "levaram ao apogeu", escreve Denis Vialou, "a expressão simbólica dos temas culturais; eles codificaram a própria comunicação nas grutas, como se desejassem fixar as suas representações do mundo, a fim de organizar a sua própria e original cultura e defendê-la dos movimentos devastadores do tempo e dos homens".[7]

Além da possibilidade de refletir sobre o mundo simbólico desses artistas e de todo o seu povo, as grandes obras rupestres nos oferecem também a possibilidade de medir o nível de organização técnica que eles haviam atingido. Em muitos casos, dada a natureza das paredes usadas como suporte, esses artistas trabalhavam com as mãos nuas. Mas, na maioria das vezes, manipulavam buris de seixos, lascas e lâminas de pedras de vários tipos, e para a coloração usavam corantes, muitas vezes sofisticados, feitos de dióxido de magnésio, óxido de ferro, hematita e outros. Tochas e lanternas serviam para iluminar as grutas; cordas e andaimes eram utilizados para atingir os pontos elevados e de alcance mais difícil. Escreve Marie Perpère: "O artista de mãos nuas revela-se desde o seu preâmbulo (...) um artista abastecido com materiais variados, por vezes complexos. Para executar os seus entalhes, algumas vezes mune-se simplesmente de um fragmento de lâmina de seixo que recolheu; porém também soube executar pinturas policromadas em grutas escuras, para o que eram necessárias a escolha e a preparação de corantes, fabricação de pincéis, utilização de iluminação artificial e até mesmo a construção de andaimes para alcançar zonas inacessíveis."[8]

AS CINCO IDADES MÍTICAS DO HOMEM

Os homens de Neandertal tinham uma vida média inferior a trinta anos, e, entre eles, conseguiam chegar à idade adulta somente os indivíduos dotados de uma tal sorte e de uma estrutura física tão resistente que derrotasse as intempéries, as doenças e os traumas que, naquele tempo, abatiam a maioria dos seus companheiros. Sob esse aspecto, o destino do *Homo sapiens* não era muito diferente daquele, bem posterior, de um cidadão ateniense, um soldado romano ou um peregrino medieval.

O convívio, desde a infância, com a morte dos contemporâneos, a dor física que acompanhava e atormentava a vida cotidiana, a rudeza e a agressividade nas relações interpessoais durante toda a pré-história e, depois, durante toda a época rural alimentaram, no imaginário coletivo, uma visão áspera e fatalista da existência humana. Não somente a morte mas até mesmo as mínimas dificuldades cotidianas escapavam à alçada tanto das defesas tecnológicas, ainda demasiadamente rudimentares, como da capacidade explicativa, ainda por demais elementar. Os progressos materiais encontravam-se na sua aurora, e o período de tempo necessário para tornar uma descoberta ou uma invenção operacionais era bem mais longo do que aquele de uma vida humana, para que cada indivíduo, singularmente, pudesse dar-se conta delas e pudesse conceber uma noção otimista da própria história e do próprio destino. Predominava, portanto, no dia-a-dia, a constatação de quanto era dura a vida e de quanto a natureza era cínica e cheia de caprichos, até então ditadora absoluta.

Também devido a isso, numa primeira longa fase evolutiva da consciência "religiosa", pelo menos na parte mais pobre da população, predominou a idéia pessimista de uma humanidade que, em vez de marchar em direção à eterna felicidade, cada vez se distanciava mais de uma mítica idade áurea.

Se Homero, filho da Jônia opulenta, nos narra as vicissitudes de uma aristocracia despreocupada, ambiciosa e triunfante, num contínuo desafio com o mar, contra os inimigos, contra as Colunas de Hércules e num habitual convívio com um mundo supraterreno povoado de divindades extravagantes, Hesíodo, filho da rude e pobre Beócia, conta-nos da vida dura do homem simples, feita de labuta e suor, atormentada pelas intemperanças da natureza e pelas injustiças da sociedade.

O mito triste das cinco idades do homem, que o autor de *Os Trabalhos e os Dias* narra perto do final do oitavo século antes de Cristo, testemunha todo o profundo pessimismo com o qual era, como hoje, marcado o mundo camponês.

Numa primeira época – a Idade do Ouro, quando Cronos reinava no céu –, "os homens viviam como deuses, com o coração tranqüilo, livres de fadigas e de desventuras, não lhes pesava a miséria da velhice, mas, sempre florescentes de força nas mãos e nos pés, alegravam-se nos banquetes, longe de todos os males: e morriam como que caídos no sono. Todos os bens lhes pertenciam, a terra fértil oferecia fartos e copiosos frutos, e eles, tranqüilos e contentes, gozavam de seus bens, entre muitas alegrias".

Para Hesíodo, portanto, o paraíso consistia na tranqüilidade, na liberdade, na juventude, na boa saúde, no comer bem e na morte indolor. Não havia dúvida de que os produtos da terra fossem todos espontâneos e de que, em conseqüência, o trabalho fosse desconhecido.

Quando chegou a Idade da Prata, as coisas pioraram bastante: após uma infância banal que se prolongava por um século, cada homem, descrente e violento, padecia agonias devido à sua leviandade e à sua prepotente presunção, após o que, ainda na flor da idade, rapidamente morria.

A terceira Idade, a do Bronze, foi povoada por homens violentos e terríveis, que Zeus pai escavou dos freixos. As armas, as casas e os utensílios eram de bronze, e, como seus corações eram de ferro e os seus corpos potentes, a morte negra igualmente os colheu e eles desceram para a escuridão do gélido Hades.

A quarta Idade, a dos Heróis, foi povoada por semideuses, alguns dos quais pereceram na guerra dos Sete contra Tebas, outros na guerra contra Tróia e outros ainda, por vontade de Zeus, acabaram nas ilhas dos Beatos "com o coração sem aflições, heróis felizes, aos quais três vezes por ano a terra fecunda oferece frutos suculentos, doces de mel". Logo, também aqui, a condição beata consiste na possibilidade de gozar dos frutos da terra, sem ter que lavrá-la.

A quinta e última Idade, a do Ferro, é tão terrível que Hesíodo jamais desejaria vivê-la, preferindo "morrer antes ou nascer depois". Amaldiçoados por doenças, destinados a desaparecer quando as têmporas embranquecem, cinicamente desatenciosos nos cuidados e na veneração dos genitores, privados de temor para com os deuses e sem respeito pelo mérito, habituados a identificar o direito com a força, despudorados e blasfemos, de toda forma consagrados ao sofrimento e indefesos contra o mal, estes contemporâneos de Hesíodo "dia nenhum cessarão de matar-se de cansaço e de pena, e em noite alguma". O trabalho físico, portanto, juntamente com o sofrimento, denota a condição degradada do ser humano, não a sua condição triunfante.

Mas as desgraças cotidianas não geraram somente uma comovente nostalgia pela mítica idade áurea perdida. Já antes de Hesíodo, e progressivamente até os nossos dias, no ânimo humano sempre operou a necessidade de suprir as carências da razão com a exuberância da invenção; o hábito de explicar os eventos do mundo e da vida através de causas imaginadas, na falta de causas acertadas; a tentação de se deixar levar pela fantasia a fim de delinear futuros mundos fantásticos, nos quais as tristezas da vida terrena resultariam invertidas na beatitude da vida eterna. Disso nasce uma extraordinária produção de obras, de mitos, de ritos e de expedientes que visam ao consolo; toda uma fecunda fabulação, não mais sobre remotas idades áureas das quais a humanidade estaria se distanciando, mas sobre futuros mundos felizes, nos quais ela, de modo providencial, acabaria por aportar. Serão primeiro a fé judaica e em seguida a cristã a conciliar ambas as ilusões, creditando como verdade revelada tanto o pesar pela expulsão do paraíso terrestre como a esperança numa futura acolhida no paraíso celeste.

O "CONTRAMUNDO"

A arte e a religião foram, portanto, as duas grandes criações consoladoras esboçadas durante os milênios da pré-história e aprimoradas durante os séculos da história. Mas, se a arte pode oferecer somente algumas alegrias compensadoras para as dores existenciais, a fé num mundo depois da morte, além de exorcizar a duração demasiadamente breve da vida terrena, pode até descortinar a esperança de uma felicidade eterna, simétrica às atribulações padecidas na vida e perfeitamente de acordo com as aspirações humanas.

Se o culto dos mortos, iniciado pelos homens de Neandertal, não implicava necessariamente uma esperança de vida ultraterrena melhor do que aquela na Terra; e se, depois deles, outros povos imaginaram mundos sobrenaturais nada atraentes (o Sheol, da primeira tradição hebraica, por exemplo, ou o Hades homérico), há outras populações posteriores que construíram imagens bem-aventuradas do além, acreditando piamente na existência de convidativos paraísos e, a fim de garantir o seu usufruto eterno, se dispuseram a suportar pacientemente sacrifícios, a viver na pobreza, a ser martirizadas como os antigos cristãos ou até mesmo a se autodestruir, como os recentes camicases japoneses ou a sua variante islâmica ou, ainda, como séculos atrás, os ascetas budistas descritos em 1575 por Gaspar Villa, que, quando se sentiam prontos, decidiam ser enterrados numa tumba, na qual permaneciam até morrer, respirando através de um canudo de bambu e evocando sempre o Buda deles.

Sejam fruto de uma grande nostalgia ou de uma grande esperança, os paraísos ilustram sempre, da forma mais exaustiva possível, o mostruário das possíveis formas de bem-estar que o ser humano deseja, mas, se inatingíveis em vida, podem ser, finalmente e para sempre, alcançados depois da morte. Não há sorte incerta, rara, fugaz sobre esta terra que não se torne segura, plena e perene nas descrições paradisíacas.

No *Elucidarium* de Onório de Autun especifica-se que "os eleitos terão sete glórias especiais do corpo e sete da alma. Quanto ao corpo, a beleza, a rapidez, a força, a liberdade, a alegria, a saúde e a imortalidade. Quanto à alma, a sabedoria, a amizade, a concórdia, a potência, a honra, a segurança e a beatitude". O beneditino Eadmer de Canterbury acrescenta a vontade. Santo Agostinho adiciona ainda a felicidade perfeita, sem fim e sem perturbação, "um sábado definitivo sem poente". Outros vão, aos poucos, completando o elenco com condições tais como a perfeição, a plenitude, a paz, o prazer, a beatitude, a harmonia, a agilidade, a luz plena, o ouro, os perfumes, a estabilidade, a serenidade, a eterna juventude, a música, a socialização e o convívio.

E como, entre as ânsias terrenas, encontram-se também as da exclusividade e da carreira, o paraíso é imaginado de uma maneira que também essas perversas exigências venham aplacadas. De fato, ele é interditado à grande massa de pecadores, sendo reservado à elite restrita dos virtuosos e dos santos. "Os homens que são amaldiçoados", assegura o teólogo jesuíta Francisco Suarez, "são incomparavelmente mais numerosos do que aqueles que são salvos." E os beatos, assim como os anjos, são escalonados em graus diversos de beatitude. F. Arnoux, um canonista do século XVII, autor de *O Paraíso e as Suas Maravilhas*, argumenta que no céu "os Anjos correm, os Arcanjos servem, os Principados triunfam, as Potências se alegram, as Dominações comandam, as Virtudes resplandecem, os Tronos brilham, os Querubins iluminam e os Serafins ardem". A esses nove coros angélicos, no livro medieval *Hortus Deliciarum*, correspondem outras tantas categorias de beatos.

Para a elaboração desse "contramundo", cujas características e peculiaridades foram se acumulando no curso dos séculos, contribuíram teólogos e visionários, filósofos e artistas.[9] Visões místicas e explorações prodigiosas do Reino dos Céus não faltam: são célebres as de Elisabeth de Schönhau, de Hildegarda de Bingen, de Santa Brígida, de Santa Teresa de Ávila e de São João da Cruz, por exemplo. As construções abstratas dos teólogos e dos filósofos, reforçadas pelas visões dos místicos, alimentavam a imaginação dos artistas e dos poetas, a qual, por sua vez, se traduzia em mosaicos, em miniaturas, ilustrações, poemas e em cúpulas. Desse modo, no século XII, por exemplo, as admiráveis ilustrações do *Hortus Deliciarum* não poderiam ter sido concebidas sem a iniciativa e sem as informações da abadessa Herrade. A mais célebre representação pictórica do paraíso, o famoso políptico "Adoração do Cordeiro Místico", de Jan e Hubert van Eyck, de 1432, e conservado em Gand, na Bélgica, não poderia ser explicado sem o prévio conhecimento do *Hortus Deliciarum* e do livro do Apocalipse, atribuído a São João. O *Paraíso*, escrito por Dante Alighieri e inspirado pelo texto *A Hierarquia Celeste* de Pseudo-Dionísio, inspirou, por sua vez, as ilustrações do pintor do Renascimento Giovanni di Paolo.

Portanto, o paraíso, em si mesmo, é uma grande e sublime obra conjunta de toda a criatividade teológica humana, que por sua vez estimulou, numa medida e por um tempo surpreendentes, a criatividade artística e literária de centenas de gênios, desde Giotto até Michelangelo, de Bosch a Fra Angelico, de Correggio a Memling, de Brea a Rafael.

O CIMENTO DA FANTASIA

No decorrer da história, alguns desafios intelectuais, guerreiros, artísticos e científicos consumiram a criatividade humana durante um longo período de tempo, aumentando a tensão entre os povos, gerando competição entre homens, cidades e estados, servindo-se, por vezes, sobretudo da fantasia e, por outras, da capacidade de concretude e realização. Por exemplo, durante vários séculos, as cidades gregas rivalizaram entre si com vista a realizar a utopia do templo perfeito e impossível, pois a sensação de quem, de fora, concentrasse o olhar na edificação deveria ser igual à sensação de quem, do seu interior, passeasse o olhar pelos campos circundantes. Durante muitos séculos, os cientistas – dos platônicos aos neoplatônicos, de Newton a Young e Fresnel, de Planck a Einstein – competiram entre si a fim de decifrar o fenômeno da luz. Por muitos séculos Chartres e Reims, Milão e Ulm, Colônia e Barcelona disputaram entre si, visando construir a catedral mais fantástica ou a rosácea mais suntuosa. Por outros tantos séculos, do Panteon romano às construções de Pier Luigi Nervi, passando pela Consolazione de Tódi, na região da Úmbria, à catedral de Florença, à Basílica de São Pedro, até Les Invalides em Paris ou o Convento de Smolny em São Petersburgo ou o Palácio do Congresso em Brasília, os arquitetos e engenheiros competiram entre si para ver quem construía a cúpula mais vasta, mais alta e mais bonita.

À sua maneira, o paraíso representa um desses desafios, sem ser feito de mármores ou de binóculos, mas de fé, exaltação, fanatismo, dialética e luta pelo poder, feito de esperanças ingênuas, assim como de especulações interessadas e interesseiras: talvez o maior desafio à humanidade não seja imposto pela natureza, mas por ela mesma. E essa é a primeira dentre as razões que me motivam a me alongar tanto sobre o tema.

Como veremos mais adiante, a criatividade é síntese de fantasia e de concretude, mas nem sempre esses dois ingredientes estão presentes na mesma medida. Quanto à invenção do paraíso, a partida foi jogada ao longo de milhares de anos, em todo o planeta, numa chave predominantemente fantasiosa (caso se exclua a tentativa mais tangível e concreta, mas igualmente mais circunscrita, de traduzir o conceito em cúpulas). E esse é o segundo motivo pelo qual dediquei tanto espaço ao tema.

A terceira razão é que esse desafio mostra-se ainda mais surpreendente exatamente porque concerne, quase que exclusivamente, à esfera mental, isto é, à arte, à dialética e a seus cultores – filósofos, teólogos, poetas, pintores e músicos –, que o enfrentavam numa esquizofrenia total, pelo menos no mundo católico, com o uso prático que, depois, as hierarquias eclesiásticas fizeram. Basta pensar na diferença entre as promessas garantidas pela teologia da salvação e os dados resultantes da sociologia dos salvados.

O Evangelho assegurava: "É mais fácil um camelo passar pelo buraco de uma agulha do que um rico entrar no Reino dos Céus." A *Rerum Novarum* afirma que "suprimir do mundo a disparidade social é algo impossível"; mas, em seguida, adverte aos privilegiados que as riquezas deste mundo "para a felicidade futura, em vez de ajudar, prejudicam", enquanto "em relação aos infelizes, parece que Deus tenha uma particular predileção, pois Jesus Cristo chama de beatos os pobres".

Visto que sobre a Terra poucos privilegiados possuem a absoluta maioria das riquezas, no paraíso deveria haver muito mais pobres que ricos. Para verificar estatisticamente essa hipótese, legitimada pelo Evangelho e enfatizada por Leão XIII, deveríamos conhecer a classe de proveniência de todas as almas salvadas. Na falta de dados que concernem a esse universo, talvez seja plausível tomar os santos como uma amostra representativa, pelo menos com respeito às almas salvadas desde os tempos de Jesus Cristo aos nossos dias. Foi o que fizeram dois sociólogos impertinentes – Katherine e Charles H. George – baseados numa obra monumental, *A Vida dos Santos*, em 13 volumes, escrita por Alban Butler e publicada no século XVIII, tendo sido atualizada até 1949.

Graças a essa fonte escrupulosa, o nosso par de sociólogos conseguiu levantar as classes sociais das quais provinham nada mais nada menos que 2.489 santos e beatos, confrontando-as com as classes a que pertenciam as populações cristãs do Ocidente, durante os dois milênios em que a Igreja proclamou oficialmente seus santos.

Muito bem, enquanto no conjunto da população pode-se estimar que somente 5% equivaliam à classe alta, 10 a 15% à classe média e 80 a 85% à classe baixa, entre os santos somente 5% provinham da classe mais baixa, 17% da classe média e 78% pertenciam à classe alta. Caso se considere os 1.308 santos proclamados entre o século V e o século XIII, os dados mudam e obtém-se que 90% pertenciam à aristocracia. Algumas famílias nobres conseguiram angariar para seu seio meia centena de santos.[10]

Porém tornemos ao cimento e ao triunfo da fantasia. Dado que eram completamente livres para fantasiar ao infinito e inventar todas as possíveis satisfações ultraterrenas às suas necessidades insatisfeitas sobre esta terra, os teólogos e os visionários, os filósofos e os artistas extrapolaram os limites humanos até o céu sobrenatural e permitiram-se todos os caprichos a fim de serem compensados, imaginando as condições mais variadas, que certamente correspondiam não somente às aspirações pessoais dos inventores, individualmente, mas visavam também a compensações e aos ideais de vida mais difusamente apreciados na sua época. Assim, por exemplo, quando a aristocracia descansava e a massa trabalhava, o paraíso era vislumbrado como um lugar de sesta perene; quando, pelo contrário, a oferta de trabalho diminuía, o desemprego se tornava uma desgraça e o Iluminismo impunha o primado do movimento em detrimento da inércia, também o paraíso, repentinamente, se tornava laborioso, munindo-se de oficinas e repartições, e os beatos se tornavam jubilosos torneiros mecânicos ou diligentes empregados e as beatas se atarefavam nas funções de rendeiras, enfermeiras ou babás. O paraíso evolui paralelamente à evolução das esperanças, as quais, por sua vez, evoluem em paralelo à evolução da história: abolição da escravatura, gostos musicais, advento do protestantismo, nascimento da cosmologia e da ciência moderna, maquinismo industrial, alienação consumista, globalização, tudo acaba por refletir-se na topografia, na decoração e na consistência do paraíso.

Ainda que nos limitássemos somente aos paraísos hebraico e cristão, minuciosamente reconstruídos tanto por Jean Delumeau como por Colleen McDannell e Bernard Lang, já encontraríamos um infinito elenco desses reflexos: "Se muitos cristãos adotaram o lema de Santa Teresa de Ávila, 'Deus sozinho já basta', outros imaginaram um outro mundo abarrotado de atividades humanas. Que se resuma ao olhar do ser amado (seja ele Deus ou um companheiro humano), ou implique complexas interações de numerosas almas que se encontram e, reciprocamente, se adestram, trabalham e se divertem juntas, o paraíso tem uma estrutura social... A cultura celeste consiste em adoração eterna, em intimidade amorosa com Cristo, em jogos no chafariz da vida ou ainda no canto 'Santo, Santo, Santo'. Vimos que alguns santos estão nus, outros exibem conjuntinhos azuis e outros ainda encontram-se envolvidos pelas mais finas sedas. Em algumas descrições estão imóveis diante da presença divina, em outras tocam piano, assistem a cerimônias nupciais ou visitam amigos ainda ligados ao mundo terreno... Os diversos modos de imaginar o paraíso nos falam de como os homens se vêem a si mesmos, a suas famílias, a suas sociedades e a seu Deus... A mudança das idéias a propósito do amor, da amizade, do trabalho, de Deus e do crescimento espiritual na outra vida pode servir como indício para compreender as idéias e os ideais culturais desta vida."[11]

As figurações do paraíso, portanto, e a inexaurível criatividade que as coloriram constituem outras tantas fontes copiosas de informações sobre como o homem teria desejado viver sobre esta terra e sobre o que ele entendia por felicidade. Naquilo que nos diz respeito de forma específica, elas nos oferecem testemunhos indiretos originais para reconstruir não só as formas de criatividade que o homem produziu, mas também a relação ambígua de ódio e amor que ele manteve seja com o trabalho (em relação às suas causas, ao trabalho em seu conjunto, como fonte de sustento e de fadiga), seja com o ócio (suas causas, o ócio como um todo, como fonte de gozo e de vício).

RIACHOS DE LEITE E DE VINHO PARA OS HEBREUS

Muito antes que Hesíodo descrevesse as cinco idades do homem, no nono século antes de Cristo ganhou corpo um primeiro extrato de tradição hebraica que em seguida confluiria naquela imponente expressão de criatividade artística e religiosa que é a Bíblia. O Éden, descrito no livro do Gênesis, é o lugar da perfeição perdida que, entre as suas características, apresenta as da plenitude, da liberdade, da paz, do prazer, da beatitude, da imortalidade, da harmonia, da amizade, assim como da intimidade com Deus e com os animais. A idéia de Éden e a sua perda unem o povo hebreu a todos os demais povos da antiguidade. Porém, a sua singularidade entre todos eles é que concebe *também* uma idade áurea, uma Jerusalém Celeste, situada no futuro.

Talvez o mais antigo testemunho sobre um lugar de perfeição nos chegue através de uma pequena tábua proto-suméria, na qual é descrito em caracteres cuneiformes um sítio puro e resplendente – Dilmun – onde não existem doenças, nem violência. Somente na versão grega do Antigo Testamento, chamada *Setenta*, que remonta ao século III a.C., aparece, pela primeira vez com significado religioso, o termo "paraíso", um vocábulo persa que significa recinto, parque, jardim e pomar.

Obviamente o paraíso será diferente nas religiões que possuem uma visão histórica e linear do tempo (como o cristianismo) do que naquelas que, ao contrário, se distinguem pela circularidade do eterno retorno (como o hinduísmo ou o budismo), ou ainda nas concepções leigas do bem-estar e do progresso como "paraíso na terra". Uma complicação posterior é determinada pela ressurreição dos corpos, pois, dada a sua solidez física, precisam ocupar um espaço, assim como necessitam de alimento e satisfação.

No curso da história hebraica do além, quatro concepções sucederam-se uma à outra. A mais antiga, tomada de empréstimo do mundo semítico, consiste num sistema organizado em três níveis: a terra, o céu – onde vivem os seres celestes – e o mundo inferior (*Sheol*), onde vivem os mortos numa condição de escuridão, desordenada, poeirenta e silenciosa, que, contudo, é poupada das atribulações terrenas e pode ser melhorada graças à reza dos cônjuges sobreviventes, os quais, por sua vez, podem contar com a proteção dos antepassados.

A segunda concepção desvia a atenção dos mortos e dos deuses celestes, concentrando toda a adoração em Jeová e nas atividades terrenas na luta contra os inimigos de Israel.

A terceira concepção resgata a importância dos mortos, que voltam a ser inseridos nos destinos da comunidade hebraica: quando o Estado de Israel for finalmente reconstruído, é justo que os mortos fiéis a Deus e à liberação dos hebreus possam gozar da renovada potência. Eles, então, ressurgirão e, durante algum tempo, viverão na Palestina. "Reviverão os teus mortos", celebra o Apocalipse de Isaías, "os meus caídos ressurgirão, despertarão e exultarão aqueles que habitavam no pó" (26,19).

A quarta concepção, menos confiante em relação ao nascimento de Israel, abandona-se à salvação individual e designa às almas virtuosas a ascensão ao céu e a eterna intimidade com Deus. A salvação eterna torna-se assim uma esperança para a humanidade inteira.

Esse paraíso hebraico, fruto de uma criatividade muito elaborada, representa o máximo triunfo da eficiência produtiva num contexto rural: se a produtividade é medida tayloristicamente pela relação entre a quantidade de produtos e a quantidade de tempo empregado para fabricá-los ou cultivá-los, aqui devaneia-se sobre a disponibilidade de imensas provisões alimentares, sem que a mão humana praticamente tenha empregado o mínimo esforço. Diz o Talmude da Babilônia: "As espigas de trigo despontarão e alçar-se-ão como palmas nos cumes dos montes. E não pensem que a ceifa será tarefa árdua... O Santo, que Ele seja abençoado, fará soprar um vento do Seu tesouro e este soprará sobre as espigas e fará com que caiam os grãos. Então os homens andarão pelos campos e colherão um punhado com o qual se nutrirão, a si e às suas famílias... O grão de trigo será como dois rins de um grande touro... Neste mundo é preciso colher e espremer, com esforço, os cachos, mas no mundo que está por vir bastará arrancar um galho da videira, carregá-lo numa carroça ou num barco e colocá-lo num canto da casa e ele fornecerá (vinho) à vontade, como se fosse um grande barril."[12]

O alimento, a prosperidade sem fadiga e sem trabalho retornam como recompensa ultraterrena para os justos nos comentários de muitos antigos intérpretes da Torá. Ainda segundo o Talmude da Babilônia (*Barakhoth* 57b), três coisas podem nos fornecer um presságio e nos dar uma idéia do paraíso: os raios de sol, as relações sexuais e o Sabá.

Na sua *Anthologie Juive* (Antologia judaica), Edmond Fleg se reporta a um texto muito posterior, do século IX, no qual são minuciosamente descritas as delícias reservadas ao justo que atinge o Reino dos Céus: "Duas portas de diamante permitem o acesso ao Grande Éden e nestas portas encontram-se setenta mil anjos servidores... E quando um justo chega, eles o despem do hábito que trazia da tumba e o cobrem com oito vestes de nuvens de glória; põem sobre a sua cabeça duas coroas, uma com pedras preciosas e pérolas e outra de ouro de Parvaim; e colocam na sua mão oito ramos de mirta, o louvam e lhe dizem: 'Vai e come o teu pão com alegria!', e o introduzem num lugar onde correm oito riachos d'água entre 800 essências de rosas e de mirta. A cada justo é designado o seu baldaquim, de onde jorram quatro rios, um de leite, um de vinho, um de nardo e um de mel."

Como podemos ver, o paraíso aqui descrito é um verdadeiro elenco de improváveis compensações: o justo, ao qual a passagem se refere e que se apresenta diante das majestosas portas do Grande Éden, provavelmente é um pobre hebreu, que levou uma vida miserável, desgraçada pela fome, pela sujeira e, no deserto, também pela sede; e eis, portanto, a excitar a sua fantasia e a sua virtude, uma profusão de águas e de pães, de vinhos e de essências de rosas. Do trabalho, nem sinal, a partir do momento em que se dispõe de bens à vontade e os serviços são desempenhados por anjos.

LUGAR CINZENTO PARA HOMERO E FELICIDADE ASSEXUADA PARA OS PLATÔNICOS

O conceito de mundo supraterreno elaborado pelos hebreus monoteístas, num certo ponto, recebeu a influência dos poetas e dos filósofos gregos, politeístas e, num certo sentido, mais secularizados. Ao reino das sombras desceram Orfeu, Pólux, Teseu e Hércules. Para Homero, que no livro XI da *Odisséia* descreveu a descida de Ulisses aos infernos, a alma permanecia imortal após a morte do corpo, mas reduzia-se a uma frágil sombra vagante num lugar cinzento, acessível, de forma excepcional, aos heróis durante a sua vida terrena. As condições dos mortos no Hades ou no Averno estavam bem longe de ser apetitosas e denotavam a clara preferência dos gregos pela vida em vez da morte.

Com uma visão mais adulta e amadurecida da existência e, graças a uma incomparável inteligência filosófica, livres da necessidade de compensar as frustrações cotidianas com as fantasias infantis de uma eternidade perenemente feliz, eles preferiram suavizar a própria vida com a alienação estimulante da arte do que com a alienação deprimente do além.

Mas também existiram poetas e artistas gregos que descreveram uma eternidade mais reconfortante do que aquela homérica, na qual o corpo sobrevivia à morte, juntamente com a alma, dedicando-se, ambos, ao repouso, ao prazer da comida e dos campos cobertos de relva.

Platão, que representa um estágio de elaboração filosófica bem mais sofisticado do que o subentendido pelos poemas homéricos, sustenta que, uma vez liberada do corpo daqueles que praticaram a filosofia "com pureza e com justiça", a alma não perde o seu vigor terreno, mas se torna mais forte, refinada e divina; não cai para baixo nos ínferos, mas sobe aos céus, onde encontra o seu arranjo eterno no reino das idéias e nas ilhas dos Beatos. A alma de referência é sobretudo a do filósofo que, segundo Filão, sobrevive felizmente ao próprio corpo e goza de uma existência perene, imaterial e assexuada.

A concepção do além elaborada pelos romanos encontra uma apurada descrição no sexto livro da *Eneida*, no qual é narrada a descida de Enéias aos infernos. Passando por um vestíbulo, ele chega ao campo dos mortos insepultos, ao qual se seguem o rio Estige, os campos dos prantos e os últimos prados. Neste ponto o itinerário se bifurca: à esquerda está o Tártaro, isto é, o inferno; à direita, uma vez transpostos os muros de Dite, chega-se aos paradisíacos campos elísios, atrás dos quais encontram-se o bosque sagrado e, enfim, Lete, o rio do esquecimento. Nos campos elísios a vida resume-se a um passear entre plantas e flores.

"*AMABIMUS ET LAUDABIMUS*" PARA SANTO AGOSTINHO

Mais articulada, segundo as épocas e as abordagens teológicas, é a visão do paraíso cristão onde todavia prevalece, como em todos os velhos paraísos "ocidentais", uma concepção ociosa em vez de ativa.

Por um longo tempo, até as declarações de João Paulo II sobre o além, não havia dúvidas sobre a posição da Igreja Católica: na eternidade os seres humanos reviverão não somente com a alma, mas também com o corpo. São Tomás de Aquino afirmou, a seu tempo, "não um corpo celeste ou aéreo, ou ainda o corpo de um outro animal, segundo uma certa absurda teoria, mas exatamente o corpo humano, composto de carne e osso, com os mesmos órgãos que ora possui";[13] e a *Nota da Congregação da Doutrina da Fé sobre a Vida Eterna e o Além* o repetiu mais uma vez em 1979.

Obviamente, mesmo após a ressurreição dos corpos, uma boa parte dos órgãos será inútil. Tertuliano se pergunta: que uso faremos da boca e dos dentes, da garganta e do estômago, do intestino e dos rins, quando não será mais necessário comer e digerir? Por qual motivo teremos mãos, pés e membros que trabalham, quando terminará a preocupação com o sustento? E a que servirão os órgãos genitais e as mamas, a partir do momento em que no paraíso não existirão relações carnais, nem concepção, nem aleitamento?[14]

Santo Agostinho ensina que no paraíso "*vacabimus et videbimus, videbimus et amabimus, amabimus et laudabimus in fine sine fine*" (repousaremos e veremos, veremos e amaremos, amaremos e louvaremos no fim sem fim). No seu parecer, mesmo aqueles que sobre esta terra eram magros demais ou gordos demais no paraíso terão um corpo harmonioso, o qual, independentemente da idade da morte, terá aproximadamente trinta anos, como o corpo de Cristo quando foi crucificado. À diferença dos primeiros doutores da Igreja, segundo os quais as mulheres ressurgiriam com o sexo masculino, para Santo Agostinho cada um conservará o próprio sexo, mesmo no paraíso, sem que esta diferença contudo se traduza em desejo sexual recíproco.

NO PARAÍSO NÃO SE TRABALHAVA

Mas o grande *expert*, arquiteto e decorador do paraíso será o papa Gregório Magno (540 a cerca de 604), para quem as almas perfeitamente justas, assim que se liberam do corpo, vão contemplar o esplendor de Deus nas moradias celestes; aquelas não inteiramente justas purgarão por um certo tempo na purificação do fogo e aquelas malvadas precipitarão no fogo eterno do inferno. A partir de Gregório Magno, irá se acentuar a tendência de retratar o paraíso num modo mais corporal do que o descrito por Santo Agostinho, e à beatitude da alma será, com freqüência, adicionada a produção *sem nenhum esforço* de bens materiais em abundância.

No capítulo 20 do Apocalipse fala-se de mil anos, durante os quais um certo número de santos privilegiados tomará parte, com Cristo, numa primeira ressurreição. Como será a vida durante aqueles mil anos de paraíso na terra? Irineu de Lyon, garantindo que utiliza as palavras do próprio Jesus, arrisca afirmar que naquele milênio "nascerão vinhedos com dez mil videiras cada um. Cada videira possuirá dez mil vinhas e cada vinha dez mil latadas. Cada latada terá dez mil ramos e cada ramo dez mil cachos. Cada cacho possuirá dez mil bagos de uva e cada cacho espremido produzirá 25 metretas de vinho... Da mesma forma, uma semente de trigo dará dez mil espigas e cada espiga, dez mil grãos. Cada grão, dez libras de pura farinha. E também os outros frutos, flores e ervas seguirão estas proporções".[15]

Num contexto completamente rural, o paraíso não podia ser concebido senão como uma agricultura com uma produtividade altíssima, para a qual a imaginação de Irineu atribuía incrementos de uva e de trigo ainda mais vertiginosos do que o aumento de potência que os especialistas em informática atuais gostam de atribuir aos microprocessadores num futuro próximo.

Mas, mesmo após essa primeira ressurreição parcial de mil anos, a ressurreição final acontecerá num paraíso que, além de ser um estado do nosso espírito, será também um lugar físico onde residirão os corpos, como sustentava o grande "paraisologista" padre Garrigou-Lagrange.

Esses corpos, segundo a Primeira Epístola de São Paulo aos Coríntios, serão incorruptíveis, gloriosos, fortes e farão parte de um corpo espiritual. A essas virtudes irão se adicionar, gradualmente, a impassibilidade, a sutileza, a agilidade e o esplendor. Segundo São Tomás, graças à impassibilidade, não haverá mais velhice, sofrimento, doenças, fadiga, sono e fome: em outros termos, sem trabalhar mais, conseguiremos derrotar aquelas atávicas adversidades que sempre combatemos, através do trabalho.

Por mais sutis que sejam, os corpos terão, contudo, alguma consistência, porque – segundo São Tomás – "não poderão nunca nem se rarefazer nem se condensar". Todavia, graças à sua agilidade, poderão mover-se, sem dificuldades, no espaço. No seu *Mystères de l'au-delà* (Mistérios do além), o abade Michel defende que, "por mais rápido que seja o movimento do corpo glorificado através dos espaços, a medida de tal movimento será sempre o tempo, ainda que breve, no limite do imaginável, um tempo real, apesar da sua fugacidade".

Aproximando-se ainda mais da atual realidade virtual e dos deslocamentos em tempo real, Louis-Antoine de Caraccioli está certo de que no paraíso "os nossos corpos espiritualizados, radiosos, transparentes, seguirão a rapidez da mente e passarão, com a mesma agilidade, de uma estrela a outra, de tal modo que, esparsos pela imensidão dos céus, percorrerão o ar".[16]

Segundo a desenfreada imaginação de um outro "especialista" – Edmund Fortran –, os corpos glorificados poderão ver, ouvir, saborear, tocar, cheirar, caminhar, correr, dançar, falar e cantar, mas não terão nenhuma necessidade de comer ou de beber. Segundo o padre De Broglie, eles terão uma vida regular vegetativa, com uma parcela de *input* e outra de *output*. Obviamente de sexualidade nem se fala. Excluídos o frio e o desejo sexual, os corpos poderão vagar nus, segundo a intuição de São Tomás. No melhor dos casos, os beatos mais eminentes poderão adornar-se com uma auréola.

Portanto, os bens materiais ou serão inúteis ou serão produzidos sem nenhum esforço: de todo modo, não será preciso trabalhar. O que farão, então, os beatos num tempo abundante como o do perpétuo presente que é a eternidade? São Tomás assegura que serão felizes, pois gozarão da visão intelectual de Deus. Segundo São João de Patmos, cantarão louvores ao Senhor.

UM GOZO SEM MAR E SEM NOITE

Quanto mais infeliz parecia ser a vida terrena em épocas de enfermidades, carestias, violências e injustiças, mais felizes eram os devaneios acerca da vida eterna no paraíso. Esta última, portanto, fornecia em positivo a fotografia da realidade negativa. O Apocalipse assegura que no paraíso não existem nem o mar com os seus perigos, nem a noite com as suas insídias pecaminosas; lá não mais existem lágrimas, lamentos, sede, doenças, morte, nem cansaço, fome, nem – obviamente – tentação e pecado.[17] Muito mais tarde, no século XVII, o teólogo puritano Richard Baxter reafirma que não existirão nem enfermidades dolorosas nem angústias opressoras no paraíso.[18]

Mas não basta a ausência de doenças, miséria, dores, cansaço e morte; há também toda uma série de maravilhas, que vão desde a música, bem mais suave do que aquela composta por Bach, até danças dirigidas por Jesus Cristo, pessoalmente; do sabor mais delicioso à alegria indescritível, que inundarão os olhos, os ouvidos, as narinas, as bocas, as mãos, os corações, os fígados e todas as vísceras dos beatos. Um dos prazeres mais sofisticados consistirá na sádica satisfação de ver os amaldiçoados sofrerem e os poderosos serem humilhados, mesmo quando estes eram parentes ou amigos próximos. Escreve Tertuliano em *De Spectaculis* (Sobre os espetáculos): "Como admirarei, como rirei, exultarei e me alegrarei quando vir tantos monarcas orgulhosos e falsos deuses gemerem no mais profundo abismo das trevas! Tantos magistrados, que perseguiram em nome do Senhor, consumidos por fogos muito mais violentos do que aqueles que acenderam contra os cristãos! Tantos sábios filósofos torrarem nas ardentes chamas com seus iludidos discípulos!"

Em suma, o paraíso é o oposto da terra: quanto mais se sofre aqui, mais se goza lá. E, para gozar, evita-se toda e qualquer forma de trabalho: o qual, pelo contrário, é um castigo imposto ao homem para expiar a sua culpa original, como garante ainda a *Rerum Novarum* de Leão XIII.

E Louis-Antoine de Caraccioli carrega na dose garantindo-nos orgasmos intensíssimos, embora assexuados: "Todos os corpos que ressuscitarão para a glória experimentarão prazeres, de forma inefável, e prazeres tão puros, tão maravilhosos e tão superiores às nossas sensações atuais que os muçulmanos deveriam enrubescer por quão carnal é o paraíso deles."

MUÇULMANOS: NÁDEGAS DE UMA MILHA E ORGASMOS DE UM SÉCULO

Então, vamos dar uma olhadela, pelo buraco da fechadura, nesse paraíso do Alcorão. Como o Islã coincide sobretudo com zonas tórridas, desérticas, privadas de água e de verde, eis que, para compensar, o paraíso muçulmano é inteiramente um jardim de eterna delícia, ao qual podem ter acesso homens, mulheres e animais. O clima não é quente nem frio, as chuvas são freqüentes, assim como numerosos são os rios, os chafarizes e os riachos: não somente de água, mas também de mel, de leite e de vinho. Os jardins produzem bananas, romãs, lótus e uva em abundância. Os palácios são ricos em salões, terraços com vistas, pavilhões mobiliados com espreguiçadeiras, divãs e leitos elevados.

Os hóspedes eleitos são cobertos com ouro e pérolas, não dormem nem adoecem; passam parte do seu tempo a zombar dos condenados, mas durante a maior parte da eternidade dedicam-se ao repouso, às abluções, à comida e ao amor. Possuem um ótimo apetite e dispõem de saborosos quitutes; têm trinta metros de altura, privados de traseiros, mas ultradotados de órgãos sexuais: centuplicados no comprimento e incansáveis nas suas funções.

Cada homem dispõe seja das Huri, seja das suas eleitas: todas elas sorridentes e portadoras de "um sexo assaz convidativo". As Huri são virgens eternas, que toda vez readquirem a própria virgindade logo depois que a perdem, e que, segundo Ibn Qutaiba, possuem nádegas enormes, que podem atingir dimensões de uma milha por uma milha. A cada abraço corresponde um tipo diverso de volúpia, e o orgasmo dura um século.

De trabalho, nem se fala. Escrevem Bernheim e Stavridès no seu *Paradiso Paradisi* (Paraíso, paraíso), fonte da qual me servi copiosamente a fim de ilustrar este assunto, no qual aventurei-me: "Alguns contos se referem a refeitórios nos quais é suficiente apoiar as mãos para saciar a fome e a sede. Narra-se também sobre uma variedade de árvores, das quais despontam 70 mil pratos preparados. Pássaros de todas as cores, grandes como camelos, caem já assados no ponto, prontos para a delícia dos *gourmants*. Finda a refeição, os pássaros ressuscitam, voam embora, pousam num ramo e entoam um gorjear para a glória dos beatos. Em outra parte os beatos alinham-se diante do eleito e, um por um, dizem: 'Oh, santo de Deus, coma-me.'

"...A fruta está em primeiro lugar na alimentação, o *Mi'raj* aborda o assunto com tons surrealistas: se desejais um fruto, uma árvore daquela espécie despontará naquele instante, o colhereis, o saboreareis e eis que vos vem a vontade de um fruto diverso. Não há problema algum, pois a mudança efetua-se automaticamente dentro da vossa boca. Um outro modo, numa outra eventualidade, mais direto: o consumidor limita-se a olhar o fruto no pé e já sente imediatamente o seu sabor.

"...Quesito angustiante: o que fazer com os eleitos que gostam de trabalhar? Não é obrigação deles, mas se teimam em querer, tratar-se-á – como dizia Sale – de um 'trabalho agreste que possa satisfazer aqueles que possuem tais cismas'. Liberado do trabalho, o eleito discute com os amigos, escuta as histórias contadas pelos anjos, por Deus, passeia sozinho ou acompanhado por uma das suas mulheres; a pé ou sobre um cavalo alado, ou, melhor ainda, na garupa de um camelo."[19]

PROTESTANTES: RESGATE DO MUNDO E CENTRALIDADE DE DEUS

Cada cultura possui as sua éticas e os seus paraísos. A cultura protestante, aquela que exaltou o espírito do capitalismo e o mito da eficiência, quais paraísos inventou? O protestante devaneia com um paraíso ocioso como o dos católicos, um paraíso de luxúria como o dos muçulmanos ou um paraíso laborioso como aquele que agradaria aos nossos empresários?

O fervor religioso sempre teve vicissitudes alternadas: frágil em alguns períodos, vigoroso em outros. Sob o açoite de monges arrebatados como Girolamo Savonarola e por emulação de místicos dedicados como Tomás de Kempis, o século XV resgatou a espiritualidade e a devoção que haviam perfumado de incenso o mundo medieval e que, em seguida, o Humanismo do Renascimento havia coberto com um véu de terrestre beleza. Refloresceram, portanto, as fraternidades, as ordens religiosas, as peregrinações e as festas religiosas; a tal ponto que os padres e a Igreja encontravam dificuldade na apropriação dessas formas espontâneas e até mesmo antieclesiásticas de culto. A atenção dos fiéis deslocou-se do papa e do clero para Deus, epicentro absoluto da vida cristã, da nova espiritualidade e do paraíso reformado, no qual a beatitude exprime-se de forma mais sóbria.

Ou melhor, dos paraísos: porque aquele de Martinho Lutero (1483-1546), frade agostiniano, alemão, portador de valores rurais absorvidos no mundo agrícola e nos pequenos vilarejos nos quais cresceu com sua família original, é ligeiramente diferente daquele de Calvino (1509-1564), leigo, suíço, filho de uma cidade como Genebra, pleno de valores urbanos fundados no capital, no crédito, no empresariado, na atividade financeira e comercial. Diferente, mas não a ponto de introduzir na eternidade contemplativa descrita por Lutero a materialidade do trabalho e das nossas tarefas cotidianas tão caras a Calvino.

A abertura confiante em direção ao mundo novamente valorizado e a centralidade de Deus na experiência terrena e celeste dos indivíduos constituem as bases da visão protestante. A intransponível distância entre o homem e Deus representa o seu corolário.

LUTERO: "SOMOS MENDICANTES, ESTA É A VERDADE"

A última frase que parece ter sido escrita por Lutero antes de morrer foi: "Somos mendicantes, esta é a verdade", mendicantes que por toda a vida devem se esforçar para glorificar Nosso Senhor, mesmo nas coisas mais simples e humildes, mesmo quando bebem ou comem.

Nos seus *Discursos à Mesa*, Lutero reflete várias vezes sobre a vida eterna: uma vida imutável, na qual não se come, nem se bebe, não se trabalha e não se tem nada para fazer porque "estaremos muito ocupados com Deus", que, holograficamente, "será tudo em todos". No céu, os seres humanos vão se tornar novamente fortes e belos, como já havia sido Adão no Éden; gozarão da presença de ovelhas, bois e animais de todas as espécies. Até mesmo "as formigas, as cigarras e todas as criaturas desagradáveis e fétidas serão, ao contrário, deliciosas e terão uma maravilhosa fragrância".[20]

Para descrever o paraíso ao próprio filho pequeno, Lutero fala de "um prazeroso, esplêndido, encantador jardim repleto de crianças que usam casaquinhos de ouro e colhem, debaixo das árvores, frutas deliciosas: maçãs, pêras, cerejas e ameixas amarelas e azuis. Elas cantam, saltam e são felizes".

CALVINO: TRABALHO NA TERRA E REPOUSO NO CÉU

Calvino, por sua vez, escreve que, "inteiramente ocupados na contemplação de Deus, os santos não têm nada de melhor para voltar os seus olhares ou dirigir os seus desejos". Nessa relação com Deus, todos os beatos são praticamente iguais, mas, apesar de todos conservarem o próprio sexo, perderão toda e qualquer diferença de caráter social: "O mundo terá um fim e, com ele, acabarão o governo, a magistratura, as leis, as distinções de classe, as diversas ordens de dignidade e todas as demais coisas desse gênero. Não haverá mais qualquer distinção entre patrão e servo, rei e camponês, magistrado e simples cidadão."

Portanto, nem mesmo para Calvino, certamente o mais "calvinista" entre os fundadores do protestantismo e o mais decidido defensor da importância do trabalho na terra para obter a salvação, nem mesmo para ele as almas beatas no paraíso desempenharão atividades assimiláveis ao trabalho rural ou industrial. Sobre a Terra, para o severo genebrino, a vida urbana que fervilha em suas múltiplas atividades deve ser ancorada, dia após dia, no empenho espiritual: não somente através da oração, mas também por intermédio do trabalho, que é valorizado e santificado.

Aquele que obtém sucesso nos negócios é um predileto de Deus, de tal forma que recebe antecipadamente ainda nesta vida uma parte do prêmio celestial. O contrário, ser pobre e azarado nos negócios, significa ser condenado por Deus desde já, aqui e agora, e por isso o pobre não merece a comiseração por parte dos ricos.

Depois de terem trabalhado tanto e de maneira tão meritória sobre a Terra, as almas justas deverão passar, de alguma forma, o longo intervalo de tempo que corre entre a hora das suas mortes e o dia do juízo universal. Durante este período, segundo Calvino, a alma repousa, mas não dorme; e por repouso é necessário que se compreenda "não a frouxidão, nem mesmo a letargia ou qualquer outra coisa que possa parecer-se com o torpor dos embriagados... mas a tranqüilidade da consciência e da segurança".[21]

Depois do juízo final, a alma beata poderá descansar por toda a eternidade: será uma unidade com Deus e contemplará os seus bens com uma intensa alegria "que esta felicidade ultrapassará largamente todas as comodidades que ora nos são proporcionadas".

TAMBÉM O PARAÍSO INDUSTRIALIZA-SE

Da descoberta do além – e a esta altura 90.000 mil anos se passaram desde então – até o advento da sociedade industrial, na segunda metade do século XVIII, a humanidade continuou a sonhar com uma vida sem morte, sem fadiga, sem miséria e sem dor. Como já dissemos, não podendo obter essas condições durante a vida terrena, os seres humanos começaram a fantasiar sobre a possibilidade de mundos futuros, nos quais as fraquezas fossem, finalmente, transformadas em forças; à morte do corpo correspondesse a imortalidade deste mesmo corpo, além daquela da alma; à miséria correspondesse uma gratuita opulência; à dor, um prazer sem fim; e ao cansaço, o ócio contemplativo.

Quando a confiança humanista no progresso, que havia entusiasmado o século XVI, ainda durante o Renascimento, cedeu o passo à angústia existencial do século XVII, então protestantes, puritanos, piedosos, jansenistas e metodistas focalizaram toda a própria atenção nos valores da frugalidade e do sacrifício. O austero mosteiro jansenista de Port-Royal-des-Champs contrapôs-se idealmente ao triunfo barroco de Versailles. No seu famosíssimo ensaio, Max Weber descreveu magistralmente essa passagem e a conseqüente difusão, tanto da ética protestante como do espírito do capitalismo.[22]

Com o Iluminismo e com a Revolução Industrial, as coisas mudam: o paraíso, conservando as conotações de imortalidade, de riqueza e de prazer, será contudo modernizado quanto àquilo que diz respeito ao ócio, que será banido da vida dos beatos. O céu, que a sociedade rural havia identificado como um jardim fértil, capaz de dar frutos sem requerer fadiga, será imaginado pela sociedade industrial como uma fábrica capaz de oferecer produtos sem infligir algum tipo de abuso.

Quando o frenético maquinismo industrial conseguiu triunfar na Europa e na América, a tradição anglo-saxã, mais pragmática e eficientista do que a católica, rejeitou como um imperdoável desperdício a idéia de um paraíso de mandriões, que passam o tempo a "tocar, indolentemente, a harpa feita de ouro, a recostar-se sobre as nuvens, a vagabundear sem uma meta precisa no paraíso de Deus".[23]

Iniciada no final do século XVII, a modernização do paraíso prosseguiu durante todo o século XVIII e culminou no século XIX, paralelamente à Revolução Industrial. Gottfried Wilhelm Leibniz (1646-1716), partindo do pressuposto de que a felicidade consiste num "progresso contínuo e ininterrupto em direção a um bem sempre maior", sustenta que os santos "terão motivos para multiplicar infinitamente a própria beatitude" e que, para isso, serão obrigados a um contínuo progresso, sem o qual "não podem existir o pensamento e, conseqüentemente, nem mesmo o prazer". Também Immanuel Kant (1724-1804) estava convencido de que, após a morte do corpo, a alma continuasse num progresso sem fim em direção àquela inatingível perfeição que somente Deus possui.

Na primeira metade do século XVIII, os dois "especialistas do além" com maior crédito – Swedenborg e Watts – atribuíram ao paraíso quatro conotações: variedade, movimento, serviço e mudança.

Emanuel Swedenborg (1688-1772), que não por acaso era engenheiro, matemático, cientista e gerente das minas suecas, deu crédito, com os seus bem-sucedidos livros, a uma idéia de um paraíso muito mais ativo do que aquele tradicional: os seus anjos não se limitavam a louvar e a glorificar Nosso Senhor, a partir do momento em que o simples repouso e a contemplação isoladamente "não seriam uma vida ativa, mas uma vida ociosa, na qual se tornariam preguiçosos". Por isso, não podiam recusar-se a executar uma série de tarefas como acolher e treinar os recém-chegados, proteger os vivos e desempenhar funções cíveis de utilidade pública, enquanto as jovens bordavam e as mulheres acudiam as crianças.

Ainda na primeira metade do século XVIII, o já citado pregador Isaac Watts (1674-1748) descreveu o paraíso como um *tour de force*, onde as almas, desviando-se de "um estado sedentário de contemplação inativa" e incentivadas pela visão divina, esforçavam-se para fazer carreira e diferenciar-se das almas concorrentes. Habituadas durante toda a experiência terrena ao ativismo fatigante dos protestantes, essas almas não poderiam jamais ter suportado a idéia de se tornarem preguiçosas justamente no céu, onde "toda e qualquer ocupação é delícia e todo e qualquer esforço, uma alegria".[24]

Modernizando-se, o paraíso cristão atenuou as suas diferenças com respeito à vida terrena; tornou-se mais material e mais sensual; mais dinâmico e mais laborioso, assim como mais bem organizado nas suas atividades sociais. Influenciados pelo Iluminismo, os teólogos o transformaram de um lugar de repouso num centro de atividade e de progresso. Além disso, aumentou a divergência entre a concepção católica e a protestante sobre as atividades desempenhadas pelos beatos: enquanto os teólogos do protestantismo defendiam uma idéia ativa da eternidade, feita também de trabalho e de serviço, os católicos inclinavam-se para uma visão refinada e ociosa do paraíso, onde os espíritos se entretinham nos prazeres da música, do teatro, das conversas e dos passeios: *requiescat in pace* (descanse em paz).

ESTUDO, *MEETING* E PIQUENIQUE

No século XIX, no encalço do progresso tecnológico e empresarial, quer os fãs da sociedade industrial fossem seguidores do Evangelho do Sucesso, quer os seus críticos fossem seguidores do Evangelho Social, todos concordavam quanto à importância da mudança, do desenvolvimento e do ativismo. Thomas Hamilton, num livro com um título *à la* ficção científica, de fazer inveja a Spielberg – *Beyond the Stars* (Para além das estrelas) –, estava certo de que os beatos não teriam se limitado a incumbências tediosas, mas teriam sido muito mais ativos, passeando com Cristo, como já haviam feito na Terra os seus discípulos.

Ao trabalho é necessário acrescentar as relações sociais com os parentes, os amigos e os amantes, os *meetings*, as reuniões, as conversas e as discussões e até mesmo os passeios nos campos e os piqueniques, dos quais os anglo-saxões são célebres cultores. Aumentam, obviamente, as ocupações intelectuais, precisamente enumeradas pelo reverendo escocês Thomas Dick, na sua obra *The Philosophy of the Future State* (A filosofia do Estado do futuro), 1828, na qual um capítulo inteiro é dedicado à conexão da ciência com o Estado do futuro. Intui-se imediatamente que no paraíso não será mais necessário o estudo dos idiomas, do direito, da medicina, da economia política, das artes militares, da caça, da pesca e nem da organização industrial. Em vez disso, serão muito cultivadas a astronomia, a matemática, a aritmética, a filosofia natural, a anatomia, a fisiologia e a história.

Permanecerão, segundo Dick, as diferenças intelectuais: por exemplo, entre um filósofo experiente e um escravo negro. Mas este último, estudando alegremente, poderá contudo recuperar a distância que o separa do filósofo.

Na primeira metade do século XIX tiveram uma grande difusão as idéias contidas na obra *Physical Theory of Another Life* (Teoria física de outra vida), que o filósofo escocês Isaac Taylor publicou em Nova York em 1836. Segundo Taylor, a vida na Terra não é nada mais que uma preparação para uma bem mais intensa vida ultraterrena. Também no paraíso as almas não poderão se limitar ao frívolo papel de "ociosas contempladoras do onipotente", mas continuarão a exercitar a própria coragem, a própria iniciativa, a própria ambição, a versatilidade, a sagacidade, a capacidade de calcular as probabilidades, a paciência e a diligência. A vida de serviço que os santos viverão no paraíso implica confrontos com adversários, funções de governo, assim como tarefas de guia, socorro e instrução para com os necessitados.

As idéias de Taylor difundiram-se entre os protestantes americanos e ingleses. Em 1857, o pregador batista Charles Spurgeon apregoa, na Inglaterra, contra o ócio, seja na Terra, seja no Céu; torce pelo trabalho, considerado uma bênção, um privilégio, uma glória e um prazer; identifica o Céu como um "lugar de serviço ininterrupto (...) no qual serve-se a Deus de dia e de noite".

Uns 20 anos depois, do outro lado do Atlântico, lhe faz eco o presbiteriano Robert M. Patterson, da Filadélfia, que em 1874 descreve o paraíso como se fosse uma empresa, na qual os beatos obedecem, com diligência e prontidão, as ordens de Deus, que os envia a exercitar a justiça em mundos distantes. Se o ócio forçado nos entedia mortalmente – como sustentará dali a pouco Levi Gilbert –, está completamente excluída a hipótese de que o Céu seja só um país do "bem-bom", ou um paraíso de preguiçosos, onde "ninguém quer nada com a dureza".

Chega a vez de Thomas De Witt Talmage, que no Brooklyn, em 1892, isto é, em plena decolagem industrial, garante que o paraíso é "o lugar mais laborioso do universo", que nos reserva sempre "mais êxtase, mais conhecimento, mais intercomunicação e mais adoração". O Céu não vem comparado nem com um calmo subúrbio residencial nem com uma igreja durante a função, mas sim com uma grande metrópole.

Sempre no Brooklyn, em 1875, o pastor da Igreja presbiteriana David Gregg publica um ensaio no qual sustenta que todas as tarefas desempenhadas pelos anjos e pelos santos no paraíso são, para todos os efeitos, trabalho, embora desvinculado das leis de produção; este perde a sua conotação instrumental, tornando-se totalmente expressivo, voltado, como é, para o divertimento, a caridade e a obediência a Nosso Senhor. Nos termos atuais, podemos dizer que se trata de um trabalho do "terceiro setor", liberado da tensão e da alienação: "O que eles fazem é um trabalho, mas um trabalho livre da ânsia, da fadiga e do cansaço, assim como o bater das asas da cotovia, que alça vôo com júbilo na luz de uma jornada fresca e clara e, espontaneamente, para o seu bel-prazer, abandona-se ao próprio canto que ressoa alegremente."[25]

O MAIS LABORIOSO DOS LUGARES

Em 1901, sempre em Nova York, o pastor batista William C. Ulyat rebate a idéia de Talmage, segundo o qual o paraíso é "o mais laborioso dos lugares", descrevendo a vida ali nos seus mínimos detalhes: alguns santos governam os palácios, outros prestam assistência como enfermeiros, outros exercem atividade política e outros ainda – sozinhos ou em cooperativa – dedicam-se a "ser mensageiros, ensinar, elaborar trabalhos artesanais, cantar e tocar instrumentos musicais, conversar e realizar discursos públicos, estudar filosofia, ciências e teologia, assim como exercitar-se nas artes criativas".

Com os ensaios de Gregg e de Ulyat, que chamam explicitamente de "trabalho" as atividades desempenhadas pelos santos, a analogia entre paraíso e indústria encontra as suas máximas expressões: para Gregg, de fato, o Céu "ressoa com o mesmo zumbido da indústria"; para Ulyat, é "um lugar de magnificência construtiva... Na prática, é uma oficina".[26]

Segundo outros teólogos, já o esforço de interceder junto a Deus para a salvação dos amigos e parentes é um belo abacaxi, comparável ao dos nossos homens políticos, atormentados pelos postulantes.

Em 1917, o professor de Cambridge Henry Barclay Swete desencoraja toda e qualquer esperança de moleza: "Incorremos num grave erro se associamos à nossa concepção de Céu a idéia de repouso do trabalho. Repousar do esforço, da fadiga e do esgotamento, isso sim; mas repousar do trabalho, da produção e do serviço, certamente não."[27]

Ainda em 1917, o teólogo americano Walter Rauschenbush chega a afirmar que os cursos de recuperação adquirirão uma grande importância no paraíso. Na Terra, escreve ele, uma parcela considerável de indivíduos "é abandonada a um tal estado de subdesenvolvimento pelo nosso sistema terreno de previdência social, que ela merece um curso celeste de recuperação. No Céu será uma grande alegria ver homens que se reúnem na saída das minas ou das lojas, mulheres que deixam a cozinha de restaurantes ou lavanderias repletas de vapores para receberem a educação superior que lhes é de direito e por tanto tempo negada".[28] Pelo que parece, o industrialismo tornou também os sonhos um tanto angustos, limitados.

É esse, cronologicamente, o último porto, certamente não definitivo, da invenção, talvez a mais imaginativa, persistente e conjunta de toda a história humana. Não sabemos quais os paraísos que a sociedade pós-industrial será capaz de elaborar, mas é fácil supor que também ela proporá novidades, prosseguindo nesse desafio inventivo ao qual nenhuma religião, nenhuma comunidade jamais se subtraiu e que, para sempre, continuará a compensar a infelicidade terrena com a invenção de mundos supraterrenos eternamente felizes.

CAPÍTULO QUATRO

O HOMEM DESCOBRE A SEMENTE E INVENTA O ESTADO

"Para a população de Sippar instaurei a alegria e eles oraram pela minha vida."
HAMURÁBI

"Chaga por chaga, olho por olho e dente por dente: quanto fez aos outros, tanto seja a ele feito."
PENTATEUCO

"Das grandes cidades, células e lares do mundo vêm a paz e a guerra, a riqueza e a miséria, a glória e o triunfo do espírito e da beleza. A grande cidade espelha a potência do homem... A grande cidade dita leis, em tempos de paz e de guerra, em matéria de trabalho. As grandes cidades são as fábricas ideais, onde se elaboram as obras do mundo inteiro. As soluções alcançadas nas grandes cidades difundem-se nas províncias: questões de moda, de estilo, de técnica e os movimentos das idéias."
LE CORBUSIER

A REVANCHE DOS PRIMITIVOS

Voltando a percorrer o itinerário da criatividade humana, esbarramos na invenção do além e cedemos à tentação de uma longa excursão pela história e pelas alamedas do paraíso, guiados pela suspeita de que os seres humanos, devido à sua natureza, não são particularmente propensos a sofrer, mesmo naquela forma, freqüentemente inelutável, que é a fadiga. Tanto isso é verdade que por 100.000 anos aplicaram-se em aperfeiçoar a esperança num lugar supraterreno e eterno, onde, além de não sofrerem a miséria, a morte e a dor, as almas beatas evitavam trabalhar, ou, quando trabalhavam, o faziam somente com alegria e prazer.

Todos os deuses e todos os paraísos com os quais nos deparamos não só se assemelham de maneira impressionante aos homens e às suas terras como mudam paralelamente às alterações destes últimos. Quando se estabelece o modo de produção industrial, por exemplo, e com ele passa a prevalecer o frenesi da exaltação do trabalho como máxima virtude, também a geografia e a dinâmica celestes alteram as suas conotações e os beatos do Céu começam a trabalhar como adeptos da cadeia de montagem, só que obedientes e felizes.

A isso retornaremos quando for o momento. Por ora, retomemos o fio histórico da criatividade humana e da vida ativa em suspensão entre o ócio e o trabalho.

A nova onda dessa história – a grande revolução neolítica – inicia-se 7000-6000 a.C. e, em relação às anteriores, é muito mais densa de acontecimentos que se superpõem e se sucedem numa seqüência muito mais rápida. Para se chegar ao arco e à flecha foram necessárias dezenas de milhares de gerações de hominídeos; para passar dos arcos aos vôos interplanetários, bastarão algumas centenas de gerações de homens.

Em homenagem à hipótese da imperfeição como impulso ao aperfeiçoamento – hipótese que é, justamente, cara a Rita Levi Montalcini –, o salto de época da sociedade da caça à sociedade agrícola e o salto da vida nômade à vida sedentária não foram obras dos refinados magdalenianos da França, mas de tribos meridionais bem mais primitivas.

Durante toda a longuíssima fase paleolítica, os homens, caçadores, especializaram-se no conhecimento do mundo animal, enquanto as mulheres, coletoras, especializaram-se no conhecimento do reino vegetal. Parece que quem criou a agricultura foram as mulheres do Oriente Médio e do Sudeste asiático, entre os anos 6000 e 3000 a.C., quando talvez ainda não fosse completamente claro que para a geração dos filhos fosse necessária a participação do homem, e, portanto, vigoravam, por conta da ignorância, aquelas convicções e aquelas relações de força que hoje, novamente, estão sendo recriadas graças à engenharia genética. Às vezes, como demonstrado neste exemplo, a falta de saber e o saber em excesso podem originar êxitos iguais.

Se no paleolítico a natureza prevalecia numa medida esmagadora sobre a cultura, no neolítico a cultura irá colonizar zonas cada vez mais extensas da natureza, preparando o campo para o progressivo domínio do homem sobre o ambiente, o que ao longo dos séculos conduzirá à situação atual, a tal ponto que a natureza se tornou praticamente uma metáfora, uma ideologia, uma nostalgia e uma aspiração ancestral.

A AGRICULTURA É FEMININA?

Em ordem cronológica, depois da caça e do extrativismo vegetal, depois do fogo e do cachorro, a fonte de sobrevivência foi a agricultura. Desmatamento, agricultura, pastoreio, artesanato, comércio, carpintaria e tecelagem significam cevada, trigo, legumes, hortaliças, cabras, ovelhas, bois, porcos, leite, carne, gordura, enxada, moenda, pilão, cerveja, vinho, levedo, tear, lã, tecidos, cerâmica, vasilhas e cabanas. E significam também organização social, nova divisão do trabalho, superpopulação, vilas, estradas, excedentes, classes, escambos, mercados, ritos, cerimônias, guerras, fortificações e impostos.

Todo solo, toda planta requerem seus próprios métodos e instrumentos de cultivo; todo fruto demanda técnicas específicas de colheita e de conservação, e cada tipo diferente de animal implica uma determinada prática de domesticação, um determinado emprego e um modo diverso de abate. A quem deve ser atribuída a invenção desses métodos e dessas técnicas? Aos homens ou às mulheres? A criação da barbárie agrícola foi obra dos homens, das mulheres ou de ambos? Coon e Childe, dois autores "clássicos" e de idéias conflitantes, aos quais freqüentemente me referi até aqui, colocam-se em posições opostas também naquilo que concerne ao matriarcado.

Diz Coon: "A afirmação repetida com freqüência de que os nossos antepassados viveram um primeiro período agrícola de matriarcado, de descendência na linhagem feminina e de adoração a uma suprema deusa da fertilidade não é absolutamente respaldada pelos fatos nem pela dedução lógica. A principal linha da evolução, que culmina na civilização moderna ocidental, seguiu um curso no qual a relação entre os dois sexos manteve-se constante desde os tempos dos caçadores até hoje."[1]

Segundo Childe, pelo contrário, "para os cultivadores puros, graças à contribuição da mulher à economia coletiva, o parentesco é naturalmente colocado segundo a linhagem feminina e prevalece o sistema do 'matriarcado'. Com a domesticação dos animais, por outro lado, a influência econômica e social passa aos homens, e o parentesco passa a ser segundo a linha paterna".[2]

Independentemente de uma estrutura familiar baseada no patriarcado ou no matriarcado, Childe sustenta que "todas as invenções e descobertas (correlacionadas à revolução agrícola) foram, a julgar pelos testemunhos etnográficos, obras das mulheres. Com o mesmo critério, às mulheres deve também ser atribuída a química da cerâmica, a física da fiação, a mecânica do tear e a botânica do linho e do algodão. Por outro lado, nas sociedades pré-históricas que mencionamos e em outras similares na Europa ou através da Ásia até a China, as descobertas femininas foram consolidadas numa só economia junto a outras descobertas atribuídas aos homens. Com efeito, eram os homens entre os bárbaros modernos a ocupar-se das manadas e dos rebanhos, assim como dos procedimentos relativos aos adereços necessários".[3]

AS BARREIRAS À CRIATIVIDADE NEOLÍTICA

Recapitulemos. Há cerca de dois milhões de anos, a longa aventura dos *Australopithecus*, que chegaram só a usar pedras e paus, desemboca no mais antigo representante do gênero *Homo*: aquele *Homo habilis* dotado de um cérebro bem mais volumoso e de uma postura bípede bem mais desenvolta do que os outros animais que o antecederam, além de ser, justamente como declara a sua designação, hábil, isto é, capaz de construir utensílios, ainda que rudimentares.

O *Homo habilis* constitui o elo de conjunção entre o *Australopithecus* e o *Homo erectus*, cujos representantes mais antigos remontam a um milhão e meio de anos atrás, têm uma capacidade craniana maior e desaparecem cerca de 300.000 anos atrás, depois de terem aprendido a articular sons, a caçar aves selvagens robustas, a construir cabanas, a dominar o fogo, a usar paus e a produzir lâminas.

O *Homo erectus* cede espaço ao *Homo sapiens*, dotado de um cérebro ainda maior e enriquecido com uma subespécie européia: a do *Homo sapiens neandertalensis*, destinado a desaparecer relativamente cedo, apesar das suas admiráveis *performances*. Ao *Homo sapiens* devemos invenções e descobertas de grande relevo: o uso do couro, a utilização e a manipulação do osso, o emprego das lâmpadas a óleo, a produção de escalpes, buris, agulhas, dardos, arcos, armadilhas, arpões, lanças, machados, anzóis, cestas e redes entrelaçadas. A ele, muito provavelmente, se deve também a invenção dos dois maiores sistemas consoladores de todos os tempos: a arte e o além.

Depois será o *Homo sapiens sapiens*, que surge cerca de 100.000 anos atrás, que irá diversificar-se bem mais, adaptando-se às várias situações geográficas e climáticas, e assim gerar todas as variantes atuais do nosso gênero humano.

A longuíssima trajetória que vai do *Homo habilis* ao *Homo sapiens sapiens* cobre, mais ou menos, a era pré-histórica a que geralmente nos referimos como "paleolítica" e que chega até as vésperas da "neolítica", bem mais criativa e objeto deste capítulo.

Numa primeira fase do neolítico, chamada natufiana, que vai aproximadamente de 10000 até 8300 a.C., os nossos antepassados permanecem num estágio intermediário entre o extrativismo e o cultivo, entre o nomadismo e o sedentarismo, mas começam a sair das cavernas, aprimorando os seus utensílios e criando os primeiros aglomerados. A criatividade ligada a essa fase permanece ainda obstruída por numerosas barreiras: a extrema fragmentação dos grupos (e das relativas experiências) em conjuntos de habitações muito pequenos, autárquicos e não-comunicantes entre si; a belicosidade recíproca na disputa das escassas terras cultiváveis; o nomadismo agrícola devido ao qual, uma vez explorado um determinado terreno, o clã inteiro se transferia para uma área limítrofe, deixando sempre inconclusas as construções, assim como os usos e costumes apenas esboçados. A abstração, a reflexão e a criação necessitam de um maior intercâmbio cultural, de uma dimensão social não-dispersiva nem sufocante, assim como de uma tranqüilidade e uma certeza adequadas a projetos de amplo fôlego.

Todas essas exigências encontraram uma resposta fecunda um pouco mais tarde, sobretudo nas ocupações "urbanas", onde a criatividade pôde finalmente se desenvolver, numa medida jamais vista antes. A partir daquele ponto as descobertas e as invenções sucederam-se em avalanche: o barco (7500 a.C.), a cerâmica (7000), a foice, as facas metálicas, os tijolos e a cerveja (6000), o anzol (4500), a escrita (4000), o tambor, o torno, o barco a vela (4000-3000), o mapa geográfico (3800), os cosméticos (3750), o prego, o papiro, o torno de vasos, a solda, a balança, a roda de carroça (3500), a tinta para escrever (3200), o dique, a harpa, o sabão, o arado, o fio com chumbo (útil na construção), o vidro, a divisão do dia em horas e o arreio para bois (3000 a.C.).

A MEIA-LUA FÉRTIL

O desenvolvimento da pesquisa sobre a criatividade ainda está num estágio por demais elementar para que se possa esclarecer o mistério das grandes concentrações de genialidade que ocorreram no tempo e no espaço. Como explicar tantos arquitetos, filósofos, escultores e escritores na Atenas de Péricles? E por que tantos pintores, escultores, arquitetos, historiadores e poetas, todos juntos, na Florença dos Médicis? Por que tantos psicólogos, físicos, filósofos, escritores, pintores, *designers*, arquitetos e músicos, de novo, todos ao mesmo tempo, na Viena de Klimt e de Musil?

Os cinco milênios que vão do sétimo ao terceiro antes de Cristo e, sobretudo, o milênio compreendido entre 3500 e 2500 a.C. merecem, para todos os efeitos, ser incluídos entre essas poucas, grandes e misteriosas concentrações de criatividade que se verificaram no curso da história humana.

Trata-se, é verdade, de um arco de tempo incomensuravelmente mais amplo que aquele tomado pelo esplendor de Atenas, de Florença ou de Viena. Mas os tempos da história mais antiga não podem ser julgados com a mesma métrica que usamos para medir os séculos mais recentes. Decerto será necessário ultrapassar o advento de Cristo, chegar ao século XII, depois ao XVIII e por fim aos nossos dias para se reencontrar explosões criativas igualmente ricas de invenções e de progresso social e técnico.

O teatro dessa grande revolução pode ser identificado "com a vasta zona limitada a oeste pelo Saara e pelo Mediterrâneo, a leste pelo deserto Thar e pela Cordilheira do Himalaia, ao norte pela cadeia montanhosa euro-asiática – Bálcãs, Cáucaso, Elburz e Hindukush – e ao sul, aproximadamente, pelo Trópico de Câncer. As suas condições geológicas e climáticas mostraram-se favoráveis ao desenvolvimento revolucionário". Esta zona "proveu as matérias-primas para as descobertas decisivas. Forneceu os incentivos a uma organização social intensa e amplas recompensas para uma colaboração em larga escala. Ofereceu a possibilidade de comunicação que permitiu que fossem compartilhados os novos conhecimentos, assim como recolhidos e concentrados os materiais essenciais. Por fim, os seus céus desprovidos de nuvens apresentavam todas as noites o impressionante espetáculo do movimento uniforme dos corpos celestes, que em outras latitudes é, com freqüência, encoberto ou por demais velado".[4]

Nesse cenário de "Meia-Lua Fértil", como o batizou Breasted, duas zonas se destacavam devido às suas conjunturas geográficas particularmente afortunadas: a ponta ocidental, constituída pela área do Nilo, com as suas inundações periódicas, e a parte oriental, constituída pela área mesopotâmica (sobretudo aquela compreendida entre a foz do Tigre e a do Eufrates), ambas valorizadas graças a sofisticadas intervenções conjuntas de canalização da água, de semeadura, colheita e transporte.

Por mais aproximativas que possam parecer essas comparações, pode-se, de toda forma, deduzir que essas áreas (sobretudo a Mesopotâmia), sede das duas primeiras grandes civilizações fluviais, às quais se deve somar também a da Índia, estão para a pré-história assim como Atenas está para o Classicismo e Florença e Viena estão para o mundo moderno.

PLENA CRIATIVIDADE NUMA NOVA ORDEM SOCIAL

Nessas duas áreas e nas zonas adjacentes à Palestina, à Síria e ao Líbano, durante o "breve" curso de 5.000 anos, seriam inventadas, aperfeiçoadas e difundidas novidades fundamentais como o tijolo, a fusão do cobre e depois do bronze, a roda, a domesticação do cavalo e do asno, o arreio de bois, a liga metálica, o arado, o barco à vela, o torno de vasos, a escrita, a escola, a propriedade privada da terra, a balança, o calendário, as medidas, o sistema monetário, o lucro, a astronomia, a aritmética, a geometria, a astrologia, a perspicaz combinação da economia pública com a economia de mercado e a organização do Estado.

Todas essas invenções serão efeito e causa de uma nova ordem social, de tipo urbano e estatal, com suas leis e seus costumes, suas hierarquias, suas classes, suas servidões, seus conflitos e suas instituições.

Foi dito que, de todas essas novidades revolucionárias, três foram fundamentais: a fornalha a carvão com tiragem forçada, o eixo giratório e a escrita. Mas é necessário acrescentar uma quarta invenção, causa e efeito de todas as outras, isto é, o sistema urbano e estatal.

As vantagens diretas e as transformações induzidas pela metalurgia são enormes: a maleabilidade do cobre, do bronze e das ligas metálicas permite a construção de objetos mais funcionais e mais bonitos; a complexidade do trabalho metalúrgico requer a especialização profissional de artistas-cientistas depositários de misteriosos segredos de fabricação (do mesmo modo que os sacerdotes-magos eram depositários de misteriosos segredos do exorcismo e da evocação); a vida itinerante, de um país a outro, desses mestres da metalurgia confere uma dimensão transnacional à ciência que possuíam, assim como uma organização corporativa da classe que representavam; a necessidade de sustentar os mineiros, os fundidores e os forjadores subtraídos das atividades agrícolas, de pastoreio e da caça determina a exigência de um excedente de produção a ser destinado à metalurgia (assim como hoje o financiamento do pessoal do setor terciário postula um maior excedente por parte dos setores da indústria); a construção e a utilização de arados metálicos liberam muitas mulheres do trabalho nos campos; o rebaixamento das mulheres a papéis secundários no trabalho agrícola reduz o *status* social delas e marca, definitivamente, o primado do sistema patriarcal, caso se admita que o matriarcal tenha realmente existido.

Pode-se prosseguir *ad infinitum* com a cadeia de efeitos que cada invenção determina, assim como com a interação recíproca entre as várias descobertas que aceleram o ritmo das mesmas e refinam a sua qualidade. Nesse mesmo período define-se o conjunto de fontes energéticas destinado a permanecer inalterado por muitos milênios: ao fogo para cozinhar e ao cachorro para puxar o trenó somam-se a catalisação da força eólica através da vela, assim como novos tipos de tração animal: o boi, potencializado graças à funcionalidade do arreio; o asno, potencializado graças à funcionalidade da albarda, e o cavalo, potencializado por adereços ainda pouco funcionais, que só mais tarde – na baixa Idade Média – alcançariam a atual perfeição.

Seria preciso aguardar a pólvora e depois a máquina a vapor e a eletricidade para que o homem descobrisse outras e mais potentes fontes de energia, proporcionando as premissas tecnológicas à sociedade industrial.

A Mesopotâmia, primeiro, e logo depois o Egito podem, portanto, vangloriar-se de um papel determinante no desenvolvimento das ciências (Física, Química, Matemática, Geometria, Pedagogia, Direito, Teologia, Economia e Astronomia), das tecnologias (escrita, transporte, construções, sistema de águas e navegação), das artes (arquitetura, escultura, poesia e música) e da organização (poder, classes, castas, estruturas profissionais, estruturas urbanas e estatais, relações interurbanas e internacionais, ordem, repressão, divisão do trabalho, armazenamento, distribuição, paz, guerra, sucesso e declínio).

A ESCRITA: A INVENÇÃO DAS INVENÇÕES

Mas a invenção das invenções – aquela que permite, potencializa e unifica o desenvolvimento de todos os setores – permanece sendo a escrita, que tem o papel de elo entre as ciências e as artes, entre o presente e o futuro, entre a memória e a invenção.

Assim que a organização social se torna complexa, nasce a necessidade de receber, elaborar, armazenar e transmitir informações. Como o primeiro setor a se tornar complexo foi o econômico, o uso de símbolos entalhados e escritos nasce nesse âmbito para, em seguida, estender-se às listas de objetos e profissões e, depois, aos textos literários, religiosos e políticos.

Um poema sumério de 5.000 anos atrás, no qual é narrada a luta entre a cidade mesopotâmica de Uruk, governada pelo soberano Enmerkar, e a cidade persa de Aratta, nos oferece uma deliciosa versão mítica de como teria nascido a escrita. Segundo essa versão, Enmerkar deveria enviar uma mensagem ao seu rival de Aratta, mas o assunto a ser referido é por demais complicado, de modo que o mensageiro não seria capaz de repeti-la, corretamente, de cor. Enmerkar não tem então outra saída senão inventar um expediente para vencer essa dificuldade, e eis que inventa a escrita: "Dado que o mensageiro possuía a *língua pesada* e não era capaz de repetir a mensagem, o Senhor de Uruk modelou a argila e gravou as palavras, como numa pequena tábua. Antes dele, ninguém jamais havia gravado palavras na argila. Ora, quando o Deus Sol resplandeceu, isto tornou-se manifesto: as palavras que o Senhor de Uruk havia gravado numa pequena tábua tornaram-se visíveis." O mensageiro, rebaixado ao cargo de carteiro, chegou a Aratta e disse ao rei destinatário: "Enmerkar, o filho do Deus Sol, entregou-me uma pequena tábua de argila. Senhor de Aratta, examine a tábua, apreenda o cerne do seu conteúdo e ordene-me aquilo que devo relatar em relação à mensagem recebida." O autor do poema encontra-se, obviamente, distante dos nossos problemas de semiologia e salta, com a rapidez do mito, as nossas questões ligadas às mensagens e aos códigos, aos emissores e aos receptores. Por isso, a narrativa, ingenuamente, prossegue: "O Senhor de Aratta recebeu do arauto a pequena tábua trabalhada artisticamente; o Senhor de Aratta examinou a pequena tábua – a palavra dita possui a forma de um prego, a sua estrutura perfura –, o Senhor de Aratta perscruta a pequena tábua trabalhada artisticamente."

É claro que o Senhor de Uruk havia negligenciado um singelo detalhe: ele sabia escrever, mas quem garantia que o Senhor de Aratta, destinatário da sua carta, soubesse ler? Para o primeiro, a transmissão de notícias já estava entregue à visão; para o segundo, a recepção era ainda ligada à audição. Para ambos, de todo modo, somente a luz radiante do sol permitiria a leitura dos caracteres cuneiformes.

Sabemos que na área sagrada de Uruk foram encontradas as mais antigas tábuas cuneiformes, ou seja, os documentos escritos mais antigos da história humana, datados de 3100 a.C. É portanto naquele momento que, pela primeira vez, um nosso antepassado – talvez um simples "*Literatus Sumericus*", como, com graça, o chamará M. Powell – grava numa tábua todas as idéias que tem a intenção de transmitir aos seus leitores em potencial, inclusive aos paleontólogos que, 5.000 anos mais tarde, a partir daquela leitura, teriam recebido homenagens e cátedras universitárias. Em relação às tábuas sumérias, os hieróglifos egípcios são mais tardios em pelo menos um século e, de todo modo, permanecem bem menos ricos em termos de desenvolvimentos possíveis e potencial difusão.

Conforme veremos no sétimo capítulo, freqüentemente a história atribui, apressada e fabulosamente, grandes invenções e grandes obras a um só ato e a um único personagem. Assim, o poema mítico atribui a um fulminante gesto de Enmerkar todo o mérito de ter inventado a escrita cuneiforme. Na realidade, ela não nasceu assim de repente, nem foi obra de um único homem criativo, mas evoluiu gradualmente, a partir do uso dos timbres, das fichas de cálculo, dos selos de acompanhamento com os quais os comerciantes se certificavam da quantidade de bens contida nas suas embalagens. A forma cada vez mais abstrata e simbólica assumida por esses certificados corresponde ao crescimento espiritual do *Homo sapiens sapiens*, nessa altura capaz de realizar operações mentais sem precedentes na história do planeta e, provavelmente, do universo.

Durante pelo menos um século, em muitas localidades do Oriente

Próximo, da Síria aos atuais Irã e Iraque, as pequenas tábuas sumérias que acompanhavam os carregamentos a fim de indicar a qualidade e a quantidade das mercadorias consistiam em pequenas placas de argila, sobre as quais vinha impressa, como uma forma de timbre, a marca de um determinado selo. A um certo ponto, o soberano Enmerkar, ou o "*Literatus Sumericus Urukens*", ou alguém em seu lugar, "dá a virada decisiva" que – note-se bem – ocorre só em Uruk e em mais nenhuma outra localidade que tenha feito uso das pequenas tábuas sumérias: pelo contrário, estas últimas continuaram a ser usadas por mais outros 100 anos, com exceção de Uruk, que as substituiria por tábuas pictográficas.

"O que acontece de concreto? Em vez de reproduzir mecanicamente sobre as tábuas de barro a marca dos timbres (com um eventual acréscimo à mão de entalhes que completavam seus traços), todos os registros são feitos com um estilete de bambu. Do ponto de vista *gráfico*, este é o verdadeiro início da escrita. Do ponto de vista *conceitual*, também: perde-se a ligação entre o timbre e a sua representação na tábua. A quantidade de símbolos gráficos gravados na argila aumenta vertiginosamente, partindo de 20 sinais padrões (correspondentes aos vários timbres de contagem) que aparecem nas tábuas pictográficas (o 'pictograma' é um desenho gravado; a estilização 'cuneiforme' ocorrerá um pouco mais tarde). Isto implica uma diferença que pode ser definida sem exagero como revolucionária: dá-se conta de que tudo, ou quase tudo, pode ser *posto por escrito*."[5]

Nas etapas sucessivas se passará do registro de conceitos (ideogramas) ao registro de palavras (logogramas), do registro de palavras ao registro de sons (fonogramas), da classificação de coisas (plantas, ofícios e profissões) à organização conceitual da experiência empírica (listas, esquemas e mapas). Somente no final do segundo milênio a.C., na região fenício-aramaica, foi realmente inventado o alfabeto, graças ao qual centenas de sinais acabam sendo substituídos por apenas três dezenas de letras, capazes, na sua infinita combinação, de representar e transmitir idéias quase que por magia.

Lucrécio, muitos séculos depois, ainda ficará encantado e identificará cada letra singular com os vários átomos em perpétuo movimento e que de vez em quando confluem até formar sons e palavras. A mesma maravilha é destilada em Pico della Mirandola, em Leibniz e em Galileu, que no seu *Diálogo sobre os Dois Máximos Sistemas do Mundo*, no final da Primeira Jornada, escreve: "Mas, acima de todas as estupendas invenções, que eminência de mente foi aquela de quem imaginou encontrar um modo de comunicar os seus mais recônditos pensamentos à pessoa que se queira, ainda que distanciada por um longuíssimo intervalo de espaço e de tempo? Falar com aqueles que se encontram nas Índias, falar com quem ainda não nasceu, nem terá nascido senão daqui a mil ou dez mil anos? E com que facilidade! Com as junções variadas de 20 caracterezinhos sobre o papel."

AS INVENÇÕES SEM INVENTORES E AS ESTRATÉGIAS SEM ESTRATEGISTAS

Grande parte das invenções humanas mais surpreendentes – do alfabeto ao Estado, dos veleiros às piadas, das festas ao arado, da tesoura à Magna Carta – não possui um "alguém que as imaginou", pois elas são fruto de progressivos ajustes e colaborações coletivas, seja nas suas criações, nas suas realizações, nos seus aperfeiçoamentos, na sua difusão, assim como nas suas aplicações.

Da mesma forma, salvo raríssimas exceções, uma descoberta ou invenção não acontece repentinamente, nem constitui um ponto de partida. Elas constituem um ponto de chegada ou uma etapa intermediária de um longo processo, freqüentemente interminável. Antes de 1687 muitas maçãs caíram na cabeça de muitas pessoas, mas só Newton soube deduzir a teoria da gravidade, porque há anos atormentava-se com o problema.

Como veremos, até agora os neurologistas, os psicanalistas, os psicólogos e até mesmo os sociólogos que se interessaram pela criatividade referiram-se sobretudo a personagens criativos singulares, ao artista, ao inventor ou ao descobridor extraordinário, obtendo, a partir das experiências singulares desses gênios isolados, a inspiração para supor algumas etapas canônicas que todo processo criativo tenderia a percorrer, da individualização de um problema à coleta de informações necessárias para analisá-lo, à formulação das hipóteses, à intuição iluminada de uma possível solução e à sua bem-sucedida verificação. Porém, a grande maioria das novas idéias não brotou na cabeça de um só: por vezes concorreram um clã inteiro, um povo inteiro, até mesmo todos os povos e por um período de tempo que pode abarcar até mesmo dezenas de milênios. Sobretudo no campo das ciências organizacionais existem percursos criativos que duram *ad infinitum*, como resultado de progressivos ajustes a situações modificadas ou de progressivos projetos visando a mudanças futuras.

Num tal caso, estamos diante de criações sem um criador, ou seja, de "estratégias sem estrategista", como diria Bourdieu. É isso que acontece no caso do Estado, a maior criação político-social do ser humano, aperfeiçoada gradualmente ao longo de milênios e, em seguida, modificada aos poucos, conforme as mutáveis instâncias demográficas, militares, econômicas, geográficas e culturais.

No decorrer da pré-história e da história até os nossos dias há grandes personalidades – de Sargão a Péricles, de Napoleão a Roosevelt – que imprimiram a própria marca na evolução do Estado, mas o peso deles permanece marginal em relação ao papel exercido por obscuros funcionários, por grupos de pressão, pelas massas e pelas conjunturas imprevistas.

Pense na enésima transformação que está ocorrendo debaixo dos nossos olhos: assediado primeiro pelo desafio comunista, que teorizava a sua extinção, depois pela globalização, que é uma ameaça ao seu poder, o Estado contemporâneo apresenta problemas crescentes, mostrando-se sempre mais inadequado a gerir as situações novas, determinadas pelo progresso tecnológico, pelos fundamentalismos, pelas multinacionais e pelas Bolsas de Valores. Pela primeira vez, em poucos anos, a economia destitui a política e as finanças destituem a economia; as velhas instituições internacionais não conseguem fazer frente à nova situação; lampejos de guerra e de guerrilha acendem-se por todos os cantos; um personagem, um grupo, uma nação tentam impor a própria ordem a todos os outros. Disso deriva a urgência de inovações radicais na disposição da *governance*, e em tudo que é lugar se procura teorizar, projetar e/ou experimentar alguma intervenção com a esperança de se chegar a reformulações satisfatórias.

Para a criação do Estado, os primeiros a contribuir foram sobretudo a Mesopotâmia e o Egito, a China, o México e o Peru. Ao estudo das suas origens dedicaram-se pensadores como Hobbes, Locke e Hume, Montesquieu, Diderot e Rousseau, Tocqueville, Marx e Engels, Spencer e Durkheim, assim como Fustel de Coulanges.

A INTERMINÁVEL INVENÇÃO DO ESTADO

Conforme vimos, na Mesopotâmia e no Egito a criatividade explodiu em todas as direções, colocando à prova, de forma visível e drástica, as várias resistências às mudanças, não menos numerosas; em todos os setores fez progressos rapidíssimos, se vistos com a nossa ótica moderna, e até mesmo assombrosos, se considerados os parâmetros da própria época.

A simples comparação entre a rusticidade de um seixo ornado durante o último período neolítico e o refinamento da elaboração repentina com que, dali a pouco, seria representado o deus Anzu, ou com o qual veio enobrecido o elmo de ouro de Meskalamdug, já na metade do terceiro milênio a.C., nos dá uma idéia precisa de como as ondas longas do progresso não tinham todas a mesma longitude e de quão diferentes foram as contribuições das várias civilizações ao crescimento do gênero humano como um todo. Igualmente grande é o salto caso se compare um vilarejo neolítico com uma cidade suméria, uma tumba de *Homo sapiens* com uma pirâmide faraônica, uma cabana de hominídeos com um palácio ou um templo da Idade do Bronze.

Para reconstruir a longa trajetória percorrida pelo homem até a invenção do Estado, é necessário partir das primeiras aglomerações. Entre os anos 7000 e 5000 a.C. são construídos, em lugares indistintos, grupos de casas indiferenciadas, ainda que protegidas por muros de certa imponência. Para se chegar a verdadeiras vilas é preciso esperar que ganhe corpo a comunidade agrícola de Starcevo, na Sérvia, onde as casas são alinhadas ao longo de uma rua central; ou ainda a pacífica aldeia de Sesklo, na Grécia, onde cerca de 300 agricultores, mais ou menos da mesma condição em termos de riqueza e prestígio, viviam em aproximadamente trinta casas homogêneas, na forma e no tamanho; ou, mais ainda, o beligerante vilarejo de Dimini, sempre na Grécia, com os seus cinco círculos de muros concêntricos e um notável edifício central destinado a algum personagem mais importante que os demais; ou, ainda, o povoado de Bylany, na Boêmia, onde a amplidão das habitações demonstra que em cada uma conviviam várias famílias.

Se a forma é representação plástica da função que ela hospeda, da forma desses diversos vilarejos e das suas respectivas moradias deve-se deduzir que Sesklo foi construída em função de uma comunidade paritária, Dimini em função de uma comunidade piramidal e Bylany em função de uma comunidade que recorda os recentes *kibutzim* de Israel.

Para que surja dali a pouco a cidade seriam necessárias uma massa muito mais consistente de população e de território (Uruk terá de 15.000 a 20.000 habitantes, distribuídos por uma superfície de 100 hectares), uma estratificação social bem mais articulada e uma ordenação jurídica muito mais sofisticada.

Mas, para percorrer o processo criativo inteiro que conduz à formação do primeiro Estado realmente digno deste nome, convém nos deslocarmos da Sérvia e da Grécia para a área mesopotâmica, onde o processo ocorreu quase que por inteiro, partindo das primeiras moradias redondas e indiferenciadas até atingir as formas específicas do Estado predador de Accad e do Estado gestor de Ur III.

NO PRINCÍPIO FOI A IGUALDADE

Graças ao trabalho de alguns historiadores, etnólogos e arqueólogos podemos reconstruir as etapas essenciais desse longo caminho que os povos da Mesopotâmia conseguiram realizar, para criar formas de convivência cada vez mais sofisticadas, até construírem verdadeiros Estados com todas as suas conotações, isto é, dotados de unidade política, soberania nacional, um sistema de governo, um aparato para a ordem interna, um exército com fins de defesa contra as ameaças externas, um grupo dirigente e um corpo legislativo.

Segundo Jean-Daniel Forest, que dedicou à invenção do Estado na Mesopotâmia uma pesquisa muito cuidadosa,[6] esse processo criativo abarca um longuíssimo período que vai do sétimo ao terceiro milênio antes de Cristo e se desenvolve em seis fases.

Na primeira dessas fases (do ano 6000 a 5100), no norte da Meia-Lua Fértil predominam as comunidades domésticas de tipo agrícola, cada uma das quais constituída por um grupo sedentário de parentes, que mantém uma relação de referência com um único ancestral e é estruturado numa única linhagem.

Na comunidade, economicamente baseada na agricultura e na pecuária, reina uma ideologia igualitária baseada na colaboração recíproca. O primogênito tem a responsabilidade de reunir o produto comum e distribuí-lo igualmente entre todos os membros da linhagem. As ligações entre as diversas comunidades são fracas e se dão sobretudo em âmbito reprodutivo, através de trocas com fins matrimoniais.

Uma vez escolhido o sedentarismo no lugar do nomadismo, a agricultura no lugar do extrativismo e a pecuária como substituta da caça, o ser humano viu-se obrigado, dadas as diversas condições do solo, a inventar pelo menos duas variantes de comunidade doméstica agrícola.

Uma primeira variante coincide com a cultura Halaf, que floresceu onde as condições produtivas eram favorecidas pela fertilidade do terreno. Cada comunidade que pertencia a essa cultura podia se conceder uma notável autonomia: por esse motivo tende a ser auto-suficiente e a reduzir ao mínimo o relacionamento com as outras comunidades. O povoado é constituído por construções monocelulares de forma circular, onde se vive e se veneram os crânios dos ancestrais. A louça, pintada e com entalhes, apresenta uma rica variedade. Não sendo necessários excessivos esforços para vencer os obstáculos da natureza, esse tipo de comunidade reproduziu-se por uma vasta área, por 700 a 800 anos, sempre igual, imutável, sem gerar inovações.

Já uma segunda variante, que coincide com a cultura Hassuna e, em seguida, Samarra, desenvolve-se em zonas menos férteis, criando uma formação social mais complexa pela exigência de maior integração entre as várias linhagens que sucumbiriam sem a ajuda recíproca. É no âmbito dessa cultura que nascem as primeiras vilas ou cidadezinhas, com a sua organização, os seus celeiros e os seus edifícios maiores de forma quadrada.

A COMUNIDADE HIERARQUIZADA

A segunda fase do longo caminho em direção ao nascimento do Estado desenvolve-se ao sul e, cronologicamente, estende-se do ano 5100 a 3700 a.C.

A população Halaf aumenta, mas a expansão territorial é impedida por barreiras geográficas intransponíveis. Portanto, é necessário organizar-se de um modo que não é inteiramente novo, recorrendo aos modelos oferecidos por aqueles que já haviam encontrado dificuldades análogas e conseguiram superá-las com soluções próprias: o povo 'Ubaid, organizado num modo semelhante à variante Hassuna e Samarra, mas bem mais eficaz. Este povo cultiva uma ideologia bem menos igualitária, as linhagens seguem uma ordem hierárquica, alguns grupos sociais exercem autoridade sobre outros, e essa assimetria encontra expressão também nas suas moradias, claramente mais imponentes e ostentosas do que as outras.

Numa primeira fase, que Forest denomina "*chefferie* simples", essas moradias proeminentes são disseminadas pelo vilarejo; numa segunda fase, chamada por Forest de "*chefferie* complexa", são agrupadas numa acrópole, que predomina sobre a massa das habitações comuns, dando assim forma e representação física à superioridade de uma nova classe social, a dos notáveis, que neste ponto tomaram consciência da própria condição e a enfatizam com todos os meios.

Esses notáveis possuem casas maiores e mais bonitas, reúnem-se num edifício de particular prestígio, usam materiais raros, importados de longe, servem-se dos artesãos mais dotados e fazem com que sejam sepultados em tumbas decoradas; são, em resumo, uma elite, e como tal se apresentam e se comportam. Uma elite que assume, no âmbito da comunidade expandida, o papel proeminente que antes era preenchido pelo primogênito no âmbito da linhagem familiar. Agora a linhagem do primogênito praticamente domina todas as linhagens dos segundos filhos. O responsável supremo é o primogênito do grupo dominante.

Disso deriva uma sociedade mais complexa, mais bem estruturada e mais eficiente, que adquire, em termos de riqueza e de organização, aquilo que perde em termos de estética: a sua cerâmica é decorada, mas de forma mais apressada, e as suas preferências dirigem-se às técnicas que permitam não a maior qualidade dos manufaturados, mas maior produtividade na sua fabricação.

A INVENÇÃO DA CIDADE-ESTADO

A terceira fase do grande processo criativo com o qual se chegou à forma Estado também desenvolveu-se no sul da Mesopotâmia e encontrou o seu epicentro em Uruk, entre os anos 3700 e 3100 a.C.

O que determina o nascimento da cidade e da classe intelectual que assumirá o comando serão os enormes fluxos migratórios, atraídos pelas condições geográficas particularmente favoráveis à agricultura (entre o Tigre e o Eufrates, assim como, depois, no Egito, ao longo do Nilo), pela avançada experiência tecnológica e pelas construções de grandes edifícios públicos.

Se no vilarejo neolítico e na cultura Halaf cada casa era auto-suficiente, na cidade suméria (assim como na egípcia) ela se tornará uma célula na cidade, sendo esta última a única que será dotada de uma completude, ainda que inserida – para sobreviver e, por sua vez, prosperar – na mais ampla rede de nós urbanos.

No Egito, a pirâmide de Quéops, segundo Heródoto, demandou o trabalho de 100.000 homens durante 20 anos consecutivos. Para construir um grande edifício ou para operar um sistema hidrogeológico complexo, como a confluência entre o Tigre e o Eufrates ou como o vale do Nilo, é necessária uma grande massa de pessoas; mas, para gerir essa massa, é necessária a presença de numerosas condições: uma segura e crescente disponibilidade de recursos, uma divisão profissional do trabalho, uma coordenação e uma liderança, uma estratificação social, uma máquina bélica, uma tensão em relação à eficiência e à produtividade e um método, assim como os instrumentos para aplacar as ambições, os temores e os atordoamentos coletivos, ou seja, é necessário um aparato econômico, político, militar, religioso, produtivo, administrativo e intelectual.

A resposta da criatividade humana a todas essas exigências sociais consistirá no sistema urbano-estatal, no progresso agrícola (cada grão de cevada semeado chegará a render mais de 30 vezes) e no emprego de novos materiais (cobre, bronze, estanho e prata).

Quanto ao sistema urbano, ele evoluirá gradualmente com a mudança das variáveis que o influenciam: as atividades predominantes entre os cidadãos, o regime político, os recursos naturais, as exigências de armazenamento, assim como as relações com as terras do interior e com aquelas de além-mar. Na súmula da ciência política antiga, as lições de *Política* escritas mais tarde por Aristóteles, afirma-se que um conjunto de indivíduos constitui a família, um conjunto de famílias forma um vilarejo, um conjunto de vilarejos compõe o Estado, e vêm definidas as características necessárias a uma cidade-modelo: "Em comunicação com o interior, com a costa e com todo o território. Seria necessário desejar que tivesse a posição ideal, no alto, isto é, levando em consideração quatro condições: a primeira, posto que essencial, é a salubridade (as cidades que são voltadas para o leste e expostas aos ventos que sopram do leste são mais salutares; em seguida vêm aquelas protegidas dos ventos do norte, porque possuem, em geral, um inverno ameno). Quanto às restantes, é preciso atentar para que a posição favoreça a atividade política e guerreira. Naquilo que diz respeito às operações de guerra, a saída dos cidadãos da cidade deve ser fácil, mas o acesso e a conquista devem ser difíceis para os inimigos: deve existir sobretudo uma abundância natural de águas e nascentes; em caso contrário, isto deve ser providenciado, com a distribuição de reservatórios de água pluvial, com grande capacidade e em grande número, de forma que não venha nunca a faltar, se a guerra a isolasse do resto do território. Dado que é necessário pensar na saúde dos habitantes e esta depende do bom posicionamento e da adequada exposição da zona e, em segundo lugar, da disponibilidade de águas salutares, também disso é preciso ocupar-se, com seriedade... Quanto às fortificações, não é igual para todas aquilo que convém: assim, a acrópole é adequada aos regimes oligárquicos e monárquicos, o terreno plano ao regime democrático, enquanto para o regime aristocrático não convém nem um tipo nem outro, mas um bom número de posições guarnecidas" (VII, 1330b).[7]

A INVENÇÃO DA DITADURA RELIGIOSA

Por sua vez, o sistema urbano encontrará o fiel da balança na ditadura religiosa. Na Mesopotâmia o rei-sacerdote é um vigário divino, no Egito o faraó é um deus personificado; em ambos os sistemas o monarca constitui o vértice de uma pirâmide social cada vez mais estratificada, formada por militares, religiosos, escribas, técnicos e contadores no topo; e embaixo por comerciantes, transportadores, marinheiros, trabalhadores dos diques e dos sistemas de canalização das águas, artesãos de metais e pedras preciosas, camponeses, operários e pastores; ainda mais embaixo estavam os escravos.

O rei, com os seus atributos religiosos e civis, é o superintendente tanto do templo como do palácio. Ele é o artífice de todas as obras públicas, o ponto abstrato no qual se condensa a criatividade coletiva. A prova disso é que obra de arte alguma será jamais assinada por quem a idealizou ou construiu, sendo tudo atribuído à onipotência do rei. Uma inscrição do rei de Lagash, Urnanshe (2494-2465 a.C.), diz: "Urnanshe, rei de Lagash, filho de Gunidu, filho de Gursar, construiu o templo da deusa Nanshe, esculpiu a (estátua da) deusa Nanshe, escavou o canal para a deusa Nanshe, para a deusa Nanshe encheu de água o canal e construiu o templo de Eshir. Construiu o Aedin, construiu o Ningar, construiu o Egidri, construiu os bastiões de Lagash e esculpiu (a estátua) do deus da cidade."

E ainda, muitos séculos mais tarde, Hamurábi (1792-1750 a.C.) exprimiu-se da seguinte forma na Babilônia: "No curso do reino precioso que me foi proclamado pelo deus Shamash, isentei da corvéia a população de Sippar, a antiga cidade de Shamash. Escavei um canal, forneci águas perenes ao seu território e acumulei riquezas e farturas. Para a população de Sippar instaurei a alegria, e eles oraram pela minha vida."

Portanto, com freqüência, a criatividade pretende uma única personalidade a quem atribuir todo o mérito da nova idéia e da sua concretização: como, então, no governo de Menfi ou de Uruk ou ainda da Babilônia, também hoje na outorgação dos prêmios Nobel. Mas sobre isso retornarei mais adiante, no sétimo capítulo.

Nos pequenos centros – como, aliás, eram as cidades famosas como Uruk – é bastante provável que o rei tomasse parte, pessoal e diretamente, na realização das obras públicas (no baixo-relevo do ano 2500 a.C., o rei Urnanshe de Lagash está representado carregando sobre a cabeça uma cesta cheia de tijolos). Mas, à medida que as cidades cresceram em dimensão e com isso as funções dos seus reis se tornaram mais numerosas e mais complexas, as obras criativas foram atribuídas aos soberanos porque somente eles constituíam o símbolo, a síntese, o ponto de referência e o corpo sublimado da coletividade inteira.

URUK: TODO O PODER AOS INTELECTUAIS

Parece que a primeira cidade verdadeira da história foi Uruk: a partir da sua fundação, cerca de 3400 a.C., e em apenas quatro séculos, o seu modelo urbano irá se difundir em toda a Mesopotâmia, na Anatólia, na Síria, na Pérsia e no Egito. Em torno dela será criada uma rede inteira de cidadezinhas menores (de 1.000 a 1.500 habitantes), assim como uma trama formada pelo comércio, visando às provisões de pedra, madeira e metais, assim como à exportação de tecidos e outras manufaturas.

É com Uruk que se esboça pela primeira vez uma cidade-estado dotada de uma liderança compartilhada e de uma administração despersonalizada; um sistema socioeconômico complexo é construído; a memória histórica e a administração burocrática se estruturam em torno da escrita e do ensino; formaliza-se uma divisão do trabalho graças à qual um bom número de dirigentes e especialistas pode desenvolver uma atividade intelectual, escorada por uma massa trabalhadora que desempenha os trabalhos braçais. Em síntese, cria-se a passagem mais significativa da barbárie à civilização.

Ainda que sem cair num determinismo tecnológico extremo, como o de Childe, não se pode desconhecer o papel central das instituições científicas e técnicas que desencadearam a revolução urbana, permitindo a multiplicação do rendimento do terreno e a melhoria da produção de armas e utensílios. Disso derivou a acumulação primária de cevada, lã, óleos e tecidos e, mais tarde, de dinheiro, acumulação esta necessária à construção de grandes obras públicas e à manutenção do trabalho intelectual. Por sua vez, o templo e a sua hierarquia de governantes garantiram a organização e a ordem social, elaboraram e impuseram a ideologia necessária para convencer a maioria subalterna a desempenhar os trabalhos pesados, necessários para sustentar não somente a si mesma, mas também ao restante da minoria hegemônica.

Portanto, na base desse grande salto estão algumas invenções técnicas de inédita genialidade: o sistema dos "campos longos", com irrigação em sulcos em vez de bacias, que permitia regar superfícies muito maiores; o arado a tração animal, que gerava uma grande economia de energia e de mão-de-obra; o acréscimo ao arado de um funil com canudo, que permitia evitar a dispersão da semeadura pelo vento, posicionando cada semente e aumentando, desta forma, em 50% a relação entre a semeadura e a colheita; a foice de cerâmica para a ceifa; uma rudimentar máquina de trilhar, obtida com a modificação do trenó; a carroça com tração animal e com quatro rodas para o transporte dos produtos.

Numa bela reconstrução desse nascimento da civilização urbana, Mário Liverani escreve: "Esse complexo de inovações, baseado numa orgânica instalação hidráulica do território e no emprego da tração animal, deve ter tido um impacto na produtividade agrícola da baixa Mesopotâmia sem dúvida comparável à introdução da mecanização na agricultura moderna. Poder-se-ia talvez tentar efetuar cálculos mais específicos: já se afirmou que o posicionamento cuidadoso das sementes produz um aumento da produtividade avaliado em 50% em relação à semeadura por dispersão; o uso do arado implica, em relação ao uso da enxada, uma economia de tempo quantificável; e assim por diante. No seu conjunto, não é leviano supor que a passagem do sistema tradicional (amolecimento com a enxada, semeadura por jatos e irrigação por inundação) de dimensão familiar para um complexo técnico-organizacional como aquele descrito deve ter comportado um aumento de produtividade (com paridade dos recursos humanos empregados) numa ordem de grandeza estimável de cinco para um e dez para um."[8] Aumenta a produtividade e pontualmente retorna a fórmula taylorista da eficiência (E = P/H, isto é, a Eficiência é igual à quantidade de Produto dividida pela quantidade de Tempo Humano necessário para produzi-lo), que acompanhará o progresso humano até a introdução das máquinas automáticas, da energia elétrica, da informática e das biotecnologias.

O território circundante à cidade e por ela controlado estendeu-se e proveu a produção, enquanto a cidade, que estava no centro, proveu as atividades de transformação da matéria-prima, de troca, de oferta dos serviços e de administração. A economia familiar privada entrecruzou-se com a pública, gerida pelo templo, que possuía dependentes fixos e sazonais.

Todo o sistema econômico girava em torno de duas balizas: a cevada e a ovelha, ambas particularmente adaptadas às condições climáticas e hidrogeológicas da região. "A unidade produtiva padrão", escreve Liverani, "era uma extensão de 100 *iku* (aproximadamente 30 hectares) de terra, na forma de campos longos, unidade gerida por um *engar*, 'camponês', mais apropriadamente um 'gerente agrícola', e dotada de um *apin*, 'arado', ou melhor, uma 'equipe de lavragem e semeadura' (com duas ou três parelhas de bovinos) e um número muito limitado de dependentes fixos (retribuídos mediante a atribuição de terras). O trabalho sazonal, com a concentração de centenas de trabalhadores, era garantido pelo sistema de corvéia."[9]

O excesso de cevada, lã e tecidos constituía a base dos tráficos comerciais marítimos e terrestres,[10] enquanto as operações relacionadas ao controle dos mercadores, à troca e à venda de mercadorias levavam à elaboração de métodos contábeis cada vez mais sofisticados, cálculos matemáticos cada vez mais complexos e certificações escritas cada vez mais exatas.

Enquanto os artesãos nas suas oficinas trabalhavam metais, pedras duras, madeira, couro e fibras vegetais, em todas as casas existia um tear para a tecelagem doméstica, e no templo existiam grandes oficinas têxteis e numerosas moendas para moer os cereais.

O cultivo dos campos e o artesanato eram delegados predominantemente aos homens; já a tecelagem e a moenda cabiam sobretudo às mulheres. A essas tarefas somava-se toda uma outra efervescência de atividades domésticas e sociais: cozinhar os alimentos, defender as construções, administrar as finanças e os armazéns, participar das guerras; assim como a escrita, a invenção entre as invenções, que serve às exigências administrativas e ao escriba para calcular, descrever, recordar, catalogar, garantir e demonstrar. Mas sobre isso falarei daqui a pouco.

A medida linear e a moeda adicionarão à escrita elementos preciosos para simplificar o cálculo, antes muito complicado, liberando-o da relação com elementos díspares e do cálculo de grandezas antes incomensuráveis.

A disposição e o poder que regulam todo esse complexo sistema urbano são assim sintetizados por Liverani: "A elite dirigente da organização templária e de toda a cidade-estado que gravita em torno dela, elite que, de fato, constitui a direção política, considera o seu papel como o de uma grande 'fazenda agrícola', cujo proprietário é deus. No interior da fazenda encontram-se alojamentos patronais, isto é, o templo propriamente dito, que é a residência terrena do deus, há os alojamentos dos servos (os gerentes e os adeptos de várias ordens e graus), encontram-se os armazéns para os materiais e para o estoque de alimentos, assim como as oficinas de trabalho – exatamente como num normal *oikos* doméstico, só que numa escala fora da norma. E a presença de mão-de-obra escrava e o afluxo de trabalhadores diários e sazonais reproduzem relações presumivelmente difusas numa pequena escala, também no nível familiar."[11]

Toda essa organização tem como objetivo produzir sempre mais, com métodos cada vez mais eficientes, e com uma extração cada vez mais dispendiosa dos recursos subtraídos aos cidadãos a fim de que sejam acumulados no templo, com vista a um interesse coletivo, que os cidadãos, individualmente, jamais teriam podido garantir. Por que no templo? "O motivo de base", responde Liverani, "é até por demais óbvio: a taxação é menos dolorosa se feita em benefício de uma entidade super-humana, dotada de poderes superiores e de funções essenciais para a vida da comunidade, em vez de ser efetuada em favor de um 'chefe', que aos olhos de todos é um homem como os demais. Essa ideologia religiosa encontra nos enormes e prestigiosos edifícios templares a sua concretização, arqueologicamente visível."[12]

Portanto, o palácio e o templo asseguram a ordem interna e a defesa contra o exterior, a regularidade dos contratos, assim como as boas relações com os deuses. Em torno do templo, a cidade é uma imensa empresa, com uma eficiência crescente graças às novas tecnologias (eixos rotativos, carros, arados, pás, enxadas, brocas, furadores e cinzéis) e à nova ordem (códigos, sigilos e selos de acompanhamento).

Toda a mão-de-obra pertence ao soberano, com exceção dos criadores mais famosos (escultores, arquitetos, pintores e poetas), que conseguem trabalhar de forma independente, graças ao poder contratual derivado da raridade dos seus talentos.

Pela primeira vez na história, o poder está completamente nas mãos dos intelectuais: teólogos, legisladores, escribas, artistas e cientistas; e o soberano, como vértice da hierarquia social, sintetiza a função militar (rei-guerreiro), a função econômico-produtiva (rei-artífice e comandante) e a função social (rei-sacerdote). A ordem social, fruto de ajustes progressivos e da elaboração coletiva, mais do que da genialidade individual, representa, com a escrita, a grande obra-prima da época.

A ANOMIA E A INTEGRAÇÃO

O problema principal (de então, assim como de hoje) era representado pelo perigo da desintegração das relações familiares e de amizade, da difusão de uma anomia (ausência de leis, normas ou regras de organização), à medida que a cidade assumia dimensões incomuns. Nas antigas comunidades agrícolas domésticas e nas sucessivas unidades habitacionais dos vilarejos, todos eram parentes mais ou menos próximos, se conheciam bem e se freqüentavam. Com certeza não deviam faltar conflitos, mas eles também, à sua maneira, constituíam uma ligação que fortalecia aquilo que Tönnies chamaria de *gemeinschaft*: a comunidade calorosa, íntima, afetuosa, consangüínea, amiga, previsível e habitual.

Mas Uruk era uma cidade de milhares de habitantes, sem aquelas próteses como o telefone ou a Internet, que hoje permitem a manutenção do contato, pelo menos virtualmente. O novo modo de vida implicava que se passasse a viver num mesmo sistema urbano sem se conhecer e sendo reciprocamente anônimos, embora sem ser estrangeiros, antecipando aquilo que Tönnies chamaria de *gesellschaft*: a comunidade fria, formal, estranha, imprevisível, não-confiável e até mesmo hostil.

Para compensar essa força centrífuga, Uruk inaugurou diversos instrumentos de coesão: as festas, os aniversários, os deuses protetores da cidade e as procissões durante as quais a estátua da divindade local "é mobilizada e colocada em cena, literalmente, como poderoso fator de unificação",[13] a elite, a acrópole (o imponente Palácio Celeste, o *Eanna* de Uruk, no qual vivem juntos a deusa Inanna e o rei, é a primeira acrópole de todos os tempos), a ordem legislativa e, sobretudo, o rei-sacerdote, "que ocupa o centro da cena e parece conduzir a ação, situando-se assim numa posição de intermediário entre a divindade e o seu povo... Esse papel de interlocutor privilegiado faz do rei aquele que garante a ordem: é ele que, sobre a 'coluna de Uruk', combate as forças hostis representadas por um felino; é ainda ele que, nas estampas de alguns timbres, põe por terra prisioneiros amordaçados. Assegura a conformidade da vida humana à ordem cósmica, isto é, à vontade divina, de tal forma que reinem a segurança, a justiça, a fecundidade, a fertilidade e a prosperidade".[14]

Em relação à comunidade doméstica e ao vilarejo, a cidade gera atordoamento, insegurança e anomia, mas, em compensação, oferece ótimas contrapartidas: bens e serviços em quantidade, eventos de primeira mão, inovações tecnológicas e artísticas, vitalidade, dinamismo, instrução, oportunidades comerciais, possibilidades inesperadas de encontros profissionais e pessoais, assim como relações e intercâmbio com toda a rede de outras cidades menores que gravitavam em torno de Uruk.

O ESTADO PREDADOR E O ESTADO GESTOR

Depois da grande Idade Áurea que coincidiu com o apogeu de Uruk, uma quarta etapa de aproximação ao nascimento do Estado concretiza-se através de outras cidades-estado e de outras culturas (Nínive, Diyala, Dilmun e Magan), que, aos poucos, emergem enquanto Uruk decai, entram em conflito entre si, combatem-se durante cinco séculos, até se precipitarem na maior das desordens e das confusões.

Se as primeiras quatro etapas do longuíssimo processo criativo que conduziu à invenção do Estado são uma obra conjunta, na quinta prevalece a ação de um único condutor. De fato, de modo imprevisto, aparece na Mesopotâmia Central uma personalidade fora do comum, o semita Sargão (2340 a 2284 a.C.), que funda a cidade de Accad e unifica, rapidamente, uma vasta área como o atual Iraque, instaurando na região a própria dinastia, destinada a reinar por dois séculos.

O mito nos transmite a figura de Sargão como a de um herói transgressor, "uma espécie de marginalizado ou de aventureiro que não tem nada a perder e tudo a ganhar... o exato protótipo do herói regenerador que faz tábula rasa para construir uma nova ordem. Não possui um passado nem ligações e, como Pélops ou Rômulo, deve a sua fulgurante ascensão apenas aos próprios méritos pessoais, à originalidade do seu pensamento e das suas ações".[15]

Aquele que realmente pode ser considerado o primeiro Estado de todos os tempos, fundado por Sargão e continuado por Sargonidi, era uma poderosa máquina bélica que selecionava a elite do seu exército com base na coragem e no entusiasmo. Dessa forma, o antigo direito de primogenitura é substituído pelo princípio da meritocracia, determinando uma ampla alternância na classe dirigente, uma séria redistribuição da riqueza, assim como trocas comerciais mais intensas internas e com o meio externo.

Com os recursos obtidos basicamente dos saques de guerra, esse Estado guerreiro e conquistador sustenta todo o seu imenso arsenal administrativo e político. Mas a sua própria dinâmica o obriga a anexar sempre novas terras, a expandir-se infinitamente, a aumentar cada vez mais o círculo de seus inimigos externos, formando assim as bases para a sua própria ruína.

Trata-se, de todo modo, de um verdadeiro Estado porque "a conquista de Sargão introduz um nível de integração superior, com um território mais vasto, uma hierarquia mais ampla, uma organização política mais complexa e uma provável remodelagem da ideologia".[16]

Porém o aparato do Estado somente ficará completo numa sexta fase, quando a terceira dinastia de Ur conseguir realizar uma grande reforma que desloca o epicentro do sistema de guerra para o sistema de paz, de conquista à administração, de saque de territórios externos à gestão e garantia de recursos internos ao reino.

No novo Estado, que finalmente atinge uma forma definida, "uma rede de correios garante a centralização das informações e a transmissão das diretivas. Em cada cidade é nomeado um governador, como chefe de uma administração hierarquizada que registra, contabiliza e controla tudo, a julgar pelas milhares de tábuas que chegaram até nós. Tomam-se diversas medidas para assegurar a unidade do reino; os reis de Ur instauram um calendário único, reformando pesos e medidas, estabelecem uma relação estável entre as unidades monetárias, enquanto um dispositivo jurídico parece substituir o direito habitual... As rendas do Estado, sejam elas provenientes das propriedades ou dos impostos, financiam grandes projetos de interesse coletivo, tais como a escavação de canais e a restauração ou a construção de edifícios religiosos".[17]

Encontramos-nos ainda longe da realização de uma forma complexa como o Império, mas nesse ponto o Estado já é uma invenção adquirida pelo gênero humano. Para uma modalidade ainda mais complexa, a imperial, será necessário aguardar até o primeiro milênio antes de Cristo. E mais outros séculos deverão transcorrer até que Atenas experimente a democracia direta. E ainda outros séculos até que Justiniano formule o seu código, para que a Inglaterra garanta ao mundo a sua Magna Carta e a representação parlamentar e Montesquieu demonstre a necessidade de separar o poder legislativo do judiciário, assim como do executivo.

E agora nós, herdeiros mais recentes desta pesquisa perene, encontramo-nos a discutir deficiências do Estado moderno, diante dos desafios da globalização e das novas tecnologias, projetando formas novas de *governance*. Será um novo Sargão ou uma nova Ur a encontrar a solução? Com certeza a aposta em jogo permanece sempre a mesma: garantir maior grau de bem-estar à sociedade, aquilo que Hamurábi chamava de "a alegria comum".

A INVENÇÃO DAS LEIS

A partir da organização das primeiras cidades e do aparecimento das primeiras escrituras, nasce a exigência de normas escritas para organizar a vida coletiva em termos do que é justo e do que é injusto. Portanto, no interior da criação global da forma Estado, o homem começa a se aventurar na criação específica das leis.

Também quanto à criatividade jurídica, a Mesopotâmia pode se vangloriar de uma admirável primogenitura e uma surpreendente fecundidade. Na produção de éditos, leis e códigos sobressai toda a região, de norte a sul: as primeiras leis e depois os códigos mais famosos, irmanados por uma equilibrada sabedoria, provêm de Lagash, de Ur, de Isin e da Babilônia, todos centros meridionais. Em seguida, a produção normativa desloca-se mais para o norte, para a Assíria, onde a maior belicosidade da população reflete-se na maior severidade das normas e crueldade das penas.

Que eu saiba, o testemunho mais antigo da atividade legislativa é um perdão de dívidas contido no édito do rei Entemena, que reinou em Lagash em torno de 2430 a.C. Um século mais tarde, novamente em Lagash, outro rei, Urukagina, regulamentou com um édito alguns abusos comprometedores. Passaram-se outros séculos e outro rei da mesma cidade, o mesmo Gudéia de quem é conservada no Louvre uma maravilhosa estátua de uma fixidez inquietante, intervém com o objetivo de reduzir a distância entre as classes e se erguer templos aos deuses.

Mas uma verdadeira reunião de leis, a mais antiga de que se tenha conhecimento, não nos chega de Lagash, mas sim de Ur, a cidade de Abraão. Remonta ao vigésimo primeiro século a.C., e o seu artífice foi o rei sumério Urnammu, autor, portanto, do primeiro código de todos os tempos. Unificar as normas, bloquear os prepotentes e defender os fracos são os objetivos principais desse corpo normativo que, com 32 artigos, regulamenta muitas matérias, entre as quais o matrimônio e o divórcio, as relações entre os patrões e os escravos, o falso testemunho e as plantações abusivas.

A elaboração do segundo código legislativo remonta a uma data em torno de 1930 a.C.: o de Lipit-Ishtar, rei de Isin, composto por uma meia centena de artigos que dizem respeito, entre outras coisas, à propriedade e ao furto, às pessoas contratadas para serviços, à fuga dos escravos, às heranças e aos casamentos.

A FECUNDIDADE JURÍDICA DA BABILÔNIA

Ainda mais rica de espírito jurídico foi a região da Babilônia, que nos legou nada mais nada menos que três códigos de leis, todos de fundamental importância na história do Direito: o Código de Eshnuna, o de Amisaduqa e o de Hamurábi.

"Se na hora da sesta um homem é flagrado na casa de um dependente do Palácio, seja ele condenado a pagar dez siclis de prata. Se for flagrado de noite, seja ele condenado à morte", diz um artigo do Código de Eshnuna que recebe o nome não do rei, mas do Estado onde foi promulgado.

Idêntica punição é prevista para quem for surpreendido nos campos do funcionário palaciano.

"Se um timoneiro for negligente e causar o naufrágio de uma nau, deverá restituir o inteiro valor daquilo que naufragou", estipula outro dos 60 artigos do Código, que regulamenta questões como o aluguel, os empréstimos e os juros, assim como o matrimônio, a tutela, o seqüestro de pessoas ou o estupro.

O segundo grupo de normas da área babilônica, muito menos importante que o primeiro ou que o terceiro, não chega a ser um código propriamente dito, mas um simples édito ligado ao nome do rei Amisaduqa, que reinou de 1646 até 1626 a.C. e que, com este seu ato, revogou algumas dívidas e isentou seus súditos de alguns impostos.

OS PODEROSOS E OS MESQUINHOS NO CÓDIGO DE HAMURÁBI

Contemporâneo ao Código de Eshnuna é o bem mais famoso código do rei Hamurábi, grande estrela entre todos os códigos de todos os tempos. A fascinante coluna negra, com mais de dois metros de altura, até hoje atrai ao Louvre filas de impressionados admiradores.

Sargon morre no ano 2284 a.C. Hamurábi nasce em 1792 a.C. Talvez Hamurábi esteja para a criação do Direito assim como Sargão está para a criação do Estado: o primeiro arrematou os fios de uma longa experimentação política, até chegar a conceber a forma de um verdadeiro Estado; já o segundo fez a mesma coisa, a partir de uma longa experimentação jurídica, extraindo intuições e conclusões até formar um verdadeiro código legal. Porém, como é de nosso conhecimento, naqueles tempos, muito mais que hoje em dia, acontecia que um poderoso atribuísse somente a si mesmo o mérito de uma obra que, na verdade, fora realizada por vários autores. Provavelmente o Código de Hamurábi pertencesse ao rei babilônio tanto quanto o Código Napoleônico pertenceu ao imperador francês.

Falemos, então, a propósito desse indiscutível monumento do Direito. Composto por abundantes 282 artigos, ele nos permite reconstruir não somente o ordenamento jurídico mas também toda a rede de relações sociais, num grande reino neolítico, como aquele sabiamente criado e regulamentado pelo rei Hamurábi.

"Se um homem durante uma viagem comercial confia prata, ouro, pedras preciosas ou outros bens a outrem, delegando-lhe o mandato de entregar a mercadoria a terceiros, se o encarregado conserva para si estes bens, deverá pagar cinco vezes o valor dos bens subtraídos", diz o artigo 112. "Mulher e filho, se vendidos por causa de uma dívida, devem ser liberados após três anos de escravidão", diz o artigo 117. "Se um homem calunia uma sacerdotisa ou uma mulher casada, seja por tal motivo colocado diante dos juízes, e seus cabelos devem ser raspados na metade da cabeça", afirma o artigo 127. E "se a mulher de um homem adoece gravemente, ele pode desposar uma outra, mas não pode se divorciar da primeira, a qual deve manter dentro de casa e sustentá-la até a sua morte", reza o artigo 148. "Um homem não pode deserdar o filho sem um motivo grave, o qual deve ser avaliado pelos juízes", diz o artigo 168.

Como se pode ver, nesta como em outras leis mesopotâmicas, o princípio de ressarcimento prevalece sobre o princípio de talião (embora este seja admitido em alguns casos), e a busca do equilíbrio prevalece sobre a da vingança. Os primeiros artigos do código sancionam o procedimento dos processos, em seguida passa-se à regulamentação dos militares e dos bens destes, depois vêm abordadas a vida agrícola e a proteção dos pomares; e, dessa forma, gradativamente, procede-se por associação de idéias, até compor todo o quadro jurídico da vida no reino e completar o afresco de toda a fecunda e efervescente civilização babilônica.

Graças a esse código, "a rica reunião dos casos dedicados ao cultivo dos campos e dos pomares permitiu-nos aprofundar os nossos conhecimentos sobre o nível de capacidade e da tecnologia deles; o grande número de artigos sobre a família favoreceu muitíssimo os estudos sobre a sociedade daquela época. Homens livres e escravos, sacerdotisas e prostitutas, soldados e marinheiros, agentes comerciais e usurários, viúvas e amas-secas, agricultores e fruticultores, pedreiros, cirurgiões, veterinários e assim por diante: é todo um mundo que se move no âmbito de um 'código' que procura regulamentar a vida, os costumes, as profissões e as relações com o próximo.

"Nos bastidores, entrevêem-se as autoridades: juízes e sacerdotes. Chefes de distritos e soberanos ocupados em governar, julgar e em punir a massa multiforme de súditos, que não estava, naturalmente, sobre o mesmo plano: a lei certamente não era igual para todos; pelo contrário, por lei ficavam bem estabelecidas as diferenças. Duas categorias sobressaem de forma evidente dessa rica reunião de normas: o *homem*, isto é, o homem livre, o cidadão com tantos deveres, mas também com os sacrossantos direitos, e o *mushkenu*, um tipo de empregado dependente do Palácio, cuja denominação, através do árabe, chegou até nós por intermédio do vocábulo *mesquinho*."[18]

A INVENÇÃO DA ALEGRIA COMUM

Na inscrição já citada, Hamurábi afirma: "Para a população de Sippar instaurei a alegria", e no seu célebre código ele próprio define os 282 artigos que o compõem como "regras da justiça de Hamurábi, rei capaz, que as fixou, fazendo com que o país tomasse o rumo justo e um bom modo de vida".

Como foi detectado, "trata-se de uma verdadeira inscrição celebrante, em que o objeto específico da vanglória não é a construção de um templo ou de um palácio, ou o acerto de contas de vitoriosas campanhas militares, mas a instauração de um cânone fixo de justiça e de eqüidade, em benefício de todo o país", uma suma compiladora de regras que "certamente não nascem do nada e seguramente refletem uma complexa obra de elaboração, conduzida pelos especialistas do mundo do Direito, nas típicas formas nas quais, durante todo o decorrer da sua história, o saber mesopotâmico encontra expressão".

"A sabedoria mesopotâmica e a do Oriente Próximo, de modo geral, exprimem-se apenas nessas formas e com esses procedimentos. Os reis que desejam se apresentar como 'os bons pastores' dos seus 'rebanhos' utilizam com finalidade de propaganda as elaborações dos escribas que, em Direito como em outras áreas do saber, de maneira conscienciosa, organizaram a visão, a interpretação e o ordenamento que eles têm do mundo."[19]

"Para a população de Sippar instaurei a alegria", diz, portanto, Hamurábi. A obra de arte da qual ele se vangloria, o resultado de um longo e intenso trabalho, extenuante e conjunto, mas por ele certamente desejado e compartilhado, não é uma catedral ou um palácio, ou ainda uma máquina, mas a *alegria* da população, é a qualidade de vida dela; é a progressiva redução da conturbação coletiva provocada por catástrofes naturais (exorcizáveis pelo rei-sacerdote) e por desequilíbrios sociais (exorcizáveis pelo rei-regulamentador).

Conforme já disse, a Mesopotâmia representa o primeiro caso de explosão criativa em todos os campos, onde todas as diretrizes possíveis do progresso humano, científico, estético e sociológico são exploradas e rapidamente enriquecidas, numa medida tão prodigiosa, que os sucessores permaneceram suplantados. Até mesmo Aristóteles, já muitos séculos depois, estava convencido de que, sobretudo no campo técnico, tudo aquilo que existia para ser descoberto já o havia sido entre o Tigre e o Eufrates.

Nos séculos seguintes a Uruk, a Ur e à Babilônia, o instinto criativo dos gregos irá se aventurar com triunfo pela filosofia, pela poesia, pela política, pela arquitetura, pela escultura e pelas ciências puras; os romanos – como poeticamente reconhece Virgílio – atingem a excelência sobretudo na arte de governar. Para esbarrar num salto técnico comparável, pelo menos em parte, ao progresso mesopotâmico, será necessário aguardar o décimo segundo século depois de Cristo, mas, no que diz respeito à elaboração de normas capazes de garantir a alegria comum através do Direito, a pesquisa humana e a fecundidade inventiva nunca tiveram descanso.

A CRUELDADE LEGALIZADA

Desloquemo-nos agora mais ao norte, na Assíria, onde a estrutura social é de tipo aristocrático-militar e possui a recorrente pretensão (como mais tarde terão também Augusto, Trajano, Carlos Magno, Carlos V, Napoleão, Hitler e, hoje, os Estados Unidos) de construir um império universal. O *corpus* mais completo de leis assírias, mais parecido com um arquivo de fichas do que com um código sistemático, está contido em tábuas do décimo primeiro século a.C., que recopiam leis de um ou mais séculos precedentes. É tratado sobretudo o papel da mulher, da propriedade fundiária e da herança.

Mas o espírito dessas leis está agora bastante distante da bem equilibrada mentalidade suméria e babilônica: aqui o patrão tem o direito de vida e de morte sobre todas as pessoas de sua convivência; o Estado inflige penas que desembocam no sadismo; a lei de talião, a retaliação, e a crueldade da empalação são a ordem do dia.

Infelizmente, a criatividade humana não diz respeito somente ao impulso vital e sadio aplicado à busca do progresso e do bem-estar, mas concerne também ao lado obscuro do ser humano, à sua turva e soturna convivência com a crueldade e com a morte. Os instrumentos de tortura, da crucificação aos jogos dos gladiadores, da câmara de gás à cadeira elétrica, são desgraçados testemunhos. Um repelente baixo-relevo que remonta ao oitavo século a.C. e que é conservado no British Museum representa com uma minúcia de detalhes o empenho diabólico com que eram realizadas as empalações. Esse hábito, científico na sua perícia e bestial na sua ferocidade, infelizmente não acabou na antiga Assíria o seu ciclo de morte, mas, através dos turcos, chegou até nós, inferindo sobretudo naquele heróico baluarte de civilização que foram as populações dos Bálcãs. O prêmio Nobel Ivo Andrić, na sua obra-prima *A Ponte sobre o Drina*, descreve a empalação de um servo rebelde sob o império otomano, executado por intermédio de "uma estaca de carvalho, com três metros de comprimento, recoberta de ferro batido, com uma ponta fina e afiada": um homem vivo "enfiado nesta estaca como um cordeiro no espeto, só que a ponta não saía da sua boca, mas da sua espinha – e de forma que não haviam sido lesionados de forma grave nem os intestinos, nem o coração e nem os pulmões".

Pedrag Matvejevic comenta da seguinte forma a descrição de Ivo Andrić: "É necessária uma operação muito profissional e sofisticada a fim de evitar as lesões dos órgãos vitais; são necessários diversos instrumentos

– uma dezena de martelos e martelinhos, com os quais ir empurrando, aos poucos, o pau dentro do corpo. A vítima deve sobreviver dessa forma durante alguns dias: 'inchada, empertigada e nua até a cintura', 'imobilizada entre duas traves', cuspindo 'uma baba espumosa branca', gritando e gemendo."[20]

Sobre o encarniçamento, sobre a fúria, sobre *thanatos*, com o qual os seres humanos empenharam-se para angustiar os seus semelhantes e para inventar pérfidos instrumentos de tortura e sofrimento, poderia ser escrita uma história tão longa quanto a relativa a *eros*, a propósito da tenacidade com que estes mesmos seres humanos dedicaram-se à melhoria da qualidade de vida e à debelação da dor. Também na criatividade perversa as formas individuais se alternam e se entrelaçam com as coletivas: a feroz fantasia que garante um lúgubre primado aos campos de concentração nazistas requereu centenas de pessoas para concretizá-la e aperfeiçoá-la até alcançar a sua mortífera eficiência. Não menos monstruoso é o aparato organizacional necessário para cumprir a pena de morte em muitos Estados que se proclamam "democráticos".

O EGITO: DISTANCIAR O MAL E SUPRIMIR A FALSIDADE

A lei, no Egito, evoca mais o conceito anglo-saxão do "*stare decisis*" do que o conceito mesopotâmico e sobretudo romano das tábuas de prescrição. Por isso, dispomos de poucos textos normativos, como o édito esculpido na superfície de uma coluna do décimo quarto século a.C., assim como as recomendações feitas por Tutmés III a um vizir no século XV a.C. Sabemos assim que, "para distanciar o mal e suprimir a falsidade", o decreto de Horemheb ordena a amputação do nariz; para quem rouba um barco a serviço do faraó, o decreto prevê o confinamento e, para funcionários e sacerdotes que se mostrarem desonestos quando no exercício da função de magistrados, a pena é de morte. E sabemos que o aguazil (governador plenipotenciário de cidade ou província por nomeação real) é aconselhado não se meter com trapaças, não ser faccioso em favor de funcionários ou de conselheiros e não se imiscuir com quem quer que seja.

Na falta de códigos e leis escritas, temos contudo duas outras vias para nos dar uma idéia do sistema jurídico vigente no Egito e para apurar quais eram as ações aprovadas e desaprovadas pelos egípcios: os resumos dos processos e as "confissões negativas", isto é, os abundantes papiros funerários com os quais os mortos se encomendam à divindade, enumerando minuciosamente as culpas com as quais *não* se macularam em vida. Num desses papiros lê-se: "Não privei nenhuma criança do próprio leite, não briguei com meu pai, não espanquei minha mãe, não cometi adultério." Portanto, sabemos que privar de leite uma criança, brigar com o pai ou espancar a mãe eram ações consideradas censuráveis do ponto de vista religioso e civil. Da mesma forma sabemos também que o homicídio, a pederastia e o furto de animais eram ações reprováveis, culpas graves: "Não matei nem fui o mandante de um homicídio", relata, com efeito, o Livro dos Mortos, "não tive relações sexuais com um rapaz, não cometi roubo de gado."

Quanto aos resumos processuais, foram conservadas as descrições de algumas causas, como, por exemplo, uma contra uma mulher suspeita de trapaça, ou outra por controvérsias de herança. Em Turim conserva-se um "Papiro Judiciário", no qual vem descrito o processo aos presumidos autores de uma conjura contra o faraó Ramsés III, que reinou no décimo segundo século a.C. No final do processo, a rainha e o seu mordomo, algumas mulheres do harém, alguns funcionários da corte e alguns oficiais do exército foram condenados à morte e anteciparam a execução suicidando-se. Outros personagens que apesar de terem estado a par da tramóia não a haviam revelado foram condenados à amputação do nariz e das orelhas.

Somente mais tarde, no oitavo século a.C., o faraó Bocoris editou um verdadeiro código de direito penal, mas, infelizmente, o seu texto extraviou-se.

ISRAEL: UM PACTO COM O DEUS ÚNICO E IMPLACÁVEL

Deslocando-nos em direção ao oeste, encontramos na Turquia as leis hititas, que remontam ao décimo sétimo século a.C. e que apresentam fortes analogias com as assírio-babilônicas, privilegiando o ressarcimento e limitando a casos extremos seja o talião, seja a pena de morte.

Muito mais tardias e drásticas são, por sua vez, as leis do Deuteronômio, inspiradas diretamente por Deus, reencontradas no Templo de Salomão em Jerusalém, promulgadas pelo rei Josias no ano 622 a.C. durante uma assembléia da qual participaram os homens de Judá e os habitantes de Jerusalém, assim como Deus Todo-Poderoso. Diferentemente de todas as outras de que falamos, essas leis não têm a intenção de estipular um acordo explícito entre cidadãos de um determinado reino com o seu soberano, mas de estabelecer um pacto de aliança direta entre o povo hebraico e Deus em pessoa. Não é por acaso que esse livro, com os outros quatro do Pentateuco, constitui no judaísmo "As Leis" por definição – a *Torá* –, que por sua vez compreende a mais famosa de todas as leis do mundo e a mais representada pela iconografia de todos os tempos: os Dez Mandamentos. "O Senhor disse: 'Eu sou o Senhor, teu Deus, que te fez sair do Egito, onde tu eras escravo. Não tenhas outro Deus além de mim.'"

No Pentateuco confluem blocos diacrônicos, freqüentemente diversos e até mesmo contraditórios entre si, que vão do nono ao quinto século a.C. Os Dez Mandamentos, por exemplo, são reportados tanto no livro do Êxodo como no Deuteronômio, mas entre as duas versões existem evidentes discrepâncias. Tome-se, como exemplo, o último dos Dez Mandamentos. No Êxodo está escrito: "Não cobiçai aquilo que pertence a outrem: nem a sua casa, nem a sua mulher, nem o seu escravo, nem a sua escrava, nem o seu boi, nem o seu jumento." O Deuteronômio diz: "Não cobiçai a mulher do próximo. Não cobiçai para vós aquilo que a ele pertence: nem a sua casa, nem o seu campo..." Entre as duas versões passaram-se alguns séculos, e, como se pode notar, a mulher conquistou uma certa autonomia em relação ao jumento e ao boi, enquanto entre as várias propriedades aparece o "campo", que testemunha a passagem de uma vida nômade à vida sedentária.

Por intermédio da "Lei" são regulados, um por um, todos os relacionamentos: com Deus, com os próprios semelhantes, com os escravos, com os animais e com as coisas. Deus é onipresente e intervém a todo e qualquer instante com as suas ordens peremptórias, com as suas promessas, as suas ameaças terríveis e as suas tremendas maldições contra todos aqueles que ousam desobedecer-Lhe: "Aumentarei contra eles os meus castigos, atirarei todas as minhas flechas: serão abatidos pela fome, consumidos pela febre e por uma horrível peste; desencadearei contra eles animais selvagens, os golpearei com o veneno das serpentes. Pela estrada, a espada os privará de seus filhos; nas casas haverá terror; morrerão todos: rapazes e moças, lactentes e velhos... De nada me esquecerei; tudo permanecerá como um segredo, junto a mim, até o momento da vingança e do castigo." A pena de morte é freqüente, o talião enfurece-se contra todos aqueles que erram: "Chaga por chaga, olho por olho e dente por dente: tanto fez, tanto lhe será feito."

A GRÉCIA: A JUSTIÇA DERROTA A OPRESSÃO

Derrotar a opressão e a injustiça: era isso que desejava Hesíodo em *Os Trabalhos e os Dias*. E isso procurarão fazer as leis de Atenas e até mesmo de Esparta, muito mais humanamente terrenas e equilibradas do que as leis bíblicas. As primeiras leis gregas, em ordem temporal, nos chegam de Locri, na Calábria, mas os primeiros corpos legislativos, as primeiras verdadeiras constituições, no sentido exato do termo, concernem à cidade de Esparta, estruturada aristocraticamente, assim como à cidade de Atenas, de estrutura democrática.

Todos os espartanos que haviam completado trinta anos participavam da assembléia citadina e elegiam 28 membros do senado, que controlavam os dois reis. Mas o governo da cidade era confiado a dois arcontes, eleitos somente pelos nobres, isto é, pela classe privilegiada, em relação às duas outras classes: a dos agricultores e a dos artesãos. O Estado prevalecia drasticamente sobre os cidadãos, a educação dos jovens era "espartana" e inteiramente confiada ao Estado, e servir ao exército praticamente equivalia à vida das pessoas. As normas jurídicas foram sistematizadas num *corpus* coerente somente em 620 a.C., obra do arconte Drácon, que as tornou, justamente, "draconianas", isto é, severíssimas, a tal ponto que chegavam a prever a pena de morte até para furtos de mínimo valor.

Muito mais democrática era a constituição de Atenas, sistematizada no sexto século a.C. pelo arconte Sólon, que aboliu a escravatura decorrente de dívidas, fez com que a atribuição de cargos públicos passasse a depender da renda e não mais do berço, estendendo o acesso a eles para todos os cidadãos, com exceção dos pobres, ou seja, aqueles que eram obrigados a trabalhar para viver.

Porém todos, até mesmo os pobres trabalhadores, faziam parte da eclésia, ou seja, da assembléia citadina que aprovava as leis, nomeava os arcontes, fornecia os membros do tribunal popular e tinha o poder de declarar guerra. Dado que os membros da eclésia eram numerosos demais e portanto difíceis de serem reunidos e dirigidos, o poder deles passou a ser, em seguida, delegado a um tribunal mais restrito, composto por 400 membros: 300 eleitos pela eclésia e 100 escolhidos por sorteio "de modo que também os deuses assumissem a responsabilidade deles".

Uns noventa anos depois, um outro legislador, Clístenes, reformou essa constituição, conferindo-lhe um caráter ainda mais democrático, subdividindo os cidadãos em dez tribos, todas com o direito de participar no governo da cidade. Estava assim perfeitamente formada aquela que, na antiguidade, representou – e talvez represente ainda hoje – a melhor democracia do mundo.

ROMA: PERDOAR OS HUMILDES E DEBELAR OS SOBERBOS

"*Tu, regere imperio populos, memento. Pacisque imponere mores, parcere subiectis et debellare superbos.*" Outros, escreve Virgílio na *Eneida*, saberão erguer estátuas melhor que tu, outros, melhor que tu, saberão calcular as órbitas dos astros, mas tu, ó romano, recorda-te que a tua missão consiste em governar os povos com teu comando, impor pacificamente os costumes, perdoar os humildes e debelar os soberbos!

Portanto, Virgílio reconhece no destino de Roma uma missão específica de governo e de legislação, a favor dos fracos, do equilíbrio e da estabilidade social. Aos olhos dos romanos, a constituição ateniense, ainda que excelente, representava um ponto de partida, não de chegada. Por isso, em 462 a.C. foi enviada a Atenas uma comissão de cinco especialistas para estudar as leis, reportá-las a Roma e, com base naquele arquétipo, formular uma legislação mais adequada ao povo latino, e mais avançada. Dez anos depois, o trabalho havia sido concluído, e 12 tábuas de bronze, destinadas a se tornarem famosíssimas na história do Direito, estavam prontas para serem afixadas no Fórum, permitindo a sua consulta a quem quer que fosse.

Com essa operação de grande criatividade legislativa e de máxima transparência, Roma codificava o procedimento civil e penal, o direito de família, as sucessões, a propriedade e o direito penal. As Doze Tábuas incorporavam, obviamente, também tradições herdadas de um passado recente ainda selvagem: a interdição do matrimônio entre patrícios e plebeus, a obrigação de eliminar os recém-nascidos deformados, o talião quando o culpado mantinha-se irredutível, a pena de morte no caso de incêndio doloso a uma casa ou à colheita, ou ainda ser lançado do despenhadeiro da Tarpéia por falso testemunho. "Trata-se, na sua forma definitiva, de uma legislação de tipo agrícola e primitiva, incompleta e não-orgânica. Todavia, é digna de um povo livre e altivo: nela encontramos o conceito de igualdade social e de respeito à liberdade. A tortura foi abolida, o condenado tem o direito à apelação, todos os homens podem dispor, livremente, dos próprios bens, não há proibições à formação de associações, assim como é previsto o ressarcimento a um indivíduo prejudicado por alguma obra pública."[21]

Obviamente, estamos ainda distantes daquele monumento ao Direito, o *Corpus Juris Civilis*, no qual Justiniano incorporará, no sexto século d.C., um modelo jamais superado de sistema jurídico. Ainda hoje, todas as escolas de Direito são obrigadas a se confrontar com as *Instituições*, o *Digesto*, o *Código* e as *Notícias* que articulam aquele *Corpus*. Mas o sistema completo de leis tem suas raízes nas longínquas Doze Tábuas, que constituem o primeiro pilar do grande arco jurídico que encontrará na figura de Justiniano, dez séculos depois, o seu ponto culminante.

Com o *Corpus Juris Civilis* a missão jurídica de Roma, objeto do devaneio de Virgílio, concretiza-se plenamente. Mais uma vez, obra da criatividade do homem, a carne fez-se palavra, e a palavra mudou o mundo.

A INVENÇÃO DAS CIÊNCIAS ORGANIZACIONAIS

O conjunto de todas as grandes descobertas mesopotâmicas e egípcias conflui não somente na formação e no desenvolvimento das leis com as quais se gerencia um Estado, mas também na mais ampla invenção das ciências organizacionais, com as quais se administra todo e qualquer sistema social, desde a família até o bairro, da empresa agrícola à oficina artesanal, assim como do escritório comercial ao exército. E a importância dessas ciências irá se revelar crescente com o incremento da complexidade social, absorvendo cada vez mais atenção até assumir, na sociedade industrial, um papel indispensável à produção do bem-estar.

É surpreendente descobrir que muitos conceitos destinados a se tornar básicos nas *business schools* do século XX foram pela primeira vez formulados no período neolítico. A divisão do trabalho, a criteriosa combinação da força de trabalho abstrata com a força de trabalho concreta, a solução dos conflitos,[22] o controle e a motivação dos homens, a valorização do trabalho intelectual, a estrutura hierárquica, a rede de organizações interligadas, a interação entre sistema e ambiente, o relacionamento entre *staff* e *line*, a planificação estratégica, o controle financeiro da gestão, o cuidado com a imagem e, de certa forma, a publicidade são todos invenções sociológicas realizadas entre os anos 3500 e 2500 a.C., ou conduzidas naquele período até formas de surpreendente sofisticação.

Mas sobre a invenção do trabalho organizado – talvez a maior invenção da antiguidade, assim como a escrita – é necessário refletir mais profundamente. Procurarei fazer isso no próximo capítulo.

CAPÍTULO CINCO

O HOMEM DESCOBRE O FERRO E INVENTA O CANSAÇO

"Os métodos da acumulação originária são tudo aquilo que se queira, menos idílicos."
KARL MARX

A CRIATIVIDADE É UBÍQUA

Por onde quer que tenha passado, o homem pré-histórico deixou testemunhos da sua criatividade. Devido a uma confluência de causas econômicas, geográficas, climáticas, antropológicas e somáticas, essa faculdade única e multifacetada espalhou a sua fecundidade sobretudo no Oriente Médio, mas pode-se afirmar que não exista lugar do planeta onde, desde a pré-história, primeiro os hominídeos e depois os seres humanos não tenham dado prova de fantasia e concretude.

Na África aprendemos a caminhar sobre os dois pés, a usar as mãos para construir utensílios, a valorizar o aparelho fonador para traduzir idéias em sons e sons em palavras. No Oriente Próximo, na França e na China aprendemos a transformar as pedras em facas e a caçar os animais usando armadilhas. Ainda na China nos tornamos hábeis no cultivo do bicho-da-seda e na manufatura de tecidos vaporosos. Na região onde hoje fica Nice aprendemos a acender o fogo. Em Nazaré, a enterrar os mortos. Na Rússia começamos a admirar o mundo dos espíritos. Na França, no Brasil e no México pintamos figuras de viva beleza nas cavernas. Na Áustria aprendemos a moldar estatuetas de uma opulência inquietadora. No altiplano iraniano, na Mesopotâmia, na Palestina, na Anatólia e no Turquestão nos tornamos capazes de cultivar o trigo, de fazer girar a roda, de escrever, de usar os números, de interpretar o curso dos astros, assim como de comercializar com países longínquos.

Na Lídia cunhamos as primeiras moedas. No Peru e no México aprendemos a cultivar o milho e, mais tarde, na China aprendemos a produzir arroz. Para colher, guardar e esmagar esses cereais inventamos cestas, pilões e moendas.

Há vinte mil anos os nossos ancestrais siberianos já haviam povoado toda a América do Norte, e os antípodas, outros nômades, haviam chegado à Austrália e à Nova Guiné. A invenção do timão, da vela, da escrita e da moeda contribuiu para o incremento do comércio, o intercâmbio das mercadorias, das experiências e das culturas.

Talvez na Jordânia tenhamos aperfeiçoado a cerâmica e domesticado o cachorro para defesa e para tração; em várias regiões da Europa e do Oriente Próximo domesticamos a cabra para nos dar o leite, a ovelha como fornecedora da lã, o porco como fonte de carne, o cavalo para o nosso transporte, assim como as galinhas para a refeição. Certamente na Mesopotâmia tivemos a idéia genial de pôr o arreio nos bois, transformando-os em tratores.

Na Sérvia inventamos o vilarejo pacífico, sem fortificações; já na Grécia criamos aquele mais belicoso e murado; ao longo do Danúbio inventamos os primeiros municípios. Nos Bálcãs aprendemos a forjar o bronze e na Anatólia inventamos fornos para a fusão do cobre.

Na Inglaterra conseguimos alçar ciclópicos megalíticos; na Palestina e no Egito aprendemos a construir templos e pirâmides de proporções incomensuráveis; na Espanha aprendemos a forjar o bronze em grande escala e na Turquia descobrimos e protegemos os segredos do ferro.

Na Mesopotâmia redigimos as primeiras leis; no Egito recolhemos a palavra poética e teológica de Deus; na Grécia, a palavra dramática e filosófica dos homens. E se na Pérsia inventamos a ditadura, na Grécia criamos a democracia.

A REVOLUÇÃO DE UM METAL DEMOCRÁTICO

Quando o uso dos metais – do ouro e do chumbo, em primeiro lugar – passou a prevalecer sobre o das pedras, o homem passou da pré-história à história. Depois de haver utilizado os que foram descobertos a céu aberto e em estado bruto, aprendemos a cavar poços e minas para usurpá-los à terra, assim como os procedimentos para extraí-los de outros minerais.

O cobre foi descoberto 8.000 anos atrás, mas foram necessários 3.000 anos para aprender a tratá-lo. Inicialmente nos limitamos a dar-lhe um pouco de forma, martelando-o na sua temperatura natural, depois aquecendo-o antes de martelar, para finalmente fundi-lo.

Para que a metalurgia se desenvolvesse, eram necessárias três precondições: (1) a presença de artesãos trabalhando num regime de tempo integral, dedicando-se a tarefas distintas daquelas ligadas à agricultura e organizados em oficinas; (2) o intenso intercâmbio com outras regiões de modo a armazenar matérias-primas, aprendendo técnicas mais aprimoradas para tratá-las, e (3) que alguns grupos tivessem acumulado uma certa quantidade de riqueza, de forma a poder dedicar uma parcela importante dos recursos para a aquisição de armas e adereços metálicos.

Dada a raridade dos metais e dos artesãos capacitados a manipulá-los, somente os homens mais ricos e poderosos podiam aspirar a possuir armas de cobre ou de bronze, certamente muito mais potentes e mortíferas se comparadas àquelas de osso, pedra ou madeira; e também somente as mulheres mais ricas podiam dar-se o luxo de ter jóias de metais como o cobre, o ouro ou o ferro, com as quais ostentavam o próprio patrimônio.

Aproximadamente há 4.000 anos, no sul da Espanha, mais exatamente em Almeria, desenvolveu-se uma verdadeira cultura do bronze, com oficinas que produziam espadas, alabardas, punhais, lanças e flechas em quantidade. Porém a história da metalurgia percorrerá as suas etapas mais importantes na margem oposta do Mediterrâneo, sobretudo na Turquia.

A posição geográfica, na encruzilhada do comércio entre a Ásia, a África e a Europa, favoreceu os Bálcãs a interceptar os conhecimentos indispensáveis para aprimorar tanto a atividade de mineração como a metalúrgica. Mas o metal tratado era ainda o bronze, e as matérias-primas eram por demais custosas, por procederem de regiões muito distantes. Portanto, os objetos obtidos eram destinados a uma faixa muito restrita de privilegiados, de modo que não chegavam a afetar os costumes de toda a sociedade.

Infelizmente, embora muitos artesãos fossem capazes de tratar o bronze, a matéria-prima era escassa; já o ferro era encontrado em grande quantidade em quase todas as regiões, mas ninguém sabia manipulá-lo em estado incandescente.

Foram os hititas da Anatólia que conseguiram isso, no curso do segundo milênio antes de Cristo, e consideraram a própria descoberta tão extraordinária que lhe conferiram um caráter mágico e conseguiram mantê-la em religioso segredo por alguns séculos. O monopólio os enriqueceu com as exportações, até que em 1200 a.C. o império hitita desagregou-se por culpa de lutas internas. As várias facções do povo hitita dispersaram-se muito rapidamente, e, com elas, o segredo do ferro, que se tornou logo após de domínio público.

Como todas as grandes revoluções tecnológicas, também esta provocou, por toda parte, efeitos subversivos nos campos político e social. O ferro permitia a muitos a aquisição de utensílios e armas a baixo custo, tornando vão o poder dos aristocratas, baseado na posse das preciosas armaduras de bronze. Os poderes fortes e centralizados do Egito e de Micenas foram varridos; os comerciantes fenícios, fortes graças ao poder das suas técnicas de navegação, baseadas na vela e no timão, abriram novas rotas até mesmo para além das Colunas de Hércules; na Grécia, a hegemonia dos aristocratas foi suplantada pela dos artesãos, dos comerciantes e dos intelectuais, mais propensos a formas democráticas de governo nas suas comunidades, naquele ponto já conformadas ao formato da *polis*.

A vicissitude histórica do ferro, a longa incubação dos métodos para forjá-lo, a dimensão mágica que assumiu a transformação desse maleável metal incandescente em armas e utensílios; a resistência de alguns povos ao seu uso e a rapidez com que outros souberam colher as oportunidades e construir, com base nelas, a sua fortuna, assim como as conseqüências catastróficas para algumas classes sociais e para alguns regimes de governo e o impulso que resultou disso para a criação de novas formas de comunidade civil e de constituição política, todas essas desordens e agitações – das quais a tecnologia tirou a psicologia, a sociologia e a política – oferecem a ocasião para refletir sobre o destino e sobre o temor às novidades, sobre a resistência às mudanças, sobre o *cultural gap* e sobre o recalque do declínio: todos fenômenos que pontualmente se repetem a cada etapa do progresso, da aurora da nossa história até os casos atuais a respeito da energia nuclear, da informática e das biotecnologias.

A RESISTÊNCIA ÀS MUDANÇAS

Sobretudo no período paleolítico, mas também no neolítico, cada descoberta singular acontecia depois de longos períodos de incubação, de aperfeiçoamento e de aplicação – que duravam, por vezes, até milênios ou centenas de milênios –, de tal forma que as suas várias etapas não pareciam ser concatenadas umas às outras e o seu tortuoso processo, na mente do *Homo erectus* e do *Homo sapiens*, não conseguia agregar-se numa visão unitária.

Se até 10.000 anos antes de Cristo mesmo o nascimento de uma criança parecia depender somente da mãe, sem nenhuma conexão com o ato de concepção ocorrido nove meses antes, e se a descoberta do papel masculino na concepção levou muitos séculos para se difundir por toda a área mediterrânea, como poderia ser percebido o longo processo graças ao qual, após milhares de anos, chegou-se a aprimorar a domesticação do cachorro ou a construção do arco?

Na Mesopotâmia essa relação muda bruscamente, e algumas invenções, mesmo aquelas vistosas como a escrita, são criadas e aperfeiçoadas num período relativamente breve, de um ou dois séculos, de forma que a história ou a incidência social delas possam ser constatadas, sentidas, aproveitadas e memorizadas no intervalo de um par de gerações. Talvez pela primeira vez o homem tome consciência das próprias capacidades criativas e dos destinos magníficos e progressivos que a natureza e a cultura lhe reservam. Além disso, o ritmo mais acelerado com que passam a se dar e a ser superadas as descobertas torna evidentes três fenômenos que acompanharão a criatividade ao longo de toda a sua história: a resistência às mudanças, o *cultural gap* e o recalque do declínio.

Como exemplo da *resistência às mudanças*, tome-se o caso do alfabeto: num mundo onde os escribas conseguiam ser hegemônicos exatamente graças ao monopólio que possuíam das escritas cuneiforme e hieroglífica, efetuadas com técnicas tão complicadas que permaneciam acessíveis somente a uns poucos, seria legítimo formular a hipótese de que o advento do alfabeto, muito mais simples, tivesse comportado a substituição imediata da velha escrita pelo novo sistema.

Em vez disso, o alfabeto entra em cena pela primeira vez, bastante timidamente, em Ugarit, no décimo quarto século a.C., desaparecendo um século depois, quando a cidade foi devastada. Reapareceu após mais de 100 anos e numa forma tão imperfeita que só fazia complicar excessivamente a leitura. Mas, mesmo quando foi simplificado e tornado acessível, podendo romper o monopólio dos escribas e o poder desmedido que eles detinham, o alfabeto não conseguiu se traduzir numa alfabetização de massa. A escrita cuneiforme continuou a ser usada durante séculos, mesmo quando as línguas para as quais ela havia sido criada (os idiomas sumério e acádio) já haviam se extinguido completamente.

Algo parecido já havia acontecido um milhar de anos antes, em relação à matemática: o sistema decimal havia entrado em uso e com certo sucesso, mas em seguida foi suplantado pelo sistema sexagesimal e só mais tarde reapareceu, para triunfar definitivamente.

E ainda um processo similar irá se repetir muito mais tarde com a teoria copernicana, que terá de lutar por muito tempo até conseguir suplantar a de Ptolomeu.[1] E verificou-se ainda durante os nossos dias com a longa resistência à adoção da energia elétrica, do plástico, do telefone celular, do correio eletrônico, dos transplantes e das biotecnologias. Todas as descobertas e todas as invenções implicam uma transferência de poder e uma mudança de hábitos, despertando, portanto, medo, desconfiança, resistência e atraso. Fernando IV dos Bourbons dizia que "é mais fácil perder um reino do que um hábito".

O *CULTURAL GAP*

Quando uma descoberta ou uma invenção irrompem na nossa vida profissional e cotidiana, não encontram o nosso cérebro na condição de uma tábula rasa: graças às faculdades hereditárias, aos instintos e às experiências acumuladas, ele já possui, de forma estruturada, um quadro conceitual próprio, parâmetros de referência próprios, seus mecanismos e seus automatismos, assim como as suas sinapses, formadas ao longo dos anos. Do mesmo modo, com base em paradigmas, mecanismos, automatismos e ligações sinápticas análogas, também a sociedade possui uma estrutura com as suas leis, os seus usos e os seus costumes.

Quando chegam as novidades, mesmo se percebidas de forma imediata como vantajosas, o nosso cérebro não está em condições de se reprogramar em tempo real para acolhê-las e assumi-las como critérios operacionais: é preciso tempo, muitas gerações, para que cada indivíduo e a sociedade no seu conjunto se reformulem, absorvendo as novidades e transformando-as em hábitos. Durante essa fase, freqüentemente muito longa, os indivíduos e a sociedade continuam a administrar os novos tempos com base nos seus velhos modelos cognitivos e comportamentais. Trata-se do fenômeno que os antropólogos chamam de *cultural gap*: o mesmo fenômeno que, repetindo-se nas diversas épocas, levou também os primeiros homens sedentários a se comportarem com base nos hábitos adquiridos no curso dos milênios de vida nômade; obrigou os habitantes das primeiras cidades a permanecerem agindo sob a influência dos hábitos campestres; forçou os primeiros operários a manterem valores camponeses e, por fim, constrangeu os atuais *knowledge workers*, os trabalhadores do conhecimento, a se organizarem segundo os velhos princípios industriais.[2]

O RECALQUE DO DECLÍNIO

O terceiro fenômeno ligado à criatividade e às inovações verifica-se quando uma idéia ou um produto, no início rejeitado e boicotado, em seguida acolhido e assimilado, começa a ser superado por produtos ou por idéias novas e mais eficazes.

Eis um exemplo relativo à agricultura na Mesopotâmia. Conforme já vimos, a riqueza dessa região era ligada à produção rural e à troca dos produtos excedentes, agrícolas e artesanais, por matérias-primas e produtos de outros países. Mas a salinização do solo passou a constituir um câncer sutil que os cientistas com as suas técnicas e os sacerdotes com as suas rezas não conseguiram sanar. Enquanto esse problema se difundia, ninguém percebeu ou quis encarar o fato, ninguém buscou um novo *core business*, ou negócio essencial, para a economia, e toda a civilização mesopotâmica acabou por declinar.

Ainda mais complicado, porque de natureza sociológica, é o declínio do reino do antigo Egito, antes do ano 2474 a.C. Nesse caso, a falta de relações comerciais determinou um fechamento excessivo do sistema social, e a acumulação de bens, destinados a serem enterrados junto com os aristocratas mortos, constituiu um desperdício cada vez mais insustentável. Mas a sociedade egípcia não soube enfrentar isso, voltando-se para o fracasso.

É verdade que, segundo a arguta observação de Keynes, "duas pirâmides ou duas missas para o morto são tão-somente o dobro de uma; não se pode dizer a mesma coisa a respeito de duas linhas ferroviárias de Londres para York!"; porém é também verdade que os ladrões de tumbas providenciavam, desde aqueles tempos, a reposição de uma boa parte dos tesouros em circulação; mas a economia e a sociedade não conseguiram manter o equilíbrio mínimo necessário, regredindo a uma anarquia fatal.

A CIÊNCIA E A ARTE COMO RESPOSTAS À DEMANDA SOCIAL

Em todos os casos, aquilo que emerge de modo suficientemente claro é a relação entre ciência e arte de um lado e a demanda social do outro. As trocas comerciais criam a necessidade de se calcular as rotas das embarcações guiando-se pelas constelações, de se melhorar as técnicas de navegação à vela, de tornar mais exata a quantificação das mercadorias no embarque e no desembarque, assim como de tornar mais confiável a certificação delas. As inundações cíclicas dos rios criaram a exigência de prever o seu ritmo através da astronomia e de medir com exatidão a superfície das várias propriedades de terra, antes e depois que as águas pluviais fizessem desaparecer as suas fronteiras. A necessidade de não perder a bagagem cultural acumulada fez com que fosse uma exigência crucial a sua transferência de uma geração para outra, formulando-se técnicas de memorização e de ensino cada vez mais eficazes. A necessidade de garantir a ordem interna, a potência em relação ao estrangeiro, assim como a clemência e a providência por parte dos deuses, fez com que fosse necessária a sabedoria política, administrativa e religiosa.

Pode-se prosseguir da mesma maneira em relação a todas as inovações realizadas na Mesopotâmia e no Egito e se descobrirá que todas elas respondem à tríplice exigência de padronizar, generalizar e medir. Assim, haverá sempre a confirmação de que "elas são, de modo demasiadamente evidente, os produtos sociais gerados pelas necessidades de uma sociedade empenhada na revolução urbana, descobertos mediante a contribuição da aparelhagem espiritual produzida pela revolução".[3]

As exigências sociais, por sua vez, derivam com bastante freqüência da relação entre o homem e a natureza. O vale do Nilo, por exemplo, tem uma conformação linear bem diferente da planície compreendida entre o Tigre e o Eufrates, que, ao contrário, apresenta características bidimensionais de uma área onde a vida social não ocorre somente para cima e para baixo, ao longo de uma única corrente, mas também à direita e à esquerda, na rede de canais transversais que unem os dois rios. Em duas condições assim tão disparatadas, em que até mesmo as dificuldades para se capturar um ladrão eram diferentes, as duas populações se desenvolveram segundo dois paradigmas opostos, condicionados pelos respectivos ambientes e adotados como resposta aos problemas sociais que aqueles ambientes determinavam.

Uma das duas mentalidades – a egípcia – corresponde ao pensamento linear, direto, imediato, representado metaforicamente pelos gregos pela flecha que, disparada pelo arco, percorre a linha mais breve entre o arqueiro e o seu alvo. A outra mentalidade – a mesopotâmica – corresponde ao pensamento oblíquo, curvo, sinuoso, envolvente, representado em forma de metáfora pelos gregos como a serpente, a qual, enroscando-se, é capaz de vencer os obstáculos interpostos entre ela e a sua meta. Serão os atenienses, somente muito mais tarde, que realizarão a prodigiosa síntese entre essas duas formas de pensamento, praticando-a, mais do que definindo-a, através daquelas astúcias da razão resumidas no termo *metis*.[4] Mas sobre isso voltarei mais adiante, no sexto capítulo.

Das exigências sociais nasce o impulso à descoberta e à invenção; destas últimas nasce, em cadeia, a possibilidade de uma criatividade posterior até desembocar fora do mundo considerado como possível. A aplicação da roda veloz ao torno abre novos horizontes estéticos no trabalho com a cerâmica; a adoção dos elmos de bronze determina que se torne obsoleta a clava de pedra, estimulando a invenção de armas de combate; as descobertas astronômicas – graças às quais os sumérios conseguem determinar as rotas marítimas, penetrar no mistério das inundações, prever com certeza os seus ciclos e escapar assim do seu perigo, transformando-as num aspecto positivo e planificando as intervenções agrícolas – têm efeitos tão gratificantes a ponto de induzi-los a estudar a linguagem dos astros, em busca de revelações, por meio da astrologia, sobre os aspectos mais inescrutáveis do destino humano.

A ENERGIA, O TRABALHO E OS PARADIGMAS

A onda histórica identificada como neolítica é bem mais breve do que a precedente, conhecida como paleolítica, e, por sua vez, mais curta que a outra onda pré-histórica, durante a qual alguns primatas haviam começado a caminhar sobre duas patas e a assumir comportamentos humanóides. A transição se dá sempre, conforme já foi visto, a ritmos irregulares.[5]

No período neolítico, assim como no interior de todas as demais ondas, é possível identificar descobertas que se distinguem por uma acentuada e íntima coerência entre si, dotadas de um intenso potencial revolucionário. O cobre no quarto milênio a.C., o bronze no terceiro e o ferro no primeiro tiveram efeitos tão significativos como a pólvora usada nas Cruzadas, o que é descrito em *Liber Ignium ad Comburendos Hostes* (Livro dos jogos para queimar os inimigos), de Marco Greco, por volta da metade do século XIII.

Cada nova etapa do progresso humano é ligada, *no plano prático*, à descoberta de uma nova fonte energética e à introdução de uma nova divisão no trabalho; e é correlacionada, *no plano teórico*, à abertura de um novo campo de pesquisa, de uma nova disciplina a ser explorada e dominada por intermédio de paradigmas a ela adequados. Alguns gênios isolados, alguns grupos e alguns povos contribuíram sobretudo para o progresso prático, freqüentemente tachando a atividade dos outros de especulação abstrata e inútil; outros gênios isolados, outros grupos e alguns outros povos deram a própria contribuição predominantemente ao progresso teórico, não raramente tachando os demais de vulgares pragmáticos. Basta lembrar que Francis Bacon considerava toda a filosofia grega um amontoado de tagarelice propalada por velhos gagás a jovens desocupados; e recordemos também o desprezo alimentado por Benedetto Croce em relação à "vil mecânica".

Após um milênio de extraordinárias invenções práticas na Mesopotâmia, no Egito e na Turquia, capazes de elevar enormemente a qualidade de vida prática e cotidiana dos cidadãos livres, seguiram-se três milênios de grande florescer filosófico e artístico, de experimentação política e de renovação religiosa, mas a tecnologia permanecerá praticamente imóvel e a qualidade prática da vida humana não melhorará uma só vírgula. Enquanto Hamurábi vive de um modo abissalmente mais humano do que Lucy, Dante Alighieri dispõe de comodidades quase iguais às de Hamurábi; e Napoleão emprega mais ou menos o mesmo tempo de César para ir do Rubicão ao Sena.

A NORMALIDADE DA DIFERENÇA

Estamos tratando de criatividade e de progresso. Mas em que consistem essas coisas? O que as caracteriza? O que determina os seus ritmos e as suas direções? Procedem como base à evolução ou à revolução? Para responder a estas questões, é preciso fazer com que sejam explicados alguns mecanismos sociológicos e epistemológicos, que presumi como já conhecidos até aqui.

O grande desafio com o qual a sociologia se depara desde que nasceu consiste em compreender e explicar a *normalidade da diferença*: por que a mudança é incessante; por que os sistemas sociais, ainda que se alterando continuamente, conseguem conservar a própria identidade; por que o entrelaçamento sempre diverso de fatores sempre iguais é capaz de produzir resultados que são iguais e diferentes ao mesmo tempo.

Quem hoje relê poesias, tragédias ou comédias gregas, romanas, toscanas ou vienenses encontra seres humanos os quais, todos e cada um por sua conta, amam, odeiam, alegram-se, sofrem, alimentam afetos, rancores e ciúmes sempre parecidos, apesar de darem vida a cidades, povos e sistemas sociotécnicos profundamente diferentes entre si.

Seja no microcosmo como no macrocosmo, deparamo-nos com fenômenos análogos: Darwin encontrou-se diante do problema de explicar por que os membros de uma mesma espécie são portadores dos mesmos instintos, enquanto a seleção natural age exatamente na diversidade, decretando a prevalência ou o descarte de indivíduos dotados de determinados requisitos.

Igualdade e diferença estão, ambas, na base da comunicação: não podemos interagir com os outros se não tivermos argumentos diferentes e até opostos e se não tivermos uma linguagem comum, códigos compartilhados que nos permitam interpretar de modo homogêneo as informações recíprocas.

Igualdade e diferença estão, ambas, na base do crescimento: a criança precisa assemelhar-se ao adulto se deseja conquistar a serenidade da segurança e o patrimônio da cultura; mas o adolescente necessita de uma certa liberdade; diferenciando-se do adulto, ele aventura-se na construção de uma identidade própria e separada do modelo inicial, se deseja crescer e se tornar por sua vez adulto, se deseja evitar a armadilha do narcisismo.

A ESTERILIDADE DE NARCISO E O SEGREDO DO OXÍMORO

Narciso era trancado no amor por si mesmo e se recusava a apaixonar-se por outrem, pois Tirésias profetizara que ele viveria enquanto não tivesse conhecido o outro, fora de si. Por isso recusou, entre mil cortejadores, até mesmo a ninfa Eco e o amigo Amínio, que, desesperado, privou-se da própria vida diante da demora do seu amante impossível. Artêmides, a fim de vingar Amínio, decretou que Narciso se apaixonaria por um objeto amoroso inatingível. Um dia, quando Narciso chegou a uma fonte límpida e transparente na região da Téspia, viu a própria imagem refletida no espelho-d'água e permaneceu irremediavelmente fascinado por aquele belo rapaz, que era ele mesmo: tomado, portanto, por um amor indomável, apenas pôde libertar-se com o suicídio.

No mundo físico, a metáfora de Narciso e da sua esterilidade realiza-se através da entropia positiva, que anula, progressivamente, os desníveis e os diferenciais, achatando tudo num êxtase opaco e pantanoso. Nos sistemas sociais, a metáfora de Narciso e da sua esterilidade concretiza-se através do comprazimento obsessivo e paralisante pela própria história, por meio do medo da novidade e da diversidade, da eliminação dos conflitos, da censura das dialéticas e da preferência pela evocação do passado em lugar da projeção do futuro.

A igualdade exasperada leva, portanto, à contemplação estéril, elimina o confronto dinâmico, corta as próprias bases da vida, desloca tudo para o centro da curva de Gauss, excluindo os extremos e obrigando à norma. A normalidade é identidade, é cânone, igualdade, naturalidade, regularidade e hábito. A identidade, por sua vez, é analogia, paridade, coincidência, balanceamento, compromisso e nuanças. Já o cânone é fundamento, instituição, regra, método, guia, sistema, forma e qualidade.

Se a vida é norma, só a diferença é normal, e a diferença é disparidade, variedade, dissonância, anormalidade e contraste. A variedade, por sua vez, é mudança, alteridade, multiplicidade, mutação, graduação, qualidade e nuança.

Entre diversidade e normalidade, portanto, existem dois preciosos pontos de contato lingüístico: o conceito de *nuança*, que pertence, contemporaneamente, tanto à normalidade (através da mediação do conceito de identidade) quanto à diversidade (através da mediação do conceito de variedade); e o conceito de *qualidade*, que pertence, contemporaneamente, seja à normalidade (por intermédio do conceito de cânone), seja à diversidade (por via do conceito de variedade).

A normalidade da diferença contrasta com a normalidade da igualdade? Na entrada do Eusoff Hall, em Cingapura, encontra-se um brasão com o lema: *Excellence and Harmony* (Excelência e Harmonia). Giuseppe Bonazzi, descrevendo-o numa bela reportagem, comenta o seguinte: "Harmonia, que nas nossas línguas evoca consonância dos sons, proporção entre as partes, justo equilíbrio das coisas entre si, adquire em chinês (*tiao-he*) um significado a mais, o do acordo entre os desiguais. No confucionismo, a desigualdade entre as partes que estão bem juntas, exatamente porque desiguais, é aquilo que infunde à harmonia vigor, credibilidade, tensão ética e estética. As obrigações recíprocas fundam-se no reconhecimento mútuo de ser desigual e permanecer como tal."[6] O segredo, provavelmente, está no oxímoro.

O DESCARTE DAS DIFERENÇAS

Em relação ao Oriente, o Ocidente é mais reticente em considerar normais as diferenças e as assimetrias. O racionalismo industrial, com a sua pretensão de chegar a princípios universais, válidos para toda e qualquer organização, tende a produzir objetos idênticos, com métodos organizacionais sempre iguais, prefere o múltiplo ao protótipo, privilegia a reta em vez da curva e a *thesis* em lugar da *metis*, considera todo e qualquer evento diferente do arquétipo como uma ofensa à sua qualidade, um intolerável distanciamento do padrão prefixado, um descarte anárquico da continuidade e uma falha no controle da qualidade.

Com a produção industrial, o capricho criativo do artesão ou do artista, empenhados em produzir objetos sempre diferentes, é sacrificado diante da exigência de produzir objetos cada vez mais iguais, desempenhando tarefas cada vez mais repetitivas, executadas em tempos cada vez mais breves. A duração do processo necessário para realizar uma tarefa singular ou para produzir um único objeto transforma-se no desafio da época da eficiência, que surge como objetivo primário do estabelecimento industrial, como condição para a sua sobrevivência no mercado concorrencial. A produtividade – que já definimos como a relação entre a quantidade de objetos produzidos e a quantidade de tempo necessário para produzi-los – almeja até anular o tempo humano de produção, fantasiando uma fábrica completamente automatizada, na qual a mão humana não toque jamais coisa alguma.

Na organização científica, a intransigência com a diversidade constitui um pré-requisito para a garantia da qualidade, do correto relacionamento humano livre de conflitos e para o indispensável profissionalismo. Assim, os limites de tolerância se restringem, o controle torna-se inflexível, a discordância transforma-se em desvio e o descarte da continuidade passa a ser simplesmente o "descartado".

Visando conduzir o mundo da aproximação ao mundo da precisão, o *Scientific Management* (Gerenciamento científico) elimina, antecipadamente, toda e qualquer possível anomalia. Escreve Frederick W. Taylor em *Shop Management* (Gerenciamento de oficinas), 1903: "Para designar, diariamente, a cada operário uma tarefa precisamente calculada, é necessário um escritório especial de programação para determinar todo o trabalho com pelo menos um dia de antecedência. Todas as ordens devem ser dadas aos operários detalhadamente e por escrito; além disso, a fim de dispor o trabalho para o dia seguinte e estabelecer o movimento de toda a fábrica, os operários devem fornecer diariamente ao escritório de programação uma prestação de contas, por escrito, que indique aquilo que foi feito. Antes que cada peça fundida ou forjada chegue à fábrica, todo o exato itinerário que deverá percorrer, de máquina em máquina, já deve ter sido estabelecido. Deve-se preencher um formulário de instruções que indique com detalhes como deverá ser executada cada operação, de cada peça, assim como o tempo necessário para isso, o número do desenho, dos instrumentos especiais e todos os aparelhos necessários... Em todos os casos é oportuna uma severa e cuidadosa inspeção do trabalho, pelo menos uma vez por dia, às vezes até duas."[7]

Um minucioso estudo dos tempos e dos métodos; uma precisa predisposição de cada operação, até mesmo de cada gesto, em todos os seus detalhes, de maneira a torná-lo o mais breve possível; a cronometragem de cada uma das operações, mesmo as mais elementares; o controle rigoroso dos comportamentos, dos resultados e dos eventuais desvios do padrão e a redução dos descartes, até eliminá-los por completo. São esses os princípios que asseguram à organização industrial o absoluto triunfo da normalidade sobre a diferença.

Essas regras não são circunscritas ao trabalho da fábrica: no ensaio *The Principles of Scientific Management* (Os princípios do gerenciamento científico), de 1911, Taylor sustenta que "os mesmos princípios podem ser aplicados com igual eficácia a todas as atividades sociais: desde a administração dos nossos lares ou das nossas fazendas, assim como a direção das nossas instituições religiosas ou filantrópicas; do gerenciamento das nossas transações comerciais, grandes ou pequenas, até ao funcionamento das nossas universidades ou dos ministérios do Estado".[8]

O descarte das diferenças, a sua marginalização e demonização estendem-se, desta forma, da organização das indústrias à organização de toda a economia e de toda a sociedade que, de tal modo, se transforma em "sociedade industrial": aquela sociedade que exaltou o coletivo contra o pessoal, a massa contra o individual, e que tudo ordenou em classes, grupos, sindicatos, partidos e corporações; a sociedade que tentou, mais do que qualquer outra, utilizar os recursos humanos marginais inserindo-os nos pontos mais tolos do fluxo do trabalho; a sociedade que mais do que todas as demais combateu a diversidade, mas que mais do que qualquer outra foi agitada pelas rebeliões dos diversos.

POPPER E KUHN

Portanto, a produção industrial funda a sua eficácia na rápida repetição dos produtos e dos processos padronizados nas fábricas e na repetição lenta de práticas e procedimentos, também estes padronizados, nos escritórios.

A repetição, a igualdade, a normalidade, a padronização, a unidade de tempo e de espaço, a sincronização, assim como a pontualidade, são todos princípios obsessivos que garantem a exclusão do excêntrico, do diverso, do complexo, do criativo, do novo e do arriscado em favor do normal, do simples, do executivo, do repetitivo, do contínuo, do garantido e do linear.

Contra o domínio da normalidade industrial, contra a sua epistemologia da linearidade e da continuidade que tem como metáfora própria a linha reta e a cadeia de montagem, a sociedade pós-industrial e a sua epistemologia do falsificável e da complexidade exaltam o subjetivo, o emotivo, o descontínuo e o complexo: tudo aquilo que encontra a sua metáfora na curva, na rede e no virtual.

Com Karl Raimund Popper[9] a epistemologia consegue dar uma sacudida na quietude das certezas, degradando-as ao nível de simples conjecturas. Toda e qualquer tese passa a ser nada mais que uma hipótese à espera de ser desmascarada como falsa. É só uma questão de tempo: mais cedo ou mais tarde, toda e qualquer descoberta científica é destinada a ser, de toda forma, superada pelo passo seguinte que a ciência, de modo triunfal e certeiro, dará. Para um cientista, ser desmentido não é uma desonra, mas uma passagem obrigatória. A diferença adquire assim a dignidade da norma.

Com Thomas Kuhn,[10] a epistemologia descobre o papel criativo e salvador da anomalia, recuperando a descontinuidade da revolução em relação à continuidade da evolução.

Em linha de máxima, como se formam os novelos do processo do conhecimento, segundo Kuhn? Não mais através do jogo da indução e da dedução, da tese e da antítese, mas sim através de revoluções científicas, desencadeadas como conseqüências de novas descobertas, aplicações destas descobertas através de procedimentos "normais", emergência de anomalias e posteriores descobertas, assim como posteriores revoluções.

Tomemos qualquer um dos campos científicos (Física, Química, Sociologia, ou qualquer outro) e imaginemos que, num certo momento histórico, os seus cultores estejam atormentados pela necessidade de explicar um determinado fenômeno que envolva o campo em questão. Muitos irão se dedicar ao desafio e chegarão antes dos outros a iniciais e rudimentares explicações. Foi assim que, por exemplo, na primeira metade do século XVIII, um grande número de cientistas (Gray, Desaguliers, Du Fay, Nollet, Watson, Franklin, etc.) empenhou-se no problema da eletricidade, e cada um, com base nas próprias pesquisas empíricas, forneceu uma explicação sobre um ou mais aspectos da questão. Esta fase primitiva, durante a qual ainda não se havia chegado a uma explicação global, deve ser considerada pré-paradigmática porque geralmente prepara e precede o advento do paradigma que, mais cedo ou mais tarde, será formulado por uma única mente genial ou por uma equipe criativa, finalmente capaz de abrir um novo campo do conhecimento.

No caso da eletricidade, somente Franklin e os seus sucessores imediatos chegaram a uma teoria global – a um *paradigma* – capaz de fornecer uma explicação aceitável (para os tempos de então) de quase todos os problemas ligados ao fenômeno. Esse paradigma forneceu aos sucessivos estudiosos de eletricidade a base comum para aprofundar posteriormente o problema e aplicar as descobertas aos vários setores práticos.

O corpo de idéias, fórmulas, leis, definições, praxes, métodos, exemplos, modelos, deontologias e soluções apreciadas e adotadas por uma determinada comunidade científica na sua atividade "normal" constitui, portanto, o *paradigma* dessa comunidade. A fase caracterizada pela aceitação e pela aplicação pacífica de um determinado paradigma é definida por Kuhn como "normal" porque "estavelmente fundada sobre um ou mais resultados alcançados pela ciência do passado, aos quais uma comunidade científica particular reconhece, por um certo período de tempo, a capacidade de constituir o fundamento das suas práxis posteriores".

Durante essa fase, os cientistas "normais" dedicam-se a limar o paradigma, a acumular experimentos explicativos, a resolver os vários quebra-cabeças com os quais se deparam, recorrendo a todas as astúcias da razão para "forçar a natureza nos enquadramentos pré-fabricados e relativamente rígidos fornecidos pelo paradigma".

Porém, mais cedo ou mais tarde, um dos quebra-cabeças resiste às soluções oferecidas pelo paradigma, porque "um sucesso extraordinário não é jamais, para uma teoria científica, um sucesso completo".

Diante dessa anomalia, os cientistas que se reconhecem no paradigma custam a aceitar que ele seja inadequado, resistindo à eventualidade do seu abandono, reprimem como heresia as dúvidas e as alternativas prospectadas pelos cientistas inovadores. A luta persiste até quando o reiterar-se e o multiplicar-se das anomalias conseguem danificar definitivamente a seriedade do paradigma e até quando descobertas posteriores façam surgir um novo paradigma capaz de revolucionar o curso da ciência.

O novo paradigma, por sua vez, terá os seus adeptos, que se encarregarão de limá-lo e aplicá-lo numa paciente obra de ciência "normal", até que surjam novas anomalias e novos paradigmas. Assim, por exemplo, após uma longa fase pré-paradigmática, a pesquisa física em torno do fenômeno da luz durante o século XVIII chegou ao paradigma fornecido pela ótica newtoniana, segundo a qual a luz consistia em corpúsculos materiais.

Depois de ter sido adotado por muito tempo e depois ainda de ter entrado em crise devido ao embate de anomalias cada vez mais numerosas, no início do século XIX, o paradigma newtoniano foi substituído por um novo, formulado pelos escritos óticos de Young e Fresnel, segundo os quais a luz consistiria num movimento ondulatório transversal.

Também esse novo paradigma encontrou o sucesso para em seguida decair, até que, no início do século XX, foi substituído por um terceiro paradigma, que devemos a Planck e a Einstein, segundo o qual a luz é formada por fótons, isto é, entidades da mecânica quântica que apresentam algumas propriedades típicas das ondas e outras propriedades características das partículas.

Portanto, para Kuhn, nos processos do conhecimento científico, as fases revolucionárias "festivas", durante as quais predominam a diferença e a anomalia, não são menos normais do que as fases aplicativas, repetitivas e cumulativas, nas quais predomina a pacífica normalidade do trabalho "de todo dia". No percurso da ciência, a normalidade da diferença está na impossibilidade de barrar para sempre a pesquisa e obrigá-la a permanecer numa fase "normal".

A NORMALIDADE E A DIFERENÇA NOS SISTEMAS SOCIAIS

Observações análogas poderiam ser feitas para os sistemas sociais, ainda que na sociologia as teorias em voga sejam ainda mais discordantes do que na epistemologia. Para a doutrina cristã, por exemplo, a normalidade, o equilíbrio e a harmonia constituem um bem em si mesmos: "Na presente questão", afirma Leão XIII na encíclica *Rerum Novarum*, "o desarranjo maior é este: supor que uma classe social seja naturalmente inimiga de outra; quase como se a natureza tivesse feito os ricos e os proletários para lutarem entre si num duelo implacável; algo tão contrário não somente à razão como à verdade... A concórdia cria a beleza e a ordem das coisas, enquanto um perpétuo conflito não pode senão provocar confusão e barbárie."

Ei-nos, novamente, diante do *Excellence and Harmony* que encontramos em Cingapura: com um itinerário oposto àquele de Cristóvão Colombo, acabamos realizando uma busca "do Ocidente para o Oriente", surpreendendo Leão XIII de braços dados com Taylor, segundo o qual, graças ao gerenciamento científico, todo trabalhador "adquire uma atitude mais amigável em relação aos patrões e ao conjunto das condições de trabalho, enquanto antes uma boa parte do seu tempo era usada em críticas, numa vigilância suspeita e por vezes até num comportamento abertamente hostil".[11]

Para a doutrina social da Igreja, assim como para os paradigmas gerenciais da sociologia, o padrão, o hábito, o cânone, a lei, o rito e a normalização constituem garantias de uma convivência humana pacífica, no trabalho e na vida. E a convivência pacífica constitui, por sua vez, a condição indispensável ao progresso. "Ordem e progresso", recomendava um dos pais da sociologia, e o lema sobrevive até hoje na bandeira brasileira. O conflito, o dinamismo, a diferença e a anomalia constituem condições patológicas, precursoras de desgraças terrestres e de punições divinas.

Mas ainda a propósito dos sistemas sociais, outras teorias privilegiam o conflito, a anomalia, o contraste e a desconfiança como formas de vitalidade e de crescimento. "Tudo aquilo que é criatividade, inovação e evolução na vida do indivíduo, do seu grupo e da sociedade", escreveu Ralf Dahrendorf, "deve ser considerado em grande parte como uma conseqüência dos conflitos entre grupo e grupo, entre indivíduo e indivíduo e entre emoções diversas no interior de um mesmo indivíduo. Este fato fundamental nos parece suficiente para justificar o juízo de valor de que o conflito seja essencialmente *de bom auspício e constitua um bem.*"[12]

A DIFUSÃO DAS NOVIDADES

Porém, tornemos à pré-história. No paleolítico e no neolítico era necessário um tempo desmedido – freqüentemente milhões de anos ou milênios, como já vimos – para criar um novo paradigma ou um novo utensílio; outro tempo infinito era preciso para que aquele paradigma ou aquele objeto conseguissem se difundir. Ainda hoje, apesar do poder publicitário dos produtores e do frenesi ganancioso dos consumidores, as inovações requerem decênios para vencer a resistência às mudanças e se difundir em nível de massa. Nos Estados Unidos foram necessários 75 anos para que o telefone, inventado em 1871, fosse implantado em 50% dos lares; a eletricidade levou 44 anos para chegar à metade das habitações; já a Internet necessitou de 30 anos; o carro empregou 29 anos; e a televisão em cores precisou de 20. Naturalmente os dados mudam segundo o país e segundo a cultura: a TV a cabo, que na América levou 39 anos para chegar à metade das famílias, na Itália do final do século XX ainda não era difundida; já, pelo contrário, a difusão da telefonia celular foi muito mais rápida na Itália do que nos Estados Unidos.

Obviamente, durante o período neolítico, que estamos analisando, as inovações eram poucas e a sua difusão, lentíssima. No ano 3000 a.C. alguns fugitivos do Egito e alguns colonos da Síria chegaram até Creta, onde ensinaram aos camponeses e aos pescadores indígenas as novas técnicas de cultivo, de extração e de fabricação; pouco após o ano 2000 a.C., devido a sucessivas influências e imitações, a civilização do bronze tinha chegado à Boêmia, à Hungria, à Cornualha e à Irlanda. Esta última, mais tarde, dará a luz a uma sociedade feudal de grande complexidade e sofisticação, como se pode perceber pela etiqueta que ditava a designação dos lugares na imensa sala do reino de Tara, com 210 metros de comprimento e 21 de largura.

Entre essas duas datas, enquanto a civilização mesopotâmica e a egípcia desagregam-se e ressurgem com vicissitudes alteradas, enquanto a civilização da Índia extingue-se quase que completamente, as aquisições da Idade do Bronze difundem-se até alcançar uma boa parte do mundo então conhecido. Dali a pouco, os poemas homéricos nos permitirão conhecer minuciosamente a vida dos deuses, dos heróis, dos reis, dos homens livres e dos escravos, legando-nos o testemunho de que "um adivinho, um médico, um aedo [isto é, um poeta] e um artesão [ou seja, um artista] têm certeza de ser bem acolhidos por toda parte", como diz *A Odisséia.*

As naves aumentam as suas capacidades (as construídas no antigo Egito transportavam até 120 homens), as caravanas viajam mais rápido, a criação de cavalos melhora, os reis retribuem visitas e trocam experiências, mas a ciência permanece separada da técnica e do artesanato que, de fato, não supera o nível que já havia alcançado 1.000 anos antes.

Em comparação ao rápido progresso do quarto milênio a.C., o do terceiro e do segundo é quase irrisório: melhoram os transportes e os armamentos na Anatólia; na Babilônia, a matemática descobre o valor da posição e a geometria descobre novas relações; a escrita do alfabeto é aperfeiçoada pelos fenícios; no Novo Reino egípcio inventa-se o vidro, e na Armênia desenvolvem-se as condições para o sucessivo uso do ferro.

Mas os faraós egípcios primeiro e os filósofos atenienses depois não teriam nunca sujado as próprias mãos com trabalhos humildes, enquanto os reis e os heróis homéricos labutavam o dia inteiro, suando como escravos, ainda que a posse exclusiva das armas e das armaduras de bronze lhes garantisse o poder sobre o povo inerme: note-se que uma armadura podia chegar a custar até o equivalente a 100 bois.

Com o declínio da Idade do Bronze, em torno do ano 1200 a.C., desmorona a civilização micênica na Grécia, assim como os poderes babilônico e egípcio, arrastando consigo as próprias vitalidades científicas, artísticas e técnicas, que parecem entrar em letargia: as duas primeiras voltarão a florescer na Grécia somente oito séculos depois; a terceira deverá aguardar pelo menos uma dupla de milênios antes de poder dar novas e substanciais contribuições ao progresso humano.

AS INOVAÇÕES DOS PROCESSOS

As grandes descobertas desse período não constituem inovação de produtos, mas inovação de processos, como diríamos hoje. São quase todas introduzidas pelos hititas, habitantes da Anatólia Central, que desempenham dessa forma um papel de transição entre a Idade do Bronze e a Idade do Ferro, entre a civilização do Oriente Médio e a ocidental. Todas contribuem para difundir o bem-estar e democratizar o poder.

A primeira inovação é o emprego mais moderno dos cavalos. Antes já existiam as carroças, lentamente puxadas por bois, e existiam os cavalos, utilizados, desajeitadamente, para o transporte nos seus dorsos. Nos documentos assírios fala-se de caravanas de mulas e asnos, cada um dos quais conseguia carregar até 90 quilos de metal ou 70 quilos de tecido a uma velocidade de 25 quilômetros por dia. Os hititas foram os primeiros a ter a idéia de utilizar os cavalos para a charrete, obtendo assim um meio de transporte bem mais ágil e veloz. As rodas, antes construídas com tábuas pregadas ao eixo, tornaram-se muito mais práticas, com seis raios e girando livremente em torno do próprio eixo. Além disso, os cavalos já não eram cavalgados somente para uso bélico, mas também para o envio de mensagens. De tal modo, as comunicações, os transportes, o comércio, as trocas de idéias e as suas difusões tornaram-se muito mais rápidos.

Ainda os hititas, conforme já vimos, em torno do ano 1200 a.C. descobriram como fundir e manejar o ferro. Não que este metal permitisse a construção de objetos muito diferentes daqueles que já podiam ser feitos com o cobre e com o bronze, mas agora os mesmos objetos podiam pesar menos e sair mais baratos, de modo semelhante ao que acontecerá três mil anos depois, quando o plástico substituir o ferro.

Dessa maneira, o progresso faz com que armas e utensílios se tornem acessíveis a um espectro muito mais vasto de usuários. “O ferro a um bom preço”, anota Childe, “democratiza a agricultura, a indústria e até mesmo a guerra. Todo camponês tinha poder aquisitivo para ter um machado de ferro para cortar árvores, assim como a relha do arado feita de ferro, para romper um solo pedregoso. O artesão podia, de certa forma, possuir um conjunto de instrumentos de metal que o tornava independente das casas reais, dos deuses e dos nobres. Com armas de ferro, um plebeu podia enfrentar um cavaleiro da Idade do Bronze em condições de mais igualdade. Armados da mesma forma, um povo de bárbaros pobres e atrasados podia desafiar exércitos de Estados civis, cuja detenção do monopólio das armas de bronze os havia feito parecer invulneráveis.”[13]

Uma terceira descoberta – a qual já abordamos amplamente – é o alfabeto, que democratizou a escrita, assim como o ferro democratizou o metal. Inventado pelos fenícios, demorou a se difundir, mas depois, aos poucos, acabou se impondo e eliminando por quase toda parte o poder dos escribas, facilitando a difusão das ciências e das artes.

Uma quarta descoberta – feita em Creso, na Lídia, em torno do ano 700 a.C. e, certamente, aperfeiçoada em Hegina, Atenas e Corinto, um século mais tarde – foi a moeda miúda, em substituição às vergas de prata. As conseqüências, também nesse caso, foram todas a favor de uma democratização da economia e do poder: logo, da sociedade. Se antes o comércio podia ser exercido somente no atacado, agora qualquer pessoa podia comprar e vender bens até de ínfimo valor, ou podia economizar parte da própria remuneração. Por sua vez, o artesão podia até produzir objetos pequenos, numa série adequada ao consumo por assim dizer "de massa", e o criador de animais podia comercializar seus produtos comestíveis a um preço bem mais barato que um boi ou um porco inteiros. Não será por acaso que os frangos de galinheiro não aparecem nem na *Ilíada* nem na *Odisséia*, enquanto são protagonistas das comédias de Aristófanes.

O VALOR DO CANSAÇO

Por mais "mecanizada" que fosse, a agricultura de Uruk requeria mão-de-obra para arar e semear, para ceifar e debulhar; o pastoreio requeria pessoal para a criação e para a migração dos rebanhos (cada pastor chegava a acumular de 100 a 200 ovelhas), para a tosa, a fiação e a tecelagem; o artesanato, ainda que servido por forjas, foles e força motriz de tipo animal, requeria energias para trabalhar o metal, as pedras duras, a cerâmica, a argila, a madeira e o couro, a fim de fabricar armas e utensílios; o comércio requeria serventes, carregadores, agentes, empregados, vendedores ambulantes e marinheiros; a vida doméstica demandava servos e supervisores para cozinhar, para cuidar das roupas, planejar e gerir a casa; a estrutura religiosa e administrativa, que não dispensava serviços ligados ao culto, ao gerenciamento e à proteção, requeria escribas, contadores, sacerdotes, guardas, funcionários e servos. Em todos os casos havia um tear para a tecelagem e uma moenda para a moagem; obviamente, havia uma série de teares e de moendas na sede templária do chefe. Para a tecelagem e para a moagem eram empregadas mulheres em regime de escravidão; já para buscar a água e recolher a lenha a ser queimada eram utilizados os homens.

Para pagar os trabalhadores não diretamente produtivos, para realizar toda a imponente arquitetura templária, para obter a centralização de todos os serviços, a fim de permitir aos chefes e a seus clãs uma vida abastada e os consumos vistosos necessários para confirmar o próprio prestígio, era preciso que uma parte da população ativa produzisse como excedente muito mais do que lhe era estritamente necessário. É bem provável que, sem a ênfase religiosa e sem o temor da fome, dos inimigos e dos guardas, a massa de trabalhadores não teria jamais se submetido às inumanas corvéias indispensáveis para o próprio sustento, assim como para financiar os serviços públicos e encher a barriga da classe dirigente.

No território de Uruk, as pesquisas arqueológicas identificaram uma estrutura templária reservada ao chefe e ao seu clã; um centro urbano destinado às atividades de transformação, produção, intercâmbio e serviços; alguns centros intermediários nos quais se desempenhavam as atividades administrativas descentralizadas; uma empresa agrícola que pertencia ao templo; e um certo número de posses agrícolas e pastoris (cada um com uma extensão de até 30 hectares). Cada casa era, ao mesmo tempo, uma unidade familiar, um edifício para a habitação e um local de produção.

O grosso da economia era gerido pelo templo, que remunerava os trabalhadores livres através de rações alimentares e concessões de terreno para uso próprio.

Como se vê, estamos bem longe da situação encontrada por alguns antropólogos junto a tribos primitivas dos nossos dias que "não possuem nem mesmo um termo específico para distinguir as atividades produtivas dos outros comportamentos humanos e não dispõem de nenhum vocábulo ou noção para sintetizar a idéia de trabalho em geral".[14] É verdade que as necessidades dos habitantes de Uruk eram ainda muito limitadas, mas é também verdade que as soluções disponíveis para satisfazê-las deviam ser, por sua vez, tão carentes a ponto de os obrigar a grandes esforços.

Num estudo,[15] Marshall Sahlins defende a idéia de que muitas sociedades primitivas evitam, a todo custo, produzir mais do que o necessário para satisfazer as suas demandas imediatas e, portanto, têm um tal domínio sobre o próprio tempo, que os caçadores e os coletores trabalham de duas a quatro horas por dia, não mais do que isso. Mas ainda para o caso de um primitivo que trabalha para si mesmo e não é obrigado a conferir um excedente para o chefe – sendo portanto patrão do próprio tempo e do próprio ritmo – é bem mais difícil pensar que isso ocorre também quando ele trabalha para um patrão, para um templo ou para um rei, isto é, para superiores que têm todo o interesse em aumentar as próprias pretensões, em forçar e controlar severamente a produtividade de quem trabalha para eles.

Por mais distante que ainda se estivesse da competitividade do livre mercado, por mais que se possa excluir que um cidadão da Mesopotâmia trabalhasse sob o moderno estímulo capitalista do lucro, no entanto, uma grande parte dos seus esforços para criar um excedente não era a seu favor, mas sim uma vantagem para o templo ou para o chefe. Pela primeira vez na história da humanidade uma massa tão importante de pessoas trabalhava não só para si e para o próprio clã, mas também para os outros – o rei, o sacerdote e os notáveis –, que desse trabalho de terceiros retiravam a própria opulência e o poder que tinham. Pela primeira vez essa assimetria mostrava-se legítima, justa e até mesmo estimulante. Pela primeira vez, um grupo de pobres, em troca de uma condição econômica e social ligeiramente superior à da massa, estava empenhado em controlar, atormentar e punir a massa. Pela primeira vez difundia-se o trabalho "dependente", cuja essência está exatamente na cisão dos interesses: aquele do empregador, que tende a extorquir o máximo dos produtos e dos serviços, e aquele do empregado, que tende à lei do menor esforço.

É por isso bastante improvável que o templo e o chefe não exercessem pressões e controles de modo que o trabalhador acelerasse o seu ritmo e os seus esforços. Quanto mais os escravos e os trabalhadores se esforçavam, mais excedentes ficavam em condições de garantir os seus superiores; quanto mais esses excedentes iam para as mãos do chefe, mais ele podia assumir batalhões de guardas para controlar os próprios dependentes, assim como podia adquirir e ostentar objetos de luxo para reforçar o seu poder e o seu prestígio. Se o trabalhador recebia ordens, pressões e prazos, automaticamente a sua atividade tornava-se penosa, atormentada e subordinada, ou seja, tornava-se um trabalho na acepção atual do termo, uma "canseira".

Pode ser que até mesmo em Uruk e em Ur ocorresse aquilo que Malinowski constatou mais tarde em relação às sociedades primitivas das ilhas Trobriands, na Melanésia, Nova Guiné. "Os trobriandeses", atesta ele, "trabalham movidos por motivos bem mais complexos do ponto de vista da sua natureza social e tradicional, mirando objetivos que certamente não têm muito que ver com a satisfação dos desejos presentes ou com o alcance imediato de fins utilitários (...) O trabalho não é feito na base do menor esforço, mas, pelo contrário, muito tempo e muitas energias são despendidos para esforços completamente inúteis, sob o ponto de vista prático. Além disso, o trabalho e o cansaço, em vez de serem colocados simplesmente com vista a um fim, constituem, num certo sentido, um fim em si."[16]

Em outros termos, segundo essa sugestiva descrição, não se trataria de um trabalho real, mas de um jogo cansativo, e o seu sucesso não seria compensado com um ganho maior, mas com maior admiração por parte dos demais membros da comunidade, como se fosse uma competição escolar ou uma gincana, como nas festas dos povoados. Assim, também a troca não teria a natureza de um comércio econômico, mas a de um dom. Em outros termos, para os trobriandeses são os significados mágicos, o respeito às tradições, o dever social e a ostentação das próprias capacidades que os motivam a se esforçarem, mas não ainda a acumulação do lucro. E a todas essas razões some-se a estética: muitos esforços adicionais são feitos de bom grado, com o intuito de obter um resultado *bonito*.

Embora predomine o costume errado de assimilar as atuais tribos aborígines às pré-históricas com a ilusão de encontrar confirmações a hipóteses improváveis, nada no entanto nos autoriza a pensar que as características de trabalho encontradas por Malinowski entre os trobriandeses possam também ser atribuídas ao trabalho que se executava na antiga Mesopotâmia. A própria pesquisa de soluções técnicas capazes de aliviar a fadiga do arado, da ceifa, da sova, dos transportes e da própria criatividade – tão fecunda que graças a ela esses problemas foram parcialmente resolvidos –, assim como o uso maciço dos escravos, demonstra que o trabalho era tão desagradável a ponto de estimular a adoção de instrumentos e de técnicas para eliminá-lo, ou, pelo menos, para torná-lo mais suportável.

A consciência do ócio será uma conquista dos gregos. Por ora o homem aprendeu a compreender o valor da fadiga, a alienação do trabalho dependente, a ambigüidade da situação profissional de quem não é nem patrão, nem chefe e nem escravo, assim como o preço do cansaço e do estresse.

Daqui para a frente toda a problemática ligada à repartição da mais-valia, dos lucros e dos salários, ao horário, ao rendimento, ao mercado de trabalho, à quantidade de tarefas, dos produtos e da vida, ao consumo, ao profissionalismo, ao comando, à delegação, à participação, à motivação, ao conflito, em suma, à galáxia de condições que compõem a interseção entre o trabalho e o lazer tornar-se-á dominante até desencadear conflitos sociais e revoluções, até manchar de sangue o mundo com guerras e lutas de classe e até mesmo contaminar o próprio sentido da nossa existência.

CAPÍTULO SEIS

O HOMEM DESCOBRE A SABEDORIA E INVENTA O ÓCIO

"A guerra deve visar à paz, o trabalho visar ao ócio, as coisas necessárias e úteis devem ter em vista as coisas belas."
ARISTÓTELES

"Vento algum é favorável para quem não sabe aonde quer ir."
SÊNECA

A PIRÂMIDE BELICOSA

Em somente 500 anos a civilização do ferro estendeu-se geograficamente da Espanha à Índia e, socialmente, dos aristocratas à classe média. Quando a Grécia, livre de incômodas heranças imperiais e aberta ao comércio marítimo, apresentou-se como candidata à hegemonia do mundo, estavam prontas todas as condições para o grande salto, tanto no campo político e cultural como no tecnológico.

Atenas soube colher as primeiras duas oportunidades e renunciou à terceira, de modo que ainda hoje permanece misterioso o motivo pelo qual a idade de Péricles conseguiu produzir a democracia e a arte, mas não soube descobrir nem o motor a explosão nem a energia elétrica.

Até 7.000 anos atrás, a nossa espécie havia experimentado a organização de pequenas comunidades de hominídeos e de vilarejos, sem uma rígida estratificação de classes: a forma das habitações precedentes à civilização mesopotâmica demonstra que não existiam distinções substanciais de estirpe, de poder e de dignidade. Será a organização urbana na Mesopotâmia e no Egito que criará e ressaltará as diferenças entre as populações, entre as classes e entre os indivíduos, até uma concentração de poder ditatorial nas mãos de um soberano, rei e sacerdote, e de poderes administrativos ou militares a um restrito círculo de escribas e generais. Uma verdadeira estrutura organizacional de tipo imperial é realizada na Pérsia no século VI a.C.; depois, entre o quarto e o primeiro século determinam-se e consolidam-se os desníveis de força e de riqueza entre os Estados limítrofes.

Ciro, o Grande, era defendido por um corpo de guarda nobre composto por 10.000 cavaleiros, que forneciam os oficiais necessários para guiar um exército de aproximadamente 360.000 soldados. As tropas eram recrutadas em todos os estados do império – da Ásia Central ao Afeganistão, da Ásia Menor à Síria, da Palestina ao Egito e da Etiópia ao Iêmen – que era dividido em 31 satrapias, agilmente ligadas entre si por estradas e mensageiros. Cada satrapia conservava os seus usos, os seus costumes, a sua língua e a sua autonomia, recebendo proteção em troca de impostos e fidelidade. Os fatores básicos sobre os quais se fundava toda a estrutura dessa imponente máquina de guerra – a pirâmide belicosa de Ciro o Grande – eram a disponibilidade do ferro e a perícia na criação eqüina nos altiplanos de Hamaden, do Irã e de Persépolis.

O BEM-ESTAR E A DEMOCRACIA

Essa imensa estrutura piramidal e ditatorial será derrotada por uma rede, agilíssima, de pequenas cidades-estado, unificadas por uma língua comum, ligadas por um tráfico marítimo e por alianças móveis das várias alianças: movimentos mais democráticos contra instituições mais autoritárias, diríamos hoje numa linguagem política; rede flexível contra uma rígida pirâmide, diríamos numa linguagem empresarial.

No centro da rede, durante o quinto e o quarto século, emerge a cidade de Atenas, organizada num modo antitético a Uruk, baseada em condições estruturais bem mais adequadas à democracia. É aqui que o homem experimenta, pela primeira vez, em múltiplas formas, a organização democrática do Estado, a sua constituição, os seus órgãos políticos, legislativos e administrativos. É aqui que, junto a uma experimentação concreta, é elaborada uma profunda reflexão sociológica sobre o melhor tipo de governo, sobre as várias constituições possíveis (monarquia e tirania, aristocracia e oligarquia, oclocracia e democracia) e sobre as virtudes indispensáveis aos governantes.

Atenas era uma cidade abastada. Durante a supremacia de Péricles (443-429 a.C.) contava com 43.000 cidadãos munidos de direitos políticos e 300.000 escravos: portanto, uma média de sete escravos por cabeça (leve-se em consideração que a dotação doméstica atual de máquinas e de energia à disposição de um cidadão americano, sob a forma de geladeiras, ventiladores, automóveis e outros, pode ser considerada equivalente ao serviço de 30 escravos). As minas de prata do Láurio, talvez as mais ricas do Mediterrâneo, onde trabalhavam de 10.000 a 20.000 escravos, forneciam um aporte de 100 talentos a cada ano (equivalentes a vários milhões de euros atuais).

Os tráficos marítimos garantiam o abastecimento da cidade com todas as matérias-primas necessárias e comercializavam todas as suas produções artesanais e artísticas, geradas em série por centenas de pequenas empresas familiares (desde cinco ou seis funcionários até uma centena), que se mantinham graças às várias trocas comerciais, à excelência dos seus produtos e ao baixo custo da mão-de-obra escrava: "Na Grécia do século V um cidadão como Péricles podia possuir uma fábrica de espadas, na qual o trabalho efetivo seria executado por escravos. A empresa Péricles era, portanto, um organismo industrial no qual o capitalista possuía seja os meios de produção seja a mão-de-obra, assim como a fonte de energia."[1] Havia mais de 100 fábricas de cerâmica alimentadas pela inesgotável capacidade inventiva dos antigos ceramistas.

LUGAR DE GÊNIOS

O maior recurso – desmedidamente abundante e do qual Atenas soube fazer um uso louvável – foi a criatividade genial dos artistas, dos pensadores e dos políticos que confluíram naquele que talvez permaneça até hoje como o mais denso aglomerado de gênios de todos os tempos. Basta uma olhada nas datas: em 500 nasce Anaxágoras; em 499, Ésquilo estréia em Atenas; em 496 nasce Sófocles; em 495, Péricles; em 484 nasce Heródoto; Eurípedes nasce no ano 480; Sócrates, em 469, e em 460 nascem Demócrito e Tucídides; Aristófanes vem ao mundo em 450 e Píndaro parte dele em 438; Xenofonte nasce em 430; Platão, em 427; Diógenes, em 413, e em 384 nascem Demóstenes e Aristóteles; Teofrasto nasce em 372. Se a esses personagens se somam Fídias, Lísipo, Policleto e Zeusi, todos eles ativos em Atenas no mesmo período de tempo, e caso se leve em conta que até esse período, conforme já vimos, as ondas do progresso humano haviam procedido em ritmo muito lento, de milênios ou de milhares de milênios, damos-nos conta da grandeza da aceleração que os gregos souberam imprimir à história da criatividade.

Em primeiro lugar, eles recriaram o próprio ser humano, conferindo-lhe um sentido, uma missão e um significado novos. Num contexto geográfico certamente privilegiado, mas no final das contas não tão diferente daquele que no mesmíssimo período servia de cenário a outros povos, produziram-se obras que permanecem inigualáveis ainda hoje, após 25 séculos. Com uma cultura material de base comum a muitos, eles souberam produzir uma cultura ideal e uma cultura social de tal forma mais elevada, a ponto de permanecer, ainda hoje, plenamente compreensível somente para uns poucos eleitos. Na cultura ideal eles exploraram espaços ilimitados de beleza e de verdade; na cultura social propuseram à humanidade as vantagens da convivência democrática.

Embora convencidos, assim como os sumérios e os egípcios, de que a vida é dura, os deuses cruéis e o destino caprichoso, somente os gregos – e pela primeira vez – conceberam a idéia sublime do homem que, prescindindo das forças sobrenaturais que às vezes o ajudam e às vezes o atrapalham, é mais forte que o seu destino, e que a grandeza do ânimo humano pode prevalecer sobre a terra e sobre os céus. Se na pré-história o homem havia criado a si mesmo como espécie única no planeta, na história os gregos o criaram como sujeito único e hegemônico no sistema universal, capaz de dar um sentido à própria existência, em condições de competir e de vencer até mesmo contra os deuses do Olimpo.

Sob esse aspecto pode-se arriscar um paralelismo entre a confiança grega na grandeza humana, que pode derrotar até o cinismo dos jogos divinos, e a confiança com que, mais tarde, a *Instauratio Magna* (Grande renovação) de Francis Bacon descortinará a era industrial, afirmando a possibilidade de derrotar, com a criatividade, até mesmo as conseqüências do pecado original: "O homem, com o pecado original, perdeu a um só tempo o seu estado de inocência e o seu domínio sobre a criação. Todavia, ambas as perdas ele pode reparar, em parte, também nesta vida; a primeira, por meio da religião e da fé; a segunda, por meio das artes e das ciências."

Resta ainda a ser compreendida qual combinação de elementos favoráveis pôde determinar naquele exato momento histórico e precisamente naquela área geográfica uma explosão assim tão única de criatividade humanista e política.

Contribuíram certamente fatores geográficos e urbanísticos, marcados pela beleza e pela variedade: o clima ameno; o cíclico recorrer das estações tão diversas entre si; o contexto mediterrâneo com as suas ilhas, as suas correntes, as suas rotas e o seu comércio;[2] a conformação do território com o seu fascinante entrelaçamento de terras e de águas, de montes e de vales; a densa rede de vilarejos e pequenas cidades de dimensões humanas, nas quais as relações primárias, o conhecimento recíproco, a possibilidade de intercâmbios informativos fáceis e a estrutura "comunitária" prevaleciam sobre a estranheza das relações metropolitanas, frias e assépticas, sobre a solidão das massas e sobre a estrutura "societária".

Outros fatores certamente positivos com vista à criatividade são de ordem sociopolítica: uma democracia em estado nascente, na qual experimentavam-se as formas mais abertas de participação popular, na qual toda nova invenção era favoravelmente acolhida; uma *polis* de pequenas dimensões, mas em rede com todas as outras *poleis* do Mediterrâneo; ampla disponibilidade de escravos para delegar as tarefas executivas; a conseqüente abundância de tempo livre das incumbências repetitivas, tediosas, cansativas e degradantes; estruturas como a ágora, os teatros e os templos, pensadas para facilitar a vida coletiva, o intercâmbio de informações e a cultura compartilhada; assim como um ótimo balanceamento entre a esfera pública e a privada.

Outros prováveis fatores de criatividade são de ordem cultural: uma língua complexa, rica, flexível, musical, falada não somente na Grécia atual, mas em muitas outras áreas do Mediterrâneo; o desprezo pelas atividades físicas e executivas em prol daquelas autônomas e intelectuais; a rejeição da corrida à riqueza material e o desinteresse pelo luxo; a atitude em relação à apreciação das alegrias simples e genuínas da vida cotidiana, em lugar daquelas sofisticadas de uma vida artificial; a predisposição ao belo, ao bom gosto, à busca da verdade, à composição entre progresso filosófico e modelo existencial em que inspirar o cotidiano, uma forma de pensamento capaz de mesclar a intuição com a reflexão, o procedimento sistemático com o caótico; uma educação voltada mais para o ócio criativo do que para o ativismo atarefado e competitivo.

É inegável que esses fatores, todos presentes no contexto helênico quando a Grécia alcançou a máxima criatividade, são profundamente diferentes dos fatores estruturais e culturais que encontramos em contextos posteriores, também inegavelmente fecundos: na Roma de Adriano, por exemplo, ou na Florença dos Médicis, ou ainda na Viena de Klimt e de Mahler. E são ainda mais diferentes dos fatores presentes nos centros atuais da criatividade pós-industrial: os *campi* de Stanford ou de Cambridge, do MIT, os laboratórios de Genebra, de Seattle ou de Cabo Canaveral; os estúdios de Hollywood, da Cinecittà, da CNN ou da Rede Globo.

LUGAR DE FESTA

Porém tornemos aos nossos gregos: poucos milhares de homens que povoaram durante alguns decênios uma região que, no final das contas, não é rica de vegetação, que viveram vidas breves e inseguras, em bairros nojentos, em casas desconfortáveis e mesmo assim permitiram à sua espécie – à nossa espécie – um salto de qualidade até hoje não superado, tanto pela criatividade política e social como pela criatividade estética e especulativa.

Se o Egito, a Mesopotâmia e a Pérsia haviam construído grandes obras reservadas ao rei e à sua oligarquia, Atenas e outras cidades gregas construíram a ágora destinada ao mercado e às assembléias; construíram repartições governamentais acolhedoras para o público; teatros para as representações das tragédias míticas e das comédias realistas; ginásios, liceus e academias para a formação dos jovens; chafarizes para matar a sede de todos os cidadãos, indistintamente; templos que representam na terra moradias divinas capazes de competir com o Olimpo; e estádios para as pacíficas atividades agonistas dos jovens atletas.

Exorcizaram, portanto, a angústia induzida pela beleza, traduzindo-a em alegria. Tucídides constata, com mais orgulho do que escândalo, como em Atenas havia festas praticamente o ano todo: em julho as Crônias, as Sinécias e as Pan-Atenenses; em setembro, os Mistérios Eleusínicos e as festas em honra de Apolo; em outubro, a festa da semeadura, as Oscofórias em honra de Dionísio, as Tesmofórias em homenagem a Deméter, as Apatúrias, com sacrifícios a Zeus e a Atena, as Chalkéias, festas das corporações operárias em honra de Atena e de Hefesto; em dezembro, os Aloa, homenagem a Deméter, Core e Poseidon; em janeiro, mês dos casamentos, a Teogamia, a fim de evocar Zeus e Hera, e as Lenaias, para evocar Dionísio; ainda em tributo a Dionísio, em fevereiro, ocorriam as Antestérias e, no mesmo mês, havia as festas Chlóia para Deméter e as Diásias para Zeus; em março, as primaveris Grandes Dionísias e as festas em favor de Atena; em abril, os Muníquias em honra de Artêmides; em maio, as Tragédias como tributo a Apolo; e em junho as licenciosas para Quirofórias, Dipólias e Arrefórias. (O clima festivo condiz com a criatividade: muito mais tarde Watson e Crick, que no laboratório Cavendish de Cambridge procuravam descobrir a estrutura do DNA, interrompiam todas as tardes as suas experiências para ir ao cinema ou para jogar tênis; também em Roma, o grupo dos físicos que trabalhavam com Enrico Fermi, no laboratório da Via Panisperna, tirava a cada trimestre dez dias de férias.)

O teatro de Atenas possuía 15.000 assentos, e a participação nas representações era obrigatória: nos únicos quatro dias das Grandes Dionísias, todos os cidadãos participavam da procissão dionisíaca, assistiam aos concursos líricos dos corais e escutavam pelo menos 20.000 versos das 15 ou 17 obras teatrais que o programa incluía. Um ateniense de quarenta anos já havia assistido a pelo menos 300 encenações teatrais de dramas e comédias de nível tão elevado, que são estudadas e recitadas até hoje no mundo inteiro. (A comoção dramática, a leveza de espírito e a emoção poética condizem com o ócio criativo.)

A AUDÁCIA DISCIPLINADA

A virtude da política, "a audácia disciplinada" e o equilíbrio das criações clássicas podem derivar tão-somente de uma condição de equilibrado bem-estar e de cultura sem alienação. Quando os grupos estão livres do poder da opressão; quando os cargos são independentes do berço e baseados na competência e no sorteio; quando todo cidadão tem direitos e deveres iguais ao participar das assembléias citadinas; quando o tempo dedicado à gestão da coisa pública é retribuído como qualquer outro emprego responsável; quando o *welfare* garante a redistribuição do excedente aos pobres; quando o Estado garante aos seus cidadãos teatros, templos, escolas, praças, chafarizes e obras de arte; quando a agricultura, a indústria e o comércio são colocados no mesmo plano e potencializam-se reciprocamente; quando os melhores talentos e os maiores investimentos são dedicados à beleza e à verdade, aí então pode-se concluir, justamente, que a democracia é completa e funcional. Atenas fez tudo isso, e seus frutos foram surpreendentes.

Em outros lugares, muitos profetas acreditavam ser mediadores entre o céu e a terra, atribuindo a própria sabedoria a fontes sobrenaturais. No mesmo século de Sócrates, Buda recorria à iluminação transcendental para confiar a salvação dos homens às suas virtudes morais; alguns séculos antes, Zaratustra havia se declarado enviado de Deus para purificar as religiões.

Também na Grécia as religiões dos mistérios e as filosofias místicas prometiam uma fácil salvação aos infelizes, mas a elite intelectual não se deixou iludir e buscou um modelo conceitual capaz de descrever e explicar a realidade através da filosofia e das ciências. Na república de Péricles, o homem – cada homem – é o centro e a medida de todas as coisas. A convivência não é regulada com base em leis divinas, mas corresponde a uma *polis* na qual "a idéia da humanidade como uma sociedade unitária, na qual os membros têm todos, uns em relação aos outros, obrigações morais comuns, é o correspondente ideológico de uma economia internacional fundada na troca de bens entre todas as suas partes".[3]

A filosofia, a matemática, a teoria musical, as ciências naturais e a medicina – finalmente desvinculada da magia –, a ética, a política, a história, a geografia, a psicologia, a anatomia, a botânica, a zoologia, a física e a biologia fizeram mais progressos *teóricos* nesses 100 anos do que nos milhares de séculos precedentes.

Quanto às artes, da arquitetura à música, da escultura à pintura e à poesia, conhecemos o tamanho da dívida que a humanidade conserva em relação à Grécia. Nos seus dulcíssimos cadernos de viagem *Do Monte Sinai à Ilha de Vênus*, Nikos Kazantzakis anota: "Olhem bem uma escultura da grande época clássica. Não é imóvel. Um visível frêmito de vida a percorre, vibra imperceptivelmente como a asa de um falcão quando plana no céu. Um olhar adestrado descobre nesta escultura plena um movimento que predominava nas obras das gerações precedentes, preparando a forma das obras futuras.

"A estátua vive, move-se, perpetua a tradição e prepara o futuro com uma audácia disciplinada. Os antigos não amavam as inovações bruscas. Aceitavam plenamente a tradição e a superavam somente adequando-se a ela. Se um criador encontrava uma solução técnica, um novo comportamento, um novo sorriso, todos acolhiam a descoberta como um bem comum... A arte não era uma questão pessoal; o artista representava a sua cidade e a sua raça e não possuía outro objetivo senão o de imortalizar o grande instante vivido pela coletividade. As suas relações com o povo eram muito estreitas."

Um povo convencido de que só o trabalho intelectual é digno de cidadãos livres, um povo consciente da sua excelência, um povo que goza de um justo bem-estar e de escravos aos quais delegar todos os esforços físicos e materiais e um povo seguro de que tudo aquilo que existia para ser descoberto a fim de melhorar a vida prática já o havia sido pelos seus ancestrais podia até descuidar do desenvolvimento tecnológico, do qual – no final das contas – teriam se beneficiado mais os escravos do que os homens livres. Enquanto o progresso teórico de Galileu, Bacon e Newton, sob o estímulo das revoluções burguesas, irá se traduzir num progresso prático para aliviar a qualidade de vida de todo o povo, já restituído dos seus direitos civis, o progresso teórico em si, criado por Aristóteles ou por Platão, bastava para enriquecer a vida dos cidadãos livres de Atenas, já dotados de todos os benefícios materiais então concebidos e apreciados.

O SUOR E A ESCRAVIDÃO

Nos tempos do império romano circulava no Oriente um tratado cosmológico birmano no qual se narrava a fábula de um país mítico, *Roma-Visaya*, onde existiam máquinas vivas, homens-máquinas, "máquinas veículos de espíritos", capazes de desempenhar as mais variadas tarefas: cultivar os campos, prestar serviços comerciais, capturar delinqüentes. É muito provável que o autor anônimo aludisse aos escravos que povoavam Roma, assim como haviam povoado Atenas: máquinas dotadas de ouvido, de fala, de beleza e de sensualidade. Portanto, muito melhores e bem mais funcionais que os robôs que hoje pretendemos da eletrônica.

Em *A Política*, seu surpreendente tratado de sociologia e politicologia, Aristóteles parte do princípio de que alguns homens são destinados à escravidão, dada a sua própria natureza. No primeiro livro, ele defende abertamente: o animal deve ser subordinado ao homem, assim como o corpo deve ser subordinado à alma. Mas nem todos aqueles que parecem homens realmente o são: aqueles que, embora pareçam, diferem "tanto quanto o corpo da alma ou o animal do homem, estes são, por natureza, escravos... Encontram-se nesta condição aqueles cuja atividade se reduz ao emprego das forças físicas e isto é o melhor que podem oferecer... Quanto à utilidade, a diferença é mínima: ambos contribuem para as necessidades da vida graças às forças físicas, seja escravos ou animais domesticados". Portanto, é escravo "por natureza" quem pode pertencer a outrem, sendo tão pouco dotado intelectualmente que "participa da razão à medida que pode aprendê-la, mas não a possui".

Salvo exceções, entre livres e escravos existem nítidas diferenças também do ponto de vista somático: "A natureza quis marcar uma diferença no corpo dos livres e dos escravos: os últimos o possuem robusto, adaptado ao serviço necessário, os primeiros eretos e inúteis às referidas atividades, mas adequados à vida política" (I, 1254 b).

Além daqueles que são escravos por natureza, há outros que o são por desventura: os derrotados numa guerra, os escravizados por dívida, os nascidos de escravos e os comprados de mercadores de carne humana. Porém, trata-se sempre de escravos: na maior parte dos casos dotados de inteligência ínfima, dedicam-se a ofícios manuais e sujeitos, como qualquer outro animal doméstico, ao poder absoluto dos patrões.

Mais adiante, como passagem decorrente, Aristóteles acrescenta que "dever-se-ia recusar a qualificação de cidadão a todos aqueles que precisam trabalhar para viver... Ser um operário perfeito não faz do operário um cidadão. Não é possível praticar a virtude da política levando a vida de um operário, de um assalariado... Denominamos como ofícios operários aqueles que alteram as disposições do corpo e os trabalhos remunerados que impedem ao espírito qualquer elevação, qualquer conforto".

(É inquietante a semelhança desse pensamento com aquele expresso por Tocqueville, 2.000 anos depois, na sua obra-prima *A Democracia na América*: "Quando um operário se dedica contínua e unicamente à fabricação de um só objeto, acaba por realizar este trabalho com uma singular habilidade; mas ao mesmo tempo perde a faculdade geral de aplicar o seu espírito na direção do trabalho. Ele torna-se a cada dia mais hábil e menos industrioso, e pode-se dizer que nele o homem se degrada à medida que o operário se aperfeiçoa.")

Portanto, junto a atividades tão bestiais a ponto de serem reservadas somente aos escravos existem outras menos degradantes, mas mesmo assim desagradáveis: todas aquelas que fazem suar, que deformam o corpo sob o peso do cansaço físico e que subordinam o trabalhador às decisões do patrão. No primeiro livro, Aristóteles escreve que, entre os vários trabalhos, "os mais mecânicos são aqueles que deformam o corpo, os mais servis os que se fundam exclusivamente no emprego do corpo e os mais ignóbeis aqueles que requerem uma capacidade espiritual numa medida mínima" (I, 1258b). No oitavo livro é especificado: "Devem ser considerados ignóbeis as obras, as profissões e os ensinamentos que tornam o corpo ou a inteligência dos homens livres inadequados às obras e às ações da virtude. Portanto, a todos os ofícios que por sua natureza comprometem a condição do corpo chamamos de ignóbeis, como também o trabalho à mercê, porque subtraem o ócio da mente e a tornam estreita" (VIII, 1337 b).

Deve-se portanto deduzir que a preguiça, a renda parasitária, a greve, a apatia e a inércia devem ser apreciadas e encorajadas? Pelo contrário. Segundo Aristóteles, é necessário apreciar sobretudo a nobreza do ócio criativo, isto é, do trabalho intelectual que desemboca no estudo e no jogo; a excelência da reflexão filosófica, da atividade mental que se exprime através da política e da arte.

Mas como é possível se dedicar ao ócio criativo sem morrer de fome? Quem arcará com as incumbências físicas e executivas se todos os cidadãos se dedicam à política, à filosofia e à arte? Para Aristóteles e para os "clássicos" a resposta é simples: antes de mais nada é preciso reduzir ao mínimo o desejo de objetos e de serviços, em suma, reduzir o bem-estar material supérfluo. De luxo, isto é, de ostentação da riqueza, nem se fala: o verdadeiro recurso é a razão e o único verdadeiro luxo é a sabedoria. Reduzidas as necessidades materiais, fica reduzida igualmente a necessidade de trabalhadores.

Em segundo lugar, tudo aquilo que comporta cansaço físico e subordinação organizacional cabe aos escravos: existem em número suficiente de modo que sejam descarregadas sobre eles todas as tarefas fisicamente cansativas e moralmente degradantes. E ainda que os escravos não bastem, há os trabalhadores braçais, os artesãos e os comerciantes, isto é, todos aqueles que trabalham mediante recompensa e que, enquanto tais, são muito parecidos com os escravos porque fazem para a massa dos seus clientes aquilo que o escravo faz para o seu único patrão. Mais tarde, também Cícero, em *De Officiis* (Dos deveres), rotulará como "indignos do homem livre e vulgares os meios de ganho de todos os assalariados aos quais paga-se o valor manual e não aquele do engenho; de fato, no caso deles o próprio salário é um penhor da sua escravidão" (I, 150).

A TÉCNICA IGNÓBIL E GROSSEIRA

Por que nas casas modernas os fios da luz, os canos da água e do gás são dispostos "encobertos ou disfarçados"? Por que os medidores são dispostos da forma mais escondida possível? Por que os aquecedores são dissimulados com grades e outros expedientes? Passados 200 anos da revolução industrial e do advento do maquinismo, agora nós nos envergonhamos das máquinas como intrusas pouco refinadas, que devem ser exploradas pela utilidade de seus serviços, mas que devem ser mantidas escondidas, toleradas porque hoje são indispensáveis, mas todavia indecorosas. Ainda hoje muitos intelectuais ostentam que rejeitam o computador e o telefone celular, assim como a fidelidade que alimentam pela caneta esferográfica e alardeiam pelos cartões-postais.

Movimentos ideológicos intensos como o Iluminismo e o Utilitarismo, 200 anos de rápido progresso tecnológico que se traduziu em longevidade, bem-estar econômico e desenvolvimento cultural, não bastaram para resgatar a máquina do desprezo e da rejeição dos gregos e dos romanos, que chegou até nós por intermédio do esnobismo dos intelectuais. Esses dois povos, que souberam revolucionar a visão do mundo, o papel do homem no planeta, a dimensão filosófica, estética e política da humanidade, deixaram contudo um modestíssimo legado de invenções tecnológicas: "A engrenagem e o parafuso", escreveu Moses Finley, "a moenda giratória e o moinho de água, a prensa de torcer, o corte longitudinal da madeira, o vidro soprado, a escultura de bronze com a técnica do metal fundido, o aglomerado de cimento, a dioptria para a avaliação topográfica, a catapulta por torção, o relógio e o órgão de água, jogos mecanizados movidos a água, pelo vento ou a vapor: com esta breve lista, mencionou-se praticamente tudo, e não é muito para uma civilização que durou quinze séculos."[4]

Qual o motivo de uma tão marcada dissimetria entre a produção humanista e a produção tecnológica do Classicismo?

É provável que os gregos e os romanos não sentissem a necessidade urgente de inventar máquinas porque, como já vimos, possuíam escravos em abundância para executar todas as tarefas perigosas, repulsivas, cansativas e tediosas.

Mas além da ampla disponibilidade de escravos, a aversão ou pelo menos o desinteresse grego e romano pelo desenvolvimento tecnológico era também motivado por causas estruturais e culturais.

Antes de tudo, eles estavam convictos de que, após a grande explosão criativa da Mesopotâmia, pouco ou nada permanecia por ser inventado no campo tecnológico (afirma-o explicitamente Aristóteles no primeiro livro da *Metafísica*). Se todo o possível do universo tecnológico já havia sido inventado, por que perder mais tempo em torno das ciências aplicadas?

De sua parte, a economia era tão austera e até mesmo pobre que desencorajava qualquer tendência à acumulação e ao consumo vistoso: logo, não havia estímulo ao incremento da eficiência e da produtividade através do emprego de máquinas cada vez mais potentes.

As atividades comerciais, como já vimos, eram até condenadas porque imorais e de mau gosto, motivo pelo qual as trocas não eram fortalecidas, a produção de massa não era necessária, nem a padronização dos produtos e dos métodos produtivos que condizem com o maquinismo industrial. O uso das máquinas era imediatamente ligado à vontade perversa e condenável de incrementar desmedidamente a produção, o intercâmbio, o ganho, a preocupação e o estresse, em detrimento do equilíbrio, da sobriedade e da sabedoria.

Os intelectuais estavam convencidos de que somente o mundo astral obedecia a regras precisas e mensuráveis, enquanto no mundo sublunar prevaleciam o capricho, a imprevisibilidade e a emotividade. As atividades práticas (logo, vulgares) eram bem distintas das teóricas (nobres, por conseqüência) e permaneciam relegadas ao "mundo da aproximação", marcadas pelo empirismo, entregues a procedimentos por tentativa e erro. Conseqüentemente, não se fazia nenhuma exigência para se chegar a um "universo da precisão", por meio de instrumentos de mensuração escrupulosa, e não se sentia nenhuma necessidade de recorrer à experimentação científica preventiva, a fim de aprimorar os procedimentos a serem empregados nas atividades produtivas e bélicas.

As máquinas mostravam-se como tentativas mágicas de imitar com subterfúgios artificiosos, enganadores e "maquinosos" a *natureza* boa, generosa e autêntica, com o objetivo de compreender os seus poderes secretos e transferi-los ao homem fraudulentamente. Um ato de astúcia luciferina e de soberba: logo, não justificado por necessidades efetivas, mas determinado pela insana vontade de ultrapassar os limites do humano. "Quem dera fosse possível a existência de teares automáticos, capazes de dispensar a mão-de-obra!", dissera Aristóteles. "Mas trata-se de pura ilusão."

Por fim, um outro obstáculo ao progresso tecnológico nas culturas grega e romana provinha da concepção enfaticamente nobre do cientista puro, que tinha a missão de dedicar-se, exclusivamente, à especulação teórica, não vulgarizada nem contaminada por intenções práticas imediatas, por interesses econômicos, por conveniências pessoais ou por fins de lucro. Distantes mil milhas do nosso atual consultor de empresas ou dos intelectuais "orgânicos" dos partidos ou dos sindicatos, o cientista e o artista do mundo clássico deviam deixar-se motivar somente pelo amor à verdade e à beleza. As máquinas não encontram espaço nesse paradigma.

Lembram-se de Arquimedes? No ano 212 a.C., deixou-se convencer a construir algumas máquinas bélicas, indispensáveis para salvar Siracusa do assédio dos romanos. Ao se referir a este episódio e ao falar desses mecanismos cogitados por Arquimedes, Plutarco sente a necessidade de pontuar: "Não que a eles Arquimedes tivesse se dedicado como a um trabalho digno de atenção; na maioria eram diversões de geometria, que realizou como passatempo. O rei Ierone foi o primeiro a solicitar a Arquimedes que dedicasse um pouco da sua técnica dos conhecimentos teóricos às coisas concretas e que misturasse, de alguma maneira, a especulação com as necessidades materiais, de modo a tornar a primeira mais evidente aos profanos, quando ela tivesse se tornado sensível... Contudo, Arquimedes possuía um espírito tão elevado, uma alma tão profunda e um patrimônio tão vasto dos conhecimentos científicos, que não quis deixar por escrito nada sobre essas coisas, às quais todavia devia o seu nome e a sua fama de uma inteligência não-humana, mas quase que divina. Persuadido de que a atividade de alguém que constrói máquinas, assim como de qualquer outra arte que se dirija à utilidade imediata, é ignóbil e grosseira, dirigiu os seus cuidados mais ambiciosos somente a estudos cuja beleza e abstração não fossem contaminadas por exigências de ordem material."[5]

Como se vê, o desprezo pela técnica utilizada para fins práticos (considerada, portanto, ignóbil e grosseira) é total em Arquimedes e plenamente compartilhado por Plutarco: do mesmo modo, 22 séculos mais tarde e também na Sicília, o reencontraremos intacto no protagonista nobre e conservador de O *Gattopardo*.

O ENRIQUECIMENTO INSENSATO

Nômade, salteador, pescador, caçador e camponês são para Aristóteles os estilos de vida baseados em riqueza não-suscetível de crescimento, cujo objetivo é o simples consumo dos bens obtidos. Os nômades, então, são preguiçosos por definição e passam a vida no ócio: à condição de não se submeterem ao desgastante trabalho da terra, eles preferem obter o próprio alimento dos rebanhos "obrigados a segui-los, quase como se fossem agricultores de um campo vivo". Todos esses estilos de vida visam à sobrevivência e permitem somente um enriquecimento relativo, sustentado pelo tipo de recursos que o determinam (o campo, o mar ou o pedaço de terra), limitados pela sua própria natureza.

Mas junto a esse existem outros modos de vida que visam ao crescimento ilimitado da riqueza, porque não são baseados no simples uso, mas no *intercâmbio* de mercadorias e serviços com a intermediação do dinheiro, "princípio e fim das trocas". Essa é a "crematística", isto é, a arte de fazer crescerem as coisas, os bens e a riqueza por intermédio do intercâmbio.

Diferentemente do enriquecimento obtido com a pesca, a caça, o pastoreio e a agricultura, aquele obtido graças ao intercâmbio não tem limites, podendo crescer *ad infinitum*. Por isso aqueles que cultivam esse gênero de vida acabam se alienando, por tomar o meio como fim, preferindo trocar as coisas, em vez de usá-las, de modo que "toda a energia deles gasta-se na busca de riquezas". "A causa desse estado mental é que eles se preocupam em viver, mas não em viver bem, e, como o desejo deles expande-se ao infinito, também é infinita a cobiça por meios para satisfazê-los" (I, 1258 a). "Ora, como para eles o gozo consiste no excesso, eles buscam a arte que produz tal excesso de gozo, e, caso não consigam encontrá-lo com a 'crematística', tentam por outra via, explorando cada habilidade de uma maneira não-natural. Assim não condiz com coragem produzir riqueza, mas sim inspirar confiança, e nem mesmo condiz com a arte do estrategista ou do médico, porque o primeiro procura a vitória e o outro, a saúde. E ainda assim eles fazem dessas habilidades meios para se procurar riquezas, com a convicção de que seja este o fim e que a este fim deve convergir cada coisa" (I, 1258 a).

Idêntico desprezo em relação ao comércio, seja no atacado seja no varejo, encontraremos alguns séculos mais tarde no *De Officiis* de Cícero, que distingue as profissões em desagradáveis e louváveis, censurando as primeiras não só pela sua intrínseca imoralidade mas também pelo mau gosto que as acompanha.

Aristóteles e Cícero não teriam nunca podido imaginar qual aceleração na corrida ao enriquecimento ocorreria, 2.000 anos depois, com a economia industrial e, depois, com a *New Economy*, mas é claro que, em relação ao tempo deles, o oportunismo dos comerciantes, dos profissionais liberais e dos partidários da guerra já lhes parecia sem sentido.

Conforme já tive ocasião de escrever num outro contexto,[6] a maior parte dos atenienses era educada para apreciar as pequenas coisas, a se contentar com o mínimo necessário no plano material e, em contrapartida, a divagar no mundo da arte, do espírito e da política. A Grécia clássica é a antítese da nossa incivilidade, em que tudo – educação familiar, publicidade, ostentação do nível de vida por parte dos ricos e falta de crítica, chegando até a cumplicidade por parte dos intelectuais – conspira para nos transformar em tubos digestivos, em máquinas programadas para o desperdício vistoso, para o consumo ilimitado e sem sentido.

A felicidade humana – esse verdadeiro tabu da nossa cultura a tal ponto que nas empresas até se evita pronunciar essa palavra, como se fosse algo obsceno – constituía, ao contrário, o objetivo primário e declarado das melhores pesquisas conduzidas na Grécia pelos filósofos e pelos artistas. E todas essas pesquisas chegam à convicção de que a essência da felicidade não consiste em acrescentar outras coisas inúteis à inútil invasão daquelas que já temos, mas sim em *enriquecê-las de significado* através da educação, como diria Dewey.

Gosto de citar uma passagem do *Fedro* na qual Platão descreve Sócrates, que, já um ancião e cansado, durante uma abafada tarde de verão se protege num lugar sombreado e aprecia toda a simples fruição que o local oferece: "Ah! Por Hera, que lugar magnífico para se fazer uma pausa! O plátano cobre tanto espaço quanto a sua altura. E esta verbenácea, como é grande, oferecendo uma sombra maravilhosa! Em plena floração, como está, o lugar não poderia ser mais perfumado. E o fascínio ímpar desta fonte que corre sob o plátano, a frescura da sua água: basta pôr o pé para me assegurar... E diga-me, por gentileza, se o ar puro que aqui se respira não é desejável e extraordinariamente agradável! Clara melodia do verão que faz eco ao coro das cigarras. Mas a mais saborosa dentre essas belezas é este prado, com a natural doçura da sua inclinação, a qual permite, quando nele se deita, que a cabeça fique numa posição perfeitamente confortável."

Ao maior intelectual de todos os tempos, ao sábio que mais do que qualquer outro soube explorar os trajetos dos nossos destinos e que acima de todos contribuiu para nos fazer humanos bastam um plátano, um prado, o canto de uma fonte e de uma cigarra para que possa ser completamente feliz.

QUANDO O PLÁTANO COCHICHA COM O OLMO

A democracia ateniense era global, eficiente, pedagógica e persuasiva. Enquanto em Esparta os jovens e as jovens eram igualmente arregimentados numa educação estatal de tipo militar, em Atenas a educação era muito mais livre, confiada à iniciativa dos pais e dos professores; o analfabetismo já havia sido praticamente debelado no final do século V; letras, música, dança, matemática e ginástica tinham uma importância primária e gozavam de idêntico prestígio nas escolas.

O Liceu de Aristóteles e a Academia de Platão eram, ambos, *campi* ainda mais ambicionados do que Harvard ou Oxford, hoje em dia. Em Atenas, ainda nos tempos de Adriano e Juliano, iam estudar filosofia, provenientes do mundo inteiro, mais jovens do que os que hoje vão a Londres para aprender inglês. Em As *Nuvens*, Aristófanes nos restitui o espírito de então: "Brilhante e fresco como uma flor, passarás o tempo nos ginásios...

Descerás à Academia onde, debaixo das oliveiras sagradas, correrás coroado de verde cana com um amigo da tua mesma idade, sentindo o aroma da salsaparrilha, de tranqüilidade e do álamo branco que perde os seus omentos, gozando da estação primaveril, quando o plátano cochicha com o olmo."

Platão nos dá uma descrição mais fria, mas não menos significativa, do sistema escolar e das estruturas dos seus edifícios: os ginásios e as escolas públicas "encontrar-se-ão no centro da cidade em três locais distintos; enquanto no exterior da cidade, em outras três localizações em torno da mesma, estarão os picadeiros e os campos adequadamente aparelhados para o tiro com o arco e outros lançamentos, em função da instrução e do treinamento dos jovens... Em todos esses edifícios morarão na qualidade de hóspedes os mestres de todas as disciplinas, atraídos e convencidos pela remuneração. Eles ensinarão aos alunos as lições de todas as disciplinas concernentes à guerra e à música... Também as mulheres deveriam praticar os mesmos exercícios" (As *Leis*, VII, 804 c-d-e).

A educação inicial dos jovens e a educação permanente dos adultos constituem o coração de toda a política ateniense. Dela se ocupam não somente os textos declaradamente pedagógicos, mas, na prática, toda a produção literária, filosófica, política e artística. O cidadão ateniense aprende noções, normas e preceitos comportamentais, não somente quando criança, no seio da família, ou enquanto jovem, nos ginásios e nas academias, onde ensinam professores do calibre de Platão e de Aristóteles, mas também durante toda a vida, através das histórias figuradas nas superfícies dos vasos e nas paredes dos templos e por intermédio dos contos mitológicos, das representações sagradas, dos concursos poéticos, ginásticos e hípicos, das encenações teatrais, das estátuas, da música, da dança e dos simpósios. Para os atenienses livres, a vida inteira é uma "imersão total" na formação ética, estética, artística, física e política: sempre visando à felicidade terrena porque "todos devem passar, o máximo possível e da melhor forma possível, a própria existência em paz... jogando os jogos de que gostam, realizando oferendas, cantando e dançando" (As *Leis*, VII, 803 d-e).

PLATÃO: A RAZÃO, A AÇÃO E A ARTE

Os três textos máximos de politicologia de toda a antiguidade – *A República* e *As Leis* de Platão e *A Política* de Aristóteles – dedicam uma parte central à educação. Qual dentre os grandes politicólogos atuais faria a mesma coisa?

Para Platão, *educação* é tudo aquilo que "forma desde jovem à virtude, suscitando o amor e o desejo de realizar-se como cidadão, de forma a saber governar e ser governado, segundo a justiça" (*As Leis*, I, 643 e). Somente graças à educação, "o mais importante dos esplêndidos bens que recebem os melhores homens", aprende-se como vencer a imprudência e a injustiça através da razão, da ação e da arte; aprende-se a ser "superior a si mesmo", dominando os "dois conselheiros desatinados chamados prazer e dor" (I, 644 c). "Aqueles que são educados com integridade tornar-se-ão homens valorosos, e, tornando-se tais, agirão bem em todas as outras coisas" (I, 641 c).

Mas não basta a educação infantil e juvenil, que "constitui a correta orientação em direção aos prazeres e às dores, de modo que se odeie aquilo que se deve odiar, logo, desde o início até o fim, e se ame aquilo que se deve amar" (II, 653 c). É ainda necessária a formação permanente, de modo que os cidadãos educados para o Bem, para a Verdade e para o Belo, sejam recordados desses princípios imprescindíveis, caso corram o risco de um desvio. Com a educação permanente, de fato, "caso nos distanciemos da estrada mestra, podemos corrigir o nosso caminho" (I, 644 b).

No mais famoso ensaio de politicologia de toda a antiguidade, e talvez de todos os tempos – *A República* –, Platão inclui a análise da educação naquele mesmo capítulo VII, central de toda a obra, que se inicia com o célebre mito da caverna. As disciplinas de ensino colocadas em discussão como as mais adequadas para conferir um equilíbrio harmonioso aos melhores cidadãos, na paz e na guerra, são a ginástica, a filosofia, as artes, a música, a aritmética, a geometria, a astronomia e a dialética.

Cada uma dessas disciplinas deve ser ensinada e aprendida não com fins de um imediato utilitarismo. Por exemplo, os jovens educados ao governo da cidade devem ser orientados à matemática "não por interesse privado, mas até que atinjam com o intelecto puro a contemplação da natureza dos números, não a estudando como mercadores ou revendedores, capazes de vender e de comprar, mas para fins de guerra e para facilitar a conversão da própria alma no devir para a verdade e o ser" (VII, 426 b).

Enfim, o ensino não deve cansar os alunos, mas sim atraí-los: "Não educar à força os jovens nos vários conhecimentos, mas servir-se sobretudo do jogo, a fim de que tu possas discernir a inclinação natural de cada um" (VIII, 537).

Platão trabalhou por muitos anos para compor e burilar *A República*. Diz-se que a morte o colheu enquanto ainda corrigia, por mais uma vez, alguns dos rascunhos. Mas, antes de morrer, ele escreveu também um outro diálogo, interessantemente voltado para a politicologia: *As Leis*, o qual já citei e no qual retorna, de modo mais completo, ao tema da educação.

Cada um de nós pode ser inferior ou superior a si mesmo: depende da formação que recebeu. A educação positiva exercita para a virtude e forma os verdadeiros cidadãos, "enquanto aquela que tende à riqueza ou à força ou a qualquer outra habilidade que seja privada de intelecto e de justiça é vulgar, servil, e não é em nada digna de ser chamada educação" (I, 644 a).

A educação positiva é capaz de tornar belíssimos os corpos e as almas. O corpo deve ser formado por meio da ginástica; a mente, através da música; ambos – alma e corpo – são formados por intermédio dos coros, isto é, a união da dança com os cantos durante os quais os movimentos do corpo – tanto infantil quanto juvenil ou adulto – de descompostos transformam-se em harmônicos, de forma que os movimentos físicos combinam-se às melodias da alma: "Quem é bem-educado é capaz de cantar e dançar bem" (II, 654 b).

Portanto, a lista das disciplinas a serem ensinadas aos jovens compreende a ginástica, a música solista e coral, tanto a ser executada como ouvida, a dança, a gramática, a poesia, a arte de tiro com o arco e os lançamentos em geral, o uso das armas, a equitação, a matemática, a geometria, a astronomia e a caça.

Todos esses ensinos devem ser delegados a escolas públicas, com mestres bem remunerados pelo Estado, "enquanto os seus discípulos não serão somente os jovens, mas também os homens adultos que se encontram no Estado, assim como as jovens e as mulheres" (VII, 803 e).

Embora parta do pressuposto de que "a nobreza do ânimo e a tendência à coragem sejam próprias do homem, enquanto a propensão à ordem e à sabedoria deve ser atribuída à natureza feminina" (VII, 802 e), Platão considera, contudo, que a educação física e mental deve ser idêntica para ambos os sexos, de qualquer idade, senão um Estado, "partindo com os mesmos fins e devendo enfrentar as mesmas dificuldades, obtém a metade dos resultados, em vez do dobro" (VII, 805 a-b).

A educação proposta por Platão é, ao mesmo tempo, democrática e meritocrática: homens e mulheres devem dela usufruir igual e gratuitamente, mas apenas os melhores devem ser considerados excelentes, podendo, por sua vez, tornar-se mestres de vida e juízes de beleza. Tome-se, por exemplo, o juízo estético: quem é capaz de afirmar se uma poesia é bonita ou feia? "A Musa mais bela", responde Platão, "é aquela que alegra os ânimos dos melhores e daqueles que receberam uma educação adequada, mas sobretudo aquela que sossega aquele único que se distingue por virtude e por formação" (II, 659a).

O índice de audiência e de "aplausômetro" das nossas transmissões televisivas causaria horror ao filósofo: "Não como aluno, mas sobretudo como mestre dos espectadores deve ser o juiz, e é justo que assim seja, e deve-se opor a quantos provoquem nos espectadores um prazer inconveniente e injusto" (II, 659 b). Platão reforça o seu ponto de vista com um exemplo: "Antigamente também a lei dos gregos permitia aquilo que hoje é permitido pela lei da Sicília e da Itália, onde, confiando à maioria dos espectadores que julguem o vencedor levantando a mão, a lei arruinou os próprios poetas – eles compõem os seus versos para satisfazer o prazer de baixo nível desses juízes, de modo que são os próprios espectadores que os educam – e arruinou os prazeres do próprio teatro. Se, de fato, os espectadores, escutando vicissitudes que propõem costumes de vida mais nobres do que os seus, deveriam retirar disso um mais nobre proveito, agora acontece que, por culpa deles, fazem exatamente o oposto" (II, 659 b-c).

ARISTÓTELES: A NOBREZA DO ÓCIO

Aristóteles dedicou muitas obras ao homem como animal político, mas a suma das suas idéias a esse propósito, talvez a obra de politicologia mais completa e sólida de toda a antiguidade, é A *Política*, sobre cujas páginas formaram-se como tradutores os expoentes da intelectualidade da Idade Média e do Renascimento, desde Alberto Magno até Tomás de Aquino, de Maquiavel a Guicciardini.

De oito capítulos que constituem o tratado, parte do sétimo e todo o oitavo são dedicados à educação: como a dizer que, entre todas as questões concernentes ao funcionamento da *polis*, esta é a mais importante, constitui a coroação e merece concluir a obra inteira.

Enquanto Platão toma a linha da distinção entre a educação negativa, porque orientada ao ganho, e a educação positiva, dado que voltada à virtude, Aristóteles parte da diferenciação entre educação orientada para a atividade e educação voltada para o ócio. Como para Aristóteles o ócio é bem mais importante do que a atividade e como a música representa a disciplina que condiz com o ócio, é a ela que o filósofo de Estagira dedica toda a parte final de A *Política*. Em suma, um dos maiores tratados de politicologia do Classicismo conclui-se com uma longa reflexão sobre os tipos e os efeitos da música: algo inconcebível para um ensaio moderno de ciências políticas, focalizado no utilitarismo e no economicismo.

Mas, façamos falar Aristóteles: "É preciso, sim, desempenhar uma atividade e combater, porém mais ainda ficar em paz e no ócio, fazendo assim as coisas necessárias e úteis, mas muito mais as belas. Conseqüentemente, mirando esses objetivos, deve-se educar os homens, tanto quando são ainda jovens, como também depois, nas outras idades, cada e toda vez que se necessitar de uma educação" (VII, 14, 1333 b).

O objetivo da vida não é o domínio sobre os outros, mas a felicidade no viver. E ainda assim muitos governantes educam os cidadãos para a atividade e para a guerra, mas descuidam em educá-los para o ócio e para a paz, de modo que "a grande maioria dos estados militaristas permanece de pé quando combate, desmoronando após a conquista de um império: em tempos de paz, perdem a têmpera, como o ferro. O responsável é o legislador, que não os educou para viver no ócio" (VII, 1.334 a).

O gozo da prosperidade e permanecer no ócio em paz são condições ideais, mas, ao mesmo tempo, muito perigosas, pois podem desembocar na insolência. Esse é um dos raros pontos no qual o pensamento de Aristóteles coincide com o de Platão, que, por sua vez, havia escrito: "A educação pode levar à vitória, enquanto a vitória, por vezes, é privada de educação: muitos, com efeito, tornaram-se insolentes devido às vitórias reportadas na guerra, e devido a essa insolência encheram-se de numerosos outros males" (*As Leis*, I, 641 e).

Aristóteles repete muitas vezes que o ócio não é inércia do corpo e da alma, não é silêncio da virtude e nem deserto de sentimentos. A atividade e o ócio portam em si grandes oportunidades, mas também danosos germes de degeneração. Com o intuito de evitar essa degradação "são necessários coragem e força para a atividade, amor à sabedoria para o ócio e temperança e justiça em ambas as condições". Quanto mais se vive no ócio e na opulência, mais necessárias se tornam a sapiência, a temperança e a justiça (A *Política*, VII, 1.334 a). A educação serve exatamente para isso e deve estar atenta a que "o cuidado do corpo preceda o cuidado da alma e que depois siga-se o dos apetites; o cuidado dos apetites deve ser feito em função do intelecto, aquele do corpo, em função da alma" (VII, 1.334 b).

Hoje, diz Aristóteles (e está falando do seu tempo, mas nós podemos aplicar o que ele diz ao nosso), discute-se sobre quais devam ser as matérias de ensino. Descontado o fato de que, da mesma forma que o Estado é único, também assim a educação deve ser única e pública, sobre a prioridade de três matérias todos concordam: a ginástica, porque é útil à saúde do corpo, e a gramática e o desenho, porque são úteis à vida prática. Sobre uma quarta matéria – a música – alguns colocam dúvidas, mas Aristóteles é um corajoso defensor, a ponto de dedicar a ela, como eu já disse, toda a parte final do volume.

A atividade, ele diz, acompanha-se de cansaço e de tensão, portanto, de tanto em tanto, sente-se a necessidade de repousar, talvez jogando, distraindo-se. Mas a atividade tem como finalidade o ócio, e a educação não deve ensinar apenas a trabalhar corretamente, mas deve também ensinar a ficar no ócio nobremente.

Enquanto a atividade visa a alguma outra coisa, é instrumental, "o ócio parece que contém em si o prazer, a felicidade, um estado de vida bem-aventurado". Quem é ativo agita-se exatamente para conquistar algo que ainda não possui, enquanto a felicidade é um fim em si mesma e traz um prazer imediato. Nem todos concebem o prazer da mesma maneira, "mas cada um segundo o seu ponto de vista e a sua disposição: os melhores, de todo modo, buscam o melhor prazer, que é aquele que deriva das fontes mais belas. Conseqüentemente, torna-se claro que é preciso aprender algumas coisas com vista ao ócio que existe na distração nobre, e que essas disciplinas e essas noções são um fim em si mesmas" (VIII, 1.338 a). A música representa o exemplo mais genuíno, sendo ao mesmo tempo educação, diversão e recreação intelectual. Deve ser portanto incluída entre as matérias escolásticas obrigatórias: não porque ela seja necessária ou útil, mas porque "serve à obtenção da distração nobre que existe no ócio", merecendo por isso um lugar "naquela forma de recreação que é própria aos homens livres".

A VIDA ATIVA

Hoje a supremacia do trabalho não admite discussões. Caso se trabalhe, e só caso se trabalhe, tem-se direito ao salário, ao respeito social e à segurança de uma assistência médica, assim como de uma aposentadoria. O trabalho é uma categoria libertadora, gratificante, honrosa e santificadora. Quem conhece um ofício e tem vontade de trabalhar não ficará nunca sozinho, nem escravo, nem triste, nem ficará à mercê das tentações ou dos usurários, ganhará o paraíso na terra e um lugar no paraíso celeste.

Dubreuil, o operário francês autor de "Standards", uma surpreendente reportagem de 1930 sobre a sua experiência de trabalho nos Estados Unidos, escreve: "Ter uma profissão revelou-se no curso da minha viagem mais eficaz que possuir um talão de cheques. Nunca havia sentido, com tanto orgulho, a força produtiva e a independência do trabalhador." O trabalho é a realização de uma criação por meio da obra do homem, é dever social, expiação, legítimo orgulho, auto-realização, fonte socialmente apreciável de ganho. O trabalho nos faz humanos, cidadãos, sociáveis, produtores e consumidores; nos legitima a desejar e a obter.

Quando falamos de trabalho entendemos toda atividade remunerada, seja ela manual, física, intelectual, autônoma ou dependente. Uma atividade que, quanto mais onívora e veloz, mais é apreciada. Sobretudo se exercida pelo homem, ela exige a precedência absoluta sobre qualquer outra atividade: o amor, a família, a distração, o lazer, as práticas religiosas, a formação e a saúde. Um bom trabalhador – seja ele bombeiro, gerente, empresário, puxa-saco ou ministro – irá se vangloriar de não ter um minuto de trégua ou um só dia de férias, de ficar no escritório até altas horas, de ter que levar trabalho para casa, de ser localizável e disponível 24 horas, durante todos os santos dias do ano.

Antes do advento industrial não era assim: por definição, a aristocracia e o clero não trabalhavam; os camponeses trabalhavam segundo os ritmos sazonais, com exceção de todos os dias chuvosos; os artistas e os artesãos, salvo exceções raras e ilustres, tinham poucas encomendas e prazos bem longos para satisfazê-las. Somente na guerra havia um compreensível incentivo a acelerar as marchas, os avanços e as retiradas.

Antes ainda, nos longos séculos da pré-história, os ritmos de trabalho e de vida deviam ser ainda mais lentos, caso se interprete os testemunhos do passado. Observando alguns povos primitivos que ainda vivem nos nossos dias, Sahlins[7] e Malinowski[8] demonstram que os caçadores e os coletores dedicam a essas suas atividades vitais de duas a quatro horas diárias, porque as suas necessidades são extremamente limitadas, porque não são movidos por interesses pessoais nem pela economia de troca, porque todos os tipos de produção são realizados em grupo e também porque o trabalho assume, com freqüência, a modalidade de um jogo, de uma disputa amiga ou de distração, e, assim, não se é induzido a desempenhá-lo com pressa, mas a saboreá-lo lentamente. Já vimos que, ainda durante a Grécia de Aristóteles, toda atividade de troca com fins de lucro era repreendida. E muitos de nós já vivemos a divertida e extenuante experiência de negociação de preço numa feira africana, onde o vendedor tem a expectativa de uma longa discussão, não tanto para obter um maior ganho, mas muito mais para poder jogar pelo maior tempo possível as perenes comédias da astúcia mercantil.

O SIMPÓSIO

Os gregos denominavam "simpósio" a prática de permanecer à mesa após o jantar para conversar entre amigos, bebendo vinho. Em geral, as coisas ocorriam da seguinte forma: finda a refeição, os escravos tiravam a mesa e as mulheres se retiravam. Com os comensais do sexo masculino permaneciam um copeiro, um ou mais músicos encarregados de tocar uma melodia de fundo, adequada a criar uma atmosfera agradável, sem perturbar. Segundo os casos e os participantes, a reunião podia tomar um rumo frívolo, debochado e embriagado ou podia desembocar numa direção mais séria: neste caso os presentes indicavam um "simposeuta" – um *chairman*, diríamos hoje –, que propunha um tema para discussão, coordenava as intervenções, vigiava para que fosse mantida a compostura do encontro, reforçava a dinâmica do grupo, dirigia a reflexão para aspectos ainda não-explorados, sintetizava as conclusões e esclarecia os termos dos eventuais desacordos.

Segundo o costume correto, o ritmo das intervenções era ditado pela passagem, de mão em mão – de boca em boca –, de um cálice que o copeiro providenciava para manter sempre repleto de bom vinho. Quem, segundo o turno, tinha o direito de falar expunha o próprio ponto de vista e bebericava do cálice, segurando-o com as duas mãos e mantendo-o bem à vista. Quando tivesse terminado a sua fala, passava o cálice e a palavra ao comensal sentado ao seu lado. E assim por diante, várias rodadas, até altas horas.

Não nos ocuparíamos dessa prática aqui caso se tivesse tratado de um simples costume gastronômico e de entretenimento. O fato é que ela ofereceu o cenário para o mais famoso diálogo de Platão, O *Banquete*,* o próprio Platão lhe dedica uma longa reflexão, de até dezenas de páginas, no seu livro fundamental sobre *As Leis*. E por quê?

Platão insere a sua reflexão sobre o banquete-simpósio, numa discussão mais ampla sobre a educação e o indica como uma das alternativas mais originais de formação permanente, isto é, de técnica pedagógica destinada aos adultos, desde que desenvolvida corretamente, sem degenerar para uma esbórnia coletiva. Para que o método funcionasse da melhor forma possível, eram necessários muitos fatores: um grupo de interlocutores unidos pelo laço da amizade e separados pela dialética; uma justa dimensão desse grupo; uma boa combinação dos convidados sob os aspectos de faixa etária, personalidade e competência; música de boa qualidade a um baixo volume; enlevação sem embriaguez; o leve torpor provocado pela comida; aquele entusiasmo crescente devido ao vinho; o avançar das horas no coração da noite; a autoridade e o carisma do "simposeuta" que tem a tarefa de presidir "a benévola reunião de amigos com outros amigos", como "guia privado de conturbações... guardião da amizade que se estabelece entre os participantes", vigilante a fim de que, no curso da reunião, esta não passasse por uma fase cansativa, mas que, pelo contrário, se reforçasse sempre, num contínuo crescimento.

Todos esses fatores conspiravam a favor de um suave estado de graça, de uma produção de idéias fecundada pelo ricochete criativo entre os vários interlocutores, de modo que a idéia de um estimulava idéias no outro.

---

* O título em italiano mais consagrado desta obra é O *Simpósio*, também usado neste contexto pelo autor. (N. do T.)

Platão assegurava que essas conversas entre bebedores, quando se desenvolviam com correção, contribuíam eficazmente para a educação dos atenienses, facilitando a reflexão coletiva sobre temas cruciais (o amor, a amizade, a paz, a guerra, o Estado, a democracia e a felicidade), a intuição de novas idéias, a criação de uma linguagem comum e de uma abordagem comum na busca da verdade. O banquete-simpósio oferecia uma ocasião preciosa para revelar os traços de personalidade mais recônditos de cada um dos participantes, para instigar a acuidade especulativa, para desnudar a astúcia da razão, para saborear os recursos e as carências dialéticas e para avaliar a capacidade de contribuir para a criatividade coletiva.

Em outros termos, o simpósio constitui uma das técnicas mais refinadas para criar e estimular os grupos criativos, um método de ócio criativo inventado pelo povo mais ocioso e mais criativo de todos os tempos, um método que pode ser unido àqueles outros, muito diferentes, mas também originais e intensos, colocados em prática muitos séculos mais tarde, seja pelos inventores do *brain storming*, *think tank* e *cinéticas* variadas, seja por alguns grupos geniais como os da equipe de farmacologia de Pasteur em Paris, a escola de arte fundada por Mackintosh em Glasgow, o Círculo Matemático de Guccia, em Palermo, caso nos atenhamos às pequenas dimensões. Ou então passa-se a grandes ou imensas dimensões, como a massa de arquitetos, urbanistas, botânicos e artesãos coordenados por Lúcio Costa e Oscar Niemeyer em Brasília, a esquadra de técnicos que cooperam para as corridas de Fórmula 1 no mundo inteiro, os milhares de cientistas que trabalham no CERN em Genebra, ou ainda a massa variada de artistas, artesãos, desenhistas, músicos, cantores e dançarinos que tornam sublime o carnaval do Rio.

Platão diz ter participado de muitos simpósios, de muitos banquetes em muitos lugares, quase nunca perfeitamente organizados, mas permaneceu convencido da sua eficácia e encoraja o seu uso freqüente, desde que correto. Chega até a considerá-lo um costume típico da cultura ateniense, que deu uma séria contribuição à primazia intelectual desta última cidade sobre Esparta ou sobre Creta.

O que Platão sublinha é o papel da enlevação, cuja natureza é afim àquela da música, confluindo ambas à discussão sobre a educação como um todo. Dado que "os bons são capazes de dominar a si mesmos, os maus não" (I, 644 b), e dado que "a razão é bela, temperada e privada de violência" (I, 645 a), o simpósio-banquete oferece a ocasião para exercitar-se numa razoável sobriedade racional e reforçá-la exatamente quando o vinho torna mais intensos os prazeres e as dores, a ira e o amor, as sensações e a memória, as opiniões e os pensamentos.

"Pelo que parece, não só o velho torna-se criança uma segunda vez, mas também o embriagado" (I, 646 a). O banquete, quando se desenvolve corretamente, pode restituir a fantasia livre do jovem, deixando-nos a sábia concretude do adulto, pode nos ajudar a superar o pudor sem nos fazer cair na impudência, pode fazer com que nos exercitemos em vencer o poder perturbador do vinho retorquindo-o com a força superior da razão, pode nos deixar logo alegres, dando-nos uma sensação de esperança e de segurança, e pode nos colocar à vontade, livres para falar, desvinculados de obstáculos ou de tabus.

O uso cuidadoso do vinho durante o banquete-simpósio garante um meio simples, seguro e rápido para conhecer a índole e os humores de cada um dos comensais, as suas capacidades de se autocontrolar ou de se liberar, as suas virtudes e os seus vícios, a sua propensão ao prazer e ao amor, assim como a sua repulsão ao ódio e à dor.

A atmosfera criada pelos sons é como um fluido no qual as idéias podem, prazerosamente, flutuar. Enquanto isso, a sutil competição de inteligência que se deflagra entre os comensais garante a justa dose de disputa necessária a estimular posteriormente a criatividade. A situação que se vem a criar é alegre, estética e propícia: "Pensamos experimentar o prazer quando nos encontramos numa feliz circunstância, ou de nos encontrar numa feliz circunstância quando experimentamos o prazer" (II, 657 c).

O simpósio será tão mais prazeroso, criativo e belo quanto mais educado, refinado e bem-formado for o ânimo daqueles que dele participam. O banquete é uma arte elitista porque nele é considerado belo não aquilo que agrada à maioria, mas aquilo que agrada aos melhores. Somente a competência intelectual e a excelência moral autorizam a produzir o belo e a definir o feio.

Celebra-se, assim, o matrimônio entre a alegria, a beleza, o aprendizado e a verdade; entre a imaginação e a capacidade de realização, entre a fantasia e a concretude, entre a estética e a prática: "O aprendizado acompanha-se de uma certa alegria, isto é, o prazer, mas o seu valor, a sua utilidade e aquilo que nele é belo e bom derivam plenamente da verdade" (II, 667 c).

Dediquei-me tão longamente à análise que Platão faz do banquete-simpósio porque se trata, talvez, da primeira reflexão sistemática sobre os processos criativos de grupo e sobre as técnicas para torná-los fecundos. Uma reflexão ainda mais convincente se confrontada ao diálogo sobre o amor – a alma de O *Banquete* –, no qual a teoria elaborada em *As Leis* encontra uma brilhante exemplificação prática.

Aquilo que Platão defende e valoriza é a fase de enlevação graças à qual o estado inconsciente da mente expande-se para o estado consciente, determinando aquela síntese mágica que, mais de 2.000 anos depois, Silvano Arieti teria identificado como a essência da criatividade.[9] Uma síntese mágica, mas suave, potente mas serena, que nada tem a ver com o recurso desenfreado a drogas por parte de artistas que perseguem presumíveis ou esvaecidas inspirações.

Quando o grupo – graças à música, à enlevação, aos meios-tons, à recíproca estima e simpatia, assim como à vigilante dialética – cai num estado de graça que se assemelha àquela suave condição entre o despertar e o adormecer, quando os pensamentos de cada um, tornados incandescentes, confluem para uma inteligência coletiva, quando os freios da razão ainda não foram suprimidos e a tentação do abandono já seduz – "*le dérèglement de tous sens*" (o desregramento de todos os sentidos), diria Rimbaud –, só então a criatividade torna-se lúcida, plena e generosa, oferecendo os seus frutos a toda a comunidade.

Graças a Platão, ao seu banquete e aos seus convivas, o nosso caminho em direção à essência da criatividade sofreu uma providencial aceleração. Mas ele é apenas uma das infinitas formas na qual se articula a dinâmica do pensamento grego. Uma rápida reflexão sobre uma outra dessas formas – a *metis* – pode nos fornecer uma posterior e preciosa pedrinha desse nosso mosaico, antes de esboçarmos uma teoria geral da criatividade.

A *METIS*

Sabemos, com certeza, que a Grécia fez com que déssemos um salto de época no nosso desenvolvimento humanista. Antes da *Ilíada* ou da *Odisséia*, nenhum povo jamais havia escrito poemas daquela grandeza. Antes de Sólon, ninguém havia promulgado leis constitucionais de tamanha robustez. Antes de Píndaro, de Fídias e de Ésquilo, ninguém havia escrito versos, esculpido estátuas e erguido templos tão gloriosos.

Surpreende a rapidez com que avança a descoberta dos gregos no campo humanista, assim como surpreende o perdurar da intencional imperícia deles no setor técnico-científico. Porém, surpreende mais ainda que as metas alcançadas pelos gregos, os níveis aos quais eles conduziram a especulação filosófica, a experimentação política, a elaboração dramatúrgica e a exploração artística não tenham sido, em muitos sentidos, superados 2.500 anos depois, apesar do vertiginoso crescimento numérico da população mundial, dos alfabetizados e dos intelectuais que se dedicam à filosofia, à política e à arte.

Para quem, como eu, estuda sistematicamente a sociologia da criatividade, trata-se de um problema talvez insolúvel, mas certamente fascinante, que merece todos os esforços heurísticos e a verificação precisa de toda e qualquer hipótese explicativa, antes de atribuirmos a concentração de tantos gênios e de tantas obras-primas ao simples capricho do acaso ou da providência.

Já indiquei algumas variáveis de ordem histórica, geográfica e climática que poderiam ter contribuído para a explosão da criatividade grega. Caso se busquem outras, é necessário exigir que sejam fatores coerentes no tempo, ativos em vários níveis, difundidos em diversos estratos sociais, mas também convergentes para um único modelo de vida, um comportamento espiritual, uma forma de pensamento, um modo de conhecer e de trabalhar estimulado pela criatividade e um empenho categórico de transformar a existência humana numa obra de arte.

Um desses possíveis fatores criativos pode ser identificado na atitude em relação ao trabalho e em relação ao ócio; um outro na particular concepção do bem-estar e da riqueza; e um outro ainda nos métodos educacionais. Mas particularmente rica de indícios me parece a pista que pode ser identificada na *metis*, isto é, naquela forma de pensamento recorrente junto aos gregos que compreende as várias "astúcias da inteligência", descritas de forma sedutora por Marcel Detienne e Jean-Pierre Vernant.[10]

Ao caráter grego vem habitualmente associado o dom ambíguo da astúcia, que encontra em Ulisses o seu expoente máximo. Até mesmo na galeria multicolorida de personagens de Salgari aparece garbosamente o grego astuto, capaz de chegar pelo atalho da esperteza lá onde outros recursos não lhe teriam permitido alcançar. É provável que a própria natureza da astúcia da razão, o seu caráter fugidio e ubíquo, tenha desencorajado a razão de se interessar pela astúcia. Talvez por isso os profissionais gregos do pensamento, isto é, os filósofos, não nos tenham legado nenhum tratado sobre o assunto, limitando-se a abordá-lo de viés.

Segundo Platão e Aristóteles, o homem dotado de *metis* apresenta duas qualidades. A primeira consiste na agudez, na vivacidade e na fineza de espírito, graças ao que a mobilidade da inteligência se une à rapidez da ação. Para Platão, os campos nos quais tudo isso se desenvolve ao máximo são a pesquisa intelectual e o processo de decisão. Para Aristóteles, esses campos são estendidos a toda e qualquer atividade que necessite de refinamento do espírito. A outra qualidade ligada à *metis* consiste na precisão do golpe de vista, na mira exata, e em saber canalizar todos os recursos para o objetivo prefixado ("fixando um só fim, lançando como dardos, em direção a este fim, todas as coisas", afirma Platão em *As Leis*).

Mais do que isso, explicitamente, nada se diz. É necessário, portanto, buscar os rastros da *metis* na profundeza da cultura helênica, entre as pregas da história e da arte grega, nos labirintos da mitologia, sob a superfície dos raciocínios explícitos. Tomemos como exemplo duas passagens de *As Leis* de Platão. A primeira diz: "Segundo o nosso modo de ver, a moleza torna a índole dos jovens inquieta, irascível e excessivamente mutável e vulnerável às pequenas coisas, enquanto, ao contrário, uma submissão demasiado forçada os faz mesquinhos, escravos e misantropos, os torna pessoas completamente nocivas" (VII, 791 d). A segunda passagem afirma: "Uma vida vivida com retidão não deve buscar os prazeres e nem mesmo, por outra parte, evitar completamente os sofrimentos, mas deve, em lugar disso, privilegiar a via do meio que ora definimos como serenidade, disposição que todos, sem errar, segundo a voz profética da adivinhação, atribuímos à divindade" (VII, 792 c-d).

Essas citações de Platão – e infinitas outras poderíamos retirar de toda a ilimitada literatura grega – oferecem dois exemplos de disposição ao pensamento complexo, que coloca o indivíduo diante da necessidade de encontrar de quando em quando uma via do meio, de manobrar sabiamente entre instâncias opostas, assim como de fazer um apelo vigilante à flexibilidade e às astúcias da inteligência. Eis, exatamente, em que consiste a *metis*.

Como já vimos, os gregos combinaram entre si duas formas de pensamento herdadas uma do Egito e outra da Mesopotâmia: linear, imediata, inflexível e retilínea – a *thesis* –, e sinuosa, ambígua, envolvente, curvilínea e reticular – a *metis*. É legítimo aventar a hipótese de que exatamente a síntese entre essas duas formas de pensamento, a combinação da perspicácia com a destreza, da intuição fulminante com a paciente reflexão, da imaginação desenfreada com a concretude domesticada pelas regras, sejam – junto a outros fatores que estamos explorando – a base da insuperável criatividade humanista da Grécia clássica, na qual gostaríamos de penetrar e descobrir as causas secretas e, na medida do possível, reproduzir, também durante os nossos dias, as fecundas condições.

Esse complexo entrelaçamento de modelos culturais, atitudes mentais, tendências operacionais e filosofias existenciais, que pode ser reconduzido ao conceito de *metis*, não se refere somente à fantasia, à pura imaginação, ao simples vagar do pensamento, mas à inteligência empenhada nas soluções práticas de problemas concretos, por si sós exorbitantes em relação aos recursos racionais de que dispomos e que, todavia, temos a intenção de resolver recorrendo a outros instrumentos, de natureza metarracional, que pertencem à astúcia, à acuidade, à intuição, ao estratagema, à atenção, à destreza, à desenvoltura, à agilidade, à precisão do golpe de vista, à rapidez mental e à habilidade de desembaraçar-se de estorvos ou impedimentos.

A *metis* é uma qualidade intelectual que abundou entre os gregos, disposta entre a genialidade e a fraude, entre o raciocínio afiado e o charlatanismo, entre a capacidade adquirida ao longo dos anos de experiência e a habilidade exibida num relâmpago, entre "o inquietador prestígio de uma inteligência por demais versátil"[11] e um saber aproximativo. Uma qualidade que, de toda forma, "aplica-se a realidades fugazes, móveis, desconcertantes e ambíguas, que não se prestam à medida precisa, nem ao cálculo exato, nem ao raciocínio rigoroso".[12] Quem possui *metis* dispõe de uma capacidade mental tão elástica, maleável, flexível, que é capaz de abri-la e encurvá-la em todas as direções.

Por que essa forma de inteligência é assim tão importante para quem estuda a criatividade? Porque representa uma ponte lançada da concretude para a imaginação; a necessidade de resolver um problema prático mediante a adoção, sem preconceitos, de meios engenhosos, inéditos e surpreendentes, desde que capazes de assegurar uma solução. A *metis* é um dos dois ingredientes que, junto à *thesis*, permite a mistura à qual pertence o ato criativo. Mas, ao mesmo tempo, é ela mesma uma síntese, uma combinação, uma mistura: logo, constitutivamente predisposta a compor sínteses posteriores, cada vez mais complexas.

Enquanto no pensamento chinês e também no indiano o ser e o devir, o sensível e o inteligível interpenetram-se, para o pensamento grego há uma clara separação entre esses mundos que não se tocam, mas se confrontam, dando vida a um irredutível confronto: "De um lado, o domínio do ser, do uno, do imutável, do saber seguro e estabelecido; do outro lado, o reino do devir, do múltiplo, do instável, do ilimitado, da opinião oblíqua e ondulante." Só a *metis* é capaz de permitir, facilitar e restituir o contato entre esses dois planos, de modo que possam ser sublimados numa síntese criativa "caracterizada exatamente por um contínuo movimento de balança, por um incessante ir-e-vir entre pólos opostos... O indivíduo dotado de *metis*, homem ou deus, quando se arrisca numa realidade múltipla, mutável, quase inapreensível devido ao seu poder polimórfico, não pode dominá-la, isto é, reduzi-la aos limites de uma forma única e fixa, sob a qual controlá-la, a não ser que se mostre, ele mesmo, ainda mais múltiplo, móvel e polivalente que o adversário".[13]

O conceito de *metis* honra o requisito da poliedricidade: compartilha muitos planos da realidade, perdura no tempo, cortando transversalmente toda a cultura clássica. Ao seu domínio pertencem Atena e Hefesto, Hermes e Afrodite, Zeus e Prometeu; e pertence, no mais alto grau, também Ulisses ("Ambos", lhe diz Atena no décimo terceiro canto da *Odisséia*, "conhecemos bem as astúcias: dentre todos os mortais tu és o melhor em conselhos e discursos; eu, dentre todos os deuses, sou famosa pela *metis* e pela sagacidade"); e pertence a perspicácia prudente de Antíloco, que, para zombar de Menelau, simula a loucura (e pertencerá, muito mais tarde, também a loucura fingida de Hamlet, que provoca a loucura real de Ofélia); pertencem o caçador e a caça; o sofista e o político; pertence o fogo, doméstico e assustador ao mesmo tempo, que esquenta e que destrói, que foge ao controle e que pode ser submetido até cinzelar diademas; pertencem o pescador, o caçador, o médico, o estrategista, o sofista, o tecelão, o navegador, o carpinteiro, o cocheiro e o cesteiro; pertencem a raposa com as suas subversões e o polvo com a sua polimorfia, mas também os anzóis, as redes, os laços, os alçapões, o labirinto, o ardil, o jogo de enigmas e tudo aquilo que é tramado e maquinado, o ver sem ser visto, assim como o vigilante olho vivo que nunca pisca.

A *metis* revela e facilita a composição do contraste entre tudo aquilo que é curvo, oblíquo, ambíguo, flexível, maleável, dobrável, tortuoso e pluridirecional, com tudo o que é pontual, direto, unívoco e unidirecional. Tudo o que surpreende e flagra, por outro lado amarra e compõe. Por isso, a *metis* é sempre um desafio ao existente e uma ameaça à ordem constituída, o forçar de uma saída a ser escancarada em direção a novos horizontes.

Através da mitologia e da prática do pensamento que chamamos *metis*, os gregos venceram bem antes de nós o desafio da complexidade, compreendendo antecipadamente que, para penetrar e gerir o mundo em transformação, é necessário transformar-se junto com ele; que a inteligência deve ser também movimento; que o observador deve abandonar toda ilusão de neutralidade e se considerar no interior da realidade observada; que o ator deve reverter os limites em oportunidades: "Que se trate da inteligência astuta cujo modelo originário nos é oferecido pela caça e pela pesca... ou se trate dos estratagemas do guerreiro quando age de surpresa; da artimanha ou da emboscada; da arte do piloto que dirige a embarcação contra ventos e marés; ou da astúcia verbal do sofista que inverte contra o adversário o argumento excessivamente forte, do qual este último havia se servido; ou ainda do engenho do banqueiro ou do comerciante que, como prestidigitadores, conseguem muito dinheiro a partir do nada; ou ainda da prudência cautelosa do político, cujo fruto sabe pressentir, antecipadamente, no curso incerto dos acontecimentos; ou da habilidade manual, segredo do ofício que dá aos artesãos o poder sobre uma matéria mais ou menos rebelde aos seus esforços industriosos: a *metis* preside todas as atividades nas quais o homem deve aprender a manobrar forças hostis, demasiado poderosas para serem controladas diretamente, mas que podem ser utilizadas, a despeito delas, sem nunca enfrentá-las diretamente, a fim de levar a termo, com uma sacada imprevista, o projeto meditado."[14]

Portanto, os deuses dotados de *metis* são ubíquos, têm a rapidez do relâmpago e podem manifestar-se por toda parte, com a velocidade do pensamento. E, dado que os deuses não morrem nunca, a única possibilidade de lhes bloquear a *metis* consiste em amarrá-los e amarrá-los novamente, aniquilando-os com sortilégios no estado de quase-morte que é o sono. Do mesmo modo, hoje e sobre a terra, a criatividade de milhões de trabalhadores é bloqueada por intermédio de vínculos de procedimentos, de regulamentos, de proibições e de isolamento e ainda pelo torpor causado por aquela posição soporífera que é a atividade repetitiva e privada de sentido.

FESTINA LENTE

Na guerra do Peloponeso, Tucídides diz que os gregos "são aventurosos para além do próprio poder e audazes para além do próprio juízo... Eles colocam-se em dificuldades e perigos todos os dias das suas vidas, com pequenas ocasiões para o prazer".

Se era assim que lhe parecia a Grécia clássica, me pergunto que efeito lhe teriam hoje as empresas pós-industriais, com toda a efervescência dos seus gerentes correndo de um lado para outro do planeta, infectados pelo bicho-carpinteiro do mercado, da competitividade e da livre concorrência. Hoje, o planeta inteiro, dos assépticos escritórios de Seattle aos porões do trabalho infantil na Coréia ou em Hong Kong, é um imenso formigueiro atarefado, um infernal canteiro de obras que marcha com ritmos cada vez mais ferozes, como se nenhuma máquina jamais tivesse sido inventada e como se ninguém jamais tivesse refletido sobre o sentido da vida. Em 1935, Bertrand Russell, no seu belo panfleto de elogio ao ócio,[15] escrevia: "Continuamos a desperdiçar tanta energia humana quanto era necessária antes da invenção das máquinas." E sabiamente acrescenta: "Nisso fomos idiotas, mas não há razão alguma para que continuemos a sê-lo."[16]

O enorme desperdício de tempo, dinheiro e saúde a que se reduz esse frenético atolar-se de trabalho tem como resultado final uma grande ineficiência no seu conjunto, em nome de mil pequenas eficiências particulares, uma matança do tempo que deveria ser valorizado, um descuido da vida real para se limitar a ganhar e a gastar dinheiro.

Os gregos sentiam que viviam quando desfrutavam do ócio e quando jogavam, porque só no ócio podiam se empenhar no bom funcionamento da democracia e somente através do jogo podiam criar coisas belas e prazerosas. A guerra e a atividade, assim prenunciava Aristóteles, deveriam ser dirigidas à paz e ao ócio, não ao enriquecimento.

Nós, pelo contrário, para que nos sintamos vivos, nos afobamos na produção de coisas inúteis e de desigualdades crescentes. O excesso de trabalho, do qual na Grécia até os escravos eram poupados e que, na sociedade industrial, os operários combateram como exploração, hoje representa algo de que milhões de funcionários, profissionais liberais, gerentes e empresários se gabam com ostentação, descuidando da vida familiar e social, do amor, da amizade, do lazer e da cultura para atordoar-se de fadiga nos expedientes extraordinários.

A vida social que para Tucídides parecia convulsa e agitada, em relação aos nossos ritmos cotidianos, transcorria sob a insígnia de uma lenta rapidez: *festina lente*. Lentidão do corpo que acelerava a rapidez do pensamento. Nenhum grego jamais viajou a uma velocidade superior àquela do cavalo; nenhum grego, nem mesmo escravo, jamais trabalhou mais de cinco ou seis horas por dia; nunca dois gregos puderam conversar permanecendo a uma distância de mais de 100 metros um do outro. Mas nenhum homem depois de Sócrates ou depois de Platão e Aristóteles jamais produziu reflexões filosóficas tão vastas e surpreendentes; homem nenhum depois de Sófocles ou Fídias produziu obras-primas artísticas tão perfeitas.

Talvez a criatividade artística e filosófica obedeça a regras muito diversas daquelas que presidem a criatividade científica e técnica, ainda que, como veremos, os processos neuronais que regem as duas formas de criatividade pareçam ser idênticos. Talvez para escrever poesias como as de Safo, para pintar telas como as de Velásquez, para construir um sistema filosófico como o de Kant, para conceber dramas como os de Shakespeare, para compor sinfonias como as de Mozart ou um concerto como os de Vivaldi sejam necessários condições objetivas e estados de ânimo pessoais bem diferentes daqueles que podem facilitar a criação de um novo *software* ou de uma nova macromolécula. É bem provável que a relação com o tempo, a sua gestão, a pressa e a calma constituam fatores cruciais do processo criativo: a *urgência* aguça o engenho quando é necessário bolar uma solução prática, já a *tranqüilidade* predispõe o ânimo a compor e a apreciar a beleza. Com certeza os gregos oferecem-nos a experiência simultânea de uma grande criatividade artística e de uma exemplar gestão do tempo. A sua obstinada rejeição tanto em relação à máquina quanto aos ritmos mecânicos dela derivados, assim como a busca por métodos sempre mais refinados para transformar o ócio num modelo de vida excelente, não pode ter permanecido estranha à sua surpreendente produtividade criativa.

A partir da Inglaterra de Bacon, da França de Descartes e da Itália de Galileu, o comportamento mental em relação ao progresso tecnológico mudará radicalmente, e a boa qualidade de vida será cada vez mais identificada com o bem-estar material, com o triunfo da razão sobre os sentimentos, com a posse e a ostentação de bens e com a capacidade de produzir riqueza através do trabalho. O ócio irá se tornar um desvalor, mesmo se a aristocracia prosseguir vivendo nos ombros dos outros; o saber científico e tecnológico será cada vez mais apreciado, em detrimento do saber humanista; o trabalho irá se tornar uma categoria central, devoradora, codificada, legal e moralmente sancionada.

Quando se chegar à *New Economy*, os valores serão completamente invertidos em relação à hierarquia compartilhada por Platão e por Aristóteles: ser desempregado é sinônimo de permanência no mais baixo degrau da pirâmide social; os menos ricos trabalharão pouco, em horários bem definidos e decrescentes; os mais ricos trabalharão dia e noite, dedicando-se exclusivamente à própria atividade profissional, levando em consideração todo o resto (a política, as relações afetivas, a sociedade e o lazer) apenas à medida que isso puder trazer vantagens para a carreira e para os lucros.

Durante os 200 anos da sociedade industrial, uma parte considerável da luta de classes dirá respeito exatamente à reconquista do ócio, por intermédio da redução do horário de trabalho. Porém a vida cotidiana será tão cansativa e estressante que toda a mente e todo o corpo permanecerão mortificados a tal ponto que não conseguirão desfrutar do ócio. Ao contrário daquilo que desejava Aristóteles, o repouso será em função do trabalho, e os ritmos de trabalho estarão tão incutidos no trabalhador, que o acompanharão, no seu inconsciente, durante o sono ou nas férias. Até mesmo quando fizer amor, não será ele a amar, mas a máquina que nele habita, como observou Jean-Paul Sartre.

Por outro lado, todo o sistema educacional, que para Platão e para Aristóteles devia ter como objetivo a formação ética e estética, o refinamento do gosto e a preparação do cidadão para a vida democrática, durante a sociedade industrial, preocupou-se sobretudo em preparar o jovem para o trabalho e a carreira. Família, escola, empresa e mídia competiram em direcionar e adestrar para a profissão, assim como em construir ligações cada vez mais estreitas entre o mundo da instrução e o da produção. A concorrência entre as empresas do mercado foi antecipada por aquela entre os alunos na escola. Tudo conspirou para fazer do adulto um produtor eficiente e um consumidor insaciável.

Por mais crítico que se queira ser em relação ao sistema industrial, não se pode negar que ele se revelou capaz de proporcionar progressos científico-tecnológicos não menos surpreendentes que os progressos humanistas que o mundo helênico foi capaz de produzir. Tudo indica que se possa deduzir que a lentidão facilite não só a reflexão filosófica e a produção artística, mas também uma maior sabedoria, aquele maior equilíbrio interior que permite melhor apreciar a beleza e a verdade, atingindo níveis mais elevados e mais estáveis de bem-estar interior. Já a velocidade parece convir à pesquisa científica, facilitando as suas invenções e as suas aplicações tecnológicas, mas reduzindo a atitude que as traduziria numa melhor qualidade de vida.

Permanece contudo difícil demonstrar que nos processos criativos existam regras e menos ainda regras constantes: como já recordei, o grupo de jovens físicos reunidos em torno de Enrico Fermi foi muito fecundo em termos de descobertas científicas, embora seguissem um ritmo de trabalho muito equilibrado e aliviado por felizes e freqüentes férias; os biólogos da Estação Zoológica, fundada em Nápoles por Anton Dohrn, apreciavam interromper freqüentemente as suas pesquisas para se reunir numa bela sala projetada por Hildebrand e com afrescos de Von Marées, onde ouviam concertos de música de câmara; Crick e Watson não abriam mão do chá cotidiano, do tênis e da ida ao cinema, nem mesmo durante as fases mais empolgantes da sua bem-sucedida pesquisa sobre a estrutura do DNA.

O ÓCIO GLOBAL

Há um aspecto da historiografia romana que sempre me surpreendeu: a escassez de estudos sobre o papel desempenhado pelas termas na vida pública e na vida privada, tanto em Roma como entre os povos submetidos ao seu jugo.

Por pelo menos cinco séculos, a partir do século II a.C., a maior parte dos cidadãos romanos, em Roma e em todo o mundo então romanizado, saía de casa e ia às termas, onde desenvolvia a maioria das suas atividades, intercalando o cuidado com o corpo com a diversão, o estudo e os negócios, até o pôr-do-sol. Por pelo menos cinco séculos os romanos dedicaram aos edifícios termais a mesma atenção, investimentos financeiros de igual monta e uma pesquisa técnica e formal idêntica à que os gregos haviam dedicado à construção dos templos. Por pelo menos cinco séculos os romanos identificaram as termas com seu próprio modelo de vida e de civilização, difundindo-o pelo mundo inteiro como a forma máxima e a garantia da romanização.

Apesar disso, os estudos a respeito permanecem sendo surpreendentemente escassos, ainda que os vestígios sejam, felizmente, numerosos e tão bem conservados que permitem não só a admiração estética e técnica, mas também a reconstrução bastante exata do papel indiscutível que as termas desenvolveram na evolução dos processos criativos.

As termas não são uma invenção romana, mas grega: em Olímpia, elas já existiam no século V a.C.; as de Pompéia remontam ao quarto século, e as de Baia são um pouco posteriores. Exatamente nestas últimas, talvez inspirando-se nas fumarolas das minas de enxofre de Pozzuoli, o empresário Sergio Orata inventou o aquecimento dos ambientes, graças ao ar quente emitido pelas fendas das paredes ou dos pavimentos.

Mas no mundo grego, onde as relações sociais se davam sobretudo na ágora, as termas não chegaram jamais a ocupar, como em Roma, um lugar de primeiro plano na organização da atividade cotidiana, das relações econômicas, do costume e da vida política e cultural. Somente com Roma o ócio tornou-se uma categoria global, a sabedoria uniu-se numa ligação tenaz com o poder e o indivíduo passou a ter de exercitar toda a sua inteligência para defender a serenidade diante da pressão de uma organização social na qual prevalecia a preocupação com a expansão do império e com a defesa de suas fronteiras. Basta vislumbrar os títulos das reflexões mais interessantes para se compreender quais eram as aspirações da sabedoria romana: *De Finibus Bonorum et Malorum* (Sobre os fins das boas e más ações), *De Senectute* (Da velhice), *De Amicitia* (Da amizade) são algumas das obras com que Cícero romanizou a cultura grega de forma eclética, conferindo-lhe rigor e estilo. *De Brevitate Vitae* (Da brevidade da vida), *De Vita Beata* (Da vida feliz), *De Clementia* (Da clemência) e *De Constantia Sapientis* (Sobre a constância do sábio) são alguns dos diálogos com que Sêneca ensinou a gerações inteiras a arte de gerir com a razão e adoçar com os sentimentos as adversidades da vida.

OS TEMPLOS DO ÓCIO

Graças às termas romanas, os homens passaram a dispor na Terra de estruturas que podiam competir, quanto à beleza e à imponência, com aquelas que os gregos reservavam aos deuses do Olimpo.

Até quando a república impôs uma vida austera e o objetivo exclusivo dos *balnea* era a higiene do corpo, elas permaneceram um lugar privado e simples das casas abastadas. Sêneca, por exemplo, nos descreve a *lavatrina* pequena e escura, onde Cipião o Africano tomava o banho completo, a cada nove dias. Igualmente simples eram os banheiros públicos, destinados a quem não podia dar-se o luxo de ter um em casa. E assim permaneceram até o século II a.C., quando começaram a se difundir rapidamente e, se comparadas ao mundo grego, começaram a ter melhorias tais como piscinas, salas de ginástica e de jogos, assim como lugares para passear.

Nos tempos de Pompeu, o banho, prática higiênica, passou a integrar uma nova concepção de cuidado com o corpo, da medicina preventiva à terapia psicossomática. Graças sobretudo a Asclepíades de Prusa, um médico que chegou a Roma proveniente da Ásia Menor, o conceito de saúde deixa de se restringir a doenças, passando a significar um estado de graça, de sentir-se bem de corpo e alma, gozando o pleno sentido da vida.

Com a passagem da república a império, foi Agripa quem promoveu um salto de qualidade nos banheiros públicos: uns 20 anos antes de Cristo, construiu no Campo de Marte um de grandes proporções, tecnicamente eficiente, esteticamente cuidado e – o que era mais importante – aberto ao público, gratuitamente, a fim de obter consenso político. Foi construída uma sauna, garantido o abastecimento de água por meio de um aqueduto construído especialmente para tal fim, e o local também foi dotado de um parque e um laguinho artificial. Chamar de *balnea* tudo isso era, sem dúvida, uma denominação restritiva. Por isso Agripa introduziu o novo nome de *termas*, que daquele momento em diante, até os nossos dias, designaria esse gênero de edificação polivalente.

Uns 70 anos mais tarde, na metade do século I d.C., Sêneca nos diz que a opinião pública consideraria de pouco valor um edifício termal "se nas paredes não resplandecessem grandes espelhos circulares, se o mármore alexandrino não estivesse combinando com mármore numídico, se estes mármores não adornassem por toda parte em forma de artísticos mosaicos e de desenhos variados, se o teto não fosse de vidro, se o mármore de Taso, que em tempos idos só se podia admirar nos templos (e nem tão freqüentemente assim), não circundasse as piscinas... e se a água não jorrasse de torneiras de prata".

Exatamente naqueles anos, 60 d.C., Nero construiu uma outra grande terma pública no Campo de Marte, um tipo de "cânone" das termas imperiais: um sistema orgânico de espaços e edifícios que representavam a síntese entre os banheiros públicos romanos e o ginásio grego; um sistema que permitia fundir de modo equilibrado o bem-estar do corpo com o mental, as atividades do indivíduo com a gestão do Estado, o trabalho com o estudo e o lazer. Em síntese, o ócio criativo.

No anos 80 foram inauguradas as termas de Tito; em 109, as de Trajano, e em 217, as de Caracalla; mais tarde, em 306, as de Diocleciano. Mas trata-se só das mais importantes e mais vistosas. Na realidade, no século I a.C. existiam em Roma 170 termas, e no quarto século já haviam chegado à casa do milhar, e isto sem contar as 11 grandes termas imperiais. Mas encontravam-se termas de todas as dimensões, por todos os cantos do império, destinadas a difundir por toda parte a estética romana e o modelo de vida fundado no ócio criativo.

Junto com o número, cresciam também a superfície e a capacidade delas. Eis os dados desse aumento contínuo: as termas abrigadas de Pompéia ocupavam 3.500 metros quadrados; as de Nero, 30.000; as termas de Trajano chegavam a 110.000 metros quadrados, e as de Caracalla, 140.000; já as de Diocleciano ocupavam uma superfície de 150.000 metros quadrados. As termas de Caracalla eram freqüentadas por 8.000 a 9.000 pessoas por dia, e as instalações permitiam servir até 1.600 pessoas ao mesmo tempo; as de Diocleciano podiam servir até 3.000 pessoas.

Para organizar tudo isso, era necessário não só um labirinto formado por aquedutos e tubulações (somente as termas de Agripa requeriam 100.000 metros cúbicos de água diariamente), mas também um abastecimento constante de lenha, de pedras-pomes, de comidas e de bebidas, assim como um exército de vigias, de funcionários ligados aos fornos e ao aquecimento, à manutenção, bombeiros hidráulicos, guardiães, treinadores, professores de ginástica e das várias modalidades de jogos, massagistas, barbeiros, depiladores, especialistas nas unções, médicos, enfermeiros, escribas, secretários, cozinheiros, salva-vidas e almoxarifes. A organização da criatividade é uma ciência, uma arte e uma profissão.

DA SAÚDE DO CORPO AO BEM-ESTAR DA VIDA

Como se vê, não se tratava de instituições marginais na organização urbana de Roma, mas de um instrumento complexo, grandioso e único em seu gênero, que monopolizava e aglomerava toda a vida social, econômica e política do maior império da antiguidade. Não se tratava de uma maneira de se distrair e se curar, mas de um sistema eficaz de vida e de trabalho. Nas termas não havia somente banheiros e piscinas, ginástica e farmácia, pontos de encontro, alamedas para passeios e terraços para se bronzear, ambientes destinados aos jogos, às unções, aos tratamentos com areias e lamas, mas também havia escritórios, bibliotecas, auditórios, salas para exposições e para convênios, que transformavam a cidade pré-industrial numa moderna "megalópole transnacional", para usarmos a terminologia cara a Gottman.[17]

Foi necessária, por parte dos romanos, uma grande dose de criatividade para inventar as termas, para projetá-las em tão grande número e sob formas tão diversas, para decorá-las de maneira artística e original, para adotar técnicas tão inovadoras e chegar a soluções tão adequadas para dissipar antagonismos entre interior e exterior ou entre estético e prático. Será necessário aguardar a arquitetura pós-moderna, antes de reencontrar algo assim tão polimorfo. E foi necessária, por parte das termas, uma grande dose de energia criativa para construir o lugar único no qual o mundo romano não só retemperava o corpo, distendia os nervos e revigorava o espírito, mas também onde alimentava a sua inexaurível capacidade inventiva, dos pontos de vista estético, econômico, social e político. Tudo isso por abundantes e consecutivos cinco séculos.

Para essa *performance* contribuiu, de forma não-secundária, o papel das termas na educação das massas ao bom gosto: construídas obedecendo a formas muito elegantes; ornadas por pinturas, mosaicos, mármores; enriquecidas por obras de arte em profusão – pense-se no *Touro* e no *Hércules*, hoje conhecidos como *Farnese*, pois posteriormente passaram às posses da renomada família nobre – que embelezavam as termas de Caracalla, ou ainda no *Laocoonte*, que decorava as de Trajano, elas permitiam a todo o povo, sem distinção de sexo ou de classe, a fruição refinada dessas jóias estéticas.

Obviamente um fenômeno de dimensões tão vastas como a presença diária de várias centenas de milhares de pessoas nas termas implicava também inconvenientes de vários tipos: a promiscuidade; o fervilhar de uma massa multicolorida que compreendia desde o imperador até o cortesão, do sacerdote ao magistrado, do vendedor ao escravo, do intelectual ao comerciante e do charlatão à prostituta; a tendência de alguns freqüentadores a exagerar na transpiração, nos exercícios físicos, nos banhos e nas duchas escocesas, caindo em estados de debilitação psicofísica ou de doenças cardiovasculares; e ainda a preguiça, a moleza e a perda de tempo daqueles que não tinham nada para fazer ou dos *bon vivants* que ficavam lá, vagabundeando e se regalando sob os pórticos.

Tudo isso irritava os moralistas, que requereram e acabaram obtendo restrições cada vez mais drásticas, até desvirtuarem a própria função das termas. No Concílio de Laodicéia de 320 d.C., a Igreja acolheu essas instâncias, que ela mesma havia alimentado, e proibiu a todas as mulheres o acesso às termas. Apesar disso, o costume termal demorou a morrer e veio a sofrer o golpe de misericórdia somente em 537, quando os godos de Vítige, que assediavam Roma, interromperam todos os aquedutos, privando as termas da sua matéria-prima.

Mas a sua verdadeira morte foi de natureza cultural: o moralismo cristão primeiro e o eficientismo industrial depois impunham que se fizesse uma separação nítida entre o trabalho e a vida, entre o jogo e o estudo e entre o belo e o prático. O ócio, mesmo na sua forma criativa, refinada e fecunda adotada pelos gregos e pelos romanos, tornou-se o principal inimigo da Igreja, dos educadores, dos empresários e do governo. E perdeu-se de vista as termas não só nos costumes mas até mesmo na memória dos que vieram depois, recalcadas junto a tantas outras virtudes que elas haviam favorecido: a sabedoria, o equilíbrio, a solidariedade e a cidadania. Até mesmo insuspeitáveis autores "leigos", como Margueritte Yourcenar[18] ou Gore Vidal,[19] que nos legaram retratos inesquecíveis de Adriano ou de Juliano, acabaram negligenciando o papel central da experiência termal na formação e na vida dos seus heróis.

Nos séculos que se seguiram, às termas sucederam-se cada vez mais catedrais medievais, ateliês renascentistas e estabelecimentos industriais. Ao sereno equilíbrio do ócio criativo acabará sucedendo o estresse atormentador do eficientismo.

CAPÍTULO SETE

O HOMEM DESCOBRE O PURGATÓRIO E REINVENTA A SI MESMO

"Se considerardes todas as coisas, achareis
que sempre aquelas que são boas e úteis
possuem ainda a graça da beleza."
BALDASSARRE CASTIGLIONE

"Toda nossa cognição
principia de sentimentos."
LEONARDO DA VINCI

"Por que o homem não se contenta?
Qual doçura pensais que sente
quem tem sede todavia?
Quem quiser ser feliz, que o seja:
do amanhã não há certeza."
LOURENÇO DE MÉDICI

AS OBRAS-PRIMAS ANÔNIMAS

Provavelmente o bloco de pedra mais colossal que os gregos transportaram tenha sido a arquitrave do tesouro de Atreu, com 126 toneladas de peso. Mas, já antes, os egípcios haviam conseguido levantar o colosso de Ramsés II, que pesava nada menos que 1.000 toneladas. Para construir a pirâmide de Quéops foram necessários pelo menos 2.300.000 blocos de calcário, o maior dos quais pesava 15 toneladas. Para transportá-los hoje seriam necessários 7.000 trens, com capacidade para 1.000 toneladas cada um. Depois de extraí-los das cavernas da região e cortá-los em quadrados, antes de colocá-los na obra e alçá-los a uma altura que às vezes podia chegar até 147 metros, foi preciso transportá-los a Gizé, aplainando estradas e construindo meios de transporte especialmente para este fim, o que requereu dez anos de trabalho.

Como os gregos e os egípcios foram capazes de realizar tudo isso? Quem teve a idéia do projeto como um todo? E quem intuiu e elaborou cada idéia de modo a resolver os mil problemas executivos? Como foram organizados e distribuídos os homens, os recursos, os animais e as máquinas? Com quais expedientes os construtores foram bem-sucedidos nos seus intentos, conseguindo reduzir os esforços ao mínimo? Onde encontraram a inspiração para imaginar uma obra tão complexa, a visão ampla e previdente, assim como a paciência de programá-la, o espírito prático para organizá-la e a tenacidade de conduzi-la a termo?

Sabemos que Quéops chegou ao ponto de prostituir a própria filha para conseguir reunir a soma necessária à sua empreitada sobre-humana. Mas ignoramos as sugestões com as quais os faraós conseguiram convencer os seus ministros, as suas cortes e o seu povo a enfrentar uma aventura assim tão ambiciosa, custosa, longa e arriscada.

Porém, igualmente surpreendentes são os santuários de Ajanta ou o observatório de Jaipur, na Índia, a abadia de Saint-Denis e a catedral de Beauvais na França, as fortificações de Ávila na Espanha, o santuário de Bamiyan no Afeganistão, as cidades de Chanchan e de Machu Pichu no Peru, o túmulo de Cincinatti nos Estados Unidos, o santuário xintoísta de Itsukushima no Japão, as estátuas megalíticas na ilha de Páscoa no Chile e o monumento, também megalítico, de Stonehenge na Inglaterra. São somente alguns dos infinitos exemplos entre as obras-primas do gênio humano – templos, fortificações, estradas, palácios, cidades, diques, pontes, teatros, termas, etc. – dos quais não conheceremos nunca os verdadeiros idealizadores e os inumeráveis construtores. Acrescentemos a essas obras anônimas, mas colossais, aquelas outras também anônimas, criativas e conjuntas, ainda que mais humildes e corriqueiras: as infinitas variedades de pães e de comidas, de bebidas, de vinhos e de outras bebidas alcoólicas, os inumeráveis modelos de vestidos, utensílios, armas e instrumentos para a casa, para a guerra, o trabalho e o jogo, e temos então um panorama das inimagináveis direções para as quais se moveu a criatividade humana, em todos os ângulos do planeta. Tomemos como exemplo dois casos paralelos de surpreendente engenharia anônima: a rede de estradas do império romano e a Estrada do Sol, Nam Cuma, na América do Sul.

Numa das salas do Hotel de Russie, em Roma, deparei-me com um mapa do império romano com a indicação de todos os teatros e de todas as termas: fica-se atordoado diante do pulular de edifícios que abarrotam a geografia do poder romano, adoçando-o com a cultura do corpo e da mente. Mas um assombro ainda mais admirado nos colhe diante do mapa das estradas do império, talvez a obra-prima mais densa de significados políticos, estéticos, culturais e econômicos de todos os tempos, comparável somente à rede da Internet.

No foro romano, junto ao templo de Saturno, havia o *miliarium aureum*, uma coluna revestida de bronze dourado, que assinalava os pontos de partida e de chegada de todas as grandes vias do império: na Itália, a Appia, rainha de todas as ruas, construída a partir do ano 312 a.C., que conduzia até Brindisi, permitindo o embarque para a Grécia, mas também as vias Aurelia, Cassia, Claudia, Cornelia, Flaminia, Labicana, Latina, Salaria e Tiburtina; no restante do império, estradas na África e no Egito, na Grécia e na Península Ibérica, na Mauritânia, na Palestina e na Inglaterra, até os limites do mundo então conhecido pelos romanos. Uma densa rede de pavimentações, cavalos, mercadorias, homens e idéias que se estendia por centenas de milhares de quilômetros, amalgamando raças, religiões, línguas, bens e serviços, num único grande sistema mundial.

No *miliarium aureum* estavam inscritas as distâncias para todas as outras grandes cidades; sobre todas as outras pedras miliárias estavam gravados os nomes do imperador e do magistrado que havia ordenado a construção ou a reconstrução, da legião que havia providenciado a sua realização e do governador da província que havia financiado a obra. Mas cada estrada, com o seu calçamento, as suas pontes, as suas defesas e as suas estações de correio, era uma obra-prima entre as obras-primas, utilizando, conforme o caso, materiais encontrados nas próprias regiões, escolhas estéticas e critérios de construção aperfeiçoados com base nas tradições, na experiência, nas capacidades criativas de cada um dos engenheiros, dos carpinteiros, dos obreiros, dos operários e dos funcionários da manutenção. A estrada servia para o deslocamento de tropas, informações, mercadorias, mas também para a disseminação dos usos e dos costumes. As estações dos correios, com as suas hospedarias, as suas estrebarias, os seus armazéns e até mesmo as suas termas, os seus tribunais e as suas basílicas, criavam um vaivém de conhecimentos e embriões urbanos, a partir dos quais teriam crescido, aos poucos, as cidades atuais.

Igualmente imponente, no continente americano, a teia de estradas pré-colombianas – o Nam Cuma –, que se estende por 40.000 quilômetros do 2º paralelo norte até o 35º paralelo sul, cobrindo, através de montanhas e vales, florestas e penhascos, geleiras e desertos, um território de quase três milhões de quilômetros quadrados, que hoje corresponde ao Equador, à Bolívia, à Colômbia, ao Peru, ao Chile e à Argentina. Construído pelos incas para deslocar rapidamente exércitos e informações, comerciantes, sacerdotes, peregrinos, missionários, mas também ouro, coca e quinino, o Nam Cuma, a Estrada do Sol, era destinado a pedestres e lhamas, dado que as populações locais não conheciam o cavalo.

O próprio fato de que esses longuíssimos caminhos fossem percorridos a pé provocou, junto com a engenharia propriamente dita, outras formas de criatividade ligadas ao desenho de bancos para descansar ou para admirar o panorama, por exemplo; e também aos totens que marcavam o percurso, sobre os quais havia animais e símbolos pintados, de modo que os viajantes se distraíssem a olhá-los durante as suas pausas; e ainda às estações para pernoites e às técnicas para acelerar a velocidade dos estafetas. Pense-se que, graças aos correios e aos seus recursos para pedestres, o inca de Cajamarca podia receber em 24 horas o peixe fresco do Pacífico e os 1.000 quilômetros entre Lima e Cuzco podiam ser cobertos em três ou quatro dias pelos atletas-carteiros indígenas, enquanto os cavaleiros espanhóis gastavam 12 ou 13 dias.

No século XVI o explorador Cieza de León testemunhará que a “Estrada do Sol é superior àquela que Aníbal construiu nos Alpes” e se perguntará: “Como os índios procederam para construir estradas tão grandes e compridas, ao preço de quanto cansaço, e com quais instrumentos conseguiram aplanar as montanhas e perfurar as rochas? Oh! Quanto maior seria o elogio merecido pelos outros reis que governaram a Terra se tivessem sabido fazer uma estrada como aquela, a maior e mais grandiosa no mundo!”

Todos os dias e em todo o planeta nós admiramos obras-primas imortais, usamos produtos e mecanismos providenciais como a roda, a roldana, o moinho, o pão, o óleo, a massa; adotamos formas de agregação complexa como a democracia, os jogos e as festas. Mas não sabemos quem inventou tudo isso, como se concluíram criações tão geniais assim, quanto esforço foi necessário e como se difundiram.

O MÉRITO DE UM SÓ

Para simplificar a resposta a essas legítimas curiosidades, usaram-se vários expedientes: algumas invenções foram atribuídas ao acaso, outras aos deuses, outras ainda ao diabo, outras ao rei e outras ainda a um gênio em particular. Corriqueiramente dizemos que Roma foi fundada por Rômulo e Brasília por Kubitschek; que a Villa Adriana foi construída pelo imperador que lhe empresta o nome e que a mesquita de Isfahan foi construída pelo xá Abbas I; atribuímos os códigos a Justiniano e a Napoleão; dizemos que os afrescos de Assis foram pintados por Giotto; que O *Quarto Poder* é de Orson Welles; que a máquina a vapor foi descoberta por Watt, e o cinema, pelos irmãos Lumière. Na maioria dos casos, a opinião pública atribui o prêmio Nobel a um determinado cientista, mesmo quando a sua descoberta se deve a vários colaboradores. Da mesma forma todas as leis tomam o nome do primeiro signatário.

São simplificações com as quais se evita o esforço de remontar à verdadeira origem, quase sempre complicada e conjunta, de uma idéia ou de uma obra-prima. Na resplandecente porta babilônica de Ishtar, o rei Nabucodonosor assina uma declaração com a qual ele se auto-atribui todo o mérito: "Ergui esta porta cívica; finquei solidamente as suas fundações no terreno; decorei-a com leões e com ladrilhos de cerâmica, esmaltados de azul, onde se perfilam touros selvagens e dragões babilônicos; fiz com que o teto tivesse enormes traves de lenho de cedro e fiz com que os batentes fossem cobertos por uma espessa lâmina de cobre vermelho. Conferi a este monumento uma tal magnificência que suscita maravilhas dos povos da terra." Parece até que Nabucodonosor fez tudo isso sozinho, exatamente como os nossos ministros quando se vangloriam de ter construído uma represa ou de ter conduzido a bom termo um decreto-lei.

Pense-se na Muralha da China, única obra do homem que, pelo que parece, é visível até da Lua. Idealizada para defender a população sedentária da nômade, une entre si centenas de torres de observação, muda de desenho, de estrutura e de materiais usados na construção, segundo a localização, seja esta no deserto, em terras geladas ou em florestas. Reúne num só imenso projeto centenas de obras parciais, segundo um planejamento concebido em torno do ano 220 a.C. pelo unificador da China, Qin Shi Huangdi, que se outorgou o poder supremo de definir o espaço e circunscrevê-lo numa linha capaz de desafiar o horizonte.

Graças às *Memórias Históricas* de Sima Qian temos várias informações sobre esse empreendimento colossal. Sabemos que durou, pelo menos, uma dúzia de anos, sabemos que o projeto e a direção dos trabalhos foram delegados ao general Meng Tian, temos conhecimento de que nas obras foram empregados 300.000 militares e 500.000 camponeses e que compreendia o trecho que vai da atual cidade de Lanzhou até a base da península coreana. Desse modo o perigo dos nômades era anulado; mas não de forma definitiva, como se pode constatar nesta petição que um ministro envia ao imperador, muitos anos mais tarde: "Os hunos vivem de carne e de queijo, vestem-se com peles de animais, não têm nem casas nem campos. Percorrem a estepe com os animais e os pássaros, parando somente onde encontram erva e água, e, quando estas acabam, eles retomam a sua caminhada. Atualmente têm seus magros pastos e terrenos de caça diante de Yandai, Shangjun, Beindi e Longxi, de olho na oportunidade para penetrar no nosso território, diante da mínima redução das nossas tropas. Sua Majestade preocupa-se com as desordens nas zonas de fronteira. Seria aconselhável enviar soldados sob as ordens dos generais e dos funcionários para ocupar as ditas regiões, estabelecendo-se ali também com as próprias famílias, que passariam a cultivar cereais lá. Estaríamos assim preparados para um eventual ataque por parte dos hunos. Além disso, devemos igualmente construir outros muros, com fossos nos seus pés, e com as partes de trás reforçadas por rochas e outros obstáculos. Nos pontos estratégicos poderemos fundar vilarejos com mil famílias cada um."

Seiscentos anos após a obra de Qin Shi Huangdi, a reedificação da Grande Muralha, naquele ponto em ruínas, foi retomada num ritmo acelerado. Em 446 d.C. foram mobilizados 300.000 operários; um século mais tarde, a quantidade de trabalhadores subirá a um milhão, e, em 607, chegará até a dois milhões de pessoas. Em seguida, com alternância de vicissitudes seculares, a obra paralisa-se e é retomada várias vezes. Aquela que hoje atrai turistas do mundo inteiro remonta, em grande parte, à dinastia Ming (1368-1644) e estende-se por 6.000 quilômetros, alternando bastiões, muralhas e torres de observação, que eram defendidos por um milhão de soldados.

Portanto, na China, como na Europa, o desejo insaciável de glória por parte dos governantes os levava a atribuírem-se todo o mérito das criações, fossem elas grandes ou pequenas, fazendo sombra aos verdadeiros artífices. Quando algum artista conseguia furar a barreira do anonimato, aí então não impunha nenhum limite de despesa para autocelebrar-se. No Louvre conserva-se uma coluna na qual um escultor do médio império diz a propósito de si mesmo: "Sou um artista sublime na minha arte, uma pessoa fora do comum pelas suas noções. Conheço o comportamento correto para um homem que marcha... o gesto de quem golpeia com a lança, o modo no qual se deve olhar para as gentes, a expressão de terror no vulto do inimigo capturado, conheço como se levanta o braço que caça o hipopótamo, a posição do corredor... Sei fazer incrustações que resistem ao fogo e que não se dissolvem na água. Não há quem saiba se distinguir em tudo isso, fora eu e o meu primogênito."

Os criadores têm sempre em alta conta as suas próprias capacidades. Mas no antigo Egito e, bem mais para lá, até chegar aos construtores de pontes, fortalezas, mosteiros e catedrais, na maioria dos casos as grandes obras permanecerão sem uma assinatura, e o mérito das suas criações será integralmente dedicado ao monarca, ao papa, ao príncipe ou ao monsenhor. Roma está repleta de lápides nas quais se perpetua que um certo papa "*fecit*" esse ou aquele templo, este ou aquele palácio. No faraó, no imperador, no rei e no papa realizam-se a síntese e a exaltação de milhares de marceneiros, carpinteiros, pintores, escultores, operários, aprendizes e transportadores que se identificam com o mandatário. Até mesmo nas cerâmicas há o selo do rei, não a assinatura dos ceramistas. Tudo deve ser feito para maior louvor do patrão na terra e de Deus no céu. Afinal de contas, em todas essas obras a dimensão estética é sempre subordinada à dimensão de celebração e à intenção de imortalizar o augusto mandante. Qualquer outro nome assinado subtrairia a este último uma porção de imortalidade.

FAMOSOS MAS DESPREZADOS

São exceções Grécia e Roma, onde, desde o sétimo século a.C., surgem obras assinadas: o *Atleta* dórico do museu de Delphi é de autoria do escultor Palêmides, alguns vasos são de um certo Euquímides ou de um tal Eufronte; sabemos quem construiu o Partenon; sabemos quais obras-primas devem ser atribuídas a Fídias e quais a Policleto. Nesses casos a obra não é creditada a um rei que se apropria do mérito dos artistas, mas é atribuída a um só artista, que se apropria do mérito de todos os seus colegas e colaboradores. Também hoje nós afirmamos que um arranha-céu é de Gropius, uma casa de Gaudí, uma estação de Michelucci, um filme de Fellini ou um museu de Ghery.

Embora lembrados como autores e ainda que muito bem pagos, artistas clássicos, como Zeuzi, Apeles ou Parrásio, todavia, raramente conseguiam se livrar do desprezo que os colocava na mesma categoria de todos os demais trabalhadores manuais. Aristóteles escreve: “A ótima *polis* não dará nunca os direitos de cidadão a um artífice, porque os artífices trabalham manualmente para a comunidade no mesmo tipo de relação daquela do servo que trabalha para o patrão.” Plutarco é ainda mais explícito: “Nenhum jovem de elevados sentimentos, ainda que diante do *Júpiter* de Olímpia ou da *Juno* de Argo, desejaria ser um Fídias ou um Policleto.” Sêneca chega a ser impiedoso em relação aos artistas: “Reza-se e praticam-se sacrifícios diante de simulacros dos deuses, mas deve ser desprezado o autor que os executou.”

No mais, sabemos que, ainda em 1489 d.C., o pai e os tios de Michelangelo, que tinha então 15 anos, o espancavam a valer, a fim de impedi-lo de se tornar pintor. Talvez esse desprezo tenha levado tantos artistas, até os dias de hoje, a esconderem-se por trás de um pseudônimo ou ainda tantos compatriotas a apelidar-lhes de forma pejorativa. Pietro Vannucci, por exemplo, era chamado de Perugino – designação dos naturais da Perugia –, mas ele, na verdade, nasceu em Panicale e ganhou o apelido por trabalhar na Perugia. Donato de’ Bardi era chamado de Donatello, Antônio Benci tinha o apelido de Pollaiolo (vendedor de galinhas), Sandro Filipepi era conhecido como Botticelli e Cimabue parece que tinha uma cabeça parecida com a de um boi (*bue* em italiano). Bernardino di Betto era chamado de Pinturicchio e Iacopo Robusti de Tintoretto – em alusão à pintura e à tinta. Mas, mesmo em tempos bem mais recentes, são comuns os apelidos: o verdadeiro nome do escritor Alberto Moravia é Alberto Pincherle e o de Le Corbusier, Charles-Edouard Jeanneret.

Em outros termos, durante muitos séculos e por muitos povos, as obras-primas estiveram separadas de seus criadores, de quem não se recordavam nem mesmo os nomes, ou que vinham colocados no último degrau do prestígio social. Após a abolição da iconoclastia, sancionada oficialmente em 726 d.C., as imagens adquiriram uma tal importância que em Bizâncio chegavam a ser admitidas como testemunhas dos batismos. Apesar disso, os autores eram relegados ao anonimato, como se não tivessem nenhuma relação com as suas obras-primas.

Somente com São Benedito (480-547) a atividade manual é igualada à intelectual: porém, mais no papel que na prática cotidiana, porque os monges continuarão a privilegiar as tarefas diretivas, administrativas e intelectuais, deixando a fadiga física aos servos e aos noviços.

AS OBRAS-PRIMAS PLURINOMINAIS

Em *Vite* (Vidas) de Vasari, Giotto não é chamado de "pintor e arquiteto", mas sim "pintor e mestre-de-obras". Violette-le-Duc sustenta que o uso correto do termo "arquiteto" tem início somente no século XVI. Antes de então, a palavra já era usada, mas somente para indicar o mandante, fosse ele bispo, rei, senhor ou monsenhor.

O papel de arquiteto separou-se do de marceneiro ou de mestre-de-obras somente quando a complexa construção das catedrais tornou necessária uma figura profissional especializada a quem delegar a projeção da empresa e depois, conseqüentemente, atribuir-lhe o mérito. Daquele momento em diante se dirá "a cúpula de Brunelleschi" ou "a cúpula de Michelangelo".

Mas também esta, como bem se pode compreender, é uma simplificação. Quando se concede ao artista o direito de assinar as suas obras e se lhe atribui inteiramente o mérito por elas, permanece o fato de que ele não pôde fazer tudo sozinho e de que a sua contribuição deve ter sido tão mais parcial quanto mais complexa a obra-prima e escancaradamente plurinominal, como no caso de uma catedral, um palácio senhorial ou um conjunto de afrescos. Nesses casos, então, a quem deve ser atribuído o maior mérito? Ao arquiteto, ao mestre-de-obras, ao pintor ou aos escultores? E, entre os pintores, quem conta mais: aquele que pinta as imagens dos santos e das pessoas ou o que pinta as coisas? Entre os autores de estátuas vale mais quem realizou o vulto, as mãos ou as vestes?

O problema complica-se posteriormente na nossa sociedade pós-industrial, em que a maior parte da criatividade artística, científica, esportiva, política e socioeconômica é de natureza coletiva. O principal mérito de uma obra-prima cinematográfica deve ser dado ao roteirista, ao diretor, aos atores ou a quem? E o mérito de uma representação operística bem-sucedida deve ser dado ao diretor, ao maestro da orquestra, ao maestro do coro, ao cenógrafo, ao estilista, aos cantores ou a quem? E a vitória na Fórmula 1, quem a merece: os projetistas do carro, os construtores, o diretor técnico, o piloto ou a equipe de apoio? Quem predispôs o desembarque dos aliados na Normandia ou o ataque da OTAN no Kosovo? Quem organizou a redução do horário de expediente na França? Quem projetou a fusão da Mercedes com a Daimler? Quem criou o programa inserido neste computador. com o qual estou escrevendo este livro?

Quanto mais estudo as etapas da criatividade na sua milenar evolução, mais me dou conta de que se tratou predominantemente de processos coletivos que, por vaidade ideológica ou por simplificação prática, foram atribuídos a gênios individuais. Quando os psicólogos e os psicanalistas tentaram desenredar a meada das pulsões, das paixões e das vocações subentendidas na obra de um "gênio" singular, encontraram-se diante de um problema insolúvel e apelaram para explicações metacientíficas. Até mesmo um cientista sério como Silvano Arieti intitula o seu magistral ensaio como *Creativity – The Magic Synthesis* (Criatividade – A síntese mágica). E "mágico" provavelmente permanecerá o processo criativo enquanto insistir em buscar o seu segredo na mente, ainda que genial, de um só homem, em vez de buscá-lo na interação de todo um grupo.

O MEDO E A ESPERANÇA

As criações coletivas, sejam elas descobertas ou invenções, nascem sobretudo de um grande medo ou de uma grande esperança, difundidos no inconsciente popular. No século XII, o grande "século gaio" da retomada criativa no campo da ciência e da técnica, foi o medo dos inimigos que inventou a pólvora, foi o medo da fome que inventou a rotação trienal das culturas; foi o medo do cansaço que inventou as serras hidráulicas, os malhos das oficinas, a colocação em fila dos animais de tração, o moinho de água e a dobadoura para enovelar os fios das meadas; foi a esperança do conhecimento que inventou o relógio mecânico, os óculos e a imprensa; foi a esperança do bem-estar que inventou o estribo e os arreios modernos dos cavalos, a bússola, o moinho para o tratamento dos couros e para o esmagamento da uva.[1]

Época marcada mais do que qualquer outra pelo medo e pela esperança, a baixa Idade Média encontrou o estímulo para invenções mais numerosas e imponentes do que geralmente se pensa. "O que devemos à Idade Média?", pergunta-se Chiara Frugoni no início do seu agradável livro sobre este assunto. "Tento enumerar alguns elementos: os óculos, o papel, a filigrana, o livro, a imprensa com caracteres móveis, a universidade, os algarismos indo-arábicos, o zero, a data de nascimento de Cristo, bancos, tabeliães e casas de penhores, a árvore genealógica, o nome das notas musicais, assim como a escala musical. A Idade Média nos doa ainda os botões, as roupas íntimas e as calças compridas; nos diverte com os baralhos de vários tipos, com o jogo de xadrez e o tarô, e ainda com o carnaval; alivia a dor com a anestesia, nos ilude com os amuletos (mas o coral, que protege as crianças dos raios, ajuda também a repassar o rosário). Trouxe o gato para dentro de casa, o vidro para as janelas, assim como a lareira; fez com que nos sentássemos à mesa (os romanos comiam deitados) e passássemos a comer com o garfo, e trouxe a massa – tão amada pelos italianos, mas não somente por eles –, exatamente os *maccheroni* e os *vermicelli*, cuja farinha era incessantemente moída pelos moinhos movidos a água e a vento. Soube usufruir a força motriz da água ativando a espremedura do óleo e as serralherias, batedores para os panos, moinhos de papel e de farinha. Descobriu uma extraordinária força motriz: o cavalo, dotando de ferro suas patas, além de estribo, rédeas rígidas, de modo que o animal pudesse puxar sem ser sufocado pelo peso; aliviou o cansaço humano com o carrinho de mão e tornou mais seguro o caminho dos navegantes com a bússola e o timão. Nas batalhas desfraldou bandeiras com brasões coloridos, assim como ressoou o fragor da pólvora disparada por fuzis e por canhões. Mudou o sentido que temos do tempo, sobre a face da Terra, com um relógio que introduzia as horas de igual duração e não mais dependentes das estações; e mudou o nosso sentido de tempo também no mundo do além, fazendo emergir um terceiro reino, o purgatório, que rompe os destinos imutáveis da eternidade. Por fim, fez as crianças sonharem com Papai Noel."[2]

Em todos esses casos, é bem provável que o processo inventivo tenha ocorrido gradualmente, por tentativa e erro, na perene intenção de se cansar menos, saber mais, viver melhor e por mais tempo. A propósito do moinho, por exemplo, Bloch escreve: "Invenção antiga, o moinho de água é medieval do ponto de vista da sua efetiva difusão... A invenção talvez tenha brotado de uma centelha de gênio individual. O efetivo progresso, que consistiu na utilização da idéia, só ocorreu sob pressão das forças sociais."[3]

Ainda mais complexa e longa é a invenção dos arreios modernos. Até o século X d.C., o cavalo puxava a carroça por intermédio de um tipo de coleira tão malfeita, que no momento em que era puxada quase estrangulava o animal. Depois, na França, na Itália e em Bizâncio difundiu-se a notícia de que, nas estepes orientais, aqueles mesmos povos que haviam inventado a sela, os estribos e as ferraduras para os cascos usavam também um tipo de arreio que ligava as barras da carroça não ao pescoço, mas às costas do cavalo, permitindo-lhe andar reto com um menor esforço e podendo juntar em fila até oito animais. Combinado a outras invenções, como as rodas com raios e os grandes círculos metálicos, o novo tipo de arreio permitiu triplicar a força de tração dos animais, tornando mais produtivo o trabalho dos arados e mais velozes os transportes. Portanto, essa invenção aparentemente simples requereu muitos séculos e a contribuição de várias culturas, continuando a ser aperfeiçoada até os dias atuais: hoje, um cavalo pode puxar com facilidade uma carga de 500 quilos, e uma parelha de bois pode alcançar até cinco toneladas.

O MEDO DO PURGATÓRIO

Uma fonte nova de medo e um prodigioso incentivo à criatividade coletiva derivaram da descoberta do purgatório. Digo *descoberta* por respeito aos crentes, mas o próprio purgatório poderia ser considerado, por sua vez, uma grande *invenção* coletiva. A fim de não descontentar ninguém, Jacques Le Goff falou em nascimento. E o seu livro, que prende como um romance policial, intitulado, justamente, *La Nascita del Purgatorio* (O nascimento do purgatório),[4] nos servirá como guia na reconstrução da história.

Conforme vimos no terceiro capítulo, a sepultura e, com ela, o culto do além-túmulo remontam a pelo menos 90.000 anos. Depois disso, a vida depois da morte articulou-se, gradualmente, em profundezas, abismos, infernos e paraísos. Mas foram necessários milhares de séculos para se elaborar uma concepção complexa e sutil como a do purgatório, por sua vez fecunda de idéias posteriores: da difusão do sacramento da confissão à prática das indulgências, da sorte das cruzadas à grande acumulação econômica, do nascimento dos bancos à primeira formação do capitalismo moderno, que talvez deva ser atribuída ao catolicismo (como defende Marx), mais do que ao protestantismo (como sustenta Weber).

Para um aporte assim tão árduo, para a construção de um mosaico tão complexo, foi necessária uma longa sedimentação cultural, assim como a contribuição de inumeráveis visionários, que passaram uns para os outros o próprio testemunho, estimulando, reciprocamente, as suas fantasias: dos hebreus que inventaram o sombrio Sheol, a Paulo de Tarso e a João, que devanearam em torno de apocalipses de ficção científica; da visionária

Perpétua, que, aterrorizada e exaltada pelo martírio, sonhou com purgatórios *avant lettre*, até Santo Agostinho, que abandonou repentinamente o seu ceticismo em relação ao "terceiro lugar" quando se encontrou diante do cadáver da mãe e desdobrou-se para encomendar sua alma a Deus.

Conforme já vimos, as visões do além precedentes ao nascimento do purgatório tendiam quase todas para um lugar único de estacionamento das almas na eternidade ou, no máximo, dois: aquele das penas, destinado aos culpados, e o outro das delícias, reservado aos justos. São os hebreus que primeiro adotam um lugar intermediário – o Sheol, para sermos precisos – do qual os justos passarão ao Éden e os condenados à Geena.

Durante a alta Idade Média, entre os séculos III e VII, a idéia de um lugar intermediário, destinado ao doloroso aperfeiçoamento daqueles que em vida não foram nem bons nem maus, aparece em várias ocasiões. As almas daqueles que não foram nem tão virtuosos a ponto de merecer o paraíso nem tão pecaminosos para irem direto para o inferno o que farão naquele longo intervalo de tempo que transcorre entre o dia das suas mortes e o dia do juízo universal? Muitos tentaram responder a essa pergunta: de Clemente Alexandrino a Orígenes; de São Bernardo a Santo Agostinho (que explorou sobretudo a questão temporal) e até Gregório Magno (que examinou principalmente a sua colocação geográfica).

Mas o verdadeiro nascimento do purgatório aprimora-se somente no século XII, quando a própria palavra *purgatorium* de adjetivo passa a substantivo e empreende o seu caminho triunfal na história das religiões. Surgido (gramaticalmente como substantivo e topograficamente como um lugar determinado) num período preciso (entre 1170 e 1200) e num ambiente específico (a escola da assembléia de religiosos de Notre-Dame e o mosteiro cisterciense de Citeaux), em pouco tempo o purgatório conquista o imaginário coletivo e multiplica o seu sucesso até obter uma formulação oficial pelo segundo Concílio de Lyon (1274) e a celebrar o próprio triunfo no Jubileu de 1300, durante o qual o papa Bonifácio VIII concedeu a indulgência plenária aos peregrinos vivos e àqueles mortos durante a viagem.

Posteriormente, a iconografia religiosa, os frades mendicantes, a pregação nas igrejas e, depois ainda, o cântico de Dante Alighieri competirão na divulgação do "terceiro lugar", decretando a sua certeza e potência definitiva.

UMA IDÉIA MUITO FECUNDA

A partir do século XII, o purgatório se afirmou não só como uma idéia extraordinária dos pontos de vista teológico e pastoral – que ainda hoje busca adeptos, estimula conversões, exige sacrifícios e alimenta pesadelos –, mas também como um negócio insuperável que continua permitindo a movimentação de quantias astronômicas por intermédio de infinitas práticas, da simples doação reparadora aos jubileus superproduzidos. Para dar um exemplo, entre os anos 1000 e 1200, ou seja, no período em que a idéia de purgatório difundiu-se com maior virulência, somente a abadia de Cluny recebeu mais de 3.000 doações, e a abadia de Clairvaux, mais de 1.000.

Mas não foi só uma questão econômica. Como observa Le Goff, "a emersão e a construção através dos séculos da crença no purgatório pressupõem e comportam uma modificação substancial dos quadros espaço-temporais do imaginário cristão. Ora, tais estruturas mentais do espaço e do tempo são a armadura do modo de pensar e de viver de uma sociedade. Quando a sociedade é toda impregnada de religião, como a cristandade naquela longa Idade Média que se estendeu desde a tardia antiguidade até a Revolução Industrial, mudar a geografia do além e, portanto, do universo, modifica o tempo daquilo que vem depois da vida, e, logo, a sintonia entre o tempo terrestre histórico e o escatológico, entre o tempo da existência e o da espera, significa operar uma lenta mas substancial revolução mental. Significa, literalmente, mudar a vida".[5]

Com o purgatório, não só nasce uma área intermediária entre o inferno e o paraíso, mas nasce também um campo de negociação entre céu e terra. Pela primeira vez na história das religiões será possível aos vivos ajudar as almas purgantes dos mortos; pela primeira vez uma oferta ao santuário nesta terra irá se transformar num desconto da pena no além.

Na onda dessa descoberta histórica, entre a metade dos anos 1100 e 1200, todo o Ocidente foi obrigado a replanificar o próprio espaço terrestre e celeste. No mesmo período o homem é constrangido a rever também as suas relações com Deus: na medida em que as contingências das almas do purgatório dependem também dos sufrágios dos sobreviventes, uma parte do destino supraterreno é subtraída à justiça divina e conquistada pela ação humana. Essa nova possibilidade de influir no destino dos mortos determina um incremento de potência para os vivos, uma ligação mais estreita e uma maior intimidade entre vivos e mortos, o nascimento de novas formas de solidariedade institucionalizadas, como as confrarias que organizam orações pelos mortos e os bancos que administram os seus intróitos.

Além disso, o purgatório comporta, antes do juízo universal concernente à totalidade dos mortos, um juízo individual que diz respeito a cada defunto. Isso requer, portanto, um aumento da competência judiciária e de sutileza psicológica na avaliação tanto das atividades humanas quanto das intenções pelas quais foram motivadas.

O purgatório, enfim, testemunha a liberação de uma visão maniqueísta, infantil e drástica da realidade e a conquista das nuanças, das terceiras vias, dos compromissos, das dilações e das absolvições. Revaloriza a *metis* num mundo dominado pela *thesis*. Ele, de fato, reenvia a uma situação intermediária entre a eterna salvação e a eterna condenação; entre a virtude e o pecado mortal; entre a sensibilidade da alma e a sensibilidade do corpo; entre a terra e o céu; entre as jóias do paraíso e as penas do inferno. "Estrutura lógica, matemática, o conceito de intermediário é ligado a mutações profundas das realidades sociais e mentais da Idade Média. Não deixar mais que apenas se confrontem os poderosos e os pobres, os clérigos e os leigos, mas buscar uma categoria mediana – classes médias ou uma terceira ordem – enquadra-se no mesmo processo e refere-se a uma sociedade mudada. Passar dos esquemas binários aos esquemas ternários significa superar aquele estágio na organização da idéia de sociedade cuja importância Lévi-Strauss enfatizou."[6]

Não por acaso, no século XII consolida-se o sistema feudal com a sua tripartição seja em *oratores* que rezam, *bellatores* que combatem e *laboratores* que trabalham; seja em *senhores* que governam, *vassalos* que os assistem e *servos da gleba* que cultivam a terra. Diz ainda Le Goff: "Tal sistema, muito duro para a massa dominada, permitiu, todavia, um desenvolvimento excepcional da sociedade no seu conjunto. Ele é evidente sobretudo no número dos homens: entre o início do século XI e a metade do século XIII a população da cristandade latina praticamente redobrou globalmente. Nos campos, assistimos a uma expansão das superfícies, a um melhor rendimento determinado pelo multiplicar-se das lavouras e a um progresso na área tecnológica. Também espetacular é o desenvolvimento urbano, fundado no aproveitamento do desenvolvimento agrícola, na mão-de-obra artesanal e na renovação do comércio; cria-se um ambiente citadino ligado às estruturas feudais, mas que introduz um novo elemento, em parte contraditório: trata-se das classes médias livres – os artesãos, os mercadores – das quais nasce a burguesia com o seu novo sistema de valores ligados ao trabalho, ao cálculo, à paz e a uma certa igualdade – uma hierarquia horizontal em vez de vertical, na qual os mais poderosos superam os outros sem dominá-los."[7]

A ESPERANÇA DAS CATEDRAIS

Se o purgatório representava um medo terrível, as catedrais eram uma inefável esperança.

"Os grandes edifícios, como as grandes montanhas, são obra de séculos.

Freqüentemente os projetos artísticos transformam-se antes mesmo que tenham sido terminados: *pendent opera interrupta*, e depois são ininterruptamente retomados segundo a arte transformada... O homem, o artista e o indivíduo anulam-se nessas grandes massas sem nome do autor: a inteligência humana nelas reassume-se e se soma. O tempo é o arquiteto, obreiro é o povo." Assim, poeticamente Victor Hugo fala acerca da criatividade coletiva em *O Corcunda de Notre-Dame*. Se o paraíso, o Olimpo e o além inspiram muita arte religiosa nas idades pré-histórica e clássica, podemos afirmar que o medo do purgatório inspirou quase toda a arte religiosa do período gótico.

Durante a Idade Média, o ardor religioso, em meio ao patriótico, multiplicou a construção das igrejas assombrosas em termos de número, beleza e imponência. A média canônica queria que houvesse uma igreja para cada 200 almas. Muitas catedrais chegavam a ter capacidade para 20.000 ou até 30.000 fiéis. A de Ulm, por exemplo, continha 29.000 (isto é, muito mais que toda a população da pequena cidade), podendo acolher peregrinos provenientes de todos os cantos. "Por volta do ano de 1003", escreve o monge Rodolfo o Glabro, "no mundo inteiro, mas especialmente na Itália e na Gália, as igrejas começam a ser reconstruídas, embora na maioria dos casos não houvesse tal necessidade. Entre os povos cristãos havia uma disputa quanto à posse da igreja mais bonita. Poderia se dizer que o mundo, dispensado o luto, desejasse revestir-se todo com um hábito de igrejas; os fiéis construíam e embelezavam não somente as basílicas, mas até mesmo os mais humildes oratórios."

Como exceção àquilo que diz Victor Hugo, algumas catedrais foram construídas em tempo recorde (por exemplo, a de Troyes, que se completou em três anos, e a de Montpellier, cuja construção durou dois anos e quatro meses). Mas na maioria dos casos os trabalhos caminhavam tão lentamente – assim como eram muito freqüentes as interrupções devidas a terremotos, pestes, carestia, deficiências técnicas e exaustão dos fundos – que de muitas catedrais conhece-se a data do início, mas não a de acabamento, pelo simples fato de que este nunca se realizou, transformando a criação numa obra perpétua, em que construção e manutenção acabaram por se sobrepor. A catedral de Milão, como tantas outras igrejas góticas, ainda está incompleta, assim como provavelmente está destinada a permanecer inacabada a muito mais recente Sagrada Família de Gaudí, em Barcelona.

Emblemática é a história da catedral de Colônia: em 1248, um incêndio destruiu uma velha construção carolíngia e, em seu lugar, decidiu-se construir a imensa igreja atual. Foram necessários setenta anos só para completar o coro e muitos outros decênios para realizar o transepto. A obra foi oficialmente paralisada em 1599 por falta de verbas e retomada somente em 1820, após uma grande campanha internacional para angariar fundos, incentivada com o anúncio de que, uma vez concluída, a catedral receberia os restos mortais dos Reis Magos. Os reis da Prússia e da Baviera contribuíram com a arrecadação, os trabalhos foram retomados, e somente em 1842 o imperador Guilherme I pôde proceder à inauguração do monumento.

O resultado de uma travessia tão longa não conseguiu alcançar uma beleza comparável ao volume. Se o Partenon permanece sendo, talvez, o templo mais belo de todos os tempos, deve-se também ao fato de que os seus arquitetos o humanizaram, conferindo-lhe, de forma quase afetuosa, muitas pequenas dissimetrias e imperfeições. Já a catedral de Colônia, capciosamente simétrica em todas as suas partes, suscita emoções frias, devido a uma petulante sabedoria métrico-decimal que não combina com a imperfeição humana de quem quer que a admire.

OS POLIVALENTES ARRANHA-CÉUS DE DEUS

Temos, por sorte, muitos testemunhos e apaixonadas descrições da grande aventura criativa na qual se articulava a construção medieval de uma catedral.

Já naqueles tempos as ordens monásticas eram multinacionais e, da mesma forma que hoje as multinacionais conseguem influenciar o poder local de cada Estado, também naquela época, freqüentemente, as ordens conseguiam exercer sobre cada diocese um poder maior do que o do bispo titular, o qual, obviamente, via a construção da própria catedral como uma ótima oportunidade para elevar o seu prestígio. Isso explica o frenesi construtivo que contagiou em poucos anos muitos bispos da Europa.

Todavia, conforme afirma Roland Bechmann num meticuloso e vivaz ensaio, "a catedral não era uma obra de um senhor eclesiástico ou leigo, ainda que um senhor pudesse contribuir para a sua construção, ligando a ela o próprio nome que certamente era mais conhecido do que os dos humildes participantes e contribuintes, que, justamente, devido às suas ofertas, às suas técnicas e aos seus talentos, não mereciam ter caído no esquecimento da história... Mas mesmo se algum outro personagem extraísse glória, a catedral era, essencialmente, obra de toda a cidade; o bispo sozinho não teria podido realizá-la; o seu financiamento dependia da prosperidade da cidade... Realização coletiva, objeto de uso comunal, orgulho da cidade e lugar de animação e de reunião popular, a catedral apresenta-se assim como um investimento psicológico e financeiro de toda uma população, e geralmente por várias gerações".[8]

Essa total adesão de um povo a um projeto assim tão custoso e arriscado, esse seu duradouro devaneio em torno da realização de uma obra-prima arquitetônica, essa sua competição com outras cidades em termos da amplitude, da altura, da opulência e da beleza da própria catedral, explica-se também pelo fato de que esses "arranha-céus de Deus", como os chamará Le Corbusier, não eram apenas igrejas com funções litúrgicas, mas também esplêndidos espaços polivalentes, agradavelmente protegidos das intempéries, nos quais os fiéis podiam refugiar-se em caso de guerra e, em tempos de paz, podiam se divertir e realizar festas, discutir problemas coletivos, assim como tratar de questões pessoais, negociar gado e farrear: "Para fazer uma comparação moderna", diz Bechmann, "é como se estivessem reunidos, num único edifício em Paris, além da igreja principal, também o centro do Beaubourg, o CNIT e o Grand Palais."[9]

Se uma cidade na Idade Média fosse desprovida de uma catedral, ou tivesse uma, mas modesta, mais cedo ou mais tarde caía na tentação de construir uma caprichada, talvez movida pela inveja em comparação com cidades antagônicas, que haviam já cedido à mesma tentação e dotaram-se de igrejas imponentes. Todo o povo discutia e devaneava sobre isso durante anos, com um fervor atiçado pelo medo e pelos fanatismos religiosos, pelos antagonismos ligados à veneração dos diversos santos e por pertencer a bairros, vilarejos, congregações leigas e ordens eclesiásticas em luta entre si. Depois, talvez na ocasião de uma peste debelada, de uma guerra vencida ou de um milagre ocorrido, bispos e nobres começavam a examinar de forma mais concreta o assunto e a fazer as contas. Em seguida, marceneiros e mestres-de-obras esboçavam as possíveis formas alternativas, inventando as mais adequadas a maravilhar a população, seja pela grandeza, seja pela originalidade.

Dado que a construção poderia durar até uma centena de anos, não era prudente confiar a sua direção a uma só pessoa. Recorre-se, portanto, a uma pessoa moral (ou jurídica), composta por eclesiásticos e leigos, nomeados pela assembléia dos canônicos, que é o verdadeiro patrão da empresa e que vigia severamente o seu andamento, para assegurar à coletividade uma obra-prima na qual se obtenha a melhor relação entre o custo e o benefício.

O PREÇO DA SALVAÇÃO

O primeiro problema, obviamente, é a coleta de fundos. E aqui desencadeia-se, para sermos precisos, o medo do purgatório alimentado e embrutecido por espantosas cenas de animais purgantes, minuciosamente sacrificados com lúgubres rituais de prédicas e quaresmas, assim como conjuntos pictóricos e representações sacras. Doações, indulgências e coisas desse tipo constituem igualmente cauções necessárias para escapar às penas do fogo: o preço da salvação.

"Muitos", escreve Bechmann, "eram persuadidos de que as suas contribuições seriam contabilizadas no além. E todos podiam ver, materializado na catedral, o fruto do próprio esforço financeiro. A contribuição de cada um vinha, freqüentemente, personalizada: pedras tumulares, inscrições, vitrais e capitéis recordam a generosidade de um indivíduo, de uma confraria ou de uma corporação. Basta pensar nos 45 vitrais de Chartres, prestigiosas imagens de qualidade e verdadeiros cartazes publicitários dos ofícios da cidade; assim como nas inumeráveis pedras sepulcrais, nos cenotáfios, nas lápides com inscrições e nos túmulos que enchem as igrejas dessa época. Mas esse não era o único modo para arranjar as verbas indispensáveis. Todos os meios eram válidos: ofertas para o clero, vantagens honoríficas, coletas, vendas de indulgência ou de dispensas, exposições de relíquias, imposições, esmolas, doações e legados, emendas e penitências, vendas de velas, assim como de missas especiais e fundações. Aproveitava-se igualmente, e bastante, do orgulho e do interesse, não menos do que da fé e do desinteresse dos benfeitores e dos participantes, que eram de todas as classes sociais."[10]

O certo é que a iniciativa de construção das maiores catedrais da Europa coincide com os anos nos quais a idéia de purgatório está em incubação e explode: em menos de dois séculos, entre 1030 e 1200, surge um número inaudito de obras-primas, entre as quais as catedrais de Spira, San Nicola de Bari, Piacenza, Salisbury e Coronne.

No inexaurível cofre de informações que é o livro *Artisti a Bottega* (Artistas em oficina) de Ettore Camesasca, intrigante no conteúdo e agradável na forma, faz-se referência a alguns expedientes colocados em prática para financiar esses empreendimentos tão desmedidos em relação às possibilidades financeiras dos chefes oficiais. "Em 1292, Orvieto convoca o recenseamento dos bens privados, de modo a estabelecer taxas proporcionais em benefício da catedral em construção; quatro anos depois o exemplo é copiado por Florença, onde se acrescenta que quem quer que faça testamento deve deixar alguma coisa para Santa Maria del Fiore, que está sendo erguida; à catedral de Praga, João da Boêmia destina rendas das minas de prata de todo o reino, tanto das existentes quanto das futuras. Todavia o esforço maior é requerido à beneficência privada; se esta vem a faltar, todo o canteiro de obras entra em crise. Por isso, o papa quase nunca deixa de apoiar as novas construções, decretando indulgências para os benfeitores; e faz-se um amplo recurso às relíquias – que também então gozavam de um prestígio imenso –, confiando-as a comitivas de pedintes, que chegavam a executar itinerários de centenas de quilômetros."[11]

Acossados pelo medo do fogo eterno, papas e reis, abastados e mendigos desdobram-se para competir na criação de catedrais cada vez mais amplas, cada vez mais altas, sempre mais rutilantes de estátuas, pináculos, mármores e ouro em profusão, dos portões às paredes, dos tetos aos altares. No decurso de poucos decênios, a abóbada das catedrais passa dos 24 metros da de Sena, aos 35 metros da de Notre-Dame de Paris, aos 37 da de Chartres, para chegar aos 38 da de Reims, aos 42 metros da de Amiens e, por fim, aos 48 metros da de Saint Pierre em Beauvais. Tudo para maior louvor do Senhor, maior prestígio do bispo e maior refrigério para as almas purgantes.

UM CANTEIRO DE HOMENS E DE PEDRAS

Achados os fundos para dar início à construção da catedral, um soberano ou um prelado traça o seu perímetro; arquitetos, operários e empreiteiros desempenham o papel de projetistas, artistas, executores e administradores. Os construtores, que se deslocam de cidade em cidade em busca de encomendas, não superam nunca algumas centenas de unidades por canteiro de obras, o que acaba por juntar mestres e obreiros, marceneiros e carpinteiros provenientes de todas as partes, formando um grupo cosmopolita, nômade, meritocrático e interdisciplinar. Uma idéia, ainda que imprecisa, pode nos ser dada por um circo eqüestre ou uma equipe cinematográfica dos dias de hoje.

A liderança cabia às figuras de maior prestígio, uma mistura de engenheiro, arquiteto e mestre-de-obras, e implicava cuidar minuciosamente de toda a organização, evitando qualquer desperdício. "Para chegar, em tais condições, a realizar edifícios tão extraordinários, era necessário que esses mestres unissem o espírito prático ao talento. Eles deviam possuir, contemporaneamente, uma boa experiência dos canteiros de obras, noções técnicas sobre as diferentes tarefas organizacionais, sobre os materiais e sobre os equipamentos e os aparelhos a serem utilizados, aptidão para o desenho, conhecimentos quanto à resistência dos materiais e de estática, uma boa capacidade para lidar com os homens e para comandar e, enfim, aptidões artísticas excepcionais. Esses homens – que haviam recebido uma educação exclusivamente prática e podiam ser, originariamente, carpinteiros, marceneiros, freqüentemente homens pertencentes à Igreja ou provenientes de qualquer outra profissão – deviam ser e foram, no pleno significado do termo, verdadeiros arquitetos. O florescimento das catedrais e a sua perenidade no curso dos séculos revelou que muitos deles não possuíam somente talento, mas gênio."[12]

Embora nos canteiros fosse respeitada uma rígida especialização das competências profissionais, o mestre não desdenhava "arregaçar as mangas", intervindo pessoalmente no acabamento de um capitel ou no delineamento de um cimbre.

Nos canteiros, a iluminação artificial era insuficiente; as aparelhagens e os adereços, ainda rudimentares, eram fabricados lá mesmo e sob medida; o vidro e os óculos ainda não haviam se difundido; antes da invenção do papel que se rasga, o pergaminho era demasiado caro para permitir o desenho de plantas gerais e muito menos de detalhes a serem executados; os modelos em madeira eram caros e portanto eram limitados ao mínimo indispensável.

Faltavam instrumentos precisos para mensuração, até mesmo a fita métrica dobrável. E, apesar disso, as construções eram cuidadas com tanto esmero que, segundo um estudo minucioso da catedral de Chartres, o espaço entre as pilastras da galeria da nave não superava nunca 19 milímetros, os espaços verticais jamais superavam 30 milímetros e os espaços entre os contrafortes da nave central não ultrapassavam nunca 17 milímetros.

A organização do canteiro começava na pedreira onde as pedras eram cortadas e na floresta onde as árvores eram abatidas e se serrava a lenha. Prosseguia nos trajetos, por vezes muito longos, em alguns casos até mesmo internacionais, e na disposição dos meios para o transporte dos materiais, o que incidia notoriamente nos custos. Nos países mais frios, os canteiros eram obrigados a parar de outubro até março, e isso requeria que se organizasse, segundo o tempo, a rotação dos trabalhos, de modo que durante os meses de inverno a mão-de-obra não ficasse desocupada, mas fosse empregada em tarefas agrícolas ou na produção de uma oficina de peças padronizadas para serem montadas, posteriormente, no canteiro da obra, no momento da sua reabertura primaveril.

A eficiência da organização era confiada a uma ultra-especialização entre os artesãos, do escavador de pedra ao cinzelador, do vidraceiro ao carpinteiro, do marceneiro ao argamassador. Obviamente isto tornava difícil a integração entre os trabalhadores profissionais e os devotos voluntários que prestavam serviço gratuitamente.

A vida do canteiro de obras correspondia numa notável medida ao *ócio criativo*, sobre o qual falarei mais adiante. Trabalho e vida, criação e cansaço, jogo e oração, coros sacros e cantos profanos ali confluíam e misturavam-se desde a aurora até o poente. Os dias festivos eram pelo menos 85 por ano, e as ocasiões para se divertir no local de trabalho eram inumeráveis: a conclusão de uma armação, o assentamento de uma arquitrave ou a adequação de uma clava eram suficientes como pretexto para regar o convívio com cerveja e vinho, mantendo alto o moral e, com ele, a produtividade. "Manutenção do ardor trabalhador, melhor emprego dos meios disponíveis, simplificação, padronização e pré-fabricação, economia dos materiais, engenho e astúcia, aperfeiçoamento dos instrumentos, especialização dos operários e organização dos canteiros: tais foram, em resumo, algumas das respostas que os góticos opuseram às dificuldades da gigantesca operação por eles empreendida."[13]

A construção de uma catedral é um desafio titânico, uma longa, muitas vezes secular, sucessão de grandes e pequenos problemas estéticos, práticos e organizacionais, cada um dos quais requerendo uma solução rápida e original. É necessário, portanto, um fluxo contínuo de criatividade difusa, que brote em qualquer ponto e de qualquer cabeça do canteiro de obras; é preciso que das discussões extemporâneas, das imprevistas iluminações de um mestre-de-obras ou de um cinzelador saia uma solução para um arco, uma argamassa, um encaixe, um pináculo, uma arquitrave, um drapeado ou um caracol.

Movidos pelo medo e pela esperança, pela beleza e pelo orgulho, os mestres construtores e o seu tropel de ajudantes venceram desafios de modo quase surpreendente. Basta pensar na cobertura do coro de Saint Pierre em Beauvais: chegava a 68 metros de altura, comparável à de um edifício moderno de vinte andares. Mas, com razão, Camesasca sublinha que essa comparação seria incompleta caso não se precisasse que, à diferença do edifício moderno, a catedral gótica é "um edifício inteiramente vazio no seu interior, e com paredes praticamente anuladas pelas janelas que a percorrem de cima abaixo. Uma gaiola que, com a acrobacia das suas longas linhas perpendiculares, realizava algo que ninguém jamais havia alcançado de modo tão completo: uma Bíblia com esplêndidos vidros pintados, de onde o ensino se expandia sobre os fiéis junto com a luz do sol sempre límpida".[14]

Nesse ponto estamos distantes de mil séculos e mil milhas das grutas pré-históricas de Chauvet ou de Lascaux. Longe sob todos os pontos de vista, menos sob aquele de um detalhe que não pode ser negligenciado. Como naquelas cavernas escuras, onde os afrescos maravilhosos que admiramos à luz de modernas tochas elétricas eram destinados a permanecer selados aos olhos do homem e conhecidos somente ao olhar dos espíritos misteriosos, da mesma forma, nas grandes catedrais góticas, centenas de estátuas, capitéis e pilastras permaneciam no escuro das altas naves centrais ou laterais ou ainda das criptas profundas, invisíveis aos visitantes e, ainda assim, cuidadosamente bem-acabadas porque visíveis aos olhos de Deus e à sua indulgência para com as almas purgantes.

AS TREVAS PREPARAM A LUZ

A Idade Média dedicou-se com tanta insistência à demonstração da existência de Deus, com tanto furor à perseguição dos infiéis e dos cépticos e com um capricho tão escrupuloso à exploração do além, que faz brotar em nós a suspeita de que – a prescindir dos ritos e das penitências, das proclamações públicas de fé e das indulgências – o inconsciente coletivo dos "séculos das trevas" alimentasse sérias dúvidas sobre a existência do sobrenatural e escondesse um profundo conflito interior entre o dever de expiação dos pecados e a nostalgia pela alegria pagã, entre o desejo de salvação eterna e a aspiração à felicidade terrena.

Talvez o exagero dos teólogos e dos religiosos em mortificar o homem e a terra em favor de Deus e do paraíso de um certo ponto revelou-se sufocante demais e provocou uma reação. As mesmas catedrais góticas, pensadas em louvor ao Senhor, acabaram sobretudo por fazer florescer uma demonstração das capacidades humanas e dos resultados magníficos que o homem é capaz de obter sobre esta terra, quando apela às suas geniais habilidades de artista e de engenheiro.

O certo é que exatamente a Idade Média, com a sua espiritualidade exasperada, com a sua insistente busca de Deus, com a sua miséria material e com os seus medos e devaneios místicos, exatamente a Idade Média conseguiu sacudir o homem do seu longo sono tecnológico e fornecer-lhe as razões para novas esperanças terrestres, para novas conscientizações racionais e para novas humaníssimas criações. Como se as trevas tivessem preparado a luz.

Após 4.000 anos do grande salto tecnológico da Mesopotâmia, o século XII, o "século gaio", demonstrou que era possível melhorar as condições materiais do homem através da imprensa, dos óculos, do moinho de água, da bússola e do timão e também que era possível, com meios modestos mas com ímpeto seguro, realizar obras de incrível ousadia, como as catedrais. Para mover montanhas bastava uma missão nobre e compartilhada, o entusiasmo, a confiança em si mesmo, o convívio e a disposição à experimentação e à aprendizagem.

No século IX os solos rendiam duas vezes o trigo semeado; no século XIII rendiam quatro vezes. Portanto, o progresso foi constante, tanto que, em seguida, a produtividade permaneceu estagnada nesses níveis até o início do século XIX. Somente graças aos adubos químicos, aos arados, às máquinas de sulcar e aos tratores automáticos, no século XX industrializado os solos chegam a render até 40 vezes o trigo semeado.

Os arreios modernos permitiram substituir os bois por cavalos no trabalho da lavoura, obtendo assim um rendimento 50% mais alto. Noventa e cinco por cento da população viviam nos campos, porém multiplicaram-se os vilarejos de cerca de 500 habitantes (na França existiam 38.000), realizando uma distribuição demográfica bastante racional e homogênea sobre todo o território. Talvez graças à intervenção divina e às orações humanas, mais freqüentes do que em qualquer outra época, o clima melhorou e, com ele, a agricultura. Naturalmente, o diabo não se esqueceu de fazer a sua parte, provocando carestias freqüentes (a partir do século XI, em apenas 73 anos, ocorreram 48). Mas permanece o fato de que, entre os séculos X e XIV, a população européia duplicou e a Europa, envolvida pela agradável corrente de um rio calmo de beleza e de verdade, acomodou-se na margem luminosa de uma época nova, tão estimulante a ponto de ser interpretada como "renascimento" para toda a humanidade.

Depois de ter-se inventado, milhões de anos antes, como *Homo erectus* e como *Homo habilis*, o homem, com serena autoconsciência, trabalhou na reinvenção de si mesmo, como um leonardesco *homem universal*.

FLUIDEZ E RUPTURA

A partir do século XV e durante todo o século XVI, nas cidades da Itália Central e do Norte e sobretudo em Florença, nasceu, cresceu e difundiu-se um movimento acentuadamente urbano e burguês, que retirava a própria dinâmica de uma tríplice tensão: em direção ao passado clássico, assumido como modelo a ser imitado e reinventado; em direção ao presente renascentista, concebido como lugar e tempo de intensa atividade e plena beleza; e em direção à história futura, compreendida como horizonte no qual projetar a glória do "homem universal" na posteridade.

Muito se discutiu se entre a cultura dos últimos séculos medievais e aquela da Renascença houve uma nítida separação ou uma fluida continuidade. Decerto, o estímulo foi se montando, gradualmente, a partir do ano 1000; seguramente o século XII exibiu uma massa atormentadora de descobertas e de invenções tecnológicas, que revolucionaram a vida prática; com certeza Dante (1265-1321) e Giotto (1267-1337) haviam atingido uma síntese do pensamento e níveis expressivos de extraordinária profundidade. Mas é inegável o salto ideológico e existencial que separa os últimos séculos da Idade Média da vitalidade do século XV, a carismática postura de Giotto e Dante ao doce entusiasmo de Botticelli (1445-1510) e

Petrarca (1307-1374); a diferença entre o espírito que anima a república florentina daquele que pesava sobre as cidades góticas, assim como entre a aérea composição das cúpulas de Brunelleschi e de Michelangelo e as agulhas inquietadoras de Reims e de Colônia.

Os próprios intelectuais do Renascimento estavam conscientes da dívida que os novos tempos, nos quais eles viviam, tinham não somente para com o Classicismo mas também em relação ao período medieval. Num exagerado louvor à utilidade da arquitetura, Leon Battista Alberti escreve: "O que dizer das carroças, dos moinhos, dos celeiros e de outras invenções menores do mesmo tipo, as quais todavia têm uma importância enorme na vida de todos os dias? O que dizer das massas de água retiradas das cavidades escondidas e tornadas utilizáveis de modo variado e imediato? E ainda o que dizer dos troféus, dos santuários, das capelas, dos templos e dos edifícios que a arquitetura criou para o culto da religião e fruição da posteridade? Nem estou dizendo como, cortadas as rochas, perfurados os montes, aterrados os vales, vencidos os lagos e os mares, saneados os pântanos, construídas as naves, retificados os cursos dos rios, adaptados os estreitos, fabricadas as pontes e os portos, a arquitetura não só proveu ao benefício do homem, como abriu estradas a todas as províncias do mundo. O que permitiu aos homens um intercâmbio com vantagens recíprocas das colheitas, dos aromas, das gemas, das invenções e dos conhecimentos, de tudo aquilo, enfim, que é benéfico à manutenção e à comodidade do viver. Adicionemos as máquinas guerreiras, as fortificações e todos os achados que servem para defender e aumentar a liberdade, a potência e a glória da pátria, a estender e a consolidar o poder. Se, de fato, se pudesse perguntar àquelas cidades que, desde os tempos mais antigos, caíram sob o domínio dos outros, por quem foram vencidas e submetidas, eu acredito que responderiam que foram derrotadas pelo arquiteto."[15]

Mas, por mais conscientes da própria dívida em relação à Idade Média, os grandes personagens da Renascença decididamente recusaram a sua essência, apostando num ser humano e numa sociedade profundamente renovados, na viva síntese entre os valores mais elevados do mundo clássico e aqueles mais humanos do cristianismo, na edificação de uma nova cidade do homem, capaz de prosperar sem nenhum prejuízo para a cidade de Deus.

Decorreu disso um sincretismo entre o mundo pagão e o cristão, que logo traduziu-se em universalismo, liberdade republicana, paixão pela beleza e vontade de passar à história por intermédio da realização de obras capazes de se projetar no futuro, para além da vida de quem as havia, com mérito, concluído ou financiado.

FLORENÇA: UMA REPÚBLICA DE GÊNIOS

Esse movimento que se deflagrou no espaço de poucos decênios teve Florença como seu epicentro e dali expandiu-se, primeiro pela Itália e depois pelo resto da Europa. Mais uma vez, uma cidade relativamente pequena – somente 50.000 habitantes, que a peste de 1348 havia reduzido para 20.000 – conseguiu exibir um número incrível de personalidades geniais. Do mesmo modo que fizemos em relação a Atenas, repitamos também com Florença uma pormenorização quanto às datas: Petrarca nasce em 1307, Boccaccio em 1313, Brunelleschi em 1377, Ghiberti em 1378, Donatello em 1386, Paolo Ucello em 1397, Fra Angelico e Luca della Robbia em 1400, Masaccio em 1401, Filippo Lippi nasce em 1406, Pollaiolo em 1432, Andrea della Robbia e Verrocchio em 1435, Bramante em 1444, Botticelli em 1445, Lourenço de Médici em 1449, Filippino Lippi em 1457, Giovanni della Robbia e Maquiavel em 1469, Michelangelo em 1475, Guicciardini em 1483, Benvenuto Cellini em 1500 e Vasari em 1511.

Contemporaneamente, em outras cidades italianas, trabalham Piero della Francesca, nascido em 1416; Antonello da Messina, nascido em 1430; Mantegna, cujo ano de nascimento é 1431; Ariosto, que nasceu em 1474; Giorgione, nascido em 1477; Baldassare Castiglione, nascido em 1478; Rafael, nascido em 1483; Sansovino, que nasceu em 1486; Ticiano, nascido em 1488; Palladio, nascido em 1508; Tintoretto, que nasceu em 1518; Pierluigi da Palestrina, nascido em 1525, e Torquato Tasso, nascido em 1544.

E no resto da Europa trabalhavam Jan van Eyck, nascido em 1395; Bosch, nascido em 1450; Erasmo de Rotterdam cujo ano de nascimento é 1466; Holbein, nascido em 1460; Dürer, nascido em 1471; Copérnico, nascido em 1473; Thomas Moore, nascido em 1478; Paracelso, nascido em 1493; Rabelais, que nasceu em 1494; Bruegel, nascido em 1525, e Cervantes, nascido em 1547. Enquanto isso, Cristóvão Colombo desembarca na América em 1492 e Martinho Lutero lança a sua Reforma Protestante em 1517.

Sobretudo em Florença, a condensação e a ação conjunta de tantos artistas e de tantas obras-primas – comparável somente à Atenas de Péricles –, o notável estado das instituições e da economia, o sentido novo da liberdade, fora da cobertura da religião, da tradição e da miséria, determinaram um clima extraordinariamente criativo.

O RENASCIMENTO HUMANO

Esse clima retirava dos gregos e dos romanos – da língua, da arte e do modelo de vida deles – o exemplo mais elevado de humanismo, que era preciso recuperar e renovar depois de tê-lo finalmente liberado do aprisionamento no qual a Idade Média o havia silenciado. Após 700 anos retomou-se o estudo do idioma grego, e a educação dos jovens readquiriu um papel de suma importância nas famílias e no Estado. O homem foi recolocado no centro da vida social como senhor da própria sorte, capaz de dominar a natureza por meio da sua força ativa e consciente, merecedor de passar à história por meio da excelência das suas obras e da nobreza das suas ações, bem mais do que devido ao berço.

Após séculos de uma precedência voltada à vida contemplativa, à parcimônia e à mortificação da carne, é restituída plena dignidade à vida ativa, ao cuidado com o corpo, aos prazeres do amor e da boa mesa. A cultura não é um fim em si mesma e nem tem como objetivo o aperfeiçoamento teológico da fé, mas existe em função da vida civil. O trabalho representa a força com a qual o homem transforma o mundo e, portanto, é digno de louvor mesmo quando requer esforço físico e provoca o suor da fronte. "Não são de se condenar as fadigas", escreve Pontano, "a partir do momento em que nascemos para trabalhar e não podemos obter as virtudes e a felicidade senão trabalhando. E nenhuma dentre as artes e as disciplinas, mesmo aquelas menos complexas, pode ser obtida sem fadiga ou conservada por muito tempo sem um contínuo e freqüente exercício... Mais caras nos são as coisas cuja obtenção nos foi mais sofrida do que aquelas que o acaso e a sorte nos oferecem. O que mostra a utilidade e a necessidade das fadigas, sem as quais não se obtêm as virtudes, e ao mesmo tempo revelam que elas são sumamente apreciadas e agradáveis quando alcançam seu alvo, que é rico de puríssimo gozo."[16]

A atividade profissional deve gerar riqueza, e a riqueza não deve ser acumulada, mas deve circular: "Para que serve ganhar se não se produzem coisas?", diz Leon Battista Alberti. "E todo o sentido das coisas está não tanto em conservá-las, mas em usá-las segundo a necessidade."[17]

O dinheiro não somente é o "esterco do demônio", mas é sangue e substância da terra: "O dinheiro foi um ótimo achado", escreve Bernardo Davanzati, "um instrumento que faz bens infinitos; se alguém o maneja mal, não é o manejado, mas sim o manejador a repreender-se e se corrigir. O dinheiro é o nervo da guerra e da república, dizem graves e solenes autores; mas para mim ele mais parece um segundo sangue. Porque assim como o sangue, que é o suco e a substância do alimento no corpo natural, correndo por veias grossas às mais diminutas, rega toda a carne... assim o dinheiro, que é suco e substância ótima da terra, como dissemos, correndo das bolsas grandes para as pequenas, toda a gente sangra daquele dinheiro que se gasta e vai embora continuamente nas coisas que a vida consome, devido às quais volta às bolsas grandes; e girando assim mantém em vida o corpo civil da república."[18]

Os ricos devem cultivar as artes, proteger os artistas, embelezar a cidade com obras de arte que podem ser desfrutadas por todos os cidadãos. A beleza é uma deusa absoluta, que se identifica com a bondade e a quem corresponde um culto incessante, sentido e febril. Por sua vez, o amor é a tensão graças à qual o homem alcança as suas metas, exalta a si mesmo e os objetos da sua tensão. A arte, a bondade, a beleza e o amor são os meios com os quais o homem honra a si mesmo, a coletividade, a história e a Deus. A beleza é um imperativo categórico: "Belas vestes, bela casa, belas decorações, generosidade para com os amigos e para com o povo, reputação de prodigalidade entre os conterrâneos, vontade de emergir neste mundo."[19]

O culto da beleza atinge um ponto tão impiedoso que chega a igualar a feiúra ao pecado de ser malvado: "Os feios", escreve Baldassare Castiglione, em O *Cortesão*, "em geral são ainda por cima malvados, e os belos, agradáveis; e pode-se afirmar que a beleza seja a face prazerosa, alegre, grata e desejável do bem; e a feiúra, a face obscura, doente, desagradável e triste do mal."[20] Um madrigal de Michelangelo inicia dizendo: "*Se dal cor lieto divien bello il volto, / dal tristo il brutto*" (Se de um coração alegre vem belo o vulto, / de um triste, o feio).

A sociedade criativa que resulta dessa complexa filosofia de vida é algo de inédito sobre a face da Terra: forte, mas não arrogante; serena, mas não condescendente; dinâmica, mas não estressante, e amorosa, sem morbidez. Sobretudo no século XV, "um pontífice podia tranqüilamente conectar interesses políticos e culturais, enquanto um príncipe tratava com a mesma gravidade uma séria questão diplomática e a pesquisa de uma preciosidade; já um douto elevava-se lendo Salústio antes de ir apunhalar um tirano. O Classicismo redescoberto fazia-se sangue e ação; políticos e gênios militares viam-se diante de César ou Cipião, e novos mecenas cercavam-se de historiadores e de poetas que tornassem os seus nomes imortais e igualassem o século deles com aquele de Augusto".[21]

Essa passagem de Eugenio Garin, o maior estudioso italiano da Renascença, recorda-nos que mesmo um movimento tão criativo e fascinante produz êxitos ambivalentes: a pesquisa do passado levou alguns a revitalizar a grandeza do Classicismo e outros a escorregar para o pedantismo erudito; a busca da glória conduziu alguns ao mecenato e a grandes empresas, já outros, a conspirações, à impudência e ao delito; a busca de si mesmo impeliu alguns ao crescimento pessoal, mas outros a uma estéril introversão; o amor pela verdade levou alguns ao refinamento da própria educação, mas outros à temeridade e à fogueira; a busca da eternidade conduziu alguns à realização de gestos históricos; já outros, à carolice.

A ECONOMIA DA ARTE RENASCENTISTA

O Renascimento, de todo modo, representa um outro ápice, um outro ponto culminante na história da criatividade humana; um espelho provocador através do qual as capacidades criativas do homem se aventuraram e, vitoriosas, proporcionaram uma grande renovação estética e ideológica, graças aos desafios que o próprio homem se colocou.

Da mesma forma que a explosão criativa de Atenas e do Classicismo, também a de Florença, do Humanismo e do Renascimento voltou-se sobretudo para a arte, a filosofia e a literatura. Nem o século XV nem o XVI podem exibir descobertas científicas e invenções técnicas comparáveis àquelas precedentes da Mesopotâmia e do "século gaio", ou mesmo àquelas sucessivas, que ocorrerão nos séculos XVII e XVIII. Mas o progresso científico que marcou os séculos seguintes, até os nossos dias, foi preparado pelo amor à precisão, à perfeição, ao bom acabamento e à polidez que os artistas cultivaram numa medida extrema, a ponto de considerar "gótico", isto é, aproximativo, bárbaro e impreciso, até mesmo o meticuloso respeito pelas proporções que comprovamos nas catedrais da Idade Média.

O que desencadeou, no Renascimento, esse rio de criatividade artística tão repleto de obras-primas? Quais os métodos adotados pelos artistas do Renascimento nos seus processos criativos? As respostas mais convincentes nos chegam de dois estudos que, embora não sejam recentes, até hoje não foram superados: *Il Mondo degli Artisti nel Rinascimento Fiorentino* (O mundo dos artistas no Renascimento florentino) de Martin Wackernagel[22] e o já citado *Artisti a Bottega* de Ettore Camesasca.

Segundo Wackernagel, o estímulo primário e decisivo numa produção assim tão copiosa de obras de arte não residia somente na personalidade dos artistas e no seu impulso criativo espontâneo, mas também, e talvez até mais, na interminável demanda de obras de arte e na impetuosa personalidade dos mandantes que caracterizaram aquela época.

Na relação entre a demanda e a oferta, o desenvolvimento da arte florentina seguiu uma ordem inversa com respeito à da posterior produção industrial. A indústria dos tempos de Ford desenfornava os produtos criados pelos empresários, os armazenava e depois procurava distribuí-los no mercado. No jargão, dizemos que se tratava de uma indústria *product oriented*, "orientada para o produto". Somente num segundo momento a indústria, antes de começar a produzir, começou a sondar as necessidades do público através de pesquisas de mercado, de forma a modelar os produtos com base nas suas necessidades específicas, a fim de obter o máximo sucesso com as vendas. No jargão, afirmamos que se trata de uma indústria *market oriented*, "orientada para o mercado", empenhada na satisfação do cliente (*costumer satisfaction*).

Na produção artística florentina acontece o contrário: numa primeira fase, os artistas trabalham sob encomenda específica do mandante, respeitando contratos nos quais a demanda era detalhada e severamente articulada. Somente numa segunda fase, quando a demanda do mercado explodiu e o prestígio dos artistas consolidou-se, eles pintaram e esculpiram segundo o próprio desejo, já com a certeza de que as suas obras não deixariam de ser vendidas.

No início, os mandantes eram cidadãos quaisquer, artesãos, empregados ou párocos que sentiam a necessidade de construir uma casa ou uma igreja e embelezá-la com quadros ou com estátuas. Depois, a partir da metade do século XV, formou-se um grupo de mandantes – em primeiro lugar, Lourenço o Magnífico –, amantes da arte, entendedores sofisticados, colecionadores, dotados de cultura e com poder aquisitivo. Mas Lourenço era algo mais: era um mecenas, certamente mais ilustre, generoso e versátil do que Piero del Pugliese, que se distinguiu sobretudo como doador, ou do que Francesco di Piero, que também financiou obras notáveis, ou ainda do que aquele príncipe descendente dos Capetos, Jean de Berry, que promoveu um dos mais admiráveis livros de orações com pinturas em miniatura de todos os tempos: *Très Riches Heures*, atualmente conservado no Museu Condé de Chantilly.[23] Ser um mecenas significava muito mais do que ser um mandante: significava ser cultor da beleza, patrocinador, financiador, promotor, inspirador, crítico, intelectual refinado, homem rico mas consciente das responsabilidades cultural e social ligadas ao privilégio da riqueza, assim como respeitoso da arte, a ponto de tolerar os caprichos dos artistas mais indóceis. E com eles mantinha uma tal intimidade que fazia pensar que a amizade do artista fosse quase mais estimada do que a posse das suas obras. Isso acontece a Leonardo da Vinci, primeiro com Francisco I e depois com a nobre família Sforza; acontece também a Rafael, junto à corte de Leão X; e é ainda o que sucede a Ticiano em relação a Carlos V, que chega até a nomeá-lo conde Palatino.

Com Michelangelo vai-se mais além, e o artista chega a se permitir um relacionamento nada idílico com o papa Júlio II, talvez o maior mecenas de todos os tempos, que, além do Buonarroti, conseguiu atrair para o seu círculo dois outros gênios do calibre de Bramante e de Rafael. Júlio II encomendou a Michelangelo a criação e a construção do seu monumento fúnebre em San Pietro in Vincoli, mas entre o arquiteto, que apresentava projetos cada vez mais custosos, e o papa, que possuía cada vez menos dinheiro, surgiram crescentes incompreensões. Depois de várias audiências e após dias de insistência por parte de Michelangelo, o papa não encontrou outra solução senão a de indicar a um "palafreneiro que o convidasse a se retirar". A mortificação e a ira de Michelangelo foram tais que mesmo 36 anos depois do sucedido escrevia sobre isso com desdém. Voltou para casa a pé, escreveu uma carta de adeus, preparou a bagagem e partiu para Florença: "Daqui para a frente, quem me desejar deverá me procurar em outra parte que não Roma."

Conhecendo "o humor dos homens do seu feitio", o papa fez com que o procurassem, implorou para que voltasse atrás, escreveu três vezes às autoridades florentinas, a fim de que convencessem o sombrio artista a voltar para Roma. É o próprio Michelangelo que faz referências à injunção que, neste ponto, lhe foi feita pelo senhorio de Florença: "Nós não desejamos arranjar uma guerra com o papa Júlio por sua causa: é preciso que você vá." E só então, convencido mas não aplacado, Michelangelo retornou ao seu grande mecenas, com quem voltou a manter uma relação de amor e ódio até a morte.

O mínimo denominador comum antropológico, o motor socioeconômico do sistema florentino, composto por mandantes, mecenas, artistas, mas também por todos os cidadãos, foi a necessidade difundida de objetos belos para se olhar, capazes de suscitar emoções intensas. Não havia então nem cinema nem Internet ou televisão, com os quais hoje nutrimos os nossos olhos, aplacando a necessidade de imagens. Os edifícios, os afrescos, os quadros para altar, as pinturas, as telas para cavalete, as estátuas, mas também estandartes, móveis, utensílios, paramentos, porcelanas, caixas e baús, portas, vestes, couraças e tapeçarias, tudo devia satisfazer a necessidade de serem coisas belas, necessidade esta agudamente sentida por todo o povo, que a esta específica necessidade dedicou, por 200 anos, os próprios recursos materiais, a própria tensão, discussões acirradas, até disputas e guerras.

A Igreja, o município, o senhor, a corporação e o mandante privado criavam e reforçavam, por intermédio da arte, a própria imagem, o próprio prestígio, a própria credibilidade, o consenso político e a própria força comercial. Por meio da arte, cada mandante e mecenas assegurava para si a glória e a imortalidade na terra, assim como – durante a Idade Média – as doações garantiam a glória e a imortalidade no céu.

A economia e o mercado da arte renascentista foram, portanto, caracterizados por uma demanda cada vez mais vasta, mais culta, mais refinada e mais exigente; e por uma oferta sempre mais prodigiosamente copiosa e genial. A feitura das obras foi influenciada pela arte clássica, que freqüentemente fornecia também o "roteiro" ou o "cenário" dos ciclos pictóricos ou para um quadro determinado; assim como pela predileção por uma execução meticulosa, polida e perfeita; e também pela disponibilidade de tempo, numa vida ainda não estressada pela pressão do maquinismo industrial e da *New Economy*.

O PRESTÍGIO VEM DA PRECISÃO

Graças a biografias, autobiografias, crônicas e testemunhos, sabemos bastante sobre a extração, a formação, o papel social, os ganhos, os níveis de vida e o prestígio de cada um dos artistas da Renascença. O bonito ensaio *Nati sotto Saturno* (Nascidos sob Saturno) de Rudolf e Margot Wittkower,[24] repleto de preciosas informações; os estudos igualmente valiosos e já citados de Wackernagel e de Camesasca; o belo ensaio de André Chastel sobre o artista;[25] as muitas informações referidas por Eugenio Garin, nos seus inumeráveis estudos e ainda aquela fonte das fontes que é *Vite* de Vasari, nos permitem a reconstrução bastante fiel do ambiente no qual os artistas do Renascimento trabalhavam, da sua condição socioeconômica e dos métodos com os quais alimentavam ou domesticavam os seus furores criativos.

Sabemos que alguns artistas provinham da burguesia: Masaccio e Leonardo da Vinci eram filhos de tabeliães, Ghirlandaio, de um corretor, e Michelangelo era filho de um funcionário público. Mas a maioria provinha da classe média baixa, como freqüentemente denunciam os apelidos: o pai de Andrea del Castagno (André do Castanheiro) era camponês, o de Pollaiolo (Galinheiro) era vendedor de galinhas, o de Andrea del Sarto (André do Alfaiate) era alfaiate. Já o de Filippo Lippi era açougueiro, o de Paolo Ucello, barbeiro, e o de Botticelli, curtidor.

Conforme vimos, Júlio II usou com Michelangelo de uma paciente deferência. Porém, tratava-se de Michelangelo! Em geral, a consideração social de que gozavam os artistas não superava aquela reservada a um artesão qualquer. Zilsel calculou que, nas biografias coletivas dos italianos famosos, escritas durante um tempo que vai do início de século XV até a metade do XVI, o percentual dos artistas considerados dignos de integrá-las permaneceu abaixo de 5%, contra 49% representados pelos escritores, 30% pelos políticos e pelos militares e 6,5% pelos médicos.[26]

Somente poucos artistas (por exemplo, Michelangelo, muito cuidadoso na gestão dos próprios negócios, e Donatello, grande esbanjador) conseguiram obter um respeito considerável, enquanto a profissão de pintor e de escultor, somente perto do final da Renascença, adquiriu a estima social necessária para integrar as "artes liberais". O ourives era um pouco mais apreciado porque devia ter noções de química; de maior prestígio ainda era cercado o arquiteto, porque a sua profissão requeria conhecimentos profundos de matemática. Em 1468, Ludovico da Montefeltro assinou um contrato com Luciano Laurana, cujas premissas afirmavam: "Aqueles homens nós julgamos que devem ser honrados e dignos de comendas, os quais se encontram ornados de engenho e de virtudes. E, máxima dentre as virtudes, que sempre foram apreciadas junto aos antigos e aos modernos, é a virtude da arquitetura, fundada na arte da aritmética e da geometria, que estão entre as sete artes liberais e são as principais."

Não é tanto a fantasia criativa quanto a ciência unida à prática que confere prestígio a uma profissão. Por isso há um florescimento de tratados e de manuais que servem para transmitir com exatidão os conhecimentos específicos das técnicas de composição dos mestres especialistas aos alunos aprendizes: Benvenuto Cellini escreve o *Trattato dell'Oreficeria* (Tratado sobre ourivesaria), Leon Battista Alberti escreve o tratado *De Re Aedificatoria* (A arte de edificar), Luca Pacioli escreve o tratado *De Divina Proportione* (A divina proporção), Piero della Francesca escreve um tratado sobre a perspectiva, Gaffurio escreve um intitulado *Teoria Musicale* (Teoria musical), Ghiberti escreve os seus *Commentari* sobre as profissões artísticas, Leonardo da Vinci é autor de *Trattato della Pittura* (Tratado de pintura) e Cennini escreve o *Libro dell'Arte* (O livro de arte). Sempre em nome da escrupulosa precisão e da necessária correspondência entre pintura, escultura e realidade, Da Vinci, Michelangelo, Donatello e Pollaiolo dissecam cadáveres até enjoar.

OH, QUE COISA DOCE É ESTA PERSPECTIVA!

Entre os artistas há aqueles proverbialmente preguiçosos ou pouco confiáveis quanto ao cumprimento dos prazos de entrega. Piero della Francesca, Leonardo da Vinci, Andrea del Sarto, Rafael, Perugino, Júlio Romano e Iacopo della Quercia chegavam a atrasar para além dos limites da decência a entrega de obras acertadas contratualmente. Júlio II perguntou a Michelangelo quando acabaria os afrescos da Capela Sistina: "Quando puder", parece ter sido a resposta do artista.

Mas quase todos os artistas demonstram uma intensa paixão pela própria arte e uma tenacidade fora do comum ao levar suas idéias adiante. Este, aliás, o da tenacidade, é o aspecto que se encontra com maior freqüência nas personalidades criativas de todos os gêneros e de todos os tempos. E, freqüentemente, a tenacidade estende-se até a obstinação, a privação e o sofrimento. Plínio conta que Protogene, um pintor do final do século IV a.C., durante a execução de uma obra importante, "nutria-se de tremoços macerados na água, a fim de satisfazer, ao mesmo tempo, a fome e a sede, sem embotar as suas faculdades com refeições demasiado copiosas".[27]

Prescindindo da confiabilidade dessa história, no Renascimento não foram raros os casos nos quais os artistas se submeteram a sacrifícios inenarráveis para conseguir criar obras-primas universais: basta pensar nos quatro anos que Michelangelo passou sobre os andaimes da Capela Sistina, debruçado durante o dia inteiro sobre suas pinturas, com uma vela arranjada de forma um tanto ou quanto improvisada na altura da testa e totalmente sujo com tintas coloridas que escorriam e pingavam das paredes.

Muitos artistas (por exemplo, o próprio Michelangelo, Masaccio, Brunelleschi, Luca della Robbia, Donatello, Leon Battista Alberti, Verrocchio, Botticelli, Leonardo da Vinci, Piero di Cosimo e Rafael) permaneceram solteiros para se dedicarem inteiramente às suas paixões criativas. Outros, por causa da arte, descuidaram-se de questões pessoais ou de negócios. Vasari conta que Paolo Uccello era totalmente tomado pelas suas pesquisas estéticas, tanto que vivia praticamente "sozinho e num modo quase selvagem... mais pobre que famoso". Passava todas as noites no escritório estudando os problemas geométricos da perspectiva, e, quando a mulher o chamava para ir dormir, ele respondia: "Oh, que coisa doce é esta perspectiva!"[28]

Ainda Vasari descreve Masaccio como "uma pessoa muito abstrata e desleixada, como aquele que tendo fixado o seu ânimo e a sua vontade somente às coisas da arte, cuidava pouco de si e dos demais... De Tommaso (que era seu nome) foi chamado Masaccio".[29]

NASCIDOS SOB SATURNO

A vida do artista sempre estimulou a fantasia dos biógrafos e do público, sobretudo daqueles que não são artistas e gostam de atribuir aos gênios o desregramento, a extravagância, a imprevisibilidade e aquele aspecto "terrível", que até mesmo o papa teve que tolerar em Michelangelo.

Boccaccio descreve os artistas como pessoas com inclinações para as brincadeiras, as espertezas e as troças. Na novela 94 de Sacchetti, a esposa de um pintor investe contra o marido, gritando: "Maldito seja aquele que casou uma mulher a algum pintor; pois sois todos fantasiadores e lunáticos e andam inebriados e nem se envergonham."

Por sorte, a pesquisa escrupulosa dos Wittkower, *Nati sotto Saturno*, acaba com muitos desses estereótipos, demonstrando que o percentual de egocêntricos, neuróticos, rebeldes, infiéis, licenciosos, extravagantes, obcecados pelo próprio trabalho, loucos furiosos, introvertidos, violentos, suicidas, em suma, intratáveis e anormais, que se encontram na categoria dos artistas, no final das contas, não é em nada maior do que aquele que existe em todas as demais categorias sociais. A mesma coisa vale para aquilo que diz respeito à homossexualidade, apesar dos casos chamativos de Leonardo da Vinci, de Michelangelo e de Sodoma.

Mas, na realidade, como era o caráter desses artistas? Independentemente dos gênios do Renascimento, existe um denominador psicológico comum, um temperamento típico do artista, do cientista, do inventor e do criativo? Voltarei a esta questão na segunda parte deste volume. Por ora, devo antecipar alguns aspectos.

Platão sustenta que as grandes obras-primas são produzidas nos estados eufóricos, nos quais o artista se encontra quando é tomado pelo entusiasmo criativo. Mas o mesmo artista, eufórico quando cria, na vida de todos os dias tende a ser melancólico. Mais ou menos nos mesmos anos, Hipócrates (460-377 a.C.) teoriza que o estado do corpo humano depende da proporção na qual estão combinados quatro humores: na pessoa sangüínea predomina o sangue, na fleumática, a fleuma, na pessoa colérica prevalece a bile amarela e na melancólica, a bile preta. Aristóteles afirma: "Todos os homens extraordinários, excelentes na filosofia, na política, na poesia e nas artes são nitidamente melancólicos." Essa tendência à melancolia foi considerada uma tentação diabólica por parte da Igreja e um dom divino por parte dos humanistas – encabeçados por Marsílio Ficino – que não a atribuíram à perfídia do demônio, mas à influência de Saturno, planeta ambivalente por excelência. "Desde então", escrevem os Wittkower, "nenhuma obra excelente, intelectual ou artística, foi considerada possível se o seu autor não fosse um melancólico. No século XVI uma verdadeira onda de *tendência à melancolia* abalou a Europa inteira. As qualidades de caráter associadas à melancolia, como a irritabilidade, a variabilidade de humor, o amor pela solidão e a excentricidade, passaram a ser moda, e a sua exibição adquiriu um certo valor esnobe, de forma análoga ao *Weltschmerz* dos românticos e ao azedume dos nossos Jovens Raivosos."[30]

Embora Vasari retorne freqüentemente ao binômio artista-melancolia, exatamente das suas numerosas biografias emerge toda uma infinita variedade de caracteres, temperamentos e modelos de vida que distinguem os artistas da Renascença. Alguns como Rafael e Leonardo eram belos, afáveis, ótimos de conversa, com caráter gentil e equilibrado, além de cordiais; outros "haviam retirado da natureza um quê de loucura e de selvageria"; outros ainda, como Benvenuto Cellini e, mais tarde, Caravaggio, não eram confiáveis e chegavam a ser até mesmo trapaceiros; e mais outros, como Michelangelo, eram briguentos, rudes e solitários. Alguns artistas gostavam de exibir a própria habilidade, admitindo e solicitando a presença de observadores mesmo enquanto trabalhavam: Bernini gostava que os turistas visitassem o seu estúdio, mesmo quando esculpia; Rubens tinha o hábito de ditar cartas, fazer com que lessem Tácito para ele ou ainda o de conversar, enquanto pintava. Outros preferiam trabalhar na solidão (entre estes, no passado, Michelangelo e Tintoretto; mais tarde Guido Reni e hoje Oscar Niemeyer). Vasari narra que Pontormo trabalhava num quarto onde "subia-se por uma escada de madeira, a qual, uma vez tendo entrado, puxava para cima com uma roldana, e assim ninguém podia subir até ele, sem a sua vontade ou conhecimento".[31] Leonardo da Vinci recomenda que "o pintor e o desenhista devem ser solitários". Alguns eram extemporâneos e descontínuos (como Giovanni Bellini, que "costumava, como diz, divagar sempre segundo a sua vontade entre as pinturas"), alternando fases de ativismo quase furioso com fases de introvertida incubação. Muitos outros gostavam de se aplicar ao próprio trabalho com escrupuloso método: como havia feito muitos séculos antes o pintor Apeles, a quem é atribuída a máxima *Nulla dies sine linea* (nenhum dia sem uma linha); ou como, muitos séculos mais tarde, fará o músico Stravinski, a quem é atribuída a frase pitoresca: "O cérebro do artista é como uma criança: todas as manhãs deve ser posto no penico."

Quanto àquilo que diz respeito ao rigor intelectual, acontecia então o que se repete hoje no mundo cinematográfico. Muitos filmes narram eventos e personagens históricos com grande desenvoltura, sem se preocupar com uma fidedignidade absoluta; da mesma forma, na Renascença, muitas obras-primas da pintura e da escultura representavam com toda a liberdade as vicissitudes mitológicas ou bíblicas, os milagres dos santos e as empresas dos príncipes, sem nenhuma atenção filológica para a correspondência entre as cenas representadas e as comprovadas fontes históricas. Michelangelo representou Juliano e Lourenço de Médici numa forma muito pouco fiel, e a quem o reprovava ele respondia que, passados mil anos, ninguém saberia qual era o aspecto real deles.

O neurótico Proust defendia em benefício próprio que "o que existe de grande no mundo é obra dos neuróticos. Somente eles fundaram as religiões e deram vida às nossas obras-primas". Não se pode negar que muitos grandes artistas foram neuróticos e extravagantes: Piranesi, segundo o testemunho de um arquiteto seu conhecido, tinha um discurso desconexo e devaneava ao falar. Pontormo, Guido Reni e Parmigianino eram também, cada um deles, fora do normal. Mas, ao contrário, Rafael, Vasari e, mais tarde, Mendelssohn-Bartholdy, Matisse e Fellini foram pessoas equilibradas, serenas e agradáveis. Ao que parece, portanto, não há regras nem constantes acerca da presumida coincidência fatal do gênio com o desregramento, ainda que a idéia dessa indissolubilidade esteja tão radicada na opinião pública que todo aquele que se ilude em ser um gênio sente-se no dever de se mostrar excêntrico.

No Renascimento não só dominou a convicção de que o artista fosse melancolicamente saturnino, mas tinha-se também a certeza de que a melancolia fosse acompanhada de variações do humor, de irritabilidade e de estranhamento do mundo. Depois, no século XVII, predominará a sangüínea exuberância de personalidades extrovertidas como Bernini e Rubens, como Velásquez e Rembrandt. No entanto, com o Romantismo, reemergirá a melancolia, estimulada até a tuberculose ou ao suicídio.

Mas, para além das lendas, as biografias dos artistas demonstram que a criatividade genial acha-se em todos os tipos de personalidades: vaidosas como Piranesi ou esquivas como Duquesnoy; distintas como Da Vinci ou descuidadas como Masaccio; melancólicas como Leopardi ou alegres como Rossini; velozes como Luca Giordano ou lentas como Carlo Dolci; simples como Fra Angelico ou astutas como Agostino Tassi; rigorosas como Michelangelo ou pouco confiáveis como Benvenuto Cellini; esbanjadoras como Wagner ou parcimoniosas como Masaccio; mundanas como Bernini ou reservadas como Borromini; solitárias como Paolo Uccello ou extrovertidas como Ghiberti e Rubens; capazes, como Caravaggio, de obras que espelham perfeitamente o seu tipo de vida, ou capazes, como Mozart, de obras que pouco ou nada deixam transparecer da sua real existência; elegantes como Rafael ou maltrajados como Brunelleschi ou Annibale Carracci, que, "pouco limpo, vestia-se da pior maneira; com o colarinho torto, o chapéu com quatro abas, o manto mal-ajeitado e a barba desgrenhada... sempre abstrato ele, sempre solitário, parecia um homão às antigas, um filósofo".[32]

A OFICINA COMO INCUBADORA CRIATIVA

O problema, nesse ponto, de psicológico transformou-se em sociológico. Se não é possível identificar um aspecto dominante no temperamento dos vários artistas e criadores, se cada um deles foi assim tão diferente do outro e, apesar disso, a presença simultânea de tantos gênios dissonantes conseguiu produzir um dos mais sublimes conjuntos criativos de todos os tempos, o que amalgamou tantas diferenças? O que assegurou a transmissão cultural de uma geração à outra? O que concentrou num movimento humanista tão identificável quanto unitário aportes tão disparatados de tantas disciplinas e de tantos cultores diversos?

Tenho a convicção de que um papel de primeira importância nesse processo de amalgamação e de endereçamento foi desempenhado por duas instituições precisas – as oficinas, primeiro, e as academias, mais tarde – duas células sociais diferentes entre si, mas perfeitamente de acordo com a natureza do seu tempo e coerentes com o conjunto do sistema no qual se encontravam funcionando.

Freqüentemente, nos processos criativos, uma idéia puxa a outra, problemas e soluções se comunicam e se chocam entre si no curso do tempo, saltando épocas e fronteiras. Na Idade Média, o purgatório provoca o nascimento das catedrais; a catedral de uma cidade desperta a inveja e provoca a concorrência das cidades antagônicas, que, por sua vez, constroem as suas; o conjunto de catedrais gera um forte orgulho, uma confiança crescente nas capacidades construtivas do homem, um impulso vital, uma exigência de beleza, uma demanda crescente de artistas e uma rápida difusão das oficinas, as quais encontrarão, na Renascença, o seu período de máximo fulgor. As oficinas, por contraste, determinarão o nascimento das academias.

A edificação de cada obra imponente requeria um canteiro de obras no lugar da construção, outros canteiros junto às pedreiras e, ao redor, uma miríade de oficinas urbanas, onde os escultores, os carpinteiros, os artífices, os pintores e os ourives produziam estátuas, quadros e produtos semiacabados.

Assim, a oficina tornou-se a célula mais importante do sistema criativo do Renascimento: o lugar onde se formavam os artistas, nasciam as idéias e se realizavam as obras-primas, que eram expostas aos mandantes e aos compradores em potencial.

A OFICINA COMO GRIFE

Cennini recomenda ao jovem que deseja tornar-se pintor: "Quanto mais cedo tu possas, começa a te colocar sob a orientação de um mestre para aprender; quanto mais tarde puderes, dele tu partas." Geralmente o aspirante entrava para a oficina com 13 anos. Por meio de um ato lavrado por um tabelião, o pai o confiava a um mestre regularmente inscrito na corporação e ambos subscreviam as condições do aprendizado. Por sorte, conservamos aquele assinado pelo pai de Michelangelo: "Recordo, este dia primeiro de abril, como eu, Lodovico di Leonardo di Buonarotti, acomodo Michelangelo, meu filho, com Domenico e Davit di Tommaso di Currado [ou seja, o Ghirlandaio], por três anos a vir; com estes pactos e modos: que o dito Michelangelo deva permanecer com os supranomeados o dito tempo e aprender a pintar e a fazer o dito exercício e nisso os supranomeados o comandarão; os ditos Domenico e Davit lhe devem dar nestes três anos 24 florins em selos: no primeiro ano, seis florins, no segundo ano, oito florins e no terceiro, dez florins."

A formação era em regime de tempo integral: o discípulo devia morar com o mestre, ser-lhe fiel e obedecê-lo em tudo, cuidar dos seus bens, evitar desperdícios e observar os horários da casa. Por sua vez, o mestre empenhava-se em ensinar-lhe diligentemente a arte, fornecer-lhe a comida, o alojamento e as roupas e dar-lhe o eventual pagamento contratado. No plano profissional, o aprendiz devia aprender como se preparam os materiais para a pintura e as superfícies sobre as quais realizar afrescos, devia treinar o olho e a mão, por intermédio de exercícios de desenho, copiando a partir da realidade ou de obras do passado.

Em Florença, até o início do século XIV, um mestre podia ter somente um aprendiz de cada vez, mas uma oficina do século XV, entre mestres, discípulos, ajudantes estáveis e casuais, podia chegar a ter umas 20 pessoas, conforme sabemos a respeito da oficina de Ghiberti, durante o período da execução das portas de bronze do batistério, que veio a somar-se a outros compromissos improrrogáveis. De todo modo, o contrato para as portas comprometia o mestre a executar pessoalmente somente "aquelas partes que são de maior perfeição como os cabelos, os nus e similares". Aquilo que contava era a assinatura, a grife, que garantia a qualidade do produto, como hoje acontece em relação aos grandes estilistas da moda ou aos grandes *designers*.

A OFICINA COMO EQUIPE

A interdisciplinaridade e a criatividade coletiva da oficina antecipavam e preparavam as dos canteiros de obras. Benvenuto Cellini, falando sobre algumas das suas jóias raras, afirma: "As ditas jóias eram perfeitamente trabalhadas pelas mãos dos meus trabalhadores, seguindo os meus desenhos"; e falando sobre a fusão de Perseu, diz que se servia "de certos rapazes de comissões", porque "sozinho não podia dar conta de todas as coisas".[33] Até mesmo Michelangelo, que tendia a fazer tudo sozinho, teve que delegar uma parte do túmulo de Júlio II a alguns dos seus ajudantes. A mesma coisa foi feita por Rafael para as *Stanze* (as câmaras que ele pintou no

Vaticano). "Naquilo que diz respeito à realização da maior parte das grandes obras e dos complexos artísticos", escreve Wackernagel, "é preciso levar em conta esta *equipe*, formada por muitos componentes. O diretor do ateliê podia, no máximo, impor o seu estilo pessoal, graças às suas funções de supervisor e diretor dos trabalhos, sem, contudo, ter em mãos a realização completa da obra – e isto era válido até mesmo no caso de pintura em pranchas de pequenas dimensões. Esse tipo de divisão do trabalho era necessário devido às técnicas de pintura e de escultura particularmente laboriosas, que requeriam numerosas atividades, por vezes de ordem exclusivamente técnica, que preparavam e sustentavam a execução da obra."[34]

Habitualmente o escultor intervinha quando o bloco de mármore já havia sido esboçado pelos seus alunos, com base nos seus desenhos. Só Michelangelo gostava de presidir até mesmo o corte do mármore nas pedreiras, e depois costumava esboçar pessoalmente o bloco, porque exatamente dessas longas operações preliminares extraía a inspiração para a estátua que viria à luz. Benvenuto Cellini deixou-nos uma descrição muito vivaz da sua oficina e da vida que se levava dentro dela. As relações nada fáceis com o Duque mandante e a febril exaltação que acompanhou a fusão do "azarado" Perseu constituem um clássico da literatura em torno da vida do artista.

Porém, retornemos ao relacionamento entre o mestre e o aprendiz, por vezes conturbado, quase sempre fecundo. Após um período que oscilava entre três e cinco anos, o discípulo tornava-se empregado. Mais outros três ou quatro anos e ele prestava o exame final, apresentando uma "obra-prima" a ser julgada pelo cônsul e pelos prefeitos. Se o veredicto fosse positivo, de empregado ele passava à classe dos artífices e podia, por sua vez, abrir uma oficina, inscrevendo-se na corporação. A partir daquele momento, era ele que passava a ter de encontrar clientes, discutir com eles, contratar empregados e discípulos, fazer publicidade do próprio trabalho, assim como construir a própria fama.

Não raramente criavam-se verdadeiras dinastias: por exemplo, Filippino Lippi era neto de Filippo; os Della Robbia foram todos escultores, e os Ghiberti foram ourives por cinco gerações. Da mesma forma, criaram-se cadeias de mestres e de alunos. Escreve Cennini, a respeito da sua carreira como pintor: "Formei-me na dita arte com Taddeo de Florença, meu mestre, o qual aprendeu a dita arte de Taddeo, seu pai; pai este que foi batizado por Giotto, tendo sido seu discípulo por 23 anos."

A OFICINA COMO CLÃ E COMO CLUBE

Quais são as características socioorganizacionais que tornam única a instituição da oficina renascentista? Em termos modernos, diríamos que ela constitui um sistema interdisciplinar de mestres, artesãos e alunos, em concorrência com outras oficinas para obter e realizar encomendas muito variadas quanto à qualidade e quanto às dimensões.

Quase sempre a oficina é complementar ao canteiro de obras e trabalha por projetos. O seu ambiente é particularmente adequado a fecundar a criatividade, não só porque reúne a teoria e a prática, mas também porque constitui um tipo de clã ao qual confluem amigos fiéis, patrocinadores e financiadores, com um ir-e-vir de visitantes, amigos e colegas de passagem, clientes públicos e privados, entre os quais destacam-se os representantes da Igreja e da Senhoria. Algumas oficinas, como a de Rafael ou a de Taddeo Gaddi, eram verdadeiros clubes, onde as pessoas se reuniam, falavam de arte e ainda discutiam outros "belíssimos assuntos com disputas importantes". Por vezes participava até aquele misantropo que foi Michelangelo! E junto aos "belíssimos assuntos" freqüentemente recitavam-se poesias, tocava-se música, encenavam-se representações teatrais e acabava-se desembocando em vadiagens festivas, chegando até mesmo a verdadeiras algazarras noturnas.

A oficina nasce num lugar, mas pode mudar de sede com a mudança dos canteiros das obras da qual é um apêndice. Bramante, Gaggini, Antonello de Messina deslocaram-se continuamente durante as suas vidas, assim como Michelangelo e Leonardo da Vinci. Sendo um subsistema do grande sistema socioeconômico que incentivava a produção artística, a oficina nascia, crescia, duplicava-se, migrava, assim como selava alianças e intercâmbios com outras oficinas, ou ainda entrava em conflito com outras ainda. Em suma, tratava-se de um organismo dinâmico, aberto e fechado ao mesmo tempo, em que a invenção e a iniciativa eram premiadas pelo sucesso somente se o ambiente circundante apreciasse a estética e a genialidade.

Completamente voltada à criatividade e à originalidade, a oficina era o reino do imprevisto, da inovação, da flexibilidade e da aversão à banalidade. Além disso, era o lugar do desafio. Cada encomenda, com efeito, implicava a estipulação de um contrato no qual o mandante enumerava, escrupulosamente, os detalhes da obra encomendada, determinando os quesitos a serem respeitados: tamanho; tonalidade das tintas; quantidade de santos; a ordem hierárquica entre eles e, com freqüência, a sua postura; quantidade de pintura, sobretudo de azul e de ouro; número de dias necessários e as partes que eram reservadas ao mestre da oficina e a parte a ser feita pelos ajudantes. Cabia, em seguida, aos artistas compor uma obra-prima, driblando as dificuldades de tantos vínculos.

É essa a mistura organizacional e cultural naquela incubadora de gênios que foi a oficina, capaz de alimentar no período de poucos decênios a criatividade de Botticelli, Verrocchio, Ghirlandaio, Della Robbia, Michelangelo, Leonardo da Vinci, Bellini, Filippino Lippi, Neri di Bicci, Bramante e tantos outros. Caso se pense que numa cidade pequena como Florença havia umas cinqüenta, todas muito laboriosas de dia e muito vivazes de noite, assim como todas promotoras ou participantes de um aceso debate cultural; caso se leve em conta que dentro delas e em torno delas havia toda uma competição ciumenta entre os alunos, rivalidade entre os mestres, concorrência recíproca e intrigas entre os nobres e os religiosos; e caso se considere a competição que se desencadeava por ocasião dos grandes concursos para obras públicas e as discussões que toda vez acompanhavam a proclamação dos vencedores; e ainda caso se pense nos subterfúgios, nas fofocas, nas trapaças, nos escândalos e até mesmo nos delitos que atormentavam a efervescente vida florentina; e, somente caso se considere tudo isso, pode-se perceber o singular entrelaçamento de fatores, a irresistível vibração e a entusiástica atmosfera que marcaram aquele período e aquele lugar, fazendo com que fosse um *unicum*.

UM ESTÁGIO DURO E PERSONALIZADO

Um noviciado artístico não se reduzia a um alegre passeio. "Do ponto de vista prático", escreve Camesasca, "o estagiário, antes dos pincéis, tinha nas mãos pilões para pulverizar as tintas e a escova para preparar a *tavola* para receber a pintura; não estava excluída a possibilidade de que no início pegasse também no cabo da vassoura. No devido tempo, e procedendo por degraus, passava aos rudimentos do desenho".[35] Cennini afirma que o aluno devia levar pelo menos seis anos para aprender essas primeiríssimas operações manuais para depois "praticar colorir, adornar com mordentes, fazer drapeados de ouro, treinar pintura na parede, por outros seis anos, sempre desenhando".

Na oficina, o discípulo podia encontrar todo o saber, a acolhida, a proteção e o afeto que, provavelmente, esperava: Giotto, por exemplo, chegou a adotar Taddeo Gaddi, que permaneceu com ele por mais de vinte anos. Mas o discípulo podia também encontrar algum mal-estar, exploração e angústias de vários tipos. Bastaria tomar como exemplo Squarcione, que, pelo que parece, adotou Mantegna mais para explorá-lo do que para instruí-lo, e em cuja oficina passaram numerosos 137 estagiários, todos regularmente explorados.

O outro inconveniente da oficina era de ordem estilística. O aluno trabalhava sob um controle muito rígido por parte do mestre, copiava e recopiava os trabalhos, completava as suas obras seguindo severas diretrizes das quais não estava livre para se afastar. Em outros termos, absorvia do mestre todo o bem e todo o mal, sem poder confrontar métodos e estilos diferentes, sem poder optar por abordagens alternativas, com o devido conhecimento de causa.

Um último inconveniente do sistema de formação baseado nas oficinas era a ligação indissolúvel com as corporações, que garantia ao artista uma assistência ao *welfare*,* mas o aprisionava à condição social média baixa dos artesãos. Um Leonardo da Vinci ou um Michelangelo, um Rafael ou um Ticiano, que chegaram a freqüentar príncipes e papas, quase de igual para igual, haviam adquirido para a profissão do artista um prestígio tal que lhes permitia exigir um *status* social bem superior àquele gozado durante a Idade Média ou no próprio século XV.

A ACADEMIA: CIÊNCIA E PRÁTICA

Aos poucos, portanto, insinuou-se a exigência de um sistema formativo completamente novo – que tomará o nome de academia –, desvinculado de uma relação absorvente e devoradora entre mestre e aluno; um sistema finalmente capaz de ancorar a prática a um sólido fundamento teórico e conferir à arte, considerada uma atividade predominantemente manual, a patente liberal que correspondia às atividades intelectuais como a matemática, a literatura e a filosofia. Por outro lado, são os conhecimentos teóricos como a perspectiva e a matemática que permitem ao artista ser "politécnico": ao mesmo tempo pintor e escultor, ourives e decorador, construtor de aparatos para festividades e para a guerra, arquiteto e engenheiro de catedrais, de batistérios e de palácios, assim como de pontes e fortificações. Michelangelo gostava de repetir que "pinta-se com o cérebro e não com as mãos".

Nos seus escritos, Leonardo da Vinci tece elogios tanto à prática como à teoria, mas atribui a primazia à última. "A sabedoria", diz ele no segundo capítulo dos seus *Scritti*, dedicados exatamente a essa relação, "é filha da experiência." E mais: "Assim como o ferro enferruja sem exercício e a água torna-se putrefata e no frio congela, da mesma forma o engenho sem

---

* Literalmente *welfare* significa bem-estar, prosperidade; o seu uso aqui deriva de *Welfare State*, que se refere à previdência social (N. do T.).

exercício estraga." Mais ainda: "A meu ver, aquelas ciências são vãs e cheias de erros, se não nasceram com a experiência, mãe de todas as certezas, e, se não terminam em notória experiência, isto é, se a sua origem, meio ou fim não passa por nenhum dos cinco sentidos."

Em suma, Leonardo da Vinci, antes mesmo de Galileu, sanciona a excelência do método experimental: "Antes de fazer deste caso uma regra geral, experimente-o duas ou três vezes, observando se as experiências produzem os mesmos efeitos... As coisas mentais que não passam pelos sentidos são vãs e nenhuma verdade podem parir, senão danosa."

Porém, é a teoria que deve iluminar a prática: "A ciência é o capitão e a prática são os soldados... Estude primeiro a ciência e depois siga a prática nascida daquela ciência... Aqueles que se apaixonam pela prática sem ciência são como o timoneiro que entra no navio sem timão ou sem bússola, que nunca sabe ao certo aonde vai. Sempre a prática deve ser edificada sobre uma boa teoria."

Entre todas as ciências, Leonardo atribui a palma de ouro àquela que, nascida de uma experiência sensitiva e da reflexão, procede linearmente das premissas às conseqüências "como se denota nas primeiras matemáticas, isto é, número e medida, ditas aritmética e geometria". A projeção de tudo isso sobre o plano sublime da pintura é a perspectiva, ciência das ciências, que merece "ser colocada diante de todos os tratados e de todas as disciplinas humanas, no campo em que a linha radiosa complica-se pelos modos da demonstração, no qual se encontra a glória, não só da matemática ou da física, ornada com as flores de uma e da outra".

Sete inscrições atribuídas a Da Vinci com a frase "Academia Leonardi Vinci" induziram a pensar que tenha sido exatamente ele quem criou, em Milão, a primeira verdadeira academia. Pelo que parece, Leonardo limitou-se a animar, junto à corte dos Sforza, um círculo que se formava, enobrecendo, uma idéia florentina do clube de oficina. Mas o objetivo principal deste círculo, além de discutir sobre a arte e a ciência, provavelmente era o de reforçar que a pintura, naquele ponto coroada por tantos gênios, tinha o pleno direito de erguer-se da classe das artes mecânicas até a classe das artes liberais e de ser considerada não mais uma vulgar atividade física, mas uma nobre disciplina científico-artística.

Academia era o nome do bairro no noroeste de Atenas onde Cimone havia feito com que fosse construído um bonito parque. Antes desse parque e depois, nos edifícios adjacentes, Platão ensinou filosofia aos seus discípulos. "Academia", dali para a frente, foi o nome dado às escolas de nível superior, onde se garantiam o rigor científico e a justa apreciação pela abordagem teórica. Em torno de 1480, Marsílio Ficino, encorajado por

Lourenço o Magnífico, fundou a sua academia neoplatônica numa *villa* florentina. Aos poucos, muitas outras academias surgiram em Vicenza, Nápoles, Veneza e em outras cidades mais da península italiana.

Mas o mérito de uma primeira academia, ainda que embrionária, num sentido *leonardesco*, deve ser atribuído a Lourenço o Magnífico, que, em torno de 1490, encarregou o escultor Bertoldo de organizar no jardim dos Médicis, na Praça São Marcos, "uma escola de pintores e de escultores excelentes", conforme nos narra Vasari. Com tal objetivo, pediu ao Ghirlandaio que lhe assinalasse promissores "jovenzinhos pintores e escultores" (entre os quais encontrar-se-á o adolescente de 15 anos Michelangelo), que, desvinculados das corporações, seriam guiados no estudo das obras antigas e modernas, pertencentes à coleção dos Médicis, sem ter que se submeter aos pesados trabalhos manuais a serem executados para os mestres na oficina.

Foi essa a primeira academia moderna, destinada a aperfeiçoar-se em sucessivas versões, até tornar-se um modelo para as futuras universidades de todo o mundo. Segundo o pensamento de Leonardo da Vinci, na academia o artista na flor da idade deveria seguir programas específicos, vários ensinamentos delegados a diferentes mestres, e tinha a possibilidade de escolher, entre as disciplinas, os professores, as escolas e os examinadores, aqueles mais afins às suas próprias inclinações. Em geral, a formação iniciava-se com o estudo da perspectiva; depois, o estudante deveria ser introduzido à teoria e à prática das proporções; em seguida, ao desenho, copiando as obras dos mestres, desenhando relevos e copiando da realidade; e, por fim, como um tipo de *start up*, deveria ser acompanhado na prática da sua arte pessoal.

Tentativas desse tipo deram-se em algumas academias que surgiram em Siena e em Florença, entre os anos de 1530 e 1540. Mas o verdadeiro início das modernas academias de arte deveu-se a Vasari, que transformou uma decadente confraria florentina, à qual ainda aderiam famosos artistas locais, na Academia do Desenho. No dia 13 de janeiro de 1563, a ordenação da nova instituição foi apresentada ao grão-duque Cosimo, que aceitou compartilhar a sua direção com o velho Michelangelo. Os objetivos que Vasari pretendia alcançar por intermédio da Academia eram pelo menos três: colocar os artistas florentinos mais eminentes sob a proteção do grão-duque; fazer dessa instituição uma autoridade suprema em termos de arte, a ser consultada sobre as mais elevadas questões de estética; e educar, segundo os métodos mais modernos, os artistas principiantes, assim como conferir aos artistas já adultos a possibilidade de uma formação permanente, de modo que "quem não soubesse aprendesse, e quem soubesse, movido por honrada e louvável concorrência, fosse adquirindo melhorias".

Todos os três objetivos foram rapidamente alcançados, e até mesmo da Espanha o rei Filipe solicitou uma *expertise* acerca de projetos do Escorial. As espetaculares cerimônias fúnebres de Michelangelo, que ocorreram em 1564, forneceram à Academia uma posterior ocasião de lustro, e de forma tão crescente que dois anos mais tarde também solicitaram a adesão artistas venezianos, entre os quais Paladio, Tintoretto e Ticiano.

Assim, as academias, nascidas de maneira informal, após a metade do século XVI adquiriram uma estrutura própria, seus estatutos foram promulgados, obtiveram uma fama cada vez mais ampla e exerceram um papel preciso na formação dos artistas, assim como na elaboração de novos estilos. Tamanha sorte as estimulará, por um lado, a proliferar posteriormente (basta lembrar que na Europa, no breve intervalo que vai de 1751 até 1787, nasceram 72 academias de Estado); e, por outro lado, as levará a degenerar, com freqüência, num poeirento academicismo. Nem mesmo a Academia de Vasari escapou desse perigo, tanto que o próprio fundador distanciou-se, indignado com "as ninharias e as asneiras dos nossos acadêmicos".[36]

A CÚPULA E O SONETO

Criar uma catedral não é como criar um soneto. Na poesia, a criatividade é quase toda circunstancial à sua expressão: fantasia e concretude coincidem no ato criativo. *L'Infinito* (O infinito) de Leopardi já está completo no exato momento em que o autor colocou o ponto final. Pode haver, depois, o problema da declamação por parte do recitante, mas esta é uma questão secundária, além de não afetar a completude do primeiro ato criativo.

Uma coisa completamente diferente é a construção de uma catedral, que se prolonga no tempo e que mobiliza centenas de cérebros, numa contínua recorrência, reflexo de múltiplos atos criativos realizados para resolver inumeráveis problemas, grandes e pequenos, convergindo para uma única meta, por vezes muitíssimo distante, da catedral finalmente completada.

Podemos talvez afirmar que na composição de *L'Infinito*, que mobiliza, simplesmente, o cérebro e a mão de Leopardi, uma pena, um tinteiro e uma folha de papel, a imaginação prevalece sobre a concretude. Já na construção de uma cúpula como a de Santa Maria del Fiore ou a de São Pedro, a concretude prevalece sobre a imaginação porque nela intervêm problemas organizacionais complexos, derivados da necessidade de combinar entre si muitos homens e muitas informações, instrumentos complicados e notáveis recursos, assim como um sistema em formação e um contexto persistente.

Obviamente, entre a criação de um soneto, eminentemente individual, e a de uma cúpula, decididamente coletiva, existe toda uma gama de situações intermediárias. Tomemos ainda o simples caso de um soneto: os níveis de complexidade podem ser crescentes, a mistura entre a imaginação e a concretude modifica-se, esse entrelaçamento complica-se, as intervenções criativas podem ser numerosas e distendidas ao longo do tempo: na medida em que Leopardi se limite a escrever *L'Infinito*, que o leia para si mesmo; que o leia em voz alta ao conde Ranieri, interpretando o seu sentido oralmente; que eu leia esta obra de Leopardi; ou ainda que eu a escute no rádio, interpretada por um grande ator; ou mais ainda que este ator registre a sua leitura de *L'Infinito* junto a uma empresa discográfica internacional e venda milhares de cópias, entre as quais uma que eu ouço em companhia dos meus alunos, graças a um gravador fabricado por uma fábrica japonesa. Conforme se passa da primeira à última situação, são mobilizados mais pessoas e recursos; são convocadas inteligências, competências e emotividade sempre maior; são necessárias múltiplas contribuições criativas, de natureza cada vez mais disparatada; são requeridos profissionalismos cada vez mais especializados; aumenta o risco do efeito de conjunto, que depende da confluência de variáveis cada vez mais intrincadas entre si.

Sejam elas igrejas ou palácios, as obras arquitetônicas da Idade Média ou da Renascença, mais ainda do que as clássicas, resultam da contribuição conjunta de milhares de homens, cada um com a própria competência e com a própria criatividade. Aqui não se trata de poucos arquitetos que inventam e muitos escravos que executam, realizando gestos repetitivos: aqui, cada cinzelador, cada ourives, cada entalhador, cada artífice e cada escultor devem dar o melhor de si e da própria criatividade individual a fim de contribuir para aquela grande criação coletiva que é a igreja ou o palácio, compreendidos como "obras totais". Em nenhum outro caso, como nesses trabalhos de incomparável beleza, a criatividade se revelou como uma síntese sublime de fantasia e concretude, na qual ambas as polaridades concorrem à construção de obras-primas. Vale portanto a pena gastar algumas páginas a mais, a fim de melhor explicar esse entrelaçamento, o qual, conforme veremos na segunda parte do livro, é a base da minha teoria sobre a criatividade.

A GAVETA DOS INSTRUMENTOS

Em 1988, no Museu Picasso de Paris, houve uma exposição verdadeiramente singular. Todo o edifício foi ocupado durante alguns meses por quadros de El Greco, Cézanne, Ingres, Gauguin, Derain, Matisse, por esculturas ibéricas pré-cristãs, por máscaras e outros achados etnológicos do Gabão e de Vanuatu. O que tinham em comum esses objetos assim tão disparatados? Todos haviam sido fontes de inspiração durante o período de incubação da obra-prima revolucionária realizada por Picasso quando tinha 27 anos, ou seja, de uma forma ou de outra haviam inspirado *Les Demoiselles d'Avignon*. A todos esses objetos inspiradores somavam-se muitos esboços e desenhos preparatórios, assim como 16 cadernos nos quais o artista registrou, a cores e em preto-e-branco, as inúmeras idéias de cabeças, braços, olhos e posturas de tudo que é tipo, que depois confluiriam para a grande tela de 1907.

Após percorrer esse longo itinerário pelas salas do museu e pelo processo criativo do artista, quando, finalmente, sobre a última rampa de escadas, chegava-se à tela definitiva, ficava evidente que uma obra criativa não representa um ponto de partida, mas sim um ponto de chegada, não é uma intuição instantânea, mas o resultado de um itinerário mental longo e cansativo.

Além da laboriosa formação mental do artista, além da sua vasta preparação geral e além do trabalho dedicado à idealização de cada obra singularmente, cada criação requer atos precisos, gestos ponderados, fadiga concreta e ações organizadas. Requer a posse dos instrumentos adequados e das técnicas exatas. Uma tal constatação parece óbvia quando nos referimos às obras arquitetônicas, combinação de material tangível e volume complexo. Ela parece menos evidente quando nos referimos à pintura, que, contudo, além das reflexões intelectuais profundas, como aquelas atestadas por *Les Demoiselles*, exige uma disponibilidade adequada de suportes técnicos: a tela, os pincéis, o cavalete, uma sábia mistura das cores, uma atenta utilização dos tempos e dos métodos e instrumentos como telas, espelhos, manequins e modelos.

É a concretude que socorre a fantasia, permitindo que ela tome forma e se traduza em obra através de uma armação composta por instrumentos e técnicas, que variam conforme se trate de pintura sobre madeira, tela, parede, vidro ou cerâmica. Basta consultar o manual escrito por Cennino Cennini para apurar o quão rica era essa armação já no final do século XIV.

Antes de meter a mão na pintura, era necessário preparar as tintas, os pigmentos, as substâncias de liga, os pincéis, a caneta, as penas, a sangüínea, a *tavola* ou prancha e a pasta de gesso. Depois era preciso dispor de todos os esboços preparatórios, desenhar a composição, aplicar o fundo dourado ou de outra cor, desenhar os drapeados. Por fim, podia-se proceder à pintura das carnes.

Por sua vez, os desenhos preparatórios geralmente passavam por três estágios: o primeiro consistia num rascunho, no qual eram estabelecidas, de forma sumária, a composição do quadro e a posição das várias figuras; o segundo consistia numa série de estudos baseados na realidade; e o terceiro consistia num rascunho bem detalhado de toda a composição. O decalque e o enquadramento serviam depois para transferir o desenho para a tela, prancha ou parede. Parece que foi Leonardo da Vinci que inaugurou o método de pintar figuras em movimento, desenhando-as primeiro nuas e, em seguida, cobrindo-as com vestes.

Quanto às pinturas a óleo, era necessário primeiro engessar ou passar a massa no fundo, depois devia-se recobrir com ouro as auréolas dos santos e os eventuais fundos dourados, então procedia-se ao desenho propriamente dito. Já para a pintura mural, era necessário estucar um pedaço da parede a cada manhã e depois, durante o dia, *afrescar* o estuque ainda úmido. Eram necessários, portanto, tablados suspensos e ajudantes que assistissem nas operações práticas ou também, quando estimados pelo mestre, na pintura das partes menos importantes.

Se um quadro fosse pintado por um artista por sua própria iniciativa, sem uma prévia encomenda, uma vez completado e emoldurado, era necessário um bom faro nos negócios para inseri-lo convenientemente no mercado, rebatendo as críticas dos inimigos e competindo com a esperteza dos intermediários, dos colecionadores e dos outros potenciais compradores.

Fosse ele genial ou bastante normal, o artista devia garantir para si esses suportes práticos à sua inspiração, caso desejasse que ela se traduzisse em quadros, esculturas, monumentos ou edifícios. Mesmo no caso dos maiores mestres do Renascimento, "a criatividade permanecia sempre limitada e influenciada, num certo sentido, pelos métodos e pelos procedimentos de trabalho, pelas condições concretas do material e pelas circunstâncias 'artesanais' que, naquele período, determinavam a preparação e a execução da pintura. Um outro elemento de limitação era constituído pelas indicações sobre a forma e o tema de um quadro, estabelecidos pela maior parte dos mandantes, assim como da própria função da obra... Desse ponto de vista, mesmo o mestre importante e célebre era, ao mesmo tempo, um artesão, como todos os seus colegas, mais ou menos inferiores que trabalhavam em torno dele, bem ou mal, no mesmo campo. E mesmo quando os alunos e os assistentes presentes na oficina ocupavam-se, além de certos materiais, também de muitas partes da execução da pintura, a intervenção pessoal do artista se limitava ao essencial e se concentrava no projeto, na distribuição do trabalho, no controle dos assistentes, no toque final e em completar o conjunto; mesmo nesses casos, o mestre devia estar a par dos requisitos e das condições técnicas em uso no seu tempo".[37]

A SABEDORIA DA IMPERFEIÇÃO

Tudo aquilo que eu disse sobre a pintura, ainda com maior razão permanece válido para a escultura e, mais ainda, para a arquitetura, na qual a contribuição da capacidade de realização e da organização coletiva (ou seja, da concretude) é esmagadora.

Vamos dar um passo atrás na história da criatividade artística, voltando até aquela obra sublime que é o Partenon de Atenas. Lembro-me ainda da profunda emoção suscitada pela leitura do ensaio no qual Rhys Carpenter[38] refaz, etapa por etapa, a aventura do templo. E, recordo-me ainda, com igual emoção, o retorno a Atenas e a nova visita ao monumento, à luz das sugestivas hipóteses validadas pelo ilustre arqueólogo.

Portanto, dois grandes estadistas (Cimone e Péricles) e dois grandes arquitetos (Calícrates e Ittino) confrontam-se no século V a.C., isto é, durante o período que talvez tenha sido o mais elevado da história humana e, em Atenas, ou seja, na cidade que talvez tenha sido mais criativa de todos os tempos, para avivar uma competição entre duas facções políticas, entre duas visões da arquitetura e entre dois modos de combinar a emoção com a regra. Uma competição travada através da construção e da reconstrução de um templo. Uma luta mítica, feita de astúcia e de cálculo, de pedras e de idéias, de beleza e de estática, de poder e de dinheiro, de intuição individual e de colaboração conjunta, de fantasia e de concretude.

Sob a escolta de arquitetos tardo-gregos como Hermógenes, retomados por Vitrúvio, que havia demonstrado na arquitetura da Roma de Augusto o respeito às relações aritméticas fixas, Paládio e os humanistas da Renascença nos levam a ver no Partenon uma obra-prima perfeita, de proporções preestabelecidas, que nos parecem harmoniosas e que, portanto, só podem ter sido calculadas em cada milímetro: uma construção complexa com medidas exatíssimas, admiravelmente isenta de erros. Se, ao contrário, mede-se o espaçamento da colunata ou a largura das métopas e das cornijas, nos damos conta da sua irregularidade, a qual, tratando-se de arquitetos maníacos quanto à precisão em todas as outras partes da construção, não pode ser atribuída ao desleixo, mas tão-somente a uma decisão intencional: "A morada, resplandecente de mármores coloridos, da deusa Atena ergueu-se para ser contemplada por olhos humanos e não para que sobre ela meditassem o cérebro calculador ou a inteligência divina... Os desvios de uma uniformidade exata, mesmo sendo seguramente intencionais, foram, ao mesmo tempo, deliberadamente fortuitos e propositalmente não-sistemáticos, tendo sido adotados ao acaso, com uma finalidade puramente estética, com o objetivo de temperar a rigidez matemática privada de vida com aquela mínima irregularidade que distingue o organismo vivo do modelo genérico abstrato... Tomados no seu conjunto, os desvios e as deformidades encontrados na estrutura arquitetônica do Partenon são tão vastos e difusos, que mais de um estudioso foi induzido a asseverar (mas não é inteiramente verdade) que no Partenon não existe uma só linha reta, nem horizontal, nem vertical!"[39]

De todo modo, estamos diante de uma obra colossal, de uma obra-prima que requereu a contribuição por décadas de centenas de construtores, e que permitiu, intencionalmente, a precedência da *metis* sobre a *thesis*, da emoção sobre a regra e da curva sobre a reta, a fim de obter aquela vibração que é típica das obras-primas gregas. Ou, talvez, das obras-primas, *tout court*. Oscar Niemeyer, um dos maiores arquitetos do nosso tempo, disse: "Não é o ângulo reto que me atrai e nem mesmo a linha reta, dura, inflexível, criada pelo homem. O que me atrai é a curva livre e sensual, a curva que encontro nas montanhas do meu país, no curso sinuoso dos seus rios, nas nuvens do céu, nas ondas do mar e no corpo da mulher preferida. De curvas é feito todo o universo, o universo curvo de Einstein."

BRUNELLESCHI E GHIBERTI

Para construir curvas de mármore travertino ou de cimento, para projetá-las em direção ao céu e conseguir que permaneçam bem inteiras, a imaginação não basta. Dizemos que Michelangelo era muito criativo não só porque ousou idealizar uma cúpula como a de São Pedro, mas porque, depois de tê-la idealizado, conseguiu convencer o papa de que aquele era um projeto que devia ser privilegiado e financiado; conseguiu recrutar, selecionar e organizar centenas de pedreiros, cinzeladores, marceneiros, carpinteiros e artífices; foi bem-sucedido na execução de todos os cálculos matemáticos necessários e conseguiu controlar, severamente, cada um dos episódios nos quais se articulou um processo construtivo sobre-humano.

Antes de Michelangelo, um outro gênio florentino havia realizado uma obra com uma dimensão similar, senão maior, na qual a concretude estava presente e competia, vencedora, com a fantasia: falo de Filippo Bruneslleschi e da cúpula de Santa Maria del Fiore. A primeira pedra dessa catedral, projetada por Arnolfo di Cambio, foi colocada em 1296, e o edifício havia sido completado, com exceção da cúpula, em 1418. Portanto, Dante e Petrarca, Boccaccio e Donatello haviam assistido por anos aos progressos da obra, talvez quando crianças tenham brincado e bisbilhotado no meio da confusão de mestres e carpinteiros, cozinheiros e charreteiros que animavam o imenso canteiro de obras e, quando adultos, viram deslanchar, ao lado da catedral, os 85 metros do belo campanário de Giotto e, pouco mais adiante, os 90 metros do Palazzo Vecchio, também projetado por Arnolfo di Cambio.

Em agosto de 1418, saiu o edital do concurso para a realização da cúpula que faltava. Note-se bem: da sua *construção* concreta, não da sua *idealização* fantasiosa. Com efeito, a idéia já existia havia 50 anos, não só no papel, mas também numa maquete projetada por Neri di Fioravanti, em 1367, posta na nave esquerda da igreja diante do olhar de todos os cidadãos e completada com uma cúpula que, se fosse efetivamente construída, teria se tornado a mais alta do mundo. Todos os anos os responsáveis pela catedral deviam jurar sobre a Bíblia que o projeto seria realizado o quanto antes e que o modelo seria respeitado de forma íntegra e perfeita.

Brunelleschi (1377-1446) na época do edital tinha 41 anos e não era arquiteto; era relojoeiro e ourives, tão versado em mecânica que – parece – foi o inventor do primeiro relógio despertador da história. Atrás de si permanecia um grave ultraje: 16 anos antes do concurso para a cúpula, havia participado de uma outra concorrência, daquela vez exatamente em seu campo de especialização, ou seja, o concurso para as portas de bronze do batistério. Sete foram os candidatos, e Filippo foi o finalista, junto com Lourenço Ghiberti (1378-1455), também ourives e muito jovem. Entre os dois nasceu uma rivalidade que os acompanhou por toda a vida. De origem obscura e sem um currículo relevante, Lourenço era, contudo, muito sociável e bem mais capaz de fazer relações públicas, mobilizando um consenso em torno de sua proposta. Oriundo de uma boa família de ourives, otimamente treinado, mas com um caráter conflituoso e irascível, solitário e desconfiado, Filippo perdia em simpatia aquilo que ganhava na genialidade construtiva. Permanece o fato de que os 34 juízes da comissão, entre a dramática proposta de Brunelleschi e a graciosa proposta de Ghiberti, ficaram em cima do muro, declarando ambos vencedores *ex aequo*.

Coerente com o seu temperamento, Filippo abandonou a partida, renunciou para sempre à escultura em bronze e foi embora para Roma, onde trabalhou como ourives por uns 15 anos e onde fez frutificar o seu exílio voluntário, dedicando-se à minuciosa análise dos edifícios clássicos a fim de identificar as suas proporções geométricas, os seus segredos de construção, as misturas das argamassas e os tipos de cimento. Prodigioso, obviamente, deveria ser aos seus olhos o Panteon, com a sua cúpula de 43 metros de largura e 44 de altura; e até mesmo inquietador, na Domus Áurea de Nero, o arco de dez metros, alcançados pela cúpula subjacente à câmara octogonal. Octogonal, com efeito, era também a forma nada usual que Neri di Fioravanti havia imposto à cúpula a ser projetada para Santa Maria del Fiore.

INVENTOR ET GUBERNATOR

O edital do concurso, que previa para o vencedor uma quantia de 200 florins, equivalente a dois anos do ganho de um bom artesão, considerava o projeto de Neri intocável, com toda a sua fantasiosa criatividade formal, e requeria a solução dos problemas concretos para traduzir o modelo na prática, superando as dificuldades ligadas a uma cúpula não-circular, mas octogonal e com um fechamento oval, e não esférico. Para que se tenha uma idéia desses problemas práticos, basta que se lembre que só a produção das ripas de madeira demandou aproximadamente 700 árvores de tronco alto.

Duas semanas após a publicação do edital, Brunelleschi, assistido por quatro pedreiros e dois amigos escultores, iniciou a construção da sua maquete. Com dois metros de largura e quatro de altura, para completá-la foram necessários 90 dias, 49 carroças de massa de cimento e 5.000 tijolos. Finalmente, em dezembro de 1418, a comissão julgadora reuniu-se, discutiu por vários dias as propostas em causa (entre as quais a de Ghiberti) e, a fim de esclarecer as idéias, submeteu o próprio Brunelleschi a um interrogatório. Seu projeto original despertava grande perplexidade porque era contrário a todo bom senso e, de forma revolucionária, dispensava ripas. Segundo Vasari, que apreciava sempre as anedotas, Brunelleschi conseguiu vencer a concorrência com uma certa malícia: desafiou a comissão e os demais concorrentes a colocar um ovo em pé sobre uma superfície de mármore. A solução dele foi aquela, posteriormente atribuída a Colombo: quebrar de leve a base do ovo. Do mesmo modo que era fácil fazer o ovo ficar em pé, conhecendo esse truque, também assim teria sido fácil erigir a cúpula conhecendo os planos que o candidato tinha na cabeça, mas sem nenhuma intenção de revelá-los. Não sabemos se esse improvável episódio é autêntico. Sabemos, sim, que a comissão convenceu-se a declarar vencedora a proposta de Brunelleschi.

Infelizmente a alegria de tamanha vitória foi prejudicada por pelo menos duas desilusões: ao autor não foram pagos os florins prometidos e, ainda por cima, foi-lhe imposto como segundo mestre-de-obras exatamente o derrotado Ghiberti.

Como bem se pode imaginar, a convivência entre ambos não foi nada pacífica, tornando ainda mais complicada uma obra muitíssimo complexa por si só. Além de 300 trabalhadores, centenas de troncos de árvores, milhares de carregamentos de pedras, contínuos perigos de incêndio e de acidentes de trabalho, batalhas perenes contra a preguiça, a embriaguez e as greves dos operários somavam-se às dificuldades objetivas de uma empreitada jamais tentada antes. Uma série de problemas acompanhava o andamento das obras, do corte das árvores nas florestas e das pedras nas pedreiras ao transporte de materiais tão incômodos, assim como o deslocamento de rochedos que pesavam toneladas e que precisavam ser alçados a dezenas de metros do chão, para em seguida serem posicionados em lugares incômodos e arriscados.

Ross King dedicou à cúpula de Brunelleschi uma interessantíssima reconstrução histórica do contexto no qual a obra-prima nasceu e das infinitas peripécias que tiveram que ser superadas para completá-la. O seu livro, fonte de várias informações que relatamos nestes parágrafos, assim descreve o canteiro de obras: "A remuneração era baixa, a jornada longa, o trabalho extremamente perigoso, e a ameaça de abandono, por causa dos agentes atmosféricos, alta. A maior parte da mão-de-obra contratada para os canteiros provinha de famílias pobres, pertencentes à chamada arraia-miúda. Os operários não-especializados – que transportavam o cimento e os tijolos – eram conhecidos como pessoas sem nome e sem família. Mais de 300 pessoas trabalhavam na cúpula, incluídas aquelas que retiravam as pedras das pedreiras. A semana era longa, indo de segunda-feira até o sábado, freqüentemente do amanhecer ao poente, o que, durante o verão, podia significar uma jornada de 14 horas... Os homens traziam consigo os seus instrumentos de trabalho: esquadros em forma de T, martelos, espátulas e marteletes que, em caso de necessidade, podiam ser consertados por um ferreiro presente no lugar. À medida que os homens iam chegando, os seus nomes eram escritos num quadro-negro, como se fosse um cartão de ponto numa fábrica, enquanto as horas de trabalho eram marcadas por uma ampulheta de areia. Parece que Filippo foi um mestre-de-obras muito rigoroso... Além dos instrumentos, os trabalhadores traziam também consigo a própria alimentação para o local de trabalho."[40]

Para alçar os blocos de pedra calcária, cada um dos quais pesando 770 quilos, Brunelleschi inventou uma das máquinas mais espetaculares de toda a Renascença: um imenso molinete, que requeria três anos para ser construído e que, acionado por bois e dotado de um fio de aço com 182 metros de comprimento, funcionaria pelos próximos 12 anos, levantando pesos, num total de 30 milhões de quilos. Graças ao engenhoso jogo entre as roldanas e a engrenagem, entre ganchos e parafusos, tudo inventado por Filippo, em 30 minutos um boi era capaz de alçar ou abaixar, indiferentemente, até uma altura de 60 metros, um peso de 450 quilos. E a operação acontecia com a precisão de um relógio, com um ritmo de uma a cada dez minutos, e isso 50 vezes por dia. Ao molinete somaram-se, aos poucos, um potente guindaste e toda uma série variada de instrumentos inéditos e de técnicas de construção – de simples tornos e torniquetes a moldes para os quatro milhões de tijolos empregados na construção, cordas de segurança para guindar os operários para o alto, paredes de tijolos em "espinha de peixe", sistemas de transporte fluvial, desenhos para a curvatura dos cascos – capazes, alguns anos mais tarde, de fazer feliz o jovem Da Vinci, que se exercitava copiando-os e que, em alguns casos, foi até considerado por alguns historiadores descuidados o seu inventor.

Desse momento em diante, Brunelleschi, embora recebesse o mesmo salário mensal concedido a Ghiberti, passou a ser considerado *inventor et gubernator maior cupolae* (inventor e principal diretor das obras da cúpula), com a tarefa de "prover, gerir, compor ou fazer que fosse executado e composto tudo aquilo que fosse justo e necessário para a continuação da construção e conclusão da cúpula". Depois, graças também a um pouco de esperteza, Filippo conseguiu um aumento para 100 florins, quase três vezes o que recebia o seu eterno rival.

Com uma meticulosa atenção, Filippo controlou pessoalmente cada etapa da construção, cada tijolo, cada carregamento de argamassa e, para superar as dificuldades ligadas à forma octogonal imposta à construção pelo projeto de Neri di Fioravanti, teve a idéia de construir duas cúpulas concêntricas: a interna, de sustentação, de forma circular, e a externa, na obrigatória forma octogonal.

Muito festejada, a última pedra da cúpula foi colocada como consagração da obra no dia 30 de agosto de 1436, 15 anos e duas semanas após o início das obras. Sobre a cúpula, que depois seria superada em termos de altura, mas não em termos de beleza, pela cúpula de São Pedro em Roma, Michelangelo subirá muitas vezes em busca de inspirações estéticas e soluções técnicas para a sua obra-prima no Vaticano.

CAPOCCHIS ET IGNORANTIBUS

A cúpula de Brunelleschi permanece talvez como o exemplo mais eloqüente de quanta concretude é necessária para realizar uma criação e quantas infinitas criações estão incluídas numa obra grande e complexa. A história da cúpula e do mestre-de-obras que coordenou a sua realização oferece infinitas inspirações a quem estuda o fascinante fenômeno da criatividade coletiva do ponto de vista sociológico. Mas também os psicólogos podem encontrar no caráter conflituoso, orgulhoso, ciumento e tenaz de

Filippo muitas confirmações das características individuais que são recorrentes, com freqüência, nas personalidades dos criadores.

Pense-se na tenacidade com a qual, por mais de 15 anos, Brunelleschi, teimoso, perseguiu o seu sonho, lutando contra inimigos, enfrentando as reivindicações dos operários, esquivando-se das mutretas e das fofocas armadas pelos concorrentes, experimentando técnicas inovadoras e permanecendo impassível diante de insucessos ou de desgraças. Pense-se no desprezo que ele externa pelos críticos de suas obras, pelos medíocres e trapaceiros, pelos cabeçudos e ignorantes (*capocchis et ignorantibus*): "Muitos", escreve o amigo Mariano Taccola, "estão prontos a criticar e denegrir os resultados do inventor, a ponto de expô-lo ao ridículo e impedi-lo de argumentar em favor de suas teorias nos locais mais oportunos. Mas após alguns meses ou anos passam a usar as palavras do inventor, em seus discursos, seus escritos ou nos seus desenhos. Com arrogância outorgam-se o título de inventores das coisas que antes haviam criticado, atribuindo a glória a nenhuma outra pessoa, além de si mesmos."

(Cinco séculos depois, Freud escrevia algo parecido: "Existem três etapas na história de todas as descobertas. No início, os opositores afirmam que o descobridor é um louco; depois, que é mentalmente são, mas que a sua descoberta não possui, de fato, interesse algum; e, por fim, que a descoberta é muito importante, mas que todos a conheciam desde sempre.")

Brunelleschi atira ainda mais alto: "Todos desejam conhecer as propostas, o culto e o ignorante. O culto compreende o trabalho proposto – ou pelo menos compreende alguma coisa, uma parte ou tudo –, mas o ignorante e o despreparado não compreendem nada, nem mesmo quando se tenta explicar-lhes o trabalho. A ignorância deles os conduz rapidamente à raiva. Permanecem ignorantes porque desejam, a todo custo, parecer sábios, coisa que não são, e atraem uma profusão de ignorantes para concordar com eles e desprezar aqueles que compreendem."[41]

Pense-se ainda no orgulho com que considerava as suas próprias idéias: para a invenção do navio batizado de *Badalone*, com o qual tinha a intenção de transportar a baixo custo o mármore de Carrara do porto de Pisa até Florença, através do Arno, ele pediu e obteve a primeira patente da história, com a qual garantia a esse fruto do seu engenho a máxima proteção contra qualquer plágio.

Pense-se, por fim, na força de ânimo com a qual Filippo conseguiu superar a derrota sofrida quando o *Badalone*, poucos metros após haver deixado o porto, encalhou no rio, perdendo todo o carregamento de mármore e causando-lhe um prejuízo de nada mais nada menos que 1.000 florins, um terço da sua renda.

CAPÍTULO OITO

O HOMEM DESCOBRE A PRECISÃO E INVENTA A INDÚSTRIA

"A causa principal do progresso nas capacidades produtivas do trabalho, assim como na maior parte da arte, habilidade e inteligência com as quais ele é desempenhado e dirigido, parece ter sido a divisão do trabalho."

ADAM SMITH

"A real conquista da ciência e da tecnologia modernas consiste em pegar pessoas normais, instruí-las a fundo num campo limitado e conseguir, graças a uma adequada organização, coordenar as suas competências com as de outras pessoas especializadas, mas igualmente normais. Isso permite dispensar os gênios."

J. K. GALBRAITH

"Quando trabalhamos, devemos trabalhar. Quando jogamos, devemos jogar. De nada serve tentar misturar as duas coisas. O único objetivo deve ser desempenhar o trabalho e ser pago por tê-lo feito. Quando o trabalho acaba, aí sim, pode vir o jogo, a brincadeira, mas não antes."

HENRY FORD

"O que se poderá esperar de um homem que empregou 20 anos da sua vida fazendo cabeças de alfinete? E em que pode ele ainda aplicar aquela poderosa inteligência humana, que freqüentemente abalou o mundo, senão buscar o melhor meio para fazer cabeças de alfinetes?"

ALEXIS DE TOCQUEVILLE

"O estudo e até a invenção são uma distração mental... um enorme prazer, e não um trabalho."

FREDERICK W. TAYLOR

RUMO À MODERNIDADE

Bacon nasce em 1561 e morre em 1626; Galileu nasce em 1564 e falece em 1642; Descartes vem ao mundo em 1596 e dele parte em 1650; e Newton nasce em 1642, morrendo em 1727. Se quiséssemos ceder à tentação de simplificar os complicados processos da criatividade, até mesmo quando o objeto criado é uma nova época histórica, poderíamos afirmar que, num século e meio, como obra desses quatro personagens, o Ocidente inventou a modernidade.

Após o grande desbravamento da Mesopotâmia e do Egito, os mundos clássico e medieval frearam o arrojo das ciências exatas e canalizaram toda a sua criatividade para as vertentes humanista e teológica. Entre os anos 1000 a.C. e 1200 d.C., o patrimônio técnico enriquece-se somente de poucos novos instrumentos: a roldana, a estrada pavimentada, a roda dentada, a abóbada em semicírculo, a espiral ou o parafuso de Arquimedes, a prensa, o guindaste, o compasso, a pena de ganso, o moinho de vento e pouco mais.

Depois, o século XII, o século alegre ou gaio, dará um novo impulso ao progresso material e renovará a tecnologia de todos os setores: da guerra, com a pólvora; das comunicações, com a imprensa; da navegação, com a bússola, o timão e a vela moderna; da cultura, com os óculos; dos transportes, com os arreios modernos dos cavalos; da energia, com os moinhos de água, e da economia, com os bancos.

Porém, feitas as contas, para realizar o percurso de Paris até Roma continuava sendo necessário o mesmo número de dias; prosseguia-se no combate à carestia, às doenças e às pestes com fórmulas contra o mau-olhado, com as procissões e com os exorcismos; a vida média não alcançava os 40 anos, e a população mundial não superava meio bilhão de habitantes; as trevas da noite incutiam terror e impediam a maior parte das atividades; a dor física representava um flagelo inevitável; o analfabetismo era comum a príncipes e lavradores; e os direitos elementares das massas estavam no poder de poucos senhores.

BACON: *INSTAURATIO MAGNA AB IMIS FUNDAMENTIS**

Com o século XVII muda-se de registro. Na *Carta a Casaubon* de 1609, Francis Bacon declara sem meios-termos as suas intenções inovadoras: "Não me interessa escrever por diletantismo aquilo que outros, por diletantismo, lerão. O meu objetivo são a vida e os problemas humanos, com

* Grande renovação dos mais profundos fundamentos. (N. do T.)

todos os seus inconvenientes e dificuldades." É significativo que, para Bacon, a vida não inclua o diletantismo, isto é, o amadorismo no sentido do exercício do gosto, diferentemente do ofício ou da obrigação. E em somente três linhas ele inverte o paradigma do mundo clássico, colocando como epicentro da busca humana não mais a felicidade compreendida como sabedoria e equilíbrio interior, mas o bem-estar material como pressuposto da felicidade que dele derivaria.

Aristóteles estava convencido de que tudo aquilo que os seres humanos podiam inventar no campo tecnológico já havia sido inventado antes de seu tempo; portanto, só restava aplicar-se totalmente à especulação racional e à fruição espiritual por meio da filosofia e das artes. Diferentemente, Bacon tinha a convicção de que tudo aquilo que havia para ser criado no campo filosófico ou estético já havia sido pensado durante a Idade Clássica e a Renascença; chega até mesmo a afirmar, dessacralizando, que toda a filosofia dos gregos reduz-se a "tagarelice de velhos desocupados com jovens ignorantes". Portanto, no seu modo de ver, não havia mais tempo a perder com elucubrações humanistas, e era preciso dedicar-se de corpo e alma ao progresso material através da síntese entre a teoria e a prática: *commercium mentis et rei* (encontro da mente e da coisa).

Esse programa, que conduz ao matrimônio da filosofia natural com a produção industrial, será celebrado somente um pouco mais tarde, quando a aplicação da ciência à indústria criará uma época completamente nova em relação à rural. Mas já nos tempos de Bacon a longa acumulação primária, obtida graças ao comércio dos escravos, aos saques das naus espanholas e à distribuição das terras monásticas, permitia à Inglaterra investimentos consideráveis nas indústrias de mineração, têxtil, metalúrgica, de vidraçaria e nas fábricas de cerveja, de alúmen e de sabão, preparando, assim, o advento da indústria propriamente dita.

Bacon intui que a partir dessa efervescente atividade empresarial poderia nascer uma nova época tão-somente se as ciências fossem obrigadas a deixar a abstração para passar a visar a uma melhor qualidade de vida cotidiana. Na *Instauratio magna* (Grande renovação) ele se lamenta: "a tradição filosófica é uma sucessão de mestres e alunos, e não uma sucessão de inventores e de aperfeiçoadores de invenções". E, após ter constatado que, em 25 séculos de história conhecida, somente seis haviam sido férteis para a ciência ("o tempo, como o espaço, possui os seus desertos e as suas solidões"), repudia toda a doutrina clássica e medieval, resgatando o papel da concretude ("aquilo que é mais útil na prática também é mais justo na teoria"), reafirmando a sua idéia fixa de que, graças à aplicação prática das descobertas científicas, uma "terceira época do saber superará largamente a dos gregos e dos romanos". Será a época industrial: aquela na qual Prometeu acorrentado poderá, finalmente, liberar-se, como diria Landes.[1]

Até na sua época, sustenta Bacon, a filosofia clássica e o cristianismo haviam proposto diminuir as expectativas, disfarçar as necessidades, compensando as misérias materiais com o fatalismo, com as divagações intelectuais e com a esperança de improváveis felicidades supraterrenas. A partir dele, a teoria passa a ficar a serviço da prática, volta-se para a modernização das instalações, das escolas, das cidades, para a reorganização da vida cotidiana, para a produção de novos bens e de novos instrumentos, finalmente capazes de assegurar o bem-estar ao maior número possível de cidadãos.

Para tal fim, era indispensável reformar as escolas, substituindo as matérias humanistas por disciplinas científicas e técnicas; fundar novamente a sociedade, atribuindo ao Estado o objetivo prioritário de garantir aos próprios cidadãos o bem-estar material; reelaborar o paradigma sociológico, resgatando a confiança na criatividade humana e restituindo o destino dos homens ao seu empenho concreto. Era preciso, em suma, uma *Instauratio magna ab imis fundamentis*: uma total reinvenção, desde os alicerces.

Só para começar, Bacon, que se tornou ministro, promoveu a difusão de escolas profissionais, premiou a criatividade tecnológica, incentivou o artesanato, empenhou-se pessoalmente na experimentação de novas ligas metálicas, na fabricação de vidros transparentes, inquebráveis e coloridos, na introdução de práticas agrícolas para acelerar o amadurecimento das ervilhas e das cerejas ou para prolongar a conservação dos morangos, dos limões e do cedro.

Explora assim, empiricamente, a possibilidade de realizar, já durante a sua própria vida, fragmentos daquela utopia científica e tecnológica por ele vaticinada na *New Atlantis*, onde sonhava com um mundo finalmente liberado da fadiga graças a um processo que não foi concedido pelos deuses, mas conquistado pelo homem com a sua razão e a sua vontade.[2]

Assim, sem querer, Bacon lança as bases do *individualismo* utilitarista, que representará o reverso patológico da secularização; do *consumismo*, que equivalerá ao avesso doentio da economia capitalista; e da *exploração* classista, que denotará o contrário da produtividade industrial, em seu aspecto mórbido. Talvez não seja por acaso que Bacon termine confinado à prisão domiciliar: não foi o último nem o pior dentre os ministros que, no curso da história, cedeu à tentação de receber subornos.

GALILEU: A MATEMÁTICA E OS EXPERIMENTOS

Por motivos muito diferentes, também Galileu acabou no cárcere. Os grandes criativos do Renascimento – intelectuais, artistas e políticos –

viviam nesse clima cultural: imediatamente atrás de si havia uma Idade Média toda intricada, escondida no interior de uma relação sombria e mortificadora do homem em confronto com a natureza e com o além. Daquele passado recente não lhes brotavam nenhum estímulo inovador, nenhuma energia criativa, assim como nenhum exemplo de uma fecundidade terrestre e feliz. Mais para trás da Idade Média, existia um passado remoto e, ainda assim, mais afim às aspirações humanistas do século XV: o do classicismo grego e romano, que havia confiado ao homem a tarefa de criar as condições da sua felicidade terrena, por meio da beleza, da harmonia, da sabedoria e da democracia.

Para liberar-se do passado recente, o único patrimônio cultural de que a Renascença podia servir-se era aquele do passado remoto. Foi aquele longínquo classicismo que se buscou. E foi em nome daquele glorioso passado que o homem do século XV imaginou o seu esplêndido futuro, sem contrapor-se frontalmente à Igreja, mas conjugando com desenvoltura os sinais do cristianismo junto com os do paganismo, como fez Botticelli, pintando de forma igualmente admirável tanto Vênus como Nossa Senhora, ou ainda conforme realizou Michelangelo, colocando lado a lado cenas bíblicas e cenas pagãs.

No plano da filosofia natural, da lógica e da ética, assim como da física, da psicologia e da cosmologia, as universidades restringiram-se, durante todo o século XV e metade do XVI, a um aristotelismo rigidamente tradicional, e somente a partir da metade do século XVI começaram a surgir as novidades destiladas, com esforço, pelas academias e pelos clubes, através de Platão e dos novos comentários à obra aristotélica.

Teve início, assim, a marcha triunfal da ciência, que aos poucos alcançaria e, em seguida, ultrapassaria o prestígio tanto da filosofia como da literatura e da arte. Preste-se atenção a essas cifras eloqüentes: em 1589 Galileu torna-se docente de matemática com um salário de 60 florins, enquanto um seu colega filósofo recebia 500. Mas a remuneração do matemático Galileu passará a 180 florins em 1592 e a 1.000 em 1609.

O que havia acontecido? "Da mesma forma que nos dois séculos anteriores", explicará Eugênio Garin, "o cerne da cultura e de uma nova concepção de mundo havia se deslocado na direção dos *studia humanitatis*, agora deslocava-se no âmbito dos 'matemáticos'. Simetricamente, o estudo do homem e a ciência da natureza destruíam a hegemonia dos ensinamentos metafísicos teológicos de tradição escolástica... A filosofia, que no século XV havia se refugiado entre os políticos e os moralistas, agora pede asilo aos físicos e aos matemáticos, ou até mesmo aos 'heréticos', banidos de todas as escolas."[3]

Durante todo o Renascimento a cultura será perpassada pela sensação de que tudo estava se renovando: a arte, as ciências, a política, a cidade, o universo e a geografia. Imagine-se a impressão que devem ter despertado as descobertas de Colombo, para a época algo bem mais inquietador do que os nossos vôos espaciais. Mas, da mesma forma que, no Renascimento, Colombo revolucionou a geografia terrestre, também Galileu, no século seguinte, revoluciona o mapa celeste, rompendo o entrelaçamento confuso entre a física e a metafísica, que a Renascença havia misturado, a partir de Aristóteles. Com Galileu é a criatividade científica que dá um grande salto, comparável ao avanço que Dante e Giotto, Boccaccio e Michelangelo haviam levado às artes literária e figurativa.

Vincenzo Viviani, um fiel aluno de Galileu, falsificou, por afeto, a data do seu nascimento, a fim de fazê-la coincidir com aquela na qual faleceu Michelangelo, dando a idéia de um revezamento ou de uma substituição de um gênio por outro. Porém, se, de fato, deseja-se buscar uma continuidade, seria mais convincente estabelecê-la entre Galileu e Leonardo da Vinci. Michelangelo teve a sorte de viver como artista na Florença republicana de Lourenço o Magnífico, que adorava a arte; já a Galileu coube a ventura de viver como cientista na Itália da Contra-Reforma, que odiava a ciência e nutria-se de ignorância, "mãe da malignidade, da inveja e da raiva". Disso deriva a exasperante humilhação do cárcere.

Com o passado, Galileu não mantém uma continuidade, mas provoca uma ruptura. Em 1632, Tommaso Campanella lhe escreve, de Roma: "Estas novidades de verdades antigas, de novos mundos, novas estrelas, novos sistemas, novas nações, etc., são o princípio de um século novo."[4] O século de Bacon e de Descartes, de Hobbes, Grozio, Copérnico, Kepler, Newton e de Giambattista Vico.

Se o Renascimento foi grandioso devido à sua criatividade artística e teve o seu epicentro em Florença, o século de Galileu será magnânimo pela criatividade científica e terá o seu epicentro em Veneza, governada então por homens de alto nível, abertos às melhores experiências externas e capazes de salvaguardar as idéias e a república de um caráter eclesiástico invasivo.

Contudo, infelizmente, as relações de Galileu não eram com esses homens, mas com a obtusidade dos inquisidores romanos e com a mesquinhez dos colegas toscanos e vênetos. O Concílio de Trento havia acabado de encerrar-se quando Galileu veio ao mundo, num clima cultural estigmatizado pelo *Index*, que desde 1559 havia vetado os livros de Boccaccio, Maquiavel e Erasmo de Rotterdam e havia "purgado" os de Guicciardini e de Baldassarre Castiglione. Todavia, "as listas nuas e cruas dos *Index* dão somente uma pálida idéia do que foi a luta real, com as suas armadilhas e as suas misérias, como ocorre sempre em tempos de repressão cultural: todos voltavam-se para acusações demasiado fáceis de heresia, a fim de atingir inimigos pessoais, concorrentes perigosos, colegas incômodos e sobretudo as novas idéias que dificultavam a vida dos conservadores".[5] Conservadores estes que, por mais preguiçosos que fossem na aceitação da novidade, eram muitíssimo ativos na resistência às mudanças.

Nesse contexto, no rastro de Arquimedes e de Copérnico, Galileu teve a coragem de elaborar um paradigma revolucionário, uma nova concepção de mundo, uma revolução mental que conduzia a uma visão completamente nova do universo e que não tinha mais nada a ver com as teses aristotélicas sobre o movimento, o espaço, sobre a matéria e sobre as qualidades.

Mais do que sobre os experimentos e mais ainda do que sobre a precisão e os instrumentos de observação, o novo paradigma galileano funda-se no método matemático aplicado à exploração dos fatos naturais. Com Galileu, a matemática provoca uma erupção no mundo da física, iluminando-o de uma forma nunca dantes conhecida, permitindo ao homem colocar-se com confiança científica diante do próprio universo, no momento em que a teoria copérnica desviava-o da posição central que, por milênios, havia tido a ilusão de ocupar.

A matemática, a observação e as experiências são os grandes pilares da inovação científica proposta por Galileu, que não por acaso tinha poucos livros e apreciava viver no campo, "habituado a estudar", como ele mesmo se vangloriava, "no livro da natureza... no espaço aberto do Céu... onde as coisas estão escritas de um só modo".

Se para Aristóteles a precisão não pertencia à natureza do mundo sublunar, mas só àquela da astronomia celeste, para Galileu toda a natureza é regulada pelas mesmas leis e unificada numa mesma ordem física, na qual estão incluídos as estrelas e os movimentos celestes, os planetas, entre os quais a Terra, com as suas órbitas e os seus espaços.

O homem está prestes a desvendar, igualmente, os segredos dessa natureza, seja ela celeste ou sublunar, graças à ciência, à observação, à experimentação, à razão, à mensuração, à exatidão e à matemática que potencializam o nosso intelecto, assim como ao telescópio, que potencializa a nossa vista. Só aquilo que pertence ao absoluto e ao divino está para além da natureza e não pode ser sondado com a ciência.

A construção galileana, que além de física é também filosófica, é imponente e abre a estrada aos séculos seguintes, marcados pela criatividade científica e produtiva muito mais do que pela criatividade artística. Somente a música nos séculos XVIII e XIX e o cinema no século XX tentarão assediar o primado científico.

Nessa revolucionária construção galileana não se enquadram somente as descobertas sobre o movimento e sobre os planetas, mas um modelo que reside "na eliminação metódica dos contínuos equívocos físico-teológicos, na delineação do campo do conhecer científico, na reivindicação à pesquisa racional de todo o mundo da experiência, na prática dos processos de integração recíproca da matemática e da experiência sensata: na construção, enfim, de uma física tornada autônoma em relação a hipóteses pseudofilosóficas e pseudoteológicas".[6]

Com Galileu, em suma, o homem adquire um modo inteiramente novo de descobrir e de inventar. Nasce com ele o tipo de criatividade que permanecerá dominante nos próximos três séculos seguintes, até o tempo da sociedade industrial.

DESCARTES: O LABORATÓRIO E O MÉTODO

Aos objetivos socioeconômicos indicados por Bacon, Descartes oferece os suportes da matemática, enquanto Galileu e Newton proporcionam os da física. Juntos, esses quatro gênios lançam as bases da ciência experimental moderna, da abordagem empírica aos problemas humanos e da organização orientada para a máxima eficiência. Conforme já escrevi num outro contexto,[7] com Bacon e Descartes surgem três idéias: que a busca do bem-estar material, longe de ser algo reprovável, é um dever; que tal bem-estar deve ser criado através de uma programação econômica e de uma preparação profissional, por meio das máquinas e da ciência, e não através da força bruta dos homens ou dos animais; e que o trabalho, quando não é ciência ou arte, mas cansaço desumano, não tem nada a ver com os castigos bíblicos ou com fatalidades naturais: constitui apenas um estado de atraso, que o homem, mais cedo ou mais tarde, saberá superar graças à tecnologia.

Também Descartes, por seu lado, não se limita à elaboração técnica do seu método, mas se empenha com todas as suas forças em promover o progresso tecnológico. Ele mesmo afirma ter se dedicado ao máximo para "que fossem construídas no Collège Royal e em outros locais destinados ao público diversas salas para os artesãos, que cada sala fosse destinada a um corpo de ofícios e aparelhada com um laboratório com todos os instrumentos mecânicos necessários ou úteis às artes que ali devem ser ensinadas, e para que fossem concedidos fundos suficientes não somente para as despesas impostas pelas experiências, mas também para manter os mestres e os professores, cujo número deve ser idêntico à quantidade de artes ensinadas. Os professores devem ser hábeis em matemática e em física, de modo que possam responder a todas as perguntas dos artesãos, dar-lhes o motivo de cada coisa, assim como iluminá-los no caminho de novas descobertas nas artes".

NEWTON: O TELESCÓPIO E O CÁLCULO INFINITESIMAL

Galileu havia enriquecido o novo paradigma que ia tomando corpo e que teria fornecido o eixo intelectual à nascente sociedade industrial, demonstrando o primado do método experimental e forçando a passagem do mundo da aproximação para o universo da precisão, como, elegantemente, afirmaria Koyré.[8]

Até aquele momento, as ciências que nós chamamos de "exatas" haviam percorrido pouca estrada porque o ser humano não acreditava na exatidão, pois tinha a plena convicção de que a perfeição não pertence a este mundo sublunar, mas somente ao universo astral, livre dos caprichos e dos defeitos humanos, fixado em órbitas preestabelecidas, calculáveis e previsíveis.

Gore Vidal coloca na boca do seu *Juliano* a declaração: "Oribásio pensa que entre videntes, oráculos e sacrifícios eu tenha aterrorizado o futuro, obrigando-o a me obedecer."[9] Até o século XVIII, qualquer fenômeno natural, econômico, psicológico e político foi explicado muito mais com base no capricho dos deuses, na providência divina e na perfídia diabólica do que através de uma consciente intenção humana. O homem, à mercê dessas forças sobrenaturais, poderá limitar-se a ter presságios e fazer juramentos, atos penitenciais e propiciatórios, mas não poderá jamais intimidar o futuro, obrigando-o a lhe obedecer.

A partir de Bacon, Descartes e Galileu, o futuro é subtraído aos augúrios, aos profetas e aos adivinhos. Se ainda não depende dos homens (como, numa boa medida, ocorrerá três séculos mais tarde, na sociedade programada da nossa época pós-industrial), de toda forma não depende mais dos deuses. E o presente, pelo menos o presente, pode ser investigado com objetividade meticulosa, enfrentado com uma razão lúcida e melhorado com um otimismo voluntarioso.

A partir desse momento, o homem adota a presunção de que todos os fenômenos sejam explicáveis cientificamente, redutíveis em termos quantitativos, descritíveis em figuras euclidianas e tratáveis por intermédio das equações matemáticas.

Já Leonardo da Vinci havia escrito que "nenhuma certeza há onde não se pode aplicar uma das ciências matemáticas, ou que não sejam unidas a essas matemáticas... Dentre as grandes coisas das matemáticas, a certeza da demonstração eleva mais claramente o engenho dos investigadores". Com Galileu e com Newton as etapas do processo científico tornam-se ainda mais claras e imprescindíveis: é preciso aplicar-se teimosa e metodologicamente, refletindo primeiro em um nível teórico e depois experimentando por intermédio de instrumentos de precisão e, assim, chegando à formulação dos princípios e das leis universais, para, finalmente, aplicar estas leis à realidade com o orgulho e a confiança que só a ciência permite. A luneta com a qual Galileu apagará o ingênuo erro de Ptolomeu, do Sol que gira em torno da Terra, torna-se o símbolo da metáfora dessa revolução de época histórica.

Pouco depois será Newton a acrescentar o telescópio refletor. E exatamente ele será o cientista supremo que conseguirá canalizar a concepção alquímica e hermética, o platonismo, a metafísica racionalista e a concepção atomista, todos eles para o imenso estuário da sua nova visão de mundo, exatamente ele que lançou as bases para a física mecânica, que descobriu a decomposição em cores da luz branca, que inventou o cálculo infinitesimal e elaborou a teoria da gravitação universal, ele mesmo – de acordo com o imperativo baconiano do *commercium mentis et rei* – não se esquivará de arregaçar as mangas na vida administrativa inglesa, aceitando interromper os seus estudos para dirigir a Casa da Moeda de Londres.

PRONTOS PARA O GRANDE SALTO

O impulso dado por esses precursores da sociedade industrial e o clima de ativismo científico, que caracterizou de um modo geral a época deles, produziram descobertas e invenções surpreendentes. Se Henrique VIII (1491-1547) dispunha, mais ou menos, dos mesmos instrumentos práticos que Hamurábi, logo depois dele, e em poucos anos, os armamentos tecnológicos à disposição dos ingleses e dos franceses irão se enriquecer com a esteira transportadora (1588), o microscópio (1590), o termômetro (1592), os binóculos e a luneta (1608), o fuzil (1611), o submarino (1624), a calculadora (1642), o relógio de pêndulo (1656), o telescópio (1668), a junção universal (1676) e a bomba a vapor (1698). A estas nobres invenções outras podem ser acrescentadas, mais corriqueiras, porém não menos úteis à melhoria da vida cotidiana: a descarga dos vasos sanitários (1589), o jornal (1609), o guarda-chuva (1637), a cadeira de rodas para os deficientes (1650), o dinheiro em papel (1661), a panela de pressão (1679), o sorvete (1686) e o envelope para cartas (1696).

Na metade do século XVIII, quando Newton morre, a Europa está pronta para o grande salto do Iluminismo, que encontrará na França o seu ápice especulativo com a *Encyclopédie* (Enciclopédia) de Diderot e d'Alembert e, em seguida, na América – o seu lugar de eleição do ponto de vista prático –, com as invenções de Franklin e de Edison, assim como com as indústrias de Taylor e de Ford. Se a trajetória geográfica da pré-industrialização vai de Florença até Paris, a da industrialização parte de Londres para a Filadélfia e Detroit, e a da pós-industrial irá de Boston a Stanford, a Seattle e a Tóquio, segundo o cinturão solar, caro a Daniel Bell, que relacionou a trajetória da civilização, sempre mais coerente com o percurso do Sol: da Europa à Costa Leste americana, da Costa Leste à Costa Oeste e, finalmente, da Costa Oeste americana à Ásia. A China, portanto, aproxima-se.

De todas as invenções que o precederam, Bacon apreciava sobretudo a imprensa, que havia revolucionado a informação, centuplicando a difusão do saber; a pólvora, que havia revolucionado a arte da guerra, revertendo as forças em favor do mais fraco do ponto de vista físico; o ímã, que havia revolucionado a navegação, permitindo viagens intercontinentais, extraordinárias descobertas geográficas e novas trocas de mercadorias e de experiências entre os povos.

Mas nenhuma dessas portentosas invenções – e menos ainda o moinho de água, os óculos, os arreios modernos dos cavalos e os bancos –, tomada isoladamente, teria conduzido a um salto de época, da sociedade rural para a sociedade industrial. Foi o conjunto dessas novidades, o impulso vital do Renascimento, a formulação de um modelo racionalista e a descoberta de novas fontes energéticas, constituídas pelo vapor e pela eletricidade, que determinaram uma nova divisão do trabalho, uma nova relação, dos pontos de vista quantitativo e qualitativo, da mão-de-obra com a tecnologia, uma nova acumulação capitalista, uma nova distribuição do saber, do poder e da riqueza, assim como um novo comportamento em relação à vida e à adoção de novas práticas sociais. Tudo isso foi o Iluminismo nos planos intelectual e industrial, assim como no plano material, com a sua resplandecente produção em massa de tecidos, aço, objetos, móveis e, mais tarde, automóveis.

A RAZÃO LEIGA

Para definir o Iluminismo, dispomos de um texto daquela safra (de 1784) e de um filósofo excepcional (Immanuel Kant e o seu *Resposta à Pergunta: O que É o Iluminismo?*). "Tenha a coragem de servir-se de seu próprio intelecto! Este é o mote do Iluminismo... É tão cômodo evitar a maioridade. Se possuo um livro que tem, em meu lugar, o intelecto; um conselheiro espiritual que detém, por mim, a consciência ou um médico que me prescreve a dieta, etc., não é necessário que eu me esforce ou me canse. Não preciso pensar; desde que eu possa pagar, outros assumirão a incômoda tarefa por mim."

Portanto, o Iluminismo é o primado da autodeterminação, mas é também o primado da razão sobre a emoção (ou da linha reta sobre a linha curva, para retomar a nossa metáfora), da igualdade sobre a hierarquia, da tolerância sobre a perseguição, do laicismo sobre a religião e da especulação científica sobre a revelação divina. Com Voltaire e Rousseau, com Diderot e d'Alembert o termo *Iluminismo* indicou "o uso leigo da razão na pesquisa filosófica e científica, até tornar-se a palavra de ordem de uma elite de intelectuais que se sentiu investida de uma missão comum: promover o saber antimetafísico, fundado no sucesso do método experimental, banir os preconceitos e as superstições, fazer triunfar o espírito de tolerância, iluminar as consciências, difundir em todos os estratos sociais a educação e a cultura, reformar as instituições e limitar a influência das Igrejas nos Estados e na educação".[10]

A OFICINA CRIATIVA DA *ENCYCLOPÉDIE*

O conjunto das idéias reunidas sob a etiqueta global de Iluminismo é a *Encyclopédie*: 30 volumes de textos e de pranchas ilustrativas, um milagre do gênio humano devido sobretudo à força, à aptidão, à interdisciplinaridade, à tenacidade, ao senso de praticidade e à capacidade empresarial de Denis Diderot; à inexaurível sabedoria técnico-científica de d'Alembert; à visão empresarial de longo alcance de financiadores atentos como Breton e Briasson; e à hospitalidade catalisadora de d'Holbach.

Também nesse caso tende-se a simplificar a grande criatividade de grupo que conduziu à atormentada redação da *Encyclopédie*, atribuindo todo o mérito a Diderot e d'Alembert.[11] Não há dúvida de que os dois grandes intelectuais tenham desempenhado um papel determinante, seja como organizadores seja como redatores de inúmeros "verbetes". É igualmente indiscutível que, sem um gênio como Diderot, certamente a obra nem teria se iniciado em 1751 e nem haveria, teimosamente, tido prosseguimento durante 20 anos e, menos ainda, teria sido concluída, com sucesso, em 1772. Mas para nós que estamos interessados sobretudo na reconstrução dos processos criativos a figura que talvez seja a mais intrigante é a de Paul-Henri Thiry d'Holbach (1723-1789), um barão *parvenu*, escritor, animador cultural e promotor científico, mecenas, moralista, autor de textos condenados à fogueira, censurados e incluídos no *Index* e estimado e apreciado por Voltaire e Diderot, por Hegel e por Goethe.

Ele desempenhou um papel central na produção da *Encyclopédie*, contribuindo não como escritor, mas como "catalisador", através da suntuosa hospitalidade que ofereceu aos seus autores e por meio da atmosfera criada em torno deles, na qual – segundo Pierre Faville – "respira-se a honestidade, a energia, a inteligência, a generosidade, a recusa à hipocrisia e à intransigência e também o espírito de humor".

D'Holbach talvez tenha conhecido Diderot porque ambos eram amantes da música e interessados sobretudo na felicidade das pessoas, alcançada através de uma virtude leiga, materialista e natural. Embora muito diferentes em termos de caráter e estilos de vida, eles permaneceram amigos até a morte e foram pontos de referência para o mais vasto e significativo *lobby* intelectual de todo o século XVIII.

No seu salão parisiense o barão recebia todos os dias o restrito círculo dos amigos iluministas, e duas vezes por semana, nas quintas-feiras e nos domingos, o grupo expandia-se a muitos outros convidados de excelência. Junto aos amigos enciclopedistas encontravam-se ateus e deístas, céticos e espiritualistas, artistas, embaixadores, historiadores, políticos, literatos e todo um numeroso grupo de inteligências geniais e espíritos belos e rebeldes.

Mas a verdadeira oficina criativa na qual d'Holbach hospedava Diderot e os outros enciclopedistas era a *villa* Le Grandval, nos arredores de Marne, onde cada um estudava por conta própria das 6 da manhã às 13:00 horas. Meia hora depois encontravam-se todos para almoçar juntos. E das 15:00 horas até o pôr-do-sol passeavam pelos bosques, falando de filosofia e de política. De volta à casa, jogavam baralho, jantavam, ouviam música e depois iam dormir, a fim de retomar as atividades na manhã seguinte.

Eis um outro exemplo incomparável de "ócio criativo" que faz cair no abismo do ridículo os mil neuróticos e pitorescos *think-tank* com os quais hoje os estrategistas empresariais tentam alimentar as próprias imaginações empobrecidas pelo estresse.

Quando, em 1750, Diderot publicou o célebre *Prospectus* com o qual tornava público o programa editorial da *Encyclopédie*, o conhecimento humano era dominado pelo despotismo da emotividade, da superstição e da magia. O subjetivismo prevalecia sobre qualquer concepção sociológica possível do sistema social. O intelectual estava bitolado numa gaiola muito rígida de regras e de censuras, que impediam toda e qualquer concepção livre de sua parte.

Depois, o Iluminismo, a revolução burguesa e a sociedade industrial reverteram as relações de força: o racionalismo insinuou-se em todos os relacionamentos humanos com a missão de resgatar o homem da tríplice escravidão da miséria, da tradição e da autoridade, mas com o efeito perverso de mortificar a esfera emotiva; a ação coletiva superou a individual; a liberdade de pensamento e a democracia parlamentar conquistaram áreas crescentes no planeta.

Hoje estamos numa nova revolução de época histórica. Com a sociedade pós-industrial, são recuperados os valores da subjetividade, da estética e da emotividade; a criatividade é colocada em primeiro lugar como síntese da fantasia com a concretude; substitui-se o critério da continuidade e da simplicidade pelo da descontinuidade e da complexidade, que reposiciona o sujeito no interior dos fenômenos que ele mesmo observa, sem contudo colocá-lo no centro do universo.

Quando Diderot deu início à grande aventura da *Encyclopédie*, os iluministas tinham a sensação de que um ciclo histórico tivesse sido concluído e que, antes de um novo salto na civilização, se pudesse "acertar as contas", colocando homens e coisas em ordem alfabética, concatenando o saber numa única obra imponente.

Hoje tem-se a sensação de que o progresso esteja ainda por vir, que não seja possível (e que talvez não o será nunca mais) fazer uma pausa longa o bastante, como fizeram os enciclopedistas, para sistematizar o saber num corpus único, num *novum organum* baconiano. A enciclopédia evolui em metatexto.

Diante da *Encyclopédie* fica-se atordoado, e todas as obras posteriores do mesmo gênero parecem pálidas imitações de um modelo que não foi superado. Obviamente, lendo-a, percebe-se que foi escrita antes do advento da psicanálise (embora Diderot fosse fascinado pelo sonho), da sociologia, da biologia molecular e da física atômica e subatômica; antes do rádio, da televisão, do plástico, do computador, das biotecnologias e da Internet.[12]

Porém, permanece inata a tensão rumo à felicidade como objetivo irrenunciável de todos os seres humanos, pelo simples fato de que são dotados de razão e, naturalmente, inclinados a cortejar as idéias. Como disse Diderot em *Nipote di Rameau* (O sobrinho de Rameau), "As minhas idéias são as minhas putas".

A CRIATIVIDADE COLETIVA LEVA A MELHOR

Na onda de Bacon e Galileu, Descartes, Newton e Giambattista Vico, com o Iluminismo e a *Encyclopédie* volta-se definitivamente as costas ao passado, abrindo o caminho às mil contribuições da ciência, da tecnologia, da arte e dos estilos que confluíram na construção do mundo moderno.

Excetuando-se raros casos como o da escola pitagórica, antes do Iluminismo a criatividade científica era uma prerrogativa de cada gênio, individualmente; já a criatividade artística havia conhecido formas coletivas, como nos exemplos das catedrais e das oficinas. Em ambos os campos onde prevalece a criatividade, seja o terreno artístico seja o científico, predominaram o papel individual de cada cientista ou de cada artista e a convicção de que somente mentes excepcionais – os gênios – possuíam o dom divino e diabólico de abrir novas vias para a humanidade. Mesmo no caso dos grupos reunidos em torno de Pitágoras ou em torno de Ghiberti, estamos ainda muito distantes da integração das pequenas equipes modernas que, nas universidades e nas empresas atuais, constituem uma espécie de cérebro plural, um tipo de colméia, um sistema pensante como o dos jovens físicos aglutinados em torno de Enrico Fermi, de quem falaremos mais adiante. E estamos ainda igualmente distantes dos grupos organizados que caracterizam hoje a criatividade de laboratórios imponentes, como o CERN de Genebra, de organizações cinematográficas multinacionais como Hollywood e a Cinecittà, de redes televisivas planetárias como a CNN e de sistemas complexos que geram novos *hardwares* e novos *softwares* de informática como a Microsoft ou a Intel.

Enquanto o progresso humano esteve condicionado à criatividade de gênios individuais, a vida cotidiana da humanidade, a sua condição prática, a duração da vida dos indivíduos, a quantidade de esforço necessário para a sua sobrevivência, assim como a dor imposta pelas doenças, permaneceram praticamente inalteradas. O grande salto, graças ao qual a expectativa de vida duplicou, as dores físicas foram reduzidas a um décimo e até o Terceiro Mundo alcançou algum progresso, a sua condição, só aconteceu quando a criatividade humana assumiu uma forma predominantemente coletiva.

Essa grande transformação aconteceu num tempo e num lugar determinados: iniciou-se a partir da metade do século XIX, exatamente quando a indústria experimentava, para a seguir adotar em grande escala, a divisão do trabalho e a expulsão da criatividade artesanal dos processos produtivos de massa; foi fecunda sobretudo na Europa, onde fervilhavam os grupos criativos exatamente nos mesmos anos em que, do outro lado do oceano, Taylor tornava científica a divisão do trabalho e Ford inventava a linha de montagem. Podemos dizer que, no final do século XVIII, a Europa inventa e experimenta a indústria enquanto a América ainda é rural; e podemos dizer que, no final do século XIX, a Europa inventa e experimenta a sociedade pós-industrial, enquanto a América está no ápice do seu desenvolvimento industrial.

Para exemplificar essa transformação, narrarei alguns casos significativos da experiência austríaca, francesa, alemã, italiana, inglesa e escocesa.

A COMPANHIA THONET

Ainda hoje, as famílias burguesas possuem pelo menos uma das muitas cadeiras produzidas pela companhia Thonet. A número 14, que neste ponto difundiu-se por toda parte em mil imitações e versões, foi inventada por Michael Thonet (1796-1871) em 1848 e teve tal sucesso de mercado que em 1901 haviam sido vendidos 50 milhões de exemplares. Fundada oficialmente em Viena em 1853, a sociedade transformou-se gradualmente de uma oficina artesanal em grande empresa industrial com estrutura familiar, capaz de produzir, já no final do século XIX, o incrível número de 4.000 móveis por dia.

Essa produção, organizada por Michael Thonet e por seus filhos, encontrou os seus pontos fortes na beleza do desenho, na técnica original para o dobramento em série da madeira, na praticidade das inúmeras manufaturas, na divulgação ampla através de catálogos postais, assim como na distribuição efetuada por intermédio de uma rede de lojas abertas no mundo inteiro e por meio de uma penetração capilar das vendas graças aos *kits*.

Aspirando conciliar a economia da produção, o baixo custo dos produtos e a beleza das formas, a Gebrüder Thonet conseguiu dominar as técnicas de forma exemplar e produzir em série móveis excelentes, capazes de garantir um aspecto estético decorativo e uma originalidade estilística à burguesia emergente.

Com a Thonet, o *design* torna-se um fator decisivo no *marketing*, e as características industriais dos processos de elaboração combinam-se com os elementos pós-industriais dos produtos e da distribuição, constituindo uma experiência de vanguarda em relação ao tempo em que foi efetuada, assim como um exemplo que antecipou a atual organização da criatividade.

Numa foto tirada em Koritschan em 1860, Michael Thonet é retratado com os seus colaboradores mais próximos: os filhos e os artesãos que, graças à sua genialidade coletiva, transformaram a residência burguesa, conferindo-lhe um toque de leveza e praticidade. Toda vez que me sento numa das suas cadeiras, cada uma diferente da outra, numa infinita variedade; toda vez que vejo um cabideiro, uma mesa, uma cadeira de balanço ou um berço produzidos por eles; toda vez que o meu olhar tropeça no tornear das curvas e no brilho da madeira, que com maleabilidade se contorce na dança e nas formas desejadas por esses grandes artistas do cotidiano, penso na contribuição, talvez inconsciente, mas certamente revolucionária, que eles deram à idealização e à experimentação de novos processos criativos. Para melhor ou para pior, através deles a atividade empresarial e a produtividade estimularam a invenção pós-industrial, o *design* tornou-se um ponto forte na concorrência, as exigências dos consumidores guiaram as decisões dos produtores, a estética juntou-se à economia, e a comunicação e a distribuição assumiram um papel determinante na cadeia de valor.[13]

O INSTITUTO PASTEUR

A companhia Thonet antecipa as formas atuais de criatividade coletiva, mas é ainda muito próxima à indústria manufatureira, onde poucos inventam e muitos executam. Melhor exemplo de criatividade coletiva é o segundo caso, que encontramos na França e que não se refere às artes aplicadas, mas à ciência.

Inaugurado em 1885, o Instituto Pasteur de Paris é uma fundação privada, de utilidade pública, criada graças ao gênio científico e organizacional de Louis Pasteur (1822-1895), que conseguiu dar vida a um local no qual cientistas e técnicos de vários campos, organizados de forma interdisciplinar, mas respeitosos da autonomia científica recíproca, puderam encontrar as melhores condições para trabalhar na identificação, experimentação e difusão da soroterapia aplicada contra as mais letais doenças infecciosas.

No momento da fundação, o Instituto oferecia seis serviços, além de ser composto pelos laboratórios de produção e pela escola de especialização e pós-graduação em microbiologia. Desde seus primeiros anos de vida, à sede de Paris vieram unir-se numerosas filiais na França e no exterior. Com o passar do tempo, para a ampliação das atividades desenvolvidas e devido ao considerável aumento do pessoal científico, técnico e administrativo, os serviços do Instituto foram reagrupados em nove departamentos, que compreendiam cerca de 60 unidades de pesquisa.

A seguir, essa célebre instituição organizou-se como "cooperativa científica", onde cada pesquisador, conservando a própria autonomia, colabora com os demais para a obtenção dos objetivos comuns, no respeito a um etos científico herdado de Pasteur e de seus colaboradores iniciais: confiança nas possibilidades do método experimental e nas potencialidades da pesquisa realizada com a fórmula do grupo interdisciplinar de trabalho.

O Instituto – que é financiado sobretudo através de contratos para pesquisas, *expertises* ou consultorias, patentes de medicamentos e de instrumentação científica, remessas das filiais, doações do Estado francês e de contribuintes privados – desenvolve atividade de pesquisa, produção e ensino. Afirmou-se, particularmente, como centro de pesquisa básica (biologia, virologia, imunologia, biologia molecular e celular), como centro de pesquisa aplicada à medicina humana e veterinária, à higiene e à saúde pública, assim como à agricultura e à indústria, na produção de soros e de vacinas, como centro de ensino de pós-graduação, como centro hospitalar especializado em patologias infecciosas, parasitárias e imunitárias e ainda como centro de documentação científica, o qual compreende uma rica biblioteca, um museu e um banco de dados.

Com Pasteur, o grupo de trabalho irrompe no processo criativo, tornando-se o seu principal sujeito e marcando a passagem de época da *small science* à *big science* (da pequena ciência à grande ciência). Cada grupo é fortalecido por objetivos comuns, por uma missão compartilhada e por uma ética científica que prevalece em relação aos interesses materiais dos vários membros.

Na pesquisa tomam parte, de modo interdisciplinar, profissionais de várias disciplinas e, de maneira interclassista, graduados de nível superior e de nível técnico, tanto dirigentes como subalternos. O sucesso de mercado é visto como um critério importante, mas não absoluto: ele é subordinado à qualidade dos produtos e, sobre estes, incidem o impulso em direção à inovação e o amor pela pesquisa básica, considerada complementar tanto à pesquisa aplicada quanto à própria experimentação concreta. Não por acaso os laboratórios e o hospital encontram-se lado a lado.

O Instituto rejeita o isolamento que freqüentemente caracteriza as instituições científicas e acadêmicas: as suas relações com a comunidade, com o exército e com as indústrias são estreitas e permanentes; a comunicação dos seus resultados é feita sempre no momento oportuno. A atenção dedicada às necessidades individuais, à autonomia subjetiva, à rotação das tarefas e à formação permanente de cada um dos pesquisadores é análoga à atenção conferida aos interesses comuns e ao sucesso de toda a instituição. Da mesma forma, a inovação organizacional é feita respeitando a tradição e a experiência acumulada; a estética dos espaços e das aparelhagens não é menos cuidada que a sua eficiência prática; e a intensa articulação internacional é constante, tanto quanto a nacional.[14]

A ESTAÇÃO ZOOLÓGICA DE NÁPOLES: COMO FLORES NUMA ESTUFA

Para melhor compreender as condições e o clima em que viviam os grupos científicos entre o final do século XIX e o início do XX, vale a pena examinar pelo menos um deles com maior detalhe. Escolhi a *Stazione Zoologica*, organizada em Nápoles por Félix Anton Dohrn (1840-1909). Os fatores, as dinâmicas e as variáveis que emergem dessa história serão muito preciosos na formulação da minha hipótese sobre a anatomia, a fisiologia e a patologia dos grupos criativos, de uma forma mais geral.

Quem hoje percorre a célebre avenida que beira o mar de Nápoles, caso consiga desviar o olhar do golfo encantador, talvez tenha a sua atenção despertada por um imponente edifício branco, imerso no verde da *villa* municipal: a Estação Zoológica, fundada em 1872 pelo biólogo alemão Anton Dohrn. Nesse laboratório, ao longo dos anos, centenas de cientistas contribuíram para definir, entre outras coisas, o conceito de homeostase, a natureza da hemocianina, as interações humorais e nervosas, a gênese da melanina, a identificação da acetilcolina no tecido nervoso, a neurossecreção, a natureza do impulso nervoso e dos processos iônicos que fazem surgir o potencial de ação, a fisiologia do sistema nervoso e o funcionamento dos órgãos dos sentidos e dos processos de aprendizagem e da memória.

Como sede para um grande laboratório interdisciplinar (biológico, zoológico, botânico, ecológico, etc.), Anton Dohrn escolheu Nápoles por duas razões: o mar poderia fornecer uma fauna rica para os experimentos dos cientistas e a cidade e o porto poderiam garantir um afluxo constante de público ao interessante aquário anexo aos laboratórios, o que contribuiria, com o pagamento dos ingressos, para o financiamento das pesquisas.

Porém, vamos percorrer, etapa por etapa, a história dessa que, segundo as palavras de Pietro Dohrn, neto do fundador, "não era uma fábrica (como hoje são todas as instituições acadêmicas). Parecia mais uma fornalha, porque a ciência lá brotava sozinha e melhor que em qualquer outro lugar, do mesmo modo que crescem as flores numa estufa bem-cuidada". Nessa estufa napolitana, graças a Anton Dohrn, estudiosos do mundo inteiro podiam desenvolver livremente as próprias pesquisas, sem obstáculos burocráticos e acadêmicos, usufruindo ajuda financeira, aparelhagens, livros, materiais e conselhos, sem precisar retribuir com nada, além do próprio empenho a favor do progresso científico.

Quando Anton chegou a Nápoles, em 1870, rico somente de entusiasmo e de cultura, tinha 30 anos de idade. Quando morreu, em 1909, o seu sonho já havia se tornado uma realidade: única e célebre no mundo inteiro. Primeira em seu gênero, de modo absoluto, a Estação Zoológica foi o mais importante centro de estudos biológicos do mundo entre o final do século XIX e início do XX, permanecendo, até hoje, como um dos institutos internacionais de maior prestígio em estudos de biologia, fisiologia, bioquímica, zoologia, química fisiológica, embriologia, neurologia, história e filosofia das ciências biológicas, bacteriologia, oceanografia, botânica marinha e ecologia. Nos laboratórios da Estação, na sua biblioteca, no seu clima de "congresso permanente", amadureceram trabalhos e intuições de nada mais nada menos que 18 prêmios Nobel. Por ter contribuído assim para a formação dos melhores cientistas, o Instituto foi escolhido como sede de prosseguimento da pesquisa de estudiosos de valor já reconhecido.

O que permitiu tanta criatividade organizada? No meu modo de ver, o segredo reside num contexto e num clima cultural particularmente adequados; num modelo original de grande valor científico; na atitude criativa e empresarial do seu fundador; na sua capacidade de projetar, em termos modernos e inovadores; na possibilidade e na força de reunir, juntos, talentos científicos já acreditados, assim como de fecundar novos talentos; num ambiente onde a arte e a estética estimulavam a imaginação científica; na possibilidade de relações e intercâmbios internacionais; na atitude voltada para um estudo interdisciplinar; e numa forte motivação dos colaboradores, orientada por um objetivo comum. Vamos examinar, detalhadamente, todos esses fatores.

O CONTEXTO NAPOLITANO

A Estação Zoológica constitui um exemplo extraordinário de organização pós-industrial, realizada em plena época industrial, numa cidade que, sob muitos aspectos, era ainda pré-industrial.

Em 1870, Nápoles era uma ex-capital, com palácios e obras de arte esplêndidos, linda, num golfo belíssimo, cabeça enorme de um corpo – o do sul da Itália – atrasado e raquítico, teatro de grandes contradições: a mais populosa cidade italiana (720.000 habitantes), mas também a mais abandonada; com uma plebe vistosamente analfabeta, mas também com uma elite de humanistas e de cientistas à altura dos seus melhores colegas europeus.

Dez anos antes, em outubro de 1860, Francesco de Sanctis havia aceitado o cargo de ministro da Educação, que lhe havia sido confiado por Garibaldi, e dera início a uma reforma radical dos estudos, graças à qual a universidade napolitana pôde exibir, com orgulho, 11 cátedras de ciências e matemáticas; a modernização dos museus de zoologia e geologia do Gabinete de Física; a reorganização da Escola de Pontes e Estradas, que, em seguida, se transformou em Faculdade de Engenharia. A partir de 1863, junto ao novo Gabinete de Química, todos os domingos eram oferecidas aulas gratuitas, abertas a todos, e, a partir de 1869, a Faculdade de Ciências instituiu uma escola gratuita de mecânica, destinada sobretudo aos operários que desejassem aprender novas técnicas.

Portanto, um ambiente científico já válido e consolidado, no qual despontavam três filões: o matemático, o médico e o biológico.[15]

Nesse clima cultural chegou Dohrn, atraído sobretudo pelo outro clima: o de um céu límpido e uma temperatura agradável durante boa parte do ano, de uma flora exuberante, um mar cheio de peixes, rico de toda a gama de espécies viventes no Mediterrâneo.

O LÍDER: ANTON DOHRN

A personalidade. Mas quem era esse jovem de seus 30 anos, barbudo, proveniente do Norte no rastro de todos os aristocratas cultores do *grand tour*, mas com objetivos bem mais focados? Era, ao mesmo tempo, um cientista e um empresário. Por um lado, um consciencioso, ordenado e meticuloso arquivista; por outro, um grande amante das viagens, empreendedor, organizador e motivador. Um otimista sangüíneo e vital, mas também um depressivo, até o limite da neurastenia. "Devo tentar esticar o elástico da minha vida o máximo possível", propusera a si mesmo. E, com efeito, durante 70 anos consecutivos, persegue um demônio interior, o seu furor científico, em cujo nome tudo sacrificou: da relação com o pai ao patrimônio familiar; da relação com os filhos ao dote da mulher e ao equilíbrio conjugal; da vida na própria pátria ao amor pela pesquisa e pelos seus estudos pessoais.

Na esplêndida comemoração, feita por Theodor Boveri no Congresso Internacional de Zoologia de 1910, a concepção e a estrutura da Estação Zoológica eram interpretadas como uma obra de arte. E, na realidade, a vida de Anton Dohrn é uma mistura entre a vida de um artista, de um empresário e de um cientista. Um vida batizada pela música (Félix, o seu primeiro nome, era também o de Mendelssohn-Bartholdy, que havia sido o seu padrinho) e enriquecida pela amizade pessoal com músicos, pintores e literatos.

Porém, vamos percorrê-la em ordem, com a ajuda preciosa de uma biografia, por sorte muito detalhada, escrita por Theodor Heuss.[16]

A família. Os Dohrn provinham da Pomerânia. O pai de Anton, Carlos Augusto, era genial, extravagante, extrovertido amante de viagens e administrador esforçado de uma refinaria de açúcar, amigo do músico Félix Mendelssohn e do cientista Alexander von Humboldt e apaixonado por zoologia a ponto de tornar-se o entomologista alemão de maior autoridade, apreciado no mundo inteiro e investido do título de doutor *honoris causa*.

Em 1840 nasceu Félix Anton, que do pai pôde herdar não tanto o dinheiro (que lhe foi, conforme veremos, negado), mas um bom número de qualidades: o amor por Mendelssohn e pela música (na sua família surgirão grandes músicos como Wilhelm Furtwängler), o amor por Humboldt e pela ciência, o amor por Goethe e pela arte, o frenesi pelas viagens, a dimensão internacional da cultura, a capacidade de angariar fundos para financiar a pesquisa científica, o senso do convívio hospitaleiro que encontrava em casa em relação a intelectuais de todos os tipos e o ativismo espasmódico ("Não há nada de mais perigoso para mim do que ter tempo: certamente o passaria com melancolia... A única arma contra a minha doença é uma incansável atividade").

A vocação. Desde criança, Anton orientou as suas escolhas no campo científico: o seu "inato espírito artístico", escreve Heuss, "acabou por encontrar uma expressão na forma orgânica e criativa que ele soube imprimir à sua obra e no estilo da sua existência". Dedica-se às ciências naturais, estuda, viaja, ajuda o pai na redação de uma revista científica. Em Jena foi aluno de Ernst Haeckel e através dele entra em contato com a obra de Darwin. Interessa-se pelos crustáceos e pelos hemípteros, freqüenta os melhores salões de intelectuais e em agosto de 1865, acompanhado por Haeckel, numa longa visita de estudos a Helgoland, tem o primeiro encontro com a fauna marinha, à qual, posteriormente, dedicará toda a sua vida científica.

Em 1859 Darwin publica *A Origem das Espécies*. Anton é profundamente influenciado: "Na nossa disciplina", escreve, "existe uma quantidade ilimitada de obras de caráter puramente classificador-descritivo... As energias utilizadas até agora para separar as espécies deverão daqui para a frente ser usadas em sentido contrário: à unificação, à derivação uma da outra."

Estimulado pelas idéias darwinianas, Anton dedica-se cada vez mais aos crustáceos e à embriologia. Daí nascem a sua necessidade de obter materiais marinhos e, logo, a decisão de emigrar rumo ao sul.

O paradigma. Conforme já foi dito, um dos principais fatores de sucesso da obra-prima científica pensada e realizada por Dohrn foi o modelo vencedor sobre o qual ele baseou a sua empresa.

A Estação Zoológica de Nápoles pode se considerar filha da teoria evolucionista que se afirmou na segunda metade do século XIX através da sinergia de pesquisas de várias abordagens, todas elas amadurecidas na primeira metade do século. Dessa complexa tradição disciplinar fazem parte as teorias transformistas de Lamarck, as teorias sobre a extinção de Cuvier, a idéia do século XVIII de uma cadeia dos seres vivos; a chamada "teoria da recapitulação", com a qual contribuíram tanto Haeckel como o italiano Giambattista Brocchi. A teoria de Darwin se propõe como solução tanto para a questão da extinção das espécies, que Lamarck não queria admitir, quanto à da sua evolução, que os adversários das teorias transformistas não queriam aceitar.[17]

A motivação principal que conduziu Anton Dohrn às margens do Mediterrâneo foi exatamente a de aprofundar seus estudos como evolucionista. Muitos cientistas estavam convencidos de que a vida tinha se iniciado no mar: era portanto no mar que deviam ser buscadas aquelas formas intermediárias entre os diversos grupos. Guiado por Haeckel, Dohrn havia sido levado a pensar que o estudo do desenvolvimento embrionário dos animais marinhos poderia fornecer muitas informações sobre a evolução da vida. Segundo a "teoria da recapitulação", com efeito, o desenvolvimento embrionário de um indivíduo repercorre a história evolutiva da espécie a que ele pertence: a ontogênese – como já recordei na introdução ao presente volume – recapitula a filogênese.

A sociedade. Depois de se formar, Dohrn mora durante algum tempo em Jena. Foram nesses anos que estabeleceu uma sociedade com um grupo de amigos, que permaneceram queridos até a morte: o escultor e arquiteto Adolf Hildebrand, o pintor Hans von Marées, o literato Charles Grant, o matemático Ernst Abbe, que depois, junto às oficinas da Zeiss, desenvolveu a técnica do microscópio e, em colaboração com Dohrn, inventou instrumentos fundamentais para a pesquisa biológica. Em 1867, durante uma breve estada de estudo no jardim zoológico de Hamburgo, ele conhece o inglês W. A. Lloyd, especialista em aquários, que estava instalando um naquele jardim. No mesmo ano inicia uma correspondência com Darwin. No ano seguinte faz amizade com Thomas H. Huxley e depois, de volta à Alemanha, conhece o jovem zoólogo Nikolaus Kleinenberg. Todos esses personagens retornaram como protagonistas na história da Estação Zoológica napolitana.

Nesse período Dohrn formula uma hipótese biológica que, em seguida, se demonstrará inválida: isso lhe acarreta um grave colapso nervoso, o primeiro de uma longa série de colapsos que o acompanharão por toda a vida. Heuss anota: "Durante semanas, ou melhor, por vezes até meses, ele ficava como que paralisado, cansado, irascível, ainda que a sua inata cortesia o induzisse a esconder de terceiros sua condição nervosa. Durante aqueles períodos, as dificuldades dos trabalhos por ele iniciados agigantavam-se e gravavam-se no seu espírito, até que a névoa acabasse se dissolvendo. Com o passar dos anos essa situação melhoraria, mas a ameaça permaneceria sempre à espreita. É preciso levar em conta essa disposição da sua psique para compreender certas oscilações violentas do seu modo de agir. Mais milagrosos ainda são os resultados que ele consegue na sua luta com o destino."

Messina. Em 1868, Anton chega a Messina ("a Meca dos livre-docentes alemães", dirá um professor do lugar), seguido por terra de um "aquário portátil", construído alguns meses antes, na Escócia. Na cidade siciliana ele estuda e faz experimentos. Além disso, estabelece amizade com a família do conselheiro de estado russo Jegor Baranowski, de quem, mais tarde, em Nápoles, esposará uma das jovens filhas. No momento de ir embora, deixa as aparelhagens aos eventuais jovens estudiosos que chegassem ao lugar depois da sua partida e concebe a idéia de uma *estação zoológica*, "colocada à disposição de todos aqueles que tivessem ido a Messina para trabalhar; uma espécie de propriedade da ciência".

Volta para Jena, onde publica 11 ensaios, porém, neste ponto, está com a idéia fixa no projeto da estação a ser criada em Messina: "No coração", escreve, "penetrou-me um doce veneno que dificilmente não terá influência no meu futuro."

Para realizar a idéia, pede ao pai uma antecipação de 30.000 táleres da sua parcela hereditária, equivalente ao que já havia sido obtido pelos irmãos. Mas o pai assombra-se e, imprevisivelmente, recusa. O próprio Dohrn narra o ocorrido: "Poucos dias após a discussão com meu pai, eu estava voltando para Jena... Em Berlim tive a ocasião de visitar o novo aquário... Quando estava absorto nas minhas reflexões e o ônibus subia lentamente por uma ladeira pouco íngreme, me veio, de improviso, a idéia de que seria possível criar uma estação zoológica, caso fosse construído um aquário às margens do Mediterrâneo, o mar mais rico da Europa, e se a quantia arrecadada com os ingressos cobrisse as despesas do pequeno laboratório." Era o dia 4 de janeiro de 1870.

Só hoje, em meio a tantas discussões sobre como valorizar o patrimônio cultural, podemos dar o devido valor a essa idéia, apreciando toda a sua concepção pós-industrial. Mas voltarei a isso daqui a pouco.

Anton convoca imediatamente os seus amigos; passa a fazer as contas ("Já calculei que com 120 visitantes por dia, durante nove meses por ano, poderei cobrir os juros, as despesas de manutenção e ainda sobrará"); ele imagina uma cadeia de estações deslocadas até Gibilterra, nas ilhas de Cabo Verde, em Portugal e na Irlanda; calcula o pessoal necessário, as aparelhagens, as bibliotecas; tem certeza de que, estimuladas pelo modelo alemão, também a Inglaterra, a França e a Rússia seguirão o exemplo; chega a profetizar que "sob a pressão da teoria darwiniana, a biologia deverá se tornar a ciência, *por excelência*, do século".

A primeira viagem a Nápoles. Seria considerado um visionário se todas essas suas previsões não tivessem se tornado uma realidade, uma por uma. Escreve o seu biógrafo: "Considerada retrospectivamente, a obra de Anton Dohrn nos parece uma ousada e grandiosa intuição de um pioneiro. Após o exemplo da Estação Zoológica de Nápoles nascerão, com efeito, numerosos institutos autônomos de pesquisa científica que, alguns decênios mais tarde, serão destinados à biologia e a várias outras disciplinas: do ponto de vista da história do espírito, ela valoriza a biologia como um componente integral da cultura."

Para desenvolver e melhor aproveitar a sua idéia turístico-comercial, Messina era demasiado pequena e pouco freqüentada pelos turistas. Por isso Dohrn a troca por Nápoles, com vista à instalação do seu aquário (naqueles tempos somente Londres, Hamburgo e Berlim possuíam um) e da sua estação zoológica. Numa primeira viagem exploradora, no início de 1870, conseguiu arrancar do município a promessa de uma área na Villa Reale, com vista para o mar.

Dohrn faz contatos posteriormente através da publicação de um catálogo ilustrado a ser vendido ao público e por meio do fornecimento de animais vivos ou conservados em álcool a outros museus da Europa. Enquanto isso, tece acordos com a municipalidade, estabelece contratos com as autoridades, revela insuspeitável capacidade como relações-públicas, conseguindo – sendo alemão – vencer obstáculos burocráticos, diante dos quais até mesmo o mais escaldado dos advogados napolitanos teria se rendido.

O desencadear da guerra franco-prussiana e a sua convocação às armas interromperam as negociações. Em compensação, durante uma breve licença transcorrida na Inglaterra, Dohrn conhece, finalmente, Darwin. De volta à sua pátria e obtida a baixa, escreverá: "E agora vamos a Nápoles. Esperemos que o mundo dentro do meu crânio encontre o equilíbrio, de modo que também o de fora me pareça equilibrado."

Retorno a Nápoles. Dessa vez, antes de partir para o sul, Dohrn tratou de obter um rico dossiê de cartas de apoio por parte dos maiores expoentes europeus em ciências naturais. Em outubro de 1871 chegou pela segunda vez a Nápoles, onde o esperavam problemas com o município, com o construtor civil, com o cadastro, com a terra do Estado, com o conselho municipal e com o arquiteto. E, enquanto remediava todas essas picuinhas, compôs o seu "manifesto": um ensaio sobre *O Estado Atual da Zoologia e a Fundação de uma Estação Zoológica*, ao mesmo tempo obra-prima da ciência e da literatura, com a qual propunha que, além de explorar a gênese e a existência das funções, se estudasse também o comportamento individual e coletivo dos animais.

As "escrivaninhas". Ao arquiteto local veio unir-se Hildebrand da Alemanha, e, enquanto as obras prosseguiam com várias vicissitudes, Dohrn teve uma nova inspiração financeira e organizacional. Correu logo por toda a Europa para divulgá-la e dar-lhe corpo. "Eu havia ouvido dizer", ele mesmo conta, "que alguns hospitais, a fim de obter os fundos para a sua manutenção, recebiam a oferta de *leitos* por parte de entidades ou particulares ricos: estes comprometiam-se a doar uma determinada soma, anualmente, ou ofereciam uma quantia de maior importância, a fundo perdido. Tal oferta lhes garantia o direito de reserva de um leito, isto é, uma vaga para curar um doente naquele mesmo hospital. Calquei o meu plano nesse mesmo modelo: decidi oferecer em locação aos diversos governos e entidades científicas as várias *escrivaninhas* e *bancadas* que seriam colocadas nos laboratórios: teria assim garantida uma renda anual que me permitiria realizar empréstimos posteriores de capital."

O nômade. Daquele momento até a morte, uma parte considerável do tempo de Dohrn será dedicada a convencer governos, ministérios, instituições e particulares a alugar as escrivaninhas, isto é, a se empenhar em pagar anualmente à Estação a quantia necessária para garantir a um ou mais estudiosos a possibilidade de lá desenvolver as suas pesquisas. A Estação conseguirá obter pagamentos da Alemanha, da Inglaterra, dos Estados Unidos, da França, da Itália, da Rússia, da Suíça, da Bélgica, da Romênia, do Japão e da Suécia. Entre 1897 e 1933, uma escrivaninha foi reservada a uma pesquisadora mulher, por conta de uma associação americana dedicada, justamente, à promoção das ciências junto ao mundo feminino: a Naples Table Association for Promoting Scientific Research by Women.

Dali em diante torna-se difícil seguir as frenéticas atividades e deslocamentos de Dohrn. Quando ainda eram necessárias 81 horas para que se fosse de Nápoles até Brighton, o encontramos rodando, continuamente, toda a Europa e a América, em busca de dinheiro para divulgar as suas idéias. Somente no verão de 1875 o seu roteiro incluía Viena, Budapeste, Galícia, Breslávia, Stettino, Dantzig, Konigsberg, Berlim, Hamburgo, Bonn, Cambridge, Londres, Estocolmo, de novo Stettino, Leipzig, São Petersburgo, Moscou, Berlim, Hamburgo, Oldenburg, Bremen, uma terceira visita a Stettino e, por fim, Nápoles.

Seus interlocutores, nessa sua longa perambulação, eram cientistas como Darwin, Koch, Huxley, Du Bois e Reymond; funcionários de ministérios, embaixadores, cônsules, reis, príncipes e arquiduques como o rei da Baviera, o grão-duque Frederico e o czar da Rússia.

Os músicos de Bremen. Para a Estação debutante já havia então afluído o primeiro núcleo de amigos, tão disparatados e heterogêneos que mais pareciam um pátio dos milagres: primeiro Grant, depois Kleinenberg, Von Marées, Von Hildebrand, um certo Dassi, recrutado em Florença, uma certa senhora, viúva de um coronel russo, que até morrer tomará conta da bilheteria do Aquário. Dohrn escreverá: "Desde o seu fundador, que, aos

30 anos, se sentia igualmente inseguro, seja como homem seja como cientista, até o guardião do aquário e os serventes do laboratório, todos eram mais ou menos falidos na vida, se encontravam em Nápoles para refazer uma existência no mais fantástico dos modos, para passar uma velhice tranqüila... Éramos um pouco como os *músicos de Bremen*: nenhum de nós sabia o que fazer da própria vida, individualmente, mas nós todos nos sentíamos sustentados por uma vaga esperança de que, talvez, unidos, teríamos êxito em alguma empreitada."

Os recursos. Inaugura-se, finalmente, o aquário: os visitantes somam 26 no primeiro dia, 100 no segundo, 60 ou 70 no terceiro e depois diminuem. Dohrn recorre à publicidade nas embarcações que levam os turistas a Nápoles e no *Baedeker*. Enquanto isso, começam a chegar os bolsistas: o primeiro da Prússia e, depois, dois jovens ingleses.

A construção ainda não havia sido terminada e já se tornavam necessários outros laboratórios: a ampliação engole as 30.000 liras trazidas como dote pela jovem esposa, Maria Baranowska, e todas as ajudas que ele conseguiu recolher, pois, neste ponto, transformou-se num homem de negócios, num agente financeiro, num diplomata, que, em vez de se dedicar aos estudos a que aspirava, era obrigado a passar seu tempo em consultorias, contratações, solicitações, conferências e almoços de trabalho.

Para identificar e capturar os animais adequados era preciso dispor de marinheiros treinados especialmente para isso, além de uma pequena frota. Para conservar os animais eram necessários trabalhadores do ramo. Para a atualização dos pesquisadores era essencial uma biblioteca bem abastecida. Além disso, com o objetivo de divulgar as descobertas científicas, revistas especializadas deviam ser editadas e publicadas, e para a observação e análise do material histológico eram necessários instrumentos óticos.

Reconhecimentos. Tudo isso foi enfrentado pela Estação, que adquiriu uma primazia absoluta no mundo, conquistando uma fama que atraiu a Nápoles cientistas e gente famosa: os reis Vítor Emanuel II, Umberto I, Vittorio Emanuele III, o príncipe herdeiro da Dinamarca, o rei da Grécia, Guilherme II, Theodore Roosevelt e Eleonora Duse figuram entre os assinantes do livro de visitantes.

Começavam também a chegar os reconhecimentos oficiais: as universidades de Nápoles e de Berlim ofereceram a Dohrn uma cátedra, Oxford e Cambridge lhe conferiram uma láurea *ad honorem* e as universidades russas de Kasan e de Moscou, assim como a Sociedade Real de Nápoles e a Academia Sueca, o elegeram sócio honorário. E quando, em 1897, foi celebrado o jubileu da Estação, foi entregue a Dohrn – naquela altura cidadão honorário de Nápoles – um documento de congratulações, assinado por quase 2.000 cientistas do mundo inteiro. Nele testemunhava-se: "É impossível conceber como seria hoje o estado da ciência biológica sem a influência da Estação."

Enquanto isso, já não era preciso mendigar por contribuições: o aquário, que custara menos de 5.000 liras, havia proporcionado quase 80.000 liras de crédito e, sozinho, cobria dois quintos do total das despesas. O campo de estudos dos cientistas ali hospedados já se estendia da biologia à fisiologia e da botânica à química.

Epílogo. No seu último relatório (1908), Dohrn anota que 1.858 estudiosos, dos quais 566 alemães, trabalharam na Estação. Anton, então famoso e respeitado, mantém um relacionamento pessoal com os primeiros-ministros Crispi e Giolitti, com os reis Frederico III e Guilherme II. Pode portanto pensar na sua sucessão e em aposentar-se.

Em 1907 anota: "Comecei realmente a envelhecer; quem sabe este estado também não seja atraente?"

Morreu em 26 de setembro de 1909. Em seus funerais, conforme havia pedido, tocaram-se os quartetos de Beethoven: o em dó menor e o em fá menor.

UM CONGRESSO PERMANENTE

A Estação Zoológica de Nápoles, por vezes definida como "fábrica da ciência", "arsenal para a doutrina darwiniana", "grande hotel para cientistas", "congresso permanente" ou ainda "santuário do culto científico", após a morte de Anton passou a ser dirigida por seu filho Reinhard, depois pelo neto Pietro e mais adiante, até hoje, por diversos ilustres cientistas.

A história desse incrível laboratório deixa entrever alguns aspectos do segredo organizacional que permitiu o seu sucesso. "O rapaz enlouqueceu", disse Carlos Augusto diante dos projetos do filho. E até mesmo o grande Huxley deu a entender a Anton, quando este lhe propôs a idéia de angariar fundos na Inglaterra, a grande improbabilidade "de encontrar neste país o milionário entusiasta disposto a presentear um alemão com bastante dinheiro, de modo que ele possa viver na Itália, desfrutando os seus *hobbies* científicos". Por ironia da sorte, um dos mais generosos e desinteressados financiadores de Dohrn seria um milionário americano, Alexander Davis.

Dado que toda a organização da Estação pesou, principalmente, sobre os ombros de Dohrn, é sobretudo nos seus talentos pessoais, nas suas intuições organizacionais e no seu estilo de liderança que deve ser buscado o segredo do seu sucesso.

Os talentos pessoais de Dohrn. O fundador desse "congresso permanente" era provido de um grande carisma de líder, de uma sólida base científica, de um ótimo conhecimento de idiomas, de uma inteligência aguda e irrequieta, de uma educação leiga e liberal e do hábito de um bem-estar burguês que desembocava no luxo, que, no entanto, ele estava sempre disposto a sacrificar – como efetivamente o fez várias vezes – em prol dos seus projetos científicos.

Dotado de uma fantasiosa vontade criativa que o impulsionava sempre a novas iniciativas logo que entrevia o êxito das precedentes, era capaz de aproveitar ao máximo as possibilidades do contexto ambiental e antropológico napolitano ("Creio que desde os tempos de Hamilton e de Filipe Hackert, ninguém explorou como nós as potencialidades de Nápoles").

Apesar do temperamento polêmico e irônico, era tolerante, o que lhe permitia reunir na comunidade os personagens mais disparatados. Culto, muito atualizado, sensível à arte, capaz de lidar com grande tato, fosse com o povo, fosse com os poderosos, possuía tanto a curiosidade intelectual como a capacidade de se colocar no lugar das pessoas a quem estimava. Mas era também sombrio, propenso a profundas depressões e cínico diante de sentimentos que pudessem obstruir o caminho dos seus objetivos: isso lhe custou o fracasso do seu matrimônio, que talvez pudesse ter sido bem-sucedido.

A polêmica, assim como o intercâmbio intelectual, a conversa, a correspondência e o interesse pelas novas invenções eram, para ele, irrenunciáveis. Acima de tudo, era um mestre inigualável, disposto a dedicar todas as suas energias à educação científica e cultural de quem o seguia: aos 63 anos, já famosíssimo, ainda mantinha uma intensa correspondência com um estudante de 19 anos, a fim de orientá-lo e aconselhá-lo.

Quanto à sua capacidade como organizador, que todos reconheciam como extraordinária, a própria Estação Zoológica constitui um admirável testemunho. Tentamos aqui enumerar pelo menos as características mais evidentes.

Marketing *e promoção.* Quase todos os seus projetos encontraram os financiamentos necessários. Muito freqüentemente o destino da Estação estava nas mãos de vários sujeitos ou de mais de uma instituição burocrática, aos quais era preciso mobilizar e recorrer. Um senso acentuado, muito moderno, do *marketing* e da promoção lhe permitia ativar, simultaneamente, mais de uma fonte de sustento, distribuindo os riscos em diversas frentes e reduzindo as contrariedades. Nesse sentido, as duas idéias, do aquário e das "escrivaninhas" para financiar os laboratórios, são ambas dignas de um versátil empresário de vanguarda.

A gestão dos colaboradores. Outra grande capacidade foi a de recrutar os homens certos e treiná-los perfeitamente, fossem eles pescadores ou cientistas, artistas ou serventes. O filho do porteiro, por exemplo, que começou a trabalhar na Estação aos 14 anos e era semi-analfabeto, aprendeu ali e aperfeiçoou os métodos para a conservação dos animais até alcançar uma fama internacional e obter o título de doutor *honoris causa* pela Universidade de Nápoles.

Quanto aos curiosos critérios a fim de obter a máxima colaboração por parte de seus funcionários, o próprio Dohrn os descreve: "A maior parte dos homens encontra-se abaixo da mediocridade e geralmente neutraliza, de forma recíproca, aqueles que estão acima. É portanto útil associar um indivíduo superior a um medíocre, senão nascem atritos e o caldo entorna... As personalidades elásticas são raras em todas as condições sociais e em todos os ambientes... O truque encontra-se em saber colocar lado a lado vários indivíduos. Conheço demasiado bem os meus defeitos para condenar os dos outros. Um só não admito: o egoísmo vulgar."

A motivação. A terceira característica foi exatamente a de saber motivar os colaboradores ("dos quais esperava uma boa dose de idealismo"), obtendo o máximo resultado, apesar dos baixos salários. Escreve Heuss: "Dohrn solicitava de seus colaboradores qualidades absolutamente excepcionais: não somente deviam honrar o jovem Instituto com os seus trabalhos científicos, mas a cada um era delegada uma boa dose de atividade administrativa, de correspondência ligada aos negócios, de manutenção dos livros, assim como de estatística e de contabilidade dos seus setores."

A mínima divisão. Dessa descrição deduz-se uma quarta característica da organização adotada na Estação: a mínima, praticamente inexistente, divisão das tarefas entre os cientistas e o pessoal de serviço.

Bolsa de estudo e auto-organização. A quinta característica é a organização das "escrivaninhas". Os estudiosos que obtêm a designação delas podem usufruir da infra-estrutura da Estação com grande liberdade, sem precisar dar satisfações a outras pessoas, a não ser a si mesmos, distribuindo, de modo autônomo, o tempo, os métodos e o ritmo de trabalho.

A interdisciplinaridade. A sexta característica reside na realização, pela primeira vez, da máxima interdisciplinaridade entre as ciências naturais. Escreve Dohrn: "Quando se trata de estabelecer as condições de existência, ainda que de um só animal, o zoólogo não deve consultar o algologista (estudo das algas), e este, por sua vez, o geólogo e o mineralogista, e todos os três, o hidrólogo, o químico e o físico?"

Mas a Dohrn agradava igualmente unir literatos e pintores, arquitetos e músicos aos cientistas, numa espécie de Parnaso teutônico nas margens do mar Tirreno. Não por acaso a sala no primeiro andar da Estação, com afrescos de Von Marées, foi concebida também como sala de concerto.

O universalismo. A sétima característica é o internacionalismo, o apoliticismo, a hospitalidade, o laicismo, a tolerância e o intercâmbio contínuo, devido aos quais, justamente, a Estação foi comparada a um "congresso permanente".

A inovação tecnológica. A oitava característica é a permanente posição de vanguarda no uso de novas tecnologias e de novos preparados: microscópios, sistemas fotográficos, microfônicos e cinematográficos, etc. Muitas técnicas foram desenvolvidas na própria Estação, e muitas outras foram trazidas e aperfeiçoadas ali.

A economia de escala da pesquisa. A nona característica é a expansão contínua para atividades fronteiriças; logo, com a criação constante de novos laboratórios e de novas disciplinas, aumentava a sinergia de conjunto da Estação, que podia assim usufruir de uma certa "economia de escala" do conhecimento e da pesquisa. Pense-se que, entre 1902 e 1905, a construção do departamento de fisiologia implicou, praticamente, a duplicação do laboratório inteiro.

Essa, assim como outras ampliações, não correspondia a programas específicos preestabelecidos, mas obedecia às necessidades de experimentação à medida que elas emergiam do desconhecido da vida marinha. Pode-se afirmar que Dohrn, partindo com pleno entusiasmo das idéias darwinianas para todo o restante da sua aventura, deixou-se guiar, com docilidade, pelo desenvolvimento científico que, incessantemente, era produzido pelo Instituto.

A criatividade e o rigor. A décima característica consiste no primado da criatividade e no culto do rigor científico.

***A separação entre a pesquisa e o* management.** A décima primeira característica consiste na consciência – raríssima naqueles tempos – de que as atividades gerenciais devem ser autônomas em relação às atividades científicas: "Para dirigir a Estação", escreverá Dohrn quando começa a refletir sobre a escolha do seu sucessor, "não basta a competência científica, mais ainda, diria que esta nem é uma qualidade absolutamente necessária. O que se requer são peculiaridades que se encontram com maior freqüência em homens de outras classes profissionais, mais do que nos estudiosos."

A flexibilidade. A décima segunda característica é a elasticidade da organização, a aversão de Dohrn por todo e qualquer procedimento administrativo abstrato e impessoal, a fuga diante de qualquer tentativa de burocratizar a Estação ou de absorvê-la em estruturas públicas paternalistas, que teriam eliminado a luta estimulante, quase darwiniana, pela sobrevivência.

A rede. A décima terceira característica foi a força derivada dos numerosos "contatos pessoais entre os cientistas e as fecundas relações entre disciplinas científicas afins", que se estabeleciam no interior da Estação ou dela partiam até cobrirem, com uma densa rede informal, toda a comunidade internacional das ciências naturais.

A estrutura orgânica. Uma outra estrutura deve ser identificada na moderna estrutura formal da Estação – muito mais um organismo que um relógio, como se diria hoje em dia –, simples e complexa ao mesmo tempo. Escreveu Heuss: "A necessidade cotidiana, assim como a imaginação do fundador, a preservou do perigo de se enrijecer. Alguém afirmou que a Estação foi uma criação do espírito artístico de Dohrn; ao mesmo tempo, que ela é também um extraordinário testemunho das leis biológicas, a serviço das quais o estudioso havia se colocado; aqui, no elementar, não há nada de artificial; no andamento das funções, na mudança das condições, na luta pela existência, por vezes num sentido literal, essa obra desenvolveu a sua personalidade, mantendo uma posição diretiva, embora alternando problemas científicos com questões políticas."

Em outros termos, a Estação constitui o primeiro exemplo de organização concebida como sistema biológico, como uma rede de funções que interagem com o ecossistema.

O sistema. Em síntese, do ponto de vista das ciências organizacionais, o que foi a Estação Zoológica de Nápoles? Foi, conforme já se disse, um sistema complexo que Anton Dohrn alimentou continuamente com recursos humanos (pescadores, técnicos, pessoal de serviço, cientistas e artistas), com recursos financeiros ("escrivaninhas", contribuições públicas e privadas, aportes graças ao aquário, a publicações e à venda de animais vivos ou conservados) e com recursos técnicos (barcas a vapor e a motor, edifícios, aparelhagens científicas, materiais variados, etc.). Um sistema orgânico feito de aquário, laboratório, biblioteca, escritórios administrativos, departamentos de microscopia, de conservação, etc. Um sistema que produziu copiosos *outputs* de naturezas variadas: das publicações à divulgação científica, dos preparados biológicos às idéias e, sobretudo, aos cientistas que, formados no clima único da Estação, passaram a dirigir, em outros lugares, museus, laboratórios e cátedras, assim como fundaram instituições inspiradas na Estação, que, por vezes, até a superaram em importância.

Caso se pense que tudo isso acontecia no final do século XIX e no início do XX, exatamente enquanto nos Estados Unidos Taylor aprimorava a sua concepção científica do gerenciamento e Ford inaugurava a linha de montagem, nos damos conta de quanto vigor pós-industrial Anton Dohrn conseguia imprimir à sua organização, desenhando e realizando uma obra da qual só hoje somos capazes de apreciar a extraordinária e precursora modernidade.

Na sua época, talvez só o próprio Dohrn – genial também sob esse aspecto – tivesse a plena consciência disso, apesar do amargor que sempre trazia dentro de si. Assim, escrevia ele em 1876: "Com certeza a empresa devora as minhas melhores energias, os meus melhores interesses, mas é contudo uma empresa tão grandiosa, que assume proporções tão gigantescas e que me proporciona uma felicidade imensa, ainda que obrigando-me a estafar-me nos negócios. E tal felicidade representa a melhor recompensa, o estímulo mais forte para continuar a criar. A obra é realmente livre, autônoma; não há precedentes; nasceu do pensamento puro e traz em si traços espirituais de todas as fases da minha existência. E, além disso, para executá-la foi feito mais do que qualquer patrão de fábrica que quisesse instituir uma grande empresa industrial européia devesse fazer... E como foi difícil conseguir isso! A verdade é que me iludo dizendo que o verdadeiro objetivo da minha vida era o de criar este grande laboratório. Pois isso não é verdade. Eu queria algo diferente. Quem sabe se alcançarei? Eu queria criar espiritualmente, viver espiritualmente, concluir a minha existência numa atmosfera de civilização interior. Mas nos tempos de hoje isso é mais difícil do que antes: a selvagem e apressada vida de hoje arrasta consigo até aqueles que tentam opor resistência... os arrasta e só Deus sabe para onde."

A civilização interior. Sobre o equilíbrio do edifício branco arquitetado por Hildebrand, sobre a frescura das pinturas executadas por Von Marées, sobre a perfeição dos instrumentos óticos fornecidos pela Zeiss, sobre a flexibilidade da organização pensada segundo modelos de adaptação que evocavam as próprias formas orgânicas estudadas no microscópio, Dohrn construiu a atmosfera de civilização interior na qual desejava viver.

Certamente o sucesso da Estação num setor – a biologia – que deixará a sua marca para toda a sociedade pós-industrial é ligado ao carisma, à sólida cultura científica, à tensão criativa, à curiosidade intelectual, à inteligência aguda e irrequieta e à capacidade organizacional do seu fundador. Mas foram justamente as características organizacionais da Estação que permitiram que as qualidades do chefe se tornassem patrimônio comum de toda a instituição, garantindo-lhe a duração. Dohrn possuía um senso agudo e moderno da dimensão financeira da ciência, do *marketing* e da promoção que ela requer, tanto quanto ou mais que as empresas comerciais; enxergava de forma claríssima e com grande alcance os problemas ligados à motivação do pessoal, tanto científico como auxiliar; entendeu, com uma acuidade hoje rara nos chefes de empresa, como o trabalho intelectual requer um ambiente físico voltado para a beleza e um ambiente humano voltado para o requinte, a coletividade e o respeito à natureza e às pessoas.

OS PRÉ-RAFAELITAS E OS MATEMÁTICOS

Pode-se dizer que, entre o final de século XIX e o início do XX, não há país europeu que não possua uma equipe de cientistas ou de artistas parecida com as três que acabamos de examinar, inovadores tanto nos produtos como nos processos. Na Inglaterra, por exemplo, há pelo menos dois extraordinários grupos de artistas. O primeiro é o dos pré-rafaelitas e da Arts and Crafts Exhibition Society, que trabalham em torno de William Morris (1834-1896), renovando profundamente a pintura, o *design*, a arquitetura, a tapeçaria e a gráfica. Participam, em diferente medida, Dante Gabriel Rossetti, Jane Burden e Aglaia Coronio, Burne-Jones e sua mulher, mas também, de uma forma diversa, Ruskin e Oscar Wilde.[18]

O segundo grupo a ser lembrado é o do escocês Charles Rennie Mackintosh (1868-1928) e da sua Glasgow School of Arts, que deu amplo espaço à participação feminina e que contribuiu para o desenvolvimento das artes aplicadas na arquitetura e no *design*.[19]

No campo científico, gosto de recordar um caso particularmente singular, que floresceu do outro lado da Europa, no Mediterrâneo. No final do século XIX, para um país industrial e economicamente atrasado como a Itália, para uma região como a Sicília, ainda mais pobre que o já pobre sul, a única ciência na qual se podia apostar sem a necessidade de capital era a matemática, que requeria, como aparelhagem fixa, somente caneta e papel. Essa intuição unida a uma forte vocação para os estudos matemáticos e uma personalidade marcada por um excêntrico espírito de iniciativa induziram Giovan Battista Guccia a fundar, em 1884, o Círculo Matemático de Palermo, que logo se tornará uma rede interdisciplinar de cientistas, um estímulo fecundo para o intercâmbio de informações e para o desenvolvimento da matemática. Quando Guccia morreu, o Círculo, com os seus 912 sócios de quase todos os países do mundo, assim como a sua revista *Rendiconti*, era a mais importante organização de matemáticos do globo.[20]

Mas também nesse caso vale a pena nos determos em maior detalhe porque, se a Estação Zoológica de Nápoles representa um congresso permanente *avant la lettre*, o Círculo Matemático representa um caso igualmente precursor de organização em rede. Do Círculo, infelizmente, até mesmo os matemáticos têm uma lembrança escassa; de Guccia praticamente não existem relíquias ou documentação fotográfica; do edifício palermitano que servia como sede ao Círculo não resta qualquer vestígio, após um bombardeio em 1943. A única recordação que permanece é a rua onde ele se encontrava e que agora traz o nome do seu fundador, mas de quem nem mesmo os habitantes do bairro conhecem a identidade ou o valor.

O CONTEXTO MATEMÁTICO

No momento da Unificação Italiana, o quadro cultural siciliano era caracterizado por um extremo provincianismo. Na Itália, o mapa dos estudos matemáticos era marcado por uma força centrípeta: várias escolas nasciam e floresciam na periferia – no Piemonte, na Toscana e na região do Vêneto –, mas depois, aos poucos, os maiores expoentes eram atraídos pela Universidade de Roma, onde a pesquisa científica acabava por ceder o passo à atividade política: Cremona, Levi Civita, Castelnuovo e gradualmente muitos outros grandes matemáticos lá chegaram como professores, senadores ou ministros, constituindo um grupo muito poderoso, seja no campo científico seja no político.

No nível internacional havia duas escolas gigantes: a francesa, com Hermite, Jordan, Humbert, Halphen, Darboux, Poincaré, Picard e Hadamard; e a alemã, com Klein, Weistrass, Cantor, Kronecker, Hilbert, Landau e Caratheodory. Na Suécia, os estudos matemáticos giravam em torno de Gustav Mittag-Leffler, patrocinado pelo rei Oscar II, também um apaixonado cultor da matéria. O grande mérito de Guccia foi exatamente o de mediar entre todas essas escolas, superando o aspecto nacionalista e oferecendo a elas um terreno neutro, mas de grande prestígio, onde poderiam se encontrar, não para se contrapor, mas para confrontar os respectivos pontos de vista e contribuir para o desenvolvimento da ciência como um todo.

Em poucos anos, graças a Guccia, o prestígio da matemática italiana e sobretudo o do Círculo palermitano chegaram ao ápice. Testemunha Edmund Landau, que, tendo ido a Palermo especialmente para festejar o trigésimo ano das atividades do Instituto, em 1914, declarou: "Nós celebramos o jubileu de uma sociedade que tem somente uma minoria dos seus membros na cidade onde reside, mas que uniu quase mil matemáticos em todo o mundo... É a única organização permanente que temos; e assim nós consideramos Palermo como o centro do mundo matemático. A razão está principalmente na revista *Rendiconti* que o Círculo Matemático publica, sob a direção do seu fundador, o senhor Guccia, que consagrou a este trabalho os últimos 30 anos... A *Rendiconti* é agora a melhor revista do mundo."[21]

O LÍDER: GIOVAN BATTISTA GUCCIA

No seu discurso, Landau fala com admiração "daquele homem fascinante que é o senhor Guccia". Mas quem é este senhor?

Em agosto de 1875, no clima africano da biblioteca municipal de Palermo ocorre o décimo segundo Congresso Nacional da Sociedade Italiana para o Progresso da Ciência, bastante fechado. Apesar disso, aquele congresso produziu um involuntário efeito excepcional: entre os jovens que seguiam os trabalhos havia um estudante de engenharia – Giovan Battista Guccia – que ficou tão encantado pela exposição de Luigi Cremona, que decidiu na hora mudar de faculdade e de cidade, transferindo-se para Roma a fim de seguir o curso do grande matemático.

A idéia. Guccia havia nascido em 1855: chegou a Roma com pouco mais de 20 anos. Na capital, através de contatos cada vez mais estreitos com Cremona, tomaram forma todas as idéias que mais tarde realizaria, depois de se formar em matemática e retornar para Palermo. De Luigi Cremona, Guccia herdou a predileção pela geometria, a metodologia do trabalho científico, as "elevadas preocupações estéticas", o fervor organizacional, além de uma grande abertura para as relações internacionais.

A sua tese de formatura, antes mesmo de ser defendida na universidade, foi apresentada num congresso da Associação Francesa para o Avanço da Ciência, que ocorreu em Reims, em 1880: estavam presentes os melhores matemáticos do mundo, e Guccia pôde conhecer Hermite, Halphen e talvez até mesmo Jordan, que no seu salão de visitas recebia, como num círculo, tanto os matemáticos franceses quanto os estrangeiros ali de passagem.

Quando Guccia retornou a Palermo diplomado em Matemática, com uma boa dose de amizades científicas internacionais e a estima incondicional do seu mestre Luigi Cremona, tinha diante de si mais de uma alternativa profissional a seguir. Podia abraçar a carreira universitária, utilizando as ligações acadêmicas com a Universidade de Roma; podia projetar algo que se assemelhasse ao Politécnico de Milão; podia ainda pensar em iniciativas menos custosas e menos institucionais, como o salão e o círculo de matemáticos animado por Jordan, ou podia, enfim, fechar-se num isolamento científico que lhe permitisse cultivar, aristocraticamente, os próprios estudos, aproveitando as vantagens de uma situação econômica suficiente para que pudesse viver lautamente, mesmo sem trabalhar.

Mas Guccia deve ter compreendido que o tempo dos gênios isolados havia terminado. Klein pouco depois escreveria: "Uma distinção entre o período atual e aquele de antes está evidente nisto: que aquilo que antes era iniciado por um gênio isolado, agora devemos tentar realizá-lo através da união de esforços e da cooperação."[22] Giovan Battista era um homem prático, impetuoso, ambicioso e bom organizador. A avaliação das quatro oportunidades o conduziu a uma rápida decisão: num ambiente como o de Palermo, era mais conveniente apostar tudo num círculo de matemáticos que valorizasse as qualidades locais para as relações informais, sem requerer grandes investimentos de dinheiro.

A mobilização. As estruturas já se encontram belas e prontas, pois o casarão da sua família servirá como sede; os empregados da casa dariam uma mão na readaptação dos quartos; os amigos engenheiros e matemáticos ajudariam nas tarefas de secretaria e de administração; o arquiteto Basile, cortejado pela porção mais refinada da burguesia palermitana, desenharia o logotipo e a decoração.

O carisma. Certamente os dons carismáticos e a capacidade de iniciativa e de organização de Guccia deviam ser extraordinários, caso se pense que em apenas três anos, sem ter atingido os 30 anos, conseguiu tecer uma densa rede de amizades entre Paris, Alemanha e Roma. Permanece o fato de que, em 1884, o Círculo ganhava corpo com fartos 27 fundadores (entre os quais o físico Augusto Righi) e, em pouquíssimos anos, conseguia arrebanhar entre seus sócios também Basile, Battaglini, Amato-Pojero, Segre, Brioschi, Cremona, Humbert, Peano, Volterra, Beltrami, Casorati, Starkoff, Mittag-Leffler, Castelnuovo, Jordan e assim por diante.

Trata-se de compreender, portanto, o segredo organizacional dessa empresa científica, incrível até mesmo para uma revista alemã como a *Neue Hamburger Zeitung*, que em 1911 escreverá: "Em Palermo, capital da Sicília, existe há aproximadamente 25 anos uma associação chamada 'Círculo Matemático', que teve um desenvolvimento notável. Dela, com efeito, surgiu uma espécie de Sociedade Matemática Internacional que tem sócios em todos os Estados civilizados. Não seria de se pensar que uma Academia Internacional de tal feitio escolhesse como sede exatamente uma cidade um tanto ou quanto remota como Palermo." O estatuto do Círculo, no seu artigo 3º, estipulava sem meios-termos: "A sede da Sociedade é em Palermo, e é imutável."

O caráter. Faltam ainda algumas pinceladas para finalizar o retrato desse líder carismático, capaz de uma iniciativa tão singular. Guccia era dotado de imaginação e fantasia, mas sobretudo de concretude, sendo um bom matemático e ótimo organizador cultural. Para ele, conforme escreveram Brigaglia e Masotto, autores do ensaio mais completo sobre essa história, a matemática era "algo de concreto, que se constrói no constante e cotidiano contato com os matemáticos de todo o mundo, seguindo todos os dias a sua evolução concreta, feita de fórmulas e teoremas, e não só de puros conceitos".[23]

Guccia era meticuloso, extrovertido, muito rigoroso, agudo e intolerante. Brigou com todo mundo: com os grandes matemáticos italianos e estrangeiros, com os políticos locais e nacionais, com a Accademia dei Lincei e com os colegas da universidade palermitana. Permaneceu solteiro a vida inteira, colocando à disposição do Círculo uma parte da própria casa e dos empregados domésticos, investindo na sua empresa cultural uma parte notável do seu patrimônio, além de todo o seu tempo, sua competência e sua criatividade, com um estilo mais afim ao *management* idealizador da sociedade pós-industrial do que à generosidade típica do príncipe iluminado do século XVIII ou à atividade empresarial tecnocrática do homem de negócios da sociedade industrial. A sua empresa não foi nem beneficente nem um investimento: foi um empenho científico e uma ocasião criativa.

O isolamento. Embora amigo dos melhores palermitanos, odiou profundamente a sociedade local, a sua avareza e a sua inveja. E Palermo retribuiu-lhe um ódio igual: a universidade reprovou a sua proposta de oficializar o Círculo. A prefeitura recusou-se participar de um movimento – lançado por Volterra e por Castelnuovo – que visava a lhe oferecer uma medalha de ouro por ocasião do trigésimo aniversário da sua instituição; os palermitanos esqueceram-se dele imediatamente após a sua morte e até hoje o ignoram.

Mas talvez o próprio Guccia tenha odiado a si mesmo e a sua obra, à maneira siciliana, embora colocasse todas as suas forças para fazer dela uma obra-prima absoluta: "A organização ainda não é perfeita, como a desejo", escrevia a um colega. "Alguns anos ainda me são necessários (e muito trabalho) antes de vencer todas as nossas irmãs gêmeas de Londres, Paris, Nova York e da Alemanha! Mas hei de conseguir... porque nós dispomos de meios, de métodos e de uma organização que elas não têm!"

Por outro lado, Guccia lamentava, continuamente, o seu isolamento e o ódio social de que era objeto. Para fugir desse ostracismo que ele mesmo fazia de tudo para provocar, empenhava-se ao máximo em estabelecer e alimentar contatos com os colegas estrangeiros. As infinitas cartas e as inumeráveis viagens por toda a Europa constituem o instrumento com que ele compensava a angústia dos relacionamentos palermitanos.

Adoeceu em 1912 de uma enfermidade que permaneceu ignorada e contra a qual fez todos os esforços para curar-se. Morreu, contudo, em 1914.

A ESTRUTURA E A ATIVIDADE DO CÍRCULO

Mas em que consistiam a organização criada por Guccia e a sua originalidade em relação a outras associações análogas italianas e estrangeiras?

A organização formal e os recursos. Segundo o seu estatuto, o Círculo Matemático de Palermo "tem como objetivo o incremento e a difusão das ciências matemáticas na Itália". Visando a tal finalidade, realiza reuniões a cada 15 dias, publica uma revista, edita versões críticas de obras fundamentais, organiza congressos, concursos e outras atividades científicas úteis aos seus fins.

Aderia-se ao Círculo por inscrição. O desempenho de todas as atividades requeria pessoal, meios e capital. O pessoal era constituído por empregados (colocados à disposição por Guccia), por colaboradorès científicos voluntários, pelo próprio Guccia, que se dedicava integralmente, e por alguns tipógrafos. Os meios eram constituídos pela sede, também ela fornecida gratuitamente por Guccia, e por uma biblioteca muito bem abastecida, assim como por uma tipografia especializada.

O capital necessário era arrecadado através das cotas anuais dos sócios ou por intermédio de uma contribuição perpétua de 300 liras. Outros aportes provinham da venda das publicações, de eventuais subsídios e doações. Pode-se calcular que as contribuições pessoais de Guccia estivessem ao redor dos 10% da renda total. Um tesoureiro providenciava a gestão dos fundos.

A tipografia. Para atualizar tecnicamente a tipografia, Guccia mantinha contato com as melhores editoras científicas da época. Para assegurar aos trabalhadores as máximas garantias ergonômicas, delegou a um médico então famoso a tarefa de estabelecer a iluminação, o tipo de máquina e os padrões de higiene. (É interessante, sob esse aspecto, a afinidade entre o cuidado ergonômico de Guccia para com a sua tipografia matemática de Palermo e a atenção também ergonômica de Hoffman e Moser para com os departamentos de trabalho da Wiener Werkstätte, como veremos mais adiante.)

Quanto ao cuidado tipográfico, observa Brigaglia: "É necessário levar em conta que, em matemática, a correção das provas tipográficas implica um cansaço enorme, e a impressão requer os caracteres matemáticos adequados. Nos tempos de Guccia a tipografia imprimia só matemática, mas não só os artigos do Círculo. Landau, mesmo quando publicava seus trabalhos com outras editoras, fazia com que fossem impressos em Palermo, pois lhe inspirava mais confiança.

"Guccia tinha uma paixão quase esnobe pela modernidade: por exemplo, escrevia todas as cartas a máquina e com cópia (de modo que pudesse sempre arquivar uma versão junto ao Círculo). Naqueles tempos, o uso da máquina de escrever era raro, tanto isso é verdade que quase todas as respostas, mesmo aquelas vindas do exterior, chegavam escritas a mão."

A biblioteca. A biblioteca continha textos preciosos (como algumas obras originais de Euler, os *Principia* e a *Optica* de Newton, etc.) e uma massa enorme de volumes especializados: pense-se que mesmo com as perdas devido aos bombardeios, aos saques e ao descuido, no pós-Segunda Guerra Mundial, foi ainda possível recuperar dos escombros cerca de 6.000 volumes.

O organograma. A organização do Círculo era muito simples. Eis como a descreve Brigaglia: "Guccia era o diretor de *Rendiconti*, mas não o presidente do Círculo. Os presidentes eram figuras representativas, mas não determinantes. O Círculo era uma sociedade com um estatuto próprio, cujo resumo vinha publicado na revista. A sociedade tem um conselho de presidência, formado por cinco sócios residentes, isto é, por colaboradores diretos e concretos da organização. Havia também o conselho diretivo, formado pelos sócios do mundo inteiro, cujo papel era sobretudo o da redação da revista. Antes da votação dos membros do conselho, Guccia fazia circular listas com os nomes que ele preferia. Os resultados eram publicados a cada vez, mas eram praticamente plebiscitários. O mesmo procedimento era adotado em casos particularmente delicados. Toda vez que se devia tomar uma decisão relevante, Guccia consultava alguns sócios, pessoalmente, ou todo o conselho diretivo." Todos os cargos eram a título gratuito.

Caso se exclua o exame científico dos trabalhos a serem publicados, distribuídos em escala internacional entre os vários redatores da *Rendiconti*, todos os outros trabalhos organizacionais e práticos pesavam sobre Guccia e os seus colaboradores mais imediatos: uma dezena, no total, com pouca autoridade no plano acadêmico, mas muito eficientes no trabalho prático e administrativo.

As reuniões. No segundo e no quarto domingo do mês, durante todos os meses do ano, com exceção de agosto e setembro, ocorriam as reuniões ordinárias, durante as quais não era admitida "nenhuma comunicação ou discussão sobre assuntos alheios à índole científica e ao objetivo da sociedade". Em toda reunião prestava-se conta da correspondência recebida, dos convênios em elaboração, das doações à biblioteca, admitiam-se os novos sócios e liam-se as comunicações científicas.

Das reuniões participavam os residentes em Palermo, aqueles que estavam de passagem e outros provindos de várias cidades da Sicília. As discussões deviam suscitar vivo interesse, caso se pense nas freqüentes conferências dos sócios estrangeiros e na composição interdisciplinar da assembléia: uns 80 engenheiros, matemáticos, arquitetos, antropólogos, físicos, astrônomos, etc.

A Rendiconti. Junto com as reuniões, a principal atividade do Círculo era a redação, publicação e venda da *Rendiconti*, a melhor revista matemática do mundo, segundo avaliação de Landau: "O senhor Guccia conseguiu conquistar como adeptos da sua revista os matemáticos sérios de todo o mundo. Seria necessário entrar em detalhes que não interessam a esta assembléia para que se pudesse explicar o porquê da preferência em publicar as suas melhores pesquisas na *Rendiconti* de Palermo do que em qualquer outro periódico do mundo."[24]

Os detalhes podem ser imaginados. Antes de mais nada, Guccia está "pessoalmente a par de todos os campos das ciências matemáticas" e assim, dominando toda essa vasta matéria, pode avaliar a real importância de cada contribuição, pode escolher os colaboradores certos para requerer os artigos, assim como pode discutir de forma igualitária com os vários autores. Em segundo lugar, a revista é poliglota e exclusiva. Em terceiro lugar, é bem administrada e rapidamente impressa. Escreve ainda Landau: "Desejo citar apenas dois detalhes, sublinhando sobretudo o modo amável e encorajador com o qual os autores são tratados por vocês e mencionando sobretudo a grande rapidez com que os documentos são compostos. São necessários três dias para vir da minha cidade a Palermo, e já me aconteceu de receber as provas de impressão oito dias após o envio do manuscrito; e, graças à perfeição da impressão, não havia muito a ser corrigido."

Para chegar à perfeição, com efeito, Guccia havia fundado uma tipografia *ad hoc*. No fascinante livro de Brigaglia e Masotto encontra-se este testemunho de Michele de Franchis, um dos principais colaboradores de Guccia: "Também o aspecto gráfico e a exatidão meticulosa com a qual os trabalhos eram impressos contribuíram para a rápida ascensão. Guccia fundou, em 1893, uma tipografia matemática, na qual empregou como chefe um rapaz de muitas qualidades: Gaetano Senatore, a quem Guccia, após a sua morte, legou a tipografia. A impressão da *Rendiconti* tornou-se cada vez mais perfeita... Guccia empregava todas as horas do dia e, por vezes, também da noite preparando essas publicações... As citações eram revistas e às vezes modificadas substancialmente, pois ele cuidava da forma e também do conteúdo dos trabalhos."

Na *Rendiconti* eram publicados os resumos das comunicações verbais das reuniões, as notas e os documentos originais recebidos para impressão e um boletim bibliográfico da produção matemática italiana e estrangeira. Quando o número das contribuições científicas se tornou exorbitante, a

Rendiconti deixou de ser trimestral, passando a ser mensal e com o encarte *Supplementi ai Rendiconti*, onde eram publicadas todas as informações de caráter organizacional.

Característica da *Rendiconti* foi a sua grande abertura em relação a todas as formas de matemática, desde a matemática pura até a sua forma aplicada e à lógica matemática. Conforme escreveram Brigaglia e Masotto, Guccia confiava o sucesso do Círculo a uma "revista que tivesse como centro da sua atividade a concretude dos grandes problemas da matemática e a variedade entre os seus vários temas. Ao mesmo tempo, uma revista que evitasse privilegiar uma tendência em relação a outras... Desse modo, a *Rendiconti* e o Círculo tendiam a se tornar a voz pela qual todas as tendências da matemática podiam se exprimir. Se houve algum desequilíbrio foi em dar ênfase e espaço aos trabalhos de jovens que ainda não haviam se afirmado e, portanto, a tendências de um modo geral originais".

Os resultados foram brilhantes: dois tomos por ano, num total de 800 páginas, e uma tiragem de 1.250 cópias em 1914, um prestígio e uma fama tão duradouros que quando a *Rendiconti*, após o longo intervalo da guerra e da crise, retomou as suas publicações, no início dos anos 50, os maiores cientistas do mundo expressaram satisfação. Von Neuman escreveu: "A *Rendiconti* certamente ocupa um lugar único entre as publicações matemáticas internacionais; além disso, é muito satisfatória a circunstância na qual ela continua a se desenvolver, segundo as grandes tradições."

A rede organizacional. No meu modo de ver, o instrumento resolutivo que determinou o sucesso prático da iniciativa consistiu na genialidade precursora da sua organização, baseada numa idéia de rede e na utilização do voluntariado.

O Círculo constituía, na estratégia de Guccia, um centro nevrálgico do qual partiam os fluxos informativos e ao qual retornavam os *feedbacks* oportunos, numa rede flexível de pontos de referência científicos deslocados por todo o planeta. Essa rede não privilegiava as relações formais em lugar das informais: limitava-se a garantir algumas certezas, como a continuidade da organização, a qualidade dos produtos e dos serviços, a persistência dos critérios com os quais os membros eram estimados, os valores de referência e a transparência da situação financeira.

A modernidade inteiramente pós-industrial dessa rede encontrava-se não só na sua estrutura, estranha ao burocratismo e ao formalismo das academias daquela época, como na centralidade absoluta da sua dimensão científica, que era mais importante do que qualquer outra dimensão espúria, com freqüência determinante em outras sociedades análogas italianas e estrangeiras. A originalidade, a modernidade e a genialidade organizacional do Círculo estavam no estilo que Guccia soube imprimir durante 30 anos, em termos de interdisciplinaridade, internacionalismo, interclassismo, gosto estético e mobilização de voluntários. Vale a pena prestar atenção a cada um desses aspectos.

A interdisciplinaridade. Já entre os 27 sócios fundadores havia físicos, engenheiros, arquitetos e matemáticos, e entre esses podiam-se distinguir especialistas em teorias das formas, das equações algébricas, da elasticidade, da geometria projetiva, da geometria analítica e da análise infinitesimal. Mas em poucos anos inscreveram-se também no Círculo filósofos, antropólogos como Pitré e arquitetos como Basile. Os matemáticos logo abrangiam todos os ramos das várias abordagens: de Poincaré, intuitivo e convencional, até Hilbert, formalista e axiomático, e Peano, o principal lógico italiano.

Embora acolhesse estudiosos das mais diversas inclinações – como Landau, que não ocultava a sua contrariedade diante de qualquer aplicação da matemática –, Guccia foi um decidido defensor da matemática aplicada e chegou até a projetar tanto uma série paralela da *Rendiconti* inteiramente dedicada às aplicações como um prêmio nacional de matemática aplicada.

O internacionalismo. Como matemático, Guccia ficou conhecido em Paris e em Berlim, antes de Palermo. O internacionalismo da ciência era para ele uma fé permanente, mas também uma arma de defesa contra as críticas e os ataques dos acadêmicos sicilianos. A eleição do conselho diretor era feita por correio, exatamente para permitir a máxima participação na vida do Círculo de todos os sócios não residentes em Palermo. Com efeito, do conselho diretor fizeram parte franceses como Poincaré e alemães como Hilbert e Klein. Max Noether indicava o de Palermo como "*der internationale Circolo*"; Brigaglia e Masotto escrevem a seu respeito como algo "absolutamente especial, não mais uma organização nacional com prestígio internacional, mas a única organização internacional permanente dos matemáticos".

O internacionalismo do Círculo explicava-se pela difusão da sua revista e da sua fama. Mas havia também um constante ir-e-vir de matemáticos antes de Palermo, assim como nas outras capitais internacionais dessa disciplina. Conta Brigaglia: "O Círculo fechava nos meses de setembro e de outubro, que Guccia utilizava sistematicamente para viagens ao exterior, com paradas em várias escalas. A meta preferida era Paris, mas esteve também em Estocolmo para encontrar Gustav Mittag-Leffler e na Alemanha, onde na juventude encontrava também Cosima Wagner e fazia escala obrigatória em Göttingen. Com Poincaré, por exemplo, a correspondência se limitava a breves bilhetes, nos quais anotava os temas que depois seriam discutidos pessoalmente nos encontros que mantinham todos os anos em Paris. A amizade com Poincaré foi a mais profunda e duradoura."

Igualmente freqüente foi, no sentido inverso, a chegada de matemáticos à Sicília: para darem conferências ou por amizade, Guccia conseguiu fazer com que passassem por lá Poincaré, Raymond, Mittag-Leffler, Humbert, Halphen, Landau – que ficou muito ligado ao Círculo, mesmo depois da morte de Guccia – e outros mais. De outras regiões italianas foram até Palermo Segre, Volterra e Longo. Com Peano as relações foram intensas; e boas com Pasquale Villari.

Mesmo após a morte de Guccia e no final da Primeira Guerra Mundial, quando os nacionalismos contrapunham violentamente os vários países entre si, na redação da *Rendiconti* continuavam a figurar homens como Landau e Courant, que na própria pátria haviam perdido o emprego como docentes, devido a leis raciais. "O Círculo", escreveu o sucessor de Guccia, Michele de Franchis, "não faz e não fará nunca uma distinção de nacionalidade ou de raça entre os matemáticos."

O interclassismo. São proverbiais as sutis distinções de casta que sempre diferenciaram as academias, designando, rigidamente, cada membro a uma classe bem determinada. No Círculo reinavam respeito e admiração em relação à autoridade dos matemáticos mais geniais do mundo, mas, no elenco dos sócios e nos cargos das associações, os professores de liceu e da escola de nível médio colocavam-se com iguais direitos junto aos catedráticos universitários e aos nomes mais celebrados das várias disciplinas. Além disso, os jovens eram encorajados e ajudados nos seus estudos, como recordará Landau: "Em todo caso", e isso é um dos mais notáveis entre os grandes e imortais méritos de Guccia, "ele sempre julgou os matemáticos exclusivamente pelo trabalho deles, sem se preocupar com as suas idades nem com as suas posições oficiais; ele ajudou muitos principiantes a publicarem as próprias pesquisas na sua importante revista e a terem confiança em si mesmos."[25]

O gosto estético. Guccia nunca foi um formalista ou um burocrata. Ele sempre privilegiou a qualidade das publicações, a velocidade de impressão, o nível cultural dos amigos e dos sócios. Em suma, o conteúdo. Mas isso não lhe impediu o culto da forma e da estética.

De Luigi Cremona (irmão do pintor Tranquillo) tomou de empréstimo elevadas preocupações estéticas. Encomendou ao grande arquiteto Ernesto Basile, membro do Círculo desde 1888, o desenho do símbolo do Círculo, da medalha de Guccia e, em 1907, dos móveis da biblioteca. Manteve com a mulher de Wagner uma longa e profunda amizade, alimentada por numerosas visitas pessoais, durante as suas viagens à Alemanha. O belo e o bem-feito foram um binômio inseparável na concepção estética de Guccia, assim como a ciência e a organização formavam uma outra equação, igualmente indissolúvel, na sua concepção prática.

O voluntariado. Com o Círculo torna-se patente uma característica que se encontrará a seguir em quase todas as atividades criativas de grupo que tive a ocasião de estudar: a participação insubstituível de pessoas que oferecem os seus serviços gratuitamente, movidas tão-somente pelo desejo de se engajar em uma aventura na qual acreditam, gratificante já em si mesma e pelo objetivo a que se propõe.

O desinteresse econômico de Guccia é comprovado pelo tempo que dedicou ao Círculo, pelas energias que nele investiu e pelas contribuições financeiras e logísticas com as quais permitiu que a iniciativa nascesse e funcionasse perfeitamente. Mas junto com o líder trabalharam durante anos obscuros professores, anônimos contadores e revisores de provas, amigos de prestígio de outras disciplinas, movidos apenas pelo gosto de contribuir para o bom êxito da empresa, sem terem nenhuma outra vantagem em termos de ganho ou de fama.

Provavelmente a matriz de tanta generosidade é a mesma que produziu, no curso dos séculos, o preconceito a favor da arte incontaminada, do trabalho intelectual como atividade nobre e desinteressada que nunca pede nada em troca, do artista e do cientista que não devem sujar as mãos com o dinheiro. E, paralelamente, o preconceito desfavorável em relação ao criativo ávido por dinheiro, pouco generoso e oportunista.

Retomarei esse tema no final do livro, quando deverei tratar do papel crucial que a motivação exerce na organização criativa e falarei também do "terceiro setor" como experiência motivadora.

KAKÂNIA

Junto a todas as outras características organizacionais que a análise desses grupos criativos permitiu identificar há uma – o contexto facilitador e exultante – pouco incisiva no caso da Estação Zoológica e da escola de Mackintosh e completamente ausente no caso do Círculo Matemático. Muito presente no caso da empresa Thonet, que alimenta a própria veia criativa com o húmus daquela Viena que Mozart, Haydn e Beethoven haviam já sacudido com as suas músicas e que dezenas de artistas e de cientistas surpreenderiam dali a pouco com a sua criatividade revolucionária. O exemplo dessa cidade permite, portanto, levantar uma hipótese sobre a influência que a atmosfera de uma sociedade pode exercer nos seus elementos criativos, estimulando a sua fecundidade criadora, através de uma espécie de ressonância, graças à qual as idéias e os êxitos de uns estimulam mais idéias extraordinárias nos outros.

Já nos referimos a casos de grande agregação criativa como a Atenas de Péricles e a Florença dos Médicis, mas podemos citar, muito mais perto de nós, a Roma do neo-realismo e da *dolce vita*, que produziu uma grande safra de obras-primas cinematográficas, ou ainda a Paris impressionista de Monet, Renoir, Manet, Cézanne, Van Gogh, Sisley, Pissarro, Toulouse-Lautrec e ainda Utter, Utrillo, Apollinaire, Picasso, Max Jacob, Modigliani, Debussy, Ravel, Chausson e Dukas; ou ainda a Paris existencialista de Camus, Sartre, Merleau-Ponty, De Beauvoir, Barthes e também Juliette Greco e Edith Piaf. Podemos também citar, no plano talvez um pouco mais prosaico da gastronomia, a entusiasmada competição com a qual toda a Borgonha cria vinhos ou toda a região do Trentino cria grapas; no plano musical, podemos recordar o florescimento de mestres do *jazz* em Saint Louis e Nova Orléans ou ainda a dos cantores e compositores tropicais na Bahia; no plano tecnológico, podemos recordar a massa de inovações produzidas em Seattle ou no Vale do Silício.

Porém, detenhamo-nos, finalmente, a observar a sociedade vienense entre o final do século XIX e as primeiras décadas do século XX. A Atenas clássica e a Florença do Renascimento possuíam em comum uma instituição republicana, uma dimensão geográfica e demográfica mais próxima do vilarejo do que da cidade e uma cultura na qual o componente artístico e filosófico predominava, de forma nítida, sobre o científico. Já a Viena de que estamos falando é uma cidade imperial de dois milhões de habitantes, que se desenvolve na onda modernizadora das indústrias, do metrô, dos grandes anéis rodoviários e de uma ciência não menos cultivada do que a arte. Não por acaso, na Maria Theresienplatz colocam-se, face a face e com igual imponência, o Kunsthistorisches Museum e o Naturhistorisches Museum, com equanimidade à arte e à ciência.

Podemos reconstruir minuciosamente o clima cultural dessa grande incubadora da modernidade, servindo-nos de livros, músicas, utensílios, arquiteturas, brochuras, danças e teatros. Mas bastam dois livros para compreender a sua atmosfera criativa. O primeiro é *O Homem sem Qualidades*, de Robert Musil (1880-1942), que nos descreve Viena na onda de uma desencantada nostalgia, contrapondo-a à cidade superamericana, já então frenética: "Lá em Kakânia", é assim que o autor nomeia a sua perdida e incompreendida sociedade, "havia dinamismo, mas não demais. Sempre que, indo para o exterior, se pensava naquela terra, pairava diante dos olhos a imagem das estradas alvas, largas e nobres do tempo de caminhadas e diligências (...) Naturalmente também corriam automóveis nessas estradas, mas não muitos; também ali se preparavam para conquistar os ares, mas não com muita ênfase. (...) Apreciava-se o luxo, mas nem de longe tão sofisticado como o dos franceses. Praticavam-se os esportes, mas não com a loucura dos anglo-saxões. Gastavam-se imensas somas com o exército, mas só o suficiente para continuar sendo a penúltima das grandes potências. Também a capital era um pouquinho menor do que todas as demais maiores cidades do mundo, mas um pouquinho maior do que as meras grandes cidades. Esse país era governado de maneira esclarecida, quase imperceptível, limando prudentemente todas as arestas, pela melhor burocracia da Europa, que só se podia acusar de um erro: o gênio e o espírito genial de iniciativa em indivíduos particulares, que não tinham por nascimento aristocrático ou missão oficial esse privilégio, eram considerados por ela um comportamento petulante e presunçoso. (...) E na Kakânia só se tomava um gênio por patife, nunca se tomava um patife por gênio."[26]

Nessa Kakânia serena florescem às dezenas as personalidades criativas. Há Otto Wagner, Olbricht e Loos; há Freud, Adler e Reich; encontram-se também Strauss, Mahler e Schönberg; Klimt, Schiele e Kokoschka; há Musil, Schnitzler e Hoffmannstahl; encontram-se Hoffmann, Kolo Moser e Emilie Flöge; e ainda Wittgenstein, Mach e Shlick; e mais Neurath, Frank e Carnap; há revistas como *Ver Sacrum*, *Jugend* e *Fackel*. Nessa Kakânia serena, "a arte coloca em desordem a vida. Os poetas da humanidade restabelecem toda vez o caos. Os poetas da sociedade cantam e se lamentam, bendizem e maldizem dentro da ordenação do mundo", como nota numa dessacralização Karl Kraus.[27]

Segundo Irving Stone, que ambientou nessa Viena o seu romance *The Passion of the Mind* (A paixão da mente), as circunstâncias que facilitaram tanta explosão criativa consistiram nos eficientes suportes domésticos de que usufruía grande parte de cada um daqueles artistas e cientistas, quase todos provindos de uma abastada classe burguesa; a tenacidade que os mantinha ligados ao trabalho pelo menos 12 horas por dia; a interdisciplinaridade dos grupos; o critério rigidamente meritocrático com o qual as obras eram julgadas; o hábito de quase todos os criativos vienenses de cultivar pelo menos uma segunda arte, além daquela privilegiada; uma difusa repressão sexual; o hábito de alternar períodos de intenso trabalho com períodos de férias a cada três ou quatro meses; o hábito de passar algumas horas do dia nos confortáveis cafés, onde a colorida fauna de artistas, literatos e cientistas dava vida a discussões, clubes e novas iniciativas.

A WIENER WERKSTÄTTE

Todas essas circunstâncias enumeradas por Stone tornam-se ainda mais incisivas se imersas numa atmosfera particularmente criativa como a de Viena entre os séculos XIX e XX, e que ainda hoje surpreende pelas suas características favoráveis à disseminação da criatividade. Destaco somente dois casos: o Círculo Filosófico, ao qual me referirei de maneira sintética, e a Wiener Werkstätte, à qual dedicarei maior espaço, porque até aqui ainda não examinei nenhum grupo artístico. Iniciemos por esta última.[28]

De 1903 a 1932 algumas centenas de arquitetos, pintores, artesãos e empresários organizaram em Viena uma cooperativa original – justamente a Wiener Werkstätte – para idealizar, produzir e distribuir manufaturados capazes de conciliar a beleza com a funcionalidade e de despertar o gosto estético da burguesia européia através de "obras totais" que iam desde a arquitetura dos prédios e dos jardins ao *design* dos utensílios domésticos, das tapeçarias, dos vestidos e das jóias.

Por pura coincidência cronológica, a Wiener Werkstätte nasceu naquele mesmo ano de 1903 em que, nos Estados Unidos, Ford fundava a sua indústria automobilística e Taylor enunciava os princípios fundamentais do seu *Scientific Management* no convênio de Saratoga, onde estavam reunidos – com todo um outro clima e com toda uma linguagem diversa – os membros da ASME, a Sociedade Americana de Engenheiros Mecânicos. Como já disse, esses eventos são emblemáticos de dois critérios organizacionais completamente diferentes entre si: a América de Taylor e de Ford apostava na organização do trabalho manual com o qual milhões de "homens-bois" podiam contribuir, através da repetição ao infinito de poucos gestos privados de sentido, à produção em série de objetos materiais destinados ao consumo de massa; já a Europa de Klimt, de Hoffmann e de Moser apostava na organização do trabalho criativo com o qual a genial elite dos artistas, dos artesãos e dos empresários conseguiu conjugar o bem-estar material com a excelência estética, na tentativa de construir um mundo mais bonito e mais feliz, além de mais rico.

Rios de dinheiro e de inteligência foram destinados, durante décadas, ao aperfeiçoamento da linha de montagem, aos setores manufatureiros, às tarefas operárias: somente os experimentos conduzidos por Taylor, que serviram de base para a sua segunda conferência apresentada à ASME, em 1906, duraram 26 anos e representaram um investimento de 200.000 dólares, feito por dez grandes empresas. Mas hoje, com o nascimento tumultuado da sociedade pós-industrial, surge um problema de proporções mais ousadas: como estender e melhorar a organização do trabalho criativo –

sobretudo daquele realizado de forma coletiva –, do qual dependem cientistas, estilistas, diretores de cinema ou teatro ou de escolas e museus, gestores de bens socioculturais, promotores de lazer e todos os gerentes empenhados no *marketing*, nas relações públicas, na publicidade, nos setores e nas tarefas inovadoras.

A Wiener Werkstätte nos oferece *insights* preciosos.

UM CONTEXTO IMPERIAL E BURGUÊS

Graças à política de Francisco I, de Metternich e de Francisco José, que subiu ao trono em 1848, com somente 18 anos de idade, a dinastia dos Habsburgo conseguiu manter unida, por 124 anos consecutivos, uma massa variada de italianos, alemães, ucranianos, romenos, eslovacos, checos, poloneses, eslovenos, húngaros, saxônios e servo-croatas. Das três grandes cidades – Budapeste, Praga e Viena –, esta última assumiu um papel cultural hegemônico, juntamente com a maior demografia: a população, que em 1857 era de 476.220 habitantes, em meio século conseguiu praticamente quadruplicar, atingindo, em 1910, 2.031.420 pessoas. Essas dimensões exorbitantes em relação aos números a que nos haviam habituado as outras cidades criativas como Atenas ou Florença nos colocam diante da primeira verdadeira explosão de moderna criatividade urbana.

Com a derrota bélica de 1918, todo o edifício do império austro-húngaro desabou, a autoridade da monarquia dissolveu-se e os vários grupos étnicos retomaram o seu autônomo e atribulado caminho. No próprio ano de 1918, quase por simbiose entre a biografia pessoal e a história nacional, uma peste erradicou muitos grandes protagonistas da vida cultural vienense e da própria Wiener Werkstätte: Gustav Klimt, Kolo Moser, Otto Lendecke, Egon Schiele, Otto Wagner, Viktor Adler e Hugo Henneberg. Não por acaso o corrosivo Karl Kraus identificará Viena como "o terreno de prova para a destruição do mundo".

A opulência e a miséria. A primeira contradição a que se referem os ensaístas que refletiram sobre o fenômeno vienense é a opulência dos edifícios imperiais e a degradação de todo o resto. Com uma densidade de 4,4 pessoas por cada moradia, a Viena do início do século XX não devia ser muito diferente da Nápoles descrita por Jessie White Mario e por Renato Fucini. Mas os intelectuais e os estudantes pobres de Nápoles, para escapar do desconforto das casas, dispunham de um ambiente com praias e campos aprazíveis, graças ao clima ameno. Seus colegas de Viena, diferentemente, para poderem escapar à inospitalidade de gélidas habitações e à inclemência do clima, tinham à sua disposição um conjunto de bibliotecas e de cafés, onde acabou por se concentrar, de forma móvel e interdisciplinar, toda a cultura daquele tempo.

Correção e estabilidade. A lei e a ordem – *Ruhe und Ordnung* – foram os valores prediletos de Francisco I e de toda a burguesia vienense do século XIX; a ordem e o conservadorismo serão os valores preferidos por Francisco José, que irá se opor a idéias e invenções: o elevador, a máquina de escrever, o automóvel, o telefone, a ferrovia, o gás, os esgotos e a eletricidade serão considerados diabólicos, assim como os subversivos e psicanalistas. Um governo clerical dirigirá o Estado liberal visando a metas reacionárias com meios revolucionários; um formalismo teimoso contestará, em vão, o caos cultural; uma exasperada sexofobia conviverá com a mais difundida e tolerada prostituição; uma total ingratidão para com os gênios não impedirá, contudo, os poderes públicos de serem generosos com os artistas da Secessão e da Wiener Kunst im Hause.

Essas contradições surgiam como o húmus ideal para fecundar aquilo que hoje se chamaria "pensamento divergente", que permitia aos gênios perscrutar e percorrer vias inexploradas tanto na arte como na ciência. Da mesma forma, o amor burguês pela estabilidade, pela família, pela casa e pelo casamento induzirá os artistas e os arquitetos a projetar de forma excelente até mesmo os objetos mais insignificantes da vida cotidiana: os talheres, os babados, a bijuteria, os vestidos, os brinquedos, os cartões-postais, os forros, todos aqueles adereços destinados a cobrir com decoro burguês o sentido de segurança que representava o pano de fundo de toda a vida vienense.

A filosofia. Três valores competiam com os da correção e da estabilidade: a filosofia, a estética e a interdisciplinaridade: "Na Viena de Wittgenstein", escreveram Janik e Toulmin, "todo homem culto discutia sobre filosofia e considerava os problemas fundamentais do pensamento pós-kantiano como diretamente ligados aos seus próprios interesses, fossem eles artísticos ou científicos, jurídicos ou políticos. Longe de representar o interesse especializado de uma disciplina autônoma e independente, a filosofia era para eles pluridimensional e inter-relacionada com todos os demais aspectos da cultura contemporânea."[29]

A estética. Quanto ao senso estético, os dois autores escrevem: "Uma vez dentro do seu castelo, o *pater familias* podia se dedicar a gozar dos frutos da sua fadiga, por meio da arte, da música e da literatura, que eram, em seu conjunto, o estuário 'natural' humanizador de todas as suas paixões e fonte de verdade metafísica. No devido tempo, quando se difundiu o desejo de imitar a aristocracia, o mecenato das artes se transformou num símbolo de riqueza e de *status* e foi praticado por outros motivos... Um homem podia provar que era alguém na vida dedicando, de todo coração, o seu tempo de lazer às artes, exatamente como dedicava o seu tempo de trabalho aos negócios. Os vienenses da geração que chegou à maturidade no final do século cresceram numa atmosfera tão saturada de valores 'estéticos' e tão dedicada a eles, que custavam a acreditar que existisse algum outro valor... Por tradição, a burguesia havia encontrado na arte um instrumento de educação moral e metafísica. Durante o *Gründerzeit* esta concepção era tão difundida que o gosto estético de um homem era a medida do seu *status* econômico e social.

"A arte tornou-se um estilo de vida para a geração seguinte. Se a geração do *Gründerzeit* defendia que 'negócios são negócios' e a arte essencialmente um ornamento da vida (negócios), os seus filhos, para quem a arte era substancialmente algo de criativo, sustentavam que 'a arte é a arte' e os negócios, uma tediosa obrigação que suprimia às pessoas a criação artística. Os membros da geração do *Gründer* apreciaram uma arte voltada para os valores do passado: eram eles os colecionadores ou os curadores daqueles museus aos quais se referiam como às suas próprias casas. A arte da geração mais jovem, por outro lado, olhava para a frente e era inovadora, situando-se no centro da vida deles."[30]

A interdisciplinaridade. Constituía o terceiro aspecto da bagagem cultural, com a qual todos os burgueses de Viena enfrentavam a sua aventura terrena no início do século passado. Interdisciplinaridade no tríplice sentido de conhecimento simultâneo de várias disciplinas por parte de uma mesma pessoa; no sentido da freqüência – sobretudo nos cafés – de personalidades diversas em termos de caráter e profissão (o músico e pintor Schönberg escrevia ao jornalista Kraus: "Aprendi mais coisas com o senhor do que aquilo que, talvez, um homem devesse aprender se quisesse permanecer independente"); e, por fim, no sentido do concurso de vários especialistas de diversos campos na criação de uma mesma obra, não por acaso, mas porque se desejava que ela fosse "total", ou seja, fruto do trabalho conjunto de arquitetos, pintores, ourives, tapeceiros, *designers* e músicos.

O palácio Stoclet de Bruxelas, construído por Hoffmann e decorado por Klimt; o cabaré de Fledermaus, no qual colaboraram Kolo Moser e todos os artistas da Wiener Werkstätte; a igreja de Steinhof, construída por Otto Wagner com vitrais de Kolo Moser, e muitas outras realizações tiveram, no início do século, o mesmo significado que a capela feita pelos Médicis ou as *Stanze* do Vaticano durante o Renascimento. Não é raro que um mesmo artista se afirme, ao mesmo tempo, ou de vez em quando, em campos diversos: Schönberg como músico e pintor; Wittgenstein como filósofo e arquiteto; Kokoschka como pintor, dramaturgo e poeta; Kubin como desenhista e escritor; e Paris Gütersloh, escritor e pintor. Mais uma vez, o espírito europeu está fascinado pela utopia de um único homem que domina a complexidade de diversas formas do saber e as suas múltiplas práticas. Comenta J. Clair: "Talvez o mais surpreendente de todos seja Richard Teschner, que escreve textos teatrais, constrói marionetes para interpretá-los, dirige os manequins feitos de madeira e de vidro, compõe a música, pinta os cenários... Antes de ser um dos maiores escritores do século, Musil é engenheiro e domina com a mesma magistral habilidade tanto a técnica como a língua. Do mesmo modo Hermann Broch. A obsessão pela matemática e pela lógica, a busca de uma explicação aplicável a todas as atividades do espírito invade a mente daqueles criadores. O próprio Freud, neurologista, fisiologista, com uma formação positivista, quando procura descrever o funcionamento daquilo que ele definirá como 'aparato psíquico', volta o olhar para a arqueologia e para a história da arte. Renasce e vive junto a todos os criadores da modernidade vienense o sonho do *polymathes*, do *polytechnes*."[31]

Portanto, o clima no seu conjunto era, ao mesmo tempo, estimulante e castrador: Freud, Mahler e Summelweiss eram atormentados pelas próprias idéias, mas conseguiam elaborá-las de alguma forma, assim como Lou Andreas von Salomé ou Alma Mahler, apesar do ambiente carola e antifeminista, conseguiam expressar a sua exuberante vitalidade. De modo que uma competição que se fazia completamente no plano das idéias produzia, por um lado, *enfants prodiges*, como Wittgenstein ou Otto Weininger, e, por outro, depressões, loucuras, suicídios e mortes precoces, como as de Mahler, Schiele ou Weininger, que se matou quando era ainda muito jovem, na mesma casa em que Beethoven tinha morrido.

Em síntese, na Viena de Musil, a arte nutria-se de esquizofrenia e produzia admiráveis monstros estéticos; a vida social nutria-se de conflitos e gerava surpreendentes monstros organizacionais. Um país de gênios arruinado por gênios, dirá ainda Musil: "o Estado mais desenvolvido do mundo, embora o mundo ainda não soubesse disso".

Aí está: com o advento pós-industrial, o mundo é obrigado a tomar conhecimento disto.

Outro lugar. Como já acenei, no final do século passado surgiram numerosos grupos artístico-artesanais para a produção de móveis e utensílios com os quais a florescente burguesia industrial e financeira buscava proporcionar para si belas peças de decoração para as suas moradias, de certa forma comparável ao estilo da inalcançável aristocracia.

Nos Estados Unidos foram sobretudo Elbert Hubbard (com as suas Roycroft Shops), Gustav Stickley (com o seu ateliê e a sua revista *The Crafts-Man*), Charles Rohlfs, Charles e Henry Greene que mantiveram a liderança estética e comercial. Mas em 1915 Stickley faliu e Hubbard morreu no naufrágio do *Lusitânia*, de modo que a América repentinamente perdeu dois grandes pioneiros do artesanato industrial. Sobretudo Stickley, apaixonado por máquinas modernas que facilitavam a sua produção em série, propôs a simbiose entre o artesanato e a indústria, contrapondo-se frontalmente a seus colegas europeus, que seguiam critérios de organização do trabalho completamente diferentes. Entre estes, William Morris, que inspirou numerosas associações inglesas de artistas, artesãos e arquitetos (a Century Guild, a Art Workers' Guild e a Arts and Crafts Exhibition Society); Robert Ashbee, excelente sobretudo na manipulação da prata, e Rennie Mackintosh, que fundou a famosíssima escola de Glasgow.

Todos esses movimentos e iniciativas exerceram a sua influência na origem e na obra da Wiener Werkstätte. Voltemos, portanto, à Viena do final do século XIX e observemos as circunstâncias que levaram ao nascimento dessa cooperativa de artistas e artesãos, extraordinária tanto pela qualidade de seus produtos como pela longevidade da sua atividade.

A "SECESSÃO"

No dia 23 de março de 1897 o Conselho Municipal de Viena decidiu garantir a alguns jovens artistas figurativos austríacos um terreno para a construção de um edifício adequado às suas exposições. Desde 1861 que os artistas já possuíam uma cooperativa própria (a Wiener Kunstlerhaus), que contudo havia assumido uma postura cada vez mais conservadora, culminando com a direção decididamente reacionária de Eugen Felix. Por isso, os jovens mais insatisfeitos (Klimt, Moll e Engel Hart) desligaram-se da cooperativa, obtiveram do município o terreno necessário e, uns dez dias depois, no dia 3 de abril, constituíram legalmente aquela que permanecerá na história da arte como a *Wiener Secession*, imediatamente acolhida e divulgada pelos críticos mais inovadores.

Logo a Secessão terá o seu edifício, projetado por Olbrich, a sua revista (*Ver Sacrum*) e as suas exposições, sempre visitadas por milhares de pessoas. Bahr escreverá em 1899: "Hoje temos muitos artistas e dispomos também de artesãos; já o que nos falta é a organização, e somente isto... É hora de os dois campos se encontrarem. Um gigantesco ateliê, um conjunto de oficinas, onde os artistas trabalhem com os artesãos, instruindo-os e ao mesmo tempo sendo instruídos por eles, permitindo assim ao artesão crescer através da arte e à arte crescer graças ao artesanato."[32]

Para que o desejo de Bahr pudesse se realizar com os mesmos critérios por ele indicados, seriam ainda necessários quatro anos. Nesse meio tempo, Hoffmann organizou na Secessão uma grande mostra internacional de artesanato artístico, para demonstrar que em todos os países ele tendia a "dar à sensibilidade moderna uma forma adequada". Participaram, de Paris, a Maison Moderne, fundada por Julius Meier-Graefe, da Bélgica, Henry van de Velde, e de Glasgow, Mackintosh, com o seu estilo "verde e casto", e ainda de Londres, Charles R. Ashbee, que nos seus laboratórios produzia todos os objetos que compõem a decoração de uma casa, por meio de uma organização democrática dos operários, que participavam dos lucros, sem intermediações.

O artesanato moderno presente nessa exposição de 1900 teve muito sucesso de crítica e de público, mas em seguida tornou-se difícil a realização de outros objetos, devido ao conservadorismo das empresas construtoras e por causa da "carência de mão-de-obra participante", conforme escreve o próprio Hoffmann.

Em 1901, os jovens alunos de Moser e Hoffmann constituíram, com fins comerciais, uma nova associação: a Wiener Kunst im Hause, para "contrapor à dispersão dos talentos uma organização que, através do trabalho coletivo, transforme progressos, idéias e experiências num produto coletivo".

As mostras da associação tiveram muito sucesso de crítica, algumas encomendas de particulares e uma da sede do Ministério da Cultura. Depois, o próprio ministro, em 1902, enviou Hoffmann à Inglaterra e à Escócia para conduzir uma pesquisa sobre as escolas de arte.

Eis todas as premissas artístico-organizacionais da WW. Faltava ainda um financiador, e quis a sorte que existisse em Viena Fritz Waerndorfer, de família rica, mas também, graças à própria profissão, amante da arte moderna e amigo tanto de Mackintosh como de Hoffmann, que haviam projetado e estavam decorando a sua casa.

Encaixam-se dessa forma todas as peças – experiências, necessidades, objetivos, conhecimentos, encomendas, financiamentos, requerimentos e genialidade – do mosaico organizacional concebido progressivamente pelo grupo dos jovens artistas que se encontravam, diariamente, no Café Heinrichhof.

UMA COOPERATIVA DE ARTISTAS E DE ARTESÃOS

No dia 12 de maio de 1903 houve uma assembléia constitutiva da Wiener Werkstätte, "cooperativa de produção de artesãos". Waermdorfer tornou-se o administrador, e Hoffmann e Moser, os diretores. O artigo 3º do estatuto afirmava, sem meios-termos: "O objetivo é a promoção dos interesses econômicos dos membros através de sua preparação e de sua formação no campo do artesanato artístico, por intermédio da produção dos objetos de todos os gêneros artesanais, segundo os projetos artísticos preparados pelos membros da cooperativa e por meio da abertura de oficinas, assim como, por fim, através da venda das mercadorias por eles produzidas."

Além dos três sócios fundadores, a primeira sede foi ocupada por artesãos igualmente especializados: um que trabalhava com a prata e dois serralheiros. Mackintosh enviou de Glasgow um desenho com um logotipo (que porém não foi adotado). Em outubro foram adquiridos outros espaços num outro bairro da cidade e estabelecidas ali as oficinas para o trabalho com ouro, prata, metais, couro, madeira, além de encadernações, da oficina para envernizamento, assim como uma outra para os trabalhos de construção. Durante um ano inteiro a cooperativa trabalhou na sombra: Hoffmann e Moser desenharam todos os instrumentos e todos os locais, enquanto os artesãos traduziam na prática os seus desenhos, modificando-os no próprio ato de realização.

O ambiente físico. Os critérios com os quais foram construídos os ambientes, os utensílios e a organização são muito modernos, mesmo se julgados à luz da atual ergonomia, e parecem ser até revolucionários, se comparados aos métodos que naqueles mesmos anos Taylor experimentava na Filadélfia ou os que na própria Viena de Hoffmann Michael Thonet havia adotado para as suas fábricas de móveis. Escreve a esse propósito Werner J. Schweiger, autor de uma preciosa monografia sobre a WW: "O princípio de que um local de trabalho estruturado de forma adequada contribui para reforçar a consciência do próprio valor e faz nascer a alegria de trabalhar já é colocado em prática na própria instalação das oficinas. Criar ambientes de trabalho sadios e agradáveis fazia parte da obra educativa da Wiener Werkstätte. O fato de que as oficinas fossem aparelhadas com modernos serviços higiênicos era tão sensacional que até as revistas de arte falaram sobre o assunto (!).

"Visitando a Wiener Werkstätte, tem-se a agradável surpresa de descobrir que também do ponto de vista estético todos os locais de trabalho são perfeitamente decorados, sendo ambientes particularmente propícios à criação artística. A higiene está na base da evidente beleza; luz, limpeza e ar puro constituem os elementos principais. As paredes e as partes em madeira são pintadas de branco, as partes de ferro são azuis e vermelhas... É compreensível que para alguns colaboradores... a coisa inicialmente lhes parecesse uma tal novidade que os intimidava; permanece o fato de que ninguém até então tinha trabalhado em condições assim tão excelentes."[33]

Mas não era só o arranjo dos ambientes de trabalho que fazia com que se trabalhasse com alegria; contribuíam para isso também os comportamentos, regulados por normas precisas e compartilhadas (como, por exemplo, a interdição de "usar termos injuriosos no interior das oficinas"). Além disso, "cada superior mantinha com os seus subordinados uma relação pessoal, além da profissional. Por isso, tudo corria bem, com simplicidade e sem contrastes".

As acomodações excepcionais da WW tiveram até mesmo um reconhecimento oficial, e Karl Brauer, que a partir de 1905 trabalhou no estúdio de Josef Hoffmann, no interior da cooperativa, escreveu: "A Wiener Werkstätte possuía uma carpintaria própria, organizada de forma exemplar; os operários tinham uma ou duas semanas de férias, coisa que então suscitava um notável estardalhaço."[34]

O sistema sociotécnico. Já em relação aos critérios utilizados nos projetos e nas construções, podemos ter uma idéia exata graças a um longo artigo que a revista *Deutsche Kunst und Dekoration* dedicou à WW, em 1904: "Sem clamor", lê-se, "formou-se em Viena uma empresa de artesanato artístico de grande estilo. No meio da balbúrdia das fábricas estende-se, mais silencioso e criativo, o trabalho manual do artesão. É verdade que também na Wiener Werkstätte não faltam máquinas; pelo contrário, ela é perfeitamente aparelhada com todas as novidades técnicas que servem à empresa; mas ali a máquina não é nem dominadora nem tirana, mas uma ajudante e uma serva cheia de boa vontade, e não é ela que determina a fisionomia dos produtos, mas sim o espírito dos seus criadores e a precisão das mãos exercitadas à arte.

"É melhor trabalhar dez dias em torno de um objeto do que produzir dez objetos num só dia: esta é a regra significativa da Wiener Werkstätte, que deve ser ensinada a cada operário, a fim de obter uma execução cada vez melhor. Conseqüentemente, cada objeto exprime o melhor nível de capacidade técnica e artística, e o seu valor artístico está exatamente lá, onde raramente se encontra e onde deveria ser buscado: não exclusivamente na exterioridade decorativa, nas aparências enganosas e formais, mas no conteúdo criativo e na seriedade e no cuidado do trabalho manual. Cada objeto traz a marca de ambos, e não é desenhado somente pelo artista-projetista, mas também pelo executor, pelo artesão, pelo operário que o realiza sozinho. Este é um sinal da sabedoria político-social dos fundadores.

"Hoje a Wiener Werkstätte possui uma elite de artesãos que se sentem solidários com a empresa e são movidos por um notável orgulho de dar, cada um, o melhor de si, no próprio campo."

O número da conhecida revista na qual foi publicado esse artigo saiu na mesma época em que era realizada a primeira exposição pública da Wiener Werkstätte, que ocorreu em Berlim com um bom sucesso de crítica e de negócios. No ano seguinte, as oficinas e os locais de venda foram incluídos no circuito das "Excursões Artísticas Vienenses", que previa visitas guiadas a palácios, museus, ateliês, etc.

Para a ocasião, e para sorte nossa, Hoffmann redigiu um opúsculo que continha uma espécie de manifesto-programa que vale a pena ser lido por inteiro, tão preciosas são as indicações para quem está à procura de segredos organizacionais que permitam a um grupo potencializar a própria criatividade. "O imenso dano causado, por um lado, pela deteriorante produção de massa e, por outro, pela imitação vulgar dos estilos do passado expande-se como uma gigantesca enchente pelo mundo inteiro. Perdemos a ligação com a cultura dos nossos pais e somos bombardeados, por todos os lados, por mil desejos e mil considerações. Neste ponto, a máquina ocupa o lugar da mão e o comerciante o do artesão. Seria uma loucura querer nadar contra a corrente.

"Apesar disso, fundamos a nossa oficina. Deve ser para nós um lugar no qual nos sintamos como na nossa casa, em meio ao alegre murmúrio das atividades artesanais, e deve ser aberto a todos aqueles que se reconheçam nas idéias de Ruskin e Morris... Desejamos estabelecer uma relação estreita entre o público, o projetista e o artesão e produzir objetos de uso doméstico simples e de qualidade. O nosso ponto de partida é o uso do objeto, a nossa primeira condição é a sua funcionalidade, a nossa força consistirá na harmonia das proporções e na excelente qualidade da sua elaboração. Quando for o caso, tentaremos adicionar ornamentos, mas sem forçar e não a todo custo... Para nós uma jóia de prata pode ter o mesmo valor que uma de ouro ou feita com pedras preciosas. É preciso voltar a reconhecer e a apreciar o valor do trabalho artístico e das idéias. O trabalho do artesão deverá ser avaliado em igual medida ao do pintor ou do escultor.

"Não podemos nem queremos concorrer com a produção de baixo custo; ela prejudica sobretudo os trabalhadores, e nós acreditamos que o nosso principal dever seja voltar a lhes dar a alegria do trabalho e uma existência digna do homem. Mas tudo isso pode ser obtido apenas gradualmente...

"A bela encadernação já não existe mais... A máquina trabalha com solicitude e enche as nossas livrarias de obras mal-impressas; o objetivo que se coloca é sempre o baixo preço... Esquecemo-nos de que o amor com que um livro deve ser impresso, ilustrado e encadernado nos coloca numa relação completamente diferente com ele, de que nos cercando de objetos bonitos embelezamos a nós mesmos? Um livro deve ser, no seu conjunto, uma obra de arte, e como tal deve ser avaliado.

"Nas nossas oficinas de carpintaria a execução é sempre extremamente cuidadosa e conscienciosa. Infelizmente, a nossa época habituou-se a produtos de qualidade tão baixa, que um móvel relativamente bem-feito nos parece caro demais... As imitações de estilo podem satisfazer somente os *parvenus*. O burguês de hoje, assim como o operário, deve ter a orgulhosa consciência dos próprios valores e não deve tender à imitação de outras classes, cuja missão cultural já está completa e que conservam, justamente, a recordação de um esplêndido passado em campo artístico. A nossa burguesia ainda está muito longe de ter realizado a sua missão artística. Agora cabe a ela levar até o fim essa evolução. Não é absolutamente suficiente adquirir quadros, ainda que sejam os melhores. Enquanto a nossa cidade, as nossas casas, os nossos quartos, os nossos armários, os nossos objetos, os nossos vestidos, as nossas jóias, a nossa língua e os nossos sentimentos não expressarem de forma simples, direta e bela o espírito do nosso tempo, estaremos bem longe da grandeza de nossos pais, e nenhuma mentira será capaz de nos consolar de todas essas carências.

"Que nos seja por fim permitido sublinhar que nós também estamos conscientes do fato de que, em determinadas circunstâncias, pode-se produzir, com a ajuda das máquinas, produtos em série de discreta qualidade, a preços acessíveis, desde que esses objetos revelem claramente o caráter da sua fabricação. Mas não é tarefa nossa entrar agora neste campo. O que queremos é aquilo que os japoneses sempre fizeram. Quem imaginaria um produto artesanal japonês fabricado por uma máquina?

"...Não podemos nos permitir correr atrás de fantasias. Nós temos os pés bem fincados na terra e aguardamos as encomendas."[35]

Esse panorama de trabalho não só contradiz claramente as posições de Taylor e de Ford, contemporâneos de Hoffmann, de quem tratarei daqui a pouco, mas antecipa em pelo menos meio século, e até mesmo supera, Elton Mayo, as relações humanas e os recursos humanos de que falarei nos últimos capítulos deste livro.

"ENRIQUECER A VIDA COM ARTE"

Hoffmann nunca poderia imaginar a perfeição que, um século mais tarde, seria permitida pelo computador e nunca poderia imaginar que os *remake* dos seus móveis seriam realizados, de forma esplêndida, por máquinas de controle numérico, assim como nunca poderia adivinhar que os japoneses se tornariam os campeões do artesanato eletrônico.

De toda forma, após a exposição de Berlim, outras exposições se seguiram; depois disso chegaram as primeiras grandes encomendas por parte de amigos abastados: alguns encomendaram a decoração da própria casa, outros que seus ateliês fossem equipados. Mas as principais obras pelo empenho e pela dimensão foram uma casa de saúde, algumas grandes casas e sobretudo o famoso e custoso palácio Stoclet, iniciado em 1906 e concluído em 1911, em Bruxelas.

Esses projetos atraíram novos sócios: Klimt, os escultores Metzner e Luksch, assim como o versátil Czeschka. A organização consolidou-se e articulou-se em subgrupos bem coesos, interativos e coordenados. Já não houve mais mostra importante que não se orgulhasse de contar com produtos da WW entre as obras-primas expostas. Numa exposição organizada por conta própria, em 1906, sobre o tema "A Mesa Posta", a WW apresentou exemplos elegantes e racionais que iam da mesa nupcial até a infantil, nas quais tudo – até mesmo o pão – havia sido desenhado pelos artistas da cooperativa. No mesmo ano e nos anos seguintes foram projetados e realizados jardins maravilhosos.

Enquanto isso a produção se estendia a todos os setores e a todas as atividades cotidianas: desde cartões-postais até papel de parede ou de presente, de talheres de cristal a anões de jardim, de brinquedos a livros, de *posters* a fotografias, de *ex-libris* a lâmpadas, de pentes a cofrinhos, de escritórios a bordados, de móveis a quadros, de calendários a baralhos, de cortinas a tapetes e de fantasias teatrais a bancos públicos.

Apesar disso, em 1906 apresentaram-se as primeiras dificuldades financeiras, que, somadas a desacordos organizacionais e estéticos, levaram à demissão o mais sensível dentre os amigos e colegas de Hoffmann: Kolo Moser. Após ter contribuído com a organização da cooperativa, após ter formado um grande grupo de novos artistas-artesãos e após ter desenhado e produzido objetos de rara beleza, ele voltou a exercer o ofício de pintor, por conta própria. Em compensação, outros artistas afluíram e outros ainda dirigiram-se à cooperativa para vender as suas obras nas suas lojas.

Toda essa intensa atividade culminou numa grande exposição, "Kunstschau Wien 1908", uma reunião de forças – como disse Klimt no discurso inaugural – "que exprimem as aspirações artísticas austríacas, um fiel acerto de contas do estado atual da cultura no nosso país": 179 artistas em 54 salas demonstraram "como é possível enriquecer a vida com arte". Os espaços reservados a Klimt e à WW despertaram o maior interesse e tiveram o máximo sucesso da crítica; o Museu da Arte e da Indústria adquiriu algumas obras expostas. Para a mesma ocasião, a cooperativa se transformou numa editora, publicando a fábula *Os Mocinhos Sonhadores*, escrita e ilustrada por Kokoschka.

Em 1909 a WW expôs as suas obras em Viena, por ocasião de um convênio organizado pelo Deutscher Werkbund, que havia surgido dois anos antes em Mônaco para "enobrecer o trabalho artesanal por intermédio da cooperação entre a arte, a indústria e o artesanato". Também nessa ocasião o sucesso foi enorme, coincidindo com o estímulo definitivo para a formação de um Werkbund austríaco. Quando em 1916 foi possível uma primeira comparação entre os alemães e os austríacos, a *Wiener Zeitung* escreveu: "A impressão que se obtém, no seu conjunto... é de que a produção austríaca, em relação à alemã, seja caracterizada por uma maior originalidade inventiva e pelo prevalecimento de um elemento artesanal sobre o industrial."

Uma prova posterior do sucesso chegou em 1912, quando se constituiu a WW inglesa.

O ALEGRE APOCALIPSE

O ano de 1914 marca a inversão de rota da cooperativa e o início de um lento declínio que durará até 1932. O déficit chega a um milhão e meio de coroas, devido à liquidação da WW. No seu lugar foi criada uma nova "cooperativa de produção de objetos de artesanato". A principal cota financeira foi adquirida pelo deputado Robert Primavesi, pelo industrial Otto Primavesi e por sua mulher Eugenia. Fritz Waerndorfer saiu de cena, após ter sido, durante 11 anos, o responsável financeiro. Otto Primavesi tornou-se diretor administrativo, dando uma virada na empresa e fazendo-a decididamente mais comercial.

Em 1915, Hoffmann propôs a Dagobert Peche que assumisse a direção artística da WW. A sua produção na cooperativa fez com que os críticos o identificassem como "o maior gênio do ornamento que a Áustria tivera desde os tempos do barroco". Enquanto isso, apesar da guerra e apesar da morte de Klimt, as atividades prosseguiram, foram abertas novas lojas na Áustria e no exterior, a cooperativa incorporou um grande número de mulheres e os setores da moda, das jóias e dos bordados se desenvolveram. A "Kunstschau" de 1920 viu ainda a WW em primeiro plano, mas despertou também muita polêmica. Entre a cooperativa de um lado e o Werkbund do outro, criou-se uma cisão praticamente irremediável.

Enquanto isso a direção geral havia sido assumida por Philipp Hausler, que se empenhou energicamente em reorganizar a empresa, então em decadência devido a uma longa doença de Hoffmann, assim como em reequilibrá-la economicamente, procurando frear o seu custoso experimentalismo, estabelecer acordos com as indústrias para realizar os projetos idealizados pela cooperativa, cortar o pessoal incapaz e amador empregado por Primavesi, fixar uma estratégia comercial, um programa de *marketing* e uma rede de vendas e abrir novas filiais no exterior, inclusive em Nova York.

Hoffmann via dessa forma todos os seus critérios artesanais virados de cabeça para baixo, exatamente em favor daquela organização "científica" e industrial que ele havia combatido a vida toda. E mais, foi atacado de modo frontal por Adolf Loos e Julius Klinger, a partir de 1925. Em 20 de abril de 1927, Loos realizou em Viena uma conferência com diapositivos, intitulada "A Doença Vienense. A WW. Um Acerto de Contas". Nela, acusava a cooperativa de desperdícios financeiros, de ser desorganizada, interessada em produtos de luxo para clientes de luxo, prejudicial ao bom nome da Áustria no exterior e, de toda forma, à beira da falência.

Com efeito, as vendas iam mal, os Primavesi estavam com a corda no pescoço, tanto sob o aspecto financeiro como familiar, e a cooperativa, no dia 10 de maio de 1926, foi colocada sob administração controlada. Três industriais – entre os quais Kuno Grohmann, de 29 anos – tentaram salvar o que fosse possível. Foram trocados nove diretores, tentaram-se reestruturações e planos de expansão na Áustria e no exterior, mas, em seguida, também devido ao fato de não se entenderem com a senhora Primavesi, a tentativa foi abandonada. Depois, veio o canto do cisne, com as dispendiosas celebrações do vigésimo quinto aniversário em 1928 e a inauguração da loja de Berlim em 1929.

Em 1931 foram nomeados três administradores (entre os quais Hoffmann), que se viram obrigados a fechar as oficinas, despedindo operários e artistas e vendendo o estoque das lojas. Em 1932, com um cartaz impresso atendendo perfeitamente às exigências estéticas da WW, foi anunciado que todos os objetos da cooperativa seriam leiloados.

DOZE ENSINAMENTOS

A WW representa um caso exemplar de organização criativa baseada na cooperação. No plano estrutural, a cooperativa, composta por 29 sócios e por algumas centenas de artistas e artesãos, articulava-se em oficinas (preparação e elaboração de couros, tecidos, ouro, prata e outros metais, de encadernações, carpintaria, oficina de envernizamento, escritórios para os trabalhos de construção e ateliês de moda). Os líderes indiscutíveis eram Hoffmann, que cuidava também das relações com agentes externos, e Moser, que estimulava toda a produção com uma criatividade torrencial. No plano funcional, os grupos *ad hoc* trabalhavam "por projeto", com uma ampla autonomia de decisão.

A cooperação e o gerenciamento de projetos. Cooperação e trabalho por projetos representam as duas primeiras propostas organizacionais da WW, ambas de extremo interesse para qualquer grupo criativo, até mesmo um atual.

No interior da cooperativa os artistas deviam conquistar admiração e estima graças às próprias idéias; os chefes dos projetos deviam ganhar o respeito, mostrando uma concreta capacidade de coordenação dos grupos de trabalho. O clima geral era marcado por uma cooperação máxima, e a estrutura formal praticamente coincidia com a informal, caracterizada por um convívio efervescente. Os conflitos, quando ocorriam, referiam-se sobretudo a questões de estética e de estilo.

A estrutura cooperativa, a mínima divisão do trabalho assegurada por uma organização por projeto e a liderança baseada na exuberância criativa e nos resultados tangíveis garantiam uma forte motivação e um clima de grande entusiasmo: cada sócio e cada subordinado tinham a exata sensação de participar da construção de um novo mundo estético, de um novo estilo de vida capaz de transferir para o cotidiano de todas as casas aquele sereno poder festivo que reinava na Viena de Strauss.

O clima participativo é um dos ensinamentos mais defendidos por Hoffmann e seus companheiros, que dedicaram toda a atenção possível para que a cooperação artesã predominasse sobre a divisão industrial do trabalho, a co-responsabilidade nos resultados correspondesse à co-responsabilidade nas decisões e a relação entre o chefe e os seus subordinados fosse personalizada, não-asséptica, e se assemelhasse à que existe entre um bom mestre e os seus alunos, e não à de um oficial e seus soldados. Ao relembrar que na WW esses critérios eram aplicados 30 anos antes que Elton Mayo os identificasse na Western Electric de Chicago e os ensinasse na Harvard Business School de Boston, constatamos as surpreendentes capacidades de antecipação que caracterizaram a organização da cooperativa.

O útil e o agradável. Uma terceira proposta consiste na ergonomia das oficinas, à qual era dedicada uma atenção até então desconhecida: quem produz, pensava Hoffmann, necessita de um ambiente que respeite a sua dignidade e exalte a sua criatividade. O trabalhador tem direito, enquanto trabalha, de submergir num universo de signos e de objetos tão harmoniosos, estimulantes, cômodos e saudáveis quanto aqueles nos quais mergulha no seu tempo de lazer. Da mesma forma, os ritmos de trabalho da atividade criativa também não podem ser sincronizados e massificados:

cada trabalhador escolherá os tempos e os métodos melhores para ele, que correspondam ao seu próprio biorritmo, e a sua produtividade será garantida muito mais pela sua motivação interior do que por um rígido controle imposto externamente.

Por isso, na WW os utensílios e os instrumentos eram desenhados e construídos pelas próprias pessoas que os utilizariam. Por esta razão a natureza do *design*, que deve conjugar o útil ao agradável, a beleza à funcionalidade, era assumida como um critério-guia para a cultura material que a WW privilegiava e difundia.

A estética como valor determinante. O quarto ensinamento pertence, justamente, à dimensão estética: os objetos irão se distinguir, cada vez menos, pela sua capacidade de uso e, cada vez mais, pela sua excelência artística. Na sociedade industrial, dois óculos se distinguiam pela qualidade diferente das lentes; na sociedade pós-industrial, em que todas as lentes são de boa qualidade, a principal diferença é marcada pelo *design*. Sob esse aspecto, ninguém soube melhor do que Hoffmann e seus colegas antecipar o novo renascimento que nos diz respeito.

A tecnologia como instrumento. A desconfiança de Hoffmann em relação à tecnologia não impedia suas oficinas de utilizarem as aparelhagens mais modernas. Afinal, era necessário levar em conta o grau de desenvolvimento que as máquinas haviam atingido naqueles tempos: ainda rígidas, mas já próximas da produção em série que dali a pouco Ford conseguiria com a sua linha de montagem; ainda brutais, mas já adequadas a uma rígida divisão das tarefas, quando poucos criativos forneciam os protótipos destinados a ser realizados, repetitivamente, por milhares de executores alienados. Nos mesmos anos em que Hoffmann combatia tudo isso, Ford sustentava que era melhor ter automóveis de baixo custo do que automóveis de várias cores. A WW surgiu e operou exatamente como uma extremada tentativa européia contrária a essa massificação do gosto, sem levar em consideração o fato de que a sociedade industrial teria triunfado exatamente graças ao sacrifício da qualidade e da estética, em nome da quantidade e da praticidade.

O que Hoffmann não podia prever é que, alguns decênios mais tarde, as máquinas teriam adquirido uma capacidade quase humana, alcançando uma flexibilidade e uma maleabilidade tais, a ponto de fazer com que os braços de um robô mais pareçam solícitos membros de um artesão muito paciente. Sabemos o que Hoffmann pensava acerca das máquinas existentes no seu tempo, só não sabemos o que pensaria hoje sobre uma máquina com programação eletrônica e controle numérico. Graças a ele, nos laboratórios da WW, a máquina permaneceu sempre sob controle, no papel auxiliar de um instrumento. E este é o quinto ensinamento que nos chega da cooperativa vienense.

A tradição e a inovação. No entanto, a inteligente ousadia com que Hoffmann atuou durante toda a sua vida nos autoriza a pensar que hoje os laboratórios da WW seriam dotados de modernos computadores e que os processadores de texto instalados na cooperativa teriam caracteres tipográficos bem mais bonitos que os atuais e que os Moser e os Peches seriam hoje mestres insuperáveis de *computer design*, assim como foram então nas soldas e nas fusões.

E é esse o sexto ensinamento que nos chega da esplêndida aventura organizada pela WW: a necessidade de conjugar os meios modernos com o gosto clássico, as oportunidades de hoje com as raízes do passado, com vista a um futuro cada vez mais respeitador da qualidade de vida.

A *organização* ad hoc. O sétimo ensinamento concerne ao âmbito dos princípios organizacionais: a Taylor, que pregava a possibilidade de se chegar a cânones científicos aplicáveis indiferentemente a qualquer organização, em qualquer parte do mundo, a WW contrapunha, de fato, a necessidade de pensar uma organização sob medida conforme os objetivos e as circunstâncias. Se um sistema sociotécnico é destinado a produzir objetos nos quais predominam a idéia e a estética, ele deve ser organizado de uma forma bem diferente de um sistema destinado à produção em série.

A vocação e a seleção. O oitavo ensinamento diz respeito à formação das equipes de trabalho. Os artistas e os artesãos são selecionados, atentamente, com base nas suas genialidades criativas, são acuradamente treinados e empregados nas tarefas que melhor correspondem às suas capacidades, levando em conta que a curiosidade e as atitudes de um trabalhador mudam com o tempo: um ótimo encadernador de livros pode, num futuro, passar ao sopro dos vidros, ao desenho das vestimentas, à projeção de um jardim, segundo o seu próprio desejo e a atração que cada uma dessas atividades exerce sobre ele, ao longo do tempo.

O "criativo total". O nono ensinamento é do tipo disciplinar: da mesma forma que não é possível colocar objetos belos lado a lado com objetos feios, mas é preciso criar "um conjunto" de coisas, todas elas belas (a casa, os utensílios, os forros das paredes, o jardim, as roupas das pessoas que nela moram, etc.), da mesma forma a qualidade de uma pessoa genial é potencializada se ela se relaciona com outras pessoas igualmente geniais, em campos diversos. No trabalho, assim como no lazer, no ateliê, assim como no café, a interdisciplinaridade, a interação e o intercâmbio são essenciais. Convivendo com músicos, um pintor pode começar a compor música, além de melhor apreciar a música dos outros; interagindo com filósofos, um arquiteto pode conceber o seu próprio sistema filosófico, além de compreender melhor toda a filosofia. À obra total deve corresponder o mais possível um "criativo total", capaz de trabalhar com o cérebro e com as mãos, num contínuo e fecundo diálogo com todos os demais.

A "formação total". O décimo ensinamento é de tipo cultural: se o operário da linha de montagem é privado de toda e qualquer dimensão intelectual, o trabalhador criativo deve, pelo contrário, nutrir-se contínua e vorazmente das mais diversas sensações e noções: portanto, deve ler, ouvir, viajar, alimentar a própria curiosidade com conhecimentos e emoções sempre novos. Todos os protagonistas da WW e, em geral, da "grande Viena", da *Felix Austria*, são viajantes incansáveis: encontramos Hoffmann em Berlim e, alguns dias depois, em Turim, em Glasgow e em Roma; encontramos Zweig na França, na Itália, na África, na Ásia e na América, quase obcecado pela necessidade de estar em vários lugares ao mesmo tempo que o torna cidadão do mundo, além de cidadão da Europa e de Viena. Sentirem-se profunda e orgulhosamente austríacos não os impede de terem também necessidades radicais comuns a todos os cultores do belo.

Um novo segmento de mercado. O décimo primeiro ensinamento é do tipo comercial: a WW, no rastro de Thonet, intuiu o segmento de mercado constituído pela burguesia emergente, mexeu com o orgulho da classe, colocando a nu o seu complexo de inferioridade em relação à aristocracia, e ofereceu, através da estética, o meio para se liberar do mal-estar característico do novo rico. Se hoje uma nova WW fizesse a mesma coisa com o proletariado emergente, veríamos casas de operários bem mais bonitas, livres da invasão de horríveis quinquilharias, com a dignidade de um aspecto agradável finalmente restituída e talvez de modo até mais econômico, a partir do momento em que o feio pode ser, com freqüência, até mesmo mais caro que o belo. Ainda que de modo um pouco forçado, pode-se entrever na organização comercial da cooperativa alguns traços do que é hoje a moderna franquia. Já quanto ao *merchandising*, ela foi, sem dúvida, uma grande mestra.

A publicidade. O décimo segundo ensinamento diz respeito ao uso da publicidade e da mídia. Hoffmann conclui o seu manifesto programático, de 1905, com estas palavras: "Nós mantemos os pés no chão e aguardamos as encomendas." Com efeito, não se limitou a esperar: havia uma grande demanda devido ao sábio uso da imprensa e à vitalidade de um *lobby* que permitia contar com os parentes e com os amigos como clientes seguros, dotados de um bom gosto estético e de elevado poder aquisitivo.

Tudo isso permitiu à WW permanecer em atividade durante quase 30 anos, embora os tempos fossem ainda prematuros para as suas inovações; permitiu oferecer um trabalho estável e estimulante a centenas de artistas e artesãos; permitiu criar um estilo de vida que de Viena se difundiu pelo mundo. Sobretudo permitiu experimentar um tipo de organização que repercutirá na sociedade pós-industrial: uma organização muito diferente da industrial, em que o preço da eficiência era a feiúra, o barulho, a sujeira e a brutalidade; uma "organização total" não separada do resto do mundo, mas imersa no mundo, onde a economia e a estética eram cultivadas com igual solicitude, com o objetivo de garantir aos sócios não somente o bem-estar, mas também a beleza e a felicidade.

O CÍRCULO FILOSÓFICO DE VIENA

Mas junto a grupos empenhados na criatividade artística havia outros que, em Viena, trabalhavam nos campos científico e filosófico. O tempo e o espaço modificaram-se, rapidamente, sob a ação do progresso científico, acelerado por grupos precursores como o Instituto Pasteur de Paris, a Estação Zoológica de Nápoles e o Círculo Matemático de Palermo, os quais já abordei. Ao lado desse progresso da ciência, a estética sofreu uma transformação irreversível e a filosofia foi atrás, com a ação de um círculo ativo em Viena entre 1907 e 1936, graças a vários estudiosos de diversas formações, reunidos em torno da figura do filósofo Moritz Schlick e interessados na análise da estrutura e da lógica da ciência. A originalidade das principais instâncias teóricas analisadas pelos filósofos vienenses, concernentes à linguagem da ciência moderna, é evidenciada na organização do próprio grupo, definida por um sistema de colaboração científica muito inter-relacionado e informal.

A sua criatividade deve ser colocada em constante referência ao vasto fenômeno de explosão artística e cultural da Viena como coração da Europa Centro-Norte-Ocidental, mas também deve ser interpretada, globalmente, nos termos de um processo de extrema modernidade, projetado para além das fronteiras da sociedade na qual tinha origem, e da perda dos valores que nela se haviam expressado.

As atividades institucionais do Círculo, no qual despontam como fundadores Otto Neurath, Philip Frank e Rudolf Carnap, consistem eminentemente no trabalho acadêmico e na reflexão epistemológica, ambos orientados para sistematizar os conteúdos da doutrina neopositivista e para salvaguardar a natureza de pesquisa livre da especulação filosófica. No plano organizacional, o grupo é interdisciplinar; privilegia a informalidade, evitando, intencionalmente, formar um sistema compacto; é um zeloso guardião da autonomia metodológica de cada membro, de quem espera sempre a máxima competência; cuida com grande atenção do clima do conjunto e sustenta-se de modo determinante na obra de seu fundador, assim como no carisma de seu diretor.[36]

Retornemos à atmosfera criativa de Viena. Um outro livro, *O Mundo que Eu Vi*, de Stefan Zweig (1881-1942),[37] evoca com um terno rancor, comparável ao de Musil, a atmosfera vienense decadente e fértil que precede a derrocada do império: "Se procuro encontrar uma fórmula cômoda para definir aquele tempo que precedeu a Primeira Guerra Mundial, período durante o qual eu cresci, acredito que sou o mais conciso possível, afirmando que foi a idade de ouro da segurança. Na nossa monarquia austríaca quase milenar tudo parecia duradouro, e o próprio Estado parecia a garantia suprema dessa continuidade. Os direitos concedidos por ele aos cidadãos eram garantidos pelo parlamento, pelos representantes do povo eleitos de forma livre, e cada dever possuía os seus limites precisos. A nossa moeda, a coroa austríaca, circulava em peças de ouro, garantindo assim a sua estabilidade. Todos sabiam quanto tinham e quanto lhes era devido, o que era permitido e o que era proibido: tudo tinha sua norma, um peso e uma medida exatos. Quem possuía um capital estava em condições de calcular com exatidão a renda anual que lhe correspondia; o funcionário, o oficial podiam com toda segurança conferir no calendário o ano da promoção ou da aposentadoria. Todas as famílias tinham um orçamento preciso, sabiam o quanto podiam gastar com o aluguel e com a alimentação, com as férias e com as obrigações sociais, e havia sempre uma pequena reserva para os imprevistos, para as doenças e para os gastos médicos. Quem possuía uma casa a considerava um abrigo garantido para os próprios filhos e netos; sítios e fazendas passavam, por herança, de geração em geração; assim que um recém-nascido ocupava um berço, colocava-se no cofrinho ou depositava-se na poupança uma pequena quantia para o seu futuro, uma pequena reserva para o seu caminho. Tudo no vasto império parecia sólido e imutável... ninguém acreditava em guerras, em revoluções ou em desarranjos. Todos os atos radicais, todas as violências pareciam naquele ponto impossíveis, na idade da razão. Esse sentimento de segurança era a posse mais cobiçada, o ideal comum de milhões e milhões de pessoas... Nessa comovente confiança de poder impedir até mesmo uma falha surgida ao acaso, havia, apesar da aparente austeridade e modéstia na concepção da vida, uma presunção perigosa. O século XIX, com o seu idealismo liberal, estava seguro de que encontrava no caminho certo e infalível em direção 'ao melhor dos mundos possíveis'. Olhava com desprezo para as épocas anteriores com as suas guerras, carestias e revoluções, como se se tratasse de tempos nos quais a humanidade fosse ainda menor de idade e insuficientemente iluminada. Agora, ao contrário, tratava-se somente de mais algumas décadas, e as últimas violências, provocadas pelo mal, teriam sido completamente banidas. Tal fé num progresso ininterrupto e incoercível teve para aqueles tempos a força de uma religião; já se acreditava mais naquele progresso do que na Bíblia, e o seu evangelho parecia ser inquestionavelmente comprovado pelos novos milagres da ciência e da técnica."[38]

Se devêssemos deduzir uma hipótese geral acerca da experiência específica da criatividade vienense, deveríamos concluir que artistas e cientistas dão o melhor de si quando trabalham em grupos organizados *ad hoc* e quando usufruem, em torno de si, de uma atmosfera de segurança e de serenidade, em que a inteligência e a beleza são apreciadas e em que o gênio não corre nunca o risco de ser confundido com um estúpido ou com um fanfarrão.

A ALMA MUSA

Além da atmosfera geral, alimenta a predisposição coletiva à criatividade, há um outro fator que exerce uma influência focalizada em que alguns sujeitos individualmente, excitando a sua capacidade criativa através da fascinação. A fim de analisá-lo, devemos nos conceder uma digressão.

"*Cantami o diva del pelide Achille l'ira funesta che infiniti addusse lutti agli Achei*" (A ira, deusa, celebra do peleio Aquiles, / O irado desvario que aos aqueus tantas penas trouxe / E incontáveis almas arrojou no Hades). Diva é a musa que Homero invoca sete séculos antes de Cristo, naqueles versos iniciais da *Ilíada* que milhões de alunos, ainda hoje, repetem de cor nas escolas. Contemporâneo de Homero, também Hesíodo fala das musas e narra o encontro com elas na sua *Teogonia*. Dois séculos depois, serão Parmênides e Píndaro que voltarão a falar delas: um no início do seu poema "Sobre a Natureza" e o outro evocando "Dá-me um oráculo, musa, e eu serei o teu porta-voz". Inspiração poética e inspiração profética entrelaçam-se nesses escritores da antiguidade, para quem o artista não é senão o intérprete e o mensageiro da poesia inspirada pelas musas.

Passarão mais algumas décadas e Demócrito atribuirá a essas inspiradoras de beleza um efeito bem mais grandioso de possessão, êxtase e obsessão. Além disso, segundo Platão, será a musa que garantirá ao poeta a energia necessária para entusiasmar o seu público.

Sócrates, enfeitiçado pelo mancebo Fedro, enumera-lhe várias causas de êxtase, entre elas a fascinação das musas. "Esta obsessão", diz, "depois de ter tomado posse de uma alma sensível e pura, a desperta, suscitando nela uma inspiração báquica para os cantos e outros gêneros de poesia e, através da celebração de inúmeras obras dos antepassados, educa as gerações posteriores. Por outro lado, quem quer que se apresente às portas da poesia sem ser inspirado pelas musas, convencido de que lhe bastará a técnica para ser um bom poeta, será um poeta falido, porque a poesia de quem está em si é obscurecida pela dos que estão enlevados." Quem é tomado por esta paixão "concedida pelos deuses com vista à máxima felicidade" consegue fazer poesia bem melhor do que aqueles que permanecem donos de si mesmos. Portanto, não devemos nos espantar diante do êxtase provocado pelas musas, como é bem claro aos sábios, mas do qual, diversamente, escapam os intelectuais, propensos a raciocínios sutis e caprichosos.[39]

Para Sócrates, portanto, é preciso ser sábio dessa maneira: mas sábio a ponto de compreender que a sabedoria não é tudo.

Passam mais 20 séculos e a chamada da musa persiste, encarnando-se novamente num jovem inspirador: "*So oft have I invoked thee for my Muse*" (Quantas vezes eu invoquei você como minha musa), canta Shakespeare no seu setuagésimo oitavo soneto.[40]

Musa nenhuma por mais fiel me inspiraria
Como me inspiras tu, por mim sempre invocado.
Mas não só para mim és fonte de poesia;
Outros estros já tens certamente inspirado.

Teus olhos, que a cantar ensinam até o mudo,
E em olímpico vôo excelsam a ignorância,
Às asas do saber ajuntam penas – tudo,
No poeta, transformando em graça e rutilância.

Orgulhem-te, portanto, os versos que burilo:
Nascem todos de ti, são todos de tua alma.
Em versos de outros não influis senão estilo,

Dando-lhes da beleza externa a graça e a palma.
Para mim, és toda a arte, és tudo, e as minhas rimas,
Tu só, alçando-me a rude ignorância, as sublimas.

Existe, portanto, uma força que influencia e sustenta a arte do poeta, que consegue fazer com que os mudos cantem e que pode livrar da ignorância, exaltar a sabedoria e agraciar a graça. "Oh, musa do meu fado! Oh, minha mãe gentil", canta, ainda hoje, Chico Buarque. Por que no decorrer de 27 séculos ainda encontramos invocações desse tipo? E por que tantos criativos vivem com a angústia de perder a inspiração? Quem era essa diva invocada por Homero, por Shakespeare e por Chico como irrenunciável inspiradora? Era a Musa. E, para os gregos, que de criatividade entendiam bem, havia nove, cada uma especializada num gênero artístico: música, dança, mímica, astronomia, comédia, tragédia e poesias lírica, épica e elegíaca.

No exame científico dos processos criativos esbarramos, com freqüência, em figuras aparentemente excêntricas como d'Holbach, capazes de potencializar as capacidades criativas dos artistas e dos cientistas, criando em torno deles uma atmosfera particularmente estimulante. Às vezes essa função pode ser até mesmo desempenhada não por uma pessoa, mas por um lugar, uma casa ou um objeto.[41] Basta que se pense em quantas obras de arte no campo da música, da pintura e da literatura foram criadas numa cidadezinha minúscula como Ravello ou em algumas regiões campestres da Toscana, ou ainda em algumas cafés parisienses ou vienenses.[42]

Ainda não explorei suficientemente o papel desses catalisadores da criatividade e por isso não estou em condições de oferecer uma explicação científica aceitável a esse propósito. Nem outros, que eu saiba, foram capazes de fazê-lo. Limito-me, portanto, a descrever a sua fenomenologia através de um caso específico, que sempre me intrigou: o de Alma Mahler.

De inspiradoras e inspiradores está repleta toda a história da criatividade artística, uma vez que os artistas não fazem mistério disso e, às vezes, pelo contrário, utilizam a fonte de inspiração como matéria-prima para a própria arte. Já muito menos freqüentemente isso pode ser rastreado na história da criatividade científica, visto que os cientistas, todos fechados na couraça da própria racionalidade, tomam o máximo cuidado para não revelar os próprios sentimentos. Com certeza Heloísa foi a inspiradora de Abelardo e vice-versa. Fascinação igual, senão maior, deve ter sido a exercida por Beatriz em Dante, dado que ele a elegeu sua inspiradora ao longo de todo o transcendente itinerário que vai das assombrosas portas do inferno até a beata visão de Deus. Parece que Petrarca viu somente por poucos segundos, de forma fugidia, a mulher de um nobre de Avignon, chamada Laura, mas isso foi o suficiente para que a sua mente fixasse aquela imagem de maneira definitiva, fantasiando sobre ela pelo resto dos seus dias ("*Per ch'io miri/Mille cose diverse attento e fiso/Sol una donna veggio*"),* percebendo, por toda parte, a sua imagem e a sua voz ("*Parmi d'udirla, udendo i rami e l'ore/E la fronde e gli augei lagnarsi e l'acque/Mormorando fuggir per l'erba verde*").**

* "Por mais que eu olhe/Mil coisas diversas, atento e fixo/Uma só mulher eu vejo." (N. do T.)

** "Parece-me que a ouço, ao ouvir os ramos e as horas/ E as frondes e os pássaros queixarem-se e as águas/Murmurando, escaparem pela relva verde." (N. do T.)

Muitas foram as inspiradoras de Baudelaire: a satânica Jeanne Duval, a "musa e madona" Apollonie Sabatier e sobretudo a atriz Marie Daubrun, colocada em *As Flores do Mal*, num convívio de amantes na descentralizada Holanda, que – assim como a Europa Central para Borges – era pensada mais como um lugar do espírito do que como uma região geográfica. Onde tudo "é ordem e beleza/luxo, calma e volúpia", como hoje agradaria à refinada inquietude de Franco Maria Ricci. E quando a sugestão dessa musa opulenta se dissipar, Baudelaire a rebaixará ao papel de estação-paisagem, chorando: "*Vous êtes un beau ciel d'automne, clair et rose / Mais la tristesse en moi monte comme la mer.*"*

Mais perto de nós no tempo estão Duse para D'Annunzio, Isadora Duncan para Iessênin, Marie Laurencin para Apollinaire, Catherine Pozzi para Paul Valéry, Gala para Paul Eluard, a irmã incestuosa para o incestuoso Georg Trakl, a mulher Lina para Saba e Constance Dowling para Cesare Pavese.

A partir de julho de 1915 – quando a conheceu na "data mais feliz" da sua vida –, pelo resto dos seus dias, Maiakóvski amou Lili Brik. Mas como Lili era casada e fiel, a Vladimir só restou sublimar o seu amor, transformando os grandes olhos castanhos da mulher amada em persistentes e inspiradores encantos.

Trinta anos durou o amor de Rainer Maria Rilke por Louise Salomé, casada com o especialista em cultura oriental Andreas. Musa irrequieta e fascinante, a bela Lou não inspirou somente uma grande parte da obra de Rilke, sobretudo as *Elegias de Duíno* e os *Sonetos a Orfeu*, mas foi também pedida em casamento por Nietzsche e por Hauptmann, amada por Wedekind e talvez também por Freud, que, de toda forma, alimentou uma grande predileção em relação a ela; muito depois, inspirou um filme de Liliana Cavani. A sua força de atração deveria derivar não somente de um belo perfil, de uma inteligência aguda e da prolongada virgindade, mas também de uma complacente ambivalência: "Fomos esposos", escreve na sua autobiografia, falando de Rilke, "antes mesmo de nos tornarmos amigos, e amigos nos tornamos não por eleição, mas por núpcias celebradas clandestinamente. Em nós eram duas metades que se buscavam... Fomos assim irmão e irmã – como na aurora dos tempos. Antes que as núpcias entre irmãos se tornasse um sacrilégio."

Bóris Pasternak entretém por muitos anos uma correspondência intelectual e amorosa com Marina Tchetaeva, sua musa por correspondência

* "Vós sois um belo céu de outono, claro e róseo / Mas a tristeza em mim sobe como a maré." (N. do T.)

postal e afinidade eletiva (um pouco como aconteceu ao seu conterrâneo Tchaikóvski com uma rica financiadora, além de inspiradora). Uma só vez Bóris e Marina se encontraram: alguns dias antes que ela se enforcasse, na pequena cidade tártara de Elabuga. (No caso paralelo, *ma non troppo*, de Tchaikóvski, foi ele quem se matou.)

E, depois, há ainda os belos jovenzinhos que inspiraram Stefan George, a *liaison* de Verlaine com Rimbaud, de Federico García Lorca com Salvador Dalí, de Raymond Radiguet de *O Diabo no Corpo* com Jean Cocteau, e ainda Jimmie Trimble, marcado para sempre no coração de Gore Vidal, pessoa bem longe de ser propensa ao sentimentalismo.

COLECIONADOR DE GÊNIOS

Em cada uma dessas fascinações há algo de ambíguo, de surpreendente, de não-revelado, como uma irresistível força fecundadora em busca do terreno adequado à própria semente intelectual. Dedico maior atenção a Alma Mahler porque, entre todas, é a que mais me atrai, talvez porque o seu poder inspirador derrama-se na *Felix Austria*, da qual acabei de falar, permitindo algumas hipóteses posteriores a respeito do conjunto do clima que mais convém à criatividade.

Conforme já vimos, a atmosfera da capital dos Habsburgo, local onde essa exemplar história ganha corpo, é a de um alegre apocalipse, onde o pressentimento do desabamento imperial provoca uma sensação inexprimível, "capaz de transformar muitas pessoas em artistas", conforme refere Hofmannsthal, que acrescenta, profanamente: "Do ponto de vista intelectual, vivemos como prostitutas que se nutrem somente de saladas francesas e sorvetes." Saladas e sorvetes milagrosos, a julgar pela massa de obras de arte, científicas e políticas que brotou.

Alma Zemlinsky. Alma Schindler é uma jovem bela, refinada, caprichosa, irrequieta e arrogante, que passou a juventude numa casa projetada por Josef Hoffmann e decorada pelos melhores artistas da Secessão, uma jovem dotada de um infalível instinto em reconhecer à primeira vista e fecundar a genialidade dos criativos que a rodeiam.[43]

Antes de conhecer Mahler, Alma, que ainda não tinha 20 anos, sentiu-se enamorada, de forma não isenta de erotismo, por Alex Zemlinsky, um bom compositor e seu primeiro professor de piano. Ambos testemunharão, mais tarde, que a arte que praticavam tornou-se incandescente devido a essa influência.

Alma Klimt. Por certo período a senhorita Alma repudiou os "avanços", muito insistentes, de Klimt. Mas quando, anos depois, o pintor pára de cortejá-la e se casa, Alma, morta de raiva, anota no seu incandescente diário: "Em mim, ao contrário, não desabrochou nada, nem no meu rosto, nem na minha inteligência, nem no meu talento. Não sou feliz, nem infeliz. No tempo de um raio, compreendi viver somente uma vida aparente. Dentro de mim, sou tão inibida, que me sufoco. O meu navio está no porto, mas nele entra água."

Mas Alma não é uma Madame Bovary de província, propensa a escorregar, docemente, em direção ao medo e ao suicídio.

Alma Mahler. No dia 9 de março de 1902, o já famoso compositor e maestro Gustav Mahler, aos 42 anos, desposa Alma, 20 anos mais moça que ele. Por toda a sua vida, Alma permanecerá um espírito atormentado, convencida de ser um gênio musical sacrificado à fama que o marido lhe usurpa. Não estava apaixonada por Gustav e talvez nunca viesse a apaixonar-se: "Não sei se o amo ou se não o amo, se amo o maestro, o chefe de prestígio, ou ainda o homem", lamenta-se ela. E acrescenta a mágoa de "ter perdido todos os amigos em troca de alguém que sequer me conhece". Provavelmente chega até a odiá-lo, no fundo da sua alma, dado que no seu diário escreve a este respeito: "Existem certos carnívoros geniais que são completamente crentes de serem vegetarianos... Tenho a sensação de que cortaram as minhas asas. Gustav, por que quiseste ligar a ti este pássaro magnífico, feliz de poder voar, enquanto um outro diferente, cinzento e pesado, seria muito mais adequado a ti?... Gustav vive a tua vida. Minha filha não precisa de mim... Meu Deus, onde foram parar as minhas aspirações, as minhas magníficas aspirações?"

Com certeza Alma aprecia Mahler como maestro, mas não o estima como compositor porque nem mesmo o sublime *adagietto* da *Quinta*, a ela dedicado, conseguirá enternecê-la, e muitos anos após o matrimônio somente a *Sexta Sinfonia* conseguirá despertar nela uma certa emoção.

Como todos os autênticos criativos, Mahler estava plenamente convencido da sua grandeza: "Eu sei o que sou capaz de oferecer, o que poderei oferecer", escreve a Alma. "Gostaria de assistir a uma execução da minha sinfonia daqui a 50 anos." (Não há uma só vez que eu não me lembre desta frase toda vez que, num concerto, se aplaude uma sinfonia de Mahler.) Mas é o amor ardente pela sua jovem mulher que lhe inspira as imponentes massas sonoras que nascem, inexauríveis, da sua genialidade compositora. E quando tiver a suspeita, primeiro, e a certeza, depois, de que a esposa o trai, esta veia drenar-se-á em uma terrível luta, a qual, às vezes, a exaltará e, às vezes, correrá o risco de desertificá-la precocemente.

Mas com quem o trai, Alma, a musa? Com um outro gênio em busca de inspiração, obviamente. Desta vez não se trata de um músico, mas de um arquiteto, quatro anos mais jovem do que ela, buscando no amor de Alma o chicote que fará galopar mais rapidamente o cavalo da sua criatividade: Walter Gropius, futuro diretor da Bauhaus e protagonista da revolução arquitetônica moderna.

Antes de encontrá-lo, Alma havia escrito: "Não sei o que fazer. Habita em mim um conflito tremendo. Abandonada à dor, arde em mim o desejo de encontrar alguém que pense em mim, que me ajude a me encontrar. Tornei-me tão-somente uma reles dona-de-casa."

Alma Kammerer. Na realidade, os seus dias são bem diferentes dos de uma dona-de-casa burguesa. Em torno dela gira um turbilhão de músicos, políticos, escritores, cientistas, padres católicos e rabinos judeus em busca de um fogo que os acenda ou os devaste.[44] Alguns a amam até a loucura; outros, surdamente, não podem deixar de odiá-la. Alban Berg lhe dedica a obra *Wozzeck*, e Benjamin Britten, o *Noturno para Tenor* e *Pequena Orquestra*. Até mesmo em Karl Kraus, que procura a todo custo destruir Mahler, e em parte consegue, Alma surte um efeito inspirador, servindo de assunto para o sarcasmo da sua pena, banhada em veneno.

Apesar da vida turbulenta, a escandalosa Alma não escandaliza, pois é ela quem impõe as suas regras à sociedade em que vive, é ela a rainha intelectual da capital mais efervescente do mundo, no momento mais criativo da sua história.

O inimigo profundo que se aninha no interior da mente de Alma a corrói e a torna volúvel, cínica e implacável, constitui também o mistério que alimenta o seu fascínio e a irresistível atração que exerce, acendendo paixões e inspirando obras-primas em todas as personalidades criativas que orbitavam em volta dela, continuamente marcada por estados eufóricos e depressivos, por matrimônios e viuvezes, por filhos e por abortos.

Na corte de Alma circulavam criativos de todos os tipos, seja durante a convivência com Gustav, seja quando, aos 32 anos, bela, rica e famosa, fica viúva. Orbita em torno dela também um biólogo, Paul Kammerer, que escreve: "Cada um dos meus encontros com Alma Mahler traduz-se numa nova carga de energia para o meu trabalho. Quando estou com ela, de certa forma armazeno a energia de que necessito para produzir."

Alma Kokoschka. Mas no coração de Alma nem todos os amantes inspirados estão no mesmo plano. Um lugar à parte, talvez o mais íntimo e predileto, é ocupado por um outro pintor, Oskar Kokoschka, com 25 anos, rebelde, ciumentíssimo e violento, que ainda não sabe que é um gênio, mas Alma, com seus 34 anos e irrequieta, se dá logo conta do fato, desencadeando nele uma intensa atividade e fazendo com que se torne um criador obsessivo. Rodam juntos a Europa, com ele produzindo telas num ritmo eletrizante; a união deles será tempestuosa, com algumas pausas de intensa serenidade, como a estada em Nápoles, e com outras, tumultuadas, que levam Kokoschka à beira da loucura. Tanto que sua mãe escreverá à musa: "Se a senhora voltar a ver Oskar, eu a matarei com um tiro de revólver."

Mas a união tempestuosa continua, e continua o efeito criativo de Alma: "Deves tornar-te minha mulher", lhe escreve Oskar, "sem esperar mais, ou então o meu grande talento desaparecerá... Consegui compreender o quanto tu me tornas forte e o quanto poderei valer enquanto esta força for continuamente ativa." Mas Alma lhe impõe uma condição, que só uma musa pode se permitir: "Eu te esposarei quando tiveres criado uma obra-prima." E a obra-prima é *A Noiva do Vento*, de 1914, atualmente exposta no Museu da Basiléia.

Alma Gropius. O matrimônio, obviamente, não se celebrou. Ou melhor, não se celebrou com Kokoschka, mas com outro gênio: Walter Gropius, de quem Alma já havia tido uma filha. Era o dia 18 de agosto de 1915, ela com 35 anos e ele com 31.

A vida cotidiana de esposa e uma nova maternidade fazem Alma cair num "obscuro e morno sentimento conjugal", do qual sairá com um divórcio e um novo amor, descoberto há três meses, com um outro "eleito pelos deuses", como parece (por pouco) aos seus olhos.

Alma Werfel. Desta vez não se trata de um músico, nem de um arquiteto, nem de um pintor, mas de um romancista, gênero artístico que ainda estava faltando na sua coleção de musa inspiradora. Franz Werfel, no alto dos seus 27 anos, é luxurioso e mundano, escritor brilhante e bem inserido na sociedade, tudo o que era necessário para que Alma fizesse dele, primeiro, um amante, depois um marido e, enfim, um autor de sucesso.

Werfel fala dela com ênfase: "É um ser superior. Alma é a perfeição em pessoa... É uma visionária genial e instintiva. Pertence ao pequeno grupo das magas que ainda existem. Vive no interior de uma luminosa dimensão mágica, na qual existem uma vontade destruidora, um desejo de domínio... Diante dela sinto-me transparente – assumiu sobre mim um poder determinante, porque ali está, como uma energia em estado potencial, como uma vontade criadora." E depois, num segundo momento, implora: "Almitschka, viva para mim! Eu vejo o meu futuro inteiramente em ti. Desejo esposar-te não só por amor, mas também porque sei no íntimo de mim mesmo que existe uma pessoa no mundo adequada a mim e capaz de fazer de mim um artista, e esta pessoa só pode ser tu." Por sua parte, Alma limita-se a pensar que "Franz é como um passarinho bem pequenininho na minha mão, com o coração que bate acelerado, os olhos irrequietos, e eu devo protegê-lo das intempéries e dos gatos".

A musa Alma floresce na alcova: tem uma filha de Gropius quando está casada com Mahler e uma filha de Werfel na época do casamento com Gropius. Da mesma forma que permitia a Kokoschka encontrá-la somente mediante a apresentação de novos quadros, também só dará o prazer de sua companhia a Werfel com a condição de que lhe proporcione novos manuscritos. E no dia 8 de julho de 1929 casa-se com ele.

"Viúva das quatro artes." Antes de morrer, em 1964, aos 85 anos, esta "viúva das quatro artes", como a denominarão as más línguas, deverá fugir da Áustria invadida pelo nazismo, com o qual simpatizava; deverá exilar-se na França, na Inglaterra e nos Estados Unidos; deverá repudiar definitivamente aquela Viena onde foi rainha. Fará com que seja chamada de "viúva Werfel", no período em que o escritor é o mais famoso dentre seus maridos e, depois, "viúva Mahler", quando o compositor se torna mais célebre que Werfel.

Dos inúmeros homens que conquistou e inspirou, na conclusão dos seus diários e da sua atribulada existência de musa moderna, recordará, com a inalterada arrogância, somente os mais assíduos: "Eu nunca amei realmente a música de Mahler e nunca me interessei, verdadeiramente, pelo que escrevia Werfel, mas Kokoschka sim, Kokoschka sempre me impressionou."

A musa, portanto, mesmo quando é feita de carne e osso, pode permanecer indiferente às grandes criações que ela mesma inspirou. Mas o seu papel, até hoje subestimado pelos estudiosos da criatividade, não é menos fecundo que misterioso.

NO TEMPO DAS VELAS ESTAS COISAS NÃO ACONTECIAM

Concedemo-nos uma digressão emotiva, exatamente quando estávamos discutindo sobre a era mais desequilibrada em prol da racionalidade: a era industrial, que neste ponto triunfa, na Europa e nos Estados Unidos, a era na qual – para retomar a metáfora que nos acompanha ao longo deste livro – a linha reta triunfou mais do que nunca sobre a linha curva.

Até mesmo uma vida passional como a de Alma Mahler cruza, por várias vezes, com os fenômenos novos, duros e inflexíveis, determinados pela indústria: a luta de classes que incendeia as ruas de Viena e que ela, como boa burguesa, detesta; o maquinismo, que toma cada vez mais espaço na vida cotidiana e do qual ela, reacionariamente, desconfia.

Mas a máquina vence até o seu esnobismo de menina mimada: no momento oportuno ela solicita que seja feita uma instalação elétrica na sua casa. E, quando falta energia, por causa de greves proletárias, ela se mostra irritada e anota no seu diário: "É uma loucura pensar que a máquina nos permite alcançar a liberdade. E quanto mais nós dependermos dela, mais o trabalhador se tornará o nosso 'rei'. No tempo das velas estas coisas não aconteciam."

Quando Alma se dedica a essas recriminações, em muitas casas de cidade já havia passado o tempo das velas; no entanto, as fábricas ainda eram dominadas pela força movida a vapor. Até mesmo o mais célebre organizador industrial de todos os tempos, o engenheiro Frederick Winslow Taylor, embora tendo nascido em 1856 e morrido em 1915, nunca teve o prazer de trabalhar numa fábrica acionada por energia elétrica.

Na sociedade rural, o centro do sistema era ocupado pela produção agrícola e o poder estava nas mãos dos proprietários de terra. A partir do final do século XVIII, o centro desloca-se, aos poucos, do campo para a cidade, onde as fábricas produzem bens materiais em série e o poder passa às mãos dos industriais. Nas vésperas da Revolução Industrial, na Inglaterra, os trabalhadores agrícolas constituíam 75% da força de trabalho; na metade do século XVIII, esse percentual havia diminuído para 21%, e em 1900 eles eram apenas 9%. Ao mesmo tempo os industriários haviam subido de 14 para 46%. Nessas poucas cifras encontra-se todo o rápido advento da sociedade industrial.

Paralelamente muda o processo criativo. A essência da nova organização, que encontra no *Scientific Management* de Taylor a fórmula mais inovadora, é a criação genial sem a contribuição de gênios. Ou melhor, uma criação em que o protótipo do objeto a ser produzido e o processo que conduz à sua reprodução em série são inventados por poucas mentes geniais, mas, após terem sido projetados e divididos, são reproduzidos ao infinito por uma massa ilimitada de trabalhadores normais, senão até mesmo analfabetos, tão despreparados que Taylor os chama de "homens-bois". É isso que quer dizer J. Galbraith quando, com acuidade, observa que a verdadeira conquista científica da modernidade consiste em dispensar os gênios, como indivíduos, substituindo-os por uma organização de pessoas normais, mas bastante especializadas e bem coordenadas entre si.

Se hoje se fizesse uma enquete sobre qual foi a ciência que mais contribuiu para o progresso no século passado, obter-se-ia como resposta que foi a mecânica, a física ou a biologia. E caso a pesquisa indagasse qual a descoberta que mereceria receber a palma de ouro, a resposta seria a fissão do átomo, a estrutura do DNA, a televisão, o computador ou a ressonância nuclear magnética. Poucos iriam lembrar que por trás de todos esses sucessos, e como condição indispensável para cada um deles, estava presente a contribuição das ciências organizacionais. A descoberta e o desenvolvimento dessas ciências, com efeito, permitiram a potencialização de todas as atividades humanas, cognitivas e operacionais, numa medida até então desconhecida na história do homem: dentro e fora dos locais de trabalho.

Hoje é possível delegar às máquinas quase todas as atividades físicas e muitas atividades intelectuais de tipo repetitivo. Da fadiga estressante da linha de montagem até aquela alienadora do caixa de banco, do técnico de análises químicas, do arquiteto-desenhista, uma massa crescente de tarefas desagradáveis é finalmente evitada pelo homem e delegada a robôs e aos computadores. Acaba sendo profundamente modificada a composição da força de trabalho interno das empresas (cada vez mais constituída por profissionais liberais, *managers* e dirigentes), assim como a relação entre trabalho e tempo livre, a partir do momento que a atividade intelectual de tipo inventivo não é bitolável no esquema de um horário de expediente exato, mas acompanha o novo trabalhador em cada instante da sua vida. Mas disso falaremos no próximo capítulo.

Entre o final do século XVIII e o início do século XIX, alguns homens geniais e alguns grupos genialmente agregados compreenderam que a combinação cientificamente organizada de trabalho humano e trabalho mecânico teria permitido um incremento dos resultados numa ordem de grandeza muito impressionante, que o bom senso dos séculos anteriores nunca havia alcançado.

Em outras palavras, a invenção das invenções, desta vez, é a ciência organizacional, graças à qual, daqui para a frente, será possível imprimir a toda e qualquer atividade humana o máximo estímulo à eficiência e à produtividade, utilizando igualmente mão-de-obra grosseira e inteligências mais medíocres.

Com o advento da indústria, inicia-se um dos maiores experimentos conduzidos pelo gênero humano, comparável aos outros seis ou sete grandes experimentos realizados pelo homem na sua longuíssima história: a invenção da agricultura, 10.000 anos atrás; a invenção da cidade e do Estado, na Mesopotâmia, 5.000 anos passados; a da democracia, da filosofia e da rede, na Grécia de Péricles; a do direito internacional, do ócio criativo e do império global na Roma imperial; a da hierarquia eclesiástica e o leigo comum na Idade Média; o humanismo do Renascimento, e, por fim, a ciência moderna.

Nascida graças à acumulação primária na economia colonial inglesa, à exploração energética do vapor e da eletricidade, à conquista burguesa das liberdades parlamentares e à crença ilimitada no Iluminismo e no Racionalismo, a indústria teria dado os seus primeiros passos na Europa, mas, em seguida, encontrado a sua forma mais avançada na Filadélfia de Taylor, que inventou a organização, aplicando-a à produção metalúrgica, e na

Detroit de Henry Ford, que inventou a linha de montagem, aplicando-a à produção automobilística.

TAYLOR, O INVENTOR DO GERENCIAMENTO CIENTÍFICO

Para multiplicar a produtividade e a eficiência do trabalho é preciso programar a produção de forma capilar por meio de uma total racionalização, uma onisciência e onipotência organizativas, que terão como suas mais conhecidas experimentações as intervenções de Taylor na fábrica e a sua primeira e coerente formulação do *Scientific Management*.[45]

Naqueles tempos a palavra "trabalho" evocava quase que exclusivamente cansaço físico e esforço muscular. Portanto, a sua gestão caía sob domínio exclusivo do engenheiro e do empresário, que, no caso de Ford, coincidiam. Taylor não o disse de forma explícita, mas nos seus escritos circula a íntima convicção de que, mais cedo ou mais tarde, quase toda a fadiga física teria sido automatizada e, portanto, subtraída ao homem, finalmente livre para se dedicar ao estudo e à invenção, por ele considerados não como um trabalho, mas como uma distração mental e um enorme prazer. Na espera de que tal cenário fosse realizado, na sua inteireza, pelos engenheiros, era preciso reorganizar o esforço, de forma a obter uma produção crescente com um esforço decrescente.

Toda a contribuição teórico-prática de Taylor vai nessa direção. Ele experimenta em várias empresas as suas teorias revolucionárias e divulga os resultados em dois ou três pequenos volumes, que se tornarão verdadeiras bíblias para os gerentes industriais. Em 1899 enuncia, pela primeira vez, os seus "princípios fundamentais indispensáveis para uma boa gestão", e em 1903 publica o seu texto mais importante, *Shop Management*, no qual demonstra que "altos salários e baixo custo de mão-de-obra são a base da melhor organização"; indica "os princípios gerais que tornam possível manter essas condições, mesmo nas situações mais difíceis"; e enumera "os vários estágios que devem ser atravessados na passagem de um sistema medíocre de organização para um melhor".

Na prática, um empresário que deseja introduzir o *Scientific Management* na própria fábrica deve, antes de mais nada, padronizar todos os instrumentos e todos os métodos; depois, deve dividir todas as tarefas, de forma a "tornar cada função a mais breve e a mais simples possível"; portanto, deve medir, precisamente, os tempos unitários requeridos por cada tarefa elementar; depois, deve selecionar e treinar o trabalhador adequado designando-lhe o cargo justo; e, por fim, deve aplicar a cada função o mais adequado dentre os quatro sistemas de remuneração disponíveis: diária, empreitada, empreitada com prêmio ou ainda com uma tarifa diferencial.

Tudo isso é válido tanto para o trabalho operário quanto para os outros trabalhadores: "Não existe um tipo de trabalho que não possa ser submetido, vantajosamente, à análise dos tempos, mediante a subdivisão em elementos, excetuadas as operações mentais... O trabalho dos empregados pode ser submetido, com sucesso, à análise dos tempos."

O presidente do conselho americano dos engenheiros, na sua introdução a *Shop Management* (1903), escreve, enfaticamente: "Há cerca de 60 anos uma invenção americana conduziu uma das atividades manuais mais antigas e universalmente difundidas do plano no qual ela havia permanecido desde a aurora da civilização ao elevado nível da indústria mecânica moderna: a máquina de costurar. Já há aproximadamente 30 anos, outra invenção americana aperfeiçoou uma das mais antigas atividades manuais, a da escrita, inserindo-a no moderno progresso mecânico: a máquina de escrever. A arte de forjar e formatar utensílios e metais nasce, sem dúvida, no final da Idade do Ferro, em que, a esse propósito, é pelo menos tão remota quanto a arte da costura e da escrita, se não for ainda mais antiga. Como essas últimas, permaneceu inalterada dos seus primórdios até hoje. O estudo de Taylor e dos seus colaboradores a conduziu, de uma hora para outra, do plano do empirismo tradicional ao alto nível da ciência moderna e, ao que parece, a empurrou tão para a frente, que ela quase se tornou uma ciência exata." Taylor obteve um enorme progresso graças aos seus experimentos sobre o corte do metal, que duraram 26 anos e custaram 200.000 dólares às empresas que o financiaram. Com o *Shop Management*, ele ofereceu ao público os fundamentos dessa nova ciência da organização industrial, da qual é, "por unânime admissão, o principal estudioso e maior expoente".[46]

Os resultados que Taylor obteve nos setores manufatureiros nos quais introduziu o seu método foram extraordinários: por exemplo, a simples subdivisão das tarefas em tempos elementares permitiu que alguns operários da empresa Midvale aumentassem a produção em 33%; num outro estabelecimento, a aplicação do *Scientific Management* permitiu que 35 jovens conseguissem desempenhar o trabalho antes feito por 120, com uma notável diminuição da carga horária diária, um incremento do salário e uma melhoria da qualidade.

E as vantagens não são só econômicas: Taylor, orgulhosamente, sustenta que os seus métodos organizacionais, longe de rebaixar os trabalhadores ao nível de macacos, conforme andava sendo insinuado pelos seus opositores, permitiam a sua valorização, requerendo dos chefes "imaginação construtiva" e permitindo a todos os outros a progressiva liberação do cansaço físico e da repetitividade.

O último livro publicado por Taylor é *The Principles of Scientific Management* (1911). O desperdício de energias humanas por má organização – afirma-se – é bem mais grave e menos visível que o progressivo desaparecimento das florestas, o desequilíbrio hidrogeológico e a exaustão cotidiana das reservas de carvão e de ferro. Contra esse desperdício, *The Principles* fornece uma solução universal – o gerenciamento científico, capaz de obter resultados "realmente assombrosos", aplicáveis às ações individuais mais elementares, tanto quanto ao funcionamento das grandes empresas, ao trabalho doméstico, como ao trabalho agrícola, ao voluntariado, ao comércio, à instrução e à previdência social. Em resumo, a todas as atividades humanas.

A favor do *Scientific Management*, Taylor exibe ainda outras cifras e resultados: "Nos Estados Unidos pelo menos 50.000 trabalhadores obedecem a esse sistema; eles recebem salários diários 30 a 100% superiores ao que é pago a indivíduos com a mesma capacidade em zonas contíguas, enquanto as empresas das quais dependem nunca tinham prosperado tanto assim. Nessas empresas a produção por operário e por máquina é, em média, duplicada... Não ocorreu uma só greve entre a mão-de-obra organizada por esse sistema... Existe, em todos os níveis, entre direção e mão-de-obra, uma cordial colaboração."[47]

Em suma, graças à adoção da energia elétrica, do vapor e de outros progressos tecnológicos e profissionais, a indústria conseguiu obter para cada trabalhador uma produção duas, três e até mesmo quatro vezes maior. Graças a Taylor e ao seu *Scientific Management*, foi possível duplicar posteriormente a produção, criando dessa forma um bem-estar difuso, com redução da carga horária.

Conforme já recordamos, Aristóteles afirmava que o trabalho visa ao repouso, assim como a guerra visa à paz. Provavelmente Taylor não conhecia esse pensamento do grande filósofo grego, mas havia chegado à mesma conclusão por conta própria, adotando-o, coerentemente, como imperativo categórico. O fato é que em 1901, aos 45 anos, ele deixou a sociedade Bethlehem, na qual trabalhava, e, dali para a frente, no plano profissional, limitou-se a dar consultorias empresariais e a jogar na Bolsa. As atividades às quais ele tinha real apego não eram mais aquelas rudes e fragorosas das oficinas, mas as refinadas e repousantes, como a jardinagem e o golfe. O jardim da sua mansão torna-se tão importante na sua vida que contratou um jardineiro com uma dúzia de assistentes, ajudados esporadicamente por uns 30 trabalhadores braçais, um engenheiro civil e um grande número de floricultores.

Como se pode ver, portanto, Taylor foi mestre não só na organização científica do trabalho dos outros como também na apaixonada organização do seu próprio ócio criativo.

Morreu com 59 anos em 1915, quando os seus *hobbies* já lhe interessavam bem mais que o trabalho. Após uma primeira parte da vida dedicada à exaltação da linha reta, a morte o colheu quando já havia, sabiamente, optado pela linha curva. Mas, apesar disso, permanecerá na história como o gênio da racionalidade organizacional. E não por acaso a sua viúva, um tanto adoentada durante o casamento, mas cheia de vitalidade na viuvez, escolheu o seguinte dizer para a sua lápide: "*The Father of Scientific Management.*"

FORD, O INVENTOR DA LINHA DE MONTAGEM

Mas além de Taylor, que trabalhou nas fábricas como consultor, o novo modo de produção industrial teve um outro grande pai: Henry Ford (1863-1947), que trabalhou como fundador, patrão e empresário da indústria automobilística mais famosa do mundo.[48]

A epopéia inventiva de Ford é intensa: em 1893 construiu o primeiro carro; dez anos depois fundou a Ford Motor Company, onde, com 311 funcionários, construiu o primeiro exemplar do Modelo A. A partir daquele momento, os automóveis circulantes nos Estados Unidos aumentaram vertiginosamente de um a cada milhão e meio de habitantes (1902) para um a cada 800 habitantes (1907).

Em 1908, Ford colocou em produção aquele que depois seria o carro do século, o Modelo T. No ano seguinte, "em 1909, uma manhã anunciei sem nenhum aviso prévio que daquele momento em diante passaríamos a construir somente um modelo, o Modelo T, e que o chassi seria exatamente igual para todos os carros e observei: todo e cada cliente poderá querer um carro da cor que preferir, desde que seja preta".[49]

Na primavera de 1913, ou seja, dois anos antes que Taylor morresse, Ford teve a sua idéia mais brilhante, aquela que o faria passar à história: no novo estabelecimento de Highland Park, sempre em Detroit, inaugurou a primeira linha de montagem, expressão e síntese máxima do taylor-fordismo. O ciclo de trabalho do montador médio, que era de 514 minutos antes da introdução do Modelo T e que havia sido reduzido a 2,3 minutos quando se atingiu o perfeito intercâmbio das peças, com a linha de montagem reduziu-se ainda mais, chegando a 1,19 minuto. Em 1915, os empregados da linha de montagem de Highland Park já passavam de 7.000, falavam-se ali umas 50 línguas, e poucos sabiam inglês, sendo que muitos eram trabalhadores provenientes do setor agrícola. Mas esses detalhes eram completamente indiferentes para a organização fordista, que havia reduzido os trabalhadores a uma categoria de peças também passíveis de serem intercambiáveis. Assim, o novo modo de produzir, o da criatividade sem gênios, havia completado os passos essenciais do seu percurso, percurso este fulminante, sobretudo se comparado às milenares gestações de outras revoluções da época.

Com essa "produção de massa", conforme a chamou o próprio Ford, nascem também o consumo de massa, a sociedade afluente. Nas intenções de Ford, o Modelo T, construído na linha de montagem, é um automóvel destinado à família americana. Ele é projetado para custar pouco, de modo que "homem algum que tenha um bom salário deixe de possuir e de gozar junto à sua família da bênção de algumas horas de prazer pelo espaços abertos por Deus". Não por acaso, o preço inicial do Modelo T era de 850 dólares e pouco depois caiu para 260 dólares, enquanto, naqueles mesmos anos, um veículo da Mercedes custava 18.000. A "Lizzie de lata", como era chamado, permaneceu em produção de 1908 a 1927, e foram vendidos 15 milhões de exemplares: um sucesso que só foi superado em 1977 pelo Fusca da Volkswagen.

A sua fábrica chama-se Ford, mas Henry tem plena consciência de que toda e qualquer empresa é uma obra coletiva, exatamente como uma catedral gótica. E gótico é o seu organograma: no pináculo mais alto está ele, patrão, estrategista, projetista e *designer*; abaixo encontram-se os chefes dos setores, e um pouco mais abaixo ainda os operários altamente especializados, que construíam máquinas e utensílios, desempenhavam um trabalho experimental, executavam tarefas mecânicas de alta qualificação e desenvolviam modelística; na base, abaixo de todos, estavam os operários-massa: trabalhadores braçais, quase todos imigrantes e analfabetos, colados à linha de montagem, tal qual encarnados por Charles Chaplin, repetindo ao infinito pouquíssimos gestos aprendidos em poucos minutos e totalmente desprovidos de inteligência: suor e estresse liofilizados ao estado puro.

O Modelo T era composto de 5.000 peças, quase todas construídas na própria Ford: mais ou menos um terço das que existem hoje num veículo da Fiat de média cilindrada, porém provenientes de todas as partes do mundo globalizado.

A linha de montagem realiza milagres no plano da produtividade: elimina todo e qualquer desperdício de tempo, obriga os supervisionados a se tornarem supervisores dos seus próprios colegas e multiplica o rendimento. "Em outubro de 1913 eram necessários nove horas e 54 minutos de tempo de trabalho para montar um motor; seis meses depois, com o método de montagem com linha móvel, esse tempo foi reduzido para cinco horas e 56 minutos." Colocada em prática, em poucos anos a linha de montagem conseguirá quadruplicar o rendimento de cada operário.

Mas o progresso projetado por parte dos empregadores exige vítimas do lado dos trabalhadores. "O resultado líquido da aplicação desses princípios é a redução da necessidade de pensar, por parte do operário, e a diminuição ao mínimo dos seus movimentos. Na medida do possível, o operário faz somente uma coisa, com um único movimento." Essa, que para Ford é uma entusiasmante conquista no plano econômico, para os seus operários é uma condenação infernal no plano humano. Até mesmo Henry deve ter suspeitado disso, pois em seguida sentiu a necessidade de arranjar um álibi de insuspeitável cinismo: "O trabalho repetitivo, o fazer continuado, sempre da mesma maneira, de uma única coisa, é uma perspectiva terrificante para um certo tipo de mentalidade. É terrificante também para mim. Eu jamais conseguiria fazer a mesma coisa todos os dias, mas para outros tipos de pessoas, e diria até que para a maioria das pessoas, as operações repetitivas não são motivo de terror. Na realidade, para alguns tipos de mentalidade, o pensamento é um verdadeiro padecimento. Para eles o trabalho ideal é aquele no qual o instinto criativo não deve expressar-se. Os trabalhos que requerem o cérebro e os músculos possuem poucos aspirantes... O operário médio, lamento afirmá-lo, deseja um trabalho no qual não deva gastar muita energia física, mas sobretudo deseja um trabalho no qual não deva pensar."

Conforme já escrevi num outro contexto,[50] a "racionalização total" proposta por Taylor e levada às últimas conseqüências por Ford privilegia a esfera quantitativa, o trabalho dos machos, a dimensão produtiva e consumista do homem, os lugares e as horas de trabalho. Conseqüentemente, coloca em segundo plano a esfera emocional e doméstica, os sentimentos, a contribuição feminina, a família e a estética, separando artificiosamente a vida prática das instâncias éticas ("amigos, amigos, negócios à parte") e separando o trabalho do estudo e do jogo: "Quando trabalhamos, devemos trabalhar. Quando jogamos, devemos jogar. De nada serve tentar misturar as duas coisas. O único objetivo deve ser desempenhar o trabalho e ser pago por tê-lo feito. Quando o trabalho acaba, aí sim, pode vir o jogo, a brincadeira, mas não antes."[51]

OS MOTORES E OS VETORES

Chama a atenção de quem lê a vida de Mozart o seu contínuo perambular, desde criança, para dar concertos, em todas as cortes da Europa, de

Salzburgo a Viena, de Mônaco a Paris, de Manheim a Milão, Bolonha e Roma. Como conseguiu – sempre me perguntei –, e com que tormento, cobrir tantas distâncias com carruagens que não superavam os cinco quilômetros horários?

Aristóteles e Leonardo da Vinci fantasiaram máquinas semoventes, motores imóveis, mágicos substitutos mecânicos dos músculos humanos e da tração animal; todos os olimpos e todos os paraísos são povoados por querubins alados, lançadores de flechas, bem-aventurados e divindades capazes de aparições prodigiosas e localizações mágicas.

A criatividade dos engenheiros irá se engarregar de transferir para a terra, entre os séculos XVIII e XX, esses sonhos, transformados em concretíssimos motores: a vapor (1712), a gás (1801), a combustão interna (1856), elétrico (1870), a diesel (1893) e a reação (1937). Surgirão infinitos prodígios de movimento e locomoção: do trem ao automóvel, do navio ao tanque de guerra, do trator ao submarino, dos limpadores de pára-brisas aos eletrodomésticos.

Uma grande parte dessas máquinas, como quase todas as melhores invenções industriais, nasce na Europa, mas depois é aperfeiçoada na América. A sua realização absorve sempre um grande número de inteligências e resulta de progressivos ajustes, para os quais, quase como se fosse numa competição, contribuem amadores e profissionais de todos os tipos. A criatividade necessária para produzi-los é, neste ponto, um fato conjunto, coletivo, impossível a gênios individuais, ainda que fossem extraordinários.

Tomemos o trem como exemplo. Se os trilhos existiam desde o final do século XIV, as ferrovias a cavalo foram substituídas pelas locomotivas a vapor somente em 1803, graças à genialidade inventiva do engenheiro Richard Trevithick, a serviço da ferraria de Coalbrookdale. Será, mais tarde, um outro engenheiro minerador inglês, George Stephenson, que construirá, em 1814, uma locomotiva tão imponente, a ponto de ligar para sempre o nome do seu inventor à epopéia ferroviária. A Rocket, locomotiva ainda mais poderosa, que Stephenson e o seu filho aprimoraram em torno de 1830, que atingia a velocidade de 50 quilômetros horários, inaugurou a era dos trens de passageiros que revolucionariam o transporte interurbano, mudando a face das cidades e dos campos. Em 1833, ainda na Inglaterra, foram inauguradas as primeiras locomotivas elétricas, e, mais tarde, em 1912, surgiu na Alemanha a locomotiva a diesel. Na Itália, onde uma primeira ferrovia, feita pelos Bourbon, havia ligado Nápoles a Portici, 100 anos depois alcançará um outro primado: um trem movido a eletricidade conseguirá superar os 200 quilômetros horários. Mas, para obter trens que fossem capazes de manter uma velocidade constante dessa ordem, seria necessário aguardar o Novo Tokaido, que a partir de 1964 passa a ligar Tóquio a Osaka.

Nos Estados Unidos, o percurso costa a costa, que até 1869 requeria pelo menos seis meses de diligência, a partir daquele ano, graças às ferrovias Union e Central Pacific, podia ser realizado numa só semana. Cem anos depois seria possível ir de Paris a Lyon com um trem super-rápido, capaz de correr a 240 quilômetros por hora: ótima *performance* para um veículo terrestre, mas um progresso irrisório se comparado ao salto de velocidade bem superior realizado pelos aviões e pelos satélites.

Em 1903, junto a Kill Devil Hill, no estado da Carolina do Norte, ocorreu o primeiro vôo controlado por propulsão mecânica: o *Flyer I*, conduzido por Orville Wright, voou durante aproximadamente 12 segundos por uma distância de 36,5 metros. Apenas 58 anos depois, no dia 12 de abril de 1961, Yuri Gagárin, a bordo da nave espacial *Vostok*, completou em 108 minutos o vôo orbital em torno da Terra, alcançando uma altura de 357 quilômetros.

"A INDÚSTRIA DAS INDÚSTRIAS"

De tempos em tempos, no curso dos milênios, o homem se autopropôs uma série de desafios para depois superá-los com uma criativa teimosia: o desafio da perfeição estética deflagrada pelos gregos, através dos templos, e pelos cristãos, por meio das catedrais; o desafio da segurança total desencadeada por Adriano, com os fossos, pelos chineses, com a muralha, e pelos americanos, com o escudo espacial; o desafio da potência instaurado pelos persas e pelos romanos, por Carlos V e por Napoleão, por Pedro o Grande e por Hitler, pela Rússia e pelos Estados Unidos, com a força dos seus exércitos, a ousadia das suas armas e o refinamento das suas estratégias. Foi o desafio da velocidade que marcou toda a era industrial, com a invenção e o aperfeiçoamento progressivo do trem, do automóvel e do avião: instrumentos com os quais o homem, um dos animais mais lentos do planeta, tentou compensar esse seu complexo ancestral.

O automóvel representa o auge da criatividade industrial: obtido por ajustes gradativos, empregou, aos poucos, uma massa cada vez maior de idealizadores que contribuíram com infinitas e progressivas melhorias: desde o motor a gasolina que Daimler e Benz aprimoraram na Alemanha em 1885, até o motor com dois cilindros que a Benz realizou em 1889. Ainda o próprio Daimler, no mesmo ano, introduziu a embreagem e as marchas com corrente dentada. Em 1891, René Panhard e Emile Levasseur construíram uma "carroça sem cavalos", com o motor colocado debaixo da parte dianteira, nos anos seguintes melhoraram-na com uma rudimentar direção hidráulica e uma transmissão por corrente em lugar da transmissão por correia. Em 1889 a Renault introduziu a árvore de transmissão. No mesmo período a Panhard adotou a suspensão por feixe de lâminas, e em 1895 a Peugeot montou o primeiro pneumático.

Poderia prosseguir nessa lista de ano em ano. Até os nossos dias, a criatividade dos engenheiros e dos criadores das carrocerias, dos *designers* e dos tapeceiros não cessou de fazer frente aos problemas estáticos, aerodinâmicos, estéticos, de velocidade, de segurança, de prestígio e de conforto que o automóvel continua a propor e que os projetistas, os operários e os desenhistas resolveram, um de cada vez, com freios a tambor, freios a disco, peças de aço estampado, carrocerias feitas de sofisticadas resinas de fibra de vidro, suspensões hidráulicas e hidropneumáticas, mecanismos automáticos eletrônicos, computadores de bordo, pilotos automáticos, *air-bags*, velocidade e padrões de segurança cada vez mais sofisticados e formas cada vez mais fascinantes.

Enquanto isso, a organização projetiva, produtiva e distributiva do automóvel mobilizava doses crescentes de criatividade coletiva. "A indústria das indústrias", como a chamou Peter Drucker, exibiu, no início do século XX, na América a primazia da produção de massa com Henry Ford (linha de montagem) e com Alfred Sloan (divisão descentralizada); na metade do século apresentou um novo modo de fazer o automóvel criando ilhas de montagem experimentadas na Suécia; no final do século revolucionou, no Japão, o processo produtivo por meio da *lean production*, ou produção enxuta, elaborada por Eiji Toyoda e Taiichi Ohno, na Toyota.[52]

O INGLÊS E O LEGIONÁRIO

A Revolução Industrial deu-se em três saltos sucessivos: na segunda metade do século XVIII, no final do século XIX e nos anos 30 do século passado. No final deste processo, a vida humana havia se transformado completamente, tendo passado de um milenar arranjo rural a um novo arranjo urbano. Nunca antes a diferença de vida entre os países ricos e os países pobres havia sido tão abissal; e, em tempo anterior, jamais as cidades haviam crescido tão velozmente, tanto em número como em suas dimensões; e nunca as casas haviam sido tão repletas de objetos úteis e supérfluos. Como nota Landes, a Revolução Industrial "modificou o modo de vida do homem mais do que qualquer outra coisa depois da descoberta do fogo: nas coisas materiais o inglês de 1750 estava mais próximo dos legionários de César do que dos seus bisnetos". Mas acrescenta. "A mudança é como um demônio: cria, mas ao mesmo tempo também destrói; e se contarão centenas de vítimas da Revolução Industrial, senão milhões."[53] A criatividade industrial originou um método próprio, centrado no racionalismo e em algumas de suas manifestações específicas, que podem ser identificadas na rápida aplicação das descobertas científicas ao processo produtivo, na divisão do trabalho, na cisão entre os locais de trabalho e de vida, na sincronização dos biorritmos individuais com os biorritmos das máquinas, no rápido prolongamento da duração da vida humana, no progressivo alargamento do mercado, de local para global, no urbanismo, na mobilidade e na reestruturação dos espaços em função da fabricação e do consumo dos produtos industriais, na escolarização em massa, no papel de atração do consumismo e do lazer, na padronização, na especialização, na centralização dos poderes e das informações, na economia de grande escala e na tensão, quase opressora, em direção à eficiência e à produtividade.[54]

Graças à nova ciência organizacional, invenção das invenções, muda todo o paradigma com o qual o homem explica e enfrenta a própria vida; e lançam-se as bases para um novo posterior salto de época, que será representado pela sociedade pós-industrial, na qual vivemos hoje.

Gradualmente, a experimentação científica substituirá o uso do bom senso; a programação tomará o lugar da espera fatalista pelos eventos; as decisões baseadas em experiências passadas serão melhoradas com técnicas de simulação do futuro; as estratégias orientadas pelo produto serão integradas com estratégias orientadas pelo mercado; a liderança, de carismática e autoritária, se tornará mais científica e participativa; dezenas de outras disciplinas – da medicina à psicologia, da pesquisa operacional à sociologia – serão convocadas a dar suporte à ciência organizacional, que enriquecerá com estudos, pesquisas, análises, estatísticas, cultores e escolas.

Sem preconceitos graças aos sucessos obtidos nas fábricas, ela pretenderá, aos poucos, colonizar todas as atividades humanas, nos locais de trabalho e nos locais de vida.[55]

CIDADE E LAZER

A cidade, símbolo e sede privilegiada da sociedade industrial, é um lugar criativo? Em 1924, Le Corbusier escreveu, enfaticamente: "Das grandes cidades, células e lares do mundo provêm a paz e a guerra, a riqueza ou a miséria, a glória e o triunfo do espírito e da beleza. A cidade espelha a potência do homem... A grande cidade dita leis, tanto na paz como na guerra, em questões de trabalho. A grande cidade são as fábricas ideais, onde se elaboram as obras do mundo inteiro. As soluções alcançadas pelas grandes cidades difundem-se nas províncias: a moda, os estilos, as técnicas e os movimentos das idéias."[56]

Mais recentemente, John Naisbitt defendeu, ao contrário, que, pelo menos na América, as novas idéias não provêm das grandes cidades famosas, mas dos pequenos centros provinciais: "A América", escreve ele em *Macrotendências*, "é uma sociedade que se move de baixo para cima, isto é, onde as idéias têm início em cidades e municípios menores como, por exemplo, Tampa, Hartford, San Diego, Seattle ou Denver, e não em Nova York ou Washington."[57] De toda forma, trata-se sempre de cidade.

Até o advento da sociedade industrial, a cidade era o local protegido, no qual as pessoas se enclausuravam a fim de se defender da aspereza e da violência dos campos. Durante a sociedade industrial, essa relação foi, aos poucos, invertendo-se, e no imaginário coletivo a cidade tornou-se um lugar de movimento frenético, senão de vícios e de violência, onde os cidadãos sonham com uma serena tranqüilidade campestre e a paz e o silêncio do sítio, da casa de praia ou da casa na serra, para onde correm nos fins de semana. Não são poucos os criativos que se refugiam do incômodo barulho que distrai a atenção, a fim de buscar inspiração onde ainda reina o silêncio. Aliás, Musil descreverá, com lamento, a moderação de Kakânia e a ela contrapunha, ironicamente, a "cidade superamericana onde todo mundo corre ou pára com cronômetro na mão. Céu e terra formam um formigueiro varado pelos diversos andares de ruas superpostas. Trens aéreos, trens terrestres, trens subterrâneos, pessoas transportadas por ônibus, comboios de automóveis disparam na horizontal, ascensores rápidos bombeiam verticalmente massas humanas de um nível de trânsito a outro; salta-se de um meio locomotor a outro nos pontos de junção, sem pensar, sugado e arrebatado pelo ritmo dos veículos, que entre duas corridas trovejantes fazem uma síncope, uma pausa, uma pequena brecha de 20 segundos; trocam-se algumas palavras no intervalo desse ritmo geral. Perguntas e respostas articulam-se como peças de máquina, cada pessoa tem apenas tarefas bem determinadas, as profissões estão agrupadas em lugares certos, come-se em pleno movimento, as diversões estão reunidas noutras partes da cidade, e em outros locais encontram-se as torres onde ficam esposa, família, gramofone e alma. Tensão e distensão, atividade e amor são minuciosamente separados no tempo, e equilibrados segundo experiências de laboratório."[58]

Até a Revolução Industrial a população do planeta nunca havia alcançado um bilhão de pessoas, e nenhuma cidade, excetuando-se a Roma imperial, jamais havia atingido o montante de um milhão de habitantes. "Os números", escreveu Le Corbusier, "demonstram que a grande cidade é um fenômeno de data recente. De 1780 a 1910, em pouco mais de 100 anos, Paris passou de 600.000 a 3.000.000 de habitantes; Londres, de 800.000 a 5.500.000."[59] Os habitantes dos centros urbanos eram 224 milhões no início do século XX (equivalentes a 14% de toda a população mundial); no final do século passado haviam se tornado dois bilhões e meio (equivalentes a 45%). Enquanto isso, as cidades na casa do milhão haviam passado de 16 a 400, 20 das quais com mais de dez milhões de habitantes.

A cidade, portanto, é um fenômeno que cresce paralelamente à indústria e que oferece a sede mais funcional tanto para o trabalho como para o lazer. Assim, a criatividade aplicada à produção de novos objetos torna-se complementar à criatividade aplicada ao consumo deles.

A INVENÇÃO DO TEMPO LIVRE

O mundo da produção industrial tornou mais marcante o divisor de águas entre o tempo livre e o tempo de trabalho; nasce a tripartição da vida em fase de aprendizado, de produção e de aposentadoria; torna-se nítida a separação entre as atividades produtivas (reservadas aos homens e centralizadas no estabelecimento empresarial) e as atividades de cuidados e de reprodução (reservadas às mulheres e confinadas ao recinto doméstico). A cidade adequou as suas estruturas tornando-as funcionais a essas exigências.

Em cada tipo de sociedade os modos de fruição do tempo livre acabam por se adaptar aos moldes da organização do tempo do trabalho. Quando a atividade artesã e camponesa disseminava os trabalhadores numa rede de pequenas células produtivas, não-interativas em nível de organização global, mesmo o pouco tempo livre desses trabalhadores era consumido junto a cada uma das famílias, em cada um dos bares e em cada uma das salas de visita, como formas de lazer muito personalizadas e tecnicamente rudimentares. As procissões e os cortejos, as festas de povoado, os torneios, os jogos de pau-de-sebo constituíam momentos excepcionais, freqüentemente reservados às plebes urbanas, sendo a cidade o grande empório.

Quando o trabalho industrial matou nas "jaulas inumanas" empresariais (a expressão é de Max Weber) quantidades enormes de operários e de empregados, também o lazer assumiu formas massificadas e anônimas, ao mesmo tempo: das salas cinematográficas às estações termais, dos estádios às grandes lojas de departamentos.

Escreveu Alain Corbin: "Na aurora do século XIX, o tempo do camponês, do artesão e o do operário eram descontínuos, cheios de imprevistos, casuais, sujeitos a interrupções fortuitas ou recreativas. Este tempo relativamente lento, flexível, maleável, ocupado por atividades freqüentemente inespecíficas, foi aos poucos substituído pelo tempo calculado, previsto, ordinário, apressado e pressionado pela eficiência e pela produtividade; tempo linear, estritamente medido, que pode ser perdido, desperdiçado, recuperado e ganho. É isto que faz surgir a reivindicação de um tempo para si, no qual ficar de preguiça na cama ou segurando a vara de pesca constituem conseqüências exemplares.

"Mas o desejo desse tempo vazio, insidiosamente ameaçado pelo tédio, paradoxalmente produziu um outro tempo de trégua e de distração, por sua vez previsto, organizado, repleto, agitado e fundado em novos valores; um tempo-mercadoria dos primeiros clubes de férias, que se diferencia do tempo inicial da modernidade tão-somente pela ausência de trabalho."[60]

Os lazeres desviarão cada vez mais a criatividade do mundo do necessário e do dever para o mundo do supérfluo e do prazer.

O TRIUNFO DA ENERGIA

A primeira forma de energia que o ser humano manobrou foi, seguramente, a do seu próprio corpo: a energia que ainda hoje faz berrar e espernear um recém-nascido, faz caminhar uma criança, faz amar ou odiar um adulto e conduz o moribundo a se apegar àquele pouco que lhe resta de vida.

Mas na Física, de modo muito mais prosaico, por energia compreende-se "a capacidade de realizar trabalho que um corpo ou um sistema possui em relação a determinadas características, e que cede ou adquire com a mudança destas".[61] Na perene busca de expedientes que reduzam o nosso trabalho físico e mental, recorremos, várias vezes, ao cachorro para puxar o trenó, ao fogo para cozinhar os alimentos, ao boi para puxar o arado e a carroça, ao vento para inflar as velas das embarcações, à água para mover moendas e turbinas, ao vapor para acionar as locomotivas, à eletricidade para iluminar os centros urbanos e alimentar todos os eletrodomésticos, ao petróleo para acionar o motor a combustão, ao gás metano para aquecer as casas e à fissão do átomo para alimentar instalações.

A sociedade industrial foi a primeira a recorrer assim tão amplamente às fontes energéticas tradicionais e a inventar novas. Vapor e eletricidade são os seus símbolos equivalentes ao automóvel e à linha de montagem. Em 1870, quando Taylor tinha ainda 15 anos, somente 10% de todas as embarcações existentes no mundo eram acionadas pela força a vapor. Trinta anos mais tarde, quando Taylor já havia enunciado o seu *Scientific Management* e a indústria celebrava o seu triunfo, as unidades da frota mundial haviam redobrado e 75% delas eram movidas a vapor, que, por sua vez, era produzido pelo carvão fóssil.

Em 1788, na aurora da era industrial, na Inglaterra consumiam-se dez milhões de toneladas de carvão; em 1913, quando a Revolução Industrial já havia atingido o seu ápice, consumiam-se 290 milhões de toneladas. Enquanto isso, já se havia difundido a eletricidade, que acompanhava a urbanização, tinham sido completamente reformulados os processos para a produção de fundição do ferro e do aço e haviam sido inventados o motor de explosão e a turbina.

Em 1859 o coronel Drake perfurou o primeiro poço de petróleo dos Estados Unidos, em Titusville. No ano seguinte já produzia 100.000 toneladas, destinadas a se tornarem 50 milhões em 1900. Naquele ano, o petróleo fornecia 4% de toda a energia consumida no mundo, contra 80% pela proporcionada pelo carvão. Em 1973, nos tempos da Guerra do Yom Kippur, o carvão tinha passado a cobrir somente 28% das necessidades energéticas mundiais, contra 47% asseguradas pelo petróleo.

Mas foi exatamente essa guerra e a elevação dos custos do petróleo que ela provocou que induziram à valorização de uma fonte energética antes negligenciada: a do gás metano, de transporte fácil e de uso doméstico viável. No início do século XX ele estava quase ausente no elenco das fontes energéticas exploradas pelo homem; no final do século, quando o consumo global anual de energia havia atingido o equivalente a nove bilhões de toneladas de petróleo, o gás metano cobria 20% das necessidades mundiais, enquanto a energia nuclear já havia atingido a quota dos 6%.

A LIBERAÇÃO DA DOR

Afugentar a morte, vencer a dor, eliminar o cansaço e a miséria, debelar a ignorância, liberar-se da tradição, derrotar o autoritarismo e cancelar a feiúra. Por essas oito vitórias o ser humano debate-se desde sempre.

A sociedade industrial não deu uma importância excessiva à estética, preferindo a prática; nem sacrificou o utilitarismo à ética, preferindo os negócios. Mas combateu o analfabetismo, considerando-o inimigo da eficiência, e combateu a fadiga, considerando-a inimiga da produtividade. Contudo, talvez os seus maiores sucessos tenham sido conquistados contra a morte, que foi adiada; contra as muitas doenças que foram debeladas; e contra a dor, que foi derrotada em muitos casos. Em toda a pré-história e durante a longa época rural, contra a morte, as doenças e os traumas, a dor física e moral, nossos atrozes inimigos de sempre, lá onde os medicamentos e os cuidados médicos nos abandonavam, recorríamos aos antídotos espirituais constituídos pela esperança religiosa na imortalidade, pela consolação estética, pela doçura da amizade e pela paixão amorosa.

Mas as epidemias e as pestes, em ondas periódicas, continuavam a fazer estragos na nossa felicidade humana. Lucrécio e Manzoni descreveram os seus efeitos devastadores nos corpos e nas almas. O médico Rieux, protagonista de *A Peste*, de Camus, conclui a sua história com amargos presságios: "Ele sabia aquilo que a multidão ignorava, e que se pode ler nos livros, ou seja, que o bacilo da peste não morre, nem desaparece jamais, que pode permanecer por dezenas de anos adormecido nos móveis ou entre as roupas de cama e mesa, que espera, pacientemente, nos quartos, nas adegas, nas malas, nos lenços e na papelada, e que poderia vir o dia, talvez, que a peste poderia despertar os seus ratos para enviá-los à morte numa cidade feliz."

Somente em Nápoles houve contágios e pestes freqüentes, entre as quais, particularmente terríveis, as de 1348, 1527, 1562, 1580 e 1656 (quando a grande pestilência chegou a provocar até 5.000 mortes por dia, reduzindo em poucas semanas a 200.000 sobreviventes a população inicial de 450.000 habitantes), assim como as de 1836 e 1853. Em Florença as pestes ocorriam, em média, a cada dez anos: no século XIV foram gravíssimas as de 1348 (que, de uma hora para outra, reduziu à metade a população), 1363, 1374, 1383 e 1390.

A desnutrição, a falta de higiene e a brutalidade dos conflitos se encarregavam do resto. O certo é que o crescimento da população mundial foi muito lento: um milhão de anos atrás, os exemplares do *Homo erectus* presentes na Ásia, na África e na Europa eram somente poucas centenas de milhares. Quando, aproximadamente há 100.000 anos, apareceu o *Homo sapiens* do tipo Neandertal, a humanidade contava entre um e dois milhões de indivíduos. Quarenta mil anos atrás, quando finalmente prevaleceu o moderno *Homo sapiens sapiens*, a humanidade era composta por três a quatro milhões de indivíduos. Há dez mil anos, quando a descoberta da semente determinou a revolução agrícola, todo o gênero humano vivente sobre o planeta ainda não superava os cinco milhões de pessoas, e a densidade populacional nos povoados não superava 100 habitantes por dez quilômetros quadrados. Na época de Augusto, quando teve início o cristianismo, a população mundial não chegara ainda aos 300 milhões. Após 1.600 anos, no século XVIII, havia apenas dobrado, atingindo a casa dos 600 milhões. Só no começo do século XIX a humanidade alcançou a cifra do bilhão. Será depois, com a Revolução Industrial, que, em apenas dois séculos, a população mundial passaria, muito velozmente, de um a seis bilhões, provocando a explosão demográfica que faz da nossa espécie aquela que mais cresce no planeta. Em seguida, o próprio progresso médico e farmacêutico que provocou essa explosão também forneceu antídotos à fecundidade excessiva, inventando, em outubro de 1951, a pílula anticoncepcional, que teria separado para sempre o erotismo da procriação e teria liberado a mulher do medo milenar de uma gravidez não-desejada.

A criatividade humana obteve tudo isso inventando fármacos milagrosos: basta pensar no quinino, na cortisona, na penicilina, na aspirina, na clorpromazina, na mecloretamina e tantos outros antibióticos, antidepressivos, anti-reumáticos e antitumorais, aos quais se deve acrescentar as tecnologias cirúrgicas, cada vez mais desenvolvidas, e as de diagnóstico, sempre mais confiáveis, como a tomografia computadorizada e a ressonância nuclear magnética.[62]

Hoje é possível produzir remédios extraindo-os das plantas, sob a forma de drogas, ou dos animais, sob a forma de hormônios, obtendo-os por síntese química, por meio de fermentações e das biotecnologias. O longo processo que vai desde a criação até a experimentação e a difusão de um novo medicamento está entre os mais complexos de que o homem cogitou para potencializar e controlar a própria criatividade científica. O planejamento, a gestão e o monitoramento do processo farmacêutico que vai desde a preparação química de novas substâncias até a sua experimentação, primeiro em animais e depois no ser humano, são acompanhados pelo processo comercial, que implica desde a patente e as pesquisas de mercado até a propaganda e a distribuição.

Mas a criação nunca é um evento pontual. Detenhamo-nos um momento a fim de considerar os longos esforços feitos para vencer a dor. No ano 30 d.C., Celso descreve com crua vivacidade um jovem submetido a uma operação cirúrgica para a extração de um cálculo da bexiga: amarrado como um salame e imobilizado por dois energúmenos, gritava como um endemoninhado, em meio a um rio de sangue. Nessas condições, a cirurgia não podia deixar de ser uma intervenção artesanal dominada pela pressa e pela imprecisão (parece que Dominique Larrey, cirurgião de Napoleão, ganhou o *Guinness* de velocidade, amputando um membro em apenas 15 segundos). Na Idade Média recorria-se às *spongiae somniferae*, esponjas embebidas de poções de ópio, de cicuta, mandrágora ou meimendro. Mas, embora graças a essas poções o sono do paciente fosse provável, o seu despertar permanecia bastante incerto.

Depois, no século XIX, passando pela administração de gases como o protóxido de azoto, que, além de efeitos hilariantes, obtinha também algum efeito anestésico, chegou-se à aplicação do éter, graças a experimentos conduzidos em 1846 por um jovem estudante de medicina, William Green Morton, com o qual "a ciência aprendeu a controlar a dor", como diz a sua lápide no cemitério de Boston. Em 1875, um outro americano, William Halsted, iniciou o uso da anestesia local, injetando cocaína nos tecidos a serem cortados. Em 1929 foi introduzido o ciclopropano; em 1956, o halotano, e depois, gradativamente, o metoxifluorano, o enfluorano, o influorano, aos quais uniram-se, a partir dos anos 30, os barbitúricos.

Hoje, a anestesia, tanto geral como local, deu passos gigantescos e permite regular o estado de consciência, a respiração, a freqüência cardíaca, a pressão e a temperatura, proporcionando três vantagens: a eliminação da dor, que permite ao paciente não sofrer; a imobilização do paciente, que permite ao cirurgião operar com calma e exatidão; e o conhecimento dos circuitos cerebrais, que permite aos neurofisiologistas o estudo do funcionamento do nosso cérebro.

DISTANTES DE LUCY

A primeira industrialização induziu os sociólogos do tempo a examinar sobretudo três aspectos problemáticos: a divisão do trabalho e as suas conseqüências sociais; os efeitos alienantes da indústria nos trabalhadores; e a divisão da sociedade em classes, causada pela organização industrial.[63] As múltiplas e concomitantes inovações nas ciências, na política e na organização do trabalho foram interpretadas por muitos decênios como progressos separados e paralelos. Somente mais tarde – como obra de Lorenz von Stein, que viveu entre 1815 e 1890 – essas diversas mudanças foram acolhidas como um fenômeno unitário, uma revolução histórica e um salto de civilização: o advento da "sociedade industrial".[64]

Com um olhar retrospectivo, hoje é possível analisar essa sociedade industrial, seja nos seus confins cronológicos seja nos seus fatores determinantes, e – por fim – nas suas dinâmicas coletivas. Iniciada, como já dissemos, em torno da metade do século XVIII, ela alcançou a sua plena maturidade nos primeiros anos do século XX. Mas enquanto com Taylor e Ford a sociedade industrial celebrava o seu ápice, a ciência e a arte já iam preparando uma era nova, um novo tipo de sistema que só se tornará claramente visível na segunda metade do século XX. Por comodidade chamamos de pós-industrial essa nova sociedade na qual todos nós hoje vivemos.

As teorias da física quântica e da relatividade provocaram no sistema científico herdado do século XVIII uma verdadeira revolução, colocando em crise as concepções da física clássica, da mecânica ao eletromagnetismo e à teoria cinética.[65] Enquanto isso, a introdução do automóvel (1885), do aeroplano (1903), dos veículos com correias (1904), do rádio (1906), da máquina de lavar (1906), do aço inoxidável (1913), do plástico (1914), do guindaste (1923), da televisão (1926), do robô (1928), do isopor (1933), do motor a reação (1937), da fissão atômica (1939), do reator nuclear (1942), do computador (1945), da montagem automatizada (1946), do transistor (1947), da pílula anticoncepcional (1951), do videocassete (1952), do satélite artificial (1957), do aparelho estereofônico (1958), do laser (1960), da calculadora eletrônica (1971) e depois do microcomputador, do fax, dos telefones celulares, da biotecnologias, da Internet, das drogas farmacológicas mais recentes, serviu para consolidar, num único e poderoso impulso, uma verdadeira mudança de época da civilização (nas quais as dimensões científicas e tecnológicas se unem e se confundem cada vez mais), empenhado no duplo *front* de prolongar a vida e intensificar o aproveitamento do tempo, otimizando a relação entre a quantidade de bens produzidos e a quantidade de tempo necessário para produzi-los.

Se a essas conquistas tecnológicas da criatividade humana somarmos a revolução da psicologia através da psicanálise, da arte por meio do cubismo e de outros "ismos", da arquitetura por intermédio do racionalismo e do modernismo, da música graças à atonalidade, do espetáculo devido ao cinema e à televisão, da informação através da mídia e da literatura por meio da obra aberta, perceberemos o longo caminho percorrido pela criatividade humana, desde a nossa antepassada Lucy até chegar a nós, cidadãos do planeta pós-industrial.

CAPÍTULO NOVE

O HOMEM DESCOBRE A CRIATIVIDADE E INVENTA O FUTURO

"*A filogênese é um objeto sutil: não requer somente os poderes analíticos dos pesquisadores, mas também a imaginação construtiva do artista, e os dois devem contrabalançar-se entre si – como raramente fazem –, senão o objeto não se realiza.*"
ANTON DOHRN

"*Quando o Xerox Parc foi criado, Alan Key afirmou algo de muito político. Disse: 'O modo mais fácil de predizer o futuro é inventá-lo.' Eu penso que nós possamos ir mais além. A pessoa não inventa o futuro. O futuro é um sistema de coevolução.*"
JOHN SEELY BROWN

"Out of control. *É preciso fugir ao controle caso se deseje ter uma convergência entre tecnologia e biologia. A vida é o ponto de chegada da tecnologia.*"
KEVIN KELLY

O OITAVO DIA DA CRIAÇÃO

Comecei este livro evocando o sublime início do Velho Testamento: "No princípio Deus criou o Céu e a Terra. A Terra estava deserta e vazia, as trevas cobriam o Oceano e um vento impetuoso soprava sobre as águas. Deus disse: 'Seja feita a luz!' E apareceu a luz. Deus viu que a luz era bela e separou a luz das trevas. E à luz Deus chamou 'dia', às trevas chamou 'noite'. Fez-se tarde e veio a manhã: o primeiro dia."

O inspirado redator do Gênesis continua enumerando as obras do Criador: evoca cada uma delas pela sua beleza; cada uma produzida pela palavra do Senhor. "No dia em que o Senhor Deus fez a Terra e o Céu, ainda não havia sobre a terra nenhum arbusto do campo e a vegetação ainda não tinha brotado, porque o Senhor Deus ainda não tinha feito chover sobre a Terra, nem havia ninguém para cultivar o solo. Mas um vapor subia da terra e umedecia toda a superfície do solo."

E agora vejamos como a origem do nosso mundo é descrita, 3.000 anos depois, por um cientista: "Nos primeiros dois bilhões de história do planeta... a atmosfera da terra primordial era constituída por uma mistura de hidrogênio, azoto, amoníaco, metano e dióxido de carbono. A falta de oxigênio, da qual naturalmente se produziu a camada de ozônio que protege a superfície terrestre das radiações ultravioleta do Sol, fez com que os processos químicos que deram origem às primeiras formas de vida se verificassem em ambiente aquoso, dado que a água funcionava como filtro às radiações ultravioleta, com a formação de moléculas orgânicas (isto é, essencialmente compostas por átomos de carbono, hidrogênio e outros poucos elementos) cada vez mais complexas.

O primeiro degrau decisivo da biogênese foi a síntese natural da clorofila, uma molécula orgânica bastante complexa que contém magnésio, que possui a propriedade de transformar a energia irradiada pelo Sol em energia química, sob a forma sobretudo de carboidratos até a celulose, e de liberar, ao mesmo tempo, oxigênio molecular. Este é, em suma, o processo de fotossíntese clorofiliana que deu origem aos organismos vegetais. Uma vez deflagrada a evolução das formas biológicas, o processo se deu em relação a várias espécies vegetais, depois também animais, cada vez mais complexas, enquanto o oxigênio liberado – uma vez saturadas as águas nas quais havia se formado – passou, gradualmente, a acumular-se na atmosfera, criando as condições para que surgissem formas de vida acima do nível das águas. Transcorreu mais de um bilhão de anos antes de passar de condições abiológicas a condições pré-biológicas e destas ao nascimento das primeiras formas de vida capazes de autopropagarem-se e de evoluírem para formas mais elaboradas e mais complexas."[1]

Toda a longuíssima evolução do planeta, precedente ao surgimento do homem, segundo a Bíblia, ocorreu como obra da palavra de Deus; segundo o cientista moderno, ocorreu graças ao Sol e à ação do tempo. E dado que o Sol e o tempo fazem parte da natureza, podemos afirmar que o pensamento científico atribui a criação do mundo a um processo *autopoiético*, isto é, que tem origem a partir do seu próprio interior; enquanto o pensamento religioso atribui a um demiurgo transcendente a criação do mundo, logo se pensa tratar-se de um processo *heteropoiético*, cuja origem encontra-se no seu exterior.

Todas as fontes de energia, seja as exauríveis, de origem predominantemente fóssil (carvão, petróleo e gás natural), seja as renováveis (biomassas, energia hídrica, geotérmica, eólica, fotovoltaica, das ondas e dos gradientes térmicos oceânicos), derivam direta ou indiretamente da ação solar.

Naquilo que diz respeito às fontes exauríveis, "caso se calcule a quantidade de energia solar que foi necessária a fim de gerar todos os recursos estimados de combustíveis fósseis e se compare este montante com aquele outro, milhões de vezes maior, que pode ter dado origem a formas de vida vegetais e animais, e se ainda se considere que esta última energia é, por sua vez, pelo menos mil vezes menor do que a energia irradiada que do Sol chegou à Terra nos três bilhões e meio de anos desde que existem formas de vida no nosso planeta, tem-se uma idéia do quão difíceis e extraordinárias foram as condições que permitiram a gênese e o acúmulo de combustíveis fósseis, em cujo uso foi baseado o desenvolvimento da sociedade industrial".

Já no que concerne às fontes renováveis, elas também "derivam direta ou indiretamente do Sol, que irradia sobre a Terra a cada segundo uma quantidade de energia equivalente a quase 1.400 joules por metro quadrado. Reportando esta energia à secção média da Terra, pode-se calcular que a energia solar interceptada pelo nosso planeta, em seu conjunto, é de aproximadamente $1{,}75 \times 10^{17}$ watts (um watt é igual a um joule por segundo). Trata-se de uma quantidade de energia mais de 10.000 vezes superior àquela que é consumida todos os anos pelo nosso planeta. Ela é suficiente, levando em consideração o efeito-estufa natural devido à atmosfera, para manter a temperatura média na superfície do planeta em torno dos 15°C: se a energia irradiada pelo Sol não alcançasse a superfície da Terra, ela receberia calor somente das camadas geológicas quentes do seu próprio interior, e a temperatura se estabilizaria em torno dos 30 graus absolutos, ou seja, –243°C".[2]

Conforme já vimos nos primeiros capítulos deste livro, o processo de autocriação, de *autopoiese* do mundo, sofreu uma aceleração a partir do surgimento do ser humano, que, além de ter sido objeto da evolução biológica, também fez-se sujeito dessa mesma evolução, descobridor do seu próprio planeta, assim como de outros planetas e astros, das leis naturais, do universo infinitamente pequeno e daquele infinitamente enorme; e ainda como inventor de novas culturas ideais, materiais e sociais.

O hino do Gênesis ao Criador diz: "Assim foram acabados os Céus, a Terra e todo o seu exército. Tendo Deus terminado no sétimo dia a obra que tinha feito, descansou do seu trabalho. Deus abençoou o sétimo dia e o consagrou, porque neste dia repousara de toda a obra da criação.

"Tal é a história da criação dos Céus e da Terra." (GÊN, 1-2.) Mas se Deus pôde permitir-se um sétimo dia de justo repouso, foi porque o homem assumiu a honra de prosseguir a criação incompleta, através de suas descobertas e de suas invenções. Por isso, fez muito bem Horace Freeland Judson ao intitular *The Eighth Day of Creation* (O oitavo dia da criação)[3] o seu belo livro sobre os artífices da revolução biológica e sobre a descoberta do DNA.

O oitavo dia da criação está ainda muito distante do seu ocaso, e o homem, único animal que não descansa nunca, continua na sua frenética atividade de descoberta e de invenção, de criação e de procriação.

AS PULSAÇÕES DO PROGRESSO

Como já recordamos, quando teve início a revolução agrícola, cerca de 10.000 anos atrás, toda a população mundial não superava os cinco milhões de habitantes. Hoje somos seis bilhões e, quando lembramos disso, a primeira coisa que pensamos é que se trata de seis bilhões de barrigas para encher. Mas a questão pode ser vista também de outro ângulo: todas as noites seis bilhões de cérebros adormecem e começam a sonhar formas, objetos, idéias, cores, sons, jogos, negócios, sociedade, convivências e conflitos inéditos, boas ações, torturas e iniqüidades de tudo que é tipo; e todas as manhãs seis bilhões de cérebros acordam e começam a pensar em como traduzir na prática esses sonhos. E às vezes conseguem.

Os sonhos que mais deram certo nesses últimos decênios dizem respeito ao progresso científico e tecnológico, ao desenvolvimento organizacional, à longevidade, à escolarização em massa, à invenção e à difusão da mídia e das tecnologias informativas. Cada um desses campos usufruiu a contribuição de criativos cada vez mais numerosos e cada vez mais bem organizados. As lutas de classe impuseram a difusão dos benefícios derivados da realização desses sonhos.

Se vocês pegarem qualquer enciclopédia técnico-científica, na qual os autores e os argumentos são tratados em ordem cronológica, poderão logo observar que a história das origens até o século XVI preenche no máximo um décimo dos volumes; um outro décimo é ocupado pela história dos séculos XVII e XVIII. Os séculos XIX e XX absorvem todo o resto: oito décimos do conjunto.

Hoje a ciência e a técnica desenvolvem-se segundo um ritmo mais uniformemente acelerado, mas não foi sempre assim. As carruagens nas quais os nossos bisavós viajavam tinham uma velocidade mais ou menos igual à das carroças assírias e das bigas romanas. Já os automóveis duplicaram de velocidade no decorrer de 70 anos. Os microprocessadores, fiéis à lei de Moore, dobraram de potência a cada 18 meses. E as fibras óticas, a cada nove meses.

Não sabemos até quando durará essa progressão geométrica. A experiência milenar nos demonstra que o progresso técnico-científico alternou fases de desenvolvimento em algumas épocas com fases de letargia em outras. Conforme já vimos, depois do grande *boom* da Mesopotâmia, onde em poucos decênios foram inventados o arado e a roda, a irrigação baseada no sulco, a astronomia, a matemática, a cidade e a escola, foi necessário aguardar até o século XII d.C. para reencontrar-se um período igualmente fecundo, no qual se adensaram invenções como o relógio, os óculos, o moinho de água, o arreio moderno dos cavalos, a bússola, a pólvora, a imprensa e o timão.

Graças à sociologia quantitativa da ciência, hoje sabemos algo mais a respeito dessas "pulsações" do desenvolvimento técnico-científico, distribuídas não só segundo determinados períodos históricos, mas também segundo determinados ramos disciplinares, determinadas áreas geográficas e determinadas contingências como os períodos bélicos e os pacíficos, etc.[4]

De toda forma, as pulsações feitas de acelerações e lentidões não impediram a ciência e a técnica de crescerem, irreversivelmente, nos seus caminhos, ainda que de maneira não uniformemente acelerada. Um camponês munido de enxada conseguia produzir alimentos para duas ou três pessoas; um trabalhador agrícola que dispõe de modernas tecnologias consegue produzir alimentos para mais de 60 pessoas. Para cada grão de trigo semeado 2.000 anos atrás os agricultores romanos conseguiam obter quatro. No século XVI os agricultores conseguiam obter cinco. No século XIX os agricultores dos países já industrializados chegavam a obter 10. Na metade do século XX obtinham 20, e hoje, finalmente, chega-se a obter mais de 30 grãos para cada um que foi cultivado.

Nessa escalada convergem descobertas de novas práticas, invenções de novas máquinas e de novos adubos e introduções de novas biotecnologias. E a mesma coisa se repete em todos os outros campos da experiência humana: toda vez que uma nova necessidade e uma nova esperança legitimam uma nova demanda, desencadeia-se um novo ciclo de pesquisas e deriva daí uma onda de inovações. Não somente aperfeiçoam-se os campos já explorados e prossegue-se a corrida nas vias já traçadas, mas descobrem-se novos campos e abrem-se novos caminhos. Assim, durante o século XX, isso aconteceu na música com Schönberg, na psicologia com Freud, na física com Einstein, na pintura com Picasso, na arquitetura com Le Corbusier e na literatura com Joyce. E novos campos continuaram a ser desbravados na física por Enrico Fermi e na biologia por Crick e Watson. Assim fazem hoje milhares de laboratórios científicos que operam nos setores da informática e da eletrônica, dos novos materiais, do laser, das fibras óticas, da farmacologia, das tecnologias e das biotecnologias. Mas também assim fazem milhões de artistas e milhares de produtores nos setores da pintura, da arquitetura, da música e do cinema, do *design*, da televisão, da Internet e da moda.

A NOVELA DO RELÓGIO

Pense-se, por exemplo, na mensuração do tempo. Em 1950, as 1.600 empresas e os 90.000 relojoeiros suíços produziam 50% de todos os relógios do mundo: relógios mecânicos, com osciladores aprimorados, mas todavia lentos e com uma precisão famosa, mas insatisfatória. Em 1957, ainda na Suíça, o engenheiro Max Hertzel inventou o relógio de quartzo, graças ao qual os osciladores passaram, de uma hora para outra, de cinco ou seis a quase dois bilhões de oscilações por segundo.

À primeira vista pareceria um verdadeiro maná para a Suíça. Mas as empresas suíças eram demasiado pequenas para investir as somas requeridas pela grande inovação, e, sobretudo, o hábito que tinham de construir relógios mecânicos era muito enraizado para ceder a vez aos relógios eletrônicos: o *cultural gap*, criando uma intransponível resistência às mudanças, de fato, impedia os suíços de liderar a revolução que tinham ao alcance da mão.

Mais adequados a aproveitar a preciosa ocasião e a apreciar as vantagens que estavam por trás da proposta revolucionária de Hertzel podiam ser os americanos, dado que já eram especialistas em semicondutores, além de mais ricos e com maior espírito de iniciativa empresarial. Além disso, em 1971, dois engenheiros, justamente americanos, haviam introduzido a posterior inovação dos relógios digitais, que eliminavam os ponteiros.

Mais ágeis que os americanos foram os japoneses, que naquela época corriam desenfreados numa busca, sem precedentes, pelo primado tecnológico, até então nas mãos dos ocidentais. Duas grandes empresas nipônicas captaram a relevância da inovação dos osciladores de quartzo e dos quadrantes digitais, garantindo ao Japão a primazia na indústria de relojoaria, contagiando Hong-Kong e Taiwan e redimensionando a 10% o percentual de relógios suíços vendidos no mundo. Em poucos anos as empresas suíças reduziram-se a 600, com 31.000 empregados.

Mas a novela ainda não acabou. Os relógios de quartzo e, mais ainda, os seguintes, de césio não só são precisos como precisos *demais*; aproximadamente 200 vezes mais do que é necessário a um usuário comum para medir o tempo no seu dia-a-dia. Além disso, são demasiado econômicos para garantir uma margem adequada de lucro a quem os fabrica.

Neste ponto, os suíços também têm uma idéia para se refazer da perda sofrida. Deixam aos japoneses o ônus de prosseguir com a pesquisa científica nesse campo, pesquisa aparentemente inútil, dado o exuberante grau de exatidão já alcançado pelos relógios de quartzo, abandonam o segmento do mercado feito de relógios a preço médio e apostam não mais na tecnologia, mas sim na estética, confiando ao talento do *design* o sucesso dos Swatch a baixo custo e confiando ao prestígio da linha clássica o sucesso dos relógios de ultraluxo.

Enquanto isso os japoneses insistem na pesquisa científica, com obstinação e, pelo menos na aparência, também com insensatez, mas que logo lhes oferecerá uma nova vantagem competitiva: relógios que não são mais só relógios, mas que também medem a pressão arterial e a temperatura corporal, que anunciam a hora com som, que são também calculadoras, calendário, telefone celular, mapa geográfico, reprodutores de música, rádio, televisão e com conexão para a Internet.[5]

Histórias análogas poderiam ser narradas em relação a muitos outros setores: desde a batalha no campo termoiônico travada entre as válvulas e os transistores até a luta no campo fotocinematográfico travada entre a nova tecnologia digital e a velha película, que aproveitava a ação química da luz numa substância fotossensível.

DETROIT E TURIM: COM OS AUTOMÓVEIS RUMO AO DECLÍNIO

Este livro sai com um século de distância de um ano formidável – 1903 –, no qual Hoffmann inaugurou a Wiener Werkstätte, Picasso pintou *A Vida*, Schönberg compôs *Pelleas* e *Melisande* e Edwin S. Porter rodou o filme *Assalto ao Trem Pagador*. Mas foi também o ano em que Kitty Hawak, nos Estados Unidos, Wilbur Wright e o irmão Orville efetuaram o primeiro vôo com um avião a motor; o ano em que Taylor anunciou em Saratoga a sua teoria do gerenciamento científico e Ford inaugurou em Detroit a sua indústria automobilística.

No seu texto que se tornou um clássico, *The Coming of Post-Industrial Society* (O advento da sociedade pós-industrial), que saiu em Nova York em 1973 pelas edições Basic Book, Daniel Bell sustenta que um sistema social não pode galgar o dispositivo pós-industrial se antes não passou pelo industrial. Porém, a história não aconteceu assim: áreas como Detroit e

Turim, completamente industrializadas, não foram capazes de realizar o salto pós-industrial que, contrariamente, foi muito bem-sucedido em zonas rurais como o Vale do Silício ou em zonas urbanas pouco industrializadas como a região de Boston. O fato é que é preciso ser criativo para se tornar campeão de criatividade, e nem sempre a experiência industrial, com a padronização, a divisão de tarefas, a repetitividade e a linha de montagem mantêm o verniz da imaginação e da fantasia.

Nem todas as áreas privadas de indústria são iguais, assim como não são iguais todas as regiões atrasadas do Segundo e do Terceiro Mundo. Algumas delas, além de estagnadas numa economia pré-industrial, são privadas de uma cultura moderna, e são escassos os laboratórios, as escolas e as informações. Para essas áreas é difícil fazer a hipótese de um desenvolvimento industrial, baseado na produção de massa de bens materiais, e ainda menos um desenvolvimento pós-industrial, baseado na produção copiosa de bens imateriais.

Já outras áreas, apesar de não possuírem indústrias, têm uma cultura muito avançada no setor científico ou no artístico, possuindo ótimas escolas e laboratórios de vanguarda, alimentam com entusiasmo um sonho coletivo que lhes é próprio, não só ligado ao resgate de um atraso, mas com vista a um verdadeiro primado. Se não caem na armadilha da industrialização tradicional, desperdiçando imensos recursos em projetos retrógrados (pense-se na industrialização tardia na Itália Meridional, com as suas siderurgias e as suas refinarias, obsoletas desde o nascimento), essas áreas podem realizar passos gigantescos, tornando-se modelos de qualquer projeto de desenvolvimento: pense-se nos milagres *high tech* realizados em poucos anos no *Sunbelt* de Palo Alto ou no *Snowbelt* de Boston.

Disso falarei mais adiante. Aqui, contudo, é oportuno enumerar os casos menos chamativos de áreas industriais que não souberam compreender os novos tempos que chegavam e, em vez de construir o próprio futuro, destruíram também o próprio passado.

Compreender as transformações de época não é uma tarefa simples, nem para os indivíduos nem para a coletividade. Meu avô materno era médico numa região rural do sul. No final da sua vida, em meados do século XX, resolveu investir a sua respeitável poupança na prudente aquisição de terrenos agrícolas. A sua imaginação desinformada o conduzia a prever que a terra e a agricultura ofereceriam a máxima garantia de bem-estar para o seu futuro e o dos seus herdeiros (hoje obrigados a trabalhar duro, devido a essa sua miopia histórica). Naqueles mesmos anos, o pai de um querido amigo brasileiro arriscava corajosamente todo o seu capital na fundação de um jornal e de uma rede de rádio e televisão, criando um império econômico e cultural para si e para os seus herdeiros. O meu avô, como se vê, ainda não tinha nem se dado conta de que a sociedade rural já havia cedido o cetro à industrial; o pai do meu amigo, ao contrário, já havia percebido que a sociedade industrial estava declinando e que os investimentos deveriam ser feitos nos setores promissores da sociedade pós-industrial, antes de tudo na informação.

É possível fazer um paralelo dessas histórias familiares com as vicissitudes socioeconômicas de áreas como Detroit ou Turim, incapazes de vencer e assimilar a mudança, contrapostas a São Francisco e a Boston, que não só souberam imaginá-la como foram capazes de programá-la, criá-la e impô-la ao mundo inteiro.

Detroit. Com as suas três grandes fábricas – Ford, Chrysler e General Motors –, Detroit foi por 50 anos a cidade industrial por excelência: berço, templo, totem, monumento do automóvel, isto é, do produto que, por antonomásia, foi denominado "a máquina".

Quando, nos anos 20, Henry Ford garantia aos seus operários o fabuloso salário de cinco dólares por dia, Detroit possuía dois milhões de habitantes. Na imensa estação Michigan Central chegavam rios de imigrantes e de homens de negócios; nos hotéis de luxo, como o Statler ou o Fort Shelby, passavam clientes com muito dinheiro; a *city* pulsava de *business*, orgulhosa dos seus arranha-céus pululantes de colarinhos-brancos: a David Broderick Tower, o Book-Cadillac, o Guardian, o Metropolitan, o Capitol Square, o Penobscot e o Wurlitzer Building. Na zona do Grand Circus Park pelo menos 50 edifícios eram dedicados a espetáculos, com cinemas e teatros que podiam acolher, simultaneamente, mais de 30.000 pessoas. O Fox Theater, com os seus 5.000 lugares, os seus vidros coloridos, o seu lustre de quatro metros, era um dos cinco maiores centros de lazer e diversão de todos os Estados Unidos. O Hudson Building era o "grande armazém", ou a "grande *department store*", com a superfície de venda mais extensa do mundo, equivalente a dois milhões de metros quadrados, distribuídos por 32 andares. O banco Guardian Trust tinha sede no edifício *art déco* construído em 1928 com mármores e travertino importados especialmente da Europa e da África. O Fisher Building, que, também em 1928, foi considerado "a maior obra de arte de Detroit", transbordava de mármores, pinturas, tetos dourados, enquanto por sua garagem passavam a toda hora 900 automóveis. As arquiteturas, da mais sóbria até a mais deselegante e cafona, haviam sido todas confiadas a mestres do calibre de Albert Kahan ou de Mies van der Rohe.

O que é hoje Detroit, que foi a cidade mais industrial de todo o mundo? Após 300 anos da sua fundação, passados 100 anos daquele 1903 que marcou a sua industrialização, depois de 50 anos do final da *golden age*, a cidade do automóvel reduziu-se a um invólucro semivazio: os habitantes já não chegam a meio milhão, o centro é deserto, o Michigan Theater transformou-se num estacionamento, e o Hudson Building, em condições de risco, foi implodido com uma carga de tritol. As atividades mais prósperas são alguns cassinos que mais parecem construções do tipo Disneylândia; os estudantes de arquitetura procuram enobrecer as casas degradadas com murais presunçosos; de noite as luzes são quase todas apagadas; e de dia as moradias revelam as suas pinturas descascadas e as suas janelas com vidros quebrados.[6]

Enquanto Detroit insistia na produção industrial, Nova York desmembrava as suas fábricas urbanas, as descentralizava nas áreas subdesenvolvidas do mundo inteiro e reconvertia a sua economia, substituindo os macacões por gravatas e paletós, a atividade industrial pela prestação de serviços, os trabalhos executivos pelos criativos e a produção de manufaturas pela produção científica e estética.

Turim. Algo parecido aconteceu na Itália com Milão e Turim. Se na Milão de 50 anos atrás se perguntasse a alguém que passava pela rua quem eram as pessoas mais poderosas da cidade, a resposta teria apontado Pirelli ou Falk: um produtor de pneus e o outro empresário do aço. Se a pergunta fosse repetida hoje, a resposta indicaria Berlusconi, Armani, Trussardi, o arcebispo, o diretor do *Corriere della Sera* e Riccardo Muti, que dirige o La Scala: isto é, produtores de informação, serviços, estética e valores. Fazendo a mesma pergunta em Turim, 50 anos atrás, a resposta teria sido a mesma que a de hoje: a família mais poderosa era e permanece sendo os Agnelli, proprietários da Fiat, que produzia e produz automóveis. Milão tomou, a tempo, o caminho pós-industrial; já Turim, arraigada ao seu passado industrial, não acolheu nem mesmo as claríssimas premonições que lhe chegavam de Detroit, recusando-se a compreender, a tempo, que os sistemas do futuro próximo passariam a ter como centro a produção de bens imateriais, isto é, de criatividade organizada, seja ela artística ou científica.

Como para a ascensão, também a decadência de uma cidade requer a ação conjunta de múltiplos atores sociais – forças econômicas, políticas, intelectuais –, talvez não conscientes, mas de todo modo concordantes em fazer naufragar aquele determinado sistema urbano. Turim é uma *one company town* (cidade de uma só empresa), consagrada à produção em massa de uma classe dirigente conservadora e monótona, mal aconselhada por intelectuais igualmente monótonos e incapazes de decifrar os novos tempos e de indicar futuros alternativos.

Por decênios, a grande fábrica de Turim, a Fiat, manteve em relação ao exterior uma política de isolamento imperialista, ignorando, sistematicamente, os outros sujeitos ativos sobre o mesmo território; e, em relação ao interior, uma política de relações industriais baseada na gestão dos trabalhadores centralizada no controle e na negação de qualquer vínculo entre salários e produtividade.

A miopia gerencial da empresa levou os seus melhores técnicos a deixá-la, sem que com isso a fábrica conseguisse estabelecer algum tipo de boa e cordial parceria com eles, que pudesse transformar as desvantagens de um *spin-off* forçado numa oportunidade para formar um distrito dinâmico. A fuga de cérebros da grande empresa incapaz de valorizá-los de toda forma facilitou o nascimento de pequenas empresas especializadas em automação: em 1980 elas já contavam 164, cada uma das quais com menos de 70 empregados, num total de quase 2.000 trabalhadores. Como não foram ativadas redes vivazes entre a grande e a pequena empresa, da mesma forma não foram encorajados relacionamentos fecundos entre a indústria e a universidade. A grande empresa manteve tão-somente relações de domínio com os próprios *stakeholders*; os intelectuais limitaram-se apenas a descrever o óbvio, e os políticos foram manipulados ou ignorados.

Depois disso teve início o declínio industrial. No Piemonte, durante os anos 70, o setor de fibras reduziu em 62% os seus funcionários; a Olivetti sofreu uma redução de 45%. No início dos anos 80, a Fiat cortou pela metade a sua força de trabalho, sob o impacto da automação e da reestruturação. Nem mesmo essas chacoalhadas bastaram para induzir os operadores a mudar de rota, tomando finalmente consciência do advento pós-industrial. Os intelectuais locais, por sua vez, continuaram a conduzir pesquisas descritivas, privadas de interesse prático e de vigor propositional. A relação entre a grande empresa e as pequenas empresas subfornecedoras permaneceu essencialmente marcada pela falta de opção. E a competição continuou a prevalecer sobre a colaboração.

Apesar disso, um certo número de empresas conseguiu alcançar dimensões mais consistentes, desenvolvendo a própria pesquisa e obtendo patentes.

Em 1985 a Fundação Agnelli promoveu a Associação Tecnocity para o progresso tecnológico da área de Turim-Ivrea-Novara, que deveria ter reagrupado grandes empresas públicas e privadas, bancos e associações de empresários. Os modelos de referência eram claros: a *bay area* de San Francisco e a Route 128 de Boston. Mas eram igualmente evidentes as discrepâncias em relação a esses modelos: sobretudo o fato de que a Associação de Turim excluísse exatamente aqueles sujeitos que na América haviam feito a fortuna pós-industrial do Vale do Silício e da Nova

Inglaterra: as pequenas empresas inovadoras, as universidades e as instituições públicas.

E os efeitos negativos devido a essas discrepâncias não tardaram a aparecer. Turim não conseguiu saltar nem mesmo no último comboio do trem pós-industrial; a Fiat engoliu ajudas estatais diretas e indiretas de bilhões de euros; mas a agonia industrial da região resultou igualmente inevitável. O êxito final foi confiado ao fechamento e à venda da Fiat. "Caso a Fiat-Auto tivesse realmente que fechar, ou ainda caso se tornasse uma sucursal de menor importância da General Motors, poder-se-ia anunciar, oficialmente, que a Itália passou a integrar os países periféricos da economia planetária, a série C do sistema do mundo", escreveu enfaticamente um sociólogo de Turim, sem saber que no mundo nenhuma área de série A o é graças às fábricas de automóveis. Numa sociedade pós-industrial, a série A não é mais destinada aos produtores de bens materiais.[7]

BOSTON: DOS CALÇADOS AOS RADARES

Mas, conforme já mencionei, nem todas as cidades industriais resistiram às mudanças de modo assim tão teimoso, recusando a passagem inteligente rumo à sociedade pós-industrial. Seja em Turim como em Detroit, as empresas-fábricas desdenharam com soberba um relacionamento com a universidade, defendendo um primado da oficina em detrimento do laboratório e do momento produtivo em detrimento do criativo. Tanto em Turim como em Detroit, os intelectuais do quadro das empresas sempre foram relegados a papéis marginais, e aqueles externos a elas ocuparam posições burlescas ou antagonistas. Em ambos os casos, não souberam compreender os novos tempos nem propor projetos inovadores.

A comparação com Boston é reveladora e demonstra como os grandes empresários piemonteses, que no início do século XX souberam colher a mancheias estratégias e técnicas organizacionais das companhias americanas em fase de industrialização, não quiseram fazer a mesma coisa no final do século XX, na fase de desindustrialização.

Em Turim a Fiat criou obstáculos ao *spin-off* e à progressiva transformação da *one company town* piramidal num distrito reticular. Em Boston, as grandes empresas favoreceram o trabalho de especialistas capazes de inventar tanto novos produtos como novos processos organizacionais, fundando novas pequenas empresas *high tech*, baseadas na ciência, muito flexíveis e especializadas.

Em Boston, na metade do século XX, as grandes indústrias têxteis e de calçados entraram em crise. Tivesse isso acontecido no Piemonte, teriam evocado ajudas governamentais, a fim de prolongar o mais possível a agonia. Mas a Nova Inglaterra, com as suas prestigiosas universidades, era "a maior concentração mundial de talentos no campo científico, de engenharia e de pesquisa", como a definiu, em 1950, o presidente do MIT, que, junto com Harvard, estava à frente dessa concentração. Nasceram desses celeiros os novos laboratórios de pesquisa sobre computadores e sobre radares, e dos novos laboratórios brotaram novíssimas empresas: só o MIT fecundou uma centena, que foram se somar às empresas extirpadas pelo *spin-off* das grandes empresas. Em 1967, as novas empresas *high tech* localizadas ao longo da hoje renomada Route 128 (à qual, mais tarde, se acrescentará a Route 495) eram já mais de 600. Em 1982, os empregados desse tipo de empresas somavam 320.000, e só o setor eletrônico ocupava 26% de todos os trabalhadores da região. Em 30 anos, as grandes indústrias tradicionais foram varridas para longe, juntamente com a sua velha força de trabalho, e, no seu lugar, nasceu uma indústria completamente nova, na qual os ritmos são ditados pelos cientistas e onde os colaboradores pertencem, na sua maioria, a uma classe média alta. Os sindicatos desapareceram, os produtos são renovados a um ritmo vertiginoso, os parques industriais substituíram os velhos estabelecimentos, a colaboração entre as indústrias, a universidade e o governo local do estado é intensa e a descentralização é tão elevada que a maioria dos empregados nas seis maiores empresas tecnológicas vive em outros estados da Federação americana ou até mesmo em outros países do mundo.

Enquanto em Turim a relação entre a Fiat e a empresa é de "um a um" e desencoraja o nascimento de uma rede entre as empresas, em Boston existe uma forte integração reticular entre todas as companhias do distrito. Enquanto em Turim a Associação Tecnocity, promovida pela Fiat, exclui a universidade, e a grande empresa mantém distância do governo municipal e regional, em Boston as empresas co-participam da pesquisa científica e da formação promovida tanto pelo governo como pela universidade, por intermédio de fundações, parques, laboratórios, consórcios e bolsas de estudo.

Também na Itália – em Modena, Sassuolo, Prato e nas regiões de Marque ou Vêneto – nasceram distritos capazes de inventar novos modelos organizacionais que se contrapõem aos tradicionais da grande indústria fordista.[8] Mas, em relação à Route 128, esses distritos têm pouco fôlego, por falta de interação com as universidades, de pesquisa e de formação e ainda por falta de criatividade pós-industrial. A diferença mais marcante – como sempre em termos de criatividade – está no clima, na atmosfera, na alma do lugar e das pessoas: "Desde que freqüentaram a faculdade juntos", escreveram Piore e Sabel, "e como conceberam a própria atividade de negócios como extensão do seu trabalho universitário, os profissionais *high tech* têm não só uma linguagem em comum, que acelera a difusão de idéias, mas também um conjunto de padrões comuns – talvez até mesmo uma estética – sobre o modo 'certo' de ganhar dinheiro aplicando a tecnologia ao mercado. Portanto, o *campus* universitário é como o café da esquina onde os artesãos italianos resolvem os problemas recíprocos e trocam – ou roubam um do outro – as idéias."[9]

SMALL SCIENCE, BIG SCIENCE

A globalização, particularmente ativa no campo científico, acelerou e ampliou tanto os processos de colaboração quanto os de competição entre os criativos do mundo inteiro. Ambos contribuíram, de um lado, para multiplicar as descobertas e as invenções e, de outro, para multiplicar o número de cientistas e para transformar a *small science*, constituída predominantemente por personalidades geniais isoladas, como Galileu ou Newton, na *big science*, constituída principalmente por "cérebros coletivos", de grupos numerosos de pesquisadores unidos e potencializados em organizações modernas, com o objetivo de produzir sobretudo novas teorias (como fizeram na Estação Zoológica de Nápoles ou no Círculo Matemático de Palermo) ou novas práticas (como acontece ainda hoje no Instituto Pasteur de Paris).

A história desses e de tantos outros grupos análogos demonstra pelo menos duas coisas. Confirma a minha tese segundo a qual a Europa entreviu bem antes dos Estados Unidos a importância da criatividade coletiva no campo científico e foi pioneira em experimentar os métodos necessários para organizá-la. E desmente a tese de Daniel Bell e de todos aqueles que tentam sustentar que uma sociedade não pode se tornar pós-industrial se antes não tiver sido industrial: algumas antecipações da sociedade pós-industrial não aconteceram em Turim ou em Detroit, mas em regiões rurais do sul da Itália. "O caráter supranacional da ciência básica", escreveu De Solla Price, "confere ao seu desenvolvimento histórico um elemento de determinismo e de impenetrabilidade aos fatos socioeconômicos locais, muito mais vasto do que se está habituado a considerar sobre fatos humanos de outro tipo."[10] Eu acredito que essa característica não seja exclusiva da ciência de base, mas deva ser estendida também à ciência aplicada. E mais ainda deva ser alargada ao mundo da arte, como o demonstra o cinema iraniano, a música popular de Nápoles ou ainda a música tropical da Bahia.

Consideradas as devidas diferenças, pode-se portanto afirmar que a ciência pós-industrial adotou métodos de criação conjunta semelhantes aos que, muito antes, foram adotados no campo artístico através das representações teatrais, da construção das catedrais, da música gregoriana, sinfônica e lírica, assim como do cinema. O mundo de laboratórios, das universidades e de fundações destinadas ao progresso e à difusão científica aumentou vertiginosamente, e no interior do sistema social no seu conjunto a ciência adquiriu cotas cada vez maiores de investimentos e ocupou, gradualmente, o papel hegemônico que a indústria detinha há um par de séculos.

Muitos devem ter tido a ocasião de ver, em livros e em revistas, uma fotografia hoje muito famosa. Em 1931, Enrico Fermi e o seu grupo da Via Panisperna conseguiram organizar um convênio internacional de físicos, com a participação de um grande número de cientistas. Conforme o hábito em circunstâncias desse tipo, os participantes posaram para essa foto que, em seguida, se tornaria histórica devido à quantidade e ao nível dos cientistas presentes: alguns já célebres, como Bohr, Marconi, Heisenberg e Madame Curie; outros destinados a se tornar, como Rasetti e o próprio Fermi. Se contei corretamente, havia 40 pessoas retratadas na foto. E, ainda assim, Fermi considerava que o convênio havia sido um sucesso, dado que dele participaram praticamente todos os físicos então ativos no continente europeu. Quatorze dentre os personagens identificáveis seriam futuros agraciados com o Prêmio Nobel.[11]

Se hoje se desejasse refazer uma foto de grupo dos físicos que trabalham nas universidades, na indústria privada e nos setores públicos de toda a Europa, seria preciso convocá-los em praça pública. E se ainda por cima o convite fosse extensivo a todos os físicos do mundo, talvez não bastasse um estádio de futebol. Se aos físicos viessem somar-se os cientistas e os técnicos de todos os setores, seria possível igualar a população de uma cidade.[12] Esse crescimento, com efeito, não diz respeito somente à física, mas caracteriza todas as ciências. Num estudo de 1975, Gerald Holton calculou que o número de físicos do campo acadêmico cresceu num percentual análogo, senão até mesmo inferior, ao de todos os outros cientistas: “Em 1914”, ele escreve, “nos Estados Unidos, contavam-se somente 23 doutorandos em física, num total de 505 para todos os setores, 244 dos quais no campo científico. Portanto, naquela época, os doutorandos em física cobriam 4,6% de todos os doutorandos do ano, ou seja, 9,4% dos doutorandos em ciências. O que é digno de nota é que uma recente sondagem mostra como aproximadamente meio século depois tenhamos praticamente as mesmas percentagens: isto é, 484 doutorandos em física, equivalentes a 5,1% de todos os doutorandos e a 9% dos doutorandos no campo científico. O grande incremento produtivo da pesquisa física nos últimos 50 anos não provocou uma correspondente queda quantitativa nas demais áreas."[13]

A pesquisa científica e tecnológica recebe no mundo inteiro uma grande atenção e financiamentos importantes porque dela dependem as maiores esperanças da humanidade relativas ao seu progresso material: graças a ela, um número crescente de pessoas poderá melhorar de vida sob um número crescente de aspectos. Elas poderão viver por mais tempo, reservar para si a alegria das atividades criativas, delegando às máquinas boa parte do cansaço físico e intelectual. É verdade que o mau uso de progresso tecnológico provoca desastres irreparáveis, um desemprego crescente e um incremento patológico das massas marginais, mas também é verdade que o bom uso permite reduzir drasticamente o horário de trabalho, finalmente liberando o ser humano do castigo bíblico da fadiga executora, monótona, brutal e alienante.

CHARADAS SOLUCIONADAS COM COLABORAÇÃO

À medida que as instituições científicas ficaram mais imponentes, o progresso tornou-se mais veloz e os seus produtos difundiram-se mais rapidamente. A descoberta copérnica levou 300 anos para prevalecer sobre as convicções ptolomaicas; a descoberta da relatividade por parte de Einstein ou a fissão do átomo de urânio por Fermi afirmaram-se em poucas décadas e, por sua vez, fecundaram posteriores frutos teórico-práticos. O microcomputador e a Internet precisaram só de uns dez anos.

Tomemos como exemplo a calculadora eletrônica. Quem hoje visita o Smithsonian Institute de Washington depara-se com um mastodôntico patriarca dos modernos computadores: 30 toneladas de ferragens, 18.000 válvulas, 6.000 interruptores, mil vezes mais rápido que os seus antepassados eletromecânicos, capaz de executar mais de 50 operações aritméticas por segundo.

Aquela monumental preciosidade, o Electronic Numeral Integrator and Calculator (ENIAC), projetado em 1947 por John W. Mauchly, da Pennsylvania University, é, contudo, muito menos potente do que o mais minúsculo dos computadores em que hoje, a poucas décadas de distância, uma criança qualquer brinca com os seus jogos eletrônicos.

O ENIAC havia sido projetado para o exército americano, que precisava enfrentar de uma maneira nova os problemas balísticos de mira da artilharia, até então solucionados de forma mais rudimentar com a técnica das "mesas de tiro". O seu limite, além da relativa lentidão, era a sua rigidez: só podia, com efeito, resolver um problema de cada vez, e, toda vez que se desejava endereçá-lo a um novo problema, era preciso trocar, manualmente, todas as conexões dos fios e todos os interruptores.

Somente dois anos depois, em 1949, a Cambridge University inglesa elaborou o EDSAC (Electronic Delay Storage Automatic Calculator), dotado de programa de memória; e em 1950 os americanos construíram o EDVAC (Electronic Discrete, Variable Automatic Computer), dotado, ele também, de capacidades análogas.

Nos anos 1950, 1960 e 1970, o uso dos computadores permaneceu confinado ao mundo militar ou ao das grandes burocracias, trazendo no seu DNA o caráter rígido de todos esses sistemas engessados. Parece que o primeiro uso ágil do computador foi feito por uma quadrilha criminosa, que geria apostas clandestinas nos Estados Unidos: e não é de se espantar que as coisas tenham acontecido dessa forma, dada a menor resistência às mudanças que geralmente caracteriza os grupos transgressores em comparação com as rígidas tecnoestruturas dos exércitos, das academias e das indústrias.

Já nos anos 1980, a microeletrônica contribuiu de forma determinante para miniaturizar as máquinas e os seus custos, enquanto as resistências culturais às novas tecnologias iam se invertendo numa tendência ao modismo, alimentada por condizentes campanhas publicitárias.

Uma vez aberto um novo campo graças à pesquisa pura, em tempos cada vez mais breves a pesquisa aplicada obtém protótipos industrializáveis e, em tempos ainda mais breves, a pesquisa do desenvolvimento faz surgirem numerosos modelos, cada vez mais aprimorados tecnicamente e cada vez mais refinados esteticamente, que o *marketing* e as vendas se encarregarão de colocar no mercado.

Em 1971 foi aperfeiçoado o primeiro microprocessador; 24 anos depois, em 1995, o número de computadores vendidos nos Estados Unidos superou o número de televisores, e, ao mesmo tempo, o número de mensagens trocadas via Internet superou o das cartas enviadas pelo correio tradicional. Poucas décadas depois do seu surgimento, o computador havia conseguido conquistar o mundo e havia gerado a rede. O relógio mecânico, não obstante sua maior simplicidade e praticidade, levara muitos séculos para obter um sucesso comparável.[14]

O uso do computador elevou a produtividade tanto na ciência como nas empresas, permitindo a desestruturação espaço-temporal dos processos e, ao mesmo tempo, a sua integração funcional através de fluxos comunicativos capazes de centralizar e distribuir informações em escala planetária e em tempo real. Para obter semelhante resultado revolucionário, cada computador teve que ser conectado com todos os outros, formando uma rede global.

De Solla Price conjetura que "a ciência possa ser configurada como uma charada a ser solucionada graças à colaboração recíproca".[15] A rede representa a melhor confirmação dessa conjetura. Embora recente, a sua invenção se deve a um número muito elevado de pais (19 entraram na disputa), de forma que ninguém pode reivindicar a completa paternidade, porque cada um deles, a partir de 1969, acrescentou uma idéia sua, uma inovação, um truque, todos confluindo para aquele prodígio telemático que modificou para sempre o modo de comunicação entre os seres humanos e que, a partir de 1982, passou a responder pelo nome de Internet.

Vint Cerf teve algumas das primeiras intuições e, juntamente com Bob Kahn, fixou as regras técnicas para o envio de dados em rede; Douglas Engelbart inventou o *mouse*, Ray Tomlinson inventou o *e-mail* e foi o primeiro a usar a arroba; Steve Walzer inventou a *mailing list;* Kevin MacKenzie realizou a primeira *emoticon;* William Gibson cunhou o termo "ciberespaço"; Tim Bernes-Lee criou a *World Wide Web*; Phil Zimmermann inventou o *software* para a codificação de mensagens e assim por diante. Junto com eles, ou por trás deles, operaram o Pentágono, a UCLA (a Universidade da Califórnia em Los Angeles), os institutos de pesquisa de Stanford, a Universidade de Santa Barbara (estes dois últimos também na Califórnia), a Universidade de Utah, a National Science Foundation e a Rand Corporation. Mas também a College University de Londres, o Royal Radar Establishment da Noruega e o CERN de Genebra.

Já estamos muito distantes dos tempos em que Newton trabalhava sozinho. A Internet, resultado de tantas contribuições e sínteses sublimes de ciência e estética, da subjetividade e do convívio, de *business* e de *no profit*, representa agora a metáfora mais eloqüente, o próprio ícone da criatividade pós-industrial.

O VALE PARANÓICO

Vale a pena refletir melhor sobre a aventura criativa que vai dos grandes computadores até os microcomputadores e destes últimos à rede. O principal teatro desse acontecimento é a Califórnia, ou melhor, o Vale do Silício, isto é, um triângulo de 56 quilômetros quadrados, ao sul da baía de São Francisco, descendo em direção a San José. Um vale, portanto, como Atenas, Florença e Ivrea: uma bacia adequada para concentrar energias e torná-las incandescentes, graças à cultura, ao clima e ao entusiasmo.

Desta vez os centros intelectuais do vale não são a Acrópole ou o simpósio, ou ainda as oficinas do Renascimento, ou, mais ainda, os escritórios projetados por Albini para Adriano Olivetti. Desta vez trata-se da cidade de Palo Alto e da Stanford University, fundada em 1891, por onde passaram como estudantes nada mais nada menos que 11 prêmios Nobel e onde foram criadas as válvulas, os radares e os circuitos integrados.

Num instituto sem fins lucrativos nesse vale, em 1964, Engelbart inventou o *mouse*; nesse mesmo vale, em 1966, o imaginativo Bill Hewlett e o concreto David Packard construíram um computador com oito quilobytes. E ali foi inaugurado, em 1970, o grande centro de pesquisa Xerox Parc. Ainda no mesmo vale, em 1971, foi inventado o primeiro microprocessador – o 4004 –, que continha 2.300 transistores; em 1974 aprimorou-se o 8080, finalmente aplicável aos computadores; em 1975 foi inaugurada a primeira loja de computadores do mundo, a Byte Shop, onde foram vendidos os primeiros 50 Apples; em 1976 o Zeta 80 entrou no comércio e logo alcançou um bilhão de exemplares vendidos; em 1984 Steve Jobs decidiu unir o *mouse* ao computador, dando vida ao Macintosh – o "computador democrático" –, prodigioso devido à forma simples com que podia ser operado, ao seu preço acessível e à sua estética inconfundível. Steve Jobs e Steven Wozniak criaram a Apple nesse mesmo vale.

Três períodos, todos muito breves, caracterizaram essa história pós-industrial. O primeiro, podemos chamá-lo "romântico", vai de 1980 a 1988, quando os *computer clubs* despontavam como cogumelos na comunidade do vale e os produtores de microcomputadores já chegavam a mais de 40. O segundo período, podemos denominá-lo de crise, vai de 1988 a 1993, quando esses produtores reduziram-se a uma quinzena. E o terceiro período, de grande renovação, é ligado ao triunfo da rede. Semicondutores, computadores pessoais e a Internet decompõem e marcam essa marcha triunfal.

Quanto à Internet, em 1967, os primeiros pesquisadores da agência ARPA tiveram a idéia da rede e se organizaram de forma a poder se encontrar a cada seis meses e debater os respectivos trabalhos. Em 1970, a Internet foi aberta ao uso profissional. Em 1992, muito longe do Vale do Silício, na sede do CERN em Genebra, nasceu a *www*, que se beneficiará da linguagem universal Java, aplicável, indiferentemente, ao computador IBM e ao Macintosh; do programa Oracle, particularmente adequado ao comércio eletrônico; do programa Júpiter, que permitirá aos membros da comunidade se verem, se falarem e entrarem e saírem de locais de encontro virtual. E, por fim, uma ponte ideal unirá as duas capitais da criatividade californiana – o Vale do Silício e Hollywood –, dando início a toda a série de efeitos especiais e celebrando, tendo a tecnologia como sacerdote, as núpcias entre a criatividade científica e a criatividade artística.

Para obter um sucesso assim tão rápido e atordoante é preciso uma mistura quase milagrosa. Os seus ingredientes são a ciência e a tecnologia cultivadas no interior de ótimas universidades; o entusiasmo quase infantil de jovens geniais, cegos pela ideologia do sucesso; a consciência de encontrar-se no umbral de um mundo novo e de passar à história; a abordagem feita de ócio criativo, devido a que o trabalho, o estudo e a diversão coincidiram num clima de quase camaradagem, comprometido e despreocupado, ao mesmo tempo; a inclinação ao trabalho de grupo e a compartilhar nos clubes as próprias paixões; a inteligência necessária para criar o futuro e, ao mesmo tempo, refletir sobre ele, para compreender o que está acontecendo (a revista *Wired* fornecerá um ótimo espaço para a reflexão epistemológica sobre a informática); a desenvoltura em integrar o público e o privado, o lucro e o *no profit*, a paixão e o projeto (basta pensar que, para difundir a Internet, centenas de milhares de engenheiros retornaram, voluntariamente, às suas velhas faculdades de origem para ensinar os jovens como se conectar).

A tudo isso deve-se acrescentar um espírito empresarial habituado a farejar tanto as novidades como o dinheiro, aceitando o risco sem limites e buscando a utopia. Para projetar um *chip* são necessárias centenas de especialistas que trabalham juntos por muitos anos, gastando centenas de milhões de dólares. Para então passar à produção em série são necessárias instalações que custam dois bilhões de dólares. Mas essa industrialização dos processos permitiu que, em apenas 25 anos, o custo de um transistor caísse dez milhões de vezes e que o computador entrasse em todas as casas do Primeiro Mundo e em muitas do Terceiro Mundo.

Os gênios da Grécia clássica operaram em meio à sabedoria; os da Florença do Renascimento, em meio à beleza; e os do Vale do Silício criaram sob o chicote de uma tensão monomaníaca: *Só os Paranóicos Sobrevivem* é, de fato, o título de um famoso livro de Andrew Grove, que, paranoicamente, a descreve.

Mas a construção das catedrais medievais não requereu também uma boa dose de loucura igualmente aguda e coletiva?

SMALL, SMART E SELF

Nos países do Primeiro Mundo, os governos tendem a sustentar a pesquisa básica nas universidades e a incentivar a pesquisa aplicada nas empresas, favorecendo férteis interações interdisciplinares entre a academia e a indústria.

É bastante provável que a supremacia dos Estados Unidos em relação aos outros países avançados prossiga ainda por vários anos na maior parte dos setores de ponta, mas a pesquisa, a instrução e a formação evoluirão de forma sinérgica no mundo inteiro, graças à distribuição cada vez mais capilar das informações.

Tudo leva à previsão de que, num futuro próximo, os setores mais dinâmicos serão aqueles das biotecnologias, das telecomunicações, da informática, dos novos materiais e dos serviços pela rede.[16] Provavelmente, os maiores esforços da pesquisa tecnológica irão se concentrar no âmbito da microeletrônica, dos *softwares* aplicados, inclusive os projetos *system on chip* e as técnicas de compactação da transmissão de dados via rádio e via ótica, das biotecnologias baseadas no DNA recombinante e dos novos sistemas de armazenamento de energia. As inovações e os progressos mais importantes dirão respeito à difusão das tecnologias de comunicação digital, ao desenvolvimento de sistemas de *e-commerce* e à realização de objetos inteligentes, capazes de dialogar entre si. Será, além disso, solicitada a inovação nas tecnologias da virtualidade, dos sistemas de geração e uso do conhecimento, da formação e da educação.

De um modo geral, irá se confirmar a tendência positiva de tudo o que é *small*, *smart* e *self*. No componente *self* será central a possibilidade das tecnologias informáticas de autoproduzir-se, auto-sistematizar-se e, portanto, automanter-se.

Um número crescente de pessoas poderá dispor da Internet e do desenvolvimento das redes, cada vez mais complexas e interconectadas, o que determinará um metassistema constituído por uma rede de redes, cuja tecnologia principal será relativa às conexões, à interface e ao controle.

A DESMATERIALIZAÇÃO DAS TECNOLOGIAS

Antes do século XII, antes de Galileu, de Bacon, de Descartes e de Newton, por milhares de anos a tecnologia não havia feito progresso algum. Logo após a *Instauratio Magna* de Bacon (1620) e depois por 400 anos, o progresso e a qualidade material da vida ocorreram a um ritmo acelerado. Mas quais vicissitudes haviam distinguido a evolução tecnológica nos séculos precedentes?

Conforme vimos até aqui, o progresso, lentíssimo na interminável fase plistocênica, teve, repentinamente, uma aceleração na época suméria, depois uma inexplicável parada de 4.000 anos e, mais adiante, mais uma explosão revolucionária. Identificar as constantes num ritmo tão conturbado pertence ao mundo das hipóteses. Jean Chavaillon nos dá um exemplo quando diz que a história das técnicas paleolíticas consiste numa lenta passagem "do instrumento múltiplo ao instrumento especializado, do manufaturado fabricado individualmente às manufaturas construídas em série, assim como do trabalho do amador ao trabalho do profissional".

Por minha vez, eu seria tentado a dizer que o progresso se deslocou *aparentemente* de tecnologias materiais para tecnologias desmaterializadas, enquanto a pesquisa científica transformou-se *realmente* de uma ação individual para um programa coletivo.

O presente capítulo e aquele que o precedeu quiseram demonstrar como, sobretudo a partir da metade do século XIX, a criatividade artística e a científica tornaram-se ações intencionais e organizadas de grupos profissionais *ad hoc*. Obviamente os poetas continuaram a fazer poesia individualmente, os romancistas prosseguiram escrevendo seus romances por conta própria e os pintores se mantiveram sozinhos, a pintar, diante das suas telas. Mas o prodígio emotivo das representações líricas e teatrais, as execuções dos concertos, a realização dos filmes, os desfiles de moda ou a criação de objetos de *design* são produtos coletivos nos quais conflui a criatividade de dezenas, às vezes milhares de pessoas. A mesma coisa vale para os laboratórios de pesquisa dos quais nascem os novos programas de computador, os novos materiais de aviões e as novas biotecnologias para o nosso corpo.

Uma coisa completamente diferente é a tendência, freqüentemente citada, segundo a qual as tecnologias estariam, progressivamente, se desmaterializando. O fato de que o celular que usamos seja muito menor que o telefone fixo ou de que o nosso computador portátil seja muito menor do que aquele dito fixo corresponde só em parte (ou sobretudo aparentemente) a um processo de desmaterialização.

De qualquer maneira, é verdade que com a invenção do arco e da flecha estávamos já diante de um engenho notoriamente desmaterializado se comparado à clava. Por sua vez, o arco é um engenho bem menos perfeito que o cachorro, obtido por meio da domesticação – isto é, de uma reinvenção –, que se desenvolveu ao longo de milhares de séculos de caça, de estudo da vida animal e de competição astuta e intensa com os animais silvestres. O cão emprestará ao homem um ouvido mais agudo, um olfato mais sensível, assim como uma prontidão e uma resistência maiores: uma forte energia dócil, fiel e inteligente. Logo, uma máquina desmaterializada a tal ponto que praticamente não é uma máquina.

Nas três invenções mesopotâmicas geralmente consideradas mais importantes – o forno a carvão com exaustão, o eixo cilíndrico e a escrita –, a relação entre a matéria constitutiva e o poder da função oscila sempre em favor da segunda.

Nas sete maiores descobertas tecnológicas da Idade Média – o moinho de água, o arreio moderno dos cavalos, a pólvora, a imprensa, a bússola, os óculos e o relógio –, a mesma relação enunciada anteriormente, isto é, entre matéria constitutiva e função, desequilibra-se, depois, em favor da segunda, ou seja, a tecnologia parece desmaterializar-se.

Bacon estabelece a ponte entre Copérnico (que ele não entendeu) e Newton (por quem ele não foi compreendido). E a revolução científica ligada a esses três gigantes, além, é claro, de Galileu e Descartes, desmantela tanto a dicotomia entre esfera teórica e utilidade prática como toda a cosmologia de Aristóteles e de Ptolomeu. Como conseqüência, temos o nascimento da física moderna, a descoberta das leis do movimento, a teoria da gravitação universal e o aperfeiçoamento do método experimental, em seguida adotado por todas as ciências.

Quando a física das partículas se desenvolver baseada em pressupostos completamente diversos da física newtoniana, surgirão de forma bem clara as transformações que hoje chamamos de pós-industriais: será invertida a relação entre teoria e prática nas descobertas científicas; e será modificada a relação aparente entre *hardware* e *software* nas tecnologias, dando a impressão superficial de uma posterior desmaterialização.

Se na sociedade industrial o praticante ainda prevalecia sobre o teórico na determinação do progresso tecnológico e o segundo sistematizava e explicava *a posteriori* as descobertas do primeiro, na sociedade pós-industrial é a teoria que abre novos caminhos à prática, que, em seguida, se beneficia criando aplicações concretas: a bomba atômica e o laser, à sua maneira, são filhos da fórmula einsteiniana da relatividade.

Quanto à relação entre matéria e função, as tecnologias pré-industriais (uma carroça, um veleiro ou um canhão) e as industriais (um alto-forno, uma prensa ou uma linha de montagem) haviam nos habituado a correlacionar a quantidade dos seus resultados ao tamanho e ao peso dos seus aparelhos mecânicos. A relação deles com a matéria era tátil, fenomenológica, grosseiramente métrico-decimal: basta lembrar os aparelhos radiofônicos a válvula, que, quanto maiores, mais eram apreciados.

Mesmo depois que a matéria revelou os seus prodigiosos segredos, e mesmo depois que foram desencadeadas as imensas forças energéticas contidas num átomo, ou as prodigiosas potencialidades contidas em um grão de silício, continuamos a avaliar a matéria com os mesmos critérios de medida que havíamos herdado da física tradicional. Habituados às válvulas, é óbvio que o transistor nos parece bem pequenino e que o *walkman* ou o celular aparentam ser, aos nossos olhos, como que "desmaterializados". Porém, caso consideremos a energia de um transistor ou de um *chip* através da fórmula de Einstein, aquele elemento microscópico revela-se dotado de uma potência desmedida.

Portanto, não foi a tecnologia que se desmaterializou, mas o nosso conceito de matéria que deve ser renovado com base nas novas aquisições teóricas: se observarmos um computador portátil com a ótica da física das partículas, ele nos parecerá tão imenso quanto um alto-forno ou como uma locomotiva a vapor. O disquete no qual memorizei todo o meu arquivo profissional é certamente menor do que as pastas catalogadoras nas quais eu estava habituado a arrumar de forma organizada os meus papéis, mas mesmo aquele disquete me parece uma enorme massa de energia se o avalio segundo as unidades de medida adotadas por Moore, em vez das habituais nos tempos de Watt ou de Henry Ford.

Logo, jamais como hoje a tecnologia esteve composta por uma matéria tão densa, a não ser que se considere como matéria somente as ferragens das grandes engrenagens, nas quais permanecia emaranhado o pobre Carlitos de *Tempos Modernos*.

FORD, FAUSTO E FRANKENSTEIN

Também graças à sua miniaturização (que é algo bem diferente da desmaterialização), é provável que quase todas as novas tecnologias nos pareçam cada vez mais amistosas e penetrem com crescente naturalidade na nossa existência. A longo prazo, a evolução tecnológica e sobretudo a digitalização da informação terão efeitos revolucionários na qualidade de vida e no trabalho, no ambiente, na sociedade, na economia, num posterior desenvolvimento tecnológico e na política. Mudarão substancialmente os modos de instrução, de trabalho, de comunicação e de uso do tempo livre. Em suma, de viver e de criar.

O contínuo progresso no campo das comunicações e das biotecnologias permitirá ao homem um confronto cada vez mais acirrado consigo mesmo, com os seus desejos, com os seus medos e as suas angústias de liberdade.

As transformações tecnológicas permitirão participar em tempo real daquilo que acontece no mundo, mas oferecerão uma tal abundância de informações que criarão um estresse psíquico e comprometerão a capacidade crítica. Correr-se-á o risco de acentuar assim a atual desorientação, de tornar as pessoas cada vez mais passivas e de perder os pontos de referência e a exata avaliação daquilo que podemos fazer.

O telefone celular, a televisão e a Internet já redefiniram a nossa relação com o espaço e com o tempo, determinando um sentido de ubiqüidade. A potência crescente dos computadores já alterou a nossa percepção do mundo. É portanto provável que a adoção de tecnologias ainda mais novas comporte uma maior tolerância em relação à diversidade, *feedbacks* mais rápidos e intensos, velozes mudanças de opinião e o nascimento de novos *lobbies* sociais e de novos grupos de pressão, digressão das comunidades tradicionais baseadas na contigüidade espacial, na recomposição de novas comunidades fundadas no compartilhamento dos gostos, dos interesses e das orientações e na busca de soluções "sob medida".

A redundância de informações comportará, para a maioria dos cidadãos, a dificuldade de processá-las e de dominá-las. Portanto, tenderá a aumentar o número dos "intérpretes", que se ocuparão de transmitir a informação depois de a terem recenseado, compreendido e, às vezes, até distorcido, com grandes perigos de equívocos interpretativos e de manipulação. Paralelamente, aumentará o poder econômico e político dos detentores dos meios de informação e dos titulares do novo conhecimento, que ocuparão aqueles vértices do sistema social que haviam pertencido aos industriais e, antes ainda, aos proprietários de terras.

Superados Taylor e Ford, predominarão Fausto e Frankenstein: metáforas inquietadoras da relação do homem pós-moderno com a tecnologia pós-industrial.

Nos países ricos irá se acentuar a busca de um bem-estar no trabalho, no lazer, no turismo, no estudo, nas comunicações, na saúde, na estética, no comportamento e nas interações. A necessidade de um bem-estar crescente determinará o estímulo para a invenção de tecnologias adequadas, capazes de oferecer um novo e complexo produto: a qualidade de vida e novos luxos como a disponibilidade de tempo e de espaço, de autonomia e segurança, assim como de beleza e simplicidade.

As tecnologias da informação e da comunicação permitem manter relacionamentos a uma distância planetária sem dar um passo sequer. Podemos ser, ao mesmo tempo, globais e locais, semelhantes e idênticos, ubíquos e isolados, nômades e sedentários, ao lado de modelos novos de comportamento que permitem manter relações de tipo econômico, jurídico e burocrático sem a co-presença física das partes. Junto a novas oportunidades de trocas, conhecimentos, integrações e divertimentos, a sociedade da informação criará também novas solidões, novos egoísmos, novos estranhamentos, novas corridas pelo desempenho, pelo resultado, pela competitividade e pelo sucesso.

Por outro lado, as oportunidades devidas ao aumento das informações disponíveis serão colhidas numa medida diferente, segundo as capacidades socioeconômicas, culturais, críticas, de filtragem e de seleção de cada um dos sujeitos sociais, com o perigo de uma posterior bifurcação entre o mundo dos privilegiados e o dos excluídos (*digital devide*).

As tecnologias da informação permitirão, por uma parte, formas de democracia telemática, direta, de tempo real; por outra, tentarão uma elite muito restrita a dominar todo o sistema social, favorecida pelo poder manipulador dos seus *mass media* e pelo desinteresse, inculcado sobretudo nos jovens, em relação ao exercício da política e dos valores de solidariedade. A *New Economy* subordinará a política à economia e a economia às finanças favorecida pelo crescente distanciamento entre a débil difusão da cultura humanista, cada vez mais desprezada, e a forte propagação da cultura técnica, sempre mais apreciada, causando a irresistível penetração da cultura de massa, posto avançado da mercantilização.

OS *MASS MEDIA*

Entre os fatores que moveram a passagem da sociedade industrial para a pós-industrial, deve-se enfatizar tanto a importância dos *mass media* e da Internet, que permitem a transferência de informação em tempo real por toda e qualquer parte, como a escolarização em massa, que coloca um número crescente de cidadãos em condições de receber essas informações, decodificá-las, elaborá-las e utilizá-las.

Os dois fenômenos, nos lugares onde ocorreram de modo simultâneo e complementar, provocaram um salto de qualidade cultural; onde, pelo contrário, ocorreram em proporções heterogêneas (mais *mass media* que escolarização), deflagraram a colonização do gosto, das necessidades e dos comportamentos coletivos por parte dos centros do poder, sobretudo das multinacionais.

Como não sabemos ao certo quem inventou a Internet, também não sabemos exatamente quem inventou o cinema. Sadoul, um dos seus historiadores mais ilustres, afirmou: "Plateau e Stampfer estabeleceram os princípios, Muybridge efetuou as primeiras tomadas, Marey inventou a primeira câmara filmadora, Reynaud deu vida aos primeiros espetáculos de projeção animada, Edison elaborou o primeiro filme, uma dezena de inventores tentou projetá-lo na tela e Louis Lumière conseguiu isso melhor do que todos. Pouco depois, Méliès, adaptando aos filmes os meios do teatro, transformou o cinema, que antes dele havia sido uma curiosidade científica, num verdadeiro espetáculo."[17]

A habitual simplificação, que acontece quando se trata de reconhecer a paternidade de uma realização genial, narra que no dia 28 de dezembro de 1895, num subterrâneo do Grand Café do Boulevard des Capucines em Paris, os irmãos Louis e Auguste Lumière projetaram "imagens em movimento". Na realidade, aquele experimento havia sido precedido de uma progressiva invenção de máquinas, as quais, gradativamente, foram se aproximando do projetor dos Lumière: o taumatrópio, o fenaquistocópio, o zootrópio, o prassinoscópio, o zooprassógrafo, o "fuzil fotográfico", o cronofotógrafo, o cinetoscópio e o vitascópio. E é significativo que exatamente o cinema, destinado a se tornar a maior expressão artística do século XX, tenha tido origens ambíguas, pertencentes, inextricavelmente, tanto ao mundo da ciência quanto ao da arte.

Naquele mesmo ano de 1895, no qual os irmãos Lumière garantiram para si a paternidade do cinema, Guglielmo Marconi realizou a primeira comunicação a distância mediante ondas eletromagnéticas. Somente 40 anos mais tarde foram iniciados os primeiros experimentos televisivos. No dia 25 de junho de 1967 foi ao ar, pela primeira vez, um espetáculo transmitido simultaneamente para o mundo inteiro, realizado com o emprego de cinco satélites: 300 telecâmaras e uma equipe de 3.000 homens permitiram que um bilhão de telespectadores assistissem ao mesmo tempo a um programa, transmitido em 13 línguas, no qual era ilustrado o presente e explorado o futuro.

Até a metade do século XX um simples rádio era um luxo: abastecido com válvulas incômodas, conseguia ser mais potente como receptor e como *status symbol* quanto mais volumoso reinasse no interior de enormes caixas de madeira, verdadeiros móveis feitos com matéria-prima de primeira. A seguir vieram os transistores e a conseqüente miniaturização, depois a televisão em preto-e-branco, mais adiante a noite inesquecível promovida por Armstrong, ao vivo, da Lua, e depois ainda a televisão em cores, a TV a cabo, a TV por satélite, os videocassetes em VHS e o DVD, que trouxeram o cinema para dentro de todas as casas; e depois ainda os telefones celulares e a Internet deram ao ser humano a ubiqüidade e transformaram a sociedade num cruzamento de fluxos informativos "ponto a ponto".

O andamento desse processo criativo, se comparado ao de outros grandes processos análogos que reconstruímos na longa história da humanidade, foi velocíssimo. Folheando as páginas do precioso relatório anual fornecido pela Veronis, Suhelr & Associates, descobre-se que as despesas dos Estados Unidos com as comunicações, de 81 bilhões de dólares em 1982, passaram a 135 bilhões em 1987 (igual ao PIB de um país inteiro como a Espanha) e aproximaram-se de 218 bilhões de dólares em 1992, com um vertiginoso crescimento anual de mais de 10%, superado somente pelo crescimento do *home video* (de cerca de 18%).

Quantas modificações culturais, em relação ao início do século XX, podem derivar do fato de que, 100 anos depois, 95% dos cidadãos do Primeiro Mundo vêem televisão cotidianamente, um número enorme de jovens fala mais de uma língua e desloca-se com desenvoltura de uma nação para outra, sendo fácil compreender também aqueles que, imersos nessas modificações, correm o risco de atordoar-se, perdendo o sentido de conjunto.

Mas o sistema insaciável das comunicações de massa nutre-se, incessantemente, de idéias, que logo são neofilizadas e metabolizadas, alimentando o apetite por outras idéias, sempre novas. Surge, a partir daí, uma crescente valorização da criatividade, indispensável para reabastecer de produtos informativos, artísticos, culturais, de entretenimento e *mass media*, e redistribuí-los por todo o planeta.

A ORGANIZAÇÃO, A CIÊNCIA DAS CIÊNCIAS

Um outro fator de inovação (menos vistoso, menos citado e menos cortejado) e que moveu a passagem da sociedade industrial para a pós-industrial é o que me leva a recordar, não só porque sou um cultor, o desenvolvimento das ciências organizacionais. Por milênios o ser humano trabalhou e viveu utilizando técnicas de organização coletiva baseadas no bom senso e na experiência. Desde as primeiras cidades da Mesopotâmia às grandes capitais do século das luzes, a burocracia, os transportes, as informações, a produção, o armazenamento e a distribuição foram organizados mais ou menos do mesmo modo, sem apreciáveis incrementos na produtividade e na eficiência.

Já entre as primeiras décadas do século XIX e as primeiras do século seguinte, com a difusão do modo industrial de produção, as técnicas organizacionais tornaram-se objeto de especulação científica, além de experimentação prática, conforme já vimos no capítulo precedente.

Christopher Freeman, professor de ciências políticas na Universidade de Sussex e fundador da abordagem institucionalista à economia e à inovação tecnológica, gostava de distinguir as *inovações incrementais* ("ocorrem sem uma real solução de continuidade, seja pelo ritmo diverso seja pelos diferentes setores industriais, mas que dizem respeito unicamente à melhoria da gama de produtos e dos processos de produção"), das *inovações radicais* ("eventos descontínuos, cuja *difusão* – em relação à sua primeira aparição – freqüentemente assume uma forma cíclica associada aos longos ciclos econômicos"), das *revoluções tecnológicas* ("tempestades de destruição criadora que constituem o cerne da teoria schumpeteriana das ondas longas"). Exemplos de inovações radicais seriam o náilon e o polietileno; já exemplos de inovações tecnológicas seriam a energia elétrica e as ferrovias.[18]

Mas quais são as características de uma autêntica revolução tecnológica? Segundo Freeman são cinco:

1. *uma redução drástica dos custos de muitos produtos e serviços*, com o conseqüente "efeito enxame" de Schumpeter, isto é, "uma percepção difusa de novas oportunidades de investimentos que produzem bons rendimentos";

2. *uma melhoria notável das características técnicas de muitos produtos e processos*, como a confiabilidade, a precisão, a rapidez, etc.;

3. *a aceitabilidade política e social*, a partir do momento em que as tecnologias revolucionárias freqüentemente "implicam mudanças legislativas, educativas, normativas, além de favorecerem profundas modificações de gestão e nos relacionamentos com o mundo do trabalho";

4. *aceitabilidade ambiental*, a partir do momento em que "tecnologias de alto risco ou aquelas que requerem custos de controle muito elevados acabam seriamente penalizadas, independentemente dos benefícios técnicos e econômicos que apresentam";

5. *efeitos sobre o sistema econômico*, a partir do momento em que as tecnologias revolucionárias devem ser capazes "de condicionar a conduta de todo o sistema" e de "influir claramente nas decisões que cada setor toma em matéria de investimentos".

Com base nesse elenco, a energia nuclear e o processo de Float Glass não podem ser definidos como "revoluções tecnológicas", enquanto a microeletrônica e a informática satisfazem todas as cinco condições: isto é, representam aquilo que Carlota Perez chamaria de "paradigmas técnico-econômicos", ou seja, um conjunto de princípios-guias que acabam por se tornar lugares-comuns do *management* e da produção.[19]

Muito bem, se no lugar de "revoluções tecnológicas" se utilizar o termo "revoluções científicas" e se formular a hipótese de que o advento das ciências organizacionais possa ter sido uma revolução científica, nos damos conta de que elas satisfazem todas as cinco condições de Freeman.

Conforme já vimos, em poucas décadas, entre a metade do século XIX e os primeiros anos do século XX, esta revolução lançou as suas premissas: Theodore Vail introduziu na AT&T a padronização dos procedimentos e a otimização dos fluxos de trabalho; Stewart, em 1825, abriu em Nova York o primeiro armazém a preço fixo. E, como já vimos, Taylor, em 1903, comunicou as suas descobertas fundamentais em matéria de divisão das tarefas e do *Scientific Management*; no mesmo ano, Henry Ford iniciou as suas geniais práticas de psicofísica do trabalho e inaugurou a sua primeira fábrica; em 1908, lançou o Modelo T, e em 1913 introduziu a linha de montagem.

Desde então, milhares de laboratórios, equipes de pesquisa e *business schools* observaram, analisaram, reformularam e divulgaram os critérios com os quais se organiza o trabalho de grupo, produzindo gerentes capazes de programar e coordenar a produção de massa. Personagens extraordinários, ainda que desconhecidos do grande público (pense-se em Fayol, em Urwick, em Mayo e em Roethlisberger), revolucionaram o modo de trabalhar nas oficinas e nos escritórios, impuseram novos relacionamentos entre os chefes e seus subordinados e produziram aqueles modelos de vida (frenéticos, sincronizados e eficientes) que atendem pelo nome genérico de "sociedade industrial". Esses mesmos modelos, aplicados às ciências, à arte, à guerra e ao uso do tempo livre, aceleraram a produtividade de cada um desses campos, facilitaram a substituição dos seres humanos por máquinas e lançaram as premissas para a superação da sociedade industrial e para o advento da pós-industrial.

A DESCOBERTA DA CRIATIVIDADE

A abertura intencional de novos campos, a hibridização da pesquisa científica com a pesquisa estética, a previsão científica, a projeção, a experimentação e a produção do futuro representam as mais recentes expressões da criatividade humana, correlacionadas ao advento da sociedade pós-industrial.

O homem sempre foi criativo. Aliás, podemos até mesmo afirmar que é a criatividade que o distingue dos outros animais e que o faz humano. Carl Gustav Jung, como veremos, considera a criatividade um instinto a mais que o ser humano possui em relação aos animais. Mas, talvez justamente devido a essa sua difusão generalizada, a criatividade foi levada em consideração só quando se concentrou em doses excepcionais nos cérebros de pessoas isoladas, que por este motivo despertaram maravilhas e foram chamadas de gênios. Mas, na história dos últimos dois séculos, a organização industrial privilegiou as capacidades executivas, rígidas, repetitivas, formulistas e padronizadas, em lugar daquelas flexíveis, caprichosas, inventivas e inovadoras.

Uma boa parte do século XX no entanto viu contrapostos o regime capitalista e o comunista. Essa contraposição, desembocada na Guerra Fria, foi determinante para exaltar o papel da criatividade até fazer dela o fator típico da sociedade pós-industrial.

Eis os fatos. Um cientista inglês e escritor de ficção científica, Arthur C. Clarke, em 1945, publicou, numa revista para radioamadores, um artigo no qual ventilava a idéia de que se pudesse lançar satélites artificiais para transmitir informações, via rádio, de uma parte a outra do planeta, superando o obstáculo da curvatura terrestre. "Aquilo que hoje estamos construindo", ele aclamava, "é o sistema nervoso da humanidade, que unirá toda a raça humana, para o bem e para o mal, numa ligação que nenhuma era precedente jamais teria podido imaginar."

Na realidade, o mundo ocidental não estava construindo nada do gênero. Convencido da sua superioridade científica em relação à URSS, ele havia afrouxado os incentivos à pesquisa e prosseguia na instalação do primeiro cabo telefônico transatlântico, que se concluiria somente em 1956.

Porém, em 4 de outubro de 1957, de surpresa, a União Soviética lançou um satélite, o *Sputnik 1*, numa órbita que alcançava 950 quilômetros de altura. Durante 62 dias o *Sputnik* continuou a girar, provocadoramente, sobre a cabeça atônita dos ocidentais. Os Estados Unidos reagiram ao humilhante choque acelerando a preparação de um satélite próprio, o *Explorer I*, que foi lançado em órbita quatro meses após o *Sputnik* e que mandou do espaço os primeiros dados para localizar as faixas de radiação de Von Allen.

Entre os dois satélites havia uma substancial diferença de tarefas. A União Soviética gozava da vantagem de um território compacto, onde as comunicações podiam ser tranqüilamente garantidas por meio dos cabos telefônicos. Por isso não tinha nenhum interesse em utilizar os satélites para fins de comunicação. Já os Estados Unidos exerciam a própria influência sobre um tabuleiro geopolítico extremamente extenso e fragmentado e por isso tinham o maior interesse em aprimorar um sistema de telecomunicações alternativo àquele a cabo.

O *handicap* deles, portanto, transformou-se em incentivo, e a limitação inverteu-se numa oportunidade, como freqüentemente acontece na sociedade pós-industrial. O presidente Eisenhower prometeu aos americanos que nunca mais seriam superados pela União Soviética e financiou, maciçamente, dois grupos de projetos: um que era denominado Advanced Research Projects Agency, o famoso ARPA, do qual teria nascido o primeiro embrião da Internet; e o projeto dos satélites, que, uma semana antes do Natal de 1958, lançaria o satélite *Score*, com o qual Eisenhower enviava os seus votos de boas-festas a todos os americanos. Por 13 dias o novo satélite continuou a transmitir também mensagens de outro gênero e após um mês desintegrou-se na atmosfera.

Mas o dado, a esse ponto, já havia sido lançado. Depois do *Explorer*, foi enviado ao espaço o *Echo 1*, depois o *Courier 1B*, munido de um potente amplificador, e mais adiante ainda o *Telstar*, que foi o primeiro a permitir a separação entre as imagens televisivas das chamadas telefônicas e de fax. No dia 6 de abril de 1965, finalmente, foi lançado um satélite que pesava somente 40 quilos, o *Early Bird*, o qual permitia, contudo, a transmissão de um canal televisivo em cores ou ainda 240 conversas telefônicas simultâneas. Naquele mesmo ano a União Soviética também iniciou o envio de satélites visando às telecomunicações, da série *Molniya*, mas naquele ponto o seu território já estava invadido por sinais que difundiam o modelo ocidental e que teriam contribuído, em pouco tempo, para formar brechas no Muro de Berlim.

A utopia de Arthur C. Clarke havia se tornado uma realidade: o sistema *Intelsat*, constituído em 1964, colocou em comunicação 105 países; em 1972, um bilhão de pessoas assistiram às Olimpíadas de Mônaco, e em 1982 dois bilhões de pessoas assistiram à final da Copa do Mundo em Madri. Fosse para o bem, fosse para o mal, toda a raça humana estava interconectada por um sistema nervoso sem precedentes e que nenhuma época anterior havia sequer imaginado.

Mas a maior descoberta e menos percebida no momento foi a de ordem cultural provocada, ou pelo menos enfatizada, pelo choque do *Sputnik*. A América, que se considerava superior tecnologicamente e cientificamente, de repente tomou consciência de que os destinos da sociedade dependem das capacidades criativas; a capacidade executora tão cara à indústria manufatureira pode ser também delegada a terceiros, mas só a criatividade pode garantir a um país a segurança e o progresso.

Certamente o interesse pela criatividade como agente autônomo de crescimento econômico-social já era latente (já em 1950, por exemplo, J. P. Guilford havia publicado *Creativity*, hoje considerado um livro precursor), e o choque do *Sputnik* desempenhou o simples papel de detonador. Contudo, a partir daquele evento, a pesquisa científica ocidental sofreu uma evidente aceleração, e na América foram iniciados imponentes programas de estudos dedicados, justamente, à criatividade. Seria difícil considerar uma simples coincidência o fato de que em 1957 a Michigan State University tenha destinado um polpudo financiamento a um plano orgânico de pesquisas sobre a criatividade, sobretudo infantil.

Para oferecer uma base interdisciplinar a essa pesquisa, entre abril de 1957 e julho de 1958, foram organizados alguns simpósios interdisciplinares, dos quais participaram numerosas escolas, cursos e faculdades. Deles resultaram, aliás, aqueles ensaios preciosos e antecipatórios que foram reunidos por Anderson e publicados em 1959 sob o título de *Creativity and its Cultivation* (A criatividade e suas perspectivas).[20] Caso se analise o nome dos estudiosos que colaboraram nesse texto coletivo, fica-se surpreso diante da feliz convergência de tantos mestres: do próprio Anderson a Erich Fromm, de Guilford a Hilgard, de Maslow a Margaret Mead, de Rogers a Sinnott.

Na sua introdução, Anderson expõe os objetivos dos simpósios sobre a criatividade, reconhecida como assunto de interesse comum a muitas disciplinas: “A definição e a pontuação do conceito de criatividade considerado de perspectivas diversas, a formulação de critérios que permitam reconhecer o processo de interpretação que oferecem as ciências biológicas, as ciências sociais e as ciências naturais; a descoberta e a elaboração de parâmetros ou de denominadores comuns que permitam avaliar o processo de criatividade de cada um desses pontos de vista e, sob o plano do comportamento humano, a identificação e a tentativa de definir tanto as características dos relacionamentos que facilitam o processo criativo como aquelas limitadoras e mais facilmente reconhecíveis que o obstruem."

Anderson recorda o Gênesis, lembra os filósofos gregos e evoca Leonardo da Vinci e Darwin, para então concluir: "Aquilo que há de novo, hoje, na criatividade é a criatividade intrínseca do homem; é a nova dignidade que ela lhe confere; é novo e criativo o reconhecimento, por parte do ser humano, do processo do cosmo em contínuo desenvolvimento. Aquilo que há de novo na criatividade é a crescente compreensão, a descoberta que se vislumbra somente agora, diante das imensas e até então insuspeitas possibilidades criativas do homem, diante das potencialidades inerentes à natureza, com os seus recursos e o significado do respeito pelo indivíduo."[21]

A partir desse momento a criatividade torna-se objeto de estudo científico, específico e interdisciplinar; o futuro passa de um efeito misterioso de fatores imponderáveis combinados pelo acaso a produto projetado, decidido e organizado pelo homem. A sociedade pós-industrial apresenta-se como sistema programado e criativo que coloca no seu epicentro a invenção, cientificamente orquestrada, de bens imateriais, como os serviços, as informações, os valores, os símbolos e a estética.

PREVER PARA PROGRAMAR

Mas que novos significados assume o processo criativo na sociedade pós-industrial? Nesta última versão, ainda que não definitiva, do convívio humano, parece completamente clara a ambição de querer criar, intencionalmente, o próprio futuro. O homem pós-industrial é o primeiro, na longa genealogia da sua espécie, a estar convencido de que o seu destino dependa sobretudo dele mesmo, de que esteja nas suas próprias mãos, capazes de programá-lo de forma antecipada.

Na sociedade pós-industrial, diria de modo hermético Alain Touraine, "o modelo cultural situa-se *diretamente* no nível da ação de transformação da sociedade por parte dela mesma. Daí a autonomia muito visível de agentes de historicidade, dos 'profissionais', na ordem da ciência e da organização, no da informação, da formação e do consumo".[22] Por isso, uma socióloga húngara, aluna do próprio Touraine, Zsuzsa Hegedus, chegou a denominar a sociedade pós-industrial "sociedade programada", isto é, uma sociedade na qual a natureza e as sortes dos sistemas e dos conflitos sociais são ligadas mais às relações de poder em ação, à possibilidade de programar o progresso ou, de todo modo, de condicioná-lo: "Numa sociedade programada, na qual o *objeto* da produção é o futuro, o preço e a conseqüência da dupla finalidade de cada ação dirigente são: o fechamento do porvir, a restrição do campo de escolhas e da possibilidade de alternativas."[23] Programar, portanto, significa restringir a gama das possíveis escolhas com a finalidade de produzir entre todos os possíveis futuros aquele com maior capacidade de aumentar o poder dos próprios programadores.

Mas a necessidade crescente de prever e programar não é sentida somente pelos grupos dirigentes. Todas as pesquisas sobre a sociedade pós-industrial levam a identificar uma espécie de lei fundamental que poderemos definir como "contradição de tendência dos comprometidos com o progresso". Em que ela consiste? Por um lado, como já dissemos, a sociedade pós-industrial requer grandes capacidades de previsão do curso da história, de antecipação de trajetórias e de projetar, rapidamente, um itinerário. Por outro lado, o progresso produz sempre as suas vítimas, além de trazer as suas vantagens: assim, por exemplo, à vantagem das novas tecnologias e da redução dos custos uniu-se a desvantagem do desemprego e da poluição.

Aquela que eu chamaria de "contradição de tendência dos comprometidos com o progresso" consiste, exatamente, no fato de que os projetistas do futuro, os programadores do porvir, tendem a subestimar as vítimas do progresso que eles próprios produzem, ignorando-as quando elaboram os seus planos e removendo-as quando calculam seus orçamentos. Notava-o, com tristeza, até mesmo Bob Kennedy, num discurso que vale a pena citar por completo: "Sejamos claros desde o início: não encontraremos nem um fim para a nação, nem para a nossa satisfação pessoal na mera continuação do progresso econômico, em exaurir, infinitamente, os bens terrenos. Não podemos medir o espírito nacional com base nos índices Dow-Jones, nem os sucessos nacionais com base no produto interno bruto. Porque o produto nacional bruto compreende a poluição do ar e a propaganda dos cigarros, assim como as ambulâncias para liberar as nossas estradas da carnificina. Coloquemos na conta as fechaduras reforçadas que usamos para trancar nossas portas, assim como os cárceres para aqueles que as arrombam. O produto interno bruto compreende a destruição das nossas árvores coníferas e do lago Superior. Aumenta com a produção de *napalm*, de mísseis e bombas nucleares e compreende também a pesquisa para evitar a disseminação da peste bubônica. O produto nacional bruto insufla-se com os equipamentos que a polícia usa para conter as revoltas nas nossas cidades; embora não diminua por conta dos danos que estas revoltas provocam, aumenta quando se reconstroem as sarjetas sob os seus escombros. Compreende o fuzil de Whitman e a faca de Speck, assim como a transmissão de programas televisivos que celebram a violência para vender mercadorias às nossas crianças.

"E se o produto interno bruto compreende tudo isso, muitas coisas não foram calculadas. Não levam em conta o estado de saúde das nossas famílias, a qualidade da educação delas ou a alegria das suas brincadeiras. É indiferente à decência das nossas fábricas, assim como à segurança das nossas ruas. Não compreende a beleza da nossa poesia ou a solidez dos nossos matrimônios, a inteligência das nossas discussões ou a honestidade dos nossos funcionários públicos. Não leva em consideração nem a justiça dos nossos tribunais nem a justeza das relações entre nós. O produto interno bruto não mede nem a argúcia, nem a nossa coragem, nem a nossa sabedoria, nem os nossos conhecimentos, nem a nossa compaixão, nem a devoção ao nosso país. Em resumo, mede tudo, menos aquilo que faz com que a vida valha a pena ser vivida; e pode nos informar de tudo sobre a América, exceto se temos orgulho de ser americanos."[24]

Todo progresso produz as suas vítimas. Quando os projetistas do futuro planificam o amanhã, miram o que lhes convém, descuidando das motivações das vítimas potenciais do progresso. As razões da eficiência, da produtividade, do lucro, muito freqüentemente acabam por prevalecer sobre qualquer outra razão, seja ela humanitária, ecológica ou social.

Por outro lado, os defensores das vítimas sabem calcular bem melhor os danos causados pelo progresso, mas mostram-se bem menos preparados para formular previsões exatas sobre o curso da história e são ainda menos preparados para projetar as suas concretas etapas futuras. Na maioria das vezes, quem quer projetar o futuro não se preocupa com as vítimas do progresso; e quem quer defender estas vítimas não sabe projetar o futuro. Deriva disso uma dupla necessidade de previsão: dos programadores, para aumentar o próprio poder; dos defensores das vítimas em potencial, para contrapor aos planos dos grupos hegemônicos os seus contraplanos antagônicos. Em outros termos, hoje a dialética social não acontece mais entre um grupo que decide e um grupo que obstrui as suas decisões, mas entre um grupo hegemônico que tenta impor o seu projeto de futuro e um grupo antagonista que lhe propõe um projeto alternativo. Quem não é capaz de criar projetos de futuro não tem nenhuma probabilidade de determinar o próprio porvir. A criação de projetos requer capacidade de revisão, de programação e de realização. Requer fantasia e concretude, imaginação e capacidade para fazer acontecer.

PROGRAMAR PARA CRIAR E EXPERIMENTAR PARA PRODUZIR

A necessidade de prever a evolução do sistema social, dos seus subsistemas e de cada campo de ação e de estudo não deriva de uma vontade de programar pura e simplesmente. A atual sociedade nutre-se de idéias e exige criatividade: "A originalidade desta sociedade", escreveu ainda Touraine, "é que o seu modelo cultural é diretamente ligado ao trabalho criador e que a acumulação que representa aí um papel principal é a da própria criatividade, isto é, da capacidade de conhecimento científico."[25] Eu acrescentaria a criatividade artística.

Qual é a ligação mais sutil entre previsão, projeção e criação? As barreiras organizacionais à criatividade são geralmente identificadas na força do hábito que desencoraja o esforço de desafiar o óbvio, na resistência às mudanças, no medo do risco, nas picuinhas burocráticas, na falta de controles capazes de identificar as novidades e de gratificar os inovadores, na carência de gerentes capazes de desencavar e implementar novas idéias, nas más comunicações entre os vários setores implicados no processo criativo, na excessiva rigidez das estruturas organizacionais, na falta ou na ignorância de objetivos claros, na ausência de sistemas adequados para solicitar a produção de idéias, na escassa rotatividade, na seleção de pessoal dotado de mentalidade predominantemente executiva ou pouco decidido na afirmação das próprias idéias, na falta de um bom sistema de planificação, na auto-imposição de limites, na convicção de que todo e qualquer problema admite somente uma única solução e no hábito de dar somente aquelas respostas que os chefes aparentemente esperam. Mas o que mais desencoraja a criatividade é a falta de um quadro de referência, de um projeto, de um cenário ao qual correlacionar a própria ação criativa: seja trabalhando para realizar o cenário prospectado, seja lutando para superar os seus limites, o próprio cenário constitui uma imprescindível pedra angular de comparação: uma espécie de Ítaca, sem a qual não se sabe de onde partir, nem para onde retornar.

A necessidade e a lógica dos modernos processos de previsão devem ser correlacionadas também com a necessidade e com a lógica da criatividade coletiva. Prever, projetar e criar o futuro são as três faces de um mesmo prisma, são as três atividades intelectuais que melhor definem a sociedade pós-industrial.

Mas o futuro não chega somente conforme previsto através de enquetes e produzido pelas decisões: chega também graças à experimentação de iniciativas de vanguarda, que simulam e antecipam a vida de células organizacionais, mais adequadas aos tecidos sociais do porvir que ao contexto atual.

Por isso prefiro trabalhar aqui sobre três planos, imbricados entre si, segundo o método que já adotei nos capítulos anteriores: *sobre o plano teórico*, fazendo referência a reflexões de estudiosos que melhor analisaram a evolução da nossa sociedade da fase industrial à fase pós-industrial, com os conseqüentes reflexos em termos de poder, conflitos, necessidades, cultura, etc.; *sobre o plano empírico*, recorrendo a alguns suportes estatísticos e a fatos concretos que permitem verificar as hipóteses de previsão; e *sobre o plano experimental*, voltando a uma série de episódios organizacionais realizados na Europa e nos Estados Unidos, que também podem ser considerados como outras experimentações precursoras dos sistemas pós-industriais.

Tenho, com efeito, a convicção de que, para compreender como agem as organizações que criam o próprio futuro, são úteis não só os estudos teóricos de intelectuais como Crozier ou Morgan, não só os dados necessários à construção de uma "ecologia" das empresas, mas também a reconstrução dos exemplos organizacionais conduzidos, como num laboratório, pelos pioneiros que melhor que os demais souberam entrever, com os seus próprios "produtos" e com os seus "processos produtivos", futuros possíveis aos quais reportar-se. Por isso, junto às teorias de Touraine, Hegedus, Wallerstein ou Toffler, são esclarecedores alguns casos como aqueles já vistos, da companhia Thonet, da Wiener Werkstätte, do Instituto Pasteur ou de outros que veremos, como a Bauhaus, o Cavendish e o Projeto Manhattan: igualmente organizações "criativas", seja devido àquilo que faziam, seja pela forma como o faziam, capazes, com os seus exemplos concretos, de fornecer linhas-guias para prever e projetar outras organizações criadoras do futuro.

ESCASSEZ DE IDÉIAS

Se me lembro bem, foi Akio Morita, fundador e presidente da Sony, que escreveu: "Posso dizer a um operário para vir amanhã de manhã às sete para produzir roscas, mas não posso dizer a um pesquisador para vir amanhã de manhã às sete para produzir idéias."

Depois dos exércitos, depois das matérias-primas, depois dos capitais e depois das estruturas organizacionais, na história da humanidade e na história das empresas emerge o primado de um novo fator crítico – a criatividade –, tão indispensável para a resolução dos problemas ecológicos, éticos, estéticos, físicos, filosóficos e econômicos que nos afligem quanto evanescente à compreensão, à codificação e à organização.

Se portanto existe crise, trata-se de uma crise de idéias, devida ao fato de que, ainda quando conseguimos pensar novas respostas, não somos capazes de formular novas perguntas. Muito freqüentemente as questões que nos colocamos são demasiado e monotonamente repetitivas para serem as questões verdadeiras do nosso tempo. Até mesmo a indústria, que nos últimos 200 anos representou o mais extraordinário cérebro coletivo nunca antes produzido pelo gênero humano, até mesmo ela, que em poucas décadas inventou milhões de novos objetos, de novos serviços, de novas exigências, de novas profissões e de novos modos de organizar e usufruir os recursos, até mesmo a indústria está com escassez de idéias, e o seu balanço de novidades já entrou no vermelho: sobretudo tratando-se de novidades organizacionais. J. Galbraith, especialista americano muito ouvido em termos de inovação, nos anos 80 reconheceu que "a maior parte das mudanças tecnológicas passou a ter origem fora da indústria. Não foram os produtores de máquinas de escrever mecânicas que introduziram as máquinas de escrever elétricas; os inventores da máquina elétrica não inventaram a máquina de escrever eletrônica; as empresas que produziam válvulas não introduziram o transistor e assim por diante".[26] Devido a uma espécie de lei de Gresham, nas grandes empresas que foram inovadoras mas que atingiram a maturidade, as velhas idéias tendem a esmagar as novas. A Western Union rejeitou a proposta de adquirir por 100.000 dólares a patente do telefone que lhe estava sendo oferecida por Graham Bell. Mais tarde, os inventores do transistor tiveram que deixar os laboratórios Bell, para poderem produzir em outro local os seus semicondutores. O presidente da IBM, contrário à idéia do microcomputador, declarou que só um grande computador resolveria todos os problemas de cálculo científico no mundo.

Há de se perguntar, portanto, por que a maioria das pessoas tem a sensação de viver numa desconcertante repetição de ritos e de coisas, mas, ao mesmo tempo, é obrigada a compartilhar o bombardeio de informações, segundo o qual tudo muda vertiginosamente: qual é o porquê dessa abundante, certa e líquida mesmice da nossa cultural industrial, que serve de contraponto a ensaios, artigos e discursos nos quais se repete, quase obsessivamente, que tudo muda, que estamos numa época de transformações fulminantes e que a mudança é a nossa marca de homens pós-industriais. Da mesma forma, fica difícil explicar por que as indústrias, às quais é atribuído um persistente papel de motor socioeconômico, aparecem, vistas do interior, como organizações esclerosadas por formalidades de procedimentos burocráticos.

A resposta talvez seja simples: cada um de nós – os sistemas sociais nos quais operamos e toda a humanidade da qual somos parte integrante – possui os meios técnicos para realizar um salto de época, mas ainda não encontrou o código cultural para assimilar e gerir esses meios. "Um dos maiores problemas da humanidade", escreveu Albert Einstein, "não consiste na imperfeição dos meios, mas na confusão dos fins." Toda a máquina organizacional da qual dispomos, pensada para produzir objetos e necessidades em série, contrasta com a máquina organizacional e criativa necessária para produzir idéias originais e para produzir o futuro. A sociedade e a mentalidade industriais pesam nos nossos ombros como míticas linhagens milenares; o passado próximo nos impede de investir no passado e no futuro remotos. Estamos ainda lambuzados de *Scientific Management* e de linhas de montagem, burocracias dignas dos Habsburgo e astúcias latinas. Os lugares físicos nos quais se trabalha, os homens e as mulheres com os quais colaboramos, os líderes que nos guiam, a cultura que nos intriga e as gratificações que nos lisonjeiam fazem parte, em grande medida, de um mundo ainda hoje baseado na serialidade e na capacidade de execução, em valores de obediência, de conformidade e de prescrições.

A DESCOBERTA E A INVENÇÃO

Todavia estamos vivendo numa época entusiasmante, marcada pela luta entre *a sociedade executiva* que morre e *a sociedade criativa* que se afirma. Esta nova sociedade hipercriativa, como todas as sínteses que conseguem coroar uma dialética histórica, postula invenção e organização, emoção e regra: por isso os cientistas, os artistas e os gerentes constituem os protagonistas das grandes transformações em ação.

As maiores dificuldades derivam das diferenças culturais entre os três grupos, dos ritmos e dos itinerários com os quais cada um deles se relaciona com a sociedade criativa, da disparidade e das contribuições – científicas, estéticas e organizacionais – com as quais cada um participa na construção do conjunto do porvir e do seu próprio papel nesse futuro.

Naturalmente, são sobretudo os cientistas que estão numa posição confortável neste momento, sendo apreciados como protagonistas de uma mudança que, discutida pelos ideólogos e pelos políticos, foi, na realidade, empreendida pelos engenheiros. Enquanto, por exemplo, os nossos partidos discutiam a oportunidade de nacionalizar ou de privatizar os correios, os cientistas do campo da engenharia produziram o fax e depois a Internet, eliminando uma boa parte do problema.

Na sociedade pós-industrial, uma instituição, um grupo ou um indivíduo é tão criativo quanto mais futuro ele consegue projetar na política, na economia, na ciência e na arte. É preciso, portanto, esclarecer como ocorre essa projeção. A esse propósito tomaremos as passagens de *Il Presente è l'Avvenire* (O presente é o futuro), um livrinho já citado, útil ainda que inconstante, publicado em 1985 pela socióloga húngara Zsuzsa Hegedus e, infelizmente, centrado exclusivamente na criatividade científica.[27]

O avanço recente da ciência – segundo Hegedus – é muito diferente dos progressos técnico-científicos que haviam marcado as etapas da sociedade industrial. Entre a metade do século XVIII e a metade do XX, a ciência limitava-se a lutar com a natureza a fim de subtrair-lhe matérias-primas e vencer obstáculos, caminhando passo a passo nessa sua exploração. Hoje a ciência, além de completar a exploração e a descoberta dos setores tradicionais, que já vinha sondando há séculos, inventa novos setores, não prescritos pela natureza, mas determinados pela cultura. Disso deriva o centralismo dos cientistas no atual sistema social.

A invenção dos novos campos (a biotecnologia, por exemplo, ou a eletrônica ou ainda a industrialização do espaço) acontece como obra das ciências puras, com o empurrão das demandas sociais. Quando um novo campo é descortinado pelas ciências básicas, então as ciências aplicadas, a tecnologia e o gerenciamento encarregam-se de traduzir os princípios e os conhecimentos gerais em produtos específicos, em serviços, em medicamentos e em instrumentos capazes de socorrer o ser humano nas suas práticas cotidianas.

Enquanto a ciência tradicional havia se proposto um objetivo "finito", porque "finita" era a natureza que ela tinha intenção de desvendar, a ciência contemporânea tem diante de si um território sem limites, porque infinitos são os campos possíveis aos quais a criatividade humana pode dar vida. A *descoberta* é limitada por alguns vínculos: o mundo material a ser descoberto é circunscrito pela sua própria natureza; todo e cada problema natural admite uma única solução excelente e um só procedimento eficiente para alcançá-la: o melhor caminho de Taylor. Já a *invenção*, pelo contrário, pode prosseguir por infinitas direções, pode abrir infinitos campos e pode seguir infinitos caminhos: tanto os *objetivos* como os *itinerários* são ilimitados, como ilimitadas são as capacidades criativas do cérebro humano.

Mais aumentam os campos inventados pelo homem, mais diminui a sua dependência dos recursos naturais. A ciência oferece uma gama crescente de possibilidades entre as quais se pode escolher aquelas a serem traduzidas na prática, aquelas preferíveis, descartando outras. A partir dos anos 30, desde a Segunda Guerra Mundial e o imediato pós-guerra (fissão do átomo, desembarque na Normandia, construção da bomba atômica e descoberta da estrutura do DNA), o trabalho inventivo nos introduziu num mundo novo, onde os obstáculos naturais cessam de constituir um limite para a ação. Depois, a partir dos anos 60, deu-se mais um passo à frente: tomou-se consciência do papel inédito assumido pelo trabalho criativo, como produtor de novos campos de ação, postulados por exigências sociais.

Consideremos três exemplos de extraordinária inventividade metodológica: o grupo romano de Enrico Fermi em Via Panisperna, que realizou a primeira fissão do átomo de urânio; a equipe de cientistas que realizou, com o Projeto Manhattan, a primeira bomba atômica; e o Cavendish de Cambridge, onde foi descoberta a estrutura do DNA. Aqui, a seguir, analisarei todos os três casos, dando porém mais espaço ao grupo de Fermi, não só porque foi o primeiro cronologicamente, mas sobretudo porque foi ele quem antecipou aos outros dois a adoção de um "time", como método organizacional de criatividade coletiva.

HOMENS E TEMPOS

Pode haver assimetria entre os homens e o tempo deles. Nem todos tiveram a sorte de Stendhal ou de Proust: espelhos fiéis da época que os produziu, sincronizados emocional e racionalmente com os fatos acerca do qual escreviam. Outros, como Bacon ou Beethoven, foram precursores de idéias e de técnicas; às vezes uma infelicidade para si, mas sempre uma fortuna para os seus póstumos. Outros ainda, mesmo que com sucesso, às vezes até com gênio, prolongaram além da medida um estilo de vida ou paradigmas intelectuais que já haviam atingido a plenitude antes mesmo dos seus nascimentos: são os casos de Croce ou de De Gaulle, homens do século XIX que viveram quase que por equívoco em pleno século XX.

Assimetrias desse gênero podem se verificar sobretudo nas fases históricas de alternância entre civilizações, quando, por exemplo, não progride somente uma única ciência ou uma única forma de arte, mas desloca-se a própria interseção entre as várias artes ou as muitas ciências, fazendo com que o homem realize um salto de qualidade: nos capítulos precedentes, tratei da revolução mesopotâmica, daquela do século XII, do Iluminismo, assim como da desarticulação das velhas disciplinas, que ocorreu na primeira metade do século XX, além da sua difusão graças a Einstein, Freud, Picasso, Joyce, Le Corbusier e Schönberg.

Como se pode observar, esses "revolucionários" são europeus. E predominantemente européia é a organização do trabalho baseada não na divisão das tarefas e na competitividade destrutiva, mas na cooperação, na informalidade e na estética. Essa particularidade é evidente em todos os casos que reportei, embora eles sejam diferentes entre si, sob muitos aspectos: alguns, com efeito, tiveram origem na iniciativa privada, já outros foram criados com fundos públicos; alguns envolveram um grande número de colaboradores, enquanto outros contaram com um exíguo número de iniciados; uns colocaram em primeiro plano os valores estéticos, outros, os científicos. Todos, contudo, fundaram a sua razão de ser e a sua sorte na criatividade coletiva e criativamente organizada.

OS JOVENS DA VIA PANISPERNA

Gerald Holton, um dos historiadores da ciência de maior autoridade, escreveu: "Os eventos que marcam uma virada na história moderna assumem, por vezes, o caráter de um fato mitológico. Um desses eventos deu-se em Roma, numa manhã do outubro de 1934, num quarto da Via Panisperna, no número 98ª, num velho laboratório de física." O grupo que deu vida a esse evento extraordinário trabalhou por volta dos anos 30 no laboratório de física dirigido por Enrico Fermi, fornecendo uma sólida contribuição não só ao progresso da ciência mas também à experimentação *avant lettre* das formas organizacionais pós-industriais.

A história desse grupo é muito conhecida, e por isso limito-me a resumir as suas etapas principais.[28] Fermi nasceu em 1901; aos 14 anos, por puro acaso, descobriu a sua paixão pela física; aos 25 obteve a cátedra de física teórica na Universidade de Roma; aos 33 anos marcou o início da era nuclear, descobrindo o efeito que um feixe de nêutrons com a velocidade diminuída pode produzir, desestabilizando os núcleos; aos 37 anos ganhou o Prêmio Nobel.

Quando a grande descoberta foi efetuada, em outubro de 1934, os colaboradores de Fermi eram todos muito jovens: Franco Rasetti e Oscar D'Agostino também tinham 33 anos, Emilio Segré, 29, Ettore Majorana (que já há algum tempo havia se distanciado do grupo), 28, Edoardo Amaldi, 26, e Bruno Pontecorvo, apenas 21. Deste fato surge a denominação "Os Jovens da Via Panisperna", com a qual, freqüentemente, refere-se ao time.

Todo o projeto que foi coroado pela sensacional descoberta abrangeu o período de cinco anos – de 1929 a 1934 –, quase todo absorvido por etapas preparatórias. A verdadeira fase de produção criativa durou apenas poucos meses (de janeiro a outubro de 1934), após o que o grupo começou a desmembrar-se, devido a várias vicissitudes. A história desses cinco anos foi pontualmente reconstruída, tanto sob o perfil científico como de política da ciência. A fim de obter mais detalhes acerca dos aspectos organizacionais, com freqüência descuidados pelos historiadores, realizei, em 1986, uma longa entrevista com Amaldi, um dos "rapazes", àquela altura já sucessor de Fermi no ensino da física na Universidade de Roma. Naquela ocasião focalizei a atenção da excepcional testemunha sobretudo na estrutura e no funcionamento do time: a sua dimensão, o seu estilo de liderança, as relações entre os momentos criativos e os executivos, os relacionamentos informais, a instrumentação tecnológica, as gratificações, os conflitos e tudo mais que qualquer pessoa que se dedicasse a um *check up* organizacional de uma unidade produtiva indagaria. A seguir farei um amplo uso dessa entrevista.

Segundo Holton, no trabalho do Grupo de Fermi pode-se facilmente distinguir duas etapas: perto do final de 1929 foi fixada a estratégia do projeto e foram designados os fundos para as pesquisas; a partir de 1930, o grupo deu início a um processo de auto-educação no campo da física nuclear; nesse mesmo período os vários componentes do grupo tornaram-se conhecidos por meio de publicações de alto nível; em 1931, alguns deles dirigiram-se a diversos países, a fim de freqüentar os melhores laboratórios e aprender as técnicas; ainda em 1931 foi organizado em Roma um congresso internacional de modo a atrair os físicos nucleares mais famosos; em 1932 foram construídas e aprovadas aparelhagens, graças a um significativo aumento do financiamento; e ainda em 1932 o grupo pôde usufruir grandes descobertas no campo da física nuclear que outros cientistas haviam feito no exterior; em 1933, Fermi publicou um ensaio fundamental sobre a teoria da desintegração dos raios beta; nos primeiros meses de 1934 chegou a notícia de que, na França, Joliot e Curie haviam obtido a radioatividade artificial com as partículas alfa, e Fermi vislumbrou a possibilidade de alcançar resultados ainda melhores por meio dos nêutrons. Um financiamento suplementar de 1.000 dólares permitiu intensificar os experimentos, que em poucos meses frutificaram numa cascata de descobertas, até a fundamental.

Durante o período mais explicitamente criativo, o Grupo de Fermi esteve na vanguarda no campo da física nuclear, mas – segundo Holton – representou "um *unicum* sob o aspecto da sua organização interna", concentrando todas as forças disponíveis na mesmíssima busca, na qual o grupo acreditava ser capaz de obter os máximos resultados e o máximo reconhecimento.

A ORIGINALIDADE DO TIME

A história do grupo é a de uma progressiva transformação de indivíduos estudiosos em *um único time* tão compacto a ponto de redigir e assinar os artigos coletivamente, após tê-los enviado, na forma de pré-impressão, a uns 40 físicos do mundo inteiro.

Quando o grupo se forma e começa a trabalhar, a Itália já está há algum tempo sob o fascismo, e a sua economia, com mais de 50% da população ativa na agricultura, ainda era predominantemente rural. Os recursos econômicos do grupo – graças à proteção do físico Orso Mario Corbino, senador e ex-ministro – eram dez vezes superiores aos que eram normalmente concedidos aos outros institutos universitários romanos, mas ainda assim modestos, se comparados aos financiamentos de que gozavam os concorrentes estrangeiros. Portanto, se o Grupo de Fermi teve sucesso, isso não dependeu nem do contexto nacional no qual estava inserido nem dos meios materiais de que podia dispor. A minha convicção é de que os resultados deveram-se sobretudo às características organizacionais excelentemente pós-industriais que o grupo conseguiu imprimir ao seu trabalho. Com isso, não quero dizer que o grupo agiu de forma intencionalmente pós-industrial, mas que, *de fato*, antecipou alguns métodos que hoje encontramos nas melhores equipes de criação.

Alguns, naturalmente, não todos. Assim, por exemplo, a dimensão estética teve um aspecto bem mais marginal do que em outros casos, como, por exemplo, na Estação Zoológica ou no Círculo Matemático. Watson narra que a estrutura do DNA foi descoberta, entre tantas outras possíveis, porque "era bonita demais para não ser verdade". Fermi nunca teria pensado algo do tipo, e, ao contário de Anton Dohrn ou de Guccia, nunca teria convocado Hildebrand para projetar o seu laboratório, nem Von Marèes para pintar afrescos nele e nem mesmo Basile para decorá-lo. O seu colega Rasetti – que talvez não por acaso depois tornou-se um dos maiores estudiosos das orquídeas! – o censurava a esse respeito explicitamente. Narra Bruno Pontecorvo: "Uma vez Fermi havia instalado, não me recordo exatamente qual, mas um dispositivo bem feinho. Rasetti, que não só era um grande cientista experimental, reconhecido por Fermi, como possuía também severas exigências estéticas, começou a criticar Fermi, que respondeu: 'Mas funciona otimamente.' Então, Rasetti, com raiva, bradou: 'Enrico, quando você faz uma experiência, às vezes você é capaz de fazer coisas indecorosas! Olhe só este eletrodo de Edelman (e Rasetti indicou um lindo eletrodo todo reluzente, cromado, que representava aos nossos olhos o *non plus ultra* do progresso técnico contemporâneo). Você seria capaz de cobri-lo de sangue de galinha (tratava-se de uma substância avermelhada e bem nojenta que usávamos no laboratório). Eu nunca faria algo parecido, nem mesmo se estivesse certo de que isso me faria ganhar o Nobel.' E Fermi respondeu, tranqüilamente: 'Claro, eu mergulharia sem titubear todos os nossos eletrodos num belo banho de sangue de galinha, se isso me fornecesse algum dado relevante.'"[29]

Isso não quer dizer que o grupo não tivesse interesses diversificados. Amaldi me contou que, durante as horas vagas, "falava-se de tudo um pouco, até de literatura. Rasetti, particularmente, era um grande leitor dos livros mais modernos. Tinha sempre lido os últimos volumes publicados na América, na França, etc. E isso era estimulante para todos nós. Todos líamos fluentemente alemão. Lembro-me dos livros de Remarque, de textos da literatura germânica, americana, inglesa, de Huxley, por exemplo".

"Basicamente falávamos um pouco de política – mas não muito – assim de uma maneira geral, crítica e gozadora, nos preocupando pouco. Falávamos das outras ciências, distintas da nossa, por exemplo, de biologia ou daquilo que cada um aprendera de outros setores. Rasetti tinha uma memória fenomenal, incrível, e uma cultura muito vasta. Durante a juventude – prosseguindo uma empreitada iniciada por seu pai –, fizera uma coleção com mais de 20.000 insetos, que, depois, quando deixou a Itália, doou ao museu de história das ciências naturais, anexo ao jardim zoológico. Antes de se tornar físico, quando ainda era um estudante, descobrira novas espécies de insetos: os coleópteros cavernículos, aos quais empresta o nome. Entendia também de geologia."

DEZ PECULIARIDADES ORGANIZACIONAIS

Segundo Holton, o sucesso do grupo se deveu ao isolamento e à proteção de que usufruiu graças a Corbino, à dimensão ágil do time, ao entrosamento dos seus membros, ao modelo de empresa quase familiar ao qual correspondia, à frugalidade, à capacidade de improvisação e ao cuidado dedicado às relações públicas. Algumas dessas características e mais outras ainda merecem ser analisadas de forma mais detalhada, exatamente porque revelam a extraordinária capacidade antecipatória do grupo em relação aos atributos organizacionais que eram necessários aos sistemas pós-industriais a fim de potencializar a própria criatividade.

A estrutura do time. A primeira dessas características é constituída pela própria estrutura do time, que representava uma novidade em relação aos laboratórios científicos da época. Contou-me Amaldi: "O nosso foi um dos primeiros grupos relativamente numerosos. Lembro-me que em 1936 fui aos Estados Unidos e em vários lugares me disseram: 'Ah, você pertence ao *Italian team*, você é de Roma.' Até então a maior parte das pesquisas era feita por cientistas que trabalhavam sozinhos ou, no máximo, em dupla. Os grandes grupos nasceram depois da guerra. Rutherford, por exemplo, sempre trabalhou só com um colaborador, no máximo com dois. Tratava-se de pessoas notáveis. O caso mais freqüente era o de um personagem que trabalhava sozinho ou com um aluno escolhido por ele e com o qual dialogava. Se nós fôssemos em menor número, não teríamos feito tudo aquilo que fizemos. Em relação a outros grupos estrangeiros no campo da física, não éramos inferiores a ninguém; em química estávamos atrasados sobretudo em relação aos berlinenses, a Otto Hahn, já então um dos maiores químicos do mundo. Nós tínhamos D'Agostino, que era um ótimo químico, mas, sem ofensa, não era Otto Hahn. Fermi, por exemplo, era um dos grandes físicos da época, mas não um dos maiores químicos. E essa foi a causa do sucesso que, em seguida, tiveram os berlinenses. Nós dominamos a cena num certo campo e depois eles obtiveram vantagem, exatamente graças à preparação química de Otto Hahn."

A interdisciplinaridade. Fermi era físico, como Amaldi. Rasetti – que cultivava também interesses biológicos e que mais tarde se dedicará à botânica – tinha estudado engenharia, como Segré e Majorana. D'Agostino era químico. Acrescente-se que a mulher de Fermi, Laura, estudava ciências e que a mulher de Amaldi, Ginestra, astronomia. Cada uma dessas especialidades era colocada ao dispor do grupo no seu conjunto, onde frutificava, e cada membro, embora conservasse a própria especificidade, adquiria, aos poucos, a capacidade de interagir cientificamente com todos os outros.

Contou-me Amaldi: "Cada um possuía uma especialização um pouco diferente. A parte química ficava por conta de D'Agostino: como era químico, não fazia os trabalhos de um físico. Entre nós, físicos, quem mais entendia de química era Segré; logo, era ele que, automaticamente, cooperava com D'Agostino, já que era mais bem preparado no assunto. Eu, *grosso modo*, desempenhava o papel de construtor de contadores, de eletrônica, etc. Fermi tinha o papel diretivo, e Rasetti, que justamente ocupava uma posição de destaque, cooperava com Fermi. Era claro que ele era o 'número dois', e, eu diria, quase em paridade com Fermi. Não que Fermi o mantivesse como subalterno. Tinham a mesma idade e eram amigos de longuíssima data."

A autoridade do líder e as decisões tomadas pelo "colegiado". Fermi era dotado de uma grande inteligência, de uma reconhecida excelência científica, de uma genialidade não-neurótica e de um equilíbrio e uma firmeza que faziam dele um líder natural. Recordava Amaldi: "Debatia-se, conversava-se. É preciso reconhecer que muitas das melhores idéias provinham de Fermi. Ele era o chefe. Não restam dúvidas quanto a isso. E isso lhe conferia, justamente, uma autoridade notável... Como líder, Fermi era realmente excepcional, tanto é que por todos os lugares onde esteve – inclusive na América – criou grupos de alunos formidáveis. Tinha um modo de trabalhar que o levava a raciocinar em voz alta, e assim estimulava e impelia à ação também os demais.

"Entre ele e nós havia um contínuo *feedback*. Outros cientistas, inclusive alguns grandiosos, não produziram escola: faziam um trabalho excepcional, mas sozinhos... Nós estávamos todos sob a influência de Fermi. Todos nós tínhamos estudado física geral e, como estudantes, havíamos sido todos ótimos. Mas, depois, a parte moderna da física foi ele quem nos ensinou; a todos nós – inclusive a Rasetti –, Enrico Fermi dava muitíssimo, mas exigia também muitíssimo.

"Nunca serviu de pistolão para qualquer um de nós; longe dele fazer uma coisa dessas. Recordo-me de que recebi uma bolsa de estudos de Piacenza, minha cidade natal, para uma estada no exterior. Consultei-me com Fermi e com Rasetti; houve uma grande discussão. Essas coisas aconteciam de uma forma um pouco planejada: Rasetti vai para Berlim, Segré para Hamburgo, Amaldi para Leipzig. E assim fui para Leipzig. Mas era tudo decidido pelo 'colegiado', de modo inteligente. Debatia-se: o que precisamos aprender? E onde estão os melhores lugares na Europa para isso? E então decidia-se: você vai para lá, você para acolá, você tem que aprender isso e você tem que aprender aquilo. E todos nós seguíamos esse plano por convicção própria, não por espírito de obediência submissa. Claro, era um modo inteligente porque nos comportávamos como professores de primeira categoria, que iam aos melhores centros para aprender aquilo que nos faltava em Roma. Assim, mesmo sendo um grupo pequeno, em pouco tempo trouxemos para Roma técnicas diversas, aprendidas rapidamente em outros lugares."

Orquestrantes, aliados e patrocinadores. Muitos estudos sobre a organização dos grupos criativos atestam que, habitualmente, por trás de um time há um "orquestrador", assim como patrocinadores, capazes de conciliar as exigências dos pesquisadores com aquelas mais gerais da macroestrutura (nesse caso, a universidade) nas quais eles operam, assim como com as de todo o sistema sociopolítico.

Fermi teve muita sorte e também muita habilidade em encontrar e estimular os orquestradores, os patrocinadores e os aliados para o protegerem e lhe proporcionarem os fundos necessários à pesquisa: Pegram, da Columbia University, Canton, do Metallurgical Laboratory de Chicago, e Allisan, da Universidade de Chicago. Em Roma, o grande protetor do grupo foi Orso Mario Corbino, diretor do Instituto de Física, ilustre cientista, senador e duas vezes ministro da República italiana, primeiro da Instrução Pública e, em seguida, da Economia.

Contou-me Amaldi: "Corbino nos protegia. Compreendia tudo. Era um homem extremamente inteligente, que logo teve a intuição de quem era

Fermi, quem era Rasetti. Estava muito satisfeito com o grupo e dava muitas idéias. Não tanto sobre o que fazer no campo da física, já que ele já havia se distanciado um pouco, pois exercia uma função política, mas interessava-se por problemas industriais e por diversas coisas. Porém, havia sido um excelente físico e dominava todos os conceitos fundamentais, não era despreparado. Muitas vezes íamos ao Instituto nos domingos porque Corbino descia da biblioteca para conversar. Era muito agradável.

"Morava na Via Panisperna, no mesmo edifício que servia de sede ao nosso laboratório de física. O seu apartamento ficava no andar de cima. Às 11 horas ele descia para nos encontrar e perguntava o que é que havíamos feito. Dirigia-se a Fermi, mas todos nós estávamos em volta. E quem respondia era Fermi, porque sabia mais que todos, mas cada um de nós também podia intervir, dizer alguma coisa, fazer uma observação. Não era um diálogo restrito aos dois. Corbino entendia tudo, fazia observações inteligentes, do tipo: 'Vocês tentaram fazer isso? Vocês têm certeza? Mas não têm dúvidas sobre essa outra possibilidade?' Era muito estimulante.

"Alguns matemáticos que haviam dado uma grande ajuda a Corbino, na obtenção da cátedra de Fermi, também eram aliados do grupo. Uma indicação desse tipo implica sempre um corpo docente inteiro de uma faculdade que vota e não depende de uma só pessoa. Corbino havia obtido o apoio total dos matemáticos, alguns dos quais já conheciam bem Fermi, porque, quando ele ainda estava na Escola Normal de Pisa e, depois, em Florença, havia publicado alguns trabalhos. Levi Civita era um mecânico racional e tinha desenvolvido o cálculo diferencial absoluto, que depois foi utilizado por Einstein para elaborar a teoria da relatividade (existe toda uma correspondência entre Einstein e Levi Civita, que era uma personalidade de destaque, citado em livros do mundo inteiro. Em 1936 ele foi convidado por Einstein, pessoalmente, para passar um período em Princeton, lecionando). Muito bem, Fermi havia publicado um ou dois trabalhos muito inteligentes e discutido bastante a respeito com Levi Civita, que ficara entusiasmado. Além dele, Castelnuovo, Enriques e outros, convencidos de que Fermi era excepcionalmente competente, deram total apoio à ação de Corbino na Faculdade, votando e ajudando.

"Naquela época até existia um seminário de física e matemática, que acontecia de tempos em tempos, onde conferenciavam tanto físicos como matemáticos e para o qual foram convidados a dar palestras Fermi e Rasetti. Nós então éramos rapazolas, não tínhamos conhecimentos para sermos conferencistas naqueles seminários. Mas nesse ambiente cultural mais vasto, feito de matemáticos e de físicos, ficou muito claro quem era Fermi e o quanto a sua atividade era admirável. Eram pessoas que compreendiam muito bem o alcance de tudo aquilo; eram todos ótimos matemáticos, pessoas muito decentes e gentis conosco.

"Corbino tinha uma influência direta sobre nós. Mas eles não nos influenciavam diretamente, embora contribuíssem muito para que se criasse um clima favorável para nós. Depois, surgiram os primeiros trabalhos, Corbino fez discursos muito bonitos, tanto na Academia dei Lincei como no Senado, falando dessas coisas novas, o que teve enorme influência sobre a opinião pública. Boa parte da população já tinha consciência de que em Roma estava se fazendo um trabalho novo e importante.

"Corbino morreu em 1937, sem ter a satisfação de ver Fermi agraciado com o Prêmio Nobel. Claro, teria ficado muito feliz. Mas o Nobel chegou em dezembro de 1938, enquanto no dia 14 de julho daquele mesmo ano haviam sido promulgadas as leis raciais. Corbino havia nos protegido sempre, mas contra aquelas leis não teria podido fazer nada. Personalidades como Levi Civita e Volterra foram expulsas do país pelas autoridades italianas. Fermi era um ariano puro (usando a terminologia da época), mas a mulher, Laura, era judia e teria sido afetada por aquelas leis, mesmo sendo seu pai um almirante da Marinha de guerra, fiel à pátria até o paroxismo, de origem vêneta e com uma tradição familiar de oficiais da Marinha. Morrendo em 1937, Corbino não assistiu ao Nobel de Fermi, que o teria enchido de alegria, mas também não soube do desaparecimento de Majorana e das leis raciais, não testemunhou o desmantelamento de tudo aquilo que ele havia construído. Depois tudo foi recuperado, mas naquela época foi uma ruína que não se pode descrever."

A consciência da centralidade da ciência. Embora numa Itália ainda rural muitos resistissem a perceber a importância da indústria, o grupo de Panisperna já tinha plena consciência de que a ciência passaria a ter um papel central na nova sociedade. Essa percepção lhes permitia investir todas as suas energias num projeto que, de outra maneira, teria sido somente uma utopia. Contou-me Amaldi: "Compreendia-se que tudo aquilo que se fazia marcava um importante passo à frente. Depois, aconteceram ainda mais coisas que nós não podíamos antecipar então. Não que compreendêssemos tudo. Compreendíamos que havia questões importantes em jogo e que um grande desenvolvimento estava por se dar. Contudo, o desenvolvimento que de fato ocorreu foi ainda superior ao que havíamos imaginado. Por exemplo, enquanto Hahn não havia ainda descoberto a fissão, nenhum de nós, inclusive Fermi, havia compreendido as aplicações energéticas que poderiam derivar das nossas pesquisas. Mas compreendêramos muito bem todas as aplicações ligadas aos radioisótopos, seja no campo da medicina, seja como indicadores em disciplinas experimentais, como na biologia e em outras mais. Isso já tínhamos entendido. E Corbino, quando foi informado a respeito, disse: 'Mas o quê? Vocês se deram conta disso e não patentearam? Vocês são loucos! Vocês devem retardar em 24 horas a publicação e vamos chamar um especialista em patentes.' E fez com que tivéssemos a patente do retardamento da velocidade dos nêutrons e da aplicação de substâncias radioativas. Na patente estão descritas todas as possíveis aplicações. Mas não as energéticas. Porque ninguém então pensava nisso – nem nós, nem mesmo os alemães. Isso foi compreendido somente em 1939. A nossa patente é do final de outubro, início de novembro de 1934. Contudo, havíamos compreendido as aplicações médicas e as descrevemos na patente ao longo de inúmeras páginas. E ficamos satisfeitos: não tanto pelo dinheiro que recebemos, porque nem foi tanto assim."

Enrico Fermi, o seu grupo de colaboradores e, talvez mais do que todos, o protetor deles, Corbino, tinham a plena convicção de que o desenvolvimento científico fornecesse o parâmetro fundamental para medir a potência de um país. Chegado à América, Fermi não terá nenhuma dúvida sobre a necessidade de contribuir com o seu gênio para a vitória nuclear dos Estados Unidos sobre o Japão. Mas já durante a fase da Via Panisperna, o grupo tinha a pretensão imediata de que, no campo do conhecimento, até mesmo os países subdesenvolvidos pudessem realizar grandes saltos à frente sem ter de aguardar que fossem percorridas, uma por uma, todas as etapas do desenvolvimento. Em outros termos, na presença de determinadas condições, mesmo um país ainda rural pode se tornar diretamente pós-industrial, colhendo grandes sucessos nas ciências sem ter de passar antes pela fase industrial. Holton chega a afirmar que "o caso Fermi pode ser assumido como uma 'receita' exemplar para assegurar a um país cientificamente 'em desenvolvimento' a ocasião para conquistar um Nobel para a ciência".

Mas para que um pequeno grupo de jovens cientistas, num país rural e fascista, pudesse concorrer com as nações industrializadas na corrida pela descoberta atômica eram necessárias uma grande inteligência organizacional, uma ótica em nada provinciana e uma forte tenacidade no trabalho.

Uma ótica em nada provinciana. Os relacionamentos com os estudiosos de outros países eram contínuos. Não só os vários membros do grupo viajavam muito para confrontar suas idéias e as suas técnicas com os maiores cientistas do resto do mundo, como havia uma contínua troca de informações, envio de pré-impressos e participação nos congressos. Rasetti visitou o laboratório de Millikan em Pasadena e depois o laboratório de Lise Meitner em Berlim; Segré foi ao local de trabalho de Otto Stern, em

Hamburgo; Amaldi passou um período com Debye em Leipzig e, depois, Rasetti, Segré e Amaldi encontraram-se na Noruega.

Esse foi um dos primeiros momentos a partir do qual a ciência tornou-se, verdadeiramente, transnacional, embora os cientistas dos vários países mantivessem todos um forte orgulho patriótico. Num artigo de 1968 em *Prospectives in American History* (Perspectivas na história americana), Charles Weiner escreveu: "Os físicos europeus e os seus alunos estavam num perpétuo movimento, ultrapassando e reultrapassando fronteiras para discutir as novas idéias. Já naqueles tempos, como hoje, as viagens e a comunicação eram aspectos essenciais da vida dos físicos, contrariamente à imagem popular do cientista trancado no seu laboratório, completamente avesso a todo e qualquer contato humano. As etapas obrigatórias dessas viagens compreendiam as universidades e os laboratórios de Munique, Leipzig, Göttingen, Leida, Zurique, Cambridge, Copenhague e Berlim."

Além desses contínuos contatos que conduziam os jovens da Via Panisperna para fora do próprio país, em outubro de 1931 Fermi organizou um congresso internacional de física que, inversamente, levou a Roma todos os grandes cientistas da época. A foto daqueles personagens legendários – de Marconi a Bohr, de Rutherford a Heisenberg e a Madame Curie – convocados a Roma por um grupo de "rapazolas" e em pose na escadaria do laboratório deles hoje integra a iconografia da física mundial.

Essa espessa rede de relações internacionais constituía uma contrastante exceção ao isolamento cultural da Itália fascista. Parece até surpreendente que os membros do Grupo de Fermi falassem correntemente idiomas estrangeiros. Disse-me Amaldi: "Conhecíamos outras línguas porque nos eram úteis. Tínhamos muitas relações com o mundo cultural inglês e alemão. Um pouco menos com o francês. As relações com a França eram difíceis: naqueles tempos a Itália era fascista, enquanto a França estava sob o governo socialista de Blum, o qual Madame Curie passou a integrar como subsecretária de pesquisa. Pontecorvo deixou a Itália em 1935 e foi trabalhar com Joliot em Paris. Já então, bem antes das leis raciais, ele havia decidido não viver na Itália fascista: não por uma questão de raça, mas por uma convicção antifascista. Quem estudava na Itália não tinha um relacionamento fácil com os franceses: se ia para a França, sofria um bombardeio de perguntas sobre o seu posicionamento político e era obrigado a falar sobre isso. Se quisesse depois retornar à Itália, esse fato podia até ser fonte de sérios problemas. Em suma, era perigoso. No entanto, se fosse para a Inglaterra ou para a América, as pessoas com as quais os italianos se deparavam não eram assim tão fixadas na questão política.

Discutia-se o assunto, não como se estivesse respondendo a um processo, mas como se cada italiano fosse, de fato, co-responsável."

Havia, portanto, uma notável conscientização da dimensão transnacional da ciência: o grupo mantinha-se constantemente informado sobre o estado da arte nos vários laboratórios do mundo; comunicava, por sua vez, e de forma oportuna, os próprios resultados aos mais importantes físicos estrangeiros; freqüentava e promovia convênios internacionais; hospedava estudantes de outros países, e cada membro do grupo realizava estágios no exterior com assiduidade, a fim de aprender novas técnicas, obter espaço nas revistas estrangeiras, medir a própria capacidade e reforçar os relacionamentos científicos.

Tenacidade e sistematicidade. Caso se reconstrua, em detalhes, o emprego do tempo feito pelo grupo, a sensação que se tem é de equilíbrio, sabedoria e profissionalismo. Contou-me Amaldi: "Nunca se cogitou do fato de que alguém pudesse chegar atrasado. Se durante o período que estávamos trabalhando com Fermi se dissesse: 'Vamos retomar o trabalho às três', todo mundo já estava ali, de volta, às cinco para as três. Não me recordo de uma só vez em que alguém tenha chegado às três e um minuto, ou às três e vinte e muito menos às três e meia. Habitualmente iniciava-se a jornada de trabalho bem antes das nove da manhã; parava-se ao meio-dia e meia; retomava-se o trabalho às três da tarde e prosseguia-se até às seis, de forma sempre muito sistemática. Era assim todos os dias. No sábado trabalhávamos só de manhã. E aí, com freqüência, íamos para alguma localidade de montanha, às vezes no próprio sábado, às vezes no domingo, muitas vezes todos juntos ou então em grupos de dois ou três, porque nem todos tínhamos exatamente o mesmo gosto.

"O trabalho era muito, muito intenso. Absorvia-nos completamente. Mas não deixávamos de tirar férias. No Natal, na semana santa, às vezes durante o carnaval, íamos esquiar. E, no verão, saíamos para as verdadeiras férias. Não fazíamos coisas – que vi muita gente fazer – como não respeitar os horários das refeições. Eram horários que faziam parte do dia, e, caso se queira trabalhar bem e eficientemente, deve-se estar bem alimentado na hora certa. Mesmo quando estava acontecendo algo de interessante, não se adiava o almoço. No dia em que descobrimos os nêutrons lentos era em torno de meio-dia, mas às doze e trinta, como sempre, fomos almoçar normalmente e nos reencontramos às três da tarde. Não alteramos horários e não entramos num estado de excitação.

"É preciso dizer que Fermi era formidável em matéria de não perder a cabeça, em não se agitar ou ficar excitado demais diante de algo importante. Permanecia sempre calmo, tranqüilo, sereno e alegre.

"Mas, para trabalhar como se deve, ia-se comer: bem, mas sem exagerar. Trabalhava-se durante o tempo justo, mas depois ia-se descansar. Quase não acredito quando vejo essa gente que faz essas reuniões sem pé nem cabeça, bebendo ou fumando sem parar para ficar estimulado! No nosso caso era exatamente o oposto. Alguns fumavam, mas nunca de modo obsessivo. Era exatamente como numa quadra de tênis! Ninguém, quando vai enfrentar uma partida difícil, deve começar a fumar ou a beber sem parar. Beberá, se suou, do mesmo jeito que se coloca água no radiador do carro, senão não funciona. Mas tudo isso era agradabilíssimo. Uma espécie de jogo, feito com o espírito do jogo, mas ao mesmo tempo todos conscientes de que não era uma brincadeira, jogar só por jogar, mas algo importante. E tudo era feito de modo agradável, divertido. Essa é a principal lembrança que todos nós conservamos.

"É claro que, após dois ou três meses de um trabalho assim, necessitava-se de uma semana esquiando, sem fazer absolutamente nada. Mas, emquanto fosse preciso, trabalhava-se duramente, sem interrupções. Durante tantos anos, nunca fomos ao bar, durante o horário de trabalho, beber alguma coisa. Toda e qualquer interrupção desse tipo estragaria o nosso clima de trabalho."

Como se vê, reinava no grupo a convicção de que o interesse intrínseco de um trabalho, a participação nas decisões e o entusiasmo determinam o sucesso muito mais do que as gratificações econômicas ou de carreira. Declarou-me Amaldi: "Achávamos tão bonito o nosso trabalho, tão prazeroso, tão extraordinário, que ninguém sequer pensava em procurar um melhor."

Os salários eram relativamente baixos, a vida modesta, e as perspectivas de carreira, muito escassas. Só D'Agostino, certa vez, cedeu à tentação de ganhos maiores, empregando-se numa fábrica de inseticidas. Amaldi recordava com grande modéstia: "Quem era assistente recebia o salário de assistente. E quem era titular, o de um professor titular. Eu recebia 700 liras por mês. Minha mulher também trabalhava e ganhava um pouco mais que eu. Com os dois salários não vivíamos mal. Um professor titular ganhava entre 1.200 e 1.300, ou até 1.500 liras mensais. Não era um lorde, mas vivia bem."

Poucos conflitos. Todos os testemunhos concordam que predominava no grupo, de modo harmônico, a busca de sucesso científico, de convívio agradável, de atividade lúdica e de amizade, em lugar de aspirações como o poder ou o dinheiro. O clima, a cultura, a liderança do grupo e a forte coincidência entre os objetivos individuais e os da equipe como um todo reduziam ao mínimo as ocasiões de conflito.

Solicitado por mim a lembrar de algum caso de discordância no grupo, Amaldi teve dificuldade de localizar na memória episódios de claro conflito, pelo menos até 1934. O único exemplo diz respeito ao período seguinte às grandes descobertas de 1934, quase como se o alcance da meta tivesse provocado o desmoronamento das defesas criadas pelo entusiasmo como baluarte do entrosamento e da solidariedade. Eis o que Amaldi me contou: "Ocasiões de conflito ocorriam muito raramente. De toda forma, eram sempre briguinhas à toa. Certa vez, por exemplo, Rasetti – que era uma pessoa extraordinária sob muitos aspectos, mas muito individualista – declarou que se sentia sacrificado por trabalhar em grupo.

"Nós trabalhávamos assim: nos reuníamos, discutíamos sobre o que havia a ser feito e depois decidíamos: você faz isso, você faz aquilo, e havia o compromisso a ser cumprido. A decisão era uma conseqüência das discussões. Era o próprio Fermi que, em seguida, fazia uma sinopse: 'Então, fica combinado assim. É você que vai fazer isso? E quem quer fazer aquilo? Vocês topam?' A gente fazia um acordo, mas geralmente não tinha briga.

"Mas aí, a uma certa altura, Rasetti disse: 'Eu me sinto sacrificado, sinto que este trabalho em equipe não me agrada. Eu gosto de fazer o meu trabalho com o meu contador. Esta história de que os contadores são de todo mundo...' (De fato, os contadores eram construídos e depois, segundo a medida a ser efetuada, quem precisava os utilizava.)

"Eu achava isso completamente lógico e não tinha nenhum problema com a questão. Rasetti não gostava, mas eu gostava. Cada um tem o seu jeito. E então, num certo sentido, ele deixou o grupo. Assumiu um determinado assunto específico que tinha a ver com ele e trabalhava num outro recinto, por conta própria. E com o seu contador, que era usado somente por ele. Mas continuamos a manter ótimas relações, mesmo com ele lá no seu canto, sozinho e com o seu contador exclusivo. Não surgiu nenhuma picuinha.

"Aliás, Fermi ficou um pouco chateado. Mas não disse nada, nem uma palavra, apesar de eu ter tido a sensação de que ele ficou levemente aborrecido. Até porque se tratava, meio que indiretamente, de uma crítica a ele, pessoalmente, já que Rasetti não podia ter queixas em relação a nós, os mais jovens, que éramos seus ajudantes. O único que podia incomodar Rasetti era o próprio Fermi; quem mais? Portanto, a questão era uma espécie de ressentimento, já que ele queria fazer as coisas sozinho. Mas não teve briga ou bate-boca. Assim, a partir daquele momento ele começou a publicar os seus artigos por conta própria e nós seguimos o nosso caminho sem ele. Contudo, usando a mesma fonte de nêutrons, já que havia uma só. Nunca teve uma briga sequer, ele nos contava os seus resultados e nós passávamos para ele os nossos.

"Começamos a trabalhar na questão dos nêutrons em abril de 1934. Antes, tínhamos trabalhado juntos, mas sobre outras coisas. No dia 25 de março nós descobrimos a radioatividade artificial, mas na hora estávamos só Segré e eu. Rasetti estava no Marrocos. Enviamos-lhe um telegrama e ele retornou duas semanas depois. Oscar D'Agostino estava em Paris para trabalhar com Madame Curie. Pontecorvo era ainda estudante, estava terminando o bacharelado e se formou em julho.

"Eu trabalhava como assistente de Rasetti e mantinha contato cotidiano com ele e com Pontecorvo. Foi no inverno entre 1934 e 1935 que ele disse: 'Eu estou mal no grupo. Tenho que ter um trabalho específico todo meu, que eu faça tudo sozinho, do início ao fim. Lamento muito, mas tenho de me separar.' E assim separou-se, mas de forma indolor. Nós prosseguimos nosso caminho por nossa conta e ele por sua conta. Trabalhava muito bem."

Conforme vemos, o conflito entre eles, além de raro, assumia uma forma para lá de civilizada, e, mesmo quando evocado depois, isso foi feito da maneira mais discreta possível. E pensar que não faltavam, no interior do grupo, as personalidades difíceis e temperamentais. Sobre o colega que era, sem dúvida, o mais enigmático e briguento, Amaldi me contou: "Quando fizemos as nossas descobertas, Majorana já não trabalhava conosco há algum tempo. Havia se trancado dentro de casa e era difícil encontrá-lo. Nós, por amizade, procurávamos manter o contato, mas para conseguir chegar até ele era preciso inventar a desculpa de algum livro ou qualquer outra coisa desse tipo. Ele morava na Avenida Regina Margherita com os pais e os irmãos. O pai era um engenheiro e trabalhava no Ministério das Telecomunicações. Uma boa parte do comportamento e do temperamento de Ettore estava relacionada à sua família, muito fechada e severa. Para as nossas famílias era normal que um rapaz de 16 anos pudesse sair à noite sem ter de pedir permissão aos pais. Não que fizéssemos nada de mais. Pelo contrário. Mas ninguém precisava pedir para o papai ou para a mamãe se podia sair. Saía-se e ia-se ao cinema ou ia-se dançar em algum lugar. Já os Majorana eram muito mais severos, com regras rígidas também para os filhos homens. Muito afetuosos, ótimas pessoas, mas diferentes das nossas famílias. Havia uma autoridade paterna e materna muito mais rígida."

Processos e instrumentação. Enrico Fermi e todos os outros membros do grupo conferiam uma grande atenção à estreita correlação que havia entre a inovação dos produtos e a inovação dos processos. E o grupo dava muita importância ao treinamento e à formação permanentes. Se alguém sabia algo a mais que os outros, devia ensinar a todos. Assim, por exemplo, no outono de 1931, Fermi, Rasetti, Majorana e Segré participaram de um seminário que Amaldi ministrou a fim de explicar as teorias então mais recentes de Rutherford, Chadwick e Ellis.

Quanto à instrumentação técnica, freqüentemente construída com meios rudimentares, Amaldi me contou: "Os nossos instrumentos eram muito bem-feitos, tinham algumas novidades, mas não que fossem invenções excepcionais. Eram bem-feitos no sentido de que foram aperfeiçoadas em comparação com outros instrumentos precedentes. Tínhamos uma técnica tão boa que a exportamos para muitos lugares. Com certeza, fomos nós que a introduzimos na América. Algumas técnicas ligadas aos nêutrons foram introduzidas na Columbia University por Segré e por mim; no verão de 1936 também as ensinei no Carnegie Institute de Washington; Segré as ensinou também em Berkeley. Em todos esses lugares fomos capazes, melhor que qualquer outro grupo ou pessoa, de fazer as mensurações ligadas aos nêutrons, sobretudo aos nêutrons lentos, e as ensinamos utilizando os nossos métodos. Éramos bastante competentes nisso. Aonde quer que fôssemos éramos muito bem acolhidos. Foram anos de muita, muita sorte. Para mim foram anos maravilhosos."

Problemas e soluções. Um último ponto a ser notado é a consciência de que o grupo tinha de saber identificar e formular um problema que fosse pelo menos tão importante quanto encontrar a sua solução. Talvez exatamente nessa capacidade de colocar novas interrogações e identificar, rapidamente, os novos campos a serem explorados esteja o maior mérito de Fermi e dos seus colaboradores. Bachelard sintetizaria tudo isso na sua oração maravilhosamente pós-industrial: "Dai-nos hoje a nossa fome cotidiana!"

Amaldi contou-me que, em 1931, quando encontrou Rasetti e Segré na Noruega, haviam finalmente objetivado os critérios com os quais iriam escolher a área de trabalho deles: "Dissemos que era melhor concentrar os nossos esforços num setor que estivesse num estágio bem primitivo e pouco desenvolvido, de modo que houvesse muito espaço para a pesquisa. Este era um ponto bem claro."

UM GRUPO PRECURSOR, GENIAL E COMPLETO

Quanto mais se analisa em detalhes essa grande aventura do pequeno grupo da Via Panisperna, mais emerge a genial modernidade da sua organização, tanto nos aspectos internos como nas suas relações com o meio exterior.

O próprio fato de que se tratava de um grupo e não de um cientista isolado constituía uma grande novidade no campo da física acadêmica. E, além disso, no interior da equipe, o processo de tomada das decisões era bem diferente daquele – mais centralizado e autoritário – vigente naqueles tempos nos institutos de pesquisa e, de um modo geral, nos locais de trabalho. A liderança tinha autoridade mas era também, ao mesmo tempo, participativa; a designação das tarefas era feita segundo a escolha pessoal; a motivação era constantemente alta; os conflitos bastante raros e nunca tão fortes a ponto de comprometer a coesão do grupo e a obtenção do objetivo prefixado. Também os instrumentos de laboratório, até outubro de 1934, não eram de uso pessoal. Podiam ser utilizados, indiferentemente, por quem quer que deles necessitasse.

A relação interorganizacional entre o grupo, a Faculdade, o Ministério, o CNR – Consiglio Nazionale di Ricerca, o Conselho Nacional de Pesquisas italiano –, as academias e as agências de fomento, fornecedoras de fundos e de bolsas de estudo, fluía bem graças a Orso Mario Corbino, que patrocinava o time com a autoridade que lhe provinha do fato de ser um homem ligado ao poder e à cultura, simultaneamente, e que tinha a lúcida consciência do seu papel na nova sociedade e da genialidade de Fermi na nova ciência.

Mas o próprio Fermi, com o seu caráter conciliador (diametralmente oposto ao de Guccia, por exemplo), o seu comportamento esquivo em relação à política e aos problemas metafísicos, o seu pragmatismo e a sua habilidade, conseguia cultivar boas relações com os colegas e sobressair-se no mundo acadêmico, sem melindrá-lo além da medida. Nem se deve cogitar que essas suas qualidades fossem exclusivamente ligadas ao ambiente romano, porque, também depois, quando nos Estados Unidos, ele terá a mesma capacidade de encontrar outros colaboradores, outros financiamentos e outros protetores de grande relevo.

O PROJETO MANHATTAN

Quando Fermi refugiou-se na América para salvar a mulher do racismo fascista, a Europa perdeu não somente um grande físico (como todos admitem), mas também um grande organizador (como poucos sabem).

A sua contribuição será determinante também no primeiro e grande projeto científico – o Projeto Manhattan –, que não só marcará o nascimento concreto da *big science*, mas que demonstrará ao mundo inteiro como, daquele momento em diante, a potência de um país dependerá do grau do seu progresso científico. Não por acaso, alguns estudiosos fazem coincidir o nascimento da sociedade pós-industrial com o lançamento da primeira bomba atômica.

O empreendimento que conduziu – entre 1942 e 1945 – à construção desse engenho mortífero, conciliando a criatividade de grupo com a rigidez dos vínculos militares, foi realizado graças à contribuição determinante dos cientistas europeus, que exportaram para os Estados Unidos uma cultura e uma tradição voltadas à organização da criatividade coletiva, originada nos centros de pesquisa artística e científica do velho continente. Não por acaso, as peculiaridades organizacionais do projeto eram as mesmas que encontramos, pontualmente, na história desses centros: interdisciplinaridade, informalidade, estilo de liderança carismática e participativa, além de um forte sentimento de pertencer a uma comunidade científica.[30]

Transplantada para Los Alamos, essa cultura foi fertilizada pelas enormes disponibilidades financeiras americanas e por uma estrutura logística protegida e previamente projetada, assim como por um impulso ideológico no qual o orgulho científico e o objetivo patriótico exaltavam-se mutuamente. A partir desse momento, o primado e a originalidade da organização do trabalho criativo deixarão de ser prerrogativas européias, onde as equipes nascidas nas oficinas da Renascença e aperfeiçoadas nos laboratórios científicos de Paris, Nápoles e Palermo e nas cooperativas artísticas de Viena, Glasgow, Londres e Weimar se tornarão sobretudo *made in USA* ou *made in Japan*.

O CAVENDISH

Obviamente a criatividade coletiva continuará a ser cultivada também na Europa, tanto no campo artístico como no científico. Basta recordar as obras-primas cinematográficas do neo-realismo na Itália; as equipes de Renoir, Fellini, Buñuel e Bergman; a revolução musical dos Beatles e a estilística das grandes casas de moda; os bólidos da Ferrari e a sinergia imbatível da sua escuderia.

Mas vale a pena assinalar ainda um caso diferente do ponto de vista organizacional: o da escola biológica de Cambridge, que alcançou o sucesso graças a uma original organização de parceria criativa e que marcou numa medida incomensurável o desenvolvimento do ramo científico que terá um grande destaque no século XXI.

Já famoso como laboratório de física, fundado por John D. Bernal, nos anos 50, o Cavendish se tornará o mais importante laboratório europeu de biologia, ligado aos nomes de Max Perutz, Lawrence Bragg, John Kendrew, Francis Crick e James Watson.

O nascimento de um novo campo disciplinar, a biologia molecular, determinou um posterior impulso criativo na já dinâmica organização do célebre laboratório. Enquanto Bragg orquestrava o sistema e angariava os financiamentos, a dupla Perutz-Kendrew trabalhava na estrutura da mioglobina, enquanto a outra dupla, Crick-Watson, trabalhava oficialmente na estrutura da hemoglobina, mas, de fato, na estrutura do ácido desoxirribonucleico, e com ótimos resultados.

O estilo de liderança de Bragg, com ênfase na participação, na falta de horários fixos para o expediente, assim como de práticas burocráticas a respeitar, na seleção cuidadosa dos pesquisadores, no caráter interdisciplinar da equipe, na abertura e no entusiasmo com o novo e com os jovens, na informalidade dos relacionamentos, no equilíbrio entre anticonformismo e disciplina, na livre circulação das idéias e dos resultados científicos, na relativa disponibilidade dos financiamentos, assim como na extrema mobilidade geográfica e disciplinar dos cientistas, são somente alguns dos elementos que caracterizaram a organização do Cavendish e sobretudo a empresa de Crick e Watson, os descobridores da estrutura do DNA.[31]

Em todos os três exemplos de criatividade coletiva – Grupo de Fermi, Projeto Manhattan e Cavendish – predomina o entusiasmo em relação à novidade e à projeção em direção ao futuro: cada um dos três grupos cultiva uma visão própria de mundo, tem em mente uma disposição futura da sociedade, prevê esta disposição e deseja incidir sobre ela, a fim de conformá-la a um desenho considerado melhor, assim como tem a plena convicção de que a ciência pode oferecer uma contribuição determinante nessa melhoria.

A CRIATIVIDADE PÓS-INDUSTRIAL

Voltemos à teoria de Hegedus. O futuro, segundo a socióloga húngara, é escolhido, predeterminado, semeado no presente: o presente *é* o futuro. E a produção de futuro usa como matéria-prima a informação: na sociedade atual, o verdadeiro poder deriva da produção e da manipulação da informação.

A classe dirigente. Quem possui esse poder pertence ao grupo dirigente e governa a sociedade, determinando o seu porvir, com base nos próprios interesses, os quais, no fundo, consistem em reforçar posteriormente o próprio poder.

Quem programa o porvir dos outros reduz a gama de escolha destes, impondo-lhes as suas próprias predileções, prospectadas como as únicas possíveis. Os "outros" estão em desvantagem por não possuírem as informações certas no momento apropriado. Por exemplo: quando, nos anos 60, o grupo dirigente francês escolheu um futuro baseado na energia nuclear, os cidadãos franceses não sabiam disso, nem possuíam informações suficientes para julgar se essa escolha era realmente a única viável. Nos dez anos seguintes foram induzidas necessidades, assim como criada uma estrutura energética de tal forma a tornar imprescindível e inevitável o recurso à energia nuclear. Assim, quando os franceses finalmente tomaram consciência do destino nuclear do país, era efetivamente difícil recolocar em discussão o processo que havia sido iniciado dez anos antes. Exatamente o oposto aconteceu na Itália, onde a escolha da classe dirigente foi contrária à construção de usinas nucleares.

Algo análogo aconteceu no mundo inteiro no que diz respeito às privatizações, aos investimentos na Bolsa e às fusões: a classe dirigente, mobilizando todo o seu aparato de centro de estudos e de mídia, fez com que muitos cidadãos que somente mais tarde compreenderiam que eram as próprias vítimas concordassem ou até mesmo se tornassem fanáticos defensores desses processos.

Ciência e natureza. Na sociedade atual, para se contrapor à escolha de porvir efetuada pela classe dirigente (em posição de vantagem devido à detenção do monopólio da informação), seria necessária uma mobilização permanente capaz de controlar – na hora certa e nos lugares corretos – todas as fases nas quais se articula a produção do porvir: primeiro através da invenção de novos produtos e de novos modelos, depois através da sua inserção e atuação social (ou seja, a produção de novas práticas, de novas técnicas e de novas necessidades).

No volume O *Futuro do Trabalho* já analisei essas fases do ponto de vista do mercado de trabalho; aqui as reexamino sob a ótica da criatividade.

A sociedade industrial, dominante entre a metade do século XVIII e a metade do século XX, foi a primeira a utilizar intensamente a ciência para fazer frente à natureza, descobrindo, por exemplo, novas fontes e novos recursos, quando aqueles precedentes exauriam-se, ou descobrindo novos modos para incrementar a produtividade dos recursos já utilizados. A ciência, em outros termos, foi utilizada para fornecer novas respostas a um único problema: como vencer a guerra contra a natureza que nos ameaça com os seus perigos e nos condiciona com a sua escassez. Nessa guerra, o pelotão avançado foi a indústria, em que, na unidade de lugar e de tempo da fábrica, foram produzidas novas respostas ao velho problema, assim como confrontaram-se os dois sujeitos coletivos da dialética social: os empregadores e os trabalhadores.

A abertura de novos campos. Já a sociedade pós-industrial (mas Hegedus prefere chamá-la "sociedade programada", em sintonia com Touraine) inaugurou um procedimento produtivo diverso esquematizável em três fases.

Acima de tudo, na primeira fase, encontram-se os laboratórios e os centros de pesquisa básica, nos quais são inventados e elaborados os novos campos de ação, as novas áreas e os novos modelos de atividade social (Hegedus os chama de "novos programas").

Depois, na segunda fase, operam as organizações que traduzem esses modelos em técnicas.

E enfim, na terceira fase, ocorrem as ações focalizadas a fim de produzir novas necessidades e novos hábitos sociais.

Diferentemente da sociedade tradicional, que usava a ciência para fornecer respostas novas a problemas velhos, os centros de pesquisa e os laboratórios modernos usam a ciência para inventar campos inteiramente novos, pelos quais o homem pode passear e correr como lhe apraz, obtendo novos instrumentos para a sua sobrevivência ou para o seu crescimento. A sociedade industrial produzia novas respostas, novas soluções; a sociedade atual produz novas perguntas, novas questões, novos problemas e novos campos de ação.

Ao fornecer novas respostas, a sociedade industrial estava vinculada pelos próprios limites da natureza; ao inventar novos quesitos, a sociedade atual não possui vínculos naturais senão aqueles, bem mais elásticos, da criatividade humana: uma reserva de carvão se exaure bem antes que a imaginação de um biólogo, ainda mais que o computador liberou o seu cérebro de todas as incumbências mecânicas ou mnemônicas e o deixou com toda a calma para pensar. A matéria mais preciosa da nova sociedade é, portanto, a atividade criativa e a informação que ela produz na sua infinita potencialidade. Aliás, a informática, a telemática e a genética são puros produtos do cérebro humano: são recursos descobertos não *na* natureza, mas sim inventados *a partir da* natureza. É essa a nova forma, a enésima metamorfose, que a criatividade vai assumindo na sua evolução milenar.

A invenção de novos produtos. A segunda fase, possível somente depois que a ciência abriu um novo campo de ação, consiste em explorar as potencialidades práticas desse novo campo, realizando aquilo que Hegedus chama de "modernização". Por exemplo, uma vez aberto o campo da genética, pode-se pensar em explorá-lo para produzir armas bacteriológicas, para eliminar doenças hereditárias ou para erradicar a fome no Terceiro Mundo.

Sabemos que é atribuição do Estado financiar sobretudo a primeira fase, isto é, a pesquisa pura ou pesquisa básica; as empresas privadas tendem a financiar sobretudo a segunda fase, ou seja, a pesquisa aplicada e o desenvolvimento experimental.

Um índice, ainda que aproximado, da prolificidade de todos esses investimentos e da inovação potencial que deles derivam pode ser dado pelo número e pelos tipos das patentes. Para dar uma idéia de como elas eram distribuídas no período de passagem mais evidente da sociedade industrial para a sociedade pós-industrial, basta consultar as estatísticas fornecidas pelo banco de dados da Odec. As solicitações de patentes depositadas no exterior pelos inventores americanos passaram de 103.214 em 1965 a 119.797 em 1985, com uma taxa de crescimento de 1,46. No mesmo período de 20 anos, as patentes japonesas passaram de 8.421 a 74.353, equivalendo a uma taxa de incremento de 8,83, e as patentes italianas de 7.322 a 16.596, significando um aumento de 2,27.

Segundo Hegedus, a partir da etapa da modernização, o processo passa a ser idêntico ao da sociedade industrial. A verdadeira diferença estaria somente na fase anterior às fábricas, em que os centros de pesquisa básica abrem novos campos inventando os modelos das atividades do futuro, os centros do poder decidem em quais invenções investir e onde os centros de pesquisa "aplicada" elaboram novas técnicas para formalizar esses modelos, permitindo assim transformá-los em produtos e serviços, em novas práticas sociais, novos estímulos e novas necessidades.

Já no meu modo de ver, também a continuação do processo, até a produção em série, a publicidade e a venda, tornou-se muito menos repetitiva do que era tempos atrás, possuindo ingredientes de criatividade, sobretudo graças às pesquisas sociorganizacionais e às pesquisas de mercado.

Criatividade empresarial. A invenção é um processo cultural que descortina novos campos. Uma vez aberto um novo campo, ele pode ser fertilizado por infinitos objetivos práticos. A escolha desses objetivos e desses usos é efetuada por parte daqueles empresários que são capazes de compreender, no momento oportuno, as vantagens que poderão derivar para aqueles que investem naquele novo setor. Além disso, eles devem estar de posse dos recursos financeiros necessários ao investimento nesse novo *business* ou, pelo menos, devem estar em condições de obtê-los no mercado. Tudo isso requer inteligência, máquinas, especialistas e pesquisadores para formular projetos e propostas, para construir cenários, para antecipar objeções e respostas. Em suma, requer criatividade.

Mas não termina aqui. Também quando se imagina uma possível utilização prática de um novo campo, mesmo quando já foram determinados os meios financeiros, profissionais e técnicos para produzir os bens e os serviços oferecidos por essa possível utilização, falta ainda convencer os usuários em potencial a se valerem dessas novas oportunidades e a utilizá-las da melhor maneira, ou seja, é preciso estimular novas necessidades e novos comportamentos por meio de aparatos publicitários e educativos, que requerem, por sua vez, dinheiro e criatividade.

O conjunto de atividades que decorrem de uma invenção científica e que têm como finalidade a exploração prática das oportunidades por ela abertas concerne ao *engineering*, à mobilização dos meios financeiros, ao *marketing*, ao empenho e ao aval dos especialistas que, com a credibilidade e o profissionalismo de que dispõem, garantem *a priori* o bom êxito das operações e a boa rentabilidade dos investimentos.

Na velha sociedade industrial, a maioria das empresas inventava por conta própria, aplicando essas inovações tecnológicas no âmbito do seu estabelecimento. Na nova sociedade – a "sociedade programada" –, a empresa deve saber aproveitar as oportunidades proporcionadas pela ciência, interceptando as informações apropriadas no momento justo, elaborando-as e fazendo-as frutificar.

Os "modernizadores", no nosso caso os empresários, definem-se com base em três capacidades: a de captar "voando" as informações científicas e as oportunidades práticas ofertadas pelos novos campos abertos pela ciência; a de mobilizar os recursos profissionais, financeiros e técnicos necessários para produzir os novos bens e os novos serviços; a de operar em um nível transnacional (hoje diríamos "em nível global").

Encontramos um processo análogo no campo artístico, onde se inventam, se produzem e se vendem filmes, eventos, exposições e concertos.

A colonização dos novos usuários. No topo, portanto, estão os cientistas que abrem novos campos de oportunidades; no meio encontram-se os "modernizadores", os empresários que acolhem essas oportunidades e as concretizam; e, no patamar inferior, os usuários, os quais, para usar uma expressão de Habermas, são "colonizados". Na sociedade industrial, as relações de domínio e de subalternidade ocorriam dentro dos fechados limites da fábrica, onde os trabalhadores se submetiam, sem poder determiná-las, tanto às escolhas estratégicas da empresa como às modalidades nas quais o trabalho era organizado. Na sociedade pós-industrial, a "colonização" ocorre em nível planetário, por meio da imposição, aqui e agora, de escolhas efetuadas ontem, em outro lugar e por outras pessoas.

Quando os usuários estavam em condições de contratar essas escolhas, não sabiam disso; agora que sabem, não as podem rejeitar, porque quase tudo é predisposto de modo que essas escolhas se apresentem como as únicas possíveis. Quem hoje usa um sistema informático ou uma pílula anticoncepcional é o último vagão, quase sem defesa, de uma longa cadeia de estudos, pesquisas, decisões e investimentos efetuados anos antes por pessoas e por grupos que, muitas vezes, operaram em países diversos e distantes.

A exploração dos trabalhadores, na sociedade industrial, também produzia a transformação deles num grupo homogêneo de explorados, isto é, numa classe antagônica. A impotência dos usuários na sociedade pós-industrial é agravada pelo fato de que a atual modalidade de domínio não produz uma população homogênea de "colonizados". Mesmo um grande biólogo que durante o dia trabalha num prestigioso projeto de genética, de noite, diante da televisão, reduz-se a usuário-telespectador subalterno. Um empresário que moderniza o setor da informática, quando adoece, submete-se às escolhas e às técnicas da medicina.

SOPHIE ANTIPOLIS

O paradigma de Zsuzsa Hegedus esquematiza bastante fielmente, iluminando-o, o itinerário pós-industrial que as idéias percorrem desde a sua aurora até a descoberta e a invenção, até a patente, ao investimento para torná-la produtiva, à sua tradução prática em bens e serviços, à distribuição e à venda e, finalmente, ao consumo.

Cada uma dessas fases requer decisões arriscadas, cada vez mais baseadas na pesquisa de mercado e na formação dos cientistas, dos técnicos, dos empresários, dos gerentes, dos operários, dos vendedores e dos próprios consumidores, "colonizados" por meio de campanhas publicitárias maciças e ousadas.

Tempos idos, uma empresa tendia a desenvolver todas essas etapas internamente, ainda que de forma elementar. Hoje o processo é desarticulado, e cada segmento é confiado a instituições, laboratórios, universidades e agências, freqüentemente disseminados por todo o planeta, mas coordenados por centrais criativas, escrupulosamente concentradas no Primeiro Mundo.

Pense-se nos "incubadores" que proliferaram na segunda metade do século XX para desenvolver sobretudo as fases de pesquisa e de desenvolvimento, nas quais as idéias devem ser traduzidas em programas práticos de produção de massa. Nos anos 70 já existiam vários em torno de Palo Alto e de Boston; nos anos 80, difundiram-se também na Europa.

Sophie Antipolis é uma tecnópole pioneira que surgiu exatamente nos anos 80 na região um pouco mais para o interior de Nice e de Cannes. Trata-se de um aglomerado de laboratórios de tudo que é tipo, cada um dos quais abriga "departamentos criativos fora da empresa": por exemplo, há um da empresa Amadeus, no qual mais de mil engenheiros aperfeiçoam técnicas para otimizar o processo de reservas das passagens aéreas; há um da sociedade de telecomunicações ETSI, onde os *experts* tentam aprimorar os padrões para as comunicações sem fio; existe o da Real Wiz, onde os pesquisadores criam efeitos especiais para o cinema. E, junto a esses laboratórios, que se colocam já na fase de realização, há também laboratórios destinados à pesquisa básica, como o Instituto de Biologia Molecular e Celular, que se dedica ao estudo da dor.

Como se vê, a criatividade científica da era pós-industrial encontra-se neste ponto muito distante da era dos destiladores de Lavoisier e das lentes rudimentares de Galileu. Nas vésperas do terceiro milênio, Sophie Antipolis abrigava 30.000 pesquisadores provenientes de uns 60 países e que trabalhavam por conta de 1.200 empresas em laboratórios espalhados por uma área de 4.800 hectares. A idéia que a inspirou foi a de criar um centro científico menos voltado que o Vale do Silício ao hedonismo e ao lucro e sim mais atento à ética do desenvolvimento. Segundo o seu fundador, Pierre La Fitte, "a idéia inicial era construir fora dos centros urbanos, em pleno campo, uma concentração intelectual voltada à criatividade e à inteligência e, portanto, por uma conseqüência lógica, à modernidade econômica, cultural e social".

Ali, mais ainda do que em Palo Alto, fez-se portanto um salto da fase rural à fase pós-industrial, sem transitar pela industrial.

O PROJETO GENOMA

Mas se eu tivesse que indicar a organização científica que melhor exemplifica a criatividade coletiva da era pós-industrial, escolheria o Projeto Genoma. E não só porque concerne à biologia, isto é, o campo científico mais promissor e inquietante atualmente, mas também devido ao emprego maciço da informática, pela imponência dos laboratórios mobilizados no mundo inteiro, pelo entrelaçamento, muito estreito, entre o setor público e a empresa privada, entre a imaginação fantasiosa e a concretude, entre pesquisa teórica e pesquisa empírica, assim como entre a abertura de novos campos e a riqueza de oportunidades concretas.

O homem, à semelhança dos outros animais, explorou o seu território. Porém, ao contrário dos demais animais, explorou *também* as outras espécies vivas, as plantas e os minerais. E estudou a si mesmo: a fim de se autocompreender, de vencer suas fraquezas e as suas malformações, com o objetivo de evitar a dor, afastar a morte e, agora, de modo a se programar. As descobertas do sistema sanguíneo, dos micróbios e dos vírus representam etapas igualmente fundamentais dessa secular exploração.

A primeira pesquisa genética importante foi desenvolvida perto do final do século XIX por Johann Gregor Mendel, que estudou o cruzamento de diversos tipos de ervilhas. Em 1908, um outro cientista, Thomas Hunt Morgan, confirmou e ampliou as intuições de Mendel, estudando a drosófila, uma mosquinha da fruta cujas células contêm oito cromossomos bastante grandes e, logo, bem visíveis. Ainda no início do século XX, Archibald Garrod demonstrou que a genética não dizia respeito tão-somente a legumes e mosquinhas, mas concernia também aos seres humanos. O termo "gene" foi introduzido por Wilhelm L. Johannsen em 1909.

Na sua fase inicial, a genética humana estudou sobretudo as doenças hereditárias, decorrentes de defeitos enzimáticos. Porém a grande virada tem uma data precisa: 25 de abril de 1953, quando Crick e Watson, com um breve artigo no número 171 da *Nature*, anunciaram que haviam identificado a estrutura do DNA. Desde então, a exploração do mundo infinitamente minúsculo dentro de nós sofreu uma grande aceleração. Pense-se na terrível doença de Huntington, que implica uma progressiva e lenta degeneração do doente devido à fraqueza e à sonolência, até a psicose e a alucinação, a falta de coordenação dos movimentos, a paralisia e depois, gradualmente, a corrosão do próprio cérebro e a morte. A luta para identificar o gene maligno que determina essa terrível doença hereditária durou anos e concluiu-se em 1993, com um artigo no qual 50 co-autores anunciavam essa descoberta.

Igualmente significativa é a luta contra o câncer. "Os tumores", escreve o biólogo italiano Edoardo Boncinelli, "são conhecidos desde sempre. No cérebro de algumas múmias egípcias foram identificados grandes tumores cerebrais, tumores ósseos estão presentes nos restos humanos do neolítico, assim como em pelo menos um exemplar do *Homo erectus*... Foi contudo preciso que se chegasse à metade dos anos 70 para uma plena compreensão, do ponto de vista da fisiologia celular e molecular, do fenômeno do câncer. Muitos não se deram conta disso, mas tratou-se de uma das maiores conquistas da ciência e, de modo mais geral, do espírito humano. Hoje nós sabemos o que é o câncer, após milênios de hipóteses selvagens e de devaneios loucos."[32]

Talvez tenha sido exatamente essa conquista, com muitas outras de grande alcance, que tenha induzido os biólogos a abraçar a mais arrojada e colossal operação criativa até hoje organizada, sobretudo com a esperança de encontrar a chave para um diagnóstico precoce, para prevenir e curar as doenças hereditárias.

Ao introduzir a sua descrição, o prêmio Nobel Renato Dulbecco afirma: "O Projeto Genoma foi uma grande aventura. Começou como o sonho de uns poucos visionários e depois foi adotado por toda a comunidade científica, alcançando os seus objetivos graças à cooperação de instituições públicas e privadas... O segredo do seu sucesso compreende muitos fatores. O principal foi a dedicação absoluta de muitos cientistas, que tinham fé em poder alcançar os objetivos, apesar da escassez dos meios técnicos à disposição. Estes meios foram, contudo, rapidamente desenvolvidos, como novas tecnologias automatizadas, capazes de detectar a organização do DNA, traçar um mapa dos seus genes, ler as mensagens neles contidas, assim como os seus significados. Foram identificados novos mecanismos para determinar a atividade dos genes, explorando num só ato todo o genoma. Extraordinária, nesse progresso, foi a contribuição da informática."[33]

O nosso corpo é formado por 60 trilhões de células, cada uma com um núcleo. Em cada núcleo existem 23 pares de cromossomos, e cada cromossomo é composto por DNA, que tem a forma de longos filamentos, com poucos metros de comprimento, enrolados. Algumas frações desses filamentos (aproximadamente 30.000, equivalentes a 3% do total) são chamadas de "genes" e contêm instruções biológicas indispensáveis para o nosso crescimento, diferenciação, modificação, procriação e morte. O conjunto de genes contidos num organismo representa o seu genoma. Portanto, existe o genoma humano, mas as plantas, as bactérias, os vírus e os fungos também possuem um genoma que lhes é próprio.

Como é composta uma informação? De que alfabeto ela se serve? Serve-se de um alfabeto composto por apenas quatro letras, cada uma das quais ocupa um milionésimo de milímetro. O nosso genoma contém mais de três bilhões: se fossem verdadeiras vogais ou consoantes preencheriam 500.000 páginas de livros. Essas "letras" estão combinadas entre si em longas cadeias, e durante os anos 80 os cientistas se propuseram a identificar a seqüência exata na qual elas estão ordenadas. Caso fossem bem-sucedidos, teriam então conseguido decifrar todas as instruções que estão contidas no nosso organismo. Com o Projeto Genoma, alcançaram esse objetivo.

A aventura ganhou corpo entre 1985 e 1988. Na época, dados os meios e os métodos ainda imperfeitos, era necessário um mês inteiro para determinar uma seqüência de apenas 3.000 "letras". Nasceu, portanto, a idéia de acelerar os tempos, subdividindo o genoma inteiro em frações, "fotocopiando-as" (clonando-as) e distribuindo-as entre centenas de pesquisadores, em dezenas de laboratórios espalhados pelo mundo inteiro.

Para coordenar uma operação dessa grandeza, em 1990 foi constituído um consórcio público internacional, ao qual aderiram grandes instituições governamentais americanas, inglesas, francesas, alemãs, chinesas e japonesas. A direção do consórcio foi inicialmente confiada a Watson, um dos descobridores da estrutura do DNA, e em seguida ao geneticista Francis Collins, especialista em doenças hereditárias.

O consórcio decidiu, antes de clonar e distribuir as cópias pelos vários laboratórios, que os genes fossem ordenados com base nas suas localizações no interior do cromossomo. Essa operação de mapeamento requereu uns cinco ou seis anos, mas forneceu uma preciosa cartografia da nossa identidade.

Entraram em concorrência com o consórcio público muitas empresas privadas (entre as quais se sobressai a Celera), dotadas de enormes recursos e de laboratórios gigantescos. Utilizando os programas de informática mais poderosos, elas decidiram diferenciar-se do consórcio adotando um método que saltava a fase de mapeamento dos genes e que havia sido verificado com sucesso "no seqüenciamento" do DNA da drosófila, que, graças às suas características de simplicidade e visibilidade, conquistou um lugar respeitável na trajetória das pesquisas em biogenética.

Assim, em aproximadamente 13 anos, foram obtidos resultados mais surpreendentes do que aqueles previstos, e "seqüenciados" não somente o genoma humano, mas também outros 40 genomas, entre os quais o de alguns vermes, de muitas bactérias e de muitos parasitas.

Pôde-se assim apurarem que muitos genes são iguais independentemente do fato de pertencerem a um homem, a uma planta ou a um inseto: por exemplo, 30% dos genes contidos no levedo de cerveja e no ser humano são incrivelmente parecidos. Portanto, a vida é unitária, no sentido de que deriva de uma única linhagem primordial. Ter compreendido isso descortina possibilidades e revela afinidades inimagináveis. Partindo da questão de algumas doenças hereditárias, Boncinelli escreveu: "Estamos por viver uma aventura de dimensões excepcionais. Trata-se, substancialmente, de dar corpo às sombras, de materializar o impalpável, de trazer à luz realidades potenciais sepultadas por milhões de anos nas dobras da matéria, de propor às nossas consciências e de nomear coisas que jamais tiveram um nome. Estamos somente no início, mas já se vêem os primeiros frutos: foi identificado um punhado de genes que predispõem à asma, mas também seis genes que determinam, conjuntamente, o peso dos tomates."[34]

Graças aos resultados do Projeto Genoma também se pôde compreender que os genes não operam individualmente, mas em grupo; acelerou-se a possibilidade de identificar e de isolar qualquer gene; foi aberta a estrada para infinitas novas descobertas e invenções. "Antes de tudo", comenta Dulbecco, "começamos a entender bem como o ser humano é feito e a sua relação com as outras espécies. Em segundo lugar, poderemos identificar as causas de todas as doenças nas quais estão envolvidas alterações genéticas; isso permitirá identificar, desde o nascimento, indivíduos predispostos a certas doenças, viabilizando novos métodos de prevenção. Novas vias terapêuticas surgirão graças à intervenção direta nos genes ou nos seus produtos, as proteínas. Novos remédios serão criados, voltados de forma mais específica à peculiaridade dos vários indivíduos, de forma a reduzir tanto a diferença de eficácia como os efeitos colaterais e desfavoráveis observados em alguns indivíduos... O conhecimento do genoma é o primeiro passo de um longo percurso que nos conduzirá a conhecermos a nós mesmos, as nossas forças e as nossas fraquezas."[35]

Enquanto isso o Projeto Genoma permitiu compreender os genes, isto é, os elementos que presidem o sistema informativo da nossa existência. Deles, com efeito, dependem o crescimento, o aprendizado, o envelhecimento, a duração da vida, a nossa dependência de substâncias entorpecentes e a nossa reação aos estímulos ambientais. Deles dependem a altura de uma pessoa, o ritmo do seu batimento cardíaco, a sua pressão arterial e a sua predisposição a desenvolver esta ou aquela alergia. Dos genes depende a nossa vulnerabilidade em relação a milhares de doenças, entre as quais o diabetes, os vários tipos de câncer, a retinite pigmentosa, a esquizofrenia, a polipose do cólon, a hipertensão arterial, assim como os distúrbios cardiovasculares. Deles depende a transmissão de mais de 4.000 doenças hereditárias, entre as quais as doenças de Tay-Sachs, de Lesch-Nyan, algumas deficiências do sistema imunológico e a anemia falciforme. O componente genético tem um peso de 85% nas psicoses maníaco-depressivas, de 80% na espondilite anquilosante e na palatoesquize; 70% na luxação congênita do quadril, na artrite reumatóide e nas formas depressivas puras; de 60% na esquizofrenia; de 40% na úlcera e na psoríase.

Obviamente o passo seguinte para essas e outras doenças é a prevenção e a cura. O Projeto Genoma proporcionou-nos o mapa físico de todos os nossos cromossomos e a seqüência dos três bilhões de "letras" que constituem a nossa herança genética. A partir dos genes elaboram-se as informações que conduzem à produção das proteínas. Portanto, as etapas seguintes desse percurso concernem ao conhecimento das proteínas (proteoma) e depois também ao modo como as informações são transcritas (transcritoma) e veiculadas. Também esta é uma operação colossal porque as proteínas não são filamentosas como o DNA, mas moléculas com uma estrutura bem mais sólida, compostas por uma variedade de 20 aminoácidos, arranjados de diferentes maneiras, de forma a criar mais de 100.000 combinações diversas, cada uma das quais corresponde a um tipo de proteína.

Assim, da fase do Projeto Genoma e de muitas outras pesquisas "puras", que aperfeiçoarão e estenderão esse campo, a bola passa às infinitas possibilidades de pesquisa aplicada com vista a diagnosticar, de forma muito precoce, as doenças, sobretudo aquelas hereditárias, ainda em nível pré-natal; com vista também a inventar novas curas e novos medicamentos, mas igualmente visando à reprodução, de forma cada vez mais saudável e eficiente, tanto das plantas como dos animais. A genética pode permitir progressos resolutivos, graças a técnicas cada vez mais complexas. O conhecimento do genoma, com efeito, permite o aporte de modificações genéticas úteis às plantas, a realização do uso inteligente das células-tronco, o recurso a formas variadas de clonagem, a potencialização da farmacogenética, que visa à produção de fármacos e medicamentos cada vez mais apropriados às exigências específicas de cada indivíduo em particular. Graças à terapia gênica, será possível substituir um gene que funciona mal por um bom que pelo menos compense o defeito. Será ainda mais simples corrigir as imperfeições genéticas antes mesmo que sejam transmitidas aos filhos. O câncer e algumas doenças virais poderão ser curados, fornecendo às células interessadas algumas combinações gênicas que permitirão que elas produzam substâncias capazes de agir como antídoto. Poderão ser transplantados para os nossos corpos órgãos retirados de exemplares de espécies que não a humana ou ainda órgãos construídos em laboratório a partir de diversos materiais histológicos humanos. Partindo de células já diferenciadas ou semidiferenciadas, com um processo de reversibilidade, se poderá construir *in vitro* células-tronco, regredidas a um estágio de indiferenciação. Por meio da clonagem, já se consegue que alguns animais incorporem ao próprio patrimônio genético alguns genes humanos, que codificam hormônios, como o hormônio do crescimento, a insulina e outras proteínas.

Trata-se, como se vê, de um processo que exemplifica de modo surpreendente o paradigma de Hegedus sobre o caminho das idéias do campo da pesquisa pura para o da pesquisa aplicada, da decisão de traduzir as descobertas em produtos concretos, até a produção, difusão e uso desses produtos.

Mas dessa vez estão em jogo valores tão elevados que faço minhas as observações com as quais Boncinelli conclui o seu belo livro sobre o assunto: "O nosso genoma permitiu-nos estudá-lo e estudarmo-nos. A paixão, a criatividade, a inventividade e o industrialismo de alguns dentre nós fizeram o resto. Procuremos merecer tudo isto, operando com determinação, mas também com modéstia, prudência e ponderação: modéstia porque o mundo tem ainda tantas coisas para nos revelar; prudência porque o mundo não foi feito por nós e ri das nossas exigências; e ponderação porque a razão nos guiou até aqui e, com freqüência, nos fez ganhar a partida, mas nada garante que, querendo, arrisque-se a pôr tudo a perder."[36]

MUDANÇAS E CRISES

Portanto, em relação à sociedade industrial, muitas coisas mudaram: o lugar central já não é mais a fábrica onde se produzem bens, mas o laboratório científico onde se desenvolvem novos saberes e novas patentes, o laboratório de comunicação onde se produzem novas informações e o laboratório artístico onde novas estéticas são produzidas. O futuro já não é planejado, em seu conjunto, pelos políticos, mas pelos cientistas, pelos comunicadores e pelos artistas, pelos modernizadores, enquanto os políticos limitam-se a definir o quadro normativo dentro do qual os cidadãos produzem e consomem. O processo que conduz das idéias aos produtos práticos já não ocorre na unidade de tempo e de espaço da fábrica, mas numa rede transnacional, cujas malhas são distantes entre si, seja cronológica seja geograficamente. As relações de poder não mais se consumam por meio de escolhas empresariais e organizacionais impostas pelos empregadores, mas articulam-se em escolhas e programações de futuros possíveis, escolhas estas realizadas pelos cientistas e especialistas, os quais se encontram totalmente à mercê dos usuários. Os usuários, por sua vez, não constituem uma população homogênea, uma "classe dominada", mas um conjunto variado de pessoas, cada uma das quais podendo acumular diversos papéis, alguns hegemônicos, outros subalternos.

Poucos são aqueles que tomaram consciência dessas transformações radicais. A maioria, que não conseguiu fazer isso, continua a considerar as indústrias o epicentro do sistema social, continua a calcar a ação dirigente no velho patrão industrial e persiste em representar as atuais contestações, dentro e fora das empresas do terceiro milênio, como se fossem lutas operárias no interior das fábricas do século XX.

Daí nasce um sentimento de crise, que já não deriva do atraso da sociedade, mas do atraso com que ela é representada e interpretada. E disso brota a necessidade de uma profunda transformação no modo de exercitar a ação dirigente, dentro e fora das indústrias.

A indústria só conserva a sua importância se consegue desempenhar uma ação modernizadora. Entra contudo em crise se continua a agir segundo uma lógica "industrial", renunciando a colher as oportunidades oferecidas pela ciência pós-industrial e a realizá-las.

Se dirigir significa planejar o futuro, a principal qualidade de um dirigente deve consistir em identificar a novidade e traduzi-la numa prática: financiar as pesquisas de base, mesmo aquelas que não conduzem a rápidos resultados, acompanhar atentamente os seus êxitos, descobrir que invenções científicas são passíveis de serem exploradas do ponto de vista prático, escolher entre essas aplicações possíveis as mais convenientes, torná-las realmente realizáveis por meio da pesquisa aplicada, traduzi-las em produção de bens e de serviços por meio de uma organização criativa e motivadora, estimular a necessidade desses bens e desses serviços nos usuários em potencial e, por fim, vender esses produtos.

Tudo isso deve ser realizado com o suporte de tecnologias inteligentes, dos trabalhadores do conhecimento bem-formados e bastante motivados, com uma cultura vasta e do tipo universal, assim como com uma ética atenta aos valores sociais, tanto quanto aos valores da empresa.

QUATRO OBJEÇÕES

O quadro composto por Zsuzsa Hegedus tem grande eficácia, não tanto pelos problemas cognitivos que resolve quanto pelas questões que abre, assim como pela ponte que lança entre a ciência e o gerenciamento, entre a criatividade e a organização. Todavia, quando a ele me referi, já alterei algumas passagens, e outras ainda, segundo meu parecer, deveriam ser modificadas ou retocadas. Cito, a seguir, os pontos que considero mais relevantes.

Quantidade e qualidade. Não só na sociedade pós-industrial, mas também na industrial e mesmo na pré-industrial, a ciência pura "inventou" novos campos, novos setores que em seguida a ciência aplicada e o empreendimento dos "modernizadores" cultivaram e aproveitaram com finalidades práticas de vários tipos. A química e a eletricidade, assim como a astronomia e a física, foram "inventadas" pelos cientistas e aplicadas com diversos objetivos, freqüentemente contrários, segundo um itinerário bastante semelhante ao da informática ou da genética. As revoluções científicas descritas em 1962 por Kuhn[37] e aquelas descritas por Hegedus em 1985 ocorrem de modo bastante homogêneo: talvez não por acaso a socióloga tome emprestado ao epistemólogo o termo "paradigma" e o aplique aos novos campos descobertos pela ciência moderna.

Aquilo que hoje, no meu modo de ver, confere à ciência uma posição central na sociedade pós-industrial é a massa de recursos e de pessoas que ela absorve, a potência da tecnologia que emprega, a acumulação de conhecimentos de que dispõe, a quantidade de resultados que consegue obter, a velocidade com que o progresso teórico é convertido em progresso prático (e vice-versa). O incremento quantitativo, uma vez tendo alcançado uma certa dimensão crítica, produziu um salto qualitativo: na metodologia, no conhecimento e nos efeitos. As diferenças metodológicas entre Crick e Newton, entre o Projeto Manhattan e o Instituto Pasteur, entre o desembarque na Normandia e a vitória de Trafalgar não são inferiores às diferenças objetivas encontradas nos recursos disponíveis em cada um desses casos.

A criatividade difundida. Um segundo ponto discutível diz respeito à linha de demarcação entre o procedimento criativo tradicional e o procedimento novo. Segundo Hegedus, no processo de produção (que vai da abertura de novos campos por obra da ciência pura à modernização de práticas cotidianas por obra da ciência aplicada, dos dirigentes e dos realizadores), somente a primeira fase acontece de um modo nitidamente diferente do passado: todo o resto (aplicação, realização e utilização) ainda se assemelha muito às etapas análogas da sociedade industrial.

Já no meu modo de ver a acumulação de conhecimentos e de recursos produziu um radical salto de qualidade, seja na invenção de novos domínios humanos, seja na produção de novas técnicas e até mesmo no consumo: a *big science* é diferente da *small science* não menos do que um setor robotizado da Fiat é diferente de uma antiga oficina e também não menos do que o usuário de um microcomputador é diferente de uma dona-de-casa atarefada com a sua velha máquina de lavar louças.

Na sociedade industrial os cientistas e os projetistas assumiam sozinhos toda a fase inovadora, ajudados por uma exígua elite de gerentes. Uma vez aprimorado um novo produto (o Modelo T da Ford, por exemplo, ou o fusca da Volkswagen, ou ainda o modelo Giulietta da Alfa-Romeo), milhares e milhares de operários, privados de toda e qualquer dimensão imaginativa, eram obrigados a reproduzi-lo, repetindo, durante anos, os mesmos gestos e os mesmos procedimentos, limitando-se sempre e escrupulosamente a seguir apenas as prescrições da empresa. "O senhor não é pago para pensar", recordou Taylor a um operário que havia simplesmente ousado modificar alguns procedimentos previstos pela organização científica. A mesma simplicidade executiva dominava as operações de venda e as operações de uso: basta comparar a exigüidade e a banalidade dos manuais de instruções que acompanhavam as geladeiras e os carros com o volume e a complexidade daqueles que hoje vêm junto com um microcomputador.

Na sociedade pós-industrial, todas as fases da cadeia produtiva – que vai desde os laboratórios científicos até as salas de reuniões dos mais altos escalões, dos estudos de *marketing* das agências de publicidade até os usuários finais – sofreram no seu âmago um esvaziamento da parte executiva (física ou intelectual que fosse) em favor da parte criativa: tudo o que era operacional, protocolar e padronizado foi delegado às máquinas; e tudo o que era criativo foi reservado ao homem. Quando, nos departamentos de uma empresa industrial, cruzava-se com os trabalhadores (e isso ocorria a toda hora), sabia-se *a priori* que a maior parte daqueles homens desempenhava tarefas pesadas. Se numa empresa pós-industrial existem trabalhadores (o que acontece cada vez mais raramente, a partir do momento em que setores inteiros são operados, exclusivamente, por máquinas robotizadas), pode-se estar quase certo, a princípio, de que eles desenvolvem tarefas intelectuais, baseadas na inteligência e na flexibilidade, se não já teriam sido substituídos por equivalentes mecânicos.

A sociedade pós-industrial exige e absorve muito mais criatividade do que a industrial e, portanto, tende a utilizar os seres humanos como tais, ou seja, dotados de um cérebro que é pago para pensar, não para permanecer inerte, assim como para ser cultivado através de uma permanente formação adequada. É por isso que, daqui para a frente, no lugar de "sociedade pós-industrial", seria mais oportuno falar de "sociedade criativa", isto é, uma sociedade que valoriza a criatividade, que recupera a capacidade criativa dos indivíduos (sejam eles trabalhadores ou usuários) e que funda a sua especificidade na inteligência e na inventividade. Uma sociedade na qual ou se é criativo a todo momento ou se sucumbe.

A cientificização da tecnologia. Um terceiro ponto discutível, dentro do quadro traçado por Hegedus, concerne à separação demasiado clara que ela estabelece entre ciência básica e ciência aplicada, entre ciência e tecnologia e entre invenção teórica e invenção prática. Se analisarmos atentamente, nos últimos decênios verificaram-se, simultaneamente, várias tendências opostas.

Em alguns casos as descobertas práticas não se deram por obra de gente que "mete a mão na massa", privada de uma boa base teórica, mas derivaram, direta ou indiretamente, de novas teorias formuladas em sedes de estudos abstratos: provavelmente hoje nem o raio *laser* nem o *compact disk* existiriam se Einstein não tivesse teorizado a relatividade. Já em outros casos, uma série de ajustes e de descobertas práticas abre o caminho para novas teorizações, e o desenvolvimento tecnológico entrelaça-se, de forma inextricável, ao desenvolvimento científico: "As descobertas que se obtêm no campo da ciência básica", escreveu anos atrás o prêmio Nobel Carlo Rubbia, que contudo coloca a ciência acima da tecnologia, como sua geradora, "apóiam-se no uso continuado e no desenvolvimento de tecnologias de vanguarda. Por sua vez, a tecnologia bebe com fartura na fonte científica, extraindo enormes vantagens da bagagem acumulada, de forma independente, pela ciência pura."[38]

Por isso, falou-se de uma "cientificização da tecnologia". Quando Watt construiu a sua máquina a vapor, Carnot ainda não havia publicado a sua teoria sobre a termodinâmica; quando Edison construiu a lâmpada, as teorias sobre a emissão dos sólidos ainda não haviam sido formuladas; quando Marconi construiu o rádio, ainda não conhecia bem as teorias de Maxwell e de Hertz. Em outros casos, mais recentes, o desenvolvimento científico e o tecnológico estiveram fortemente interconectados: assim, os estudos do grupo da Via Panisperna sobre a física nuclear conduziram Fermi ao controle da fissão; e igualmente, na América, as pesquisas sobre a natureza das imperfeições dos sólidos conduziram à construção do primeiro transistor.

Extraímos esses exemplos de um relatório de longa data do cientista Umberto Colombo, que fala a esse propósito de uma "tecnologia científica" e recorda outros três fenômenos a ela correlacionados. O primeiro consiste na invenção de novos recursos através de procedimentos capazes de transformar materiais sem valor (o urânio, o lítio, a água e o silício) em energia. O segundo consta da invenção *ex novo* de novos materiais (cerâmicas de altíssima resistência, fibras de módulo elevadíssimo, etc.), com base somente nos conhecimentos científicos acerca das propriedades fundamentais e da estrutura dos sólidos. O terceiro consiste na "desmaterialização dos bens", com base na qual "novos serviços incorporam funções que antes eram desempenhadas por produtos talvez demasiado intensos em termos de composição material e de conteúdo energético e que vão definindo, com base na função desempenhada, serviços com alto conteúdo científico-tecnológico. A título de exemplo, vale a pena recordar a transformação da indústria dos fertilizantes em indústria da fertilização, que conduz, graças às aplicações das biotecnologias, à fixação direta do azoto nas plantas (NIF), ou ainda o caso dos pesticidas químicos utilizados na agricultura, que estão cedendo a vez às formas de luta biológica, integrada aos infestantes".[39]

O esquema de Hegedus, portanto, é demasiado simples para poder representar uma cadeia de produção e fruição de bens, idéias e serviços, neste ponto bastante complicada devido a fecundações recíprocas e freqüentes *feedbacks*. Disso deriva, por exemplo, a dificuldade em colocar a pesquisa aplicada acima ou abaixo da fase na qual os dirigentes decidem valorizar, do ponto de vista prático, os campos abertos pela pesquisa básica. E daí se infere que a diferença entre a invenção atual de novos campos e a descoberta tradicional de leis, qualidades e poderes inerentes da natureza seja determinada por uma relação quantitativa alterada entre as matérias fornecidas pela natureza e os processos cogitados pelo homem para transformá-la e evocar novas forças, as quais, de todo modo, lhes são intrínsecas.

A criatividade é inesgotável? Um último ponto discutível no quadro formulado por Hegedus diz respeito à sua convicção de que a criatividade humana seja inesgotável e possa continuar a satisfazer seus próprios caprichos *ad infinitum*, sempre inventando novos campos. Isso talvez seja verdade teoricamente, mas permanece contudo bastante problemático em alguns momentos da história humana, entre os quais o atual. Exatamente o rolo compressor da indústria esmagou durante 200 anos as capacidades inventivas de milhões de seres humanos, criando prisões culturais tão rígidas, que desmantelá-las, tanto em nível organizacional como em nível psicológico, é bastante difícil. A seleção, o adestramento, a formação, a divisão das tarefas, a estrutura hierárquica, os lugares físicos, os objetos, assim como as gratificações, tudo isso concorre para fazer com que as tarefas executivas nos pareçam naturais e confortantes, enquanto a atividade criativa pareça excêntrica, arriscada e psicologicamente muito onerosa.

Neste momento histórico, sobretudo no campo da organização, assinala-se um perigoso distanciamento entre a necessidade de criatividade e a efetiva disponibilidade das pessoas (sobretudo dos gerentes) de criar. Por que existem tanta desconfiança, resistência e repulsa em relação àquilo que é novo e belo? Não há uma só conferência ou congresso que não se encerre com a constatação de que os sistemas sociais se tornaram mais complexos, que a mudança é sempre mais veloz, que é preciso mostrar-se disponível ao seu fluxo impetuoso, assim como é preciso aparelhar-se a fim de manter o seu curso por meio de uma organização flexível e capaz de obter dos colaboradores a máxima criatividade. Mas depois, nos fatos, as organizações continuam sendo máquinas burocráticas, inexoráveis na castração das capacidades criativas de quem nelas trabalha.

Examinarei esses problemas na segunda parte deste volume. Antes é necessário compreender quais as reações que a hegemonia dos processos criativos determina no sistema social e por que a pesquisa e a invenção geram, ao mesmo tempo, tanta esperança e tanta desorientação.

REFLEXOS SOBRE A SOCIEDADE

Em 1949, Fernand Braudel publicava um dos baluartes da historiografia contemporânea, *O Mediterrâneo e o Mundo Mediterrâneo na Época de Filipe II*, no qual delineava a famosa teoria das ondas compridas. Segundo Braudel, a história pode ser lida em três níveis: o nível mais profundo registra flutuações seculares ou milenares, que provocam mudanças imperceptíveis no clima, na geografia, na geologia, na flora, na alimentação e nos transportes, ou seja, no macroambiente que condiciona a organização da vida cotidiana do ser humano. Mais superficialmente, a história se move em ondas mais curtas, mensuráveis em décadas e determinadas pelas conjunturas econômicas, pelos conflitos entre as gerações, pelas guerras entre as dinastias, pela dialética entre a cidade e o campo, assim como pelos aumentos e diminuições demográficos. Enfim, no nível mais superficial, o mar da história é ondulado pelos eventos cotidianos de ordem política, econômica, militar e diplomática.

Segundo alguns sociólogos (por exemplo, na Itália, Luciano Gallino e Aris Accornero), tudo aquilo que descrevemos até aqui pode testemunhar somente uma transição de médio alcance, a elevação de uma nova onda, mas de média dimensão, na qual a indústria conserva o seu papel central. Para mim (e encontro-me na boa companhia de Daniel Bell, Alvin Toffler e Alain Touraine), o alcance dos fatores que descrevi, a interação recíproca e a ressonância entre eles, o efeito rápido e penetrante que eles exerceram sobre toda a vida social e sobre o planeta inteiro são mais do que suficientes para atestar uma passagem de época de uma sociedade para outra.

Quando muda um só campo da atividade humana, estamos diante de um progresso; quando avança a interação entre múltiplos setores, estamos na presença de um salto de civilização: tem início aquilo que Braudel chamaria de uma longa onda da história. Esta nova onda, que desde o início do século XX anunciou-se com a descoberta da relatividade na física, da psicanálise na psicologia, do estruturalismo em muitas disciplinas, simultaneamente, assim como do modernismo e depois do racionalismo na arquitetura, do dodecafonismo na música e do cubismo na pintura, tornou-se evidente, a partir da Segunda Guerra Mundial, que serviu como bancada experimental para todas as descobertas já amadurecidas (pense-se na fissão do urânio) e de trampolim de lançamento para todas as descobertas seguintes (lembremos do DNA, da informática e da engenharia genética). Os efeitos dessas transformações na sociedade, no trabalho e no indivíduo foram determinantes e, praticamente, infinitos.

O novo sistema social caraterizou-se, rapidamente, por uma integração cada vez mais estreita dos seus subsetores, de modo que as vicissitudes de um refletem-se com crescente rapidez e instantaneidade nos demais. Pense-se, por exemplo, na relação que se instaurou, durante os anos 80, entre o petróleo e o dólar, entre a guerra no Oriente Médio e o bem-estar no Ocidente. Para levar adiante a guerra deles, o Irã e o Iraque foram obrigados a extrair e a vender cinco milhões de barris de petróleo por dia. Isso, por sua vez, constrangeu o Kuwait, a Arábia Saudita e os Emirados Árabes a competir e superar o Irã e o Iraque, vendendo a preço baixo sete milhões de barris ao Ocidente. O Ocidente (Estados Unidos na liderança) financiou a sua economia graças a essa redução de gastos petrolíferos; e esse financiamento da sua economia lhe permitiu preservar o primado tecnológico com o qual pôde produzir as armas que alimentavam a guerra, assim como os navios que asseguravam o transporte no Golfo Pérsico.

A ACUMULAÇÃO COMO FIM

Em outros termos, o processo generalizado que tudo transforma em mercantilismo – da produção, da troca, da distribuição e do investimento – já havia atingido o seu auge e envolvido todas as transações sociais (para utilizar o termo de Immanuel Wallerstein, um discípulo de Braudel): os bens, os serviços, os relacionamentos humanos e a cultura. O emprego do capital com o intuito primário da sua auto-expansão tivera início na Europa, no final do século XV, e somente no fim do século XIX terminara de conquistar todo o globo, dando vida àquela formação histórica que é justamente a economia mundial, cujo mercado de trabalho conseguiu reduzir à condição de proletários quase 50% de toda a população mundial (o resto continuou a trabalhar em agregados domésticos semiproletários).[40]

Esse capitalismo historicamente definido – que tem início na metade do século XIV – "é um sistema absurdo: acumula-se capital para se acumular mais capital. Os capitalistas são como camundongos que correm sobre uma roda dentada, que correm cada vez mais rápido, para poder correr mais e mais".[41] O suporte estatal a esse sistema econômico deu-se através de políticas alfandegárias entre um país e outro e por meio de normas no interior de um mesmo país, a fim de regular as relações sociais de produção com a taxação, o direito ao trabalho, os incentivos ao investimento, a individualização do lucro e a socialização do risco. No seu complexo, o resultado disso tudo é o "desenvolvimento desigual", sobre o qual escreveu, de forma clara, Samir Amin.[42]

E, ainda, a luta entre os capitalistas, os conflitos de classe que se estenderam do Primeiro ao Terceiro Mundo e os movimentos nacionalistas que se insinuaram do Terceiro Mundo ao Primeiro criaram uma pressão anti-sistêmica, à qual se somou a ação inédita das multinacionais, da demografia, da ciência e da integração transnacional entre ação criativa, ação produtiva e o uso.

Os gregos viviam com a constante impressão de que o mundo se encerrava dentro dos limites ao alcance de suas mãos; os romanos conquistaram o mundo inteiro então conhecido, entre as Colunas de Hércules, o Vale de Adriano e o acampamento oriental dos bárbaros. Em seguida, teve início uma longa fase histórica, na qual o homem "civilizado" viveu a aventura da exploração – geográfica, científica, econômica e filosófica –, convencido de que ele ocupasse o centro dos sistemas infinitos a serem conquistados e em meio aos quais viria a se perder. Ora, enfim, vive uma nova fase eufórica, na qual o planeta lhe parece, novamente, algo acabado e concluído. Assim como o Adriano de Yourcenar gozava de uma condição extraordinária de um mundo totalmente restituído ao homem, no qual – segundo a bela expressão de Flaubert – os deuses pagãos haviam se calado e os cristãos ainda não falavam, o ser humano que adentrou o terceiro milênio goza da condição excepcional na qual o conhecimento do próprio planeta, nas suas variações fundamentais, praticamente concluiu-se e o de outros mundos ainda não alcançou uma fase inquietadora. A própria atenção voltada à ecologia atesta a conscientização, cada vez mais difundida, de que os recursos e o espaço não são ilimitados, mas que vivemos num mundo "finito".

A sensação de "mundo concluído" contribuiu de forma não secundária para a explosão de criatividade na Atenas de Péricles e poderá contribuir, numa medida igualmente determinante, para uma nova explosão de criatividade no mundo pós-industrial. Realmente é necessário: a fim de inventar novas formas de convivência transnacional e, sobretudo, para sair da espiral segundo a qual os povos ricos tornam-se cada vez mais ricos e num percentual sempre mais exíguo, enquanto os povos pobres tornam-se cada vez mais pobres e num percentual mais elevado.

Segundo as estatísticas fornecidas pela *World Population Prospect: The 2002 Revision*, em 1950, numa população mundial de cerca de dois bilhões e meio de pessoas, somente 800 milhões habitavam os países ricos, enquanto o número de habitantes dos países pobres era de um bilhão e 700 milhões de pessoas. Cinqüenta anos depois, no ano 2000, a população mundial era ligeiramente superior a seis bilhões de habitantes, dos quais somente um pouco mais de um bilhão habitava os países ricos. E em 2050, sempre seguindo as previsões da ONU, a população mundial será de nove bilhões e 300 milhões de seres humanos; os ricos serão menos numerosos do que os atuais, e os pobres somarão mais de oito bilhões de pessoas. Em outras palavras, em 1950 os pobres eram o dobro dos ricos; em 2000 eram cinco vezes mais numerosos; e em 2050 o serão oito vezes mais.

A passagem da sociedade industrial à pós-industrial coincide com (e é marcada por) o declínio do capitalismo histórico: "Os sistemas históricos são, justamente, históricos. Vêm ao mundo e depois cessam de existir, como conseqüência dos processos internos nos quais a exasperação das contradições conduz a uma crise estrutural... O capitalismo histórico entrou nessa crise estrutural no início do século XX e conhecerá o próprio final como sistema histórico em algum momento do próximo século. É difícil e arriscado prever o que virá depois... A questão política do nosso tempo não é aquela que pergunta se existirá ou não uma transição do capitalismo histórico para alguma outra coisa. Isso é certo, até o ponto em que se pode ter certeza em coisas assim. O problema político do nosso tempo é se essa outra coisa e o êxito dessa transição serão ou não fundamentalmente diversos, do ponto de vista moral, daquilo que ora temos; se haverá ou não um progresso."[43]

O FIM DA HISTÓRIA E OUTRAS HISTÓRIAS

Segundo Wallerstein, portanto, um sistema econômico que durou quatro séculos (o capitalismo histórico) concluiu a sua parábola: ele hoje coincide com o planeta inteiro e é obrigado a se dar conta disso mudando as regras do jogo que ele mesmo havia se proposto e que estão na base do seu crescimento, mas que já não mais correspondem às suas exigências. Um sistema produtivo que durou dois séculos (a sociedade industrial) também concluiu a sua parábola: quase mais nada daquilo que caracterizou a fábrica e a época do primeiro Henry Ford permanece válido no mundo empresarial e na época de Bill Gates.

As onipotências tornaram-se planetárias, enquanto as oportunidades segmentaram-se geograficamente. As velhas divisões internacionais do mercado de trabalho evaporaram, cedendo lugar a circuitos, aparatos e redes capazes de driblar as regras da concorrência industrial e as infinitas relações entre o trabalho formalizado e o trabalho informal.[44]

No Primeiro Mundo, toda a economia terceirizou-se. Se, nos anos 90, podia parecer que o presidente da Sony tivesse razão, quando criticava os Estados Unidos por darem uma atenção demasiado branda aos estabelecimentos e às instalações industriais, assim como às empresas manufatureiras, hoje parece claro que a indústria percebeu, definitivamente, a sua hegemonia e que, salvo incidentes de percurso, as relações de força entre os países serão cada vez mais medidas em termos de capacidade criativa (laboratórios científicos, bancos de dados, emissoras de televisão, etc.), em vez da capacidade produtiva (toneladas de aço, números de carros produzidos por ano, etc.).

Os estudos sobre a terceirização da economia e do trabalho já se tornaram bastante conhecidos, mas vale a pena recordar alguns dados essenciais referentes ao país-guia, os Estados Unidos, onde os trabalhadores agrícolas, entre 1920 e 1980, caíram de 28% para 3% e os empregados da indústria passaram de 33% para 30%; já os dependentes do setor terciário subiram de 39% para 67%.

A descoberta dos anticoncepcionais deu uma contribuição determinante à revolução sexual, separando, definitivamente, o erotismo da procriação e permitindo a planificação demográfica em níveis familiar e social. A crescente flexibilidade da produção reduziu a padronização dos bens e com isso a massificação das modas. As cidades, que durante muitos milênios foram locais de consumo dos produtos rurais e que por dois séculos foram o lugar de produção dos bens industriais, modificaram rapidamente as suas funções, aparelhando-se de modo a serem hoje o lugar das transações e do lazer.

Enquanto isso, os movimentos sociais adquiriram uma importância crescente em relação às instituições; a criatividade e a emotividade tentaram sacudir as burocracias. Enquanto o progresso avançava, quem o sabia programar desinteressava-se, cinicamente, das suas vítimas, e quem defendia as vítimas imprudentemente desaprendia a programá-lo, conforme já vimos.

REFLEXOS NA PRODUÇÃO E NA VIDA COTIDIANA

Na sociedade industrial, a organização era condicionada por uma série bastante definida de variáveis ambientais, humanas e tecnológicas, que condicionavam o seu caráter. O espaço econômico da empresa tinha dimensões regionais ou nacionais; somente em alguns casos limitados, o seu raio de ação (proveniência das matérias-primas, dos capitais, da mão-de-obra e da maquinaria; destino dos produtos e dos investimentos) ultrapassava as fronteiras, as quais, aliás, eram defendidas com rígidos cinturões alfandegários. A produção se dava num âmbito caracterizado pela unidade de tempo e de espaço da fábrica. O poder na empresa era determinado pela relação de propriedade ou de "proletariedade", com respeito aos meios de produção.

Quanto aos homens que operavam na empresa, poucos graduados dominavam a massa de analfabetos e escassos líderes carismáticos programavam e controlavam os setores onde pululavam os "homens-bois". O trabalho era central – em termos de duração e de importância – na vida dos trabalhadores, que o exerciam como privilégio e como dever. Aqueles dotados de uma mentalidade industrial encontravam-se culturalmente em posição oposta aos dotados de uma mentalidade rural.

As variáveis tecnológicas, embora mais complexas do que as que haviam caracterizado o trabalho artesanal, eram ainda relativamente ingênuas, apesar da sua desmedida potência: aos instrumentos flexíveis, herdados das oficinas, a indústria acrescentou as linhas de montagem e as máquinas automáticas, para as quais o homem era um complemento, segundo ritmos separados pelos tempos e pelos métodos da empreitada cronometrada.

Os critérios organizacionais condicionados por essas variáveis eram os do *Scientific Management* e depois os das *Human Relations*: Toffler, conforme já vimos, os sintetiza na padronização, especialização, sincronização e maximização da produtividade, da eficiência e do lucro, na concentração dos recursos e economia de grande escala, assim como na centralização do poder.[45] Na prática, racionalismo e utilitarismo colocados numa chave produtiva, com êxitos de machismo e consumismo.

As variáveis que influem na organização produtiva na sociedade pós-industrial são bem mais numerosas e complicadas. O espaço econômico das empresas hoje é global; a economia terceirizou-se; a linguagem técnica e gerencial assemelhou-se no mundo inteiro; o tempo e o espaço da produção desestruturaram-se; o poder, dentro e fora da empresa, é ligado sobretudo à propriedade dos meios de criação; a cultura, sob muitos aspectos, desmassificou-se; a ciência está cada vez mais capaz de responder às necessidades sociais; a contraposição frontal entre burguesia e proletariado cedeu lugar a uma articulação bastante variada de classes, *lobbies*, grupos e movimentos. Os sistemas sociais tornaram-se multirraciais. Às máquinas flexíveis, rígidas e automáticas, herdadas da época industrial, somaram-se – superando-as – a eletrônica, a telemática e a robótica.

Os trabalhadores das empresas pós-industriais são escolarizados, com freqüência têm um diploma, um título de graduação e de especialização. Enquanto nos tempos de Marx havia um funcionário para cada 25 operários, hoje os colarinhos-brancos são bem mais numerosos que os macacões-azuis. O trabalho é vivido cada vez menos como um dever e cada vez mais como uma oportunidade: de toda forma, já não é central, nem em termos de duração nem em importância na vida das pessoas, que hoje em dia já não lhe dedicam, em média, mais de um décimo da própria existência. A diferença de mentalidade já não contrapõe revolucionários a reformistas ou rurais a urbanos, mas inovadores a conservadores, solidários a competitivos, comportamentos pós-industriais a comportamentos industriais. Os indivíduos habituaram-se a respeitar, simultaneamente, vários líderes e reivindicam a desburocratização dos relacionamentos e o acesso às informações. As mulheres têm um peso bem maior nos processos de decisão. E a autonomia e a estética são valores cada vez mais apreciados.

As conseqüências, em termos organizacionais, foram dilacerantes. As novas tecnologias determinaram o declínio do trabalho físico, com exceção da prestação de serviços e do trabalho conceitual, fazendo surgir o trabalho criativo dos profissionais liberais e dos gerentes. O espaço econômico das empresas tornou-se planetário, e as estruturas articularam-se em distritos, redes, aparatos, matrizes e projetos, com formas bem mais variadas e plásticas do que os antigos organogramas piramidais. A flexibilidade dos aparatos tecnológicos "despadronizou" e "desespecializou" a produção, incorporando os serviços nos bens. Os recursos financeiros e humanos, destinados aos serviços de *staff* (projeção, *marketing*, venda, imagem, etc.), com freqüência superam fartamente os recursos destinados à linha de produção. Em lugar da hierarquia e da dependência, estão cada vez mais presentes a parceria e a colaboração. O espaço e o tempo da produção desestruturam-se sempre mais, enquanto o teletrabalho reabre a possibilidade de fazer coincidir, novamente, o local de trabalho com o local da própria vida.[46] Uma parte crescente dos trabalhadores polariza-se sempre mais nos subsistemas que desempenham atividades criativas (em que os resultados são superiores à soma algébrica dos fatores que a compõem), enquanto uma parte decrescente dos trabalhadores polariza-se nos subsistemas que desempenham atividades executivas (em que os resultados são inferiores à soma algébrica dos fatores que a compõem). Os problemas da empresa tornam-se cada vez mais problemas interorganizacionais. O conflito terceiriza-se e articula-se.[47]

"No curso de uma só geração", escreveu Wright Mills, "um sexto da humanidade passou de um estado feudal e atrasado à modernidade mais avançada e temível."[48] Portanto, numa só geração, fomos obrigados a nos reciclarmos culturalmente, aprendendo a trabalhar sempre menos na empresa e sempre mais por toda parte, graças ao teletrabalho; aprendendo a viver simultaneamente em vários sistemas (o da produção, o do consumo, o da família, assim como os dos grupos formais e informais); adotando maior flexibilidade nos relacionamentos, no comando e na subordinação; dispondo-nos a substituir a dependência pela colaboração e a assimetria pela parceria; conjugando as dimensões de nômades com as de sedentários; as raízes da nossa identidade com os espaços planetários da globalização.

Dentro de casa, tivemos que nos habituar a conviver com várias gerações de bisavós, avós, pais, filhos e netos, aprendendo a fazer do tempo livre (que aumenta) o centro das nossas vidas, em lugar do tempo de trabalho (que diminui). Viemos de famílias nas quais os tios eram bem mais numerosos do que os avós, e vamos em direção a famílias nas quais os avós serão mais numerosos que os tios. O "jovialismo" (como uma idolatria acrítica da exuberância vital) cedeu espaço ao desejo adulto de compreender e de decidir com meditada reflexão. O mérito e o profissionalismo conquistaram espaço em relação à improvisação e à ideologia.

Para administrar todos esses fenômenos, para extrair deles todas as vantagens possíveis, em termos de qualidade de vida e qualidade do trabalho, a fim de evitar os perigos em termos de alienação intelectual e de exploração material, é necessário mobilizar uma massa de criatividade bem maior do que a que era requerida pela sociedade industrial, a qual delegava a elites restritas a produção dos problemas e das soluções.

O DESTINO DO INDIVÍDUO

"Jamais a imaginação do homem renunciará a fazer da sociedade uma obra de arte", conclui o famoso *The Coming of Post-Industrial Society*, de Daniel Bell (1973). Não se pode dizer que a sociedade industrial tenha sido uma obra-prima. Porém, diferentemente da sociedade rural, que levou milênios para se desestruturar e gerar um novo sistema, a industrial colocou bem mais rapidamente as premissas da "terceira onda", a qual se abateu sobre os países já industrializados com tal rapidez, que nem mesmo eles estavam preparados. Disso nasce a corrida dos sociólogos, dos filósofos e dos psicólogos para avaliar o evento, a fim de indicar ao indivíduo um novo lugar na nova realidade e para desenhar um futuro, para cada pessoa singularmente, menos hostil do que foi a recente sociedade de massa.

Conforme já lembrado em outro contexto, por comodidade sistemática pode-se classificar os numerosos escritos desses observadores em três filões, sendo cada um caracterizado por uma visão própria do mundo, por um denominador comum teórico-prático e por uma avaliação da nova relação que está se instaurando entre a estrutura da personalidade individual e a estrutura do macrossistema social.[49]

Dois desses filões foram bem esquematizados por Michael Marien no seu escrito de 1977.[50] De nossa parte, procuraremos assinalar os traços essenciais do terceiro filão.

O filão otimista. Num primeiro grupo, portanto, podem ser incluídos todos aqueles estudiosos – Rostow, Fuchs, Bell, Kahn, Wiener, Galbraith, Tofler e os especialistas do Hudson Institute ou ainda os da Commission of the Year 2000 – que vêem a sociedade pós-industrial como continuação, numa escala maior, mais opulenta, mais tecnológica e melhor, da sociedade industrial.

Segundo Bell, por exemplo, ela se caracteriza por cinco aspectos peculiares: *na economia*, pela passagem da produção de bens à produção de serviços; *no mercado de trabalho*, pela predominância de profissionais liberais e de técnicos; *na relação entre a teoria e a prática*, pela centralidade do saber teórico, gerado tanto pela inovação quanto pelas idéias diretrizes nas quais a coletividade se inspira; *nas perspectivas futuras*, pela gestão do desenvolvimento técnico e o controle normativo da tecnologia; *nos processos de decisão*, pela criação de uma nova "tecnologia profissional".[51]

Bell empenha-se demais na exploração da estrutura social para que possa também dedicar-se ao indivíduo, ao qual, no final das contas, destina somente as últimas páginas do seu famoso ensaio. Durante os milênios da sociedade rural – diz ele – a realidade, para o homem, era constituída pelo mundo da natureza; durante os dois séculos da sociedade industrial constituiu-se da técnica; na sociedade pós-industrial será constituída pelo mundo dos outros indivíduos, pelo universo social, definido pela antítese entre pulsões agressivas, que compelem o homem a demolir, e aspirações a uma ordem – na arte e na vida – que o conformem às regras da harmonia. De toda forma, jamais o indivíduo terá condições de cultivar a própria dimensão social como na sociedade pós-industrial: será este o seu modo inédito de estar no mundo e no universo. Conseqüentemente, também a criatividade será reconhecida como a característica essencial do ser humano, a sua resposta mais preciosa, graças à qual ele inventará modos cada vez mais novos de se relacionar com seus semelhantes.

Um espaço bem mais importante é dedicado ao indivíduo na construção teórica de Alvin Toffler (1981). Para o autor de *A Terceira Onda*, que foi operário e conheceu na própria carne o embrutecimento provocado pela disciplina da fábrica, a sociedade industrial alcançou a máxima mortificação do indivíduo através das regras impiedosas que havia estipulado e imposto a si mesma.

As novas condições estruturais, tecnológicas, biológicas, informáticas, habitacionais e trabalhistas da sociedade pós-industrial permitirão, conforme já recordei, a reavaliação do núcleo familiar como local de produção e de reprodução, a coincidência das funções de produção e de consumo nos mesmos sujeitos (*prosumers*), a desestruturação do tempo e do espaço por meio de formas novas de descentralização do trabalho e do lazer; a desmassificação da cultura com o resgate dos gostos pessoais e o eclipse dos modismos; maior individualismo, com formas desburocratizadas de coordenação, novos estilos de liderança e sistemas múltiplos de comando.

Para todos os teóricos da opulência pós-industrial, a confiança na ciência e no progresso tecnológico, a certeza de tempos vagos sempre crescentes, assim como de maior interdependência dos sistemas, da progressiva liberalização da fadiga física, além da difusão essencial da cultura e das informações, asseguram aos indivíduos o melhor dos mundos existentes até agora, com fortes garantias de liberdade política e de autodeterminação social, num *welfare state*. Conseqüentemente, a criatividade ganha terreno, permeando todas as atividades humanas e conferindo a cada uma delas a vibração da transformação contínua.

O filão pessimista. O segundo filão – que Marien chama de filão dos descentralistas e dos ecologistas – retoma os pais intelectuais como Jefferson, Penty e Chesterton e conta com estudiosos como Schumacher, Illich, Goodman e Gershuny, teóricos da descentralização, de estruturas feitas na medida do homem e do respeito aos valores humanos. A esses homens e a esse grupo acrescentem-se hoje todos os contestadores da globalização.

Mais do que a métodos quantitativos e pesquisas de previsão, esses autores referem-se a petições de princípios, a impulsos de generosidade filantrópica, a fulgurações criativas, assim como a utopias sociais e ideologias românticas. Atentos aos estragos provocados pelo maquinismo, pelo consumismo, pela globalização, pela industrialização selvagem, pela divisão internacional do trabalho, pelo cinismo tecnocrático, pelo urbanismo, pelo gigantismo das fábricas, pela alienação e pelo anonimato das cidades, cultores do *small is beautiful*, eles sonham com a volta aos campos, à parcimônia, às tecnologias apropriadas, às necessidades "radicais" de introspecção, de amizade, de convívio, de autogestão do trabalho e do tempo livre, do respeito pela vida na medida do homem, à salvaguarda do equilíbrio ecológico e à aplicação da criatividade não tanto na criação de novos objetos, mas na atribuição de um maior sentido e significado a tudo aquilo que já possuímos.

Se, em relação ao indivíduo, o primeiro grupo apresenta um comportamento "copernicano", fundado numa visão de mundo como sistema de elementos coexistentes, em que os homens são *uma* das partes em causa, o segundo grupo tem um comportamento "ptolomaico", radicado na centralidade do homem e da natureza, em torno dos quais gira todo o resto, assim como as suas finalidades.

O filão historicista. O terceiro filão – que Marien não contempla na sua síntese, mas que merece uma atenção pelo menos igual àquela que dedicamos aos dois primeiros – deve ser identificado no grupo de estudiosos e pesquisadores que têm Alain Touraine como referência. Por trás de Touraine há a figura de Georges Friedmann, com os seus estudos críticos sobre o maquinismo industrial, há a cultura da Europa Continental, explicitamente atenta às implicações políticas das teorias sociológicas, assim como o gosto pela teorização e pela pesquisa empírica, continuamente interligadas.

Caso voltemos a ler *Pour la Sociologie* (Pela sociologia) (1974), livro no qual se encontram expostos de forma mais linear alguns conceitos que já haviam sido tratados em *A Sociedade Pós-Industrial* (1969) e em *A Produção da Sociedade* (1973), torna-se mais claro que, para Touraine, a sociedade pós-industrial caracteriza-se, conforme já vimos, pelo fato de ser uma *sociedade programada*, na qual a ação criativa precede as decisões com as quais se escolhe, entre tantas, quais as idéias a privilegiar e a colocar em prática. A concretização das idéias através da produção prepara os bens e os serviços com os quais pretende "colonizar" os consumidores.[52]

O indivíduo corre o risco de encontrar-se esmagado e alienado, debaixo do peso das decisões tomadas sem o seu conhecimento, longe dele, tanto no tempo como no espaço.

A dinâmica social manifesta-se através de uma dupla dialética entre as classes: a classe superior pode assumir tanto um modelo orientado em direção a uma projeção de futuro (classe dirigente) como um modelo orientado em direção à conservação do passado (classe dominante). Mas a mesma distinção aplica-se também às classes populares: quando são *contestadoras*, elas inventam um contramodelo de sociedade, um programa de futuro próprio a elas, contrário ao das classes dominantes; mas, quando são *dominadas*, elas se limitam a defender os próprios direitos adquiridos, sem serem capazes de elaborar um projeto próprio de futuro.

A FORÇA DA CRIATIVIDADE

Por trás desses três cenários, qual o papel que a criatividade individual desempenha em relação à sociedade? O contexto pós-industrial impele em direção a um subjetivismo mais competitivo e alienado ou ruma para uma cooperação mais solidária?

Bell, conforme dissemos, sustenta que a sociedade futura verá a prevalência das relações entre o homem e o seu mundo social; segundo Toffler, verá um resgate do núcleo familiar e dos gostos individuais. Ou seja, o primeiro filão vê com otimismo o futuro do indivíduo, mas não entra em detalhes na análise das más distribuições, das desigualdades e dos conflitos. Segundo os autores desse filão, as afinidades que unem os homens da era pós-industrial prevalecem sobre as diferenças que os dividem; a ciência já é capaz de liberar da fadiga física e dos vínculos com a natureza; a desigualdade entre as classes é um dado perene da organização, tido por certo mesmo no futuro, ainda que em níveis de maior bem-estar para todos. A criatividade é tão poderosa e difundida que garante à humanidade aquele bem-estar crescente, em cujo usufruto os conflitos se atenuam e se diluem.

Os estudiosos como Schumacher, Illich, os contrários à globalização, etc. estão bem mais perplexos diante do futuro: seu temor se refere mais à tecnologia que à ciência, sua confiança no poder constituído é minada pelo terror dos efeitos desastrosos que poderiam ser provocados pelo conflito entre as potências, pelo orgulho tecnocrático dos países ricos, pela divisão internacional do trabalho e pelos desequilíbrios provocados, temerariamente, no ecossistema.

Os estudiosos pertencentes a esse filão reservam às implicações psicológicas da questão social uma atenção muito marcada e acreditam que as soluções dos problemas individuais e coletivos virão graças a impulsos com caráter de voluntariado e graças à vitalidade dos movimentos. Em sintonia com todos os estudos sobre o narcisismo, eles exibem um pessimismo na análise da estrutura da personalidade, com uma insistente denúncia em relação aos estragos feitos ao mundo e todo um aparato de terapias, mais ideologizadas do que científicas.

Tomemos, por exemplo, a imagem do homem moderno – alienado através da escolarização e da privação do convívio – tal como emerge dos textos divulgados por Illich e o comparemos à imagem análoga do Adão narcisista, desenhada com uma feroz severidade por Lasch: um Adão americano que "não tem interesse pelo futuro, em parte porque o passado o interessa pouquíssimo", dominado pelo egocentrismo, pronto a regredir a níveis arcaicos, tão infantil e sem noção clara do perigo quanto inseguro. Em ambos os autores, a capacidade criativa do indivíduo corre o risco de permanecer sufocada, sob a influência desse desinteresse pelo futuro e pela sua invenção.

Em relação a esse panorama negro, é mais bonito e bem mais aceitável aquele que os sociólogos europeus, pertencentes ao terceiro filão, colocam na base do *constructo* social: um indivíduo que oscila entre o privado e o público, em busca de uma síntese dinâmica de ambas as instâncias, consciente das mudanças que intervieram na dialética das classes e capazes de projetar, criativamente, conflitos políticos centralizados na contraposição dos modelos criados hoje para a sociedade de amanhã.

Todas as três abordagens, de todo modo, postulam um emprego da criatividade bem maior que no passado: os novos recursos que a sociedade conseguiu proporcionar-se, o preço que ela corre o risco de pagar por seu destemor e a necessidade de projetar o futuro são elementos que apelam às capacidades criativas. Jamais como agora o futuro do homem esteve tão entregue à sua criatividade.

A CULTURA IDEAL

Mas a cultura com a qual o homem administrará os seus recursos para criar o seu futuro estará à altura das possibilidades que esses recursos permitem? A coexistência, na mesma aldeia global, de fome e desperdício, de solidão e superpovoamento, assim como de estresse e desemprego, não denuncia uma escandalosa carência de capacidades programadoras e criativas? A mentalidade, como sabemos, é causa e efeito de ideologias, linguagens, objetos, sinais, comportamentos e convenções. Einstein tem realmente razão quando constata que nem a Segunda Guerra Mundial e nem mesmo a bomba atômica conseguiram modificar as bagagens da nossa antiga consciência.

E quais são essas bagagens? Uma primeira bagagem cultural é de ordem ideal e, como nos recordam os antropólogos, é constituída por valores, por crenças, por estereótipos, por ideologias, pela linguagem, pelas necessidades e por um sentido difuso do tempo, do espaço, do saber, da vida, da morte e da identidade.

A era industrial foi preparada por algumas tentativas de reinterpretar essa cultura e plasmá-la em função dos novos tempos: já abordamos Descartes na França, Galileu em Florença, Bacon e Newton na Inglaterra, aos quais se deve somar Giambattista Vico em Nápoles. Eles fundaram uma sensibilidade nova em relação ao progresso, à estética, ao sentimento, à imaginação e à razão. Conforme já vimos, no decorrer da história industrial essa nova sensibilidade logo traduziu-se numa necessidade difusa de bem-estar material, numa prevalência maior de quantidade do que de qualidade, e na modernização, na secularização, no conflito de classes, assim como na organização arranjada cientificamente e finalizada pela eficiência produtiva. Os resultados, positivos e negativos, mostram-se, bem à vista, para todos.

A cultura ideal que a sociedade pós-industrial herda da industrial é marcada pela tomada de consciência de que as grandes construções teóricas (Bacon, Descartes e Vico, mas também Hegel e Marx, Durkheim e Weber) foram insuficientes para explicar as fraturas que o maquinismo industrial produziu na linguagem, na relação entre tempo real e tempo vivido, no sentido estético, nas ideologias, na ética, na percepção do espaço e na psicologia da opulência.

Surgiram assim novas escolas e novas teorias que tentaram reinterpretar e reprojetar os vários participantes da cultura ideal: Hubbard e suas Roycraft Shops no Estados Unidos, os pré-rafaelitas, Mackintosh e Morris na Inglaterra, a Secessão e a Wiener Werkstätte na Áustria e a Bauhaus na Alemanha lançaram as bases de uma nova estética. O Instituto Pasteur de Paris, a Estação Zoológica de Nápoles e o Círculo Matemático de Palermo dispuseram os fundamentos para uma nova ciência. Wittgenstein em Cambridge e na Áustria, o Círculo Filosófico de Viena e a Escola de Frankfurt na Alemanha conceberam os alicerces da filosofia de uma linguagem, de uma epistemologia moderna e de uma sociologia crítica. Einstein, Bergson e Husserl, cada um a partir do próprio ponto de vista específico, estabeleceram novas relações entre o espaço e o tempo.

O TEMPO

No momento em que a sociedade industrial cedeu a vez à pós-industrial, o tempo constituía uma das maiores preocupações e o paradoxo fundamental a ser resolvido. O sentimento de onipotência difundido pelos progressos científicos contrastava com o sentimento de morte, que todavia permanece fatal no destino do ser humano. A incapacidade de reprogramar o tempo tornava vãos todos os esforços que a sociedade industrial fizera para crescer.[53]

Durante 100 anos, conforme vimos, a vida média mais do que dobrou. Ao mesmo tempo foram inventados expedientes e mecanismos para medir o tempo com maior precisão (os cronômetros), para programá-lo com mais exatidão (agendas eletrônicas), para economizá-lo (aviões, telefones, Internet, panelas de pressão, etc.) e para armazená-lo (secretárias eletrônicas, gravadores, videocassetes, bancos de dados, etc.), assim como para enriquecê-lo, permitindo-nos realizar mais de uma coisa ao mesmo tempo (rádio nos carros, *CD-players*, etc.).

Pense-se, como exemplo, na precisão alcançada na medição do tempo. Em 1949, o National Institute for Standard and Technology (NIST) aperfeiçoou um relógio que tinha uma defasagem de um segundo a cada três anos; 40 anos depois, em 1989, o mesmo Instituto, utilizando as vibrações de alguns átomos de berílio resfriado até uma temperatura de 47 milionésimos de grau abaixo do zero absoluto, graças à luz combinada de seis raios laser, construiu um relógio atômico cujo descompasso de um segundo ocorre apenas a cada três milhões de anos. Ainda o mesmo Instituto anunciou que em 2010 estará em condições de criar um relógio calibrado por íons de mercúrio capaz de uma discrepância de um segundo a cada dez bilhões de anos, isto é, um tempo quase equivalente à idade do nosso universo. Naturalmente essa corrida em busca de máxima precisão não é um fim em si mesma, mas serve para melhorar a rota dos veículos aeroespaciais, determinar as rotas dos aviões, sincronizar o computador no âmbito das redes de telecomunicações e até mesmo sincronizar os sinais de trânsito.

Mas, em termos de "cultura do tempo", todo esse progresso técnico não se traduziu em melhor qualidade de vida: enquanto o tempo à nossa disposição crescia graças à farmacologia, à biologia, à medicina, à higiene e à alimentação; enquanto as horas de trabalho se reduziam (os nossos avós, conforme foi dito, trabalhavam cerca de 120.000 horas, mas hoje a duração média de uma vida de trabalho não supera as 80.000 horas); e ainda enquanto o nosso tempo vago aumentava (no último século passou de 25.000 horas para 260.000 horas numa vida média), insinuava-se, sempre mais inquietadora, a sensação de que, em relação aos nossos avós, o tempo realmente disponível tivesse diminuído e que o tormento da pressa tivesse aumentado. Essa sensação e essa preocupação, com todo o estresse e esmorecimento delas derivados, constituem alguns dentre os maiores obstáculos à criatividade, sobretudo de tipo artístico.

Coexistem desconfortos paralelos, como o dos desempregados que não sabem de que maneira ocupar o tempo e o dos hiperatarefados que não sabem de que modo reservar um pouco de tempo para si mesmos e para os que lhe são caros. A sincronização dos ritmos produtivos determinou uma hipersincronização dos ritmos de vida, com todos os conseqüentes desperdícios e com horas, dias e meses mortos e sobrecarregados. Paradoxalmente, sob outros aspectos existe pouca sincronização: lojas e museus que fecham exatamente quando a massa sai do trabalho; cônjuges obrigados a turnos e plantões que impedem a convivência entre eles e com os filhos, etc.

Existem excessivas desigualdades entre a quantidade de trabalho de alguns profissionais e a de outros: alguns gerentes, por exemplo, acabam por dedicar aos seus escritórios a maior parte das suas vidas ativas. Tornou-se cada vez mais difícil diminuir a defasagem entre o tempo natural (dias, meses e estações), o tempo social (tempo de trabalho e tempo livre, compromissos profissionais e familiares, prazos burocráticos e normativos, convenções, usos e costumes) e o individual (biorritmos, exigência de introspecção, de convívio e de crescimento pessoal).

Exatamente o nosso potencial criativo corre o risco de ser destruído: ou seja, o mais nobre entre os dons humanos e o mais precioso. Mas, por sorte, existem impulsos contrários que pressionam rumo a uma renovação estética e filosófica.

A RENOVAÇÃO ESTÉTICA DA BAUHAUS

A sociedade pós-industrial chegou aparentemente de improviso, com a Segunda Guerra Mundial, mas foi preparada por tentativas, iniciativas e abordagens teóricas através das quais os pioneiros da nova era insinuaram as suas dúvidas e fizeram propostas, recorrendo à originalidade dos seus talentos criativos. Já descrevemos casos como a Wiener Werkstätte e a Thonet. Façamos um aceno à Bauhaus, à Escola de Ciências Sociais de Frankfurt e ao Círculo de Bloomsbury.

Fundada em Weimar em 1919 por Walter Gropius, a Escola Bauhaus agregou como alunos, docentes e tutores uma miríade de gênios da arte e da técnica, de Itten a Kandinski e de Moholy-Nagy a Mies van der Rohe.

Juntos, eles formaram uma organização capaz de fornecer suporte à criatividade coletiva, original e poderosa.

Enquanto na Inglaterra William Morris havia lutado drasticamente contra a invasão da indústria, a favor do primado criativo do artesão, na Bauhaus, que foi ao mesmo tempo uma escola, um laboratório e uma oficina, e que assumiu mais de uma forma, sucessivamente, em diversas cidades, foram criados modelos e protótipos que a indústria teria depois utilizado para a fabricação em série e para o consumo de massa. Teoria e prática, inspiração artística e técnica fundiram-se na Bauhaus, permitindo alcançar níveis muito elevados nos campos da arquitetura, da decoração, das artes gráficas e do desenho industrial.

Nos primeiros dez anos, toda a organização girou em torno da liderança de Gropius, depois destemperou-se num difuso estado de anarquia e somente nos últimos três anos (1930-1933) prevaleceu uma forte orientação à tarefa objetiva. A atividade institucional era constituída pelo ensino teórico-prático no campo do desenho industrial e da arquitetura, aos quais se uniam, integrando-os, a publicação de livros e revistas, trabalhos gráficos, assim como projetos de edifícios e protótipos industriais. As idéias predominantes eram marxistas e anárquicas. A organização tendia a exaltar três momentos: a criação, a instrução e a aplicação. A vida comunitária, marcada por grande parcimônia, tocava várias disciplinas e diversas qualificações (artistas, artesãos e profissionais liberais), encorajando a abertura em direção às novas formas de cultura.

Como escreveu Caristi, "o grande mérito da Bauhaus foi o de ter produzido um esforço contínuo na pesquisa de um método racional e de uma concepção teórica, como base preliminar de todo e qualquer trabalho artístico. Sua vitalidade pode ser comprovada nas aplicações contínuas que tal concepção teve. A sua didática, em particular, conseguiu elevar o trabalho artístico a nível de profissão moderna (*industrial designer*), superando a ênfase que a Renascença dera ao produto da arte: uma incontrolável inspiração, a sublimação de um momento único. Gropius e os seus colaboradores procuraram aplicar tudo isso, e a generosa defesa que empreenderam em favor da relação entre a arte e a indústria não foi uma batalha contra o artesanato, mas uma iluminada tentativa de proteção e potencialização do engenho humano contra o taylorismo e a alienação que esse processo de produção gerou na pessoa humana. Baseado numa socialização relativamente completa, realizada por meio de uma elevada inclusão dos participantes na organização, a Bauhaus soube superar os limites da pirâmide taylorista, hierárquica e dividida, privada de todo e qualquer discernimento criativo, realizando uma estrutura completamente elástica, capaz de gerir de modo eficiente o controle de seus membros e a obtenção dos fins propostos... Voltada para a afirmação da criatividade, a perfeita sintonia e fusão entre o tempo de trabalho e o tempo de lazer e uma organização em forma de clã, a Bauhaus nos oferece uma estrutura com grande antecipação a respeito do tempo e dos modelos organizacionais do período no qual se afirmou".[54]

A RENOVAÇÃO SOCIOLÓGICA DA ESCOLA DE FRANKFURT

O tempo e o espaço modificaram-se rapidamente sob a ação do progresso científico, acelerado por grupos precursores como o Instituto Pasteur de Paris, a Estação Zoológica de Nápoles e pelo Círculo Matemático de Palermo, acerca dos quais já falei. Mas a eles devem ser acrescentadas algumas experiências que marcaram uma virada fundamental na filosofia e na sociologia: o Círculo Filosófico de Viena, do qual já falamos, e a Escola de Frankfurt, que tratou de temáticas sociológicas próprias da sociedade pós-industrial.[55]

Fundado em 1923 por Felix Weil, Friedrich Pollock e Max Horkheimer, e ativo ainda hoje, sua sede foi primeiro em Frankfurt, depois em Genebra, em seguida em Nova York e por fim novamente em Frankfurt, abrigando sociólogos do calibre de Adorno, Marcuse, Fromm e depois também Habermas. Voltado sobretudo para a pesquisa e só em segunda instância ao ensino, o estatuto diferenciava membros sob regime de tempo integral e tempo parcial, todos igualmente subordinados à "ditadura do diretor", instituída por Grünberg e mantida por Horkheimer.

A peculiaridade organizacional e cultural do grupo pode ser identificada na independência econômica; no relacionamento intenso com os outros institutos e estudiosos; na interdisciplinaridade; na forte autoridade do diretor; na origem judaica de vários membros; na sua origem burguesa comum; no estilo de vida refinado; no senso estético; nos interesses poliédricos e na forte motivação ética.

Além disso, no plano do conteúdo, reencontramos aqui todos os capítulos da cultura ideal sobre os quais a nova sociedade deverá basear-se, tentando uma baconiana refundação na forma de interpretar e de reprojetar a si mesma, desde as suas mais íntimas e profundas raízes. A partir da Segunda Guerra Mundial, o ser humano passou a ter de acertar contas tanto com o perigo inédito e apavorante de que o gênero humano se autodestrua, através da deflagração atômica e dos excessos da engenharia genética, como com a oportunidade, igualmente inédita, mas contudo excitante, de que o trabalho seja finalmente liberado do castigo bíblico da fadiga bruta, graças à eletrônica, à informática e à inteligência artificial.

INQUIETAÇÃO E EUFORIA: O CÍRCULO DE BLOOMSBURY

Achar-se, quase sem perceber, numa sociedade terceirizada dentro e fora da indústria, que liquida rapidamente o exército de camponeses e de operários sobre os quais havia fundado por milênios a sua produção; que descentraliza as fábricas do Terceiro Mundo e recoloca, no coração do sistema, a manufatura junto com a ciência; que cria em poucos anos uma rede de informação rápida, planetária e capilar ao mesmo tempo; que miniaturiza os instrumentos; que obriga a cultura humanista e científica a um novo diálogo e a uma nova aliança, homologando os saberes e os conhecimentos; que muda o jogo da dialética social, agora centrada mais ainda na produção de futuro do que na produção de riquezas; e que deve reconverter-se rapidamente a essa nova condição global, proporcionando os instrumentos conceituais para compreendê-la e os instrumentos operacionais para administrá-la – foi esse o grande problema diante do qual o homem, mesmo o dos países avançados, sentiu-se inquieto e indefeso.

A sensação de crise e de desorientação que caracterizou a cultura das últimas décadas encontra em todas essas circunstâncias a própria justificativa. Até mesmo a passagem de uma psicologia da pobreza a uma psicologia da riqueza resultou difícil. Igualmente angustiante mostrou-se a passagem da dependência à autonomia, da centralidade do trabalho à centralidade do tempo livre, da segurança difusa ao risco onipresente e do abandono nas mãos do destino à projeção intencional do próprio futuro.

Pouco ou nada do recurso filosófico e religioso que havia socorrido o homem no seu longo itinerário, primeiro rural e depois industrial, pode ser-lhe de igual ajuda ao empreender o percurso pós-industrial: tudo o que lhe servirá deve ser reinventado. Por isso, a alternativa, histórica e cotidiana, encontra-se entre a inquietação da pesquisa e a euforia da invenção.

Não por acaso a necessidade de euforia é a mais difundida e a mais frustrada. E não por acaso na falta de auto-realização através da profissão, do convívio ou da adesão a uma ideologia forte e compartilhada, recorre-se com tanta esperança e com tanta frustração a substitutos como prestígio, conivência, fuga, droga, magia e esoterismo.

Uma cultura nova, inventada não mais por uma sociedade industrial, exige que seja dada mais importância aos climas do que às estruturas; exige que a arte do viver (da qual a sabedoria latina do imperador Adriano constitui um exemplo admirável) substitua a arte do produzir (da qual a eficiência calvinista forneceu a máxima expressão).

Também essa nova vocação cultural tem um magnífico exemplo precursor. Fundado no início do século XX e sobrevivente, com vicissitudes alternadas, até os anos 50, o Círculo de Bloomsbury reuniu, primeiro em Cambridge, depois em Londres e em outras sedes descentralizadas em Sussex e na França, um selecionado número de artistas, historiadores, economistas e filósofos, ligados pela pesquisa estética, pela aversão à moral vitoriana, pela originalidade e pelo exclusivismo, pela amizade entrelaçada a relações sexuais livres, assim como por afinidades múltiplas, consolidadas também por interesses econômicos.

Os nomes mais em evidência são os de Thoby Stephen, Leonard Woolf, Saxson Sydney-Turner, Maynard Keynes, Clive Bell, Lytton Strachey, assim como Vanessa e Virginia Woolf. A sua ideologia é de tendência liberal e pacifista, com traços anárquicos. A organização inaugura um modelo original próprio que recusa uma forma linear de poder hierarquicamente descendente, pretendida pelo sistema social da época, e inaugura um tipo de cooperação que marca a passagem do machismo à androginia, da sala de visitas ao *lobby*, do grupo de amigos ao grupo de poder intelectual baseado na capacidade de manipular a opinião pública, protegendo-se com recíproca cumplicidade.

Bloomsbury representa somente uma tentativa, uma abertura genial que paga o preço de todas as contradições de um pioneirismo incapaz de purificar a solidariedade da conivência, o anticonformismo do esnobismo, assim como o mérito do privilégio. Pena esta descontada em termos de isolamento, de neuroses e, nos casos de Virginia Woolf e da Carlington, também com o suicídio. Mas a contribuição do grupo à fundação de uma nova cultura é enorme: pela primeira vez os desejos são explicitamente vividos sem culpa, os pudores são drasticamente colocados para escanteio, a qualidade de vida é ferozmente cortejada, a estética é zelosamente cultivada e a subjetividade ao empreender e perseguir o bem-estar é rigorosamente respeitada. O germe de uma cultura pós-industrial foi semeado, e hoje seus efeitos, tácita e irreversivelmente revolucionários, são sentidos.

A CULTURA MATERIAL

Os objetos evoluem mais rapidamente do que as formas do pensamento, e o ímpeto expressado pela sociedade industrial concentrou-se inteiramente na produção de bens que tornou torrencial e transformou, de modo radical, o universo dos signos e das coisas no qual o ser humano vive imerso.

As cidades, as casas, os utensílios e as estradas que a sociedade industrial legou à pós-industrial foram projetados em função da produção de massa, do consumo de massa e da economia de grande escala: grandes fábricas para concentrar a produção, grandes armazéns para concentrar a distribuição e grandes lojas de departamentos e supermercados para concentrar as compras, grandes estádios e imensos cinemas para concentrar a diversão, escritórios grandes que concentram a burocracia, grandes *campi* universitários, concentradores da instrução, assim como grandes policlínicas que concentram diagnósticos e terapias. O critério dominante no qual se inspirou a atividade manufatureira foi o de deslocar os homens, com rapidez, para onde se localizam as coisas, as quais, sendo pela própria natureza inertes, são concentradas de forma a minimizar os percursos. Manhattan e a United States Steel, o metrô e as grandes lojas de departamentos, as grandes salas cinematográficas são símbolos da hegemonia industrial.

E o homem que foi rural e sedentário, amarrado a uma terra e a uma lei, a uma oficina, a um senhorio e a uma tradição, agora tornou-se nômade, muda constantemente de casa, viaja sem cessar. Bernd Guggenberger escreveu que, segundo o dito "*Don't cry, drive on*" (Não chore, continue dirigindo), na época pós-moderna viverá segundo a interdição de ancorar-se a toda e qualquer estrutura: "Deve-se parar de amar um lugar, uma mulher, uma casa, uma cidade, uma profissão ou um ideal. É preciso estar sempre pronto a transferir-se, a mudar de humor, de ideal, de trabalho. A verdadeira virtude da época é a total mobilidade."[56]

Aquilo que Guggenberger não levou em conta é o efeito da telemática sobre a cultura material da sociedade criativa. Pode ser que Naisbitt tenha razão, quando nega um futuro ao teletrabalho afirmando que as pessoas irão sempre aos escritórios: senão para trabalhar, pelo menos para socializar. Pode ser que durante um certo tempo ainda a nossa necessidade de consumo servirá de camuflagem à nossa necessidade de relacionamento, satisfazendo-a, indiretamente. Todavia, está claro que numa sociedade em que os trabalhadores e os consumidores lidam sobretudo com a matéria-prima da informação, ou seja, a mais móvel e dócil entre as mercadorias, os escritórios e as lojas irão, gradativamente, se dissolver nas redes, exatamente como a correspondência em papel dissolveu-se na Internet.

Se a tudo isso se acrescenta que a necessidade de relacionamento poderá ser satisfeita no crescente tempo livre e que o trabalho intelectual, substituto sempre maior do trabalho físico, reduz até praticamente anular a divisão entre local e tempo de trabalho, de um lado, e local e tempo de vida, de outro, nos damos conta das profundas mudanças que tudo isso poderá determinar à vida material: o distanciamento dos corpos durante o trabalho, a casa telemática e o *prosuming* provavelmente farão com que o nosso universo físico se assemelhe a um mundo no qual se pode estar, simultaneamente, sedentário com o corpo e nômade com a mente.

DASEIN E *DESIGN*: O ISTITUTO CENTRALE DEL RESTAURO

Para criar novos objetos e novos lugares, liberados dos cânones da sociedade industrial, são necessárias uma extraordinária independência criativa e a coragem de conferir à forma a dignidade que antes se reservava somente ao conteúdo. Quando a produção de lentes óticas requeria uma grande perícia artesanal, o preço dos óculos era proporcional ao seu grau de funcionalidade. Mas hoje que toda lente é, com uma ampla margem, de qualidade superior às necessidades de quem a usa, a forma, isto é, a estética, a grife dos óculos valem mais que qualquer outro elemento na determinação do seu valor. Heidegger fundava a essência no *Dasein*, na "presença"; Guggenberger, com maior desenvoltura, a fundamenta no *design*, na aparência. A forma, na sociedade pós-industrial, adquire a mesma força que antes tinha o conteúdo; a cultura material invade e desemboca na cultura ideal e social.

Prova disso é a ânsia de usar e de perder o patrimônio cultural, a necessidade de a ele recorrer a fim de obter o impulso, a força e o estímulo necessários para refundar a estética e transformar toda e qualquer obra numa obra global, segundo a aspiração da Wiener Werkstätte e da Secessão.

Dos mosaicos antigos de Ravena, Klimt extrai a inspiração para os seus ornamentos moderníssimos. Para criar uma nova relação com a produção artística do passado, torna-se importante a recuperação de objetos e de formas através da restauração, que une, criativamente, a ciência e a arte, fazendo uso das técnicas, das estéticas e das políticas. Pode-se encontrar um exemplo emblemático e precursor na Itália: o Istituto Centrale del Restauro.

Projetado em 1938, o instituto foi inaugurado em 1941 e colocado como dependente do Ministero dell'Educazione Nazionale (Ministério da Educação Nacional), com o objetivo de executar e controlar a restauração das obras da antiguidade e obras de arte, desenvolver pesquisas científicas diretamente, aperfeiçoar e unificar os métodos de intervenção, estudar os meios técnicos para a melhor conservação do patrimônio histórico e artístico nacional italiano, expressar pareceres sobre todo e qualquer trabalho de restauração e conservação de obras da antiguidade e obras de arte em geral, assim como promover o ensino do trabalho de restauração.[57]

O instituto foi criado, por um lado, por vontade do regime fascista, de forma a centralizar, controlar e encaminhar as atividades de tutela e conservação do patrimônio artístico nacional italiano; por outro, pela exigência enfatizada pela crítica moderna de acabar com uma prática da restauração de tipo subjetivo e arbitrário.

O modelo organizacional escolhido foi o do grupo interdisciplinar e interprofissional (restauradores, físicos, químicos, artesãos e historiadores da arte), capazes de operar em bases metodológicas elaboradas pelo próprio instituto. O resultado constitui até hoje um exemplo raro de organização criativa, capaz de sintetizar instâncias antes consideradas inevitavelmente contraditórias e não só no campo da restauração: tradição e inovação, didática e trabalho, individualidade e coletividade, sabedoria artesanal e conhecimento científico, pensamento teórico e atividade manual, racionalidade e paixão, nacionalidade e internacionalidade, público e privado, recursos internos e relações externas. A essas características organizacionais é preciso acrescentar as contínuas relações de intercâmbio com personalidades particulares e com institutos do mundo inteiro, a liderança participativa, a perfeita simbiose entre texto e contexto, ou seja, entre o objeto da restauração, as pessoas dedicadas à restauração e às estruturas em que a restauração se dá. Em síntese, o instituto conseguiu convocar pessoas, disciplinas e competências, organizando-as num sistema dotado de extraordinária vitalidade criativa.

A CULTURA SOCIAL

Em todos os exemplos históricos que citamos, fizemos referência às suas características organizacionais, se tratando de grupos criativos interdisciplinares e não de cientistas ou artistas isolados. A sua especificidade, com efeito, não se encontra somente nos produtos de altíssimo nível e originalidade precursora, mas também nos processos tecnológicos e organizacionais com que, pela primeira vez de uma forma assim tão difusa e internacional, passava-se da *small art* à *big art*, da *small science* à *big science*, conforme já recordamos.

Antes de Pasteur, de Anton Dohrn, de Guccia e de Fermi, é preciso retroceder no tempo para resgatar algum exemplo raro de laboratório coletivo no qual a pesquisa fosse conduzida com base em programas específicos por uma equipe interdisciplinar constituída e estruturada previamente. Antes da Wiener Werkstätte e da Bauhaus é necessário remontar à oficina do Renascimento para encontrar grupos de artistas assim tão entrosados, nos quais a intenção renovadora, a missão pedagógica, a relação entre clientes, financiadores e o público, assim como a organização por matriz ou por projeto concorressem de forma tão original, valorizando a criatividade, a inovação, o imprevisto, a modernidade e a flexibilidade.

Ao inventar métodos organizacionais aplicáveis ao trabalho criativo desenvolvido por um grupo, a Europa tem a primazia cronológica e qualitativa, na mesma medida que os Estados Unidos detêm o primado na invenção de métodos organizacionais aplicáveis ao trabalho executivo, desempenhado por uma repartição ou escritório. Não existem, na Europa do século XX, cientistas da organização criativa do calibre de Taylor ou de Ford; mas existem no Velho Continente exemplos de equipes criativas, comparáveis, em termos de refinamento organizacional e originalidade funcional, a uma repartição da Western Electric.

Os europeus foram os primeiros a pensar – entre a metade do século XIX e a metade do século XX – que o grupo criativo e a sociedade criativa devem distinguir-se de uma organização e de uma cultura social criadas para obter o máximo de eficiência e de produtividade numa empresa onde prevalece o trabalho executivo. Infelizmente, a sociedade pós-industrial, que deveria ter-se organizado com base num paradigma pós-taylorista e pós-fordista, herdou e toma emprestado, de forma acrítica, uma organização do trabalho e da vida calcada na oficina de manufaturas, dividida e hierarquizada, onde não se quer deixar nada à mercê da livre iniciativa e do imprevisto.

Os fechamentos nacionalistas, o bipolarismo de classes, a família nuclear, a exclusão das minorias, dos jovens, dos velhos e das mulheres, o aniquilamento das necessidades individuais em relação às necessidades das organizações, a subordinação da escola, do descanso, do lazer, da família e dos afetos às necessidades da produção e do consumo, estas compreendidas como categorias onívoras e centrais; todos os usos e costumes que a sociedade industrial substituiu com intransigência, assim como os das comunidades rurais, resultam hoje igualmente inadequados a uma sociedade pós-industrial, dominada pelos fatores inovadores até aqui descritos e marcada pela exigência de potencializar a criatividade por meio da organização.

Disso deriva a necessidade de se inventar uma cultura da criatividade que ultrapasse e substitua a cultura da executividade e um conhecimento dos processos criativos de grupo que possa estar ao lado do conhecimento dos processos criativos individuais.

A ÉTICA DA CRIATIVIDADE

O fato de que esses processos sejam voltados para a descoberta e para a invenção não os exime de respeitar a ética da comunidade na qual são realizados e que, sempre com maior freqüência, interagem com vastas redes de outras comunidades, até envolverem interesses planetários. Além disso, a divisão pós-industrial do mercado da ciência e da arte impõe ao

Primeiro Mundo um uso da criatividade que não agrave a disparidade socioeconômica, a colonização cultural e o *digital devide*.

No decorrer dos séculos, a avaliação ética e social da ciência passou da condenação sem direito ao apelo para o entusiasmo fanático. Em *Grundrisse*, Marx nos alerta: "Com o capital a natureza se torna um puro objeto para o homem, um puro objeto de utilidade, e deixa de ser reconhecida como uma força em si; e o próprio conhecimento teórico das suas leis autônomas apresenta-se simplesmente como astúcia capaz de subordiná-la às necessidades humanas, tanto como objeto de consumo quanto como meio de produção."

Muitos cientistas tendem a distinguir entre *ciência*, que não seria passível de avaliações econômicas ou éticas, e *tecnologia*, que seria, pelo contrário, imputável de eventuais danos sociais e morais. Segundo o prêmio Nobel Carlo Rubbia: "A Ciência é a mãe da Tecnologia, por sua vez responsável pelo imenso progresso econômico e social da sociedade de hoje. Mas quais são as relações entre a Ciência e a Tecnologia? A Ciência, em todas as suas disciplinas, tem por objeto a descoberta das leis que governam o nosso mundo. Nesse sentido, ela responde a uma curiosidade gratuita do ser humano... Já a Tecnologia é o domínio do útil, daquilo que serve, se produz e se compra. As suas motivações são completamente diferentes das da Ciência. O seu desenvolvimento corresponde, em geral, a mudanças rápidas do nível de vida do homem, assim como a grandes problemáticas políticas e econômicas." Mas, a seguir, o próprio Rubbia acrescenta: "Estas duas grandes criações do homem são, hoje mais do que nunca, caracterizadas por trocas recíprocas e por um notável caráter de interdependência."[58]

Quando escreveu estas linhas, Rubbia dedicava-se, profissionalmente, à ciência básica, e, portanto, é bastante óbvio que as suas preferências éticas fossem voltadas à ciência, em detrimento da tecnologia: "O cientista, como o artista, tende a ignorar a existência do mandante e a rejeitar a própria idéia de uma pesquisa controlada, encomendada. Todavia, mesmo no modelo mais puro de física ou de biologia, um programa de pesquisa experimental implica hoje investimentos que são comparáveis aos da grande indústria. Portanto, entra em jogo a relação com o organismo financiador, que quase nunca é um mecenas: até que ponto podemos ser influenciados, condicionados e limitados?"

Portanto, por um lado, há a propensão do cientista que "se sente verdadeiramente como tal apenas quando é completamente livre. O ideal para o homem de ciência é compreender, concentrar os esforços na pesquisa das respostas às perguntas que gradativamente vai se fazendo.

Totalmente imerso no seu trabalho, o que o impulsiona é o desejo da descoberta. A ciência pura é entendida como uma atividade cognitiva desinteressada; exatamente como a filosofia, a pintura e a música não podem ser programadas, pressupõem, com efeito, liberdade intelectual. As maiores descobertas foram feitas por pessoas que se sentiram profundamente livres para escolher, seguir a própria intuição e proceder segundo o próprio método".

Por outro lado há a mistura cada vez mais íntima entre "a pureza" da ciência e "a impureza" da tecnologia. E há os custos crescentes das pesquisas que impõem uma rigorosa programação dos tempos e dos métodos, uma escrupulosa alocação dos recursos e – com maior freqüência do que se queira acreditar – uma certa submissão do cientista em relação ao financiador.

Rubbia reúne a ciência pura com a música e com a pintura, mas a história dessas duas artes demonstra o quão estreitas e por vezes até cruéis foram as relações entre os artistas, os comerciantes, os críticos e os mandantes. Ontem, os grandes ciclos de afrescos, as catedrais, as festas principescas, hoje as exposições, os festivais e as obras arquitetônicas empenham tamanhos recursos econômicos e organizacionais que exigem financiamentos, financiadores, programações, prazos, decisões, assim como obediências e cumprimentos. A isto se deve acrescentar as armadilhas da vida científica, tanto é que o próprio Rubbia admite: "Não se deve contudo crer que a Ciência pura seja um idílio. Na realidade, ela é um terreno semeado por confrontos, rivalidades, suspeitas e trapaças."

E deve ser também levada em conta a utilidade ou periculosidade social do objetivo: "Junto a essas escolhas dos grandes conhecimentos existe uma outra atividade humana de pesquisa, também ela chamada de científica, mas de endereço mais diretamente aplicativo, industrial e, por vezes, com fins militares. A escolha dos investimentos nesse tipo de pesquisa é um índice de prioridade. O quadro não é encorajador, se é verdade que quatro quintos dos cientistas trabalham direta ou indiretamente em pesquisas aplicadas, voltadas para a indústria bélica."

Nesse ponto, a ciência e a tecnologia, cada vez mais interligadas e, portanto, co-responsáveis, deveriam ser subtraídas da hegemonia da indústria bélica[59] e deveriam ser submetidas a um severo controle por parte das forças sociais, como alguns movimentos (antinucleares, verdes, ecológicos, contra a globalização, etc.) vêm reivindicando com um consenso crescente. Mas o controle não concerne somente aos grandes programas como o Escudo Espacial. Há incongruências a serem eliminadas e novos campos a dominar, com o conjunto sob a égide de uma ética leiga dos negócios e das profissões, que até agora permanece gregária, em relação àquela bem mais consolidada e difundida ética de natureza religiosa.

Tome-se, por exemplo, as questões morais surgidas em torno dos mais recentes desenvolvimentos da biologia, sobretudo da embriologia e de organismos geneticamente modificados. O embrião humano pode ser usado como objeto terapêutico ou de diagnóstico com implicações científico-comerciais? A finalidade humanitária justifica a intrusão na esfera privada e a escolha de um embrião e não de um outro? Entre o utilitarismo científico, a utilidade pública e a concepção sagrada da vida, o que deve ter prioridade? A sociedade pode entregar-se à auto-regulação dos cientistas ou deve submetê-los a severas normas? E quem é capaz de legislar sobre esta matéria? E seguindo quais critérios?

A natureza, tal como foi passada às mãos da humanidade do terceiro milênio, seria irreconhecível aos olhos do homem de Neandertal, ou aos de Júlio César ou até mesmo aos dos nossos avós. Do ecossistema até as partículas elementares, tudo foi manipulado pelo homem a fim de reduzir a sua periculosidade, incrementar a sua utilidade prática, domesticar o comportamento ou potencializar e regular a força. Até mesmo as mais "naturais" dentre as criaturas são fruto da intervenção humana, não menos do que das suas constituições originais. Uma galinha que cisca, incapaz de correr ou de voar, provavelmente nunca sobreviveria à seleção natural exercida pelos carnívoros: portanto, também ela é o último elo de uma cadeia de mutações, de cruzamentos e de proteções, determinadas, intencionalmente e a seu próprio favor, pelo homem. Em cada frango que chega às nossas mesas há mais tecnologia do que carne.

A natureza do ser humano, portanto, é a sua cultura. Entre a metade do século XIX e a metade do século XX, por obra de cientistas como Pasteur e como Sabin, foi multiplicada a massa de organismos geneticamente modificados com o objetivo de curar a saúde do homem (vacinas contra a raiva, contra a varíola, a difteria, a poliomielite, etc.) ou de melhorar a produção agrícola (pesticidas biológicos, etc.). A esses organismos foram incorporadas modificações hereditárias, por intermédio de cruzamentos feitos com polinização artificial, com mutações provocadas por radiações ou com substâncias químicas adequadas, etc.

Já nas últimas décadas, a engenharia genética permitiu a manipulação de vírus, microrganismos, plantas e animais, provocando "modificações genéticas não por mutação e seleção, mas mediante uma intervenção direta no genoma do organismo a ser modificado".[60] Isso, por um lado, permite intervenções ainda mais seguras e eficazes do que as obtidas através das modificações, mas, por outro lado, desperta temores de nova ordem, devido aos perigos que podem derivar das operações científicas sem preconceitos ou escrúpulos, desvinculadas de limitações éticas compartilhadas.

Mas, como já disse, é difícil estabelecer quem deveria definir esses limites e com base em quais critérios ideológicos, econômicos e políticos. A mesma afirmação, cara a Hegedus, para quem a ciência deveria responder a demandas sociais, é pouco resolutiva, não só por alguns motivos que veremos mais adiante, mas também porque, no âmbito da própria sociedade, com freqüência emergem demandas contrastantes por parte de subgrupos diversos. Na própria Europa dos anos 80, enquanto de uma parte o Instituto Max Planck de Colônia realizava pesquisas para aumentar o conteúdo protéico das batatas, procurando torná-las um substituto adequado da soja, empregada como alimento na atividade pecuária, a fim de reduzir a sua importação do Brasil e, dessa forma, salvar alguns hectares da Amazônia, de outra parte a associação dos produtores europeus de batatas fritas financiava pesquisas que visavam à redução do teor de glicose nas batatas, a fim de conferir uma cor mais clara às *chips*, segundo a preferência dos jovens que freqüentam as lanchonetes de *fast food*.[61]

A INFÂNCIA PERPÉTUA

Todo e qualquer problema correlacionado à ética da criatividade apresenta-se de forma inédita e crucial. Pela primeira vez na história do planeta um único modelo de vida, elaborado nas universidades, nos laboratórios, nas empresas, nas salas cinematográficas, nos bancos de dados, nos provedores e nas televisões americanas está colonizando o mundo não só através da imposição armada, mas sobretudo através da comunicação persuasiva dos *mass media* e da Internet. Pela primeira vez, após milhares de anos, o centro da elaboração cultural deslocou-se da Europa para os Estados Unidos. Pela primeira vez estamos em condições de construir máquinas que substituam não apenas a força muscular do homem, mas também a sua força mental. Pela primeira vez as biotecnologias são capazes de decifrar e de modificar o nosso destino genético. De forma inédita, graças às tecnologias da informação e da comunicação, as relações entre os seres humanos e as coisas, assim como entre ser humano e ser humano, podem se dar de forma totalmente virtual, prescindindo do contato físico e dos aparatos táteis.

As conseqüências são retumbantes. Em três gerações a longevidade mais do que dobrou; desapareceram milhões de velhos empregos de trabalho braçal e foram criadas milhões de novas atividades intelectuais; a maioria da população ativa emprega-se no setor terciário; o tempo livre aumentou para a maior parte da população rica e com boas condições de vida; as emoções e os sentimentos voltaram a ganhar terreno em relação à pura racionalidade industrial; todos os ramos da vida feminilizaram-se; o tempo e o espaço se desestruturaram; a qualidade da existência tornou-se o objetivo prioritário em todos os países, onde a expectativa de vida supera as 700.000 horas. Pela primeira vez na história do nosso planeta, os homens que vivem fartamente somam um bilhão; e pela primeira vez os homens que vivem na miséria somam cinco bilhões.

Essas transformações históricas não derivam de uma contribuição equilibrada e simultânea de todos os povos do planeta. Alguns países foram conquistando, gradativamente, o monopólio da produção de idéias e de patentes, apostaram os próprios recursos em laboratórios científicos, nas universidades, nos bancos de dados, nas editoras, nas *majors* cinematográficas, na hegemonia no campo da informação e da comunicação, descarregando em outros lugares as produções industriais, menos rendosas, mais cansativas, desgastantes e poluentes.

Outros países viram chegar aos seus territórios essas fábricas de manufaturas do Primeiro Mundo e depararam-se com a atribuição da tarefa de produzir bens materiais, de consumar os subprodutos dos mercados ricos e de assimilar de forma acrítica uma cultura hegemônica.

Outros ainda permanecem amarrados à condição de Terceiro Mundo, e, para consumir os restos dos países mais felizardos, são obrigados a emprestar a própria mão-de-obra a baixo preço, a aceitar a subordinação política e a ceder bases militares.

Segundo as melhores pesquisas de previsão, mesmo num futuro próximo as áreas do mundo que conseguirão obter as melhores vantagens das inovações científicas e tecnológicas serão, substancialmente, aquelas já hoje desenvolvidas. Conseqüentemente, os ricos, os cultos e os competitivos serão ainda mais ricos, mais cultos e mais competitivos, enquanto os pobres se tornarão ainda mais pobres, ignorantes e indefesos. Aumentarão os desequilíbrios demográficos; as faixas débeis serão cada vez menos tuteladas; a má vontade prevalecerá sobre a cooperação; o equilíbrio do ecossistema será cada vez mais ameaçado por um uso inadequado dos recursos energéticos. A não ser que uma nova ordem social seja pretendida e obtida pelos povos atualmente prejudicados. Mas, mesmo para idealizar e instaurar essa nova ordem, será necessária muita criatividade, guiada por uma ética muito diversa daquela que até agora tolerou as injustiças atuais.

Estamos, portanto, numa trágica bifurcação: caso cresçam a conscientização e a indignação dos "condenados da Terra", os conflitos se tornarão ingovernáveis por parte dos privilegiados, mas poderão, finalmente, conduzir a uma redistribuição equânime da riqueza, do trabalho, do saber e do poder. Se prevalecerem a inconsciência dos ricos e a falta de empenho dos pobres, o peso do gênero humano sobre o ecossistema superará a capacidade da natureza de suportá-lo e as novas ameaças à democracia derivarão exatamente daquelas tecnologias que, com um uso correto, poderiam aumentá-la. Então, o seu impacto alcançaria o êxito, lucidamente aventado, quase dois séculos atrás, nos albores da sociedade industrial, por Alexis de Tocqueville, no segundo volume de *A Democracia na América*, onde expõe as possíveis causas tanto da diferença crescente como da total homologação.

Quanto ao primeiro perigo, Tocqueville escrevia: "Não vejo nada de mais preocupante, do ponto de vista político, do que esses novos sistemas industriais... Enquanto o operário confina cada vez mais a sua mente à atenção de um único detalhe, o patrão passeia, todos os dias, pelos mais vastos horizontes. Muito em breve, bastará ao primeiro somente a força física, sem inteligência, enquanto ao segundo será necessária muita ciência e até mesmo gênio para ser bem-sucedido. Um se assemelhará, cada vez mais, a um administrador de um vasto império, e o outro, cada vez mais, a uma besta... É desta porta que a democracia deve temer um retorno da aristocracia e da desigualdade social."[62]

Se substituirmos o termo "operário" por "habitante do Terceiro Mundo" e no lugar do termo "patrão" colocarmos "habitante do Primeiro Mundo", a análise de Tocqueville adquire uma extraordinária atualidade para a humanidade da era pós-industrial.

Quanto à possível homologação, derivada do maquinismo e da sociedade industrial, Tocqueville escrevia: "Se tento imaginar o despotismo moderno, vejo uma multidão desmedida de seres parecidos e iguais, que dão voltas em torno de si mesmos, a fim de proporcionar-se pequenos e mesquinhos prazeres com os quais satisfazem as suas almas. Cada um deles é como um estrangeiro em relação a todos os demais. Os seus filhos e os seus poucos amigos constituem para ele toda a humanidade. O resto dos cidadãos está ali, ao lado dele, mas ele não os vê; vive somente para si e em si. Se existe ainda uma família, já não existe a pátria.

"Acima desta multidão vejo alçar-se um imenso poder tutelar, que sozinho ocupa-se em assegurar aos súditos o bem-estar e em zelar pela sua sorte. É absoluto, minucioso, metódico e até mesmo comedido. Pareceria com a autoridade paterna se tivesse como objetivo, como aquela, a preparação dos homens à virilidade. Mas, pelo contrário, busca somente mantê-los numa infância perpétua."[63]

Em suma, o progresso tecnológico, separado do desenvolvimento humanista, permititirá produzir mais riqueza e mais saber, mas não saberá distribuí-lo de forma equânime. O risco contra o qual será preciso lutar com todas as nossas forças é que, apesar de um crescimento exponencial da eficiência em todas as suas manifestações, da esfera técnica à econômica, o conteúdo e o sentido da própria vida empobrecerão cada vez mais, e que o aumento da riqueza ocorra com prejuízo das necessidades radicais como a reflexão interior, a beleza, a amizade, o amor, o lazer e o convívio.

Mais uma vez, a salvação do gênero humano está entregue à criatividade humana colocada a serviço de um progresso generalizado e feliz.

NOTAS

INTRODUÇÃO

1 HESÍODO. *Le Opere e i Giorni* (Os trabalhos e os dias). Milão: Biblioteca Universale Rizzoli, 1993, pp. 95, 117, 125, 127.
2. CARACO, A. *Breviario del Caos*. Milão: Adelphi, 1998.
3. DE MASI, Domenico (org.). *L'Emozione e la Regola. I Gruppi Creativi in Europa dal 1850 al 1950* (A emoção e a regra). Bari: Laterza, 1991.
4. BATESON, G. *Mente e Natura*. Milão: Adelphi, 1984, p. 18.

CAPÍTULO UM

1. Todas as citações bíblicas presentes no texto foram retiradas de *Bíblia Sagrada*, Edição Pastoral-Catequética. São Paulo: Ave Maria, 1998.
2. WASHBURN, S. L. *L'Evoluzione dell'Uomo* (A evolução do homem), em "Gli Antenati dell'Uomo" (Os antepassados do homem), caderno 17 (outubro de 1984) de *Le Scienze*, aos cuidados de FEDELE, F., p. 83. Sobre os temas rapidamente tratados nessa parte do livro, ver também: BARRAU, J. *et al. La Riscoperta della Preistoria* (A redescoberta da pré-história). Milão: EST Mondadori, 1979; SIMONS, E. L. *Primate Evolution: an Introduction to Man's Place in Nature* (Evolução dos primatas). Londres e Nova York: MacMillan, 1972; SZALAY, F. S. e DELSON, E. *Evolutionary History of the Primates* (História da evolução dos primatas). Nova York e Londres: Academic Press, 1979.
3. CLARK, J. D. *Le Origini della Società Umana* (As origens da sociedade humana), em "Le Origini dell'Uomo" (As origens do homem), dossiê de *Archeo* nº 43 (setembro de 1988), Istituto Geografico De Agostini, p. 74.
4. CHAVAILLON, J. *Lo Strumento, l'Uomo e la Società* (O instrumento, o homem e a sociedade), em *Le Origini dell'Uomo. Op. cit.*, p. 81.
5. COVEY, C. *L'Orbita Terrestre e le Glaciazioni* (A órbita terrestre e as glaciações), em cadernos de *Le Scienze* nº 30, junho de 1986, p. 81.
6. DARWIN, C. *L'Origine delle Specie* (A origem das espécies). Turim: Boringhieri, 1972; COPPENS, Y. *La Scimmia, l'Africa e l'Uomo* (O macaco, a África e o homem). Milão: Jaca Book, 1985.
7. Sobre o estudo e a descoberta de Lucy, ver o envolvente livro de JOHANSON, J. D. e EDEY, M. *Lucy, le Origini dell'Umanità* (Lucy, as origens da humanidade), Milão: Mondadori, 1981; JOHANSON, J. D. *Lucy e il suo Impatto nell'Evoluzione Umana* (Lucy e o seu impacto na evolução humana), em *Le Origini dell'Uomo. Op. cit.*, pp. 64 ss.
8. CHIARELLI, B., MASETTI, C. e PIERACCIOLI, R. *Lo Sviluppo del Linguaggio Umano* (O desenvolvimento da linguagem humana), em *Gli Antenati dell'Uomo. Op. cit.*, p. 82.
9. CHILDE, G. *Il Progresso nel Mondo Antico* (O progresso no mundo antigo). Turim: Einaudi, 1979, p. 26.
10. ROCHE, H. *Premiers Outils Taillés d'Afrique Ancienne* (Primeiros utensílios da África antiga). Paris: Societé d'Ethnographie, 1980; CLARK, J. D. *Le Origini della Società Umana. Op. cit.*
11. PERLÈS, C. *Preistoria del Fuoco* (Pré-história do fogo). Turim: Einaudi, 1983.
12. LEAKEY, R. E. e LEWIN, R. *Origini* (Origem). Bari: Laterza, 1979; TOBIAS, Ph.V. *Uomo:*

Origine ed Evoluzione (Homem, origem e evolução), em *Enciclopedia del Novecento* (Enciclopédia do século XX), v. VII, 1984. Para o paleolítico, ver WYMER, J. *The Paleolithic Age* (A era paleolítica). Londres: Croom Helm, 1982; BORDES, F. *Leçons sur le Paléolithique* (Lições sobre o paleolítico). Paris: Edições do CNRS, 1984. Vários autores. *Il Paleolitico* (O paleolítico), caderno nº 30 de *Le Scienze*, junho de 1986.

CAPÍTULO DOIS

1. JOHANSON, D. C. *Lucy e il suo Impatto. Op. cit.*, pp. 68-69.
2. KORNHABER, M. L. e WAKE, W.K. *Intelligence: Multiple Perspective* (Inteligência: múltiplas perspectivas). Harcourt Brace College Publishers, 1996; DENNETT, D. C. *La Mente e le Menti* (A mente e as mentes). Milão: Sansoni, 1997; GARDNER, H. *Una Molteplicità di Intelligenze* (Uma multiplicidade de inteligências), em dossiê de *Le Scienze*, nº 1, primavera de 1999, pp. 19 ss.
3. MARTIN, R. M. *Dimensioni del Cervello ed Evoluzione Umana* (Dimensões do cérebro e evolução humana), em *Le Scienze*, nº 319, março de 1995.
4 BONCINELLI, E. *Genoma: il Grande Libro dell'Uomo* (Genoma, o grande livro do homem). Milão: Mondadori, 2001, p. 3.
5. HOLLOWAY, R. L. *I Cervelli degli Ominidi Fossili* (O cérebro dos hominídeos fósseis), em *Gli Antenati dell'Uomo. Op. cit.*, pp. 73 e 78.
6. VÁRIOS AUTORES. *Homo, Viaggio alle Origini della Storia* (Homem, viagem às origens da história), Veneza: Cataloghi Marsilio, 1985.
7. MORGAN, G. *Images. Le Metafore dell'Organizzazione* (Imagens. As metáforas da organização). Milão: Angeli, 1990, pp. 118-120. Ver também: CHANGEUX, J.-P. *Plasticità Cerebrale e Apprendimento* (Plasticidade cerebral e aprendizagem) em dossiê de *Le Scienze*, nº 1 (primavera de 1999), pp. 32 ss. Para a aplicação do conceito de "holograma" às organizações, ver também: DE MASI, Domenico. *Il Futuro del Lavoro* (O futuro do trabalho). Milão: Rizzoli, 1999, pp. 227 ss.
8. FISCHBACH, G. D. *Mente e Cervello* (Mente e cérebro), no número especial de *Le Scienze* inteiramente dedicado a esse tema (nº 291, novembro de 1992, pp. 16 ss.). Ver também: GARDNER, H. *Intelligenze Creative* (Inteligências criativas). Milão: Feltrinelli, 1994; GOLEMAN, D. *L'Intelligenza Emotiva* (A inteligência emocional). Milão: Rizzoli, 1996; CHANGEUX, J.-P. Ragione e Piacere. *Dalla Scienza all'Arte* (Razão e prazer. Da ciência à arte). Milão: Cortina, 1995; DENNETT, D. *La Mente e le Menti* (A mente e as mentes). Milão: Sansoni, 1997. Igualmente interessantes são os artigos contidos nos cadernos especiais de *Le Scienze*, dedicados a "Mente e Macchina" (Mente e máquina), organizado por LOLLI, G. (nº 66), "Le Neuroscienze" (As neurociências), organizado por SRATA, P. (nº 69), "Filosofia della Mente. Pensiero, coscienza, emozioni" (Filosofia da mente. Pensamento, consciência, emoções), organizado por CORDESCHI, R. (nº 91).
9. OLIVERIO, A. *La Mente. Istruzioni per l'Uso* (A mente. Instruções para uso). Milão: Rizzoli, 2001. Do mesmo autor, ver também "L'Evoluzione del Cervello" (A evolução do cérebro), dossiê de *Le Scienze*, nº 8 (novembro de 1986).
10. CHIARELLI, B., MASETTI, C. e PIERACCIOLI, R. *Lo Sviluppo del Linguaggio Umano. Op. cit.*, p. 81.
11. *Id.*, pp. 81 e 82. No que diz respeito à origem do comportamento humano e, em particular, da linguagem, ver também: OLIVERIO, A. e FERRARIS, A. *L'Alba del Comportamento Umano* (A aurora do comportamento humano). Bari: Laterza, 1983; LIEBERMAN, P. *L'Origine delle Parole* (A origem das palavras). Turim: Boringhieri, 1980; JOHNSON, G. *Dentro i Palazzi della Memoria. Come Fabbrichiamo le Parole nelle Nostre Teste* (Dentro dos palácios da memória). Milão: Bompiani, 1992.
12. COON, C. S. *Storia dell'Uomo* (História do homem). Milão: Garzanti, 1976, p. 21.

13. FEDELE, F. *La Scoperta e lo Studio del Paleolitico* (A descoberta e o estudo do paleolítico). *Op. cit.*, p. 5.
14. MONTALCINI, R. Levi. *Elogio dell'Imperfezione* (Elogio à imperfeição). Milão: Garzanti, 1987, pp. 11-12.
15. Referido em CHIARELLI, B. *Origine della Socialità e della Cultura Umana* (Origem da socialidade e da cultura humana). Bari: Laterza, 1984, pp. 126 e 168.
16. PHILLIPS, A. *L'Uomo e il Cane. Una Love Story* (O homem e o cão. Uma love story), em *National Geographic*, edição italiana de janeiro de 2002, p. 22. Ver também LORENZ, K. *E l'Uomo Incontrò il Cane* (E o homem encontrou o cão). Milão: Adelphi, 1973. Lorenz prefere fazer o cão descender do chacal.
17. MCEWEN, E., MILLER, R. L. e BERGMAN, C. A. *Evoluzione dell'Arco e delle Frecce nella Storia* (Evolução do arco e da flecha na história). *Le Scienze*, nº 276 (agosto de 1991).
18. CHILDE, G. *Il Progresso nel Mondo Antico. Op. cit.*, p. 30. Ver, além disso, CAMPS, G. *Les Civilisations Préhistoriques de l'Afrique du Nord et du Sahara* (As civilizações pré-históricas da África do Norte e do Saara). Paris: Ed. Doin, 1974.
19. CHILDE, G. *Il Progresso nel Mondo Antico. Op. cit.*, pp. 12 e 29-30.
20. CHAVAILLON, J. *Lo Strumento, l'Uomo e la Società. Op. cit*, p. 81.
21. COON, C. S. *Storia dell'Uomo. Op. cit.*, p. 79

CAPÍTULO TRÊS

1. RIES, J. *Le Religioni* (As religiões). Milão: Jaca Book, 1993, p. 28. Para toda essa fascinante temática, ver também LEROI-GOURHAN, A. *Le Religioni della Preistoria* (As religiões da pré-história). Milão: Rizzoli, 1970; LEVY-BRUHL, L. *L'Expérience Mystique et les Symboles Chez les Primitifs* (A experiência mística e os símbolos nos primitivos), Paris 1938; ELIADE, M. *La Creatività dello Spirito* (A criatividade do espírito). Milão: Jaca Book, 1979; *id.*, *Storia delle Credenze e delle Idee Religiose* (História das crenças e idéias religiosas). Florença: Sansoni, 1989; PETTAZZONI, R. *L'Essere Supremo nelle Religioni Primitive* (O ser supremo nas religiões primitivas). Turim: Einaudi, 1968.
2. PIPERNO, M. (org.). *Le Origini dell'Arte* (As origens da arte), dossiê de *Archeo*, Istituto Geografico De Agostini, p. 5.
3. RIES, J. *Le Religioni. Op. cit.*, p. 13.
4. PIPERNO, M. (org.). "La Scoperta dell'Aldilà. Credenze e Riti alle Origini dell'Uomo" (A descoberta do além. Crenças e ritos nas origens do homem), dossiê de *Archeo*, nº 75 (maio de 1991), p. 58.
5. DELLUC, B. e G. *L'Arte Parietale Prima di Lascaux* (A arte rupestre antes de Lascaux), em M. Piperno (org.), *Le Origini dell'Arte* (As origens da arte), *op. cit.*, pp. 11-13. DE LUMLEY, H. (org.), *Art et Civilisations des Chasseurs de la Préhistoire* (Arte e civilização dos caçadores da pré-história). Paris: Musée de l'Homme; LEROI-GOURHAN, A. *Dictionnaire de la Préhistoire* (Dicionário da pré-história). Paris: PUF, 1988. Para o desenvolvimento da arte na pré-história, ver: LEROI-GOURHAN, A. *La Préhistoire de l'Art Occidental* (A pré-história da arte ocidental). Paris: Mazenod, 1965; *id.*, *I Più Antichi Artisti d'Europa. Introduzione all'Arte Parietale Paleolitica* (Os mais antigos artistas da Europa. Introdução à arte rupestre paleolítica). Milão: Jaca Book, 1981; BREUIL, H. *Quattre Siècles d'Art Pariétal* (Quatro séculos de arte parietal). Montigna: Centre d'Études Préhistoriques, 1952.
6. Para a arte rupestre da gruta Chauvet, veja CLOTTES, Jean. *La Grotte Chauvet: L'Art des Origines* (A gruta Chauvet: a arte e as origens). Paris: Editions du Seuil, 2001.
7. VIALOU, D. *Lascaux e l'Arte Magdaleniana* (Lascaux e a arte magdaleniana), em *Le Origini dell'Arte. Op. cit.*, p. 37.

8. PERPÈRE, M. *Gli Attrezzi dell'Artista* (O equipamento do artista), em *Le Origini dell'Arte. Op. cit.*, p. 63.
9. Entre os milhares de livros, merecem o papel de textos fundamentais do paraíso cristão o *Gênesis* no Velho Testamento, o *Apocalipse* de São João e o de São Paulo, *A Cidade de Deus* de Santo Agostinho, *La Gerarchia Celeste* (A hierarquia celeste) do Pseudo-Dioniso, os Diálogos de São Gregório Magno, a Lenda Áurea de Jacobus de Varagine, os *Inni Sul Paradiso* (Hinos ao paraíso) de Efrem, o *Hortus Deliciarum* inspirado pela abadessa Herrade.
10. GEORGE, K. e C. H. "I Santi Cattolico-Romani ed il Loro Status Sociale" (Os santos católico-romanos e o seu status social) em *Classe, Potere, Status. Comportamento Sociale e Struttura di Classe* (Classe, poder, status. Comportamento social e estrutura de classe), organização de BENDIX, R. e LIPSET, S. M. Pádua: Marsilio, 1971, pp. 79 ss.
11. McDANNELL, C. e LANG, B. *Storia del Paradiso* (História do paraíso). Milão: Garzanti, 1991, pp. 9-11. O estudo de McDannell e Lang diz respeito ao paraíso das tradições hebraica e cristã; para um panorama mais amplo, referentes também aos paraísos de outras religiões, veja BERNHEIM, P. A. e STAVRIDÈS, G. *Paradiso Paradisi*. Turim: Einaudi, 1994. Ao paraíso cristão é dedicada uma imponente trilogia de DELUMEAU, J.: *Le jardin des délices* (O jardim das delícias), Paris, 1992; *Mille Ans de Bonheaur* (Mil anos de felicidade), Paris, 1995; *Que Reste-t-Il du Paradis?* (O que resta do paraíso?), Paris, 2000.
12. *TALMUD* di Babilonia, *Ketuboth* IIIb.
13. D'AQUINO, Tommaso. *Compendium Theologiae*. Paris: 1984, p. 233.
14. TERTULLIANO, Q. S. F. *Opere Scelte* (Obras escolhidas). Turim: Utet, 1974.
15. DI LIONE, Ireneo. *Contro le Eresie* (Contra as heresias). Milão: Jaca Book, 1981, V, 33.
16. Para todas essas informações, ver os dois riquíssimos estudos, já citados, de BERNHEIM P. A. e STAVRIDÈS, G. *Paradiso Paradisi*, e de DELUMEAU, J. *Quel che Resta del Paradiso?* (O que resta do paraíso?).
17. *APOCALIPSE*, 7,16; 21,4; 21,27; 22,2 e 3.
18. BAXTER, R. *The Saint's Everlasting Rest*, versão organizada por B. Fawcett (1758). Inglaterra: 1978, p. 23.
19. BERNHEIM, P. A. e STAVRIDÈS, G. *Paradiso Paradisi. Op. cit.*, pp. 185-86.
20. Para essas e outras numerosas informações sobre o paraíso protestante, ver McDANNELL e LANG, *Storia del Paradiso. Op. cit.*, cap. VI, e DELUMEAU, J. *Quel che Resta del Paradiso. Op. cit.*, cap. XXV.
21. CALVINO, G. "Psychopannychia", em *Corpus Reformatorum*, XXXIII, 188.
22. WEBER, M. *L'Etica Protestante e lo Spirito del Capitalismo* (A ética protestante e o espírito do capitalismo). Milão: Sansoni, 1963.
23. SWEETE, H. B. *The Life of the World to Come* (A vida do mundo futuro). Londres: 1917, p. 103.
24. Os escritos de Isaac Watts são imaginativos até nos títulos: *Death and Heaven* (Morte e céu); *Or the Last Enemy Conquered and Separate Spirits Made Perfect* (Ou o último inimigo conquistado e espíritos separados tornados perfeitos); *With an Account of the Rich Variety of Their Employments and Pleasures* (Com a lista de sua rica variedade de empregos e prazeres).
25. GREGG, D. *The Heaven-Life* (A vida no céu). Nova York: Revel, 1985, p. 62.
26. ULYAT, W. C. *The First Years of the Life of Redeemed After Death* (Os primeiros anos de vida dos redimidos depois da morte). Nova York: The Abbay Press, 1901, pp. 109 e 191.
27. SWETE, H. B. *The Life of the World to Come. Op. cit.*, p. 103.
28. RAUSCHENBUSH, W. A *Theology for the Social Gospel* (A teologia para o evangelho social). Nova York: 1917, p. 237.

CAPÍTULO QUATRO

1. COON, C. S. *Storia dell'Uomo. Op. cit.*, p. 184.
2. CHILDE, G. *Il Progresso nel Mondo Antico. Op. cit.*, p. 66.
3. *Ibid.*, p. 58.
4. *Ibid.*, pp. 70-71. Para um quadro amplo do Oriente Próximo e, em particular, da Mesopotâmia, veja MOSCATI, S. *L'Alba della Civiltà* (A aurora da civilização). Turim: Utet, 1976; *id.*, *Antichi Imperi d'Oriente* (Antigos impérios do Oriente). Roma: Newton Compton, 1978; OPPENHEIM, L. *L'Antica Mesopotamia, Ritratto di una Civiltà* (A antiga Mesopotâmia, retrato de uma civilização). Roma: Newton Compton, 1980.
5. ZACCAGNINI, U. *La Nascita della Scrittura* (O nascimento da escrita), em *Archeo*, nº 42 (julho de 1988), p. 83. Ver sobretudo *Mitologia Sumerica* (Mitologia suméria), de PETTINATO, G. Turim: Utet, 2001; *La Forma della Scrittura* (A forma da escrita), de GREGORIETTI S. e VASSALE, E. Milão: Feltrinelli, 1988.
6. FOREST, J-D. *Mesopotamia. L'Invenzione dello Stato. VII-III Millennio* (Mesopotâmia. A invenção do Estado. VII-III Milênio). Milão: Jaca Book, 1996.
7. As citações de *A Política*, de Aristóteles, presentes neste livro são extraídas da edição Bari: Laterza, 1997.
8. LIVERANI, M. *Uruk, la Prima Città* (Uruk, a primeira cidade). Bari: Laterza, 1998, p. 25. Ver também NISSEN, H. J. *Protostoria del Vicino Oriente* (Proto-história do Oriente Próximo), Bari: Laterza, 1990; ADAMS, R. McC. *La Rivoluzione Urbana* (A revolução urbana). Turim: Einaudi, 1982.
9. LIVERANI, M. *Uruk, la Prima Città. Op. cit.*, p. 47.
10. Para o tráfico, ver POLANYI, K. *Traffici e Mercati Negli Antichi Imperi* (Tráfico e mercados nos antigos impérios).Turim: Einaudi, 1978; *id. Economie Primitive, Arcaiche e Moderne* (Economias primitivas, arcaicas e modernas). Turim: Einaudi, 1980.
11. LIVERANI, M. *Uruk la Prima Città. Op. cit.*, p. 87.
12. *Ibid.*, p. 92. Ver também FRANGIPANE, M. *La Nascita dello Stato nel Vicino Oriente* (O nascimento do Estado no Oriente Próximo). Bari; Laterza, 1996.
13. FOREST, J-D. *Mesopotamia. Op. cit.*, p. 138.
14. *Ibid.*
15. *Ibid.*, pp. 241-42.
16. *Ibid.*, p. 243.
17. *Ibid.*, p. 244.
18. SAPORETTI, C. *Le Più Antiche Leggi* (As mais antigas leis), em *Archeo*, fevereiro de 1992, p. 84.
19. ZACCAGNINI, U. *La Nascita della Scrittura. Op. cit.*, pp. 92-93.
20. MATVEJEVIC, P. *Geopoetica dei Balcani* (Geopoética dos Bálcãs), in *NEXT*, nº 9, 2000, pp. 146-47.
21. SAPORETTI, C. *Le Più Antiche Leggi. Op. cit.*, p. 107.
22. DE MASI, D. "Per Una Tipologia dei Conflitti" (Para uma tipologia dos conflitos), em *Trattato di Sociologia del Lavoro e dell'Organizzazione. L'Industria* (Tratado de sociologia do trabalho. A indústria), organizado por DE MASI, D. e BONZANINI, A. Milão: Angeli, 1988, p. 865.

CAPÍTULO CINCO

1. KUHN, T. S. Kuhn. *La Rivoluzione Copernicana. L'Astronomia Planetaria nello Sviluppo del Pensiero Occidentale* (A revolução copernicana. A astronomia planetária no desenvolvimento do pensamento ocidental). Turim: Einaudi, 1972.

2. Para o *cultural gap*, ver DE MASI, D. *Il Futuro del Lavoro* (O futuro do trabalho). Milão: Rizzoli, 1999, sobretudo pp. 53 ss.
3. CHILDE,G. *Il Progresso nel Mondo Antico*. *Op. cit.*, pp. 112-113.
4. DETIENNE, M. e VERNANT, J.-P. *Le Astuzie dell'Intelligenza nell'Antica Grecia* (As astúcias da inteligência na Grécia antiga). Bari: Laterza, 1984.
5. Ver, a respeito, o cap. 3, "Onde Lunghe, Onde Brevi" (Ondas longas, ondas curtas), no livro *Il Futuro del Lavoro*. *Op. cit.*, pp. 59 ss.
6. BONAZZI, G. *Lettere da Singapore* (Cartas de Cingapura). Bolonha: Il Mulino, 1998, p. 44.
7. TAYLOR, F. W. *L'Organizzazione Scientifica del Lavoro* (A organização científica do trabalho). Milão: Etas-Kompass, 1967, p. 42.
8. *Ibid.*, p. 145.
9. POPPER, K. R. *La Logica della Scoperta Scientifica* (A lógica da descoberta científica). Turim: Einaudi, 1970.
10. KUHN, T. S. *La Struttura delle Rivoluzioni Scientifiche* (A estrutura das revoluções científicas). Turim: Einaudi, 1962.
11. TAYLOR, F. W. *L'Organizzazione Scientifica del Lavoro*. *Op. cit.*, p. 237.
12. DAHRENDORF, R. *Classi e Conflitto di Classe nella Società Industriale* (Classes e conflito de classe na sociedade industrial). Bari: Laterza, 1963, p. 363.
13. CHILDE, G. *Il Progresso nel Mondo Antico*. *Op. cit.*, p. 90.
14. MÉDA, D. *Società Senza Lavoro. Per una Nuova Filosofia dell'Occupazione* (Sociedade sem trabalho. Por uma nova filosofia de ocupação). Milão: Feltrinelli, 1997, p. 25.
15. SAHLINS, M. *Economia dell'Età della Pietra* (Economia da Idade da Pedra). Milão: Bompiani, 1980.
16. MALINOWSKI, B. *Argonauti del Pacifico Occidentale. Riti Magici e Vita Quotidiana nella Società Primitiva* (Argonautas do Pacífico Ocidental. Ritos mágicos e vida quotidiana na sociedade primitiva). Roma: Newton Compton, 1973, p. 81.

CAPÍTULO SEIS

1. COON, C. S. *Storia dell'Uomo*. *Op. cit.*, p. 281.
2. MATVEJEVIC, P. *Breviario Mediterraneo* (Breviário mediterrâneo). Milão: Bompiani, 1988.
3. CHILDE, G. *Il Progresso nel Mondo Antico*. *Op. cit.*, p. 223.
4. FINLEY, M. I. *Innovazione Tecnica e Progresso Economico nel Mondo Antico* (Inovação técnica e progresso econômico no mundo antigo), em *Economia e Società nel Mondo Antico* (Economia e sociedade no mundo antigo). Bari: Laterza, 1984, pp. 235-262. Para os problemas inerentes à relação entre antiguidade clássica e tecnologia, ver MARCUSE, H. *Eros e Civiltà* (Eros e civilização). Turim: Einaudi, 1964, pp. 177 ss.; SACHS, H. *The Delay of the Machine Age* (O atraso da era da máquina), em "Psychoanalytic Quarterly", II, 1933; KOIRÉ, A. *Dal Mondo del Pressappoco all'Universo della Precisione* (Do mundo da aproximação ao universo da precisão). Turim: Einaudi, 1967. Sobre a vida quotidiana dos gregos, ver LEVI, M. A. *La Società nel Mondo Antico* (A sociedade no mundo antigo). Roma: Eri, 1966; LLOYD, G. E. R. *La Scienza dei Greci* (A ciência dos gregos). Bari: Laterza, 1978; FLACELIÈRE, R. *La Vita Quotidiana in Grecia nel Secolo di Pericle* (A vida cotidiana na Grécia no século de Péricles). Milão: Rizzoli, 1989; *I Greci* (Os gregos), organizado por LLOYD-JONES, Hugh, Milão: Il Saggiatore, 1967; GIARDINA, A. *Gli Antichi e le Macchine* (Os antigos e as máquinas) em *Technology Review*, nº 25 (setembro de 1990), pp. 34 ss.; DE MASI, D. *Il Futuro del Lavoro*. *Op. cit.*, cap. IV, pp. 64 ss.
5. PLUTARCO. *Vita di Marcello* (Vida de Marcello), 14.
6. DE MASI, D. *Il Futuro del Lavoro*. *Op. cit.*, pp. 66 ss.

7. SAHLINS, M. *Economia dell'Età della Pietra* (Economia da Idade da Pedra). Milão: Bompiani, 1980; *Id.*, *Au Coeur des Sociétés: Raison utilitaire et raison culturelle* (O coração das sociedades). Paris: Gallimard, 1991.
8. MALINOWSKI, B. *Argonauti del Pacifico Occidentale*. *Op. cit.*
9. ARIETI, S. *Creatività, la sintesi magica* (Criatividade, a síntese mágica). Roma: Il Pensiero Scientifico, 1979.
10. DETIENNE, M. e VERNANT, J. P. *Le Astuzie dell'Intelligenza nell'Antica Grecia*. *Op. cit.*, p. XI.
11. *Ibid.*, p. 246.
12. *Ibid.*, p. XI.
13. *Ibid.*, p. XII.
14. *Ibid.*, pp. 36-37.
15. RUSSELL, B. *Elogio dell'Ozio* (Elogio ao ócio). Em *Economia dell'Ozio* (Economia do ócio), organizado por DE MASI, D. Milão: Edizioni Olivares, 1992, p. 118.
16. Ver o verbete "Terme" em *Enciclopedia dell'Arte Antica* (Enciclopédia do mundo antigo), v. VII, 1966, pp. 715 ss.; o estudo de CARCOPINO, J. *La Vita Quotidiana a Roma nell'Apogeo dell'Impero* (A vida cotidiana em Roma no apogeu do império). Roma e Bari: Laterza, 1986; o livro de vários autores *Terme Romane* e *Vita Quotidiana* (Termas romanas e vida cotidiana). Módena: Panini, 1987; o livro de NIELSEN, I. *Thermae et Balnea: The Architecture and Cultural History of Roman Public Baths*. Aarhus, 1990; o dossiê de STACCIALI, R. A. *Le Terme dei Romani* (As termas dos romanos), em *Archeo*, nº 68 (outubro de 1990); o estudo de LOMBARDI, L. e CORAZZA, A. *Le Terme di Caracalla* (As termas de Caracalla). Roma, 1995; o guia *Terme di Caracalla* (Termas de Caracalla), da Superintendência Arqueológica de Roma, com textos de Marina Piranomonte. Milão: Electa, 1998.
17. GOTTMAN, J. *Magalopolis. Funzioni e Relazioni di una Pluricittà* (Megalópole. Funções e relações de uma cidade cosmopolita). Turim: Einaudi, 1970.
18. YOURCENAR, M. *Memorie di Adriano* (Memórias de Adriano). Turim: Einaudi, 1990.
19. VIDAL, G. *Giuliano*. Milão: Bompiani, 1960.

CAPÍTULO SETE

1. FINLEY, M. I. *L'Economia degli Antichi e dei Moderni* (A economia dos antigos e dos modernos). Bari: Laterza, 1974; BLOCH, M. *Lavoro e Tecnica nel Medioevo* (Trabalho e técnica da Idade Média). Bari: Laterza, 1981.; LE GOFF, J. (org.) *L'Uomo Medievale* (O homem medieval). Bari: Laterza, 1993.
2. FRUGONI, C. *Medioevo sul Naso. Occhiali, Bottoni e Altre Invenzioni Medievali* (Idade média sobre o nariz. Óculos, botões e outras invenções medievais). BARI: Laterza, 2001, p. V.
3. BLOCH, M. *Lavoro e Tecnica nel Medioevo* (Trabalho e técnica na Idade Média). *Op. cit.*, pp. 83-87.
4. LE GOFF, J. *La Nascita del Purgatorio* (O nascimento do purgatório). Turim: Einaudi, 1982.
5. *Ibid.*, pp. 3-4.
6. *Ibid.*, pp. 10-11.
7. *Ibid.*, pp. 145-146.
8. BECHMANN, R. *Le Radici delle Cattedrali* (As raízes das catedrais). Milão: Mondadori, 1989, p. 128.
9. *Ibid.*, p. 127.
10. *Ibid.*, pp. 128-129.
11. CAMESASCA, E. *Artisti a Bottega* (Artistas em oficina). Milão: Feltrinelli, 1965, p. 136.

12. BECHMANN, R. *Le Radici delle Cattedrali*. *Op. cit.*, pp. 130-131.
13. *Ibid.*, p. 293.
14. CAMESASCA, E. *Artisti a Bottega*. *Op. cit.*, p. 159.
15. ALBERTI, L. B. *De Re Aedificatoria* (A arte de edificar). Argentorati, 1541, caps. 1º-2º.
16. PONTANO. G. *De Fortitudine*, em *Opera*, v. I, Florentia, 1520, cap. 6º.
17. ALBERTI, L. B. *Opera Inedita et Pauca Separatis Impressa*. Florença: Mancini, 1890, p. 169.
18. DAVANZATI, B. *Lezione delle Monete* (Lições das moedas), em *Le Opere* (As obras). Florença: 1853, v. II, p. 438.
19. VOLPE, G. *Il Medioevo* (A Idade Média). Florença: Vallecchi, 1927, p. 500.
20. CASTIGLIONE, B. *Il Cortegiano* (O Cortesão). Florença: IV, Cian, 1929, p. 57.
21. GARIN, E. *Il Rinascimento Italiano* (O Renascimento italiano). Milão: Istituto per gli Studi di Politica Internazionale, 1941, pp. 45-46. Do mesmo Garin, um dos maiores estudiosos do Humanismo e do Renascimento, ver: *L'Umanesimo Italiano. Filosofia e Vita Civile nel Rinascimento* (O Humanismo italiano. Filosofia e vida civil no Renascimento). Bari: Laterza, 1993; *Scienza e Vita Civile nel Rinascimento Italiano* (Ciência e vida civil no Renascimento italiano). Bari: Laterza, 1993; *L'Uomo del Rinascimento* (O homem do Renascimento). Bari: Laterza, 1988. Para aprofundar o conhecimento do grande movimento humanístico e do Renascimento, ver: BURKHARDT, J. *La Civiltà del Rinascimento in Italia* (A civilização do Renascimento na Itália). Florença: Sansoni 1944; PANOFSKY, E. *Rinascimento e Rinascenze nell'Arte Occidentale* (Renascimento e renascença na arte ocidental). Milão: Feltrinelli, 1971; BATTISTI, E. *L'Antirinascimento* (O anti-Renascimento). Milão: Garzanti, 1989; Ottavia Niccoli (org.). *Rinascimento al Femminile* (Renascimento no feminino). Bari: Laterza, 1991.
22. WACKERNAGEL, M. *Il Mondo degli Artisti nel Rinascimento Fiorentino* (O mundo dos artistas no Renascimento florentino). Roma: Carocci, 1994.
23. CAZELLES, R. *Giorni del Medioevo* (Dias da Idade Média). Milão: Rizzoli, 1988.
24. WITTKOWER, R. e M. *Nati sotto Saturno. La Figura dell'Artista dall'Antichità alla Rivoluzione Francese* (Nascidos sob Saturno. A figura do artista, da antiguidade à Revolução Francesa). Turim: Einaudi, 1968.
25. CHASTEL, A. "L'Artista" (O artista), em GARIN, E. *L'Uomo del Rinascimento*. *Op. cit.*, pp. 237 ss.
26. ZILSEL, E. *Die Enstehung des Geniebgriffes*. Tübingen: 1926, pp. 159 ss.
27. PLÍNIO. *Historia Naturalis XXXV* (História natural), p.102.
28. VASARI, G. *Vite de' più Eccellenti Pittori, SScultori et Architetti* (Vidas dos mais excelentes pintores, escultores e arquitetos). Milão: (1550), Rizzoli, 1943, II, p. 217.
29. *Ibid.*, 289.
30. WITTKOWER, R. e M. *Nati sotto Saturno*. *Op. cit.*, p. 118.
31. VASARI, G. *Vite*. *Op. cit.*, IV, 279.
32. Reportado em WITTKOWER, R. e M. *Nati sotto Saturno*. *Op. cit.*, p. 130. Síndromes maníaco-depressivas foram verificadas em literatos como Walt Whitman, Virginia Woolf, Edgar Allan Poe, Ernest Hemingway, Ezra Pound, Mark Twain, Tennessee Williams, Hermann Hesse; em músicos como Gustav Mahler e Charles Mingus; em pintores como Vincent van Gogh e Paul Gauguin. Kay Redfield Jamieson procurou demonstrar a existência de uma ligação entre os seus distúrbios de humor e a sua produtividade artística (ver "Sindrome Maniaco-Depressiva e Creatività", em *Le Scienze*, nº 320 (abril de 1995), pp. 56 ss.
33. CELLINI, B. *Vita* (Vida). Milão: Biblioteca Universale Rizzoli, 1985, pp. 323 e 329.
34. WACKERNAGEL, M. *Il Mondo degli Artisti nel Rinascimento Fiorentino*. *Op. cit.*, p. 369.
35. CAMESASCA. *Artisti a Bottega*. *Op. cit.*, p. 192.
36. PEVSNER, N. *Le Accademie d'Arte* (As academias de arte). Turim: Einaudi, 1982, p. 51.

37. WACKERNAGEL, M. *Il mondo degli artisti nel Rinascimento fiorentino* (O mundo dos artistas no Renascimento florentino). *Op. cit.*, p. 377-78.
38. CARPENTER, R. Gli *Architetti del Partenone* (Os arquitetos do Partenon). Turim: Einaudi, 1979.
39. *Ibid.*, pp. XIII, 83 e 84.
40. KING, R. *La Cupola di Brunelleschi* (A cúpula de Brunelleschi). Milão: Rizzoli, 2001, pp. 92-95.
41. PRADGER, F. e SCAGLIA, G. *Brunelleschi: Studies of his Technology and Inventions* (Brunelleschi: Estudos de sua tecnologia e suas invenções). Cambridge: MIT Press Cambridge (Mass.), 1971, p. 129.

CAPÍTULO OITO

1. LANDES, D. S. *Prometeo Liberato. Trasformazioni Tecnologiche e Sviluppo Industriale nell'Europa Occidentale dal 1750 ai Giorni Nostri* (Prometeu liberado. Transformações tecnológicas e desenvolvimento industrial na Europa Ocidental de 1750 aos nossos dias). Turim: Einaudi, 1978.
2. Para toda essa temática, ver: FARRINGTON, B. *Francesco Bacone, Filosofo dell'età Industriale* (Francis Bacon, filósofo da era industrial). Turim: Einaudi, 1952. O livro reporta em apêndice o texto completo de *New Atlantis*.
3. GARIN, E. *Scienza e Vita Civile nel Rinascimento Italiano*. *Op. cit.*, pp. 123-126.
4. CAMPANELLA, T. *Lettere* (Cartas). Bari: Laterza, 1927, p. 241.
5. GARIN, E. *Scienza e Vita Civile*. *Op. cit.*, p. 116.
6. *Ibid.*, p. 167.
7. DE MASI, D. *Il Futuro del Favoro*. *Op. cit.*, p. 90.
8. KOYRÉ, A. *Dal Mondo del Pressappoco all'Universo della Precisione* (Do mundo do mais-ou-menos ao universo da precisão). Turim: Einaudi, 1967.
9. VIDAL, G. *Giuliano*. Milão: Bompiani, 1962, p. 404.
10. CASINI, P. *Scienza, Utopia e Progresso*. *Profilo dell'Illuminismo* (Ciência, utopia e progresso. Perfil do Iluminismo). Bari: Laterza, 1994, p. 14.
11. Para reler com gosto refinadamente iluminista toda a cativante história da *Encyclopédie*, leia *Diderot*, de DIOGUARDI, Gianfranco. Palermo: Sellerio, 1966.
12. DE MASI, D. e PEPE, D. *Le Parole nel Tempo* (As palavras no tempo). Milão: Guerini, 2001.
13. Para informações adicionais sobre a Casa Thonet, veja o capítulo de PALUMBO, M. P. "Buon gusto e buon senso nella produzione sociale: la Casa Thonet" (Bom gosto e bom senso na produção social), em *L'Emozione e la Regola*. *Op. cit.*, pp. 3 ss.
14. Para informações adicionais sobre o Instituto Pasteur, ver o capítulo de CINTI, P. e LUPI, S. "Una cooperativa scientifica: L'Istituto Pasteur di Parigi" (Uma cooperativa científica: O Instituto Pasteur de Paris), em *L'Emozione e la Regola*. *Op. cit.*, pp. 29 ss.
15. Os parágrafos referentes à obra de Anton Dohrn retomam, em parte, um artigo de DE MASI, D., publicado na *Rivista IBM*. Veja também o capítulo "Un congresso permanente: Anton Dohrn e la Stazione Zoologica di Napoli", em *L'Emozione e la Regola*. *Op. cit.*, pp. 29 ss. Para informações adicionais sobre o ambiente científico napolitano em que floriu a Estação Zoológica, ver: DE SANCTIS, R. *La Nuova Scienza a Napoli tra '700 e '800* (A nova ciência de Nápoles entre os séculos XVI e XVII). Bari: Laterza, 1986.
16. HEUSS, T. L *"Acquario" di Napoli e il suo Fondatore Anton Dohrn* (O "Aquário" de Nápoles e o seu fundador Anton Dohrn). Roma: Casini, 1959. Todas as citações sem referência a outras fontes são tiradas desse estudo.
17. PANCALDI, G. *Darwin in Italia* (Darwin na Itália). Bolonha: Il Mulino, 1983.

18. MORRIS, W. *Opere* (Obras), organizado por ELIA, M. Manieri. Bari: Laterza, 1985.

19. BUCHMAN, W. *Mackintosh's Masterwork: The Glasgow School of Art* (A obra-prima de Mackintosh). Glasgow: Richard Drew Publishing, 1989; BURKHAUSER, J. Glasgow *Girls. Women in Art and Design 1880-1920* (As garotas de Glasgow). Edimburgo: Canogate, 1990; MOFFAT, A. *Remembering Charles Rennie Mackintosh. An Illustrated Biography* (Recordando Charles Rennie Mackintosh. Uma biografia ilustrada). Lanark: Colin Baxter, 1989.

20. Os parágrafos referentes a Guccia e ao Circulo Matemático de Palermo retomam em parte o capítulo de DE MASI, D. "Un network internazionale nella Sicilia liberty: Il Circolo Matematico di Palermo" (Uma rede internacional de liberdade na Sicília), em *L'Emozione e la Regola. Op. cit.*, pp. 59 ss.

21. Suplemento de *Rendiconti* nº 9 (1914), pp. 12-13.

22. KLEIN, F. "Bull. New York Math." Soc. nº 3 (1894), p. 3.

23. BRIGAGLIA, A. e MASOTTO, G. *Il Circolo Matematico di Palermo* (O círculo matemático de Palermo). Bari: Dedalo, 1982. Para toda a parte que diz respeito a Guccia e ao Circolo, servi-me tanto desse precioso livro quanto de uma entrevista que me foi concedida por Brigaglia, publicada no nº 4 (1987) da *Rivista IBM*, pp. 12-16. Todas as alusões a Brigaglia e Masotto referem-se ao livro; todas as alusões feitas somente a Brigaglia referem-se à entrevista.

24. Suplemento de *Rendiconti*, nº 9, cit.

25. *Ibid.*

26. MUSIL, R. *L'Uomo Senza Qualità* (O homem sem qualidades). Turim: Einaudi, 1957, v. I, pp. 28-29. Citação retirada da edição brasileira *O Homem sem Qualidades*. Rio de Janeiro: Editora Nova Fronteira, 1989; pp. 25-26.

27. KRAUS, K. "Heine und die Folgen" (Heine e as conseqüências), 1910, em *Untergang der Welt Durch Schwarze Magie*. Mônaco: 1960, p. 200.

28. Para informações adicionais sobre a Wiener Werkstätte, ver o capítulo de DE MASI, D. e MENICONI, M. "Una cooperativa di artisti e artigiani: La genialità politecnica della Wiener Werkstätte" (A genialidade politécnica da Wiener Werkstätte), em *L'Emozione e la Regola. Op. cit.*, pp. 148 ss. A parte aqui mencionada é extraída de um artigo de DE MASI, D. que aparece na *Rivista IBM*.

29. JANIK, A. e TOULMIN, S. *La grande Vienna* (A grande Viena). Milão: Garzanti, 1984, p. 23.

30. *Ibid.*, pp. 41-42.

31. CLAIR, J. *L'arte di Curvare il Faggio* (A arte de curvar a faia), em *FMR*, nº 45, 1986, p. 23.

32. BAHAR, H. *Der Englische Styl* (O estilo inglês), em "Osterreichsche Volks-Zeitung", a. 45, nº 325. Viena: 25 de novembro de 1899, pp. 1-2.

33. SCHWEIGER, W. J. *Wiener Werkstätte, Arte e Artigianato a Vienna* (Wiener Werksträtte, arte e artesanato em Viena), 1903-1932. Milão: Edições de Comunità, 1903. Na falta de outras indicações bibliográficas, todas as citações referentes a Wiener Werkstätte são extraídas desse belo livro.

34. Carta de K. Brauer a P. Häusler de 26 de outubro de 1961.

35. SCHWEIGER, W. J. *Wiener Werkstätte. Op. cit.*, pp. 429-431.

36. Para informações adicionais sobre o Círculo, veja o capítulo de PEPE, D. "Un gruppo di libera discussione sul linguaggio e sulla scienza: Il Circolo Filosofico di Vienna" (Um grupo de discussão livre sobre a linguagem e sobre a ciência: O Círculo Filosófico de Viena), em *L'Emozione e la Regola. Op. cit.*, pp. 183 ss.

37. ZWEIG, S. *Il Mondo di Ieri* (O mundo de ontem). Milão: Mondadori, 1994.

38. *Ibid.*, pp. 9-10.

39. PLATÃO. *Fedro*. Milão: Mondadori, 1998, 245 a-b-c, pp. 46-47.

40. SHAKESPEARE, W. *Sonetti* (Sonetos). Milão: Rizzoli, 1998, soneto LXXVIII, pp. 222-223. Em obras completas de William Shakespeare, v. XXII, *Sonetos*, trad. Jerônimo de Aquino. São Paulo: Edições Melhoramentos, 1957.

41. É interessante, por exemplo, a descrição feita por Bruce Chatwin tanto das casas em que ele conseguia encontrar inspiração para escrever seus livros como das três esplêndidas vilas de Capri que, apesar de sua beleza, não conseguiram inspirar senão obras medíocres aos três escritores que a habitaram: Malaparte, Fersen e Axel Munthe. Ver, para isso, CHATWIN, B. *Anatomia dell'Irrequietezza* (Anatomia da inquietude). Milão: Adelphi, 1996.
42. DE MASI, D. *Ravello*. Roma: L'officina di Next, 2000.
43. Para a vida de Alma Mahler, veja sua *Autobiografia* (Roma: Editori Riuniti, 1985) e seus documentos, publicados na Itália com o título de *Gustav Mahler. Ricordi e Lettere* (Gustav Mahler. Recordações e cartas). Milão: Il Saggiatore, 1960; KOKOSCHKA, O. *La Mia Vita* (A minha vida). Veneza: Marsilio, 1982; GIROUD, F. *Alma Mahler o l'Arte di Essere Amata* (Alma Mahler, ou a arte de ser amada). Milão: Garzanti, 1989; ZWEIG, S. *Il mondo di Ieri*. *Op. cit.*; DE LA GRANGE, H.-L. *Mahler*. Paris: Fayard, 1983.
44. Basta recordar Mahler e Kokoschka, Zemlinsky e Schönberg, Charpentier e Kolo Moser, Bruno Walter e Richard Strauss, Hauptmann e Pfitzner, Clemanceau e Debussy, Schnitzler e Zweig, Burckhard e Webern, Alban Berg e Karl Moll, Rodin e Freud, Paul Dukas e Walter Gropius, Blei e Werfel, Ochs, Ravel, Elias Canetti.
45. TAYLOR, F. W. *L'Organizzazione Scientifica del Lavoro*. *Op. cit.*; NELSON, D. *Taylor e la Rivoluzione Manageriale* (Taylor e a revolução administrativa). Turim: Einaudi, 1988; COPLEY, F. B. *Frederick W. Taylor, the Father of Scientific Management* (Frederick W. Taylor, o pai da administração científica). Nova York, 1923.
46. TAYLOR, F. W. *L'Organizzazione Scientifica del Lavoro*. *Op. cit.*, pp. 5-6.
47. *Ibid.*, p. 160.
48. FORD, H. *Autobiografia*, organizado por CROWTHER, S. Milão: Rizzoli, 1982. Sobre Ford, ver ainda: SWARD, K. *Legend of Henry Ford* (Lenda de Henry Ford). Nova York: Rinehart & Co., 1948; NEVIS, A. *Ford: the Times, the Man, the Company* (Ford: os tempos, o homem, a companhia). Nova York: Scribner, 1954; LACEY, R. L. *The Man and the Machine* (O homem e a máquina). Nova York: Ballantine Books, 1987.
49. FORD, H. *Autobiografia*. *Op. cit.*, p. 143. Todas as outras citações de Ford são extraídas do mesmo livro.
50. DE MASI, D. *Il Futuro del Lavoro*. *Op. cit.*, pp. 115-118.
51. Para toda a temática da organização industrial e dos seus desdobramentos sociais, ver: ACCORNERO, A. *Il Mondo della Produzione* (O mundo da produção). Bolonha: Il Mulino, 1994.
52. Para a evolução organizativa do automóvel, ver: WOMACK, J. P., JHONES, D. T. e ROOS, D. *La Macchina che ha Cambiato il Mondo* (A máquina que mudou o mundo). Milão: Rizzoli, 1993.
53. LANDES, D. S. *Prometeo Liberato*. *Op. cit.*, pp. 9 e 11.
54. TOFFLER, A. *La Terza Ondata* (A terceira onda). Milão: Sperling & Kupfer, 1987.
55. DE MASI, D. *Il Futuro del Lavoro*. *Op. cit.*, capítulo IX.
56. LE CORBUSIER. *Urbanistica*. *Op. cit.*, pp. 91-92.
57. NAISBITT, J. *Megatrends* (Macrotendências). Milão: Sperling & Kupfer, 1984, p. 5.
58. MUSIL, R. *L'Uomo Senza Qualità*. *Op. cit.*, pp. 26-27. Edição brasileira já citada, pp. 24-25.
59. LE CORBUSIER, *Urbanistica*. *Op. cit.*, p. 4.
60. CORBIN, A. (org.) *L'Invenzione del Tempo Libero* (A invenção do tempo livre). Bari: Laterza, 1996, p. 4.
61. COLOMBO, U. *Energia. Storia e Scenari* (Energia. História e cenários). Roma: Donzelli, 1996, p. 15.
62. Ver, a propósito: CAGLIANO, S. *Dieci Farmaci che Sconvolsero il Mondo* (Dez medicamentos que agitaram o mundo). Bari: Laterza, 1989; SEGRE, G. "Cinquant'anni di farmaci" (Cinqüenta anos de medicamentos), dossiê de *Scienza*, nº 26 (junho de 1988), Ed. Giunti Barbera; o número especial (102) de *Le Scienze* dedicado a "I farmaci dalla natura alle biotecnologie" (Os medicamentos da natureza nas biotecnologias), junho de 1998; o número especial (399) de *Le Scienze* dedicado a "Le sfide della medicina" (Os desafios da medicina), novembro de 2001.

63 DAHRENDORF, R. *Sociologia dell'Industria e dell'Azienda* (Sociologia da indústria e da empresa). Milão: Jaca Book, 1967, p. 26.

64. STEIN, L.V. *Geschichte der Sozialen Bewegung in Frankeich von 1789 bis Unsere Tage*. Munique: 1921, v. II.

65. BARACCA, A., RUFFO, S. e RUSSO, A. *Scienza e Industria 1848-1915* (Ciência e indústria). Bari: Laterza, 1979.

CAPÍTULO NOVE

1. COLOMBO, U. *Energia. Storia e Scenari* (Energia. História e cenários). Roma: Donzelli Editore, 1996, p. 23.
2. *Ibid.*, pp. 24-25. O joule, no sistema métrico decimal, é a unidade de medida da energia. São necessários 41,87 bilhões de joules para fazer uma tonelada equivalente de petróleo.
3. JUDSON, H. Freeland. *L'Ottavo Giorno della Creazione. La Scoperta del DNA* (O oitavo dia da criação. A descoberta do DNA). Roma: Editori Riuniti, 1982.
4. MERTON, R. K. *La Sociologia della Scienza* (A sociologia da ciência). Milão: Angeli, 1981; SOROKIN, P. A. *Social and Cultural Dynamics. II: Function of Systems of Truth, Ethics and Law* (Dinâmica social e cultural: fundação dos sistemas de verdade, ética e lei). Nova York: American Book Company, 1937; SIMONTON, D. K. "The Casual Relation Between War and Scientific Discovery. An Exploratory Cross-national Analysis" (A ocasional relação entre a guerra e a descoberta científica) em *Journal of Cross-Cultural Psychology*, 7, 1976, pp. 133-144; PRICE, D. De Solla. *Sociologia della Creatività Scientifica* (Sociologia da criatividade científica). Milão: Bompiani, 1967; PRICE, D. De Solla. *La Teoria Analitica (Quantitativa) della Scienza e le sue Applicazioni per la Natura della Scoperta Scientifica* [A teoria analítica (quantitativa) da ciência e as suas aplicações para a natureza da descoberta científica], em G. Cimino, M. D. Grmek; SOMENZI, V. (org.) *La Scoperta Scientifica. Aspetti Logici, Psicologici, Sociali* (A descoberta científica. Aspectos lógicos, psicológicos, sociais). Roma: Armando, 1984, pp. 135-146.
5. Alguns dados e informações interessantes reportados nesse capítulo são extraídos de ANGELA, P. *Quark economia*. Milão: Garzanti, 1986.
6. IRVING, M. *La Città Scomparsa* (A cidade desaparecida), em *Domus*, outubro de 2001, pp. 61 ss.
7. GALLINO, L. *La Tragedia dell'Auto Nazionale* (A tragédia do carro nacional), em *La Repubblica*, 9 de outubro de 2002. Para a comparação de Turim com Boston, ver: PERULLI, P. *Società e Innovazione. Teorie, Attori e Politiche in Italia e Negli Stati Uniti* (Sociedade e inovação. Teorias, agentes e políticas na Itália e nos Estados Unidos). Bolonha: Il Mulino, 1989; BAGNASCO, A. Torino. *Un Profilo Sociologico* (Turim. Um perfil sociológico). Turim: Einaudi, 1986; ANTONELLI, C. *L'Attività Iinnovativa in un Distretto Tecnologico* (A atividade inovadora de um distrito tecnológico). Turim: Fondazione Giovanni Agnelli, 1986. Para o declínio industrial, ver: BIANCHI, P. *Divisione del Lavoro e Ristrutturazione Industriale* (Divisão do trabalho e reestruturação industrial). Bolonha: Il Mulino, 1984; BLUESTONE, B. e HARRISON, B. *The Deindustrialization of America* (A desindustrialização da América). Nova York: Basic Books, 1982; DYSON, K. e WILKS, S. (coord.), *Industrial Crisis* (Crise industrial). Oxford: Martin Robertson, 1983; FREEMAN, C. *The Economics of Industrial Innovation* (A economia da inovação industrial). Londres: Francis Pinter, 1982; MULKAY, M. J. *The Social Process of Innovation* (O progresso social da inovação). Londres: McMillan, 1972; SABEL, C. *Work and Politics* (Trabalho e política). Cambridge (Mass.): Cambridge University Press, 1982; PICHIERRI, A. *Il Declino Industriale* (O declínio industrial). Turim: Rosenberg & Sellier, 1986.
8. BAGNASCO, A. *Tre Italie. La Problematica Territoriale dello Sviluppo Italiano* (Três Itálias. A problemática territorial do desenvolvimento italiano). Bolonha: Il Mulino, 1977; BRUSCO S. e SABEL, C. F. *Artisan Production and Economic Growth* (Produção artesanal e desenvolvimento

econômico), em *The Dynamics of Labour Market Segmentation* (As dinâmicas do mercado de trabalho segmentado), organizado por de WILKINSON, F. Londres: Academic Press, 1981.

9. PIORE, M. e SABEL, C. F. *The Second Industrial Divide* (A segunda divisão industrial). Nova York: Basic Books, 1984, p. 287. Para todas as informações que transmiti a respeito de Boston, ver o interessante estudo de PERULLI, P. *Società e Innovazione*. *Op. cit*. Sobre a temática em geral, ver: WILLIAMSON, O. A. Markets and Hierarchies. Analysis and Antitrust Implications (Mercados e hierarquias. Análises e implicações antitruste). Nova York: The Free Press, 1975; HIRSCHMAN, A. O. *Exit, Voice and Loyalty*. Cambridge: Harvard University Press, 1970 [trad. it. *Lealtà, Defezione e Protesta* (Lealdade, deserção e protesto)]. Milão: Bompiani, 1982.

10. PRICE, D. De Solla. *La Teoria Analitica. Op.cit.*, pp. 136-37. Ver também CRANE, D. *Invisibile College: Diffusion of Knowledge in Scientific Communities* (A universidade invisível: difusão do conhecimento científico nas comunidades). Chicago: University of Chicago Press, 1972.

11. Uma reprodução da célebre foto pode ser vista também em *L'Emozione e la Regola. Op. cit.*, pp. 266-67. Reconhecem-se aí os prêmios Nobel Richardson, Millikan, Marie Curie, Bohr, Aston, Bothe, Stern, Babye, Compton, Perrin, Heisenberg, Blackett e Fermi.

12. Quando ainda poucos sociólogos estavam dispostos a admitir o advento pós-industrial, os pesquisadores italianos eram 62.000 no total, os franceses eram já 98.000, os da Alemanha Federal eram 133.000, os japoneses, 448.000, os americanos eram 751.000 e os soviéticos, 1.501.000. O percentual do produto interno bruto destinado à pesquisa era de 1,3 na Itália; 1,9 nos Estados Unidos; 2,4 na Alemanha e 2,6 no Japão. (Informação de 1987 do presidente do CNR. No mesmo período, segundo fontes da OECD, o percentual das verbas públicas para pesquisa e desenvolvimento destinado à promoção dos conhecimentos era de 4% nos Estados Unidos, 25% na Itália, 44% na alemanha e 53% no Japão.)

13. HOLTON, G. *L'Intelligenza Scientifica. Un'Indagine sull'Iimmaginazione Creatrice dello Scienziato* (A inteligência científica. Uma investigação sobre a imaginação criativa do cientista). Roma: Armando, 1984, p. 277.

14. Se ainda se quisesse recuar até antes do Eniac, à primeira geração dos computadores, se chegaria ao protótipo realizado em 1930 pelo físico John Atanasoff, ou à calculadora com a qual o mesmo Atanasoff e o seu colega Clifford Berry resolveram os sistemas de equações lineares, em 1943. Quanto à história dos relógios, ver: LANDES, D. S. *Storia del Tempo. L'Orologio e la Nascita del Mondo Moderno* (História do tempo. O relógio e o nascimento do mundo moderno). Milão: Mondadori, 1984.

15. PRICE, D. De Solla. *La Teoria Analitica. Op. cit.*, p. 136.

16. Dois cenários muito interessantes do progresso científico e tecnológico estão contidos em TecnoCosmo 2006 e em Globus 2005, ambos publicados em Roma por L'Officina de NEXT, em 2001.

17. SADOUL, G. *Storia del Cinema Mondiale dalle Origini ai Giorni Nostri* (História do cinema mundial das origens aos nossos dias). Milão: Feltrinelli, 1964, p. 295.

18. FREEMAN, C. *Prometeo Liberato* (Prometeu liberado), em "Prometheus. Paradigmi tecnologici. Saggi sull'economia del progresso tecnico" (Prometeu. Paradigmas tecnológicos. Ensaios sobre a economia do progresso técnico), nº 2, 1985, pp. 187 ss.

19. PEREZ, C. *Structural Change and the Assimilation of the New Technologies in The Economic and Social System* (Mudança estrutural e assimilação das novas tecnologias na economia e no sitema social), em *Futures*, 15 (4), outubro de 1983, pp. 357 ss. (tradução italiana em "Prometheus". *Op. cit.*).

20. O livro, organizado por ANDERSON, H. H., foi publicado por Harper & Row em 1959. A tradução italiana saiu em 1972 com o título de *La Creatività e le sue Prospettive* (A criatividade e suas perspectivas). Brescia: Editora La Scuola. No mesmo ano, essa editora traduziu outro livro pioneiro: *Educare al Pensiero Creativo* (Educar o pensamento criativo), organizado por PARNES, S. J. e HARDING, H. F., cujo conteúdo era *Creativity* (Criatividade), o ensaio que GUILFORD, J. P. tinha publicado em 1950.

21. *Ibid.*, pp. 11 e 13.

22. TOURAINE, A. *La Produzione della Società* (A produção da sociedade). Bolonha: Il Mulino, 1973, p. 213.
23. HEGEDUS, Z. *Il Presente è l'Avvenire. Nuove pratiche e nuove rappresentazioni sociali* (O presente é o futuro. Novas práticas e novas representações sociais). Milão: Angeli, 1985, p. 26.
24. Citado por PASSERA, C. *Impegno per crescere* (Compromisso para crescer), em *NEXT*, nº 14, pp. 22-23.
25. TOURAINE, A. *La Produzione delle Società. Op. cit.*, p. 215.
26. GALBRAITH, J. *Organizzare per l'Innovazione* (Organizar para a inovação), em "Cambiamento e innovazione organizzativa" (Mudança e inovação organizacional), suplemento de *Sviluppo e Organizzazione* (Desenvolvimento e organização), nº 103, 1987, p. 69.
27. HEGEDUS, Z. *Il Presente è l'Avvenire. Op. cit.*
28. Entre os muitos escritos sobre o grupo de Fermi são relembrados sobretudo *Enrico Fermi, fisico*, de SEGRÉ, Emilo Zanichelli. Bolonha: 1971; *Atomi in Famiglia* (Átomos em família), de FERMI, Laura. Milão: Mondadori, 1965; o ensaio de HOLTON, Gerald, *La Grande Avventura del Gruppo Fermi* (A grande aventura do Grupo Fermi), em *Il Caso Italiano* (O caso italiano), organizado por GAVAZZA e GRAUBARD. Milão: Garzanti, 1974. Para a influência do grupo Fermi sobre o desenvolvimento da física, ver: BALLONI, L. *Da Fermi a Rubbia. Storia e Politica di un Successo Mondiale della Scienza Italiana* (De Fermi a Rubbia. História e política de um sucesso mundial da ciência italiana). Milão: Rizzoli, 1987. Os parágrafos aqui dedicados ao grupo da Via Panisperna retomam o capítulo "Enrico Fermi e il gruppo di via Panisperna" (Enrico Fermo e o Grupo da Via Panisperna), em *L'Emozione e la Regola. Op. cit.*, pp. 261 ss. Várias notícias aqui reportadas são extraídas de uma longa entrevista minha a Amaldi, dada em 8 de julho de 1986 na Faculdade de Física da Universidade de Roma, no mesmo edifício onde, a partir de 1936, Enrico Fermi – como diz uma lápide posta no pátio – "investigou a estrutura da matéria, decobriu a radiatividade provocada pelos nêutrons, abrindo novos caminhos ao mundo do saber e ao poder do homem".
29. Transcrito em HOLTON, G. *La Grande Avventura. Op.cit.*, p. 518.
30. Para mais informações, ver: SPAGNUOLO, G. "Il Progetto Manhattan a Los Alamos" (O projeto de Manhattan a Los Alamos), em DE MASI, D. (org.), *L'Emozione e la Regola. Op. cit.*, pp. 337 ss.
31. Para mais informações, ver: MORELLI, G. e NATOLI, G. "La scuola biologica di Cambridge" (A escola de biologia de Cambridge), em *L'Emozione e la Regola. Op. cit.*, pp. 315 ss.
32. BONCINELLI, E. *Genoma: Il Grande Libro dell'Uomo* (Genoma, o grande livro do homem). Milão: Mondadori, 2001, pp. 144-45.
33. DULBECCO, R. *La Mappa della Vita* (O mapa da vida). Milão: Sperling & Kupfer, 2001, p. 3.
34. BONCINELLI, E. *Genoma. Op. cit.*, pp. 105-106.
35. DULBECCO, R. *La Mappa della Vita. Op. cit.*, pp. 60 e 71.
36. BONCINELLI, E. *Genoma. Op. cit.*, p. 198.
37. KUHN, T. S. *La Struttura delle Rivoluzioni Scientifiche. Op. cit.*
38. RUBBIA, C. *Arte, Scienza, Potere* (Arte, ciência, poder), em "Energia e Innovazione" (Energia e inovação), noticiário Enea, janeiro de 1989, p. 7.
39. COLOMBO, U. *L'Impatto Sociale delle Nuove Tecnologie* (O impacto social das novas tecnologias), descrição datilografada ao Congresso do Instituto Gramsci sobre "Scienza/Tecnologia", 11-16 de março de 1985, p. 7.
40. WALLERSTEIN, I. *Il Capitalismo Storico* (O capitalismo histórico). Turim: Einaudi, 1985.
41. *Ibid.*, p. 29.
42. AMIN, S. *Lo Sviluppo Inuguale* (O desenvolvimento desigual). Turim: Einaudi, 1977.
43. WALLERSTEIN, I. *Il Capitalismo Storico. Op. cit.*, pp. 74 e 87.
44. PIORE, M. J. e SABEL, C. F. *Le Due Vie dello Sviluppo Industriale* (Os dois caminhos do desenvolvimento industrial). Turim: Isedi, 1987.

45. TOFFLER, A. *La Terza Ondata. Op. cit.*; DE MASI, D. *Il Futuro del Lavoro. Op. cit.*, pp. 131-135.
46. DE MASI, D. *Il Futturo del Lavoro. Op. cit.*, cap. XVII "Lavorare ovunque" (Trabalhar onde quer que seja), pp. 224 ss.
47. DE MASI, D. e PIPAN,T. "Integrazione, alienazione, conflitto" (Integração, alienação, conflito), em DE MASI, D. e BONZANINI, A. (org.), *Trattato di Sociologia del Llavoro e dell'Organizzazione. L'industria* (Tratado de sociologia do trabalho e da organização. A indústria). Milão: Angeli, 1988, pp. 863 ss.; PIPAN, T. *Sciopero Contro l'Utente* (Greve contra o usuário). Turim: Bollati Boringhieri, 1989; DE MASI, D. *Il futuro del lavoro. Op. cit.*, pp. 193-199.
48. MILLS, W. *L'Immaginazione Sociologica* (A imaginação sociológica). Milão: Il Sagittario, 1962, p. 14.
49. DE MASI, D. *L'Avvento Post-industriale. Op. cit.*, pp. 30 ss.
50. MARIEN, M. "The Two Vision of Post-industrial Society" (As duas visões da sociedade pós-industrial), em *Futures*, nº 5, 1977, pp. 415-431.
51. Num estudo seguinte ("The World in 2013", *Dialogue*, nº 3. 1988, pp. 2-9), Daniel Bell sustentou que nos próximos anos o mundo assistirá a uma transferência progressiva do centro do poder econômico e tecnológico da bacia do Atlântico para a do Pacífico, a uma intensificação da revolução tecnológica, a um novo sistema monetário mundial e a uma conseqüente internacionalização dos capitais.
52. TOURAINE, A. *La Produzione della Società. Op. cit.*, p. 203.
53. A propósito, ver: *Echange et Projets, La Rivoluzione del Tempo Scelto* (A revolução do tempo escolhido). Milão: Angeli, 1985.
54. CARISTI, F. "La creatività razionale del Bauhaus" (A criatividade racional do Bauhaus), em *L'Emozione e la Regola. Op. cit.*, pp. 207-236. A citação está na página 233.
55. PEPE, D. "Il Circolo Filosofico di Vienna", em *L'Emozione e la Regola. Op. cit.*, pp. 183-206.
56. GUGGENBERGER, B. *Sein Order Design. Zur Dialektik der Abklarung*. Rotbuch Verlag, 1987; *id.*, entrevista a *L'Espresso*, 16 de agosto de 1987, p. 87.
57. BUZZANCA, G. e CINTI, P. "L'Istituto Centrale del Restauro di Roma" (O Instituto Central da Restauração de Roma), in *L'Emozione e La Regola. Op. cit.*, pp. 281-314.
58. RUBBIA, C. *Arte, Scienza, Potere. Op. cit.*, pp. 6-7.
59. A esse, como se sabe, propunham-se a contribuir alguns projetos europeus, como l'Esprit, il Race, il Brite.
60. FRONTALI, C. *Organismi Manipolati* (Organismos manipulados), em *Sistemaricerca* nº 12, outubro-dezembro de 1989, p. 12. Ver também: BONCINELLI, E. *Genoma. Op. cit.*
61. *Sistemaricerca*, nº13, janeiro-março de 1989, p. 5.
62. TOCQUEVILLE, A. de. *La Democrazia in America* (A democracia na América). Bolonha: Universale Cappelli, 1962, pp. 225-228.
63. *Ibid.*, pp. 274-275.

BIBLIOGRAFIA

SEIS CONSIDERAÇÕES PRELIMINARES

Hoje, uma boa bibliografia que queira assinalar as obras especializadas centradas no tema da criatividade, mesmo que se limite aos livros e exclua os artigos, atinge facilmente muitos milhares de títulos. Se depois se expande até abranger estudos menos diretos e fundamentais, também importantes, não tem dificuldade de recolher centenas de milhares de citações.

Pode-se dizer que toda disciplina e, no seu interior, todo autor interessado nesse tema tenham chegado a uma definição própria de "criatividade": já em 1959, I. A. Taylor recolheu mais de 100 delas; no mesmo ano, F. J. Bedard compilou uma longa bibliografia apenas de contribuições italianas ao estudo da criatividade nas artes, na literatura, nas ciências e na engenharia.

A impressão geral que se obtém do exame de todo esse material é de que:

♦ os psicólogos e psicanalistas fazem a parte do leão;

♦ o interesse científico se tenha aos poucos deslocado da biologia e da hereditariedade (Lombroso) para as componentes inconscientes (Freud, Jung e Adler), para as psicológicas (Valas, Weheimer, Guilford), para as socioambientais (Stoddart, Lasswell), para as sistêmicas (Arieti), para as epistemológicas (Popper, Kuhn, Maturana, Varela), para as sociorganizativas (De Masi, Melucci);

♦ até a Segunda Guerra Mundial prevaleciam estudos e pesquisas conduzidos na Europa, enquanto, a partir daí, a maioria das análises tem sido realizada nos Estados Unidos;

♦ sempre a partir da Segunda Guerra Mundial o número desses estudos foi aumentado;

♦ cresceu neles o interesse não só pela criatividade "excelente" (a dos gênios, dos grandes artistas e dos cientistas), mas também pela criatividade "normal", que todos nós possuímos, isto é, "a criatividade e a capacidade de assumir e resolver os problemas daqueles que nos são mais próximos, sejam eles nossos filhos, nossos alunos, nossos dependentes nas fábricas, nos escritórios e nos laboratórios" (Hilgard, 1975);

♦ o interesse operativo prevalece cada vez mais sobre o interesse descritivo e explicativo, na tentativa não só de compreender as peculiaridades dos produtos criativos, os processos cognitivos e psicossociais que os geraram, mas também de caracterizar os instrumentos práticos para encorajar e potencializar a criatividade dos cidadãos, sobretudo por meio de uma escola adequada para os jovens e de uma formação permanente para os adultos.

É lícito, portanto, perguntar-se: Por que o interesse científico pela criatividade cresceu justamente nas últimas décadas? Por que preocupa acima de tudo os estudiosos americanos? Por que se refere cada vez mais à criatividade "corriqueira" e aos meios práticos para incrementá-la?

A resposta é simples: o advento da sociedade pós-industrial, com todo o seu torrencial progresso tecnológico, permitiu a delegação dos trabalhos de execução às máquinas, conferiu centralidade às ciências e à estética, fez da criatividade – seja a "excelente", dos gênios, como a "normal", de todo cidadão, mas principalmente aquela de equipe – o banco de prova da concorrência internacional. Hoje, todos estão convencidos de que o PIB de um país depende da sua criatividade.

Da década de 1930 até hoje, os Estados Unidos gozaram de uma grande e merecida vantagem estrutural na disputa dos cérebros: as maiores inteligências do mundo ali procuraram refúgio e logo encontraram os recursos econômicos e as liberdades políticas necessárias para a auto-realização, concorrendo para formar um feliz contexto, pelo qual outras inteligências foram, por sua vez, atraídas. Esse círculo vicioso foi diminuindo porque também em outros lugares começam a ser disponibilizadas as mesmas facilidades. Já "o oitavo dia da criação" pertence a muitos e, em todo o mundo, muitos aspiram desvendar os seus mecanismos organizacionais por meio de buscas de todo gênero.

A história da criatividade coincide com a própria história do gênero humano. A vastidão dessa história obrigou-me a escolher intencionalmente os episódios que considerei mais significativos para os fins das teses que tencionava demonstrar com este meu livro. Em vista da amplitude do tema, também a bibliografia consultada – que, por minha vez, aconselho aos leitores – é uma parte exígua do todo, privilegiada com base nas pistas que segui para a minha pesquisa.

Para não tornar pesada essa bibliografia, já excessivamente vasta, preferi assinalar, salvo raríssimas exceções, apenas livros publicados a partir da segunda metade do século XX. Mas a exploração da criatividade individual e coletiva começou muito antes. Além disso, ela também produziu, ao lado de tantos livros, inumeráveis artigos acolhidos pelas revistas científicas de todo o mundo. Concebi a bibliografia como uma bela biblioteca composta de três "salas", cada uma contendo estantes cheias de títulos que reproduzem mais ou menos a ordem lógica do livro. A primeira, que se refere a este volume, segue abaixo. As outras duas estão no segundo volume.

HISTÓRIA DA CRIATIVIDADE

Esta primeira sala da biblioteca contém livros úteis para reconstruir uma história da criatividade das origens até os nossos dias. Compõe-se de cinco estantes, dedicadas, respectivamente: à pré-história; ao período que vai da Grécia clássica até o século XII, dito "Século Alegre"; ao período que vai do século XII até o Renascimento, inclusive; ao período que vai do Renascimento a toda a sociedade industrial; por fim, à atual sociedade pós-industrial.

A PRÉ-HISTÓRIA

ADAMS, R. McC. *La Rivoluzione Urbana* (A revolução urbana). Turim: Einaudi, 1982.

BARRAU, J. *et. al. La Riscoperta della Preistoria* (A redescoberta da pré-história). Milão: EST Mondadori, 1979.

BOCCHI, G. e CERUTI, M. *Origini di Storie* (Origens de histórias). Milão: Feltrinelli, 1993.

BORDES, F. *Leçons sur le Paléolithique* (Lições sobre o paleolítico). Paris: Editions du CNRS, 1984.

BREUIL, H. *Quattre Siècles d'Art Pariétal* (Quatro séculos de arte parietal). Montigna: Centre d'Études Préhistoriques, 1952.

CAMPS, G. *Les Civilisations Préhistoriques de l'Afrique du Nord et du Sahara* (As civilizações pre-históricas da África do Norte e do Saara). Paris: Doin, 1974.

CHIARELLI, B. *Origine della Socialità e della Cultura Umana* (Origem da sociedade e da cultura humana). Bari: Laterza, 1984.

CHILDE, G. V. *What Happened in History* (O que aconteceu na História). Harmondsworth: Penguin Books, Middlsex 1942.

CLOTTES, J. *La Grotte Chauvet: L'Art des Origines* (A gruta Chauvet: a arte das origens). Paris: Editions du Seuil, 2001.

COON, C. S. *The Story of Man* (História do homem). Nova York: Carleton S. Coon, 1962.

COPPENS, Y. *O Macaco, a África e o Homem*. Lisboa: Gradiva.

DARWIN, C. *A Origem das Espécies*. Curitiba: Hemus, 2000.

DE LUMLEY, H. (org.). *Art et Civilisations des Chasseurs de la Préhistoire* (Arte e civilização dos caçadores da pré-história). Paris: Musée de l'Homme.

DIAMOND, J. *Armas, Germes e Aço*. Rio de Janeiro: Record, 2001.

FORBES, R. J. *Man the Maker* (O homem faz o mundo). Nova York: Abelard Schuman.

FOREST, J.-D. *Mesopotamia. L'Invenzione dello Stato. VII-III millennio* (Mesopotâmia. A invenção do Estado). Milão: Jaca Book, 1996.

FRANGIPANE, M. *La Nascita dello Stato nel Vicino Oriente* (O nascimento do Estado no Oriente Próximo). Bari: Laterza, 1996.

FRAZER, J. H. *O Ramo de Ouro*. São Paulo: LTC, 1982.

GREGORIETTI, S. e VASSALE, E. *La Forma della Scrittura* (A forma da escrita): Milão: Feltrinelli, 1988.

HÖCKMANN, O. *Antike Seefahrt* (A navegação no mundo antigo). Munique: C. H. Beck'sche Verlagsbuchhandlung, 1985

JOHANSON, J. D. e EDEY, M. *Lucy, the Beginnings of Humankind* [trad. it. *Lucy, Le Origini dell'Umanità* (Lucy, as origens da humanidade)]. Milão: Mondadori, 1981.

KOLHOR, W. *Intelligenzprufungen an Menschenaffen* (A inteligência nos macacos antropóides). Berlim: Springer, 1921.

LEAKEY, R. E. e LEWIN, R. *A Origem da Espécie Humana*. Rio de Janeiro: Rocco, 1995.

LEROI-GOURHAN, A. *Le Préhistorie de l'Art Occidental* (A pré-história da arte ocidental). Paris: Mazenod, 1965.

__________. *As Religiões da Pré-História*. Lisboa: Edições 70, 1984.

__________. *I più Antichi Artisti d'Europa. Introduzione all'Arte Parietale Paleolitica* (Os mais antigos artistas da Europa. Introdução à arte rupestre paleolítica). Milão: Jaca Book, 1981.

__________. *Dictionnaire de la Préhistoire* (Dicionário da pré-história). Paris: PUF, 1988.

LESLIE, C. (org.) *Anthropology of Folk Religion* (Antropologia das religiões primitivas). Londres: Vintage Books, Alfred A. Knopf and Random House, 1960.

LEVY-BRUHL, L. *L'Expérience Mystique et les Symboles chez les Primitifs* (As experiências míticas e os símbolos dos primitivos). Paris: 1938.

LIEBERMAN, P. *L'Origine delle Parole* (A origem das palavras). Turim: Boringhieri, 1980.

LIVERANI, M. *Uruk la Prima Città* (Uruk, a primeira cidade). Bari: Laterza, 1998.

MALINOWSKI, B. *Argonauti del Pacifico Occidentale. Riti Magici e Vita Quotidiana nella Società Primitiva* (Argonautas do Pacífico Ocidental. Ritos mágicos e vida cotidiana na sociedade primitiva). Roma: Newton Compton, 1973.

MOSCATI, S. *L'Alba della Civiltà* (A aurora da civilização). Turim: Utet, 1976.

MOSCATI, S. *Antichi Imperi d'Oriente* (Antigos impérios do Oriente). Roma: Newton Compton, 1978.

NISSEN, H. J. *Protostoria del Vicino Oriente* (Proto-história do Oriente Próximo). Bari: Laterza, 1990.

OLIVERIO, A. e OLIVERIO FERRARIS, A. *L'Alba del Comportamento Umano* (A aurora do comportamento humano). Bari: Laterza, 1983.

OPPENHEIM, L. *L'Antica Mesopotamia: Ritratto di una Civiltà Scomparsa* (A antiga Mesopotâmia: retrato de uma civilização desaparecida). Roma: Newton Compton, 1980.

PETTINATO, G. (org.). *Mitologia sumerica*. Turim: Utet, 2001.

PERLÈS, C. *Preistoria del Fuoco* (Pré-história do fogo). Turim: Einaudi, 1983.

PETTAZZONI, R. *L'Essere Supremo nelle Religioni Primitive* (O ser supremo nas religiões primitivas). Turim: Einaudi, 1968.

PIEVANI, T. *Homo Sapiens e Altre Catastrofi* (Homo sapiens e outras catástrofes). Roma: Meltemi, 2002.

POLANYI, K. *Economie Primitive, Arcaiche e Moderne* (Economias primitivas, arcaicas e modernas). Turim: Einaudi, 1980.

RIES, J. *Le Religioni* (As religiões). Milão: Jaca Book, 1993.

SAHLINS, M. *Economia dell'Età della Pietra* (A economia da Idade da Pedra). Milão: Bompiani, 1980.

__________. *Au Coeur des Sociétés: Raison Utilitaire et Raison Culturelle* (O coração das sociedades: razão utilitária e razão cultural). Paris: Gallimard, 1991.

SIMONS, L. *Primate Evolution: An Introduction to Man's Place in Nature* (Evolução dos primatas: uma introdução ao lugar do homem na natureza). Londres e Nova York: McMillan, 1972.

SZALAY, F. S. e DELSON, E. *Evolutionary History of the Primates* (História da evolução dos primatas). Nova York e Londres: Academic Press, 1979.

VÁRIOS AUTORES. *Homo. Viaggio alle Origimi della Storia* (Viagem às origens da história). Veneza: Cataloghi Marsilio, 1985.

UHLIG, H. *Die Sumerer* (Os sumérios). Munique: C. Bertelsmann Verlag GmbH, 1976.

WYMER, J. *The Paleolithic Age* (A era paleolítica). Londres: Croom Helm, 1982.

DA GRÉCIA AO "SÉCULO ALEGRE"

BECHMANN, R. *Le Racines des Cathédrales* (As raízes das catedrais). Paris: Payot, 1981.

BLOCH, M. *Lavoro e Tecnica nel Medioevo* (Trabalho e técnica na Idade Média). Bari: Laterza, 1981.

CARCOPINO, J. *Roma no Apogeu do Império*. São Paulo: Companhia das Letras, 1991.

CARPENTER, R. *The Architects of the Parthenon* (Os arquitetos do Partenon). Harmondsworth: Penguin Books Ltd., Middlsex, 1970.

CAZELLES, R. *Giorni del Medioevo* (Dias da Idade Média). Milão: Rizzoli, 1988.

DETIENNE, M. e VERNANT, J. P. *Le Ruses de l'Intelligence – La Mètis des Grecs* (As astúcias da inteligência na Grécia antiga). Paris: Flammarion, 1974.

FINLEY, M. I. *L'Economia degli Antichi e dei Moderni* (A economia dos antigos e dos modernos). Bari: Laterza, 1974.

__________. *Economia e Società nel Mondo Antico* (Economia e sociedade no mundo antigo). Bari: Laterza, 1984.

__________. *Democracia Antiga e Moderna*. São Paulo: Graal, 1998.

FLACELIÈRE, R. *La Vie Quotidienne en Grèce au Siècle de Péricles* (A vida cotidiana na Grécia no século de Péricles). Paris: Hachette, 1983.

FRUGONI, C. *Medioevo sul Naso. Occhiali, Bottoni e Altre Invenzioni Medievali* (Idade Média sobre o nariz. Óculos, botões e outras invenções medievais). Bari: Laterza, 2001.

GRAVES, R. *Greek Myths* [trad. it.: *I Miti Greci* (Os mitos gregos). Milão: Longanesi, 1979].

KERÉNYI, K. *Gli Dei e gli Eroi della Grecia* (Os deuses e os heróis da Grécia). Milão: Garzanti, 1981.

__________. *Miti e Misteri* (Mitos e mistérios). Turim: Boringhieri, 1979.

KOYRÉ, A. *Les Philosophes et la Machine; Du Monde de l'"à-peu-près" à l'Univers de la Précision* (Do mundo do mais-ou-menos ao universo da precisão) em *Études d'Histoire de la Pensée Philosophique*. Paris: Librairie Armand Colin, 1961.

LE GOFF, J. (org.). *O Homem Medieval*. Lisboa: Presença, 1989.

LEVI, M. A. *La Società nel Mondo Antico* (A sociedade no mundo antigo). Roma: Eri, 1966.

LLOYD, G. E. R. *La Scienza dei Greci* (A ciência dos gregos). Bari: Laterza, 1978.

LLOYD-JONES, H. (org.) *The Greeks* (Os gregos). Londres: C. A. Watts & Co. Ltd., 1962.

LOMBARDI, L. e CORAZZA, A. *Le Terme di Caracalla* (As termas de Caracalla). Roma: Palombi, 1995.

NIELSEN, I. *Thermae et Balnea: The Architecture and Cultural History of Roman Public Baths*. Aarhus, 1990.

POLANYI, K. *Traffici e Mercati negli Antichi Imperi* (Tráfego e mercado nos antigos impérios). Turim: Einaudi, 1978.

POWER, W. *Medieval People* (Vida na Idade Média). Londres: Methuen & Co. Ltd.

SOPRINTENDENZA Archeologica di Roma (com textos de Marina Piranomonte), guia às *Terme di Caracalla*. Milão: Electa, 1998.

STACCIALI, R. A. *Le Terme dei Romani* (As termas dos romanos), dossiê de *Archeo*, nº 68 (outubro de 1990).

VÁRIOS AUTORES. *Terme Romane e Vita Quotidiana* (Termas romanas e vida cotidiana). Módena: Panini, 987.

VOLPE, G. *Il Medioevo* (A Idade Média). Florença: Vallecchi, 1926.

DO SÉCULO XII AO RENASCIMENTO

BATTISTI, E. *L'Antirinascimento* (O anti-Renascimento). Milão: Garzanti, 1989.

BURKHARDT. *La Civiltà del Rinascimento in Italia* (A civilização do Renascimento na Itália). Florença: Sansoni, 1944.

CAMESASCA, E. *Artisti a Bottega* (Artistas em oficina). Milão: Feltrinelli, 1965.

GARIN, E. *Il Rinascimento Italiano* (O Renascimento italiano). Milão: Istituto per gli Studi di Politica Internazionale, 1941.

____________. *O Homem Renascentista.* Lisboa: Presença, 1989.

____________. *L'Umanesimo Italiano. Filosofia e Vita Civile nel Rinascimento* (O humanismo italiano. Filosofia e vida civil no Renascimento). Bari: Laterza, 1993.

____________. Ciência e Vida Civil no Renascimento Italiano. São Paulo: UNESP, 1996.

KING, R. *Brunelleschi's Dome, The Story of the Great Cathedral in Florence* (A cúpula de Brunelleschi). Nova York: Walker and Company, 2001.

KUHN, T. S. A Revolução Copernicana. Lisboa: Edições 70, 1990.

LE GOFF, J. *Tempo della Chiesa e Tempo del Mercante* (Tempo da Igreja e tempo do mercador). Turim: Einaudi, 1977.

____________. *O Nascimento do Purgatório.* Lisboa: Estampa, 1995.

NICCOLI, O. (org.) *Rinascimento al Femminile* (O Renascimento no feminino). Bari: Laterza, 1991.

PANOFSKY, E. *Rinascimento e Rinascenze nell'Arte Occidentale* (O Renascimento e renascenças na arte ocidental). Milão: Feltrinelli, 1971.

PEVSNER, N. *Academies of Art. Past and Present* (As academias de arte). Cambridge University Press, 1940.

PRADGER, F. e SCAGLIA, G. *Brunelleschi: Studies of his Technology and Inventions* (Brunelleschi: Estudo sobre suas tecnologias e invenções). Cambridge (Mass.): The MIT Press, 1971.

VÁRIOS AUTORES. *Homo. Viaggio alle Origini della Storia* (Viagem às origens da história). Veneza: Cataloghi Marsilio, 1985.

VASARI. *Vite de' più Eccellenti Pittori, Scultori e Architetti* (Vidas dos mais excelentes pintores, escultores e arquitetos). Milão: Rizzoli, 1943.

WACKERNAGEL, M. *Der Lebensraum des Kunstlers in der Florentinischen Renaissance: Aufgaben und Auftraggeher, Werkstatt und Kunstmarkt* (O mundo dos artistas no Renascimento florentino. Compradores, oficinas e mercado da arte). Leipzig: E. A. Seemann, 1938.

WITTKOWER, R. e M. *Born Under Saturn* (Nascidos sob Saturno). Londres: Weidenfeld and Nicolson, 1963.

DO RENASCIMENTO À SOCIEDADE INDUSTRIAL

ABBATE, M. *Libertà e Società di Massa* (Liberdade e sociedade de massa). Bari: Laterza, 1967.

ACCORNERO, A. *Il Mondo della Produzione* (O mundo da produção). Bolonha: Il Mulino, 1994.

ARON, R. *Dezoito Lições sobre a Sociedade Industrial.* São Paulo: Martins Fontes, 1981.

ASHTON, T. S. *A Revolução Industrial.* Lisboa: Europa-América, 1977.

BARACCA, A., RUFFO, S. e RUSSO, A. *Scienza e Industria 1848-1915* (Ciência e indústria 1848-1915). Bari: Laterza, 1979.

CAGLIANO, S. *Dieci Farmaci che Sconvolsero il Mondo* (Dez medicamentos que agitaram o mundo). Bari: Laterza, 1989.

CARPENTER, E. e MC LUHAN, M. La Comunicazione di Massa (A comunicação de massa). Florença: La Nuova Italia, 1966.

CASINI, P. *Scienza, Utopia e Progresso. Profilo dell'Illuminismo* (Ciência, utopia e progresso. Perfil do Iluminismo). Bari: Laterza, 1994.

CHIARINI, L. *Arte e Tecnica del Film* (Arte e técnica do filme). Bari: Laterza, 1962.

CHANDLER, A. D. Jr. *Strategy and Structure: Chapters in the History of the American Industrial Enterprise* (Estratégia e estrutura: História da grande empresa americana). Cambridge (Mass.): The MIT Press, 1962.

_______ *The Visible Hand. The Managerial Revolution in American Business* (A mão visível. A revolução administrativa na economia americana). Cambridge (Mass.): The Belknap Press of Harvard University Press, 1977.

CLARK, C. *The Conditions of Economic Progress* (As condições do progresso econômico). Londres: 1940.

COLOMBO, U. *Energia. Storia e Scenari* (Energia. História e cenários). Roma: Donzelli, 1996.

COPLEY, F. B. *Frederick W. Taylor, The Father of Scientific Management* (Frederick W. Taylor, o pai da administração científica). Nova York: 1923.

CORBIN, A. (org.) *L'Invenzione del Tempo Libero* (A invenção do tempo livre). Bari: Laterza, 1996.

DAHRENDORF, R. *Class und Class Conflict in Industrial Society* (Classes e conflitos de classe na sociedade industrial). Londres: Routledge & Kegan, 1959.

_______. *Industrie und Betriebssoziologie* (Sociologia da indústria e da empresa). Walter de Gruyter, 1965.

DANIEL, N. *Frederick W. Taylor and the Rise of Scientific Management* (Frederick W. Taylor e a revolução administrativa). University of Wisconsin System, 1980.

DAUMAS, M. "Esquisse d'une Histoire de la Science Scientifique" (Breve história da vida científica), em *Histoire de la Science* (História da ciência). Paris: Gallimard, 1957.

DEANE, Ph. *The First Industrial Revolution* (A primeira revolução industrial). Londres: Cambridge University Press, 1967.

DE MASI. D. *O Futuro do Trabalho*. Rio de Janeiro: José Olympio, 1999.

DE MASI, D. e PEPE, D. (org.) *As Palavras no Tempo*. Rio de Janeiro: José Olympio.

DE SETA, C. Origini ed Eclisse del Movimento Moderno (Origem e eclipse do movimento moderno). Bari: Laterza, 1980.

DIOGUARDI, G. *Diderot*. Palermo: Sellerio, 1996.

FARRINGTON, B. *Francesco Bacone, Filosofo dell'Età Industriale* (Francis Bacon, filósofo da idade industrial). Turim: Einaudi, 1952. O livro transcreve, em apêndice, o texto completo de *New Atlantis*.

FLICHY, P. *Les Industries de l'Immaginaire. Pour une Analyse Economique des Media* (A indústria da imaginação). Grenoble: Institut national de l'Audiovisuel, 1980.

FORD, H. e CROWTHER, S. (org.) *My Life and Work* (Minha vida e meu trabalho). Doubleday, Page & Company, 1922.

GALBRAITH, J. K. *A Sociedade Afluente*. São Paulo: Pioneira, 1987.

_______. *O Novo Estado Industrial*. Lisboa: Europa-América.

HAMPSON, N. *The Enlightenment*. Middlsex: Penguin Books Ltd., Harmondsworth, 1968 [trad. it. *Storia e Cultura dell'Illuminismo* (História e cultura do Iluminismo)]. Bari: Laterza, 1969.

JACOB, M. C. *The Cultural Meaning of the Scientific Revolution* (O significado cultural da revolução científica). Nova York: Alfred A. Knopf, 1988.

JEANNE, R. e FORD, C. *Storia Illustrata del Cinema* (História ilustrada do cinema). Milão: Dall'Oglio, 1967.

JOHNSON, P. *The Birth of the Modern* [trad. it. *La Nascita del Moderno*, 1815-1830 (O nascimento do moderno)]. Milão: Corbaccio, 1994.

KORNHAUSER, W. *The Politics of Mass Society* (A política da sociedade de massa). The Free Press of Glencol, 1959.

KRIEDTE, P. e MEDICK, H. *Schlumbohm, Industrialisierung vor der Industrialisierung. Gewerbliche Warenproduktion auf dem Land in der Formationsperiode des Kapitalismus* (A industrialização antes da industrialização). Gottingen: Vemdenhoeck & Ruprecht, 1977.

LACEY, R. L. *The Man and the Machine* (O homem e a máquina). Nova York: Ballantine Books, 1987.

LANDES, D. S. *Prometeu Desacorrentado*. Rio de Janeiro: Nova Fronteira, 1994.

________. *Revolution in Time* (Volta no tempo). President and Fellows of Harvard College, 1983.

LE CORBUSIER. *Urbanismo*. São Paulo: Martins Fontes, 2000 .

MANNUCCI, C. *La Società di Massa* (A sociedade de massa). Turim: Comunità, 1967.

MARCUSE, H. *One-Dimensional Man. Studies in the Ideology of Advanced Industrial Society, 1964* [trad. it. *L'Uomo a una Dimensione. L'Ideologia della Società Industriale Avanzata* (O homem em uma dimensão. A ideologia da sociedade industrial avançada)]. Turim: Einaudi, 1967.

MARX, K. *O Capital*. São Paulo: Edipro, 1998.

________. *Manuscritos Econômico-Filosóficos de 1844*. São Paulo: Martin Claret, 2001.

________. *Grundrisse der Kritik der Politischen Ökonomie (Rothentwurf) 1857-58*. Berlim: Dietz Verlag, 1953.

MARX, K. e ENGELS, F. *Manifesto do Partido Comunista*. São Paulo: Cortez, 1998.

MASLOW, A. H. *Motivation and Personality* (Motivação e personalidade). Harper & Row, 1954.

MAYO, E. *The Human Problems of an Industrial Civilization* (Os problemas humanos da civilização industrial). Nova York: McMillan, 1933.

MELOGRANI, P. *La Modernità e i suoi Nemici* (A modernidade e os seus inimigos). Milão: Mondadori, 1996.

MILLS, C. W. *White Collar. The American Middle Classes* (Colarinhos-brancos. A classe média americana). Nova York: Oxford University Press, 1951.

MORIN, E. *L'Industria Culturale. Saggio sulla Cultura di Massa* (A indústria cultural. Ensaio sobre a cultura de massa). Bolonha: Il Mulino, 1962.

MORRIS, W. e MANIERI ELIA, M. (org.) *Opere* (Obras). Bari: Laterza, 1985.

NEVIS, A. *Ford: the Times, the Man, the Company* (Ford: os tempos, o homem, a companhia). Nova York: Scribner, 1954.

NEWHALL, B. *The History of Photography* (A história da fotografia). Nova York: The Museum of Modern Art, 1982.

OWEN, R. *A New View of Society and Other Writings* (Uma nova visão da sociedade e outros escritos). Londres: J. M. Deut & Sons Ltd., 1927.

PARKER FOLLETT, M. *Creative Experience* (A experiência criativa). Longmans, Green and Co., 1924.

POLANYI, K. *A Grande Transformação*. Rio de Janeiro: Campus, 2000.

PRANDSTRALLER, G. P. *Professione Pegista* (Profissão diretor). Cosenza: Lerici, 1977.

ROSTOW, G. *The Stages of Economic Growth* (Os estágios do desenvolvimento econômico). Nova York, 1960.

SALVATORI, L. e VILLI, C. *Il Luddismo* (O ludismo). Roma: Editori Riuniti, 1987.

SMITH A. *A Riqueza das Nações*. Rio de Janeiro: Ediouro, 1986.

SOMBART, W. *Il Capitalismo Moderno* (O capitalismo moderno). Turim: Utet, 1967.

SORLIN, P. *Sociologie du Cinéma* (Sociologia do cinema). Paris: Edition Aubier Montaigne, 1977.

SWARD, K. *Legend of Henry Ford* (Lenda de Henry Ford). Nova York: Rinehart & Co., 1948.

SYLOS LABINI, P. *Nuove Tecnologie e Disoccupazione* (Novas tecnologias e desemprego). Bari: Laterza, 1989.

TAYLOR, F. W. *L'Organizzazione Scientifica del Lavoro* (A organização científica do trabalho). Milão: Etas/Kompass, 1967.

TOCQUEVILLE, A. *A Democracia na América*. São Paulo: Itatiaia.

TOSI, V. *Il Cinema Prima di Lumière* (O cinema antes de Lumière). Turim: ERI, 1984.

VÁRIOS AUTORES. *Scientific Revolutions* (Revoluções científicas). Londres: Oxford University Press, 1981.

VEBLEN, T. *A Teoria da Classe Ociosa*. São Paulo: Pioneira.

WEBER, M. *Economia e Sociedade*. Brasília: UNB, 1994.

WILLIAMS, R. *Culture and Society 1780-1950* (Cultura e sociedade). Londres: Chatto & Windus, 1961.

ZOLLA, E. *L'Eclissi dell'Intellettuale* (O eclipse do intelectual). Milão: Bompiani, 1964.

ZWEIG, S. *Die Welt von Western. Errinnerungen eines Europäers* (O mundo de ontem. Recordações de um europeu). William Verlag AG, 1946.

A SOCIEDADE PÓS-INDUSTRIAL

AZNAR, G. *Trabalhar Menos para Trabalharem Todos*. São Paulo: Scritta, 1995.

BELL, D. *The Coming of Post-Industrial Society: A Venture in Social Forecasting* (A chegada da sociedade pós-industrial). Nova York: Basic Books, 1973.

BONCINELLI, E. *Genoma: Il Grande Libro dell'Uomo* (Genoma: o grande livro do homem). Milão: Mondadori, 2001.

CHIURAZZI, G. *Il Postmoderno* (O pós-moderno). Turim: Paravia, 1999.

CHIURAZZI, G. *Il Postmoderno. Il Pensiero nella Società della Comunicazione* (O pós-moderno. O pensamento na sociedade da comunicação). Milão: Bruno Mondadori, 2002.

COLOMBO, A. *La Società del Futuro. Saggio Utopico sulle Società Post-Industriali* (A sociedade do futuro. Ensaio utópico sobre as sociedades pós-industriais). Bari: Dedalo, 1978.

________. *Carriera: Vale una Vita?* (Carreira: Vale uma vida?). Milão: Rizzoli, 1989.

COMPAGNON, A. *Os Cinco Paradoxos da Modernidade*. Minas Gerais: UFMG, 1999.

CRICK, F. *Life Itself: Its Origin and Nature* [trad. it. *L'Origine della Vita* (A origem da vida)]. Milão: Garzanti, 1983.

DE MASI, D. (org.). *L'Avvento Post-Industriale* (O advento pós-industrial). Milão: Angeli, 1985.

________. *O Futuro do Trabalho*. Rio de Janeiro: José Olympio, 1999.

________. (org.) *A emoção e a Regra*. Rio de Janeiro: José Olympio, 1997.

DE SOLLA PRICE, D. J. *Little Science, Big Science* (Pequena ciência, grande ciência). Columbia University Press, 1963.

DULBECCO, R. *La Mappa della Vita* (O mapa da vida). Milão: Sperling & Kupfer, 2001.

FLORIDA, R. *The Rise of the Creative Class* (A ascensão da classe criativa). Nova York: Basic Books, 2002.

FREELAND JUDSON, H. *The Eighth Day of Creation. The Makers of the Revolution in Biology* (O oitavo dia da criação). Nova York: Simon & Schuster, 1980.

GASPARRI, M. e URSO, A. *L'Età dell'Intelligenza* (A idade da inteligência). Roma: Settimo Sigillo, 1984.

GERSHUNY, J. *After Industrial Society, the Emerging Self Service Economy* (Após a sociedade industrial). Londres: McMillan, 1978.

GORZ, A. *Les Chemins du Paradis, l'Agonie du Capital* (O caminho do paraíso). Paris: Éditions Galilée, 1983.

________. *Métamorphoses du Travail. Quête du sens Critique de la Raison Économique* (A metamorfose do trabalho). Paris: Éditions Galilée, 1988.

GOTTMAN, J. *Megalopolis. The Urbanized Northeastern Seabord of the United States*. Nova York: The Twentieth Century Fund, 1961.

HARVEY, D. A *Condição Pós-Moderna*. Edições Loyola, 1992.

HEGEDUS, Z. *Il Presente è l'Avvenire. Nuove Pratiche e Nuove Rappresentazioni Sociali* (O presente e o futuro. Novas práticas e novas representações sociais). Milão: Angeli, 1985.

HELLER, A. *Bedeutung und Funktion des Begriffs Bedürfnis im Denken von Karl Marx* [trad. it. *La Teoria dei*

Bisogni in Marx (A teoria das necessidades em Marx)]. Milão: Feltrinelli, 1974.

__________. *A Mindennapi Élet* (Sociologia da vida cotidiana). Budapeste: Akadémai Kiadó, 1970.

__________. *General Ethics* (Ética geral). Oxford: Blackwell, 1988.

ILLICH, I. *A Convivencialidade*. Lisboa: Europa-América.

__________. *Per una Storia dei Bisogni* (Para uma história das necessidades). Milão: Mondadori, 1981.

INGLEHART, R. *La Rivoluzione Silenziosa* (A revolução silenciosa). Milão: Rizzoli, 1983.

__________. *Modernization and Postmodernization. Cultural, Political Change in 43 Societies* (A sociedade pós-moderna. Mutação, ideologias e valores em 43 países). Princeton: Princeton University Press, 1996.

JAMESON, F. *Pós-modernismo*. São Paulo: Ática, 1996.

__________. *Writings* (Escritos). Oxford University Press, 1979.

KAUFFMAN, S. *At Home in the Universe* (Em casa no universo). Oxford University Press, 1995.

KEYNES, J. M. "Economic Possibilities for Our Grandchildren" (1931), em *Collected Writings*. Cambridge: Cambridge University Press, 1987 [trad. it. *Prospettive Economiche per i Nostri Nipoti* (Perspectivas econômicas para os nossos netos), em *La Fine del Laissez-Faire e Altri Scritti* (O fim do laissez-faire e outros escritos)]. Turim: Bollati Boringhieri, 1991.

KOSLOWSKI, P. *Die Postmoderne Kultur. Geselleschaftlich-kulturelle Konsequenzen der Technischen Entwicklung* (A cultura pós-moderna. Conseqüências socioculturais do desenvolvimento técnico). Munique: C. H. Beck, 1987.

LASCH, C. *The Culture of Narcisism* (A cultura do narcisismo). W. W. Norton & Company, 1979.

LUTTWAK, E. N. *Turbo-Capitalismo*. São Paulo: Nova Alexandria, 2001.

LYOTARD, J. L. *La Condition Postmoderne* (A condição pós-moderna). Paris: Les Editions de Minuit, 1979.

MÉDA, D. *Le Travail. Une Valeur en Voie de Disparition* (O trabalho. Um valor em vias de desaparecer). Paris: Aubier, 1995.

NAISBITT, J. *Macrotendências*. Lisboa: Presença, 1996.

RIFKIN, J. *O Fim dos Empregos*. São Paulo: Makron, 1996.

__________. *A Era do Acesso*. São Paulo: Makron, 2000.

SCHUMACKER, E. F. *Small is Beautifull* (Pequeno é belo). Londres: Blond & Briggs, 1973.

STEWART, T. A. *O Capital Intelectual*. Rio de Janeiro: Campus, 1998.

THUROW, L. C. *O Futuro do Capitalismo*. Rio de Janeiro: Rocco, 1997.

TOFFLER, A. *A Terceira Onda*. Rio de Janeiro: Record, 2000.

TOTANO, F. *Non di Solo Lavoro* (Não só de trabalho). Milão: Vita e Pensiero, 1998.

TOURAINE, A. *La Societé Post-Industrielle* (A sociedade pós-industrial). Paris: 1969.

__________. *Production de la Société* (A produção da sociedade). Paris: Editions du Seuil, 1973.

__________. *Crítica da Modernidade*. Rio de Janeiro: Vozes, 1999.

VATTIMO, G. *O Fim da Modernidade*. São Paulo: Martins Fontes, 2002.

VENEZIANI, M. *L'Antinovecento. Il Sale di Fine Millennio* (O ante-século XX. O chiste do fim de milênio). Milão: Mondadori, 1996.